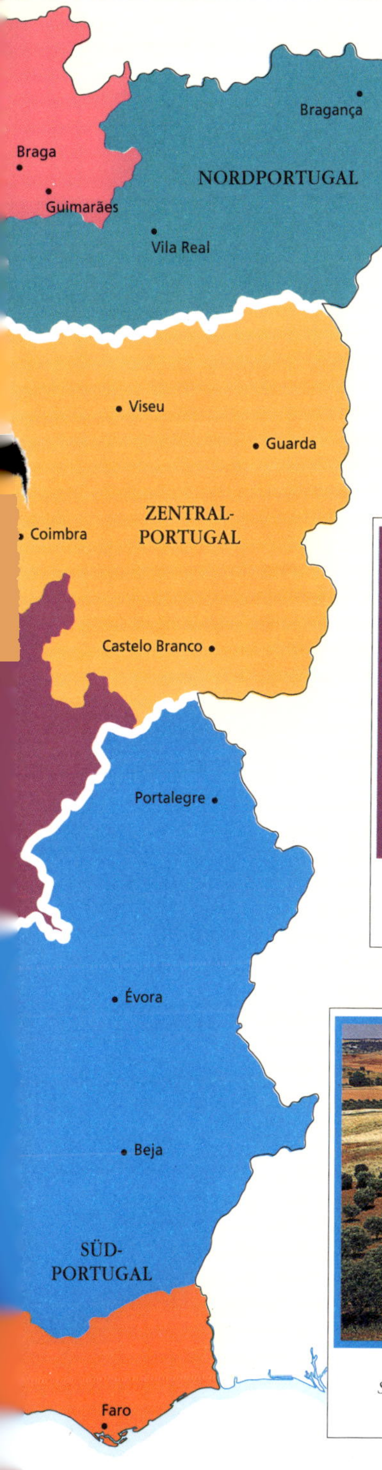
Bragança
Braga
NORDPORTUGAL
Guimarães
Vila Real
0 Kilometer 50
Viseu
Guarda
ZENTRAL-
PORTUGAL
Coimbra
Castelo Branco
Portalegre
Évora
Beja
SÜD-
PORTUGAL
Faro

VIS à VIS

PORTUGAL

VIS à VIS

PORTUGAL

Hauptautor: MARTIN SYMINGTON

DK

DORLING KINDERSLEY

www.dk.com

EIN DORLING KINDERSLEY BUCH

www.dk.com

TEXTE
Martin Symington sowie Susie Boulton, Christopher Catling, Clive Gilbert, Marion Kaplan, Sarah McAlister, Alice Peebles, Carol Rankin, Norman Renouf, Joe Staines, Robert Strauss, Nigel Tisdall, Tomas Tranæus, Edite Vieira

FOTOGRAFIEN
Joe Cornish, Paul Harris, Robert Reichenfeld, Linda Whitwam, Peter Wilson, Francesca Yorke

ILLUSTRATIONEN
Richard Draper, Paul Guest, Stephen Gyapay, Claire Littlejohn, Maltings Partnership, Isidoro Gonzáles-Adalid Cabezas/Acanto Arquitectura y Urbanismo S.L., Paul Weston, John Woodcock, Martin Woodward

KARTOGRAFIE
David Murphy, Phil Rose, Jennifer Skelley, Leanne Wright (Lovell Johns Ltd.), Neil Cook, Maria Donnelly (Colourmap Scanning Ltd.)

REDAKTION UND GESTALTUNG
Dorling Kindersley Ltd.

•

Titel der englischen Originalausgabe:
Eyewitness Travel Guide *Portugal*
Zuerst erschienen 1997 in Großbritannien bei
Dorling Kindersley Ltd.
A Penguin Company

•

Aktualisierte Neuauflage 2006/2007

ÜBERSETZUNG Dr. Eva Dempewolf, Petra Dubilski, Werner Geischberger und Ulrike Hollmann
REDAKTIONSLEITUNG Dr. Jörg Theilacker, Dorling Kindersley Verlag
REDAKTIONSASSISTENZ Birgit Walter, Dorling Kindersley Verlag
REDAKTION Gerhard Bruschke, München
SCHLUSSREDAKTION Bernhard Lück, Augsburg
SATZ UND PRODUKTION Dorling Kindersley Verlag
LITHOGRAFIE Colourscan, Singapur
DRUCK South China Printing, Hongkong, China

ISBN 3-928044-38-9
7 8 9 10 11 10 09 08 07 06

Dieser Reiseführer wird regelmäßig aktualisiert. Angaben wie Telefonnummern, Öffnungszeiten, Adressen, Preise und Fahrpläne können sich jedoch ändern. Der Verlag kann für fehlerhafte oder veraltete Angaben nicht haftbar gemacht werden.
Für Hinweise, Verbesserungsvorschläge und Korrekturen ist der Verlag dankbar. Bitte richten Sie Ihr Schreiben an:
Dorling Kindersley Verlag GmbH
Redaktion Reiseführer
Gautinger Straße 6
D-82319 Starnberg

◁ **Der Palácio da Pena erhebt sich über dem Parque da Pena, Sintra**

INHALT

Reiterstandbild Josés I auf der Praça do Comércio, Lissabon

Alltag in der Alfama, dem ältesten Stadtteil Lissabons

Eingang zum Kapitelsaal des Klosters von Alcobaça, Estremadura

Typische Häuser in der Nähe von Beja im Alentejo

Das prachtvolle gotische Kloster von Batalha

Kacheln (17. Jh.) des Palácio Fronteira, Lissabon

BENUTZERHINWEISE

Dieser Reiseführer soll Ihnen helfen, Ihren Besuch in Portugal zu einem Erlebnis zu machen. Der Abschnitt *Portugal stellt sich vor* beschreibt das Land und stellt historische Zusammenhänge dar. Zehn Kapitel, darunter eines über die Hauptstadt Lissabon widmen sich den Sehenswürdigkeiten in Text und Bild. Empfehlenswerte Hotels und Restaurants finden Sie im Kapitel *Zu Gast in Portugal*. Die *Grundinformationen* enthalten viele praktische Tipps zu Anreise, Telefonieren oder öffentlichen Verkehrsmitteln sowie zu einem sicheren Aufenthalt.

LISSABON

Lissabon wurde in fünf Gebiete unterteilt. Jedes Kapitel beginnt mit einer Auflistung der Hauptsehenswürdigkeiten. Diese sind mit Nummern versehen, die Sie auf den Stadtteil- und Detailkarten und natürlich auch im Text wiederfinden.

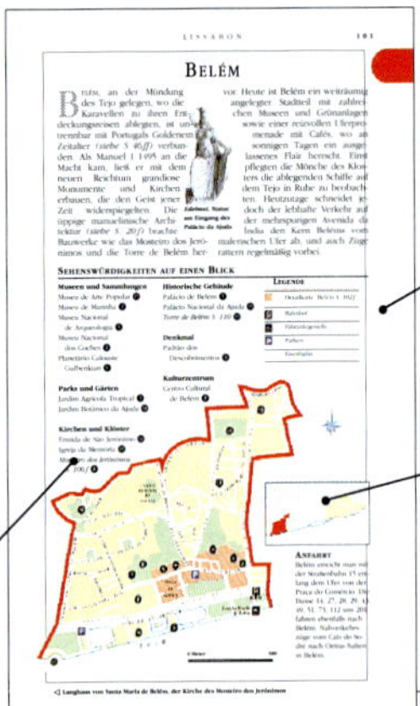

1 Stadtteilkarte
Die im Kapitel vorgestellten Sehenswürdigkeiten sind durchnummeriert und lassen sich so im Text und auch im Stadtplan (S. 126ff) *leicht finden.*

Eine Orientierungskarte zeigt die Lage des Stadtteils, in dem Sie sich befinden.

Alle Seiten, die sich auf Lissabon beziehen, haben eine rote Farbmarkierung.

Sehenswürdigkeiten auf einen Blick führt das Wichtigste auf: Kirchen, Museen und Sammlungen, historische Gebäude und Parkanlagen.

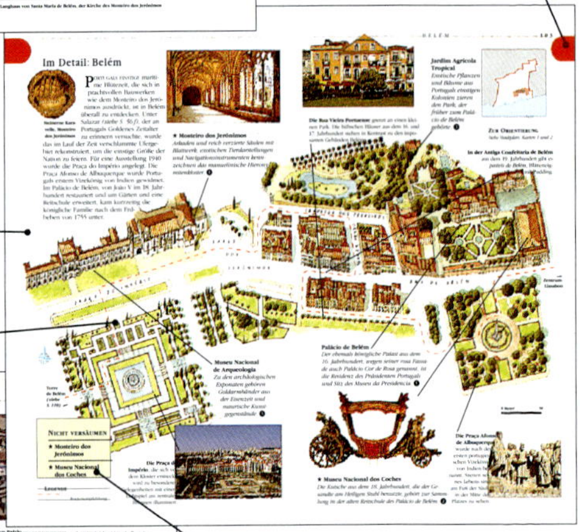

2 Detailkarte
Aus der Vogelperspektive wird das Zentrum eines Stadtteils gezeigt.

Die Routenempfehlung ist in Rot gekennzeichnet.

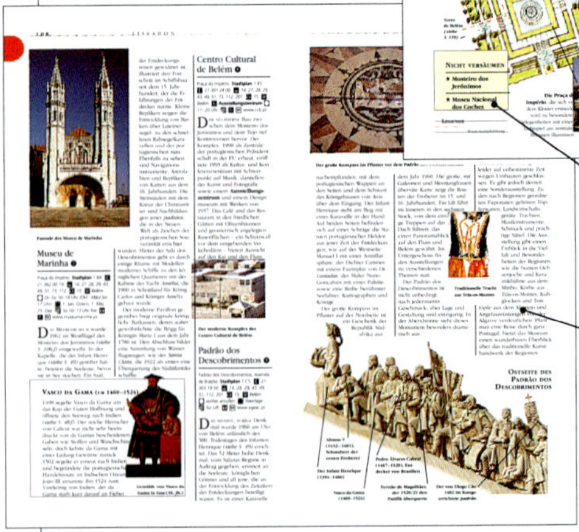

Sterne bezeichnen herausragende Sehenswürdigkeiten, die Sie nicht versäumen sollten.

3 Detaillierte Informationen
Alle Sehenswürdigkeiten Lissabons sind einzeln beschrieben – mit Adresse und praktischen Informationen. Die dabei verwendeten Symbole finden Sie auf der hinteren Umschlagklappe erklärt.

1 Einführung

Landschaft, Geschichte und Charakter jeder Region werden hier beschrieben. Die Einführung erklärt, wie sich das Gebiet über die Jahrhunderte entwickelt hat und welche Sehenswürdigkeiten es dem Besucher bietet.

Die Regionen Portugals

Neben Lissabon ist Portugal in neun geografische Einheiten unterteilt, denen jeweils ein Kapitel gewidmet ist. Die interessantesten Städte, Dörfer und Sehenswürdigkeiten sind auf den *Erlebniskarten* dargestellt.

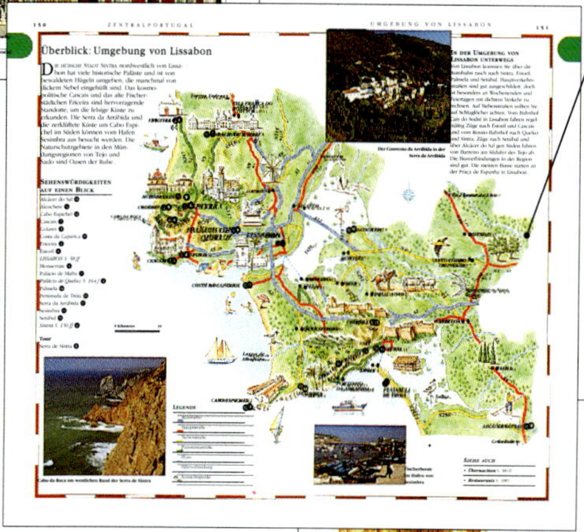

2 Erlebniskarte

Sie zeigt das Straßennetz und eine illustrierte Übersicht der Region. Alle Sehenswürdigkeiten sind nummeriert. Die Karte gibt auch Tipps zur Erkundung der Gegend.

Jede Region Portugals lässt sich anhand der Farbkodierung auf der Umschlaginnenseite leicht auffinden.

3 Detaillierte Informationen

Alle wichtigen Orte sind einzeln beschrieben. Die Reihenfolge entspricht der Nummerierung auf der Erlebniskarte. Zu jedem Ort gibt es detaillierte Informationen über die wichtigsten Sehenswürdigkeiten.

Kästen beleuchten Wissenswertes.

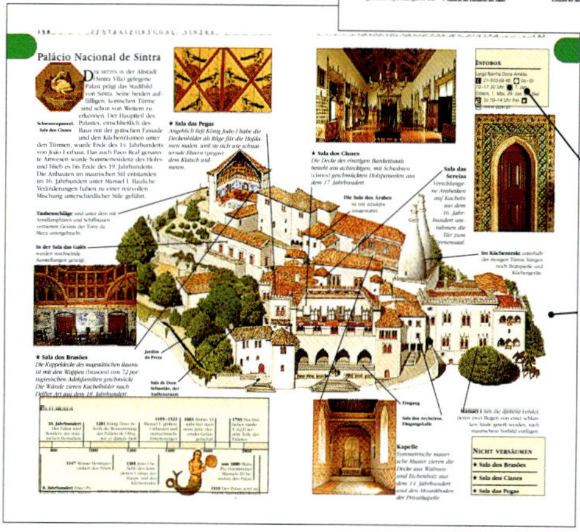

Die Infobox enthält Informationen, die für einen Besuch hilfreich sind.

4 Die wichtigsten Sehenswürdigkeiten

Ihnen werden zwei oder mehr Seiten gewidmet. Historische Gebäude werden perspektivisch dargestellt; bei Museen und Sammlungen erleichtern farbig markierte Grundrisse die Orientierung.

Portugal stellt sich vor

Portugal auf der Karte

PORTUGAL, IM ÄUSSERSTEN Südwesten Europas gelegen, nimmt knapp ein Sechstel der Iberischen Halbinsel ein, das Land hat mehr als zehn Millionen Einwohner. Im Norden und Osten trennt eine rund 1300 Kilometer lange Grenze das Land von Spanien, im Süden und Westen grenzt Portugal auf mehr als 800 Kilometern Länge an den Atlantik. Zum Staatsgebiet gehören auch Madeira und die Azoren.

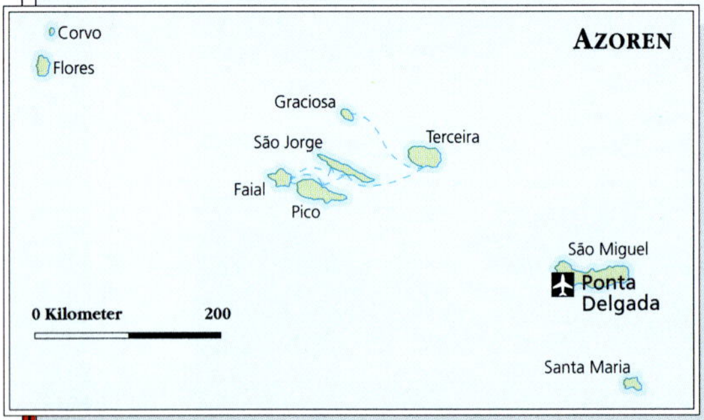

Azoren

Die Azoren liegen rund 1300 km westlich vom Festland im Atlantik. Sie sind vulkanischen Ursprungs und bilden mehrere kleine Inselgruppen.

Madeira

Zwei der vier knapp 1000 Kilometer südwestlich von Lissabon im Atlantischen Ozean gelegenen Inseln sind bewohnt: Madeira und Porto Santo.

Legende

- Internationaler Flughafen
- Fährhafen
- Autobahn
- Hauptstraße
- Nebenstraße
- Eisenbahn
- Landesgrenze

ATLANTIK

0 Kilometer 100

◁ **Landschaft bei Lagos in der Algarve, gemalt von Sir Cedric Morris (1889–1982)**

Lissabon und Umgebung
Die Hauptstadt Portugals liegt an der Mündung des Tejo. Im Großraum Lissabon, dem bedeutendsten Hafen und Geschäftszentrum des Landes, leben rund eine Million Menschen.

Ein Porträt Portugals

DIE MEISTEN REISENDEN *besuchen Portugal wegen seiner Sandstrände, seiner Felsküste und seiner hervorragenden Sportmöglichkeiten. Jenseits der Badeparadiese aber liegen einige der am wenigsten bekannten Landstriche Westeuropas: Gebiete von wilder Schönheit, historische Städte, idyllische Dörfer.*

Pferdehirten in Vila Franca de Xira im Ribatejo

Obwohl Portugal geografisch kein eigenständiges Land zu sein scheint, ist es mit seiner 800-jährigen Geschichte der älteste Nationalstaat Europas. Die rund zehn Millionen Portugiesen sprechen ihre eigene Sprache, pflegen ihre Sitten und Bräuche und verweisen stolz auf ihre jahrhundertelange Unabhängigkeit vom starken Nachbarn Spanien.

Für ein flächenmäßig so kleines Land umfasst Portugal eine überraschende Vielfalt von Landschaften. Die kargen Landstriche in Minho und Trás-os-Montes im Norden sind die traditionsreichsten, vielleicht aber auch rückständigsten Regionen und haben von jeher die höchste Auswanderungsrate. Vollkommen anders ist der Süden: Wunderschöne Sandstrände und ganzjährig mildes Klima haben die sonnenverwöhnte Algarve zu einem Ferienparadies ersten Ranges gemacht.

Die beiden großen Wasseradern des Landes, Tejo und Douro, entspringen in Spanien und strömen westwärts durch Portugal dem Atlantik zu. Von den Ufern des wilden Oberlaufs des Douro stammt Portugals berühmtestes Exportprodukt – der Portwein, dessen Reben hier an teilweise sehr steilen Weinbergen gedeihen. Der Tejo dagegen fließt breit und behäbig; von Zeit zu Zeit überflutet er die fruchtbaren Ebenen des Tejo-Beckens (Ribatejo), auf denen Pferde und Kampfstiere weiden.

Hochsaison am Strand von Albufeira an der Algarve

◁ **Kleinbauern – traditionelle Landwirtschaft bei Ponte de Lima im Minho**

Sanfte Hügellandschaft im Alentejo, im Hintergrund das Dorf und die mittelalterliche Burg Terena

An den Mündungen der zwei Ströme liegen die beiden größten Städte Portugals, Lissabon und Porto. Die Hauptstadt Lissabon ist eine kosmopolitische Metropole mit einem reichhaltigen kulturellen Angebot. Porto steht in dieser Hinsicht im Schatten Lissabons, hat sich aber vor allem in Industrie und Handel zu einem ernsthaften Konkurrenten entwickelt. Die meisten Portugiesen leben jedoch in viel kleineren Gemeinden – in Fischerdörfern an der Atlantikküste oder in winzigen mittelalterlichen Städtchen der trockenen Ebenen des Alentejo oder der gebirgigen Regionen der Beiras.

Weidenruten werden auf Madeira zur Verarbeitung als Korbwaren vorbereitet

Das Viertel Barredo in Porto, Portugals zweitgrößter Stadt

Weit draußen im Atlantik liegen zwei Inselgruppen mit eigener Regionalregierung: nur wenige hundert Kilometer vor der marokkanischen Küste Madeira mit seiner tropischen Vegetation und etwa auf einem Drittel des Weges von Lissabon nach New York die überaus regenreichen Vulkaninseln der Azoren.

Politik und Wirtschaft

Vor rund einem Vierteljahrhundert trat Portugal in eine neue Ära ein. Seit den späten 1920er Jahren hatte sich das Land unter der langen, faschistischen Diktatur vom Rest Europas regelrecht abgeschottet. Die Außenpolitik beschränkte sich auf die (letztlich jedoch vergebliche) Verteidigung der portugiesischen Kolonien in Afrika und Asien. Industrie und Handel befanden sich fest in den Händen einiger weniger Familien.

Die »Nelkenrevolution« von 1974 setzte dem ein Ende. Es folgten einige Jahre einer zaghaften Redemokratisierung, und ab den 1980er Jahren gewann Portugal zunehmend Selbstvertrauen. Die Aufnahme des Landes in die

Luxusyachten im Hafen von Vilamoura in der Algarve

Europäische Gemeinschaft 1986 markierte den Beginn von Baumaßnahmen bislang ungekannten Ausmaßes. Investitionen flossen ins Land, und zu den traditionellen Exportprodukten Kork, Textilien, Ölsardinen und Wein kamen neue Großindustriezweige wie zum Beispiel Automobilbau und Herstellung von Baustoffen.

Umfangreiche Subventionen und Darlehen der EU finanzierten den Bau neuer Straßen, Brücken und Krankenhäuser und brachten auch den Bauern Erleichterungen. Porto war 2001 Kulturhauptstadt Europas, im Juli 2002 wurde der Euro auch Portugals neue Währung.

Lebensstil

Wenn man ein Volk pauschal beurteilen will, sind die Portugiesen eher ruhig und zurückhaltend, mit einem angeborenen Sinn für Höflichkeit – die sie natürlich auch von anderen erwarten. Sie wahren, solange man sich nicht näher kennt, immer eine gewisse Distanz. Trotzdem sind sie ein überaus geselliges Volk, das gerne gut isst und trinkt und jede Gelegenheit für eine Feier nutzt. Eine Schwäche haben die Portugiesen für Kinder, die überall willkommen sind. Dennoch: hinter dem Lachen und Lächeln verbirgt sich oft eine leise Melancholie, die geradezu ein Charakterzug der ganzen Nation ist und von den Portugiesen selbst *saudade* genannt wird. Damit bezeichnen sie eine Art Sehnsucht oder Wehmut nach etwas Verlorenem oder auch Unerreichbarem.

In der Ria de Aveiro wird Tang zur Düngemittelproduktion gesammelt

Herrlicher Blick vom Städtchen Monsanto über die einsame Weite der Beira Baixa

Feldarbeiter im Alentejo bei der Brotzeit

Daneben gibt es noch eine Reihe weiterer portugiesischer Eigenheiten, die manchen Besucher irritieren: Da ist einmal ein sehr flexibles Verhältnis zur Zeit, weshalb Unpünktlichkeit niemals als persönlicher Affront gedeutet werden darf. Zum Zweiten verblüfft die Tatsache, dass viele Portugiesen sämtliche guten Manieren vergessen, sobald sie hinter dem Steuer ihres Wagens sitzen. Rücksichtsloses Fahren, vor allem gefährlich dichtes Auffahren bei hoher Geschwindigkeit, ist fast schon ein Nationalsport.

Stadttor von Óbidos mit prachtvollen *azulejos* aus dem 18. Jahrhundert

Den Kernpunkt des portugiesischen Lebens bildet die Familie. Wenngleich sich die Sitten, besonders in den Großstädten, allmählich wandeln, ist es auch heute noch die Regel, dass drei, wenn nicht gar vier Generationen unter einem Dach leben. Fast immer wohnen die jungen Leute bis zur Heirat bei ihren Eltern. Drastisch geändert hat sich jedoch die Größe der Familie. Waren noch vor einer Generation zehn oder mehr Kinder vor allem auf dem Land keine Seltenheit, hat die Durchschnittsfamilie heute zwei Kinder, die meist von der Großmutter betreut werden, während beide Elternteile berufstätig sind.

Kachelgeschmückte Fassade in Alcochete am Tejo

Der katholische Glaube ist in der portugiesischen Seele tief verankert. Gerade im Norden wacht über fast jeden Haushalt und jeden Laden ein Kruzifix oder ein Heiliger. Hochzeit und Erstkommunion werden groß in der Kirche gefeiert, und obwohl die Zahl der Kirchgänger auch in Portugal zurückgeht, lockt Nossa Senhora da Fátima unvermindert Pilgerströme an. Die Begeisterung für Feste zu Ehren einzelner Dorfheiliger *(romarias)* ist sehr groß.

Sprache und Kultur

Einer der schlimmsten Fehler, den ein Besucher begehen kann, ist es, Portugiesisch als einen Dialekt des Spanischen abzutun – Sprache und Literatur sind der Stolz der Portugiesen. Das Nationalepos *Os Lusíadas* des

Feierliche Prozession im Dorf Vidigueira im Alentejo

Dichters Camões (16. Jh.) wird noch heute mit großer Ehrerbietung rezitiert. Viele Portugiesen schätzen auch die Ironie, mit der Eça de Queirós im 19. Jahrhundert das Porträt seiner Heimat zeichnete. Genauso gepflegt wird die Tradition des Fado, dessen schmerzvolle Klänge die Melancholie der *saudade* widerspiegeln. Auf dem Land freilich hört man eher folkloristisch-fröhliche Tanzmusik.

Unterwegs in der Beira Alta

Portugiesen sind sehr sportbegeistert; die höchste Auflage aller Zeitschriften erreicht das täglich erscheinende Sportjournal *A Bola*. Fußball ist geradezu eine nationale Obsession. 2004 fand in Portugal die Fußball-Europameisterschaft statt. Eine weitere Leidenschaft ist der Stierkampf, doch wird ihm bei weitem nicht dasselbe Interesse entgegengebracht wie im Nachbarland Spanien.

Das Fernsehen ist aus dem Alltag nicht wegzudenken, hohe Einschaltquoten erreichen auch die von portugiesischen Fernsehanstalten produzierten Seifenopern, Filme und Dokumentationen.

Auch wenn sich das Augenmerk in die Zukunft richtet, blicken die Portugiesen doch mit Vorliebe auf das Zeitalter der Entdeckungen zurück. Ihr Lieblingsstil, die manuelinische Architektur, stammt aus ebenjener Epoche. Auch in vielen *azulejo*-Bildern, ein weiterer Stolz der Nation, wird jene glanzvolle Ära glorifiziert.

Trotz Mitgliedschaft in europäischen Institutionen machen die jahrhundertealten Traditionen einen sehr großen Teil der nationalen Identität aus.

Straßencafé an der Praça da Figueira im Lissabonner Stadtteil Baixa

Landestypische Architektur

Fenster in Marvão *(siehe S. 294)*

DIE LÄNDLICHE ARCHITEKTUR Portugals richtet sich stark nach den jeweiligen klimatischen Bedingungen und lokal verfügbaren Baumaterialien. Im Norden wehren dickwandige Granithäuser Kälte und Regen ab. Die Beiras sind milder, hier werden Ziegel- und Kalksteinbauten errichtet. Im Alentejo und im Ribatejo bieten lange, flache Lehmbauten Schutz vor heißen Sommern und kalten Wintern, und die Lehm- oder Steinhäuser der Algarve sind dem mediterranen Klima angepasst.

Gelb-weiße Häuser in Óbidos ***(siehe S. 174f)***

Die Kamine sind klein; häufig entweicht der Rauch einfach durch Öffnungen im Dach.

Das Dach ist mit Schiefer oder Ziegeln gedeckt, gelegentlich mit Reet.

In den Dörfern *des Minho und von Trás-os-Montes stehen vorwiegend zweigeschossige Häuser mit Außentreppe. Man hält sich viel auf der Veranda auf.*

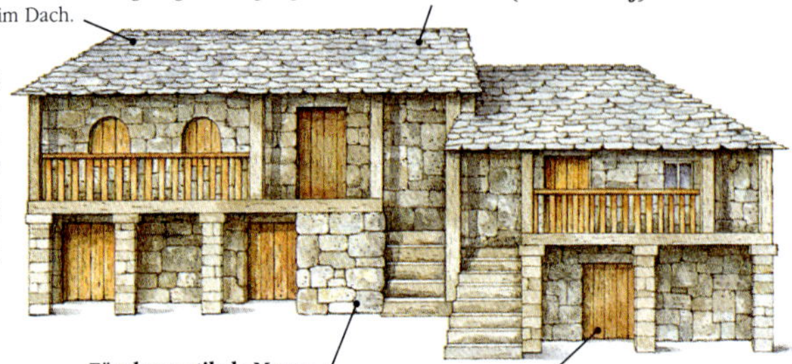

Für das rustikale Mauerwerk wird Granit aus der Region verwendet.

Das Erdgeschoss dient als Stall sowie als Vorrats- und Getreidespeicher.

Fischerhäuser *tragen in der Umgebung von Aveiro* (siehe S. 201) *leuchtend bunte Streifen. Als Baumaterial dient das Holz von Bäumen, die zur Befestigung der Dünen angepflanzt wurden.*

Ein erhöhtes Fundament schützt gegen Hochwasser.

Neuere Häuser setzen die Tradition des typischen Streifenmusters mit Kacheln fort.

Die Bemalung mit verschiedenfarbigen Streifen ermöglichte es den Fischern, ihr Zuhause von weitem und bei Nebel leicht zu erkennen.

Dächer in Castelo de Vide im Alentejo ***(siehe S. 295)***

ZIEGELDÄCHER

Die typischen roten Ziegeldächer verleihen Dörfern und Städtchen einen ganz eigenen Charme. Am weitesten verbreitet sind *telhas de canudo*. Diese halbzylindrischen Ziegel, die die Mauren einführten, werden in zwei Schichten aufgelegt: die erste mit der konkaven Seite nach oben, die zweite so, dass deren Wölbung die Verbindungsstellen der ersten bedeckt.

Telhados de quatro águas, **die charakteristischen Dächer von Tavira an der Algarve** ***(siehe S. 330)***

Telhas de canudo bedecken das Dach.

Verglaste Veranden können das ganze Jahr genutzt werden.

Die Kalksteinwände zieren Stuckarbeiten; sie sind weiß getüncht.

Häuser in den Beiras (siehe S. 194ff) *haben häufig im ersten Stock eine verglaste Veranda, die nach Süden blickt und so Sonnenwärme einfängt und auch dem eisigen Nordwind trotzt.*

Holzbalken

Strohhäuser *sind auch im Sado-Mündungsgebiet* (siehe S. 169) *rar. Die Wände der wenigen erhaltenen haben einen Holzrahmen, der mit Stroh und Reet aufgefüllt ist. Es wird nur einheimisches Material verwendet.*

Portugals Windmühlen

Windmühlen sind in Portugal wohl seit dem 11. Jahrhundert bekannt. Man findet noch heute zahlreiche ursprüngliche Mühlen, vor allem an der Küste.

Die meisten Windmühlen *bestehen aus einem Steingebäude mit drehbarem Dach, das das vierflügelige Windrad trägt. Am schönsten sind sie in der Estremadura* (siehe S. 170ff).

Windmühlen auf den Azoren*, wie diese auf Faial* (siehe S. 370), *ähneln den portugiesischen, ihre Flügelkonstruktion zeigt aber den Einfluss früher holländischer und flämischer Siedler.*

Einige Ziegel können abgenommen werden, um mehr Licht einzulassen.

Die Holzfenster sind farbig umrandet.

Riesige Kamine bieten ausreichend Platz zum Räuchern.

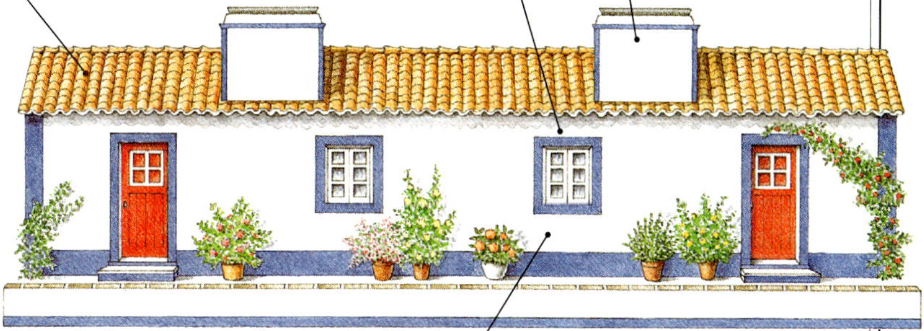

Die getünchten Häuser *im Alentejo und im Ribatejo bestehen meist aus Ton. Lang gestreckt und niedrig, haben sie nur wenige Öffnungen, damit im Sommer die Hitze und im Winter die Kälte draußen bleibt.*

Der weiße Anstrich schützt die Wände, reflektiert das Sonnenlicht und hält auch Ungeziefer fern. Viele Hausbesitzer setzen ihren ganzen Stolz daran, ihr Haus jedes Jahr neu zu streichen.

Schornsteine der Algarve

Kamine sind ein wichtiger dekorativer Bestandteil der Architektur der Algarve *(siehe S. 314ff)*. An der zylindrischen oder prismenförmigen Gestalt und den geometrischen Durchbrechungen sieht man maurische Einflüsse. Die Schornsteine sind weiß getüncht, zuweilen unterstreichen Farbakzente die Ornamentik.

Manuelinische Architektur

Der Baustil, der während der Regierungszeit Manuels I *(siehe S. 46ff)* und auch über seinen Tod hinaus vorherrschte, ist eine portugiesische Variante der Spätgotik. Typische Merkmale sind maritime Motive, die auf die Seefahrertradition des Landes verweisen, und üppige Ornamentik. Hauptwerke der Manuelinik schufen João de Castilho und Diogo Boitac mit dem Mosteiro dos Jerónimos *(siehe S. 106f)* sowie Francisco und Diogo de Arruda mit der Torre de Belém *(siehe S. 110)*.

Manuelinischer Pranger in Chaves *(siehe S. 256f)*

***Das Portal** der Kirche Nossa Senhora da Conceição Velha in Lissabon* (siehe S. 87) *gab Manuel zu Beginn des 16. Jahrhunderts in Auftrag. Es zeigt den König mit seinen Gemahlinnen.*

***Dieses Fenster** im Convento da Ordem de Cristo in Tomar* (siehe S. 186f) *ließ Manuel I um 1510 von Diogo de Arruda entwerfen. Es zeigt den exotischen Naturalismus und die Überfülle maritimer Details in der manuelinischen Architektur.*

***Aus dem ersten Gold**, das von Indien nach Portugal kam, schuf Gil Vicente 1506 die Monstranz für Santa Maria de Belém* (siehe S. 107). *Sie spiegelt das Südportal der Kirche wider.*

Ornamentale Details

Die bedeutendsten Motive der Manuelinik sind Armillarsphäre (Ringkugel), Christusritterkreuz und Schiffstaue. Ebenso oft wie solche naturalistischen kommen auch Phantasieformen zum Einsatz. Viele erinnern in ihrer verschwenderischen Fülle an spanische Arbeiten; spätere manuelinische Motive greifen Elemente der italienischen Renaissance auf.

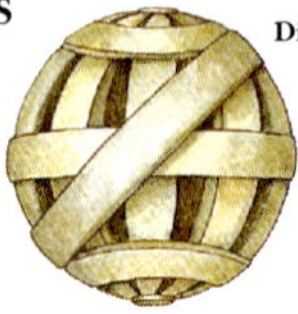

Die Armillarsphäre, ein Seefahrerinstrument, erklärte Manuel I zu seinem Hoheitszeichen.

Das Kreuz der Christusritter war das Emblem eines Ritterordens, der die frühen Entdeckungsfahrten finanzieren half.

Rekonstruktion des Portals von Madre de Deus

Portal der Kirche Madre de Deus heute

Das Portal der Kirche Madre de Deus in Lissabon *(siehe S. 123)* fiel dem Erdbeben von 1755 zum Opfer, wurde aber 1872 von João Maria Nepomuceno wieder aufgebaut. Als Vorlage diente das Gemälde eines unbekannten Meisters des frühen 16. Jahrhunderts, *Die Ankunft der Reliquien der heiligen Auta in der Kirche Madre de Deus*, das sich heute im Museu Nacional de Arte Antiga *(siehe S. 96f)* befindet. Die prächtige Prozession bewegt sich auf das Portal zu, das auf dem Bild deutlich zu erkennen ist und – typisch für die Zeit – die Fassade des Gotteshauses dominiert. Die Manuelinik gab Rundbogen den Vorzug vor Spitzbogen, und dieses Tor zeigt eine besonders dekorative dreiblättrige Form.

Dieses Gemälde zeigt das ursprüngliche Portal des 16. Jahrhunderts

Geschwungene Äste und exotisches Blattwerk erinnern an indische Motive.

Im Claustro Real von Batalha (siehe S. 182f) *sind gotische Spitzbogen (frühes 15. Jh.) mit exquisitem manuelinischem Maßwerk kombiniert, das auf schlanken Säulen ruht. Als Baumeister gilt Diogo Boitac.*

Weicher Kalkstein ermöglichte filigrane Formen.

Kreuz der Christusritter

Armillarsphäre

Die schlanken Kolonnaden tragen Ornamente mit Perlen-, Muscheln- und Schneckenmotiven.

Säulen aus gleichsam geflochtenem Steinwerk setzten Baumeister wie Boitac auch bei der Igreja de Jesus in Setúbal ein *(siehe S. 168)*.

Geschlungene Taue zieren Decken, Gewölbe, Säulen und Bogen und umgürten, innen wie außen, ganze Gebäude.

***Der Palast von Buçaco**, heute ein Luxushotel* (siehe S. 210), *wurde Ende des 19. Jahrhunderts als königliches Jagdschlösschen erbaut, aber nie als solches genutzt. Der reich verzierte Bau enthält nahezu alle Elemente der Manuelinik und demonstriert aufs Schönste, wie bedeutend diese typisch portugiesische Stilrichtung noch heute ist.*

Azulejos (Bemalte Kacheln)

Der Gedanke, Wände, Fußböden und sogar Decken mit bemalten Kacheln zu verkleiden, kam mit den Mauren auf die Iberische Halbinsel. Im 16. Jahrhundert begannen portugiesische Kunsthandwerker, eigene Entwürfe zu realisieren, und zweihundert Jahre später beherrschte Portugal den europäischen Markt. Die weißblauen Kacheln aus der Zeit des Barock gelten als die schönsten und kostbarsten. Auch heute noch sind *azulejos* Bestandteil vieler Häuser, deren Innenräume oder Fassaden sie schmücken.

1716 *Ausschnitt aus »Christus lehrt im Tempel«*
Um 1690 begann man mit der Herstellung weiß-blauer Kachelbilder. Diese Figuren stammen vom bedeutendsten Meister der Kachelmalerei, António de Oliveira Bernardes (1660–1732) *(Igreja da Miseicórdia, Évora, siehe S. 303).*

Um 1520 *Fries spanischer Kacheln*
Für Kacheln im maurischen Stil wurden oft einige Felder erhöht, um die Zinnglasuren am Verlaufen zu hindern *(Palácio Nacional de Sintra, siehe S. 158f).*

Um 1680 *Jagende Katze*
Naturalistische Kachelbilder jener Zeit basieren oft auf naiven Entwürfen und sind sehr farbenfroh ausgeführt *(Museu Nacional do Azulejo, siehe S. 122f).*

1500	1600	1700
Renaissance	**Manierismus**	**Barock**
1500	1600	1700

1565 *Susanna und die Ältesten*
Mitte des 16. Jahrhunderts kam die Majolikatechnik auf, die die Herstellung vereinfachte: Da die Farben beim Brennen nicht mehr verliefen, konnten nun mehrere auf eine Kachel aufgetragen werden. Diese biblische Szene zählt zu den ersten in Portugal gefertigten. Die dekorativen Details sind typisch für die Renaissance.

Um 1650 *Teppichkacheln*
Diese Kacheln, vorwiegend in Blau, Gelb und Weiß, griffen die Muster maurischer Teppiche auf – daher der Name. Häufig bedeckten sie ganze Wände *(Museu Nacional do Azulejo, siehe S. 122f).*

1736 *Capela de São Filipe*
Die kleine Kapelle der ehemaligen Burg von Setúbal ist vollständig mit weiß-blauen Kacheln ausgekleidet. Die Bilder, die das Leben des heiligen Philipp zeigen, stammen von Policarpo de Oliveira Bernardes, dem Sohn des großen António *(Castelo de São Filipe, siehe S. 168).*

Um 1670 *Gekachelte Altarfront*
Bedruckter Kattun und Chintz aus Indien dürften als Vorlage zu diesem ornamentalen Muster mit Hindumotiven und anderen exotischen Elementen gedient haben *(Museu Nacional do Azulejo, siehe S. 122f).*

1865 *Fábrica Cerâmica Viúva Lamego, Lissabon*
In der ersten Hälfte des 19. Jahrhunderts wurden kaum Kacheln produziert. Die Nachfrage stieg, als es wieder Mode wurde, ganze Hauswände damit zu verkleiden. Dieser Chinese ist Teil eines 1865 gefertigten Kachelbildes, das die Fassade der Fabrik schmückt.

Um 1970 *Kachelmuster*
Der Originalentwurf zu diesem überaus modern anmutenden Werk des Architekten Raúl Lino stammt aus der Zeit um 1910. Viele zeitgenössische portugiesische Künstler arbeiten mit *azulejos* *(Museu Nacional do Azulejo, siehe S. 122f)*.

Um 1770–84 *Corredor das Mangas* Im Rokoko waren vielfarbige *azulejos* sehr beliebt. Diese Kachelbilder in der königlichen Sommerresidenz Queluz zeigen Jagdszenen, die vier Jahreszeiten und die Kontinente *(Palácio de Queluz, siehe S. 164f)*.

1927 *Schlacht von Ourique*
Anfang des 20. Jahrhunderts erlebten großformatige historische Darstellungen in traditionellem Weiß-Blau eine Renaissance. Dieses Schlachtenbild fertigte Jorge Colaço *(Pavilhão Carlos Lopes, Parque Eduardo VII, Lissabon, siehe S. 115)*.

1800	1900
KLASSIZISMUS	**JUGENDSTIL** · **MODERNE**
1800	1900

Um 1800 *Die Geschichte des Hutmachers António Joaquim Carneiro*
Anmutiges klassizistisches Dekor umgibt das weiß-blaue Zentralmotiv, das das reizende Märchen von dem Hirtenjungen erzählt, der in die Großstadt kommt und dort als Hutmacher ein Vermögen verdient. Solche und ähnliche Motive verschwanden, als politische Unruhen *(siehe S. 54)* das Land zu erschüttern begannen *(Museu Nacional do Azulejo, siehe S. 122f)*.

Um 1770 *Torhüter*
Figuren wie dieser Musketier stehen seit dem 18. Jahrhundert an zahlreichen Privathäusern und Palästen Wache *(Museu Nacional do Azulejo, siehe S. 122f)*.

KACHELSCHMUCK AN WOHNHÄUSERN

Jugendstilfriese und kräftig kolorierte Ornamente beleben die Fassade dieses prachtvollen Hauses (frühes 20. Jh.) in Aveiro. Noch heute lassen viele Portugiesen ihre Häuser mit *azulejos* verkleiden – sie sind preiswert, haben eine lange Lebensdauer und brauchen kaum Pflege. Besonders schöne Beispiele findet man in Ovar *(siehe S. 198f)*.

Vila Africana, Aveiro *(siehe S. 200)*

Dekorative Keramik

Fast überall in Portugal findet man kleine, häufig noch in Familienbesitz befindliche Töpfereien *(olarias)*. Je nach Region unterscheiden sich die Keramiken in ihrem Stil. Fabriken und Töpfermärkte bieten eine sehr große Auswahl schöner Exemplare. Entscheiden Sie sich zwischen praktischem braunem Steingut, bunten Figurinen *(bonecos)*, handbemalten Stücken und edlem Porzellan.

Barcelos (siehe S. 273) *ist das nordportugiesische Keramikzentrum. Viele Werkstätten kreieren Terrakottagefäße, Vasen, Blumentöpfe, Laternen und Figurinen.*

Das feinste Porzellan *Portugals stammt aus Vista Alegre* (siehe S. 201). *Zu der Manufaktur gehört ein interessantes Museum, das die Entwicklung dieser Kunst illustriert.*

Viele Manufakturen *halten die Tradition der Fayencen aus Coimbra und Umgebung* (siehe S. 202ff) *aufrecht. Estrela de Conimbriga, südlich der Stadt, die diesen Kerzenhalter fertigte, ist eine davon. Geschirr und andere Objekte zieren Muster nach maurischen Vorbildern aus dem 17. und 18. Jahrhundert.*

Caldas da Rainha (siehe S. 175) *fertigt Früchte, Fische und Gemüse aus Keramik, die, wie diese Kürbisse, täuschend echt wirken. Die Manufaktur stellt auch Geschirr mit Blüten- und Blattreliefs her.*

In den 1970er Jahren *wurde die Keramik in Cascais* (siehe S. 162) *von Luís Soares neu belebt. Nach antikem Vorbild ritzte er Muster in noch weichen Ton – so bleibt jedes Stück ein Unikat. Hochwertige Glasur und Brenntechnik geben den Werken den letzten Schliff.*

Die Töpferei von Porches *wurde 1968 gegründet, um ein traditionelles Handwerk wieder zu beleben und die alten maurischen und iberischen Muster zu bewahren. Jedes Stück ist handglasiert und mit Mustern in Blau, Grün und Türkis bemalt.*

BRAUNES STEINGUT

Glasiert oder roh, unbemalt oder mit schlichten Mustern verziert – braunes Steingut wird fast überall verwendet und auf Märkten zum Verkauf angeboten. Die Teller sind ebenso dekorativ wie widerstandsfähig und für den täglichen Gebrauch geeignet. Die Auswahl reicht von einfachen Kasserollen bis hin zu tragbaren Spirituskochern.

Bisalhães *und andere Dörfer nahe Vila Real* (siehe S. 255) *fertigen schwarze und graue Keramiken. Ihre Farbe verdanken sie der Behandlung mit Moos und Erde nach dem Brennen. Die stabilen Gefäße dienen als Kochtöpfe.*

Florale Ornamente *in Weiß auf naturfarbener Terrakotta sind das Markenzeichen der Keramiken aus Nisa im Alentejo. Schimmernde Quarz- oder Marmorsplitter auf zarten Blütenmustern haben dekorative Effekte.*

Der rote Ton *aus Estremoz* (siehe S. 300f) *wird seiner idealen Formbarkeit wegen geschätzt. Typisch sind Reliefverzierungen von auffälligem Dekor. Estremoz ist auch für seine* bonecos *berühmt.*

Handbemalte Keramik *aus Redondo* (siehe S. 300) *bezaubert durch einen ländlichen Stil. Die Teller sind häufig mit Blütenmustern oder pastoralen Szenen geschmückt.*

Eine Töpferin *in São Pedro do Corval fertigt – nur nach Augenmaß – aus einem einzigen großen Tonklumpen mehrere exakt gleich große Gefäße. Zum Formen und Dekorieren gebraucht sie nur einfaches Werkzeug. In den Dörfern rund um Reguengos de Monsaraz* (siehe S. 307) *gibt es noch viele ähnliche traditionelle Töpfereien.*

Fischfang

Tintenfischfallen aus Terrakotta

DIE FISCHEREI ist ein traditioneller Wirtschaftszweig, der noch heute rund 25 000 Portugiesen beschäftigt. Besonders gut beobachten kann man die Fischer in Viana do Castelo, Peniche, Nazaré, Sesimbra und Ericeira im Westen des Landes sowie in Sagres, Lagos und Olhão im Süden.

***Fischer** flicken ihre Netze in Peniche* (siehe S. 174), *einem Zentrum für Sardinen, die im Sommer Saison haben. Rund 250 000 Tonnen werden jährlich vor der Küste gefangen, um tiefgefroren, verpackt oder in Restaurants gegessen zu werden.*

***Ein Stand am Kai** von Sesimbra* (siehe S. 166) *präsentiert den Tagesfang. Früher sortierten die Fischersfrauen* (varinas) *die Fische und präparierten sie zum Verkauf.*

***Ferragudo** ist ein typisches kleines Fischerdorf im Mündungsgebiet des Arade. Die winzigen Boote fahren nicht weit hinaus und überlassen den großen Fang Kuttern aus dem nahe gelegenen Portimão, dem bedeutendsten Fischereihafen der Algarve.*

Fischerboote

Viele der rund 10 000 in Portugal gemeldeten Boote sind alt. Die größten 24-Meter-Fischdampfer haben Dieselmotoren und Funk. Kleinere Trawler fischen nahe der Küste. Das untere Ende der Skala bildet die fünf Meter lange *meia-lua*, ein Ruderboot, das manchmal von Ochsen an den Strand gezogen wird.

***Der an der Algarve** verwendete Trawler* (traineira) *ist kaum zwölf Meter lang. Die Fischer fahren daher nicht weit hinaus und können keinen sehr großen Fang einholen.*

***Die kleine** **meia-lua** (»Halbmond«) mit flachem Kiel und hochgezogenem Bug ist an der Westküste zu sehen. Viele Boote tragen Glückssymbole wie das Kreuz der Christusritter.*

***Die Romaria de Nossa Senhora da Agonia** in Viana do Castelo* (siehe S. 274f) *ist nur eine von vielen Feierlichkeiten zu Ehren der Schutzpatronin der Fischer. Eine Prozession trägt eine Marienstatue zum Hafen. Von einem blumengeschmückten Boot aus wird die Flotte gesegnet.*

***In Cascais** an der Küste nahe Lissabon bieten Fischer jeden Abend auf dem Markt ihren Fang feil. Das geschäftige Treiben lockt Einheimische wie auch Besucher an.*

***Muschelsammler** auf dem Rückweg von den Muschelbänken östlich von Tavira an der Algarve. Im warmen Wasser der Lagune gedeihen Venus-, Messer- und Herzmuscheln sowie Wellhornschnecken.*

Hochseetrawler (traineiras) *fahren am weitesten aufs Meer hinaus und bringen vorwiegend Sardinen zurück. Schon die Phönizier gaben ihren Booten leuchtende Farben, um auf See gut sichtbar zu sein.*

FISCHARTEN

Die Auswahl an Fisch ist in Portugal schier endlos und reicht von Sardinen über Brasse, Barsch, Tunfisch, Aal bis zu Tintenfisch. Doch das Lieblingsgericht der Portugiesen wird weder hier gefangen noch frisch gegessen: *Bacalhau*, gesalzener und getrockneter Kabeljau, bereichert als *o fiel amigo* (treuer Freund) zahlreiche Gerichte.

Sardinen *(sardinhas)* machen den Hauptteil des Fangs aus. Sie schwimmen in Schwärmen in Tiefen von 25–40 Metern und werden deshalb von Trawlern mit Beutelnetzen eingeholt.

Rossmakrelen *(carapaus)* sind billig und werden gebacken, gegrillt oder gebraten. Zur Geschmacksverbesserung werden sie zuweilen mariniert.

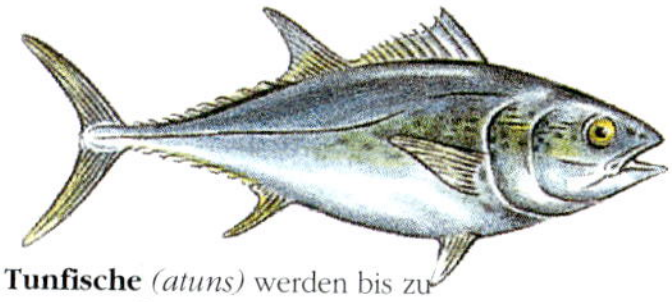

Tunfische *(atuns)* werden bis zu vier Meter lang und bei den Azoren und vor der Algarve gefangen. Tunfisch wird frisch verkauft oder für den Export in Dosen verpackt.

Tintenfische *(lulas)* gibt es vor allen Küsten Portugals. Sie werden als Eintopf, gebraten oder gegrillt verzehrt. Gemeiner Tintenfisch *(choco)* und Oktopus *(polvo)* sind gleichermaßen beliebt.

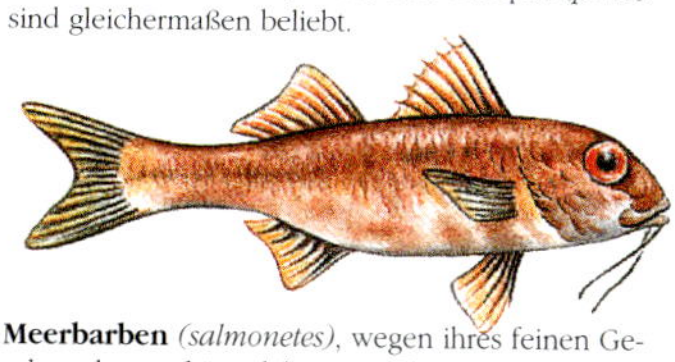

Meerbarben *(salmonetes)*, wegen ihres feinen Geschmacks geschätzt, leben vor allem vor der Küste von Setúbal, wo auch die besten Rezepte herstammen.

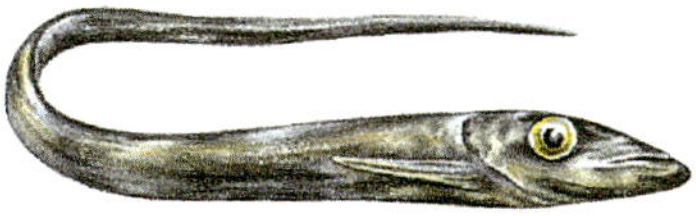

Seehechte *(pescadas)*, schmackhaft, lang und schlank, kommen vor Sesimbra und Madeira vor. Verwechseln Sie sie nicht mit dem ähnlich klingenden *peixe espada* (Schwertfisch), der ganz anders schmeckt.

Die Weine Portugals

Weine aus Portugal standen stets im Schatten des berühmten Portweins. Die Winzer produzieren jedoch mittlerweile auch einige hervorragende Rotweine wie die aus dem Douro-Tal (teilweise mit denselben Rebsorten wie beim Port). Weißweine guter Qualität sind seltener, aber in den meisten Anbaugebieten findet man einige. Bekannt und beliebt ist außerdem der leichte, etwas moussierende *vinho verde* aus dem Norden.

***Roséweine** wie Mateus werden vorwiegend für den Export produziert. Ihr Erfolg hat allerdings dazu beigetragen, dass hochwertige Tafelweine Portugals praktisch unbekannt blieben.*

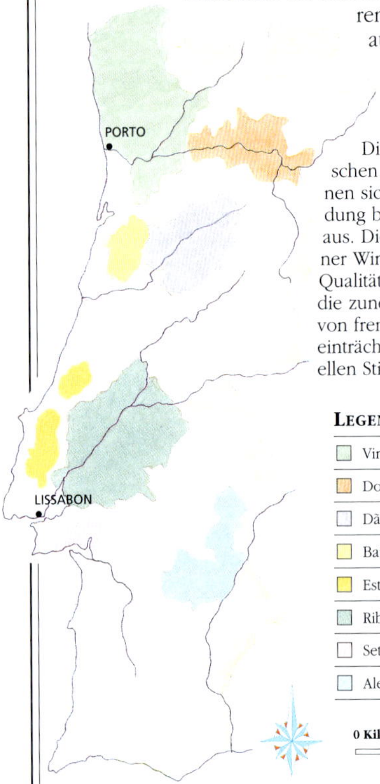

Weinbaugebiete

Die meisten portugiesischen Anbaugebiete zeichnen sich durch die Verwendung besonderer Rebsorten aus. Die Einführung moderner Winzertechniken hat die Qualität verbessert, und auch die zunehmende Verwendung von fremden Rebsorten beeinträchtigt nicht den inividuellen Stil der Weine.

Legende

- Vinhos Verdes
- Douro
- Dão
- Bairrada
- Estremadura
- Ribatejo
- Setúbal
- Alentejo

0 Kilometer 50

Vinho-Verde-Anbaugebiet beim Dorf Lapela unweit von Monção im Minho

In der Kellerei des Palace Hotel do Buçao *(siehe S. 210f)* lagern berühmte Rotweine

Was das Etikett aussagt

Neben *branco, tinto* und *rosado* (weiß, rot und rosé) verrät das Weinetikett auch, ob der Inhalt *adamado* oder *doce* (süß), *seco* (trocken), *bruto* (trocken, perlend), *licoroso* (verstärkt) oder *maduro* (im Faß gereift) ist. *Generoso* deutet auf einen Aperitif oder Dessertwein hin, *clarete* ist ein dem Bordeaux ähnlicher Wein, und *novo* bezeichnet neuen Wein. *Reserva* heißen Weine eines herausragenden Jahrgangs. *Engarrafado na origem* steht für Erzeugerabfüllung, während *adega* (Kellerei) und *quinta* (Gut) häufig als Teil des Erzeugernamens auftauchen.

Dieser Wein stammt aus dem Douro-Tal und wurde nach den DOC-Richtlinien der Region angebaut.

Der Name dieses Weins bedeutet »Ufer des Tua« und bezeichnet damit das Anbaugebiet genauer.

***Reserva* bedeutet**, dass der Wein wahrscheinlich in Eichenfässern gereift ist. Die Qualität dürfte höher sein, als bei Nicht-*Reserva*-Weinen desselben Winzers.

Die Sociedade Agrícola e Comercial dos Vinhos Vale da Corça, Lda, hat diesen Wein erzeugt und abgefüllt.

Vinhos Verdes (»grüne Weine«) aus dem Minho gibt es weiß und rot. Die Portugiesen trinken meist roten Wein, doch sind es die trockenen, moussierenden Weißweine, die internationalen Ruhm erlangten. Sie sind aus Trauben, die an hohen Gattern oder Bäumen ranken. Man trinkt sie am besten jung. Eine kräftige Sorte ist der Weißwein aus der Alvarinho-Rebe von der spanischen Grenze.

Bairrada-Weine aus den Beiras sind seit mehr als 1000 Jahren berühmt. Die vorherrschende rote Rebsorte Baga macht mit ihrem fruchtig-intensiven Bouquet dem Dão Konkurrenz und reift ebenso wie dieser mehrere Jahre lang. Die Rotweine werden oft als Vinho Regional das Beiras bezeichnet. Ebenfalls hochwertige Weißweine werden meist aus den Rebsorten Bical und Maria Gomes produziert.

Der Ribatejo *hat sich zu einem erfolgreichen Weinbaugebiet entwickelt, und in der sandigen Ebene des Tejo gedeihen rote und weiße Trauben. Die weichen, fruchtigen Rotweine aus Almeirim gewinnen immer mehr Freunde. Wie in der Estremadura sind Vinho-Regional-Abfüllungen oft qualitativ besser als entsprechende Weine mit DOC-Siegel.*

Im Douro-Tal *gibt es rund 80 000 Weinberge. Obwohl die Region vor allem für ihren Portwein berühmt ist, wird fast genauso viel Tafelwein produziert. Der teuerste Tafelwein Portugals, der Barca Velha, stammt aus diesem Anbaugebiet. Qualitativ hochwertige Weine werden außerdem von den Winzereien Calbeiros Cruz, Domingos Alves de Sousa, Quinta das Castas, Quinta do Crasto und Ramos Pinto produziert.*

Weinlese für den Vinho Verde

Moscatel de Setúbal *ist ein weltberühmter Dessertwein aus der Serra da Arrábida rund um Palmela. Berühmteste Erzeuger sind die Weingüter von José Maria da Fonseca* *(siehe S. 167)* *und J. P. Vinhos. Von der Kooperative in Santo Isidro de Pegões stammt ein guter preiswerter Wein. Kleine Winzereien wie Venâncio Costa Lima, Hero do Castanheiro und Ermeldinda Freitas produzieren ebenfalls interessante Weine.*

Der vollmundige rote Dão *zählt zu den beliebtesten* vinhos maduros *Portugals. Er besteht zu mindestens 20 Prozent aus Touriga-Nacional-Trauben und reift mehrere Jahre in Holzfässern. Der herbe weiße Dão, der etwa zehn Prozent der regionalen Produktion ausmacht, sollte dagegen jung getrunken werden.*

Estremadura *ist Portugals westlichstes und jüngstes Weinbaugebiet. Einige Winzereien produzieren heute einen* Vinho Regional *mit Charakter; bemerkenswert sind Weine von DFJ, Casa Santos Lima, Quinta de Pancas und Quinta do Monte d'Oiro. Der interessanteste DOC ist der Alenquer. Bucelas, im Süden der Region, produziert charakteristische Weißweine.*

Aus dem Alentejo *kommen mit die besten Rotweine Portugals. In den letzten zehn Jahren haben die Weine der Region einen besonders großen Qualitätssprung gemacht – früher wurden sie oft als einfache Hausweine in Restaurants serviert. Weingüter wie Herdade do Esporão, Herdade dos Coelheiros, Cortes de Cima und João Portugal Ramos verdienen Beachtung.*

Das Jahr in Portugal

Die meisten Besucher kommen im Juli und August, doch wer Land und Brauchtum kennenlernen möchte, sollte Portugal im Frühjahr oder Herbst besuchen, wenn weder die sengende Hitze noch die Menschenmassen das Reisen beschwerlich machen. Die Portugiesen geben viel auf Tradition, was sich auch in ihren religiösen Festen widerspiegelt. Die *Festas* begleiten nicht nur die Namenstage von Stadtpatronen und Dorfheiligen, sondern auch Erntedank und sogar Sportveranstaltungen. Man feiert diese Anlässe mit Gottesdiensten, Prozessionen, Feuerwerk, reichlich Essen und Trinken und vor allem viel guter Laune.

Monçãos Festa da Coca (Juni)

Frühling

Von der Algarve bis nach Trás-os-Montes breitet das Frühjahr einen bunten Blütenteppich über das Land. Jetzt ist Portugal am schönsten, obwohl es bis in den Juni hinein regnen kann.

Ostern steht ganz im Zeichen feierlicher Prozessionen, die in der Karwoche überall im Land stattfinden.

Zur Wallfahrt am 12./13. Mai kommen zahlreiche Gläubige nach Fátima

März

Open de Portugal de Golfe *(Mitte März).* Austragungsort wechselt jährlich.

Festival Intercéltico do Porto *(Ende März oder Anfang Apr)*, Porto. Festival mit Musik aus Portugal und Spanien.

Blumenfest in Funchal (April)

April

Semana Santa *(Karwoche)*, Braga. Im religiösen Zentrum des Landes ist es besonders feierlich. Im hellen Licht von Fackeln ziehen Prozessionen durch die Stadt. Ostersonntag markiert auch den Beginn der Stierkampfsaison in ganz Portugal.

Mãe Soberana *(2. So nach Ostern)*, Loulé. Wallfahrt zur Kapelle Nossa Senhora da Piedade *(siehe S. 325).*

Blumenfest *(Ende Apr)*, Funchal, Madeira. Blumen zieren Läden und Wohnhäuser. Höhepunkt ist ein Umzug mit geschmückten Festwagen.

FIAPE *(Ende Apr)*, Estremoz. Internationale Landwirtschafts- und Handwerksmesse.

Mai

Festa das Cruzes *(Anfang Mai)*, Barcelos. Das Fest der Kreuze erinnert an ein Wunder, das sich hier 1504 zugetragen haben soll.

Fátima-Wallfahrt *(12./13. Mai)*. Menschenmengen pilgern nach Fátima, wo 1917 die Muttergottes drei Kindern erschien *(siehe S. 184).*

Queima das Fitas *(Mitte Mai)*, Coimbra. Das Ende des akademischen Jahres an der Universität *(siehe S. 207).*

Festa do Senhor Santo Cristo dos Milagres *(5. So nach Ostern)*, Ponta Delgada, São Miguel, Azoren. Wichtigstes Kirchenfest der Azoren.

Festa do Espírito Santo *(Pfingsten)*, Azoren. Höhepunkt der Pfingstfeierlichkeiten *(siehe S. 366).*

Bom-Jesus-Wallfahrt *(Pfingsten)*, Braga. Büßer erklimmen auf Knien die berühmte Treppe *(siehe S. 278f).*

Musikfestival der Algarve *(Mai, Juni, Juli)*, gesamte Region. Konzerte und Auftritte des Gulbenkian-Balletts.

Kinder tragen ein Kreuz bei der Festa das Cruzes, Barcelos (Mai)

Sommer

Die meisten Reisenden kommen in den Sommermonaten nach Portugal. Weil einige Unternehmen und Läden im August schließen, fahren auch viele Einheimische jetzt zum Meer.

Der heiße Sommer ist ideal für einen Besuch im kühlen Minho, wo sich nun die Feiertage häufen *(siehe S. 226f)*.

Berittene Stierhirten in Vila Franca de Xira (Juli)

Juni

Festa de São Gonçalo *(1. Wochenende)*, Amarante. Junge unverheiratete Männer und Frauen tauschen phallusförmige Kuchen als Liebespfand.

Feira Nacional da Agricultura *(Anfang Juni)*, Santarém. Eine Mischung aus Landwirtschaftsausstellung, Stierkampf und Volkstanz.

Santo António *(12./13. Juni)*, Lissabon. Der ganze Stadtteil Alfama feiert mit Luftschlangen und Laternen, Gesang und Tanz. Auch für das leibliche Wohl ist gesorgt.

Festa da Coca *(Do nach Trinitatis)*, Monção. Teil der Fronleichsnamsfeierlichkeiten. Ein heiliger Georg kämpft mit dem Drachen.

São João do Porto *(23./24. Juni)*, Porto. Sonnwendfeier mit Feuerspringen und *barcos-rabelos*-Regatta *(siehe S. 226f)*.

São Pedro *(29. Juni)*, Lissabon. Straßenfest mit viel Tanz, Gesang und Gaumenfreuden.

Festival de Música de Sintra *(Juni/Juli)*, Sintra. Klassische Musik, Konzerte und Ballettaufführungen.

Juli

Festa do Colete Encarnado *(1. Wochenende)*, Vila Franca de Xira. Auch »Fest der roten Weste« genannt. Stiertreiben und Stierkämpfe.

Festa dos Tabuleiros *(Mitte Juli, alle zwei bis drei Jahre)*, Tomar. Ein Festzug, bei dem 400 junge Frauen Tabletts mit dekorierten Broten auf dem Kopf tragen. Dazu viel Musik, Tanz, Feuerwerk und ein Stierkampf *(siehe S. 184f)*.

Festa da Ria *(ganzer Monat)* Aveiro. Tänze, Regatten und Prämierung des bestdekorierten Bootes *(S. 201)*.

August

Festival Internacional da Cerveja *(Anfang Aug)*, Fábrica do Inglês, Silves. Bierfest mit Volkstanz.

Festas Gualterianas *(1. Wochenende)*, Guimarães. Das dreitägige Fest geht auf das Jahr 1452 zurück. Fackelzug, Tanz und mittelalterlicher Umzug.

Weinrallye von Madeira *(Anfang Aug)*, Funchal. Treffen echter Autofreaks; die Rallye ist Teil der Europameisterschaft.

Festa da Nossa Senhora da Boa Viagem *(1. Wochenende)*, Peniche. Eine riesige Menschenmenge erwartet mit brennenden Kerzen am Hafen ein Boot mit einer Marienstatue. Feuerwerk und Tanz bis spät in die Nacht hinein.

Mädchen in Tracht, Viana do Castelo

Festa dos Tabuleiros, Tomar

Jazz em Agosto *(Anfang Aug)*, beliebtes Jazzfestival in den Gärten des Gulbenkian Center.

Semana do Mar *(1. Woche im Aug)*, Horta, Faial, Azoren. Essen, Musik, Kunsthandwerk und Wettkämpfe begleiten das Meeresfest.

Festival do Marisco *(Mitte Aug)*, Olhão. Meeresfrüchtefest im einem der größten Fischereihäfen der Algarve.

Romaria de Nossa Senhora da Agonia *(Wochenende um den 20. Aug)*, Viana do Castelo. Prozession, Festwagen, Feuerwerk, Tanz und Musik. Samstagnachmittag Stierkampf und Segnung der Fischerboote.

Die sonnenverwöhnte Algarve zieht viele Badeurlauber an

Prozession bei der Romaria de Nossa Senhora da Nazaré

Herbst

Der Herbst gilt bei vielen Urlaubern als ideale Reisezeit für Portugal. Ab Mitte September lässt die Sommerhitze spürbar nach; außerdem ist der Herbst meistens trockener als der Frühling. Es ist eine eher beschauliche Jahreszeit, die die Landschaft in rotes Gold zu tauchen scheint. Natürlich beginnt im Herbst auch die Weinlese *(vindima)*, was vor allem am Douro Anlass für feuchtfröhliche Feste gibt.

September

Romaria da Nossa Senhora dos Remédios *(6.–9. Sep)*, Lamego. Im Zentrum der dreitägigen Feiern steht die Wallfahrt zu dem berühmten Barockheiligtum. Dazu ein nächtlicher Fackelzug und Live-Musik.
Romaria da Nossa Senhora da Nazaré *(8. Sep und darauf folgendes Wochenende)*, Nazaré. Prozessionen, Volkstanz und Stierkämpfe.
Feiras Novas *(Mitte Sep)*, Ponte de Lima. Riesiger Jahrmarkt, Feuerwerk, Karnevalskostüme und ein Blaskapellenwettstreit.
Festa da Senhora da Consolação *(ganzer Sept)*, Santra. Feiern zu Ehren Portugals Schutzheiliger – ein Monat voller Feste, Musik und Essen im Assefora-Gebiet.
Grand Prix Portugal, Estoril. Formel-1-Rennen finden zurzeit nicht statt.
Nationales Folklorefestival *(Mitte Sep)*, Algarve. Musik- und Tanzgruppen aus ganz Portugal treffen sich in mehreren Orten der Algarve.
Weinfestival *(ganzer Monat)*, Funchal und Estreito de Câmara de Lobos, Madeira. Das Weinfest in Funchal ist feuchtfröhlich, das in Estreito de Câmara de Lobos ist authentischer.
Feira de São Mateus *(letzte Woche)*, Elvas. Religiöses, kulturelles und landwirtschaftliches Fest.

Musikanten in ihrer Regionaltracht beim Nationalen Folklorefestival im September

Estoril 1995: Damon Hill gewinnt den Grand Prix

Oktober

Feira de Outubro *(1. oder 2. Woche)*, Vila Franca de Xira. Stiere werden durch die Straßen getrieben, Stierkämpfe.
Fátima-Wallfahrt *(12./13. Okt)*. Letzte Pilgerfahrt des Jahres zum Jahrestag des letzten Erscheinens der Muttergottes.
Festival de Gastronomia *(letzte zwei Wochen)*, Santarém. Die besten regionalen Küchen im Wettstreit.
Autorallye der Algarve *(Okt/Nov)*, Algarve.

November

Allerheiligen *(1. Nov)*. Zum Gedenken an die Toten werden Kerzen entzündet und Blumen auf die Gräber gelegt.
Festa das Latas *(Anfang Nov)*, Coimbra. Fest zur Begrüßung der neuen Studenten.
Feira Nacional do Cavalo *(erste zwei Wochen)*, Golegã. Pferdeparaden und -rennen. In diese Zeit fällt der Martinstag (11. Nov) mit Festzug und Stiertreiben.
Encontros de Fotografia *(ganzer Nov)*, Coimbra. Portugals größte Fotografie-Ausstellung; hier werden die Arbeiten der berühmtesten und neuesten Fotografen gezeigt.

Reiter bei der Feira Nacional do Cavalo, Golegã

Verschneite Winterlandschaft in der Serra de Montemuro, südlich von Cinfães *(siehe S. 249)*

Winter

Wer es auch im Winter warm und sonnig mag, fährt an die Algarve; in vielen Ferienorten dort ist das ganze Jahr über Saison. Auch Golfer bevorzugen die kalte Jahreszeit. Im Januar und Februar verzaubert die Mandelblüte ganz Südportugal. Manche Besucher zieht es noch weiter südwärts ins subtropische Madeira, wo Weihnachten und Neujahr Hochsaison herrscht.

***Bolo rei*, der traditionelle Weihnachtskuchen**

Feiertage

Neujahr (1. Jan)
Karneval (Feb)
Karfreitag (März oder Apr)
Dia 25 de Abril, *Jahrestag der Revolution von 1974* (25. Apr)
Dia do Trabalhador, *Tag der Arbeit* (1. Mai)
Fronleichnam (6. Juni)
Nationalfeiertag (10. Juni)
Mariä Himmelfahrt (15. Aug)
Dia da República (5. Okt)
Allerheiligen (1. Nov)
Dia da Restauração, *Tag der Befreiung von Spanien 1640* (1. Dez)
Unbefleckte Empfängnis (8. Dez)
Weihnachten (25. Dez)

Dezember

Weihnachten *(25. Dez)*. In allen Kirchen und zahlreichen Läden stehen Krippen. Heiligabend isst man *bacalhau* (Stockfisch), packt Geschenke aus und besucht die Mitternachtsmesse. Auf Madeira gibt es den traditionellen *bolo de mel* (Honigkuchen). Kinder pflanzen Weizen, Mais oder Gerste in Töpfe, Symbole der Erneuerung und des Überflusses.

Januar

Neujahr. In ganz Portugal begrüßt man das neue Jahr mit spektakulärem Feuerwerk.
Festa dos Rapazes *(25. Dez bis 6. Jan)*, um Bragança. Jungen verkleiden sich und ziehen einem alten heidnischen Brauch gemäß durch Stadt oder Dorf *(siehe S. 227)*.
Dreikönigsfest *(6. Jan)*. In den kronenförmigen traditionellen »Königskuchen« *(bolo rei)* wird eine Bohne eingebacken. Wer sie bekommt, muss den nächsten Kuchen kaufen. *Bolo rei* gibt es auch zur Weihnachtszeit.
Festa de São Gonçalinho *(2. Woche)*, Aveiro. Vom Dach einer Kapelle werden Brote geworfen – als Dank für die sichere Heimkehr eines Fischers oder den »Fang« eines Partners.

Mandelblüte im Februar an der Algarve

Maskierte Männer beim Karneval in Ovar

Februar

Fantasporto *(2 Wochen im Feb)*, Porto. Wichtiges internationales Filmfestival mit vielen Filmen junger Regisseure (auch Science-fiction-Filme).
Karneval *(Datum hängt von Ostern ab)*. In ganz Portugal gibt es spektakuläre Kostüme und Festwagen. Farbenfroh sind die Umzüge in Ovar, Sesimbra, Torres Vedras, Funchal und Loulé. In Loulé fällt der Karneval mit der Mandelmesse zusammen.

Das Klima in Portugal

Das portugiesische Festland hat ein angenehmes Klima mit langen, warmen Sommern. Im Norden sind die Winter kalt und feucht, nach Süden hin werden sie milder – die Algarve hat ein mediterranes Klima. Weiter landeinwärts sind die Sommer heißer und die Winter kühler als an der Küste. Madeiras Norden ist regnerisch, der Süden lockt mit mehr Wärme und Sonnenschein, und auf den Azoren muss man das ganze Jahr mit Regenfällen und starkem Wind rechnen.

Minho

Monat	Apr	Juli	Okt	Jan
°C	19	28	21	12
°C	8	15	10	4
	6 Std.	8,5 Std.	5 Std.	3 Std.
	77 mm	20 mm	109 mm	113 mm

Estremadura und Ribatejo

Monat	Apr	Juli	Okt	Jan
°C	17	21	20	14
°C	12	16	15	9
	8 Std.	11 Std.	6,5 Std.	4,5 Std.
	55 mm	2,5 mm	60 mm	92,5 mm

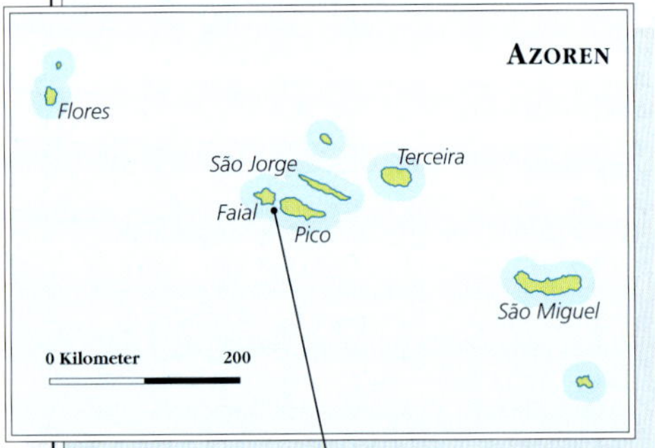

Azoren

Monat	Apr	Juli	Okt	Jan
°C	19	25	23	17
°C	12	17	16	12
	4,5 Std.	6 Std.	4,5 Std.	2,5 Std.
	67 mm	27 mm	103 mm	120 mm

Umgebung von Lissabon

Monat	Apr	Juli	Okt	Jan
°C	20	28	23	14
°C	12	17	14	8
	9 Std.	12,5 Std.	7,5 Std.	5 Std.
	47,5 mm	0 mm	65 mm	95 mm

Madeira

Monat	Apr	Juli	Okt	Jan
°C	19	25	24	19
°C	14	18	18	13
	6 Std.	7,5 Std.	6 Std.	4,5 Std.
	39 mm	2,5 mm	75 mm	103 mm

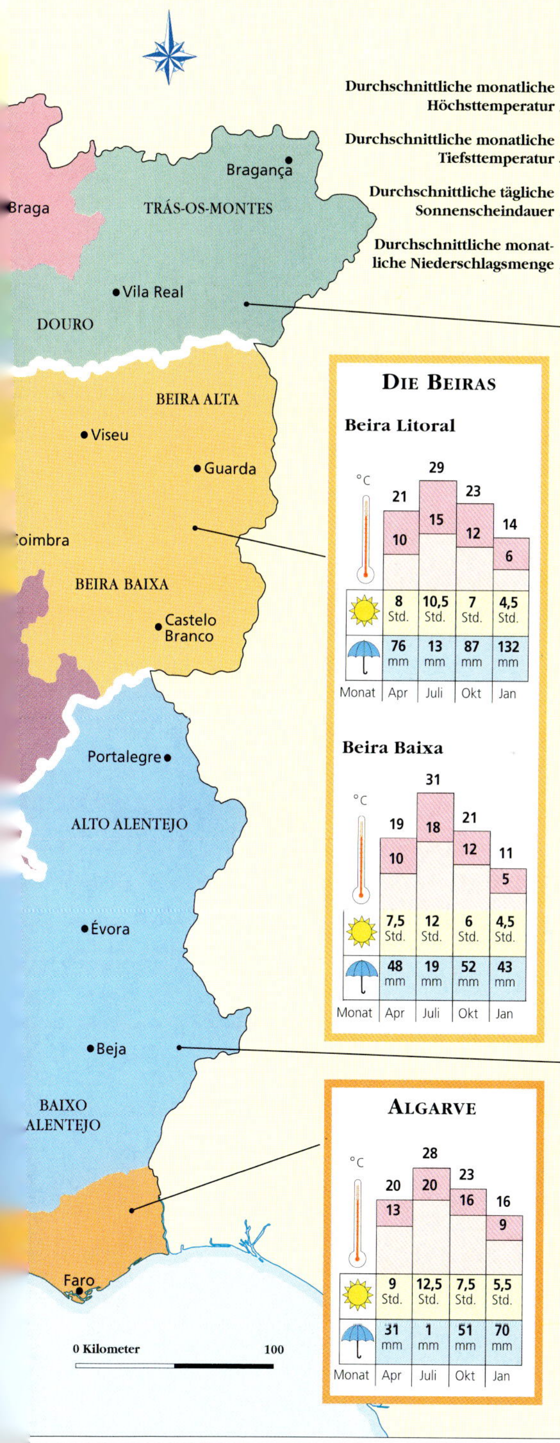

Douro und Trás-os-Montes

Douro

Monat	Apr	Juli	Okt	Jan
°C	19	25	21	13
	9	15	11	5
	8 Std.	12,5 Std.	6,5 Std.	4 Std.
	73 mm	15 mm	79 mm	149 mm

Trás-os-Montes

Monat	Apr	Juli	Okt	Jan
°C	16	28	18	8
	5	13	7	0
	7 Std.	9,5 Std.	6 Std.	4,5 Std.
	86 mm	20 mm	105 mm	159 mm

Die Beiras

Beira Litoral

Monat	Apr	Juli	Okt	Jan
°C	21	29	23	14
	10	15	12	6
	8 Std.	10,5 Std.	7 Std.	4,5 Std.
	76 mm	13 mm	87 mm	132 mm

Beira Baixa

Monat	Apr	Juli	Okt	Jan
°C	19	31	21	11
	10	18	12	5
	7,5 Std.	12 Std.	6 Std.	4,5 Std.
	48 mm	19 mm	52 mm	43 mm

Alentejo

Alto Alentejo

Monat	Apr	Juli	Okt	Jan
°C	19	30	22	12
	10	16	13	6
	8,5 Std.	12,5 Std.	7 Std.	5 Std.
	57 mm	5 mm	62 mm	96 mm

Baixo Alentejo

Monat	Apr	Juli	Okt	Jan
°C	22	35	24	14
	10	18	13	6
	8,5 Std.	12,5 Std.	7,5 Std.	5,5 Std.
	46 mm	2 mm	48 mm	49 mm

Algarve

Monat	Apr	Juli	Okt	Jan
°C	20	28	23	16
	13	20	16	9
	9 Std.	12,5 Std.	7,5 Std.	5,5 Std.
	31 mm	1 mm	51 mm	70 mm

DOM MANVEL
per graça de d(eu)s Rey de portugall e
dos algarues daquem e dalem mar
em africa. senhor de guinee e da conquista nauegaçam e co
merço dethiopia arabia persia. e da jndia etc. A
quantos esto aperpetua memoria feito virem fazemo
saber que assi como o propio e principall cuydado dos q
tem alguu cargo deue ser trabalhar como as cousas q
lhes sam encarregadas seiam postas no mais prosper
e melhorado estado que ser possa. assy tanto mais cab
isto nos Reis e principes fazello. quanto com mais ex
cellente preminençia sam per deus postos na terra per
bem della e de seus vassallos. e pera toda execuçam e exe
plo de virtude. E por que esta obrigaçam tam deuid

DIE GESCHICHTE PORTUGALS

PORTUGAL IST ÄLTESTER Nationalstaat Europas: 1139 gegründet, ist es 350 Jahre älter als Spanien. Die Römer, die 216 v. Chr. ihren Siegeszug antraten, tauften die ganze Halbinsel Hispania, die Region zwischen Douro und Tejo jedoch nach dem dort heimischen keltiberischen Stamm Lusitania. Nach dem Zusammenbruch des Römischen Reiches im 5. Jahrhundert drangen zuerst Germanen auf die Iberische Halbinsel vor, ab 711 dann, aus Nordafrika kommend, die Mauren. Im 11. Jahrhundert begann die christliche Rückeroberung, in deren Verlauf die Grafschaft Portucale, bislang Teil des Königreichs Kastilien und León, unter Afonso Henriques die Unabhängigkeit erlangte.

Portugiesische Karavelle (um 1500)

Das junge Königreich dehnte sich nach Süden bis zur Algarve aus, und portugiesische Seefahrer wagten sich auf Entdeckungsfahrten entlang der afrikanischen Küste und in den Atlantik hinaus. Das Goldene Zeitalter Portugals erreichte seinen Zenit mit Vasco da Gamas Indienfahrt 1498 und der Entdeckung Brasiliens im Jahr 1500. Der Handel mit dem Orient ließ Portugals Reichtum ins schier Unermessliche wachsen, doch fast ebenso rasch setzte der Niedergang ein, und 1580 konnte Spanien das kleinere Nachbarland für 60 Jahre annektieren.

Nach der Wiedererlangung der Autonomie brachten Gold und Edelsteine aus Brasilien wieder Geld in die Staatskasse. In der zweiten Hälfte des 18. Jahrhunderts machte sich der Marquês de Pombal daran, das Land zu modernisieren und die Macht des Klerus zu beschneiden. Doch der Einmarsch Napoléons 1807 und der Verlust Brasiliens 1825 stürzten Portugal erneut in eine tiefe Krise. Die Machtkämpfe zwischen Absolutisten und Anhängern einer liberalen Verfassung schwächten das Land weiter, bis 1910 eine Revolution der Monarchie den endgültigen Todesstoß versetzte.

Wirtschaftliche Missstände beschleunigten den Niedergang, 1926 übernahm das Militär die Macht; bis 1968 herrschte Antonio Salazar. 1974 beendete die »Nelkenrevolution« die Diktatur. Portugals Wirtschaft wurde nach Eintritt in die EG durch Zufluss von Kapital allmählich wiederbelebt.

Auf Pergament gezeichnete portugiesische Seekarte des nördlichen Atlantiks (um 1550)

◁ **Titelblatt der *Leitura Nova* mit dem Wappen Portugals und einem Porträt Manuels I (um 1520)**

Portugals Herrscher

Afonso Henriques liess sich 1139 zum ersten König Portugals ausrufen. Mit Joãos I Sieg über Kastilien fiel die Herrschaft 1385 an das Haus Avis, das während des Goldenen Zeitalters der portugiesischen Entdeckungen an der Macht blieb. In Ermangelung eines direkten Thronerben fiel die Krone Portugals 1580 für 60 Jahre an Spanien, bis der Herzog von Bragança während eines erfolgreichen Aufstands zum neuen König João IV gewählt wurde. 1910 ging die Monarchie in eine Republik über, deren erste 16 Jahre jedoch nicht weniger als 40 Regierungen sahen und die 1926 in eine Diktatur mündete. Erst 1974 brachte die »Nelkenrevolution« die Demokratie zurück.

1481–95 João II

1279–1325 Dinis

1139–85 Afonso Henriques (Afonso I)

1185–1211 Sancho I

1211–23 Afonso II

1223–48 Sancho II

1248–79 Afonso III

1325–57 Afonso IV

1357–67 Pedro I

1367–83 Fernando I

1433–38 Duarte

1438–81 Afonso V

1521–57 João III

1100 · 1200 · 1300 · 1400 · 1500

HAUS BURGUND · **AVIS**

1385–1433 João I

1495–1521 Manuel I

1828–53 Maria II

1557–78 Sebastião

1621–40 Felipe III (Philip IV von Spanien)

1640–56 João IV

1656–83 Afonso VI

1683–1706 Pedro II (Regent ab 1668)

1750–77 José I

1816–26 João VI (Regent ab 1792)

1853–61 Pedro V

1861–89 Luís I

1932–68 António Salazar (Premierminister)

1976–78 und 1983–85 Mário Soares (Premierminister)

seit 2005 José Sócrates (Premierminister)

1600 **1700** **1800** **1900** **2000**

HABSBURG **BRAGANÇA** **REPUBLIK**

1600 **1700** **1800** **1900** **2000**

1598–1621 Felipe II (Philip III von Spanien)

1580–98 Felipe I (Philip II von Spanien)

1578–80 Henrique

1777–1816 Maria I und Pedro III

1985–95 Aníbal Cavaco Silva (Premierminister)

2002–2004 José Manuel Durão Barroso (Premierminister)

1995–2002 António Guterres (Premierminister)

1908–10 Manuel II

1706–50 João V

1826–28 Pedro IV

1889–1908 Carlos I

Frühgeschichte und Römerzeit

Goldmünze (um 400 n. Chr.)

Ab etwa 2000 v. Chr. waren die steinzeitlichen Bewohner Portugals wiederholt Angriffen von Iberern und Kelten ausgesetzt. 216 v. Chr. wurden die Römer bei Cannae von Karthago besiegt. Ihre Gegenoffensive brachte den Krieg 209 v. Chr. auf die Iberische Halbinsel, wo die Lusitaner Widerstand leisteten. Der Name dieses Volksstammes blieb in der römischen Provinz Lusitania erhalten, deren Ausdehnung etwa dem heutigen Portugal entsprach. Unter römischer Herrschaft florierte die Region vier Jahrhunderte lang, doch nach dem Zusammenbruch des Reiches drangen germanische Stämme in Lusitanien ein, allen voran Sweben und Westgoten.

Iberische Halbinsel 27 v. Chr.

Römische Provinzen

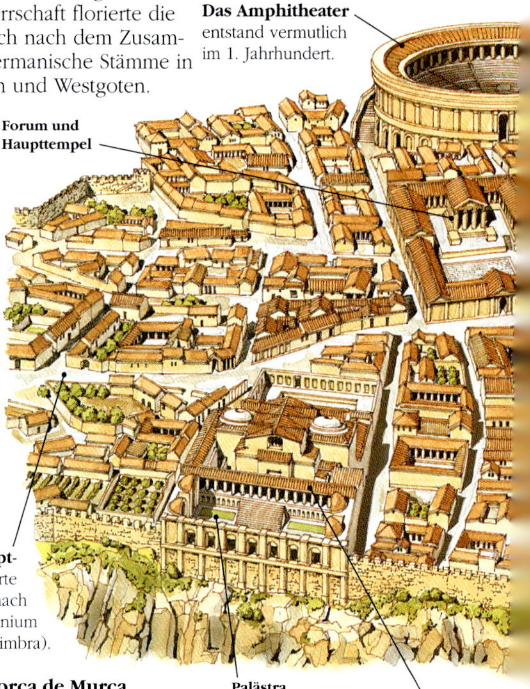

Das Amphitheater entstand vermutlich im 1. Jahrhundert.

Forum und Haupttempel

Die Hauptstraße führte nordwärts nach Aeminium (Coimbra).

Palästra

Von den Trajansthermen bot sich ein prachtvoller Blick über die am Fuß der Stadtmauer verlaufende Schlucht.

Dolmen von Comenda
Steingräber wie dieser jungsteinzeitliche Dolmen in der Nähe von Évora wurden von Volksstämmen errichtet, die im dritten vorchristlichen Jahrtausend auf der Iberischen Halbinsel siedelten.

Porca de Murça
Dieses Granitschwein (siehe S. 257) *fand bei keltischen Fruchtbarkeitsritualen Verwendung. In Trás-os-Montes wurden 16 solcher Tierstatuen gefunden.*

Zeitskala

2000 v. Chr. Iberische Stämme kommen, vermutlich von Afrika, auf die Halbinsel

Iberischer Goldschmuck

139 v. Chr. Mit dem Tod des lusitanischen Häuptlings Viriatus endet der Widerstand gegen Rom

3000 v. Chr. | **2000 v. Chr.** | **1000 v. Chr.**

2500 v. Chr. Portugal wird besiedelt; viele Megalithgräber stammen aus der Jungsteinzeit

Keltischer Steinkrieger

1000 v. Chr. Erste phönizische Handelsposten und Siedlungen entlang der Südküste

700 v. Chr. Keltische Eroberer siedeln in Portugal

209 v. Chr. Römer marschieren auf der Iberischen Halbinsel ein

Fußbodenmosaik *In der Römerzeit entstanden luxuriös ausgestattete Villen. Dieses Mosaik (1. Jh. n. Chr.) schmückte die Casa das Fontes vor den Toren von Conimbriga.*

Römische Amphore Garum, *eine in* Tróia (siehe S. 169) *hergestellte würzige Fischsauce, wurde in 27-Liter-Amphoren wie dieser exportiert.*

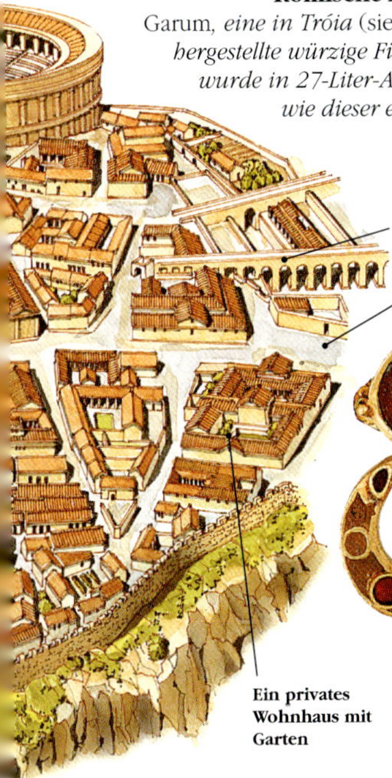

Westgotische Schnalle *Die Westgoten waren ein kriegerisches, aber kultiviertes Volk, das das Christentum verbreiten half. Ihre Wahlmonarchie führte jedoch zu internen Spaltungen.*

Rekonstruktion von Conimbriga

Das weitläufige Ruinenfeld von Conimbriga *(siehe S. 208)* vermittelt ein lebendiges Bild vom römischen Einfluss in Portugal. Nach der Erhebung zum *municipium* dehnte sich die Stadt im 1. Jahrhundert rasch aus, fiel 468 aber an die Sweben.

Wegweiser zur Frühgeschichte und Römerzeit

Im Alentejo findet man viele Megalithen aus der Steinzeit *(S. 306)*, weiter im Norden die beiden sehenswerten keltiberischen Siedlungen Sanfins *(S. 248)* und Briteiros. Spuren der Römer sind in ganz Portugal erhalten. Außer Conimbriga liegen die meisten Sehenswürdigkeiten, etwa die Villen von Pisões *(S. 311)* und Milreu *(S. 325)*, im Süden. Das Museu Municipal in Faro *(S. 327)* besitzt sehenswerte Funde.

Die bronzezeitliche Bergsiedlung *Citânia de Briteiros war noch bis in die Römerzeit bewohnt. Sie wurde erst 1874 entdeckt* (siehe S. 281).

Der römische Tempel *von* Évora (siehe S. 302) *stammt aus dem 2. Jahrhundert und ist noch sehr gut erhalten.*

27 v. Chr. Unter Kaiser Augustus wird die Iberische Halbinsel dreigeteilt: Die Provinz südlich des Douro erhält den Namen Lusitania

1 n. Chr.

73 n. Chr. Kaiser Vespasian gewährt Städten auf der Iberischen Halbinsel dieselben Rechte wie denen in Latium

200 n. Chr.

200 n. Chr. Das Christentum breitet sich auf der Halbinsel aus

409 Einfall »barbarischer« Stämme aus Mitteleuropa: Wandalen, Alanen und Sweben

411 Swebenreich in Galicien und Nordportugal

415 Westgoten dringen auf die Halbinsel vor und vertreiben Wandalen und Alanen

400 n. Chr.

585 Die Westgoten übernehmen das Swebenreich und machen das spanische Toledo zu ihrer Hauptstadt

Westgotische Kapelle in São Frutuoso (siehe S. 277)

600

Maurenherrschaft und christliche Rückeroberung

Maurische Bronze-Öllampe in Form eines Vogels

Mit dem Sieg nordafrikanischer Muslime über die Westgoten wurde die Iberische Halbinsel eine Provinz des Kalifats von Damaskus. 756 gründete Abd al-Rahman das unabhängige Königreich Al-Andalus, dessen Hauptstadt Córdoba zu einem bedeutenden Kulturzentrum aufstieg. 300 Jahre lang waren die Mauren unangefochtene Herrscher der Halbinsel, bis die christlichen Königreiche im Norden die Reconquista begannen. Als der Stern der Mauren im 11. Jahrhundert zu sinken begann, war Portucale eine unbedeutende Grafschaft im Königreich Kastilien und León, die erst nach Afonso Henriques' Niederschlagung der Mauren bei Ourique 1139 unabhängig wurde.

Iberische Halbinsel 1100

- *Grafschaft Portucale*
- *Königreich Kastilien und León*
- *Maurische Königreiche*

Maurische Schale
Jagdhund, Falke und Gazelle schmücken diesen Teller (11. Jh.), der in Mértola gefunden wurde, einem früher bedeutenden Handelszentrum im Guadiana-Tal.

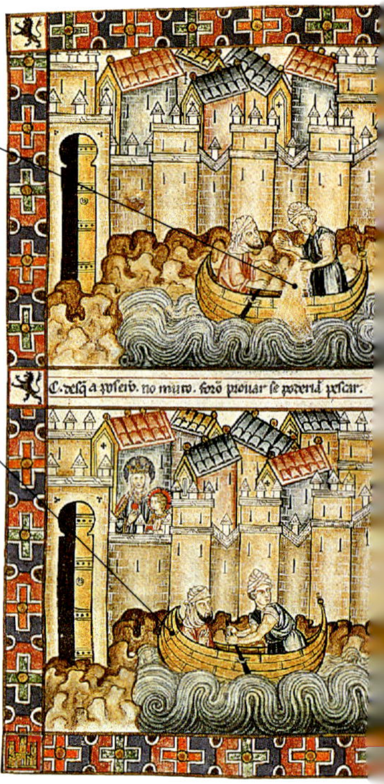

Ohne den Segen der Muttergottes bleiben die Netze der Fischer von Faro leer.

Mit neuer Hoffnung fahren die Fischer hinaus.

Koexistenz
Die Zeit der Maurenherrschaft war eine Ära der Aufklärung und Toleranz. Diese Miniatur (13. Jh.) zeigt die freundschaftliche Begegnung zweier Ritter: einer Christ, der andere Muslim.

Zeitskala

711 Eine mächtige Armee aus Berbern und Arabern (Mauren) erobert die Iberische Halbinsel

722 Christlicher Sieg bei Covadonga in Asturien markiert den Beginn der allmählichen Rückeroberung

756 Schlacht von Al-Musara: Abd al-Rahman schlägt Córdoba und gründet das Königreich Al-Andalus

868 Vímara Peres vertreibt die Mauren aus Porto

878 Christen gewinnen Coimbra zurück

955 Der Maurenfürst al-Mansur erobert Coimbra erneut und drängt das christliche Heer hinter den Douro zurück

1008–31 Bürgerkrieg: Al-Andalus ist in zwei kleine Königreiche *(taifas)* gespalten

700 | 800 | 900 | 1000

Hispano-maurisches Elfenbeinkästchen (10. Jh.)

Nora, *ein von den Mauren eingeführter Ziehbrunnen*

Steinrelief des Tiago
Der heilige Jakobus (Tiago) spielte in den Maurenkriegen eine besondere Rolle. Bei Ourique 1139 soll er das christliche Heer ins Gefecht geführt haben.

Silber-Dirham (12. Jh.)
Diese Münze wurde in Beja von den Almohaden geprägt, einer muslimischen Bewegung, die 1147 die Almoravidendynastie stürzte.

Die verlorene Marienstatue wird aus dem Meer geborgen und wieder an ihrem angestammten Platz aufgestellt.

Draußen auf See machen die Fischer einen gewaltigen Fang.

Wegweiser zum maurischen Portugal

Der Einfluss der Mauren ist in Städten wie Lagos *(S. 320f)*, Faro *(S. 326ff)* und Silves im Süden gut zu sehen, wo sie länger an der Macht blieben und die Architektur *(S. 19)* deutlich prägten. Die Kirche von Mértola *(S. 313)* birgt Teile der alten Moschee. Das Castelo dos Mouros in Sintra *(S. 157)* und andere Festungen weiter nördlich wurden von den Christen zurückerobert und teils neu erbaut.

***Diese Zisterne** findet sich bei einem archäologischen Museum in Silves, einem maurischen Zentrum der Algarve* (S. 323).

Einnahme Lissabons
Der Papst sprach der Rückeroberung den Rang eines Kreuzzugs zu. Lissabon fiel 1147 mit Hilfe englischer Truppen, die sich auf dem Weg ins Heilige Land befanden.

Faro unter maurischer Herrschaft

Christen, die unter maurischer Herrschaft lebten, wurden Mozaraber genannt. In Faro stellten sie eine Marienstatue auf, die jedoch von den Mauren entfernt wurde. Diese vier Szenen aus den *Cantigas de Santa Maria* erzählen von einem damit in Zusammenhang stehenden Wunder.

1050

1064 Christliche Rückeroberung Coimbras

1086 Einfall der Almoraviden

1097 Alfonso VI übergibt Portucale seinem Schwiegersohn Heinrich von Burgund

Heinrich von Burgund

1100

1128 Schlacht von São Mamede; Afonso Henriques schlägt seine Mutter Teresa und gewinnt die Kontrolle über die Grafschaft Portucale

1139 Schlacht von Ourique; Afonso Henriques lässt sich zum König von Portugal ausrufen

1143 Kastilien erkennt die Unabhängigkeit Portugals an (Friede von Zamora)

1147 Kreuzfahrerheer erobert Lissabon; das Almoravidenreich fällt an die Almohaden

1150

1153 Gründung der Zisterzienserabtei Alcobaça

1165–69 Geraldo Sem-Pavor nimmt den Almohaden mehrere Städte ab, darunter Évora und Badajoz

Das junge Königreich

Bewaffneter Ritter (14. Jh.)

Die Rückeroberung Portugals war bis 1249 mit der Einnahme Faros durch Afonso III abgeschlossen. Unter seinem Nachfolger Dinis erlebte die Landwirtschaft eine neue Blüte. Dinis befestigte die Grenze zu Kastilien und rüstete die Flotte auf. Der Konflikt mit Kastilien kulminierte 1383, als König Fernando ohne Erben starb und sein Schwiegersohn, Juan I von Kastilien, die portugiesische Krone für seine Frau Beatriz beanspruchte. Juans Gegner unterstützten João von Avis, den unehelichen Sohn Pedros I, der 1385 auch vom Parlament in Coimbra zum König gewählt wurde.

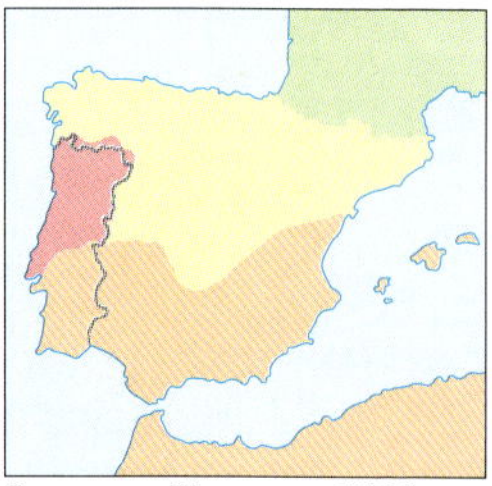

Iberische Halbinsel 1200

- *Königreich Portugal*
- *Spanische Königreiche*
- *Unter maurischer Herrschaft*

Cancioneiro da Ajuda
König Dinis war ein begabter Musiker und Dichter. Diese Illumination schmückt eine Sammlung von Minnegesängen.

Der treue Hund zu Füßen des Verstorbenen findet sich häufig auf gotischen Grabmälern.

Wappen von Portugal

Der Fries zeigt Szenen aus dem Leben von Pedro und Inês.

In den Ädikulä ist das Leben des hl. Bartholomäus (Pedros Schutzpatron) abgebildet.

Befestigung von Serpa
Entlang der Grenze zu Kastilien und dem maurischen Spanien ließ König Dinis Festungen errichten. Diese Zeichnung (16. Jh.) zeigt die mittelalterlichen Stadtmauern und Wehrtürme von Serpa (siehe S. 310).

Zeitskala

1173 Die Reliquien des hl. Vinzenz werden vom Cabo de São Vicente nach Lissabon überführt

1179 Königreich Portugal vom Papst anerkannt

1185 Sancho I wird König; die von ihm eroberte Algarve fällt an die Mauren zurück

Afonso III

1200

1211 Das erste Parlament tritt in Coimbra zusammen

Das Kastell von Leiria

1248 Das anarchistische Regime Sanchos II endet mit der Absetzung des Königs durch seinen Bruder Afonso III

1249 Afonso III vollendet die Rückeroberung der Algarve, doch Kastilien ficht seinen Machtanspruch an

1250

1254 An der Versammlung in Leiria nehmen auch Vertreter der Städte teil

1256 Lissabon löst Coimbra als Hauptstadt Portugals ab

Isabel (1271–1336)
König Dinis zeigte wenig Verständnis für seine wohltätige Gemahlin. Das Brot, das die Königin an Arme verteilen wollte, soll sich in Rosen verwandelt haben, als ihr Gatte sie zur Rede stellte.

Kreuz Sanchos I
In Sanchos Regierungszeit (1185–1211) gewann das Königtum an Macht und Reichtum, obwohl zwischen dem König und seinen Bischöfen häufig Uneinigkeit herrschte.

Sechs Engel stützen die Liegefigur des Königs.

Der hl. Bartolomäus erlitt einen grausamen Märtyrertod: Er wurde bei lebendigem Leibe gehäutet.

Sarkophag Pedros I

Der gotische Figurenschmuck auf dem Grab in Alcobaça *(siehe S. 178f)* zählt zu den Höhepunkten portugiesischer Bildhauerkunst. Pedro, der 1357–67 regierte, ist wegen seiner tragischen Liebe zu Inês de Castro bekannt. Der Sarkophag seiner ermordeten Geliebten steht direkt in der Nähe.

Wegweiser zum Mittelalter

Die malerischsten der vielen Burgen Portugals sind Almourol *(S. 189)* und Óbidos. In der Zitadelle von Bragança *(S. 258f)* steht die mittelalterliche Domus Municipalis (Rathaus). Aus der Romanik sind vorwiegend Sakralbauten erhalten: die Kathedralen von Porto, Lissabon *(S. 74)* und Coimbra *(S. 204)* sowie zahlreiche kleinere Kirchen im Norden: etwa die in Rates *(S. 272)*, Roriz und Bravães *(S. 267)*.

***Die Burg von Óbidos**, heute eine* pousada, *ließ Dinis renovieren, als er seiner Gemahlin 1282 die ganze Stadt als Morgengabe schenkte* (S. 172).

Nur die Westfassade *der Kathedrale von Porto* (S. 240) *hat ihren ursprünglichen Charakter (13. Jh.) bewahrt.*

1279–1325 König Dinis konsolidiert Portugals Unabhängigkeit

1288 Erste Universität in Lissabon gegründet

1297 Kastilien erkennt Portugals Machtanspruch auf die Algarve an

Christusritter

1300

1319 Gründung des Christusordens *(siehe S. 185)*

1336 Isabel von Portugal stirbt

1349 Nach der Pestepidemie werden Zwangsarbeiter aufs Land geschickt

1350

1355 Nach der Ermordung Inês de Castros erhebt sich Pedro gegen seinen Vater Afonso IV

1357 Pedro I besteigt den Thron und lässt die Mörder von Inês de Castro grausam hinrichten

1372 Die Heirat Fernandos I mit Leonor Teles führt zu Aufständen

1383 João von Avis setzt der Regentschaft Leonors ein Ende und meldet selbst Ansprüche auf den Thron an

1384 Juan I von Kastilien marschiert in Portugal ein

Das Haus Avis

NACHDEM JOÃO VON AVIS 1385 Kastilien geschlagen und als João I den portugiesischen Thron bestiegen hatte, festigte er seine Position durch eine Allianz mit England. In seine Regierungszeit fielen der Beginn der portugiesischen Eroberungen und erste Forschungsreisen, die sein Sohn Henrique *(S. 48f)* förderte. Weitere Entdeckungsfahrten unter Manuel I leiteten den Handel mit Indien und dem Fernen Osten ein. Auch die Eroberung Goas durch Afonso de Albuquerque mehrte die Reichtümer ebenso wie die Kolonialisierung Brasiliens. Allerdings gingen die überseeischen Unternehmungen auf Kosten der Wirtschaft im Mutterland, da viele Portugiesen auswanderten. Das Zeitalter der Expansion endete mit der Niederlage des jungen Königs Sebastião 1578 in Marokko.

Iberische Halbinsel 1500

Portugal

Spanien (Kastilien und Aragón)

Porzellanschale (16. Jh.)
1557 gründeten die Portugiesen in China die Kolonie Macau. Diese chinesische Schale trägt das Wappen Matias de Albuquerques, eines Nachkommen des großen Afonso, der Goa eroberte.

Wappen der englischen Königsfamilie

John of Gaunt, Herzog von Lancaster, nutzte die Allianz mit Portugal, um seine eigenen Interessen zu verfolgen.

Landung in Asilah
Die Könige des Hauses Avis waren bestrebt, ihr Herrschaftsgebiet nach Marokko hin auszuweiten. Bei Tanger unterhielten sie eine kleine Kolonie. Dieser flämische Wandteppich verherrlicht die Einnahme Asilahs 1471 durch Afonso V.

Luís de Camões
Nach Kämpfen in Indien und Marokko (wo er ein Auge verlor) verewigte der Dichter seine Erlebnisse in dem Epos Os Lusíadas (siehe S. 188).

ZEITSKALA

1385 João I schlägt bei Aljubarrota die Kastilier

1386 Allianz mit England besiegelt

1400

1415 Eroberung von Ceuta in Marokko

1418 Heinrich der Seefahrer wird Gouverneur der Algarve

um 1425 *Leal Conselheiro*, von König Duarte verfasste Abhandlung über höfisches Benehmen

1425

König Duarte

1441 In Lagos findet der erste Sklavenmarkt der Neuzeit statt

1450

1471 Eroberung der marokkanischen Festungen Asilah und Tanger

1475

1482/83 João II schlägt eine Verschwörung des Adels nieder

1494 Vertrag von Tordesillas: Spanien und Portugal teilen den Atlantik auf

1495–1521 Regierungszeit Manuels I und eine Ära großer Entdeckungen

1496 Juden werden außer Landes verwiesen oder zwangskonvertiert

Hochzeit Manuels I
Manuels Regierungszeit markiert den Höhepunkt des Goldenen Zeitalters. Seine Ehen sollten das Bündnis mit Spanien festigen. Hier gelobt er 1518 seiner dritten Gemahlin Leonor, der Schwester des spanischen Königs Carlos I, die Treue.

Wegweiser zur Gotik

Viele Kirchen haben gotische Elemente wie den Kreuzgang der Kathedrale Portos *(S. 240)* oder das skulpturenverzierte Portal der Kathedrale Évoras *(S. 304)*. Der Convento da Ordem de Cristo in Tomar *(S. 186f)* und die Kirche von Alcobaça *(S. 178f)* sind vorwiegend gotisch. Das schönste Gotteshaus steht in Batalha, wo es an den Sieg Joãos I bei Aljubarrota erinnert. Es birgt sehenswerte manuelinische Elemente *(S. 20f)*.

In Batalha (S. 182f) *kontrastiert das schlichte hohe Langhaus mit der reich verzierten Fassade.*

João I stützte sich mehr auf Kaufleute aus Lissabon und Porto als auf den Adel, der zum Teil aufseiten Kastiliens stand.

Der Erzbischof von Braga

Die Bischöfe ergriffen Joãos Partei, als sich der Papst weigerte, Inês de Castros Kinder *(siehe S. 44f)* anzuerkennen.

João I und die Engländer

Joãos Allianz mit England (gegen Kastilien) gipfelte in seiner Heirat mit Philippa von Lancaster, der Enkelin Edwards III. Diese Abbildung aus Jean de Wavrins Chronik zeigt den König beim Festmahl mit seinem Schwiegervater John of Gaunt.

Schlacht von Alcácer-Quibir (1578)
Sebastião betrachtete den Afrikafeldzug als Kreuzzug gegen den Islam. Im Kampf gegen die »Ungläubigen« fiel er mit 8000 Gefolgsleuten, 15 000 wurden Sklaven. Das Ende der Dynastie Avis rückte näher.

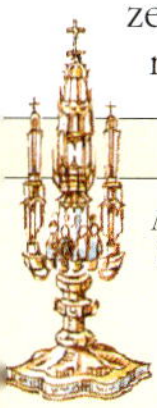

Monstranz von Belém (siehe S. 20)

1510 Erste Besitzungen Portugals in Asien; Afonso de Albuquerque erobert Goa

1531 Einführung der Inquisition in Portugal

1536 Gil Vicente, der größte Dramatiker Portugals, stirbt

1572 Veröffentlichung von Luís de Camões' Versepos *Os Lusíadas*

1500 | 1525 | 1550 | 1575

1498 Vasco da Gama erreicht Indien

um 1502 Arbeitsbeginn am Mosteiro dos Jerónimos in Belém *(siehe S. 106f)*

1521–57 Regierungszeit Joãos III, genannt »der Fromme«

Gil Vicente

1559 Gründung der Jesuitenuniversität in Évora *(siehe S. 304)*

1578 Sebastiãos Afrikafeldzug endet mit seinem Tod und der völligen Niederlage Portugals in der Schlacht von Alcácer-Quibir

Portugiesischer *padrão*

Das Zeitalter der Entdeckungen

PORTUGALS GOLDENES ZEITALTER begann 1415 mit der Einnahme der marokkanischen Stadt Ceuta. Es folgten Entdeckungsfahrten entlang der afrikanischen Westküste. Gold und der Handel mit afrikanischen Sklaven brachten große Reichtümer, den echten Durchbruch erlebte die portugiesische Expansion jedoch 1498, als Vasco da Gama *(siehe S. 108)* den Seeweg nach Indien fand. Bald kontrollierte Portugal den gesamten Indischen Ozean und damit den Gewürzhandel. Pedro Álvares Cabrals »Entdeckung« Brasiliens machte Portugal schließlich zur weltgrößten Handelsmacht neben Spanien.

Armillarsphäre
Dieser Himmelsglobus (die zum Teil beweglichen Ringe stellen die Haupthimmelskreise dar) diente Seefahrern zur Positionsbestimmung.

Magalhães (um 1480–1521)
Im Auftrag der Spanier leitete der Portugiese Fernão de Magalhães 1519–22 die erste Erdumsegelung. Er starb vor Beendigung der Reise auf den Philippinen.

Anbetung der Könige
Das kurz nach Cabrals Rückkehr aus Brasilien (1500) für die Kathedrale von Viseu gemalte Altarbild wird Grão Vasco (siehe S. 213) *zugeschrieben. König Balthasar ist als Tupi-Indianer dargestellt.*

Elfenbeinernes Salzfässchen (Afrika)
Diese Elfenbeinschnitzerei (16. Jh.) stellt portugiesische Krieger dar, die eine Erdkugel und ein Schiff tragen. Ein Seemann lugt aus dem Krähennest.

Japanischer Wandschirm (um 1600)
Dieser Wandschirm zeigt die Entladung einer nau. *Von 1575 bis zu ihrer Vertreibung 1638 beherrschten Portugiesen auch den Handel zwischen China und Japan.*

Der Infant Henrique

Obwohl er selbst nicht zur See fuhr, begründete Henrique (1394–1460) – auch als »Heinrich der Seefahrer« bekannt –, der dritte Sohn Joãos I, die Entdeckungs- und Eroberungsfahrten, die João II und Manuel I später noch vorantrieben. Als Hochmeister des Christusordens finanzierte er Expeditionen an der Westküste Afrikas. Bei seinem Tod besaß er das Handelsmonopol für alle Gebiete südlich von Kap Bojador. Angeblich gründete er in Sagres *(S. 320)* oder Lagos eine Seefahrerschule.

Legende

Entdeckungsfahrten

Der Gewürzhandel
Kostbare Gewürze aus dem Fernen Osten brachten Reichtümer. 1528 kaufte Portugal Spanien die begehrten Molukken ab.

Portugiesische Entdeckungen

Die systematische Suche nach dem Seeweg nach Indien, der zugleich das Monopol auf den Gewürzhandel bedeutete, begann schon 1482 mit der ersten Fahrt von Diogo Cão, der bei jedem Landgang ein *padrão* (Steinkreuz) aufstellte.

Karavelle
Die ersten portugiesischen Seefahrer, die Afrikas Küste folgten, hatten Schiffe mit dreieckigen Segeln. Für die späteren Reisen über das offene Meer bevorzugte man quadratische Segel.

Unter spanischer Herrschaft

Felipe II von Spanien

Als Henrique 1580 ohne direkten Erben starb, erhob Felipe II von Spanien über seine Mutter, eine Tochter Manuels I, Anspruch auf den portugiesischen Thron. Auch unter spanischer Herrschaft blieben viele Posten in den Händen des portugiesischen Adels, doch führte eine gemeinsame Außenpolitik zum Verlust vieler Kolonien an die Niederlande. 1640 erhoben sich die Portugiesen und wählten den Herzog von Bragança zum König. Der folgende Krieg mit Spanien dauerte bis 1668. Portugal war nun wirtschaftlich ganz von seinen überseeischen Besitztümern abhängig.

Inthronisierung Joãos IV
Zwei Wochen nach der Vertreibung der Spanier 1640 empfing João vor dem königlichen Schloss in Lissabon die Krone.

Die Armada
1588 hoffte Felipe II von Spanien, mit seiner mächtigen Flotte England erobern zu können. Die berühmte Armada stach von Lissabon aus in See.

Das Forte de Graça war lange in spanischer Hand.

António Vieira
Der Jesuitenpriester, Schriftsteller und Redner Vieira (1606–1697) war ein viel geschätzter Diplomat und setzte sich bei der Inquisition für die Rechte getaufter Juden ein.

Unabhängigkeitskampf

Der lange Krieg gegen Spanien (1640–68) wurde vorwiegend im Alentejo gefochten. Dieses *azulejo*-Bild aus dem Palácio Fronteira in Lissabon *(siehe S. 125)* zeigt die Schlacht von Elvas (1658), wo Truppen aus Estremoz den Spaniern, die die Stadt belagerten, eine vernichtende Niederlage beibrachten.

Zeitskala

1580 Schlacht von Alcântara; Einmarsch der Spanier, Felipe von Spanien wird König von Portugal

1588 Die Armada sticht in Lissabon in See

1614 Veröffentlichung der *Peregrinação* von Fernão Mendes Pinto (Bericht über die Asienreisen des Verfassers)

1624 Die brasilianische Kolonie Bahia fällt an die Niederlande

1631 Geburt der Malerin Josefa de Óbidos

1580 | 1600 | 1620

1583 Felipe II kehrt nach Spanien zurück; sein Neffe, Kardinal-Erzbischof Albert von Österreich, regiert als Vizekönig

1581 Der König beauftragt den italienischen Baumeister Filippo Terzi mit der Umgestaltung des Schlosses und dem Bau von Kirchen in Lissabon

Die 1627 vollendete Kirche São Vicente de Fora (siehe S. 72) *von Filippo Terzi und Baltasar Álvares*

1626 Der Jesuitenmissionar António de Andrade gelangt über den Himalaja nach Tibet

Indo-portugiesisches Kabinettschränkchen
Contadores *genannte Kabinettschränkchen wurden in den Kolonien aus Teak- und Ebenholz gefertigt. Dieses Stück (17. Jh.) ist im Museu Nacional de Arte Antiga* (S. 96f) *zu bewundern.*

Nach einem erfolglosen Vorstoß nach Spanien wurde die portugiesische Armee in Elvas festgesetzt.

Wuchtige Bastionen fingen das Kanonenfeuer der Spanier ab.

Die Armee aus Estremoz schlug die Spanier bei einem Überraschungsangriff in die Flucht.

Wegweiser zum 17. Jahrhundert

Die spanische Zeit war von strenger Architektur geprägt, wie man an São Vicente de Fora *(S. 72)* in Lissabon, der Sé Nova in Coimbra *(S. 204)* und der Jesuitenkirche in Santarém *(S. 191)* erkennt. Typisch ist auch die lange, schmucklose Fassade des herzoglichen Palastes in Vila Viçosa *(S. 298f)*. *Azulejos* aus dieser Epoche sind im Palácio Fronteira *(S. 125)* und im Museu Nacional do Azulejo *(S. 122f)* zu bewundern.

Der Palácio dos Biscainhos *in Braga* (S. 277) *wurde von reichen Emigranten nach ihrer Rückkehr aus Brasilien erbaut und später erweitert.*

Josefa de Óbidos
Die in Spanien geborene Josefa (1631–1684) kam als junges Mädchen nach Óbidos (S. 174f). *Sie malte realistische Stillleben und religiöse Bilder.*

Die Inquisition
Im Auftrag der katholischen Kirche starben im 16. und 17. Jahrhundert Häretiker auf dem Terreiro do Paço in Lissabon auf dem Scheiterhaufen.

1639 Portugiesische Schiffe aus japanischen Häfen verbannt

1654 Pernambuco fällt; Niederländer aus Brasilien vertrieben

1656 João IV stirbt; seine Witwe, Königin Luísa, regiert für den jungen König Afonso VI

1665 Spanische Niederlage bei Montes Claros

1668 Spanien erkennt Portugals Unabhängigkeit an

1683 Pedro II wird König

Pedro II

1640 | 1660 | 1680

Catarina von Bragança

1640 Restauration: Nach antispanischen Erhebungen besteigt der vierte Herzog von Bragança als João IV den Thron

1662 Catarina von Bragança heiratet Charles II von England

1667 Pedro setzt seinen debilen Bruder Afonso VI ab, heiratet dessen Frau und übernimmt die Regentschaft

1697 In Minas Gerais (Brasilien) wird Gold entdeckt

1698 Letztes Zusammentreten des portugiesischen Parlaments

Zeitalter des Absolutismus

Goldmünze Joãos V

Das 18. Jahrhundert brachte den Portugiesen wechselndes Glück. Trotz der riesigen Gold- und Diamantvorkommen in Brasilien führte Joãos Verschwendungssucht zum Staatsbankrott. Pombal, erster Minister von Joãos Nachfolger José I, reformierte Regierung, Handel und Bildungswesen, doch Maria I, die 1777 den Thron bestieg, machte viele dieser Reformen wieder rückgängig. Napoléons Einmarsch 1807 zwang Maria und den gesamten Hof ins Exil nach Brasilien.

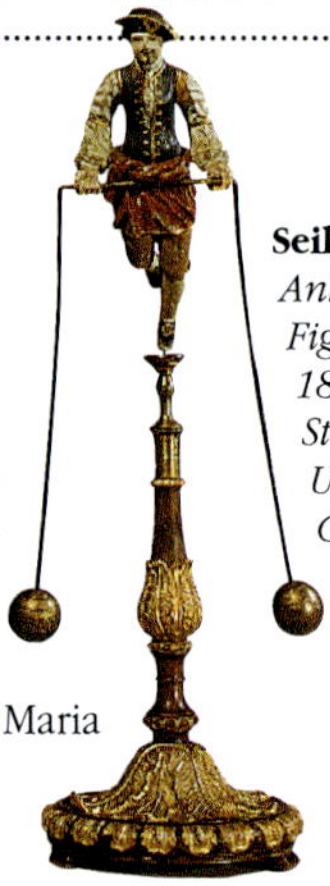

Seiltänzer
Anhand dieser Figur wurde im 18. Jahrhundert Studenten an der Universität von Coimbra der Schwerpunkt erklärt.

Marquês de Pombal (1699–1782)
Nach dem Erdbeben von 1755 (siehe S. 62f) *organisierte Pombal den Wiederaufbau von Lissabon. Hier präsentiert er die auf dem Reißbrett entworfene neue Stadt.*

Die mehr als 40 000 Bände der Bibliothek werden in prachtvollen barocken Bücherschränken verwahrt.

Gemächer der Königin

Im Inneren der mit gelbem, rosa, rotem und blauem Marmor ausgestatteten Basilika stehen zahlreiche Statuen italienischer Bildhauer.

João V
Auf dieser Miniatur (1720) von Castriotto trinkt João Schokolade, Modegetränk bei Hofe, die ihm der Infant Miguel reicht.

Zeitskala

1700

1703 Der Vertrag von Methuen sichert den britischen Markt für portugiesischen Wein und den portugiesischen Markt für britische Wolle

1706–50 Regierungszeit Joãos V, der Unsummen für kirchliche Bauten stiftete

Bom Jesus do Monte

1720

1723 Bau der Barocktreppe von Bom Jesus do Monte bei Braga *(siehe S. 278f)*

1730 Weihung der Basilika des Klosterpalastes Mafra

1733 Aufführung der Oper *La pazienza di Socrate* von Francisco António de Almeida im Lissabonner Schloss

1740

1748 Einweihung des Áquas-Livres-Aquädukts in Lissabon

1750 José I folgt auf João V

1755 Ein Erdbeben zerstört Lissabon und weite Teile Südportugals

Aqueduto das Áquas Livres
Der 1748 eröffnete Aquädukt wurde von den Bürgern Lissabons bezahlt. João V ließ ihn – gegen den Rat der Ingenieure – über das Alcântara-Tal bauen.

Ankleidestuhl (18. Jh.)
Dieser reich vergoldete Stuhl aus Walnussholz steht auf geschwungenen Beinen, die den Einfluss des Queen-Anne-Stils belegen.

Refektorium der Mönche

In den Glockentürmen hängt ein Glockenspiel mit 114 Glocken.

Die Gemächer des Königs liegen weitab von denen der Königin (es gibt aber einen Verbindungsgang).

Das Kloster Mafra

Dieses 1717 begonnene gigantische Denkmal, das sich João V setzte, umfasst ein Schloss und einen Konvent *(siehe S. 152)* mit 880 Räumen und 300 Mönchszellen. Die Arbeiten dauerten 38 Jahre.

Wegweiser zum 18. Jahrhundert

Barockkirchen findet man in ganz Portugal, viele mit reicher Vergoldung – etwa São Francisco *(S. 241)* und Santa Clara *(S. 239)* in Porto. Auch kachelgeschmückte Ausstattungen sind häufig *(S. 22f)*. Zur Universität Coimbra gehören die gold glänzende Capela de São Miguel und eine schöne Barockbibliothek. Neben den Palästen von Mafra und Queluz datieren auch elegante Landsitze wie die Casa de Mateus *(S. 254f)* aus dieser Zeit.

Der Palast von Queluz (S. 164f), *Wohnsitz Marias I, wurde 1747 begonnen und zählt zu den schönsten Rokokobauten.*

Die Capela de São Miguel *der Universität Coimbra* (S. 206f) *wurde unter João V im Stil des Barock umgestaltet.*

1756 Das Douro-Tal wird die erste demarkierte Weinregion der Welt

1759 Pombal verbannt die Jesuiten aus Portugal

1760

1762 Spanien erklärt Portugal den Krieg

Reiterstandbild Josés I

1772 Umstrukturierung der Universität Coimbra durch Pombal, der Mathematik und Naturwissenschaften in den Lehrplan aufnimmt

1775 Enthüllung von Machado de Castros Standbild Josés I im Zentrum des neuen Lissabon

1777 Maria I besteigt den Thron und entlässt Pombal

1780

Maria I

1789 Niederschlagung der brasilianischen Unabhängigkeitsbewegung in Minas Gerais

1799 Marias I Sohn João zum Regenten ernannt

1800

1807 Franzosen besetzen Portugal; der Hof flieht nach Brasilien

1808 Vertreibung der Franzosen durch britisch-portugiesische Truppen unter Sir Arthur Wellesley

Reform und Revolution

Durch die Auseinandersetzungen mit Spanien und nach dem Verlust Brasiliens brach für Portugal eine Zeit der Unruhen an, die 1832 in einem Bürgerkrieg zwischen dem Liberalen Pedro IV und dem Absolutisten Miguel gipfelten. Trotz eines Sieges der Liberalen folgte eine Reihe reaktionärer Regierungen. Die zweite Hälfte des Jahrhunderts verlief friedlich und war von wirtschaftlichem Wachstum geprägt. Dennoch ging die konstitutionelle Monarchie 1910 unter, und König Manuel II floh ins Exil. Portugal war Republik.

Revolution 1820
Die Revolution führte zur Rückkehr der Königsfamilie aus Brasilien und zu einer neuen, liberalen Verfassung, die 1832 nach einem Militärputsch wieder-aufgehoben wurde.

Zé Povinho
Diese leidgeprüfte Jedermanns-Gestalt tauchte erstmals 1875 auf – erfunden hat sie der Künstler Rafael Bordalo Pinheiro, der damit dem portugiesischen Durchschnittsarbeiter ein Denkmal setzte.

Schiffe der Aufständischen beschießen das Schloss in Lissabon.

Personifizierung der Republik Portugal

Priester werden von republikanischen Truppen abgeführt.

Geburt der Republik

Eine Geheimgesellschaft mit Namen Carbonária verbreitete republikanisches Gedankengut. Die Revolution fand im Oktober 1910 in Lissabon statt und dauerte nicht einmal fünf Tage. Dieses zeitgenössische Plakat zeigt die wichtigsten Ereignisse.

Krieg mit Frankreich (1808–14)
Zweimal versuchte Napoléon Portugal zu erobern, scheiterte aber an den Streitkräften unter Wellington, die 1810 bei Buçaco (siehe S. 210f) *einen wichtigen Sieg errangen.*

Zeitskala

1809–20 Charles Stuart, britischer Minister, regiert Portugal als britisches Protektorat

1822 Grundlegend neue Verfassung; Brasilien wird unter Joãos VI Sohn Pedro unabhängig

Teatro Nacional Dona Maria II

1853 Erste portugiesische Briefmarke

1856 Eröffnung der Eisenbahnverbindung Lissabon–Carregado

1810 | 1830 | 1850

1826 Pedro IV führt eine gemäßigte Verfassung ein und dankt zugunsten seiner Tochter Maria ab

1810 Schlacht von Buçaco

1828 Der mit seiner Nichte Maria verlobte Miguel lässt sich zum König ausrufen

1842 Nationaltheater gegründet

1834 Auflösung der Klöster

1832–34 Bruderkrieg zwischen Pedro IV und Miguel; ersterer gewinnt

1851–80 Phase industriellen Aufschwungs

5-Reis-Briefmarke

5-Reis-Briefmarke

Die Trinker
Jose Malhôa (1855–1933) hinterließ mit seinen Genrebildern eine Sozialgeschichte seiner Zeit. Hier zeigt er Bauern beim Probieren von jungem Wein.

König Manuel II flieht an Bord der königlichen Yacht von Ericeira aus nach England.

Republikanische Truppen errichten in Lissabon Straßensperren, ohne auf Widerstand zu stoßen.

Anführer der republikanischen Partei

Portugal und Afrika
Die Ost-West-Durchquerung Südafrikas durch den Offizier Serpa Pinto 1879 begünstigte den Plan einer von Küste zu Küste reichenden portugiesischen Kolonie.

Eça de Queirós
Der große Romancier (1845–1900) zeichnete ein schonungsloses Porträt des portugiesischen Bürgertums. Er stand lange im diplomatischen Dienst.

Wegweiser zum 19. Jahrhundert

Klassizistische Architektur, wie sie Anfang des Jahrhunderts vorherrschte, ist am Lissabonner Palácio Nacional da Ajuda *(S. 111)* zu sehen. Später bildeten sich romantischere Baustile heraus – von der fantastischen Neogotik des Palácio da Pena *(S. 160f)* in Sintra bis zum subtilen Orientalismus von Monserrate *(S. 155)*. Schöne Denkmäler der frühen Eisenbahngeschichte sind die Bahnhöfe Rossio in Lissabon und São Bento in Porto *(S. 239)*.

***Die pseudo-manuelinische** Fassade ziert den 1887 fertig gestellten Rossio-Bahnhof* (S. 82) *in Lissabon. Er verfügt über eines der ersten Eisengewölbe Portugals.*

***Die große Douro-Brücke**, die Ponte de Dom Luís I* (S. 242) *in Porto, konstruierte Teófilo Seyrig 1886 in Anlehnung an eine Eisenbahnbrücke von G. Eiffel.*

1861–89 Regierungszeit des gemäßigten Luís I

1865–68 Koalition zweier Hauptparteien

1869 Sklavenhandel in allen portugiesischen Territorien abgeschafft

1870

1877 Serpa Pinto durchquert von Benguela in Angola aus Südafrika

1886 Ponte de Dom Luís in Porto erbaut

1888 *Os Maias* (Satire über die Lethargie der Portugiesen) von Eça de Queirós veröffentlicht

1890

1890 Der Plan, die Kolonien Moçambique und Angola zu verbinden, wird auf Wunsch der englischen Regierung aufgegeben

Manuel II

1908 Carlos I und Kronprinz Luís von Revolutionären ermordet

1910

1910 Revolution: Manuel II dankt ab und geht ins Exil

Das 20. Jahrhundert

Kachelschmuck einer U-Bahn-Station, Lissabon

Die Anfangsjahre der Republik waren von politischen und wirtschaftlichen Krisen geprägt, 1926 bereitete ein Militärputsch dem »Neuen Staat« von 1933 den Weg. Unter dem Regime von Salazar wurde Portugal zwar seine Schulden los, bezahlte dafür aber mit Armut und Arbeitslosigkeit. Die Abhängigkeit von den Kolonien führte zu kostspieligen Kriegen, Unruhen in der Armee und 1974 schließlich zum Sturz der Regierung. Die Rückkehr zur Demokratie wurde 1986 durch die Aufnahme in die EG belohnt.

1935 Tod des Dichters Fernando Pessoa, der unter Pseudonymen in ganz unterschiedlichen Stilarten schrieb. Dieses Porträt von José de Almada Negreiros hängt im Centro de Arte Moderna *(S. 120)*

1922 Gago Coutinho und Sacadura Cabral überfliegen als Erste den Südatlantik

1933 Gründung des *Estado Novo* (Neuer Staat), Diktatur durch Salazar. Die Regierung verbietet Streiks und zensiert die Presse. Die Opposition wird durch die Geheimpolizei PIDE brutal unterdrückt

1949 Portugal unterzeichnet den Nordatlantikpakt und wird Gründungsmitglied der NATO

1911 Wahlrecht für Frauen

1910	1920	1930	1940	1950
1910	1920	1930	1940	1950

1916 Portugal tritt auf seiten Großbritanniens und Frankreichs in den Ersten Weltkrieg ein

1917 Drei Hirtenkinder in Fátima behaupten, die Muttergottes gesehen zu haben; der Ort der Erscheinung wird ein bedeutendes Wallfahrtsziel

1918 Präsident Sidónio Pais ermordet; die Nachkriegsjahre sind eine Zeit der Unruhen, Streiks und häufigen Regierungswechsel

1928 António de Oliveira Salazar verhängt als Finanzminister Sparmaßnahmen und gleicht die Bilanz aus; 1932 wird er Premierminister

1926 Militärputsch bringt General Carmora ins Präsidentenamt, das er bis zu seinem Tod 1951 bekleidet

1939–45 Im Zweiten Weltkrieg bleibt Portugal offiziell neutral, verkauft aber Rohstoffe an Deutschland; ab 1943 gestattet die Regierung die Stationierung britischer und amerikanischer Truppen auf den Azoren. Hier Salazar *(Mitte)* im Gespräch mit Militärs

1942 Salazar vereinbart mit dem spanischen Diktator einen gegenseitigen Nichtangriffspakt

1949 Der Neurochirurg António Egas Moniz erhält den Nobelpreis für Medizin

1966 Eröffnung der Ponte Salazar (heute: Ponte 25 de Abril) über den Tejo *(siehe S. 114)*

1986 Beitritt Portugals zur Europäischen Gemeinschaft; Soares wird erster Nicht-Militär im Präsidentenamt seit 1926

1955 Der armenische Ölmagnat Calouste Gulbenkian hinterlässt 2355 Millionen Escudos zugunsten einer Stiftung, die Bildung und Künste fördern soll

1966 Die Fußball-Nationalmannschaft erreicht mit einem brillanten Eusébio *(vordere Reihe Mitte)* das Halbfinale der Weltmeisterschaft

1974 »Nelkenrevolution«: Nahezu unblutiger Sturz des Regimes von Marcelo Caetano durch die MFA (Bewegung der Streitkräfte), eine Gruppierung enttäuschter linker Militärs

1985 Die Sozialdemokraten unter Aníbal Cavaco Silva kommen an die Macht

1998 In Lissabon findet die Expo '98 statt: Das Maskottchen Gil verkörpert Wasser und Wellen

1995 Der Sozialist António Guterres wird Ministerpräsident

2004 In Portugal findet die Fußball-Europameisterschaft statt

1960 | 1970 | 1980 | 1990 | 2000

1960 | 1970 | 1980 | 1990 | 2000

1958 Bei den Präsidentschaftswahlen erringt General Delgado von der Opposition so viele Stimmen, dass das Ergebnis manipuliert werden »muss«; später wird er ermordet

1961 Indien annektiert die portugiesischen Kolonien Goa, Damão und Diu

1968 Salazar nach Schlaganfall vom gemäßigteren Caetano abgelöst

1975 Sämtliche portugiesischen Kolonien mit Ausnahme Macaus werden unabhängig. Damit enden lange und blutige ungewinnbare Kriege in Afrika, die Soldaten (hier im angolanischen Busch) werden nach Hause beordert

1976 Erste freie Wahlen in fast 50 Jahren: Der Sozialist Mário Soares wird Ministerpräsident

1988 Rosa Mota *(Mitte)* gewinnt in Seoul den olympischen Marathonlauf der Frauen

DIE »NELKENREVOLUTION«

Bei dem fast unblutig verlaufenen Militärputsch vom 25. April 1974 steckte die Bevölkerung den Soldaten rote Nelken in die Gewehrläufe. Angezettelt wurde die Revolution von jungen Offizieren, die damit dem sinnlosen Blutvergießen in den afrikanischen Kolonien ein Ende setzen wollten. Die Bevölkerung begrüßte die Aufständischen als Befreier, doch sah sich Portugals neue Regierung zunächst mit nahezu unlösbaren Problemen konfrontiert. Im November 1975 war das neue System sogar durch eine kurzlebige Gegenrevolution im Bestand gefährdet.

Schlagzeilen verkünden die Revolution

Lissabon

Lissabon im Überblick

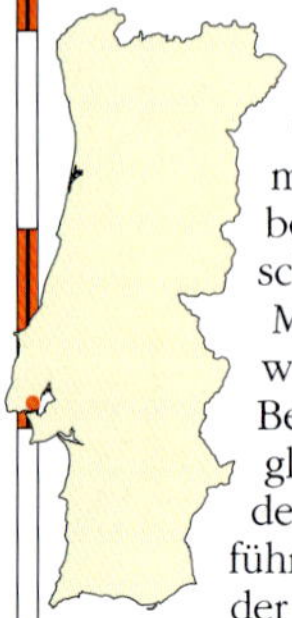

PORTUGALS HAUPTSTADT liegt am Nordufer der binnenmeerartig verbreiterten Tejo-Mündung, 17 Kilometer vom Atlantik entfernt. In Lissabon selbst leben nur rund 550 000 Menschen, im Großraum jedoch fast zwei Millionen. Der Stadtkern, die Baixa, wurde 1755 von einem verheerenden Beben *(siehe S. 62f)* fast dem Erdboden gleichgemacht und erhielt beim Wiederaufbau eine geometrische Straßenführung. Auf den umliegenden Hügeln der Alfama und des Bairro Alto freilich sind viele der schmalen, gewundenen Gässchen sehr viel älter. Die Docks der einst bedeutenden Hafenstadt wurden mittlerweile verlegt, doch in Belém halten mehrere Denkmäler die Erinnerung an die Seefahrertradition der einstigen Welthandelsmetropole wach.

Das Museu Nacional de Arte Antiga *besitzt Gemälde, dekorative Kunst und Skulpturen. Besondere Aufmerksamkeit verdienen portugiesische Kunstwerke wie J. Afonsos* Christus erscheint der Muttergottes (siehe S. 96f).

Das Mosteiro dos Jerónimos *ist ein prachtvoller Bau aus dem 16. Jahrhundert, den Manuel I in dem nach ihm benannten, typisch portugiesischen Stil errichten ließ. Das überschwänglich verzierte Südportal, 1516 von João de Castilho entworfen, zählt zu den schönsten Beispielen der manuelinischen Architektur.*

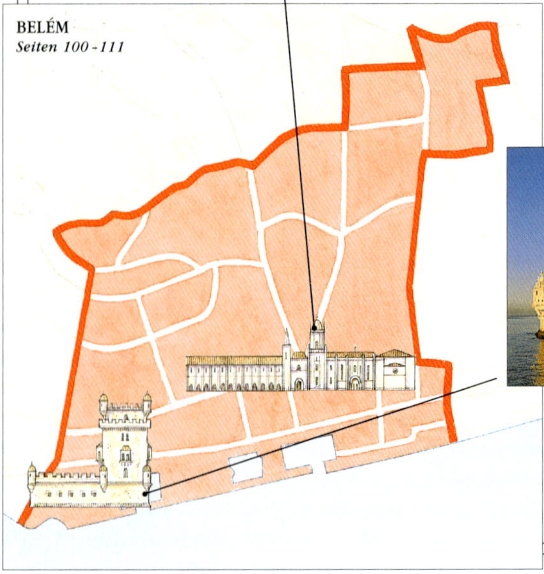

Die Torre de Belém*, Symbol portugiesischer Triumphe auf den Weltmeeren, begrüßte die aus dem Orient oder der Neuen Welt heimkehrenden Seefahrer* (siehe S. 110).

◁ **Die romanischen Wehrtürme der Kathedrale überblicken die Dächer der Baixa**

***Der schmiedeeiserne Elevador de Santa Justa**, Anfang des 20. Jahrhunderts erbaut, verbindet die Baixa mit dem Largo do Carmo* (siehe S. 86).

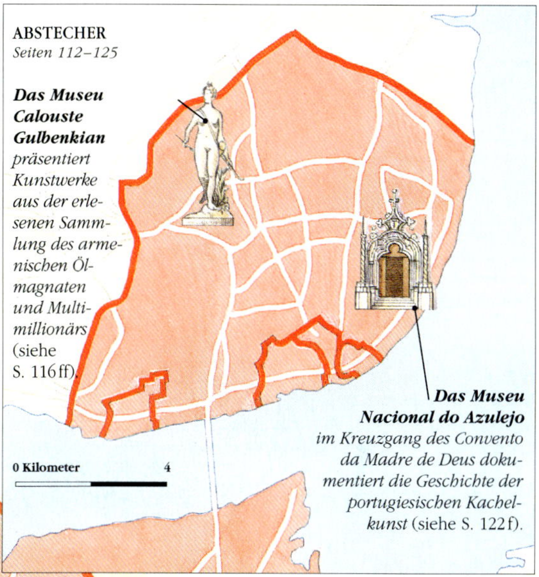

***Das Museu Calouste Gulbenkian** präsentiert Kunstwerke aus der erlesenen Sammlung des armenischen Ölmagnaten und Multimillionärs* (siehe S. 116 ff).

***Das Museu Nacional do Azulejo** im Kreuzgang des Convento da Madre de Deus dokumentiert die Geschichte der portugiesischen Kachelkunst* (siehe S. 122 f).

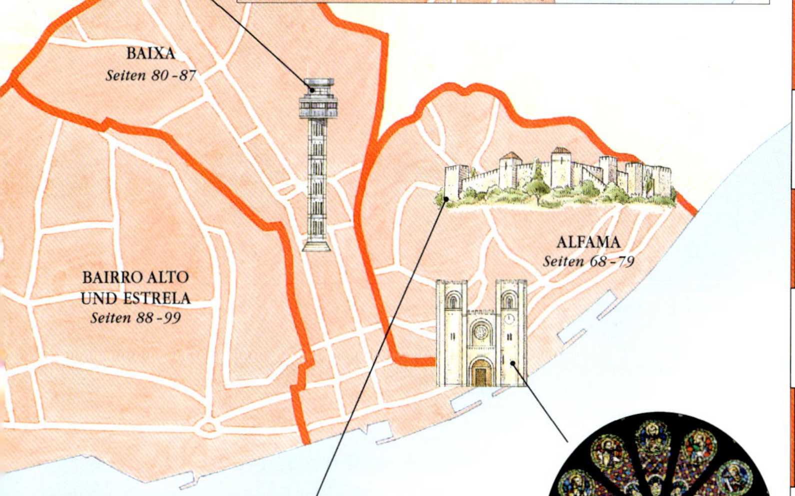

0 Meter 500

***Das Castelo do São Jorge**, einst Maurenburg und dann Residenz der portugiesischen Könige, wurde in den 1930er Jahren der Öffentlichkeit zugänglich gemacht. Von den Zinnen bietet sich ein prachtvoller Blick* (siehe S. 78 f).

***Lissabons aufwändig restaurierte Kathedrale** ist ein wuchtiger romanischer Bau mit wunderschöner Fensterrosette. In der Schatzkammer befinden sich kirchliches Silber, Roben und andere religiöse Objekte.*

Das Erdbeben von 1755

Von Überlebenden gestiftetes Votivkachelbild

Die erste Erschütterung dieses verheerenden Bebens war am 1. November gegen 9.30 Uhr zu spüren. Wenige Minuten später folgte ein zweiter, weitaus heftigerer Erdstoß, der mehr als die Hälfte der Stadt in Schutt und Asche legte. Obwohl das Epizentrum an der Algarve lag, war Lissabon als dicht besiedeltes Gebiet am meisten betroffen. Über 20 Kirchen stürzten ein und begruben viele Menschen, die sich zum Allerheiligengottesdienst versammelt hatten. Nach einem dritten Beben brach Feuer aus, das um sich griff. Eine Stunde später rollten Flutwellen an. Ganz Portugal litt unter den Auswirkungen, in Lissabon starben mehr als 15 000 Menschen.

Dieses Gemälde *von der Ankunft eines päpstlichen Gesandten bei Hofe 1693 zeigt, wie der Terreiro do Paço vor dem Erdbeben ausgesehen hat.*

Die meisten Gebäude, die den Erdstößen Stand gehalten hatten, fielen den Flammen zum Opfer.

Der Paço da Ribeira (Königspalast) wurde von dem Beben und der nachfolgenden Flutwelle völlig zerstört.

Viele Menschen versuchten sich vor dem Feuer auf Schiffe zu retten. Hoffnungslos überladen sanken diese wie Nussschalen.

Die königliche Familie *hielt sich in ihrem Schloss in Belém auf, das weit weniger betroffen war als Lissabon, und überlebte das Beben unversehrt. Hier inspiziert der König die verwüstete Stadt.*

Dieser Ausschnitt *ist einem Votivbild für Nossa Senhora da Estrela entnommen, das ein dankbarer Vater der Muttergottes weihte, weil sie das Leben seiner Tochter verschont hatte. Das Mädchen konnte nach dem Beben lebendig aus den Trümmern geborgen werden.*

Der Wiederaufbau Lissabons

Marquês de Pombal (1699–1782)

Kaum war das Beben vorbei, entwarf Sebastião José de Carvalho e Melo, Erster Minister Josés I und späterer Marquês de Pombal, eine neue Stadt. Während viele lamentierten, schlug in Pombal der Pragmatiker durch: »Begrabt die Toten, und gebt den Lebenden zu essen.« Er stellte die Ordnung wieder her und begann umgehend, sein Vorhaben in die Tat umzusetzen. Seine Bewältigung der Krise brachte ihm unumschränkte politische Macht ein.

Reaktionen auf die Katastrophe

Voltaire

Das Erdbeben beeinflusste das europäische Denken. In allen großen Zeitungen erschienen Augenzeugenberichte, häufig von in Lissabon ansässigen Ausländern. Es entbrannte eine Debatte darüber, ob das Beben als Naturkatastrophe oder göttlicher Racheakt anzusehen sei. Lissabon war eine blühende Stadt gewesen, berühmt für ihren Reichtum, aber auch ihre Inquisition und Götzendienerei. Viele Prediger stellten das Beben als Bestrafung hin und sagten weitere Katastrophen voraus. Voltaire schrieb sogar ein Gedicht darüber, in dem er seinem Glauben Nachdruck verlieh, dass das Böse allgegenwärtig und der Mensch schwach und zu einem unglücklichen Erdendasein verdammt sei.

Die alten Festungsmauern hielten den Erschütterungen nicht stand.

Zu Allerheiligen entzündete Altarkerzen setzten die Stadt in Brand. Das Feuer wütete sieben Tage und Nächte.

Einige der vornehmsten Häuser Lissabons wurden zerstört – mit ihnen Gold, Juwelen, unersetzbare Möbel, Bücher und Gemälde.

Gegen 11 Uhr brandeten Flutwellen gegen den Terreiro do Paço. Die Alcântara-Docks fingen das Schlimmste ab.

Kirchen, Wohnhäuser *und öffentliche Gebäude waren betroffen. Die königliche Oper, hier in Ruinen, war erst im März desselben Jahres eröffnet worden.*

Zeitgenössische Darstellung des Bebens

Dieser Stich (1775) eines unbekannten deutschen Meisters vermittelt einen Eindruck vom Ausmaß der Katastrophe. Viele, die sich vor dem Feuer zum Tejo flüchteten, wurden von heranbrandenden Wogen verschlungen. Personen- und Sachschäden waren immens.

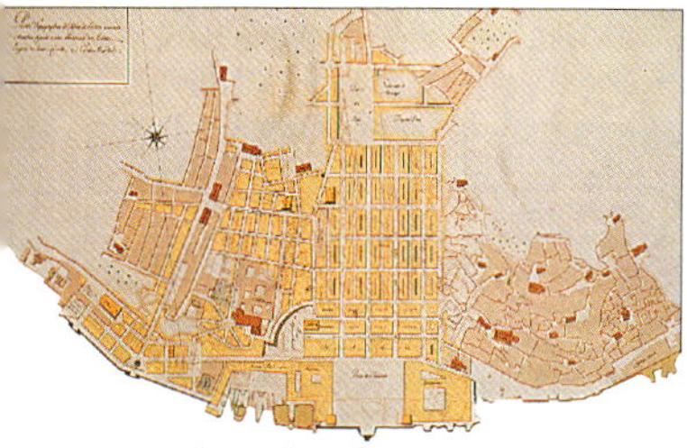

Der Wiederaufbau *des Zentrums von Lissabon ging mit unglaublichem Tempo vonstatten. Schon Ende November legte Pombal einen für die damalige Zeit revolutionären, streng geometrischen Plan vor. Die neuen Gebäude sind gelb markiert.*

Im heutigen Lissabon *erinnert vieles an das Erdbeben. Pombals rasterförmige Straßenführung ist auf diesem Luftbild der Baixa* (siehe S. 80 ff) *deutlich erkennbar. Die Bauarbeiten zogen sich jahrzehntelang hin. Der Triumphbogen an der Rua Augusta wurde sogar erst 1873, über ein Jahrhundert später, vollendet.*

Unterhaltung

Obwohl Lissabon im Vergleich zu anderen Metropolen in Europa eher klein ist, bietet es einen großen und abwechslungsreichen Veranstaltungskalender. Das Angebot reicht von klassischer Musik und Oper bis zu tradtionellen *fado*-Abenden *(siehe S. 66f)* und großen Rock-Konzerten. Auch Anhänger von klassischem und modernem Tanz kommen auf ihre Kosten.

Fußballfans feuern im Stadion die Mannschaften Benfica oder Sporting an. Was das Nachtleben angeht, kann Lissabon durchaus mit vielen größeren europäischen Hauptstädten mithalten.

Kartenvorverkauf

Tickets können mit einem Anruf bei der Agência de Bilhetes para Espectáculos Públicos **(ABEP)** reserviert werden. Auch **FNAC** verkauft Karten. Beim Abholen ist Barzahlung erwünscht. Einige Kinos und Theater akzeptieren Reservierungen.

ABEP-Kiosk: Kartenvorverkauf an der Praça dos Restauradores

Programmzeitschriften

Veranstaltungstermine und eine Liste von Bars und Klubs erscheinen wöchentlich in den großen Zeitungen. In den Besucherzentren liegen kostenlose englischsprachige Programme, *Follow me Lisboa* und *Lisboa Step by Step*, aus. In portugiesischer Sprache erscheint monatlich die *Agenda Cultural.*

Kino und Theater

Cineasten (die auch Englisch verstehen) finden in Lissabon eine reiche Auswahl. Die Filme laufen im Original mit portugiesischen Untertiteln; der Eintritt ist preiswert. Montags können Sie mit Preisnachlässen rechnen. Moderne Multiplex-Kinos in den Einkaufszentren wie Amoreiras oder El Corte Inglés zeigen die neuesten Hollywood-Produktionen, europäische Filme gibt es im **King Triplex**. Klassiker und Retrospektiven zeigt die **Cinemateca Portuguesa**, die auch einen Filmkalender herausgibt, den Sie im Fremdenverkehrsbüro erhalten.

Theaterfreunde können im **Teatro Nacional Dona Maria II** und im **Teatro da Trinidade** Aufführungen in portugiesischer Sprache und Gastproduktionen genießen. Weniger förmlich, aber höchst unterhaltsam geht es bei Open-Air-Aufführungen im **Chapitô** zu.

Klassische Musik, Oper und Tanz

Das **Centro Cultural de Belém** *(siehe S. 108)* und die **Fundação Calouste Gulbenkian** *(siehe S. 116ff)* sind Schauplatz vieler nationaler und internationaler Veranstaltungen, darunter Konzerte, Ballett- und Opernaufführungen. Das **Teatro Nacional de São Carlos** ist Portugals Nationaloper, die Eigenproduktionen und Gastaufführungen (auch Ballett) zeigt. Das ungebundene **Coliseu dos Recreios** bietet ein breites Veranstaltungsprogramm.

Clowns im Chapitô, dem jungen Theaterzentrum der Alfama

World Music, Jazz, Pop und Rock

Lissabons Seele ist der *fado (siehe S. 66f)*, doch swingt die Stadt auch zu anderen Klängen – besonders afrikanische Rhythmen von den Kapverdischen Inseln sind überaus beliebt. Live-Musik bieten **B. Leza** und **Enclave**.

Der **Hot Clube** ist schon immer der beliebteste Jazzkeller der Stadt gewesen. Er zeichnet sich durch seine besondere Atmosphäre aus.

Das Orchester der Fundação Calouste Gulbenkian

Live-Musik in der Bar Pé Sujo

Speakeasy ist neuer, größer und wechselt Live-Jazz mit Blues-Abenden an Wochenenden ab.

Große Pop- und Rock-Konzerte finden meist unter freiem Himmel im **Praça Sony** oder in einem Fußballstadion statt. Einige ziehen allerdings die Bühne des **Coliseu dos Recreios** oder den **Pavilhão Atlântico** vor.

Bars und Klubs

Das Bairro Alto ist das Zentrum des Nachtlebens von Lissabon, auch wenn viele kleine Bars hier keine Tanzfläche haben oder früher schließen. Willkommene Ausnahmen sind das berühmte **Frágil** und der neue DJ-Club **VImperium**.

Zu den größeren Klubs gehören das **Kapital** und der benachbarte **Kremlin.** Ersteres ist eine eher durchschnittliche dreistöckige Disko mit Dachterrasse, letzterer ein schon fast legendärer House-Klub.

Im Westen der Stadt, bei der Marina Doca de Santo Amaro, liegt eines der in Lissabon seltenen Salsa-Lokale **Salsa Latina**. In der Alcântara-Gegend liegen das **W** und der **Alcântara Club**. Weiter östlich, am Tejo-Ufer nahe dem Bahnhof Santa Apolónia, befindet sich das **Lux** – der momentan beste Klub der Stadt.

Fussball & Co.

Portugal war Gastgeber der Fußball-Europameisterschaft 2004. Die beiden wichtigsten Fußballklubs Lissabons, Benfica und Sporting, bauten dafür mit dem **Estádio José Alvalade** und dem **Estádio da Luz** neue Stadien. Das Finale der portugiesischen Fußballmeisterschaft und das Tennisturnier Estoril Open finden im **Estádio Nacional-Jamor** statt. Im Pavilhão Atlântico gibt es Tennisturniere, Volleyball- und Basketballspiele, im Autódromo do Estoril in Alcabichede Motorsportrennen.

Auf einen Blick

Kartenvorverkauf

ABEP
Praça dos Restauradores.
Stadtplan 7 A2.
☎ *21-347 58 24.*

FNAC
Ruo do Crucifixo 103.
Stadtplan 7 B4.
☎ *21-322 18 00.*

Kino/Theater

Cinemateca Portuguesa
Rua Barata Salgueiro 39.
Stadtplan 5 C5.
☎ *21-359 62 62.*

Chapitô
Costa do Costelo 7.
Stadtplan 7 C3.
☎ *21-886 73 34.*

King Triplex
Avenida Frei Miguel Contreíras 52a.
Stadtplan 6 E1.
☎ *21-848 08 08.*

Teatro da Trinidade
Rua Nova da Trinidade 9
Stadtplan 7 A3
☎ *21-342 32 00.*

Teatro Nacional Dona Maria II
Praça Dom Pedro IV.
Stadtplan 7 B3.
☎ *21-325 08 00.*

Klassische Musik, Oper und Tanz

Centro Cultural de Belém
Praça do Império.
Stadtplan 1 C5.
☎ *21-361 24 00.*

Coliseu dos Recreios
Rua das Portas de Santo Antão 96.
Stadtplan 7 A2.
☎ *21-324 05 80.*

Fundação Calouste Gulbenkian
Avenida de Berna 45a.
Stadtplan 5 B2.
☎ *21-782 30 00.*

Teatro Nacional de São Carlos
Rua Serpa Pinto 9.
Stadtplan 7 A4.
☎ *21-325 30 00.*

World Music/ Jazz/Pop/Rock

B. Leza
Largo do Conde Barão 50.
Stadtplan 4 E3.
☎ *21-396 37 35.*

Enclave
Rua do Sol ao Rato 71a.
Stadtplan 4 D1.
☎ *21-388 87 38.*

Hot Clube
Praça da Alegria 39.
Stadtplan 4 F1.
☎ *21-346 73 69.*

Pavilhão Atlântico
Parque das Nações.
☎ *21-891 84 09.*

Praça Sony
Parque das Nações.
☎ *21-891 90 00.*

Speakeasy
Cais da Officinas, Armazém 115, Rocha Conde d'Óbidios
Stadtplan 4 D4.
☎ *21-395 73 08.*

Bars und Klubs

Alcântara Club
Rua da Colina Económica 11.
☎ *21-346 52 50.*

Frágil
Rua da Atalaia 128.
Stadtplan 4 F2.
☎ *21-346 95 78.*

Kapital
Avenida 24 de Julho 68.
Stadtplan 4 E3.
☎ *21-395 71 01.*

Kremlin
Escadinhas da Praia 5.
Stadtplan 4 D3.
☎ *21-395 71 01.*

Lux
Avenida Infante Dom Henrique.
Stadtplan 8 D5.
☎ *21-882 08 90.*

Salsa Latina
Gare Marítima de Alacântara.
Stadtplan 3 A5/B5.
☎ *21-395 05 55.*

VImperium
Calçada do Tijolo 8.
Stadtplan 4 F2.
☎ *96-743 03 03.*

W
Holstein 13.
Stadtplan 3 A4.
☎ *21-363 68 30.*

Sport

Estádio José Alvalade
Rua Pr Fernando da Fonseca 1600. ☎ *21-751 60 00.*

Estádio da Luz
Avenida Gen Norton Matos 1500. ☎ *21-862 70 00.*

Estádio Nacional-Jamor
Cruz Quebrada.
☎ *21-419 72 12.*

Fado: Die Musik Lissabons

Guitarrista

GENAU WIE DER BLUES ist auch der Fado Ausdruck von Sehnsucht und Trauer. Die Bezeichnung, die wörtlich übersetzt »Schicksal« bedeutet, wird für ein einzelnes Lied ebenso benutzt wie für die gesamte Gattung. Viel verdankt diese von Augusto Hilário entwickelte Musik der *saudade*, jenem Lebensgefühl gewordenen Seelenschmerz des Portugiesen, der die verzweifelte Suche nach etwas nie Gehabtem oder für immer Verlorenem widerspiegelt. Seit über 150 Jahren klingen die melancholischen Töne durch Lissabons Gassen. Er wird von Männern oder Frauen gesungen, immer von Gitarre und Guitarra begleitet. In Coimbra hat sich eine leichtere Form entwickelt.

In den 1920er Jahren galt diese Musik als etwas dekadent

Weibliche fadistas tragen zum Gedenken an Maria Severa stets einen schwarzen Schal.

Der *guitarrista* spielt die Melodie und legt gelegentlich ein Instrumentalsolo ein.

***Maria Severa** (1810–1836) war die erste große* fadista *und Titelfigur des ersten portugiesischen Tonfilms (1931). Ihr skandalumwittertes Leben und ihr früher Tod haben die Geschichte des Fado geprägt und neben Liedern auch Gedichte, Romane und Theaterstücke inspiriert.*

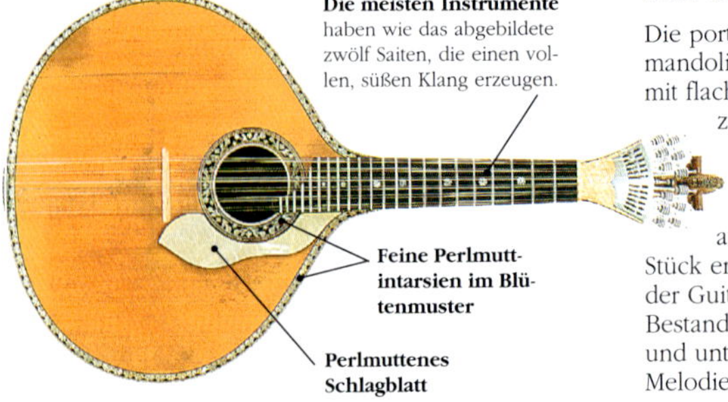

Die meisten Instrumente haben wie das abgebildete zwölf Saiten, die einen vollen, süßen Klang erzeugen.

Feine Perlmuttintarsien im Blütenmuster

Perlmuttenes Schlagblatt

Die Guitarra

Die portugiesische Guitarra ist ein mandolinenförmiges Instrument mit flachem Korpus und acht, zehn oder zwölf Saiten, das sich im Lauf der Zeit von einem recht schmucklosen zu einem oft überaus kostbar dekorierten Stück entwickelt hat. Der Klang der Guitarra ist ein wesentlicher Bestandteil eines klassischen Fado und untermalt und vertieft die Melodie des Gesangs.

***Der Fado** kann sich auf die unterschiedlichsten Themen beziehen. Dieses Lied von 1910 beispielsweise feiert die junge liberale Republik. Obwohl schon 1904 die ersten Schallplatten aufgenommen wurden, sorgten vor allem solche Notenblätter für die weite Verbreitung.*

***Alfredo Duarte** (1891–1982) hat viele Fados geschrieben, die von Liebe, Tod, Sehnsucht, Trauer und Triumph handeln. Er wird noch heute sehr verehrt, und seine Texte gehören ins Repertoire eines jeden Fado-Interpreten.*

***Amália Rodrigues** (1921–1999), die dieser Musik in den Nachkriegsjahren ihre eigene Prägung gab und den Fado weltweit bekannt machte, wird in Portugal wie eine Nationalheldin verehrt.*

Die Gitarre dient ausschließlich zur rhythmischen Begleitung.

***Die schmerzvollen Klänge** haben Schriftsteller und Maler inspiriert.* O Fado *(1910) von José Malhôa* (siehe S. 55) *zeigt, wie der* fadista *die Zuhörerin vollkommen fesselt und sie ganz in seinen Bann zieht.*

Fado-Lokale

Die besten Fado-Lokale Lissabons werden in der Regel von *fadistas* geführt, bei denen die Liebe zur Musik und die Beziehung zu anderen Interpreten das kommerzielle Interesse überwiegt – das **Parreirinha de Alfama** etwa gehört Argentina Santos.

Weniger glatt, aber dafür emotional stark ist der *fado vadio* (»Wander-Fado«), der in einfacheren Restaurants und Bars wie der **Tasca do Chico** in Bairro Alto erklingt.

Wegweiser zum Fado in Lissabon

In diesen Fado-Lokalen finden Sie gutes Essen, Wein und Musik. Im Casa do Fado erfahren Sie mehr über die Geschichte des Fado.

Arcadas do Faia
Rua da Barroca 54–56. **Stadtplan** 4 F2. ☎ *21-342 67 42.*

Casa do Fado
L. de Chafariz de Dentro,1 **Stadtplan** 7 A3. ☎ *21-882 34 70.*

Tasca do Chico
Rua Diário de Notícias 39. **Stadtplan** 7 A4. ☎ *21-343 10 40.*

Taverna do Embuçado
Beio dos Cortumes. **Stadtplan** 8 E4. ☎ *21-386 30 88.*

Parreirinha de Alfama
Beco do Espírito Santo 1. **Stadtplan** 7 E4. ☎ *21-886 82 09.*

Senhor Vinho
Rua do Meio à Lapa 18. **Stadtplan** 4 D3. ☎ *21-397 74 56.*

Alfama

MAN KANN sich kaum noch vorstellen, dass dieses schlichte Wohnviertel einst die gefragteste Gegend in Lissabon war. Den Mauren war das Gassengewirr um die Burg eine Stadt für sich. Der Niedergang begann im Mittelalter, als die wohlhabenden Bewohner aus Angst vor Erdbeben weiter nach Westen zogen und nur die Armen im Viertel blieben. Die Gebäude überstanden das Erdbeben von 1755 *(siehe S. 62f)*, und noch heute ist – obwohl keine maurischen Bauwerke mehr existieren – ein Hauch von Kasbah zu spüren. Fassaden, an denen Wäsche trocknet, säumen die steilen Straßen und Treppen. Auch wenn einige Ecken nun saniert werden – das Viertel wird noch immer von den kleinen Tante-Emma-Läden und den urgemütlichen Tavernen geprägt. Oberhalb der Alfama thront das Castelo de São Jorge. Der natürliche Aussichtspunkt, bis zum 16. Jahrhundert Festung und Königspalast, ist heute beliebter Treffpunkt. Die Anlage bietet eine großartige Aussicht.

Westlich der Alfama erheben sich die stolzen Doppeltürme der Kathedrale. Richtung Nordosten beherrschen die Kirchen Santa Engrácia und São Vicente de Fora die Skyline.

Portugals Wappen in der Kathedrale

Sehenswürdigkeiten auf einen Blick

Museen und Sammlungen
Museu de Artes Decorativas ❷
Museu Militar ❻

Historische Bauwerke
Casa dos Bicos ❼
Castelo de São Jorge S. 78f ❿

Kirchen
Kathedrale Sé ❽
Santa Engrácia ❺
Santo António à Sé ❾
São Vicente de Fora ❸

Aussichtspunkte
Miradouro da Graça ⓫
Miradouro de Santa Luzia ❶

Markt
Feira da Ladra ❹

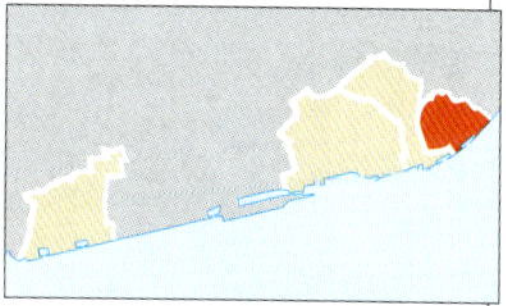

Anfahrt

Von der Baixa rattern die Straßenbahnen 12 und 28 die engen Straßen zur Alfama hinauf. Der Bus 37 fährt von der Burg um diese herum zum Rossio. Entlang der Avenida Dom Infante Henrique fahren viele Busse ostwärts zum Bahnhof Santa Apolónia und westwärts nach Belém.

Legende

Detailkarte: Alfama *S. 70f*
Bahnhof
Parken
Information
Stadtmauer

◁ **Schmiedeeiserne Balkone an einem Haus in der Rua dos Bacalhoeiros, neben der Casa dos Bicos**

Im Detail: Alfama

DIE ALFAMA, zu jeder Tageszeit faszinierend, erwacht erst richtig zum Leben, wenn am frühen Abend die Einheimischen in die kleinen Tavernen drängen. In dem Viertel leben relativ junge Leute und es gibt einige schicke Läden und Bars. Wegen der steilen Straßen und Treppen ist es am bequemsten, einen Rundgang oben zu beginnen und langsam hinabzugehen. Auf dem Weg können Sie malerische Ecken und marode Kirchen entdecken und einen Panoramablick von den schattigen Aussichtspunkten wie dem Miradouro de Santa Luzia genießen.

Von den Cafétischen am Largo das Portas do Sol überblickt man die Alfama bis zur Tejo-Mündung. Die Portas do Sol waren einst der Eingang zur Altstadt.

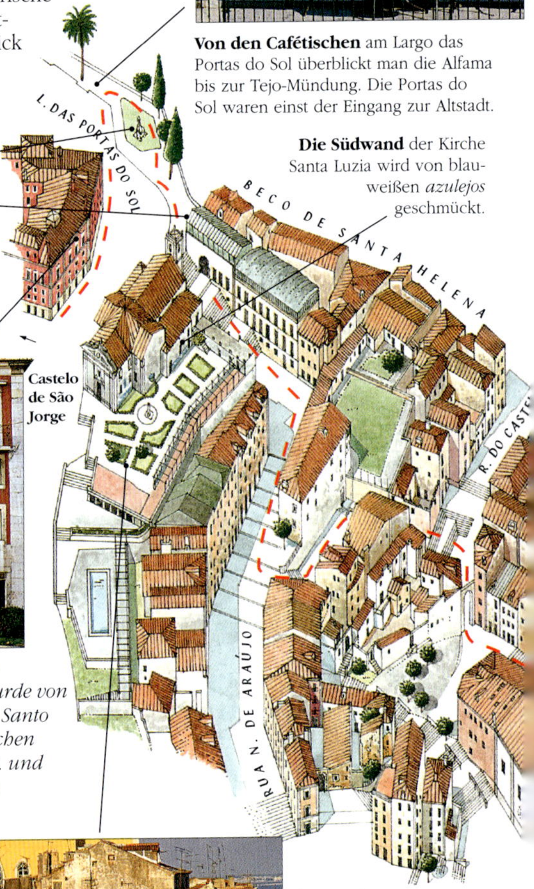

Statue des hl. Vinzenz

Der Largo das Portas do Sol bietet eine tolle Aussicht auf der Dachterrasse auf der Ostseite der Kirche Santa Luzia.

Die Südwand der Kirche Santa Luzia wird von blau-weißen *azulejos* geschmückt.

★ Museu de Artes Decorativas

Der Palácio Azurara (17. Jh.) wurde von dem Bankier Ricardo do Espírito Santo Silva als Museum mit portugiesischen Möbeln und Kunstwerken des 17. und 18. Jahrhunderts eingerichtet. ❷

LEGENDE

– – – Routenempfehlung

0 Meter 25

★ Miradouro de Santa Luzia

Der Blick von der mit Bougainvilleen überwucherten Terrasse reicht über die Dächer der Alfama bis zum Tejo – ein wunderbarer Ort, um sich von einem Spaziergang durch die steilen Straßen auszuruhen. ❶

NICHT VERSÄUMEN

★ Miradouro de Santa Luzia

★ Museu de Artes Decorativas

Der Beco dos Cruzes ist eine der vielen steilen, gepflasterten Gassen *(becos)*, die sich durch die Alfama schlängeln. Die Bewohner hängen zwischen den eng zusammenstehenden Häusern oft Wäsche auf.

ZUR ORIENTIERUNG
Siehe Stadtplan, Karte 8

In der Rua de São Pedro findet morgens ein Fischmarkt statt, auf dem die *varinas* den Fang anbieten, darunter häufig *pescadas* (Seehechte).

Der Largo do Chafariz de Dentro wurde nach dem Brunnen *(chafariz)* aus dem 17. Jahrhundert bezeichnet, der ursprünglich innerhalb *(dentro)* der Stadtmauer lag.

Die Kirche Nossa Senhora dos Remédios wurde nach dem Erdbeben von 1755 *(siehe S. 62f)* wieder aufgebaut. Nur das manuelinische Portal blieb vom Original übrig.

São Miguel baute man nach dem Erdbeben wieder auf. Einige ältere Teile wurden integriert, wie die Decke aus brasilianischem Jacaranda-Holz.

Im Labyrinth der Gassen sind beliebte Restaurants versteckt, deren Tische oft im Freien stehen. Das Lautasco *(siehe S. 404)* in der Beco do Azinhal bietet eine hervorragende Küche.

Das Kachelbild stellt die Praça do Comércio vor dem Erdbeben dar

Miradouro de Santa Luzia ❶

Rua do Limoeiro. **Stadtplan** 8 D4. *28.*

DIE TERRASSE an der Kirche Santa Luzia bietet einen überwältigenden Blick auf die Alfama und den Tejo. Wahrzeichen sind die Kuppel von Santa Engrácia, die Kirche Santo Estêvão sowie die beiden weißen Türme von São Miguel. Unter der Pergola spielen Männer Karten, Besucher genießen die Aussicht. Die Südwand von Santa Luzia zieren zwei Kachelbilder: Eines zeigt die Praça do Comércio vor der Zerstörung durch das Erdbeben, das andere den Angriff der Christen auf das Castelo de São Jorge *(siehe S. 78f)* im Jahr 1147.

Museu de Artes Decorativas ❷

Largo das Portas do Sol 2. **Stadtplan** 8 D3. *21-888 19 91/21-881 46 00. 37. 12, 28. Di–So 10–17 Uhr. 1. Jan, Ostern, 1. Mai, 25. Dez.* www.fress.pt

DAS MUSEUM, auch bekannt als Stiftung von Ricardo do Espírito Santo Silva, wurde 1953 gegründet, um das Kunstgewerbe der Öffentlichkeit nahezubringen. Die Stiftung wurde nach einem Bankier benannt, der den Palácio Azurara aus dem 17. Jahrhundert 1947 für seine Sammlung von Möbeln, Textilien, Silber- und Keramikarbeiten kaufte. Zu den Antiquitäten aus dem 17. und 18. Jahrhundert gehören Stücke aus Edelholz, wie ein Spieltisch aus Rosenholz aus dem 18. Jahrhundert. Bemerkenswert sind auch das Silber und das chinesische Porzellan sowie die Arraiolos-Teppiche *(siehe S. 301)*. In den Räumlichkeiten gibt es originalen Deckenschmuck und *azulejos*.

Chinesischer Besteckkasten (18. Jh.), Museu de Artes Decorativas

Im Nachbargebäude kann man Künstler beobachten, die die Techniken der Kunsttischlerei, Vergoldung, Buchbinderei und andere traditionelle Fertigkeiten pflegen. Des Weiteren werden Sonderausstellungen, Vorträge und Konzerte im Palast angeboten.

Steinerne Frauenfigur, die am Grab von Carlos I in São Vicente de Fora betet

São Vicente de Fora ❸

Largo de São Vicente. **Stadtplan** 8 E3. *21-882 44 00. 12, 34. 28. Di–So 9–18.30. Kreuzgang.*

DER HEILIGE VINZENZ wurde 1173 zum Schutzpatron Lissabons erklärt, nachdem seine Reliquien von der Algarve *(siehe S. 319)* in diese Kirche außerhalb *(fora)* der Stadtmauer gebracht worden waren. Die Fassade, vom italienischen Architekten Filippo Terzi entworfen und 1627 vollendet, ist im Stil der Renaissance gehalten. Zwei Türme umrahmen das Portal, über dem Statuen von Vinzenz, Augustinus und Sebastian thronen. Blickfang im Inneren ist der barocke Baldachin von Machado de Castro über dem Altar, den lebensgroße Holzstatuen flankieren.

Im angrenzenden ehemaligen Augustinerkloster lohnt sich die Betrachtung der Zisterne (16. Jh.) sowie der Reste des einstigen Kreuzgangs, doch sehenswert sind vor allem die *azulejos* aus dem 18. Jahrhundert.

Kachelbilder in der Eingangshalle zeigen lebendige, wenn auch historisch nicht ganz korrekte Szenen des Angriffs von Afonso Henriques auf Lissabon und Santarém. Die Kacheln im Kreuzgang illustrieren die Fabeln La Fontaines.

Ein Durchgang führt hinter der Kirche in das Refektorium, das seit 1885 als Pantheon der Braganças dient. Dort ruhen fast alle Könige und Königinnen, von João IV bis Manuel II, dem letzten König Portugals. Nur Maria I und Pedro IV sind dort nicht beigesetzt. Eine steinerne Trauernde kniet vor dem Grab Carlos' I und seines Sohns Luís Felipe, die 1908 auf der Praça do Comércio ermordet wurden.

Feira da Ladra ❹

Campo de Santa Clara. **Stadtplan** 8 F2.
12. *28.* *Di, Sa 7.30–13 Uhr.*

Der Flohmarkt wird seit über einem Jahrhundert auf diesem Platz am Rand der Alfama veranstaltet. Zunehmende Beliebtheit führte dazu, dass man unter all dem Trödel kaum noch Schnäppchen findet. Einige Stände bieten jedoch schöne schmiedeeiserne Arbeiten, Drucke und Kacheln sowie Secondhand-Kleidung. An den zahlreichen Figuren, Masken und Schmuckstücken aus Afrika lassen sich deutlich die Einflüsse der portugiesischen Kolonialgeschichte erkennen. Fisch, Gemüse und Kräuter werden auf dem zentralen Marktplatz verkauft.

Trödel auf dem Flohmarkt

Santa Engrácia ❺

Campo de Santa Clara. **Stadtplan** 8 F2.
21-814 96 17. *12.* *28.*
Di–So 10–17 Uhr. *Feiertage.*

Die hohe Kuppel der Kirche Santa Engrácia, eines der Wahrzeichen Lissabons, ragt im Osten der Stadt empor. Die ursprüngliche Kirche stürzte 1681 ein. Mit der Grundsteinlegung der neuen Barockkirche begann 1682 die fast 300-jährige Baugeschichte, deren ungewöhnliche Dauer zu einer portugiesischen Redewendung führte, der zufolge eine »Santa-Engrácia-Arbeit« niemals fertig werde. Die Kirche wurde tatsächlich erst 1966 vollendet.

Im Inneren schaffen der farbige Marmorfußboden und die mächtige Kuppel einen Hauch von Größe. Das Nationalpantheon beherbergt die Ehrendenkmäler der Helden Portugals wie Vasco da Gama *(siehe S. 108)* und Afonso de Albuquerque, Vizekönig von Indien (1502–15) sowie das des Infanten Henrique *(siehe S. 49)*. Ein Lift führt hinauf zur Kuppel mit einem 360°-Panoramablick über die Stadt.

Museu Militar ❻

Largo do Museu de Artilharia.
Stadtplan 8 F3. *21-884 25 69.*
9, 25, 28, 35, 39, 46. *28.*
Di–So 10–17 Uhr. *Feiertage.*
W www.geira.pt/mmilitar

Das Militärmuseum, passenderweise neben Kanonengießerei und Waffendepot aus dem 16. Jahrhundert gelegen, bietet eine Ausstellung von Waffen, Uniformen und historischen Dokumenten. Der Rundgang beginnt im Vasco-da-Gama-Saal mit der Sammlung alter Kanonen und Wandbilder, die die Entdeckung des Seewegs nach Indien darstellen. Die Salas de Grande Guerra im ersten Stock sind dem Ersten Weltkrieg gewidmet, weitere Räume der Entwicklung der Waffen, von Feuersteinspitzen über Speere bis zu Gewehren. Im Innenhof erzählt ein Kachelbild die Geschichte Portugals von der Reconquista bis zum Ersten Weltkrieg. Die Artillerieabteilung stellt den Waggon aus, der den Triumphbogen zur Rua Augusta *(siehe S. 87)* transportierte.

Kuppel und bunte Marmorauskleidung von Santa Engrácia

Casa dos Bicos ❼

Rua dos Bacalhoeiros. **Stadtplan** 8 D4.
01-881 09 00. *9, 28, 46, 59.*
18, 25. *Mo–Fr 9.30–17.30 (nur Erdgeschoss)* *Feiertage.*

Das auffallende Haus, das brillantförmige Steine *(bicos)* verkleiden, wurde 1523 für Brás de Albuquerque gebaut, den unehelichen Sohn von Afonso, Vizekönig von Indien und Eroberer von Goa und Malakka. Die Fassade entspricht einem Stil, der in Europa im 16. Jahrhundert populär war. Die vom Erdbeben 1755 zerstörten oberen Stockwerke wurden in den 1980er Jahren nach alten Ansichten Lissabons auf Kachelbildern und Stichen restauriert. Zuvor diente das Haus als Fischsalzerei (Rua dos Bacalhoeiros heißt »Straße der Kabeljaufischer«). Die unteren Stockwerke werden für Sonderausstellungen genutzt.

Die merkwürdig facettierte Casa dos Bicos und angrenzende Bauwerke

Fassade der Kathedrale

Kathedrale Sé ⑧

Largo da Sé. **Stadtplan** 8 D4.
21-886 67 52. 37. 12, 28. Di–Sa 9–18 Uhr (Kreuzgang u. Schatzkammer 10–17 Uhr), So, Mo u. Feiertage 9–17 Uhr. in Kreuzgang und Schatzkammer.

Drei Jahre nachdem er Lissabon den Mauren entrissen hatte, baute Afonso Henriques 1150 für den ersten Bischof Lissabons, den englischen Kreuzfahrer Gilbert of Hastings, an der Stelle der alten Moschee eine Kathedrale. *Sé* ist die Kurzform von Sedes Episcopalis, Bischofssitz. Die Kathedrale wurde nach Zerstörungen durch Erdstöße im 14. Jahrhundert und durch das Erdbeben von 1755 jahrhundertelang restauriert und bietet ein buntes Stilgemisch. Die Fassade mit den zinnenbewehrten Türmen und der Fensterrosette zeigt romanischen Charakter. Das düstere Innere ist schlicht und hat kaum etwas von dem verschwenderischen Dekor, das König João V der Kathedrale Anfang des 18. Jahrhunderts verordnete. Die Arkade hinter dem romanischen Schiff birgt neun gotische Kapellen. Die Capela de Santo Ildefonso birgt die Sarkophage (14. Jh.) des Lopo Fernandes Pacheco, Waffengenosse von König Afonso IV, und seiner Frau Maria Vilalobos. Der bärtige Edelmann mit dem Schwert und seine Frau mit einem Gebetbuch sind auf der Grabplatte zu sehen. Im angrenzenden Altarraum befinden sich die Gräber von Afonso IV und seiner Frau Beatriz.

Grab des Edelmanns Lopo Fernandes Pacheco aus dem 14. Jahrhundert

Detail der barocken Krippenszene von Joaquim Machado de Castro

Der gotische **Kreuzgang** hinter der dritten Kapelle in der Arkade weist anmutige Doppelbogen mit zierlich gemeißelten Kapitellen auf. Eine Kapelle ziert ein schmiedeeisernes Gitter aus dem 13. Jahrhundert. Ausgrabungen im Kreuzgang legten unter anderem römische Relikte frei.

Die Franziskanerkapelle links vom Kathedraleneingang birgt das Taufbecken, in dem der hl. Antonius 1195 getauft wurde. Ein Kachelbild zeigt den Heiligen, der zu den Fischen predigt. In der Kapelle befindet sich eine barocke Krippenszene aus Kork, Holz und Terrakotta von Machado de Castro (1766).

In der **Schatzkammer**, rechts hinter dem Eingang über der Treppe, ist eine Sammlung mit Silberschmuck, Plastiken, Kirchenroben, illustrierten Manuskripten und Reliquien des heiligen Vinzenz zu besichtigen. Der kostbarste Schatz der Kathedrale ist die Urne mit den Überresten des Heiligen, die 1173 vom Cabo de São Vicente *(siehe S. 319)* nach Lissabon gebracht wurde. Die Legende erzählt, dass zwei heilige Raben das Boot mit den Reliquien bewachten. Die Vögel und das Boot sind ein Symbol Lissabons. Angeblich lebten auch die Nachkommen der beiden Raben im Kreuzgang der Kathedrale.

Der heilige Antonius (um 1195–1231)

Zum Kummer der Lissabonner ist ihr liebster Heiliger als Antonius von Padua bekannt, obwohl er in Lissabon geboren wurde und aufwuchs. Lediglich seine letzten Monate verbrachte er im italienischen Padua.

Beeindruckt von den Mönchen in Coimbra, wo er studierte, trat er 1220 dem Franziskanerorden bei. Er war ein gelehrter und leidenschaftlicher Prediger, bekannt für seine Barmherzigkeit und seine Fähigkeit, Ketzer zu bekehren. Zahlreiche Darstellungen zeigen ihn, wie er das Jesuskind auf einem Buch trägt oder Fischen predigt. Er gilt zudem als Schutzheiliger für verlorene Dinge.

Papst Pius XI. ernannte Antonius 1934 zum Schutzheiligen von Portugal. Seinen 800. Geburtstag 1995 feierte Lissabon überschwänglich. Jedes Jahr am 12./13. Mai wird das Fest Santo António begangen.

Santo António à Sé ❾

Largo Santo António à Sé, 24. **Stadtplan** 7 C4. 📞 *21-886 91 45.* 🚌 *37.* 🚋 *12, 28.* 🕒 *tägl. 8–19.30 Uhr.* ⬤ *Feiertage.* **Museu Antoniano** 📞 *21-886 04 47.* 🕒 *Di–So 10–13, 14–18 Uhr.*

Die kleine Kirche Santo António steht angeblich auf dem Grund des Geburtshauses des heiligen Antonius. Die Krypta, über die gekachelte Sakristei auf der linken Seite zu erreichen, ist das einzige, was das Erdbeben von 1755 übrig ließ. Die neue Kirche entstand ab 1757 unter Mateus Vicente, Architekt der Basílica da Estrela *(siehe S. 95)*, teils finanziert durch Spenden, die Kinder unter dem Ruf »einen Groschen für den heiligen Antonius« sammelten. Noch heute liegen Escudos auf dem Boden der winzigen Kapelle in der Krypta und schmücken fromme Botschaften der Gläubigen die Wände.

Die Fassade verbindet die wellenartigen Barockbogen mit den klassizistischen ionischen Säulen auf beiden Seiten des Hauptportals. Auf dem Weg hinab zur Krypta erinnert ein Kachelbild an den Besuch von Papst Johannes Paul II. 1982. Im Jahr 1995 wurde die Kirche zum 800. Geburtstag des Heiligen renoviert. Brautleute legen aus Tradition an ihrem Hochzeitstag Blumen für den heiligen Antonius nieder, der Frischvermählten Glück bringen soll.

Das kleine **Museu Antoniano** birgt Votivtafeln, Bilder und Manuskripte, die in Bezug zum heiligen Antonius stehen, sowie goldenen und silbernen Kirchenschmuck. Schönstes Exponat ist das Kachelbild (17. Jh.), das den heiligen Antonius zeigt, wie er zu den Fischen predigt.

Blick vom Castelo de São Jorge auf Miradouro und Igreja da Graça

Castelo de São Jorge ❿

Siehe S. 78f.

Ein Kachelbild zeigt Papst Johannes Paul II. in Santo António da Sé

Miradouro da Graça ⓫

Stadtplan 8 D2. 🚌 *37.* 🚋 *12, 28.*

Das Arbeiterviertel Graça entstand gegen Ende des 19. Jahrhunderts. Heute ist es hauptsächlich wegen seiner Aussicht vom *miradouro* Ziel der Besucher Lissabons. Das Panorama der Häuserdächer und Wolkenkratzer ist weniger spektakulär als das vom Schloss, doch ist der Ort ein beliebter Abendtreffpunkt, wenn man unter Pinien an den Cafétischen sitzen kann. Das Augustinerkloster hinter dem Miradouro da Graça wurde 1271 gegründet und nach dem Erdbeben wiederaufgebaut. Das einst blühende Anwesen dient heute als Kaserne, doch die Igreja da Graça kann besichtigt werden. Im rechten Querschiff befindet sich der *Senhor dos Passos*, eine Darstellung von Christus auf dem Kreuzweg nach Golgatha. Die Figur in purpurfarbenen Kleidern wird am zweiten Sonntag der Fastenzeit in einer Prozession durch Graça getragen. Die *azulejos* am Altar (17. Jh.) imitieren den Brokatstoff, der den Altar normalerweise verhüllt.

Castelo de São Jorge ⑩

Steinbüste des Martim Moniz

NACHDEM KÖNIG Afonso Henriques 1147 die Mauren aus Lissabon vertrieben hatte, gestaltete er deren Zitadelle auf dem Hügel zur Residenz der portugiesischen Könige um. 1511 errichtete Manuel I auf der heutigen Praça do Comércio einen großzügigeren Palast. Die Burg wurde daraufhin als Theater, als Gefängnis oder als Waffendepot genutzt. Beim Erdbeben von 1755 beschädigt, ließ sie Salazar *(siehe S. 56f)* 1938 restaurieren, einschließlich »mittelalterlicher« Mauern und neuer Gärten. Die engen Straßen des Viertels Santa Cruz innerhalb der Mauern bieten reizvolle Wege und die schönste Aussicht Lissabons.

Auf dem Torre de Ulisses befindet sich eine Camera obscura, die Ansichten von Lissabon auf die Wände des Turms projiziert.

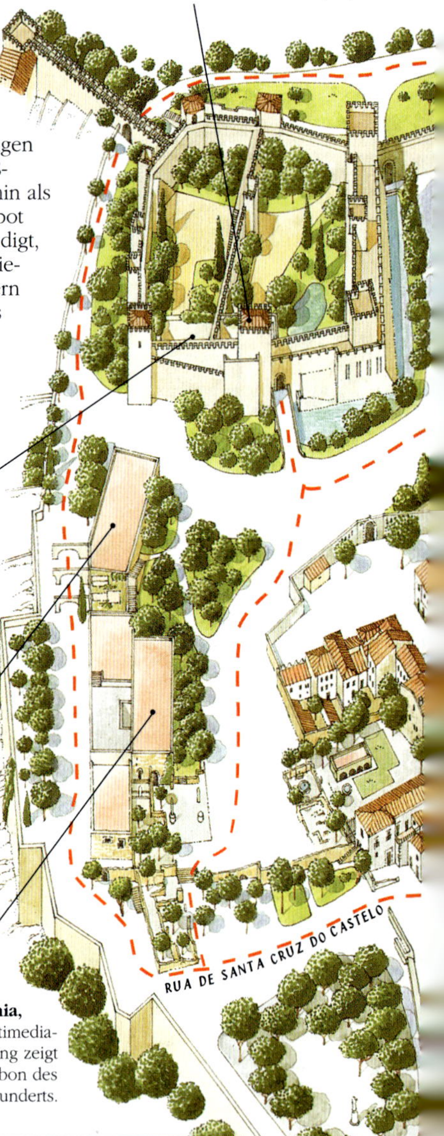

★ Burgmauern
Besucher können die Türme besteigen und die rekonstruierte Brustwehr der Mauern begehen.

Restaurant Casa do Leão
Die ehemalige königliche Residenz kann für Abendessen und Gruppen gebucht werden (siehe S. 405).

Olisipónia, eine Multimedia-Ausstellung zeigt das Lissabon des 16. Jahrhunderts.

★ Aussichtsterrassee
Der große, schattige Platz bietet großartige Blicke auf Lissabon und den Tejo. Unter den Bäumen spielen Männer Backgammon und Karten.

LEGENDE

– – – Routenempfehlung

◁ **Ein reizvoller Hinterhof, verborgen zwischen den verfallenden Häusern von Santa Cruz**

Die Porta de Martim Moniz ist nach dem Ritter benannt, der 1147 das Tor für die Soldaten von Afonso Henriques offenhielt. Seine Büste befindet sich in einer Nische am Tor.

Die Porta de Santo André führt zum Largo Rodrigues de Freitas.

In der Kirche aus dem 12. Jahrhundert befindet sich eine Statue des heiligen Georg (17. Jh.).

Largo de Santa Cruz ist von elegant renovierten Häusern umgeben.

Porta de São Jorge

Infobox

Porta de S. Jorge, Rua do Chao da Feira. **Stadtplan** 8 D3. *21-880 06 20.* *37.* *28.* *tägl. 9–21 Uhr (Nov–Feb 9–18 Uhr).*
Torre de Ulisses. *tägl. 10–12.30, 14–17 Uhr. Touren halbstündlich mit maximal 15 Teilnehmern.*
Olisipónia. *tägl. 10–12.30, 14–17 Uhr.* *1. Jan, 1. Mai, 25. Dez.*

Santa Cruz
Die schmalen, gepflasterten Straßen des kleinen Viertels sind innerhalb der Schlossmauern dicht bebaut.

0 Meter 50

Nicht versäumen

★ **Aussichtsterrasse**

★ **Burgmauern**

Rua de Santa Cruz do Castelo
Bröckelnde Fassaden, Blumentöpfe und Wäscheleinen zwischen Fenstersimsen kennzeichnen die hübschen Straßen südlich des Castelo de São Jorge.

VIRTVTIBVS
MAIORVM
VT SIT OMNIBVS DOCVMENTO. P.P.D.

Baixa

Nach den schweren Zerstörungen des Erdbebens von 1755 *(siehe S. 62f)*, schuf der Marquês de Pombal ein völlig neues Zentrum. Zwischen der repräsentativen Praça do Comércio am Tejo und dem geschäftigen Hauptplatz Rossio entstanden Straßenzüge im Schachbrettmuster. Die gleichförmigen, klassizistischen Gebäude wurden nach ihren Ladeninhabern und Handwerkern benannt.

Detail an der Statue von José I an der Praça do Comércio

Noch heute bildet die Baixa (»Unterstadt«) mit ihren Banken, Büros und Läden das Geschäftszentrum der Stadt. Die Cafés, Restaurants und Theater am Rossio sind ein beliebter Treffpunkt. Die geometrische Anlage des Viertels blieb bis heute unverändert, die meisten Häuser legten aber die Gleichförmigkeit des 18. Jahrhunderts ab. Die Straßen, besonders die Rua Augusta, sind tagsüber lebhaft, abends ist es hier recht ruhig.

Sehenswürdigkeiten auf einen Blick

Museum
Museu da Sociedade de Geografia 4

Kirche
Nossa Senhora da Conceição Velha 9

Garten
Jardim Botânico 1

Aufzug
Elevador de Santa Justa 7

Historische Straßen und Plätze
Avenida da Liberdade 2
Praça da Figueira 6
Praça do Comércio 10
Praça dos Restauradores 3
Rossio 5
Rua Augusta 8

Anfahrt

Das Viertel wird von vielen Bussen aus allen Richtungen und dem zentralen Bahnhof am Rossio gut bedient. Am Bahnhof Rossio halten Züge aus Sintra und dem Westen. Am Terreiro do Paço legen die Fähren von Cacilhas und Barreiro an.

Legende

- Detailkarte: Baixa *S. 82f*
- U-Bahn-Station
- Bahnhof
- Standseilbahn
- Fähranlegestelle
- Parken
- Information

Im Detail: Baixa

Kachelbild an der Fassade der Tabacaria Monaco

Die Baixa mit den Hauptplätzen Rossio und Praça da Figueira ist der geschäftigste Teil der Stadt. Das nach dem Erdbeben von 1755 *(siehe S. 62f)* wieder aufgebaute Viertel war eines der ersten Beispiele von Stadtplanung in Europa. Heute säumen klassizistische Gebäude, Läden und Büros die Straßen. Am besten lässt sich die Atmosphäre in einem Straßencafé genießen. Zum Bummeln eignet sich vor allem die Fußgängerzone der Rua das Portas de Santo Antão mit Restaurants, die lebende Hummer in Aquarien präsentieren.

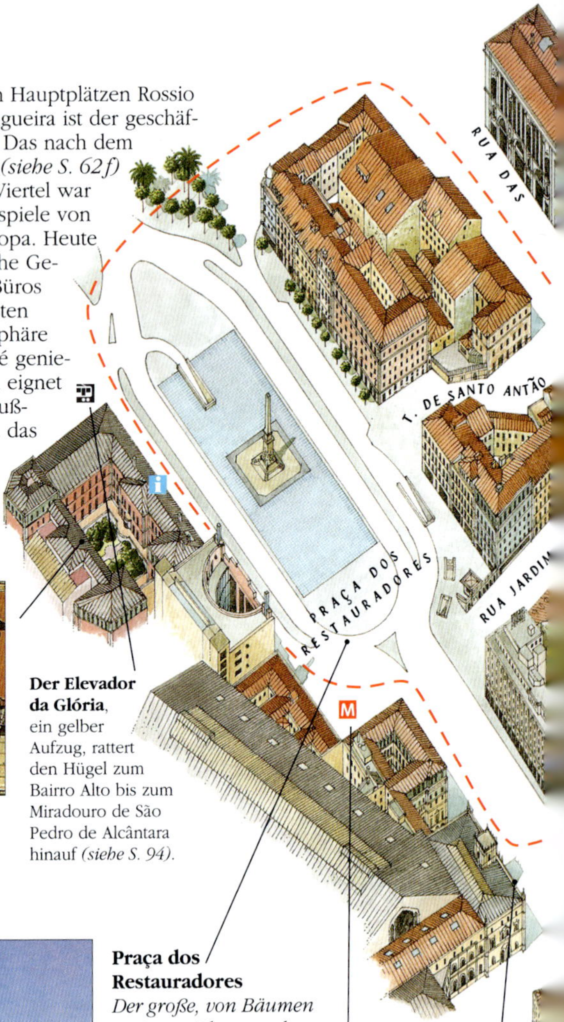

Im Palácio Foz, einem prächtigen Palast aus dem 18. Jahrhundert vom italienischen Architekten Francesco Fabri, befindet sich heute das Fremdenverkehrsbüro.

Der Elevador da Glória, ein gelber Aufzug, rattert den Hügel zum Bairro Alto bis zum Miradouro de São Pedro de Alcântara hinauf *(siehe S. 94)*.

Praça dos Restauradores

Der große, von Bäumen gesäumte Platz, nach den Männern benannt, die im Restaurationskrieg kämpften, ist eine belebte Durchgangsstraße mit Straßencafés auf dem gemusterten Pflaster. 3

Restauradores

Den Rossio-Bahnhof entwarf José Luís Monteiro Ende des 19. Jahrhunderts im neomanuelinischen Stil mit zwei maurischen Hufeisenbogen.

Legende

– – – Routenempfehlung

Nicht versäumen

★ **Rossio**

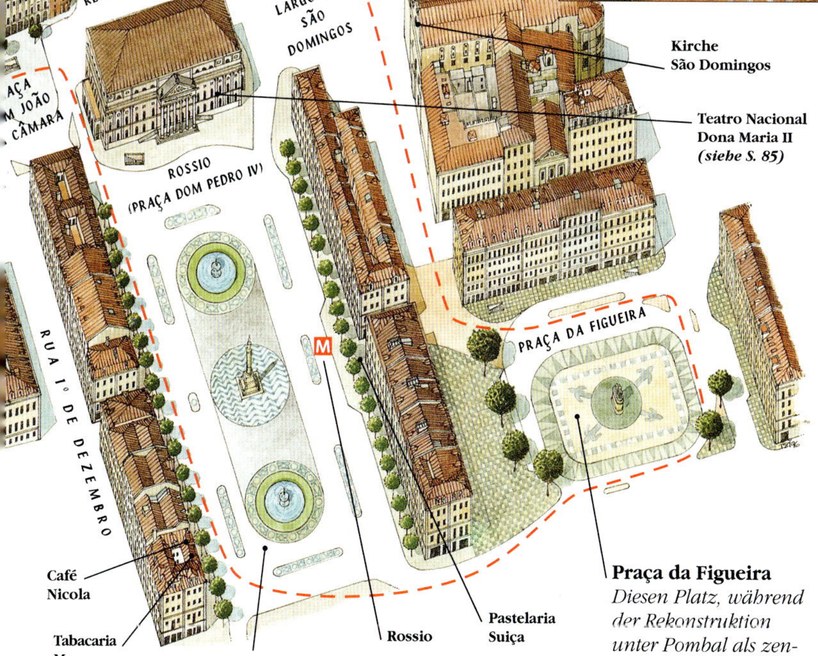

Museu da Sociedade de Geografia
Die Sammlung zu Portugals Kolonialgeschichte ist nach Umbauarbeiten wieder geöffnet. ❹

Zur Orientierung
Siehe Stadtplan, Karte 7

Die Rua das Portas de Santo Antão erinnert an ein Tor aus dem 15. Jahrhundert. Heute locken hier viele Fischrestaurants Besucher an.

Die Casa do Alentejo mit ihrem gediegenen Ambiente und dem neomaurischen Patio wurde 1919 restauriert und ist heute ein Restaurant *(siehe S. 407)*.

Kirche São Domingos

Teatro Nacional Dona Maria II *(siehe S. 85)*

Café Nicola

Tabacaria Monaco

Rossio

Pastelaria Suiça

0 Meter 50

★ Rossio
Der gepflasterte Platz ist mit seinen Cafés, pastelarias *und dem Nationaltheater an der Nordseite ein beliebter Treffpunkt.* ❺

Praça da Figueira
Diesen Platz, während der Rekonstruktion unter Pombal als zentraler Marktplatz geplant, dominiert eine moderne Statue von João I. ❻

Schattiger Teich mit Brücke im Jardim Botânico

Jardim Botânico ❶

Rua da Escola Politécnica 58. **Stadtplan** 4 F1. *21-392 18 92.* *15, 58, 100.* *Rato.* **Gärten** *Mo–Fr 9–18 Uhr (Apr–Sep 20 Uhr), Sa, So 10–18 Uhr (Apr–Sep 20 Uhr).* *1. Jan, 25. Dez.* www.jb.ul.pt **Museu de História Natural** *21-392 18 00.* *nur für Ausstellungen.* **Museu da Ciência** *21-392 18 08.* *Mo–Fr 10–13, 14–17 Uhr, Sa 15–18 Uhr.* *Feiertage.* www.museu-de-ciencia.ul.pt

ZWEI MUSEEN und vier Hektar Parkland machen diesen Komplex aus, der zur Universität gehört. Die botanischen Gärten, die sich vom Haupteingang Richtung Rua da Alegria erstrecken, wirken etwas vernachlässigt. Dennoch lohnt sich ein Spaziergang auf schattigen Wegen, die zum zweiten Eingang führen. Die beiden Ebenen verbindet eine Palmenallee.

Das **Museu de História Natural** (Naturkundemuseum) öffnet nur zu Sonderausstellungen, die in der ganzen Stadt bekanntgegeben werden. Das **Museu da Ciência** (Wissenschaftsmuseum) mit seinen Exponaten zu wissenschaftlichem Basiswissen eignet sich besonders für Schulkinder.

Avenida da Liberdade ❷

Stadtplan 7 A2. *2, 9, 36 u. andere Linien.* *Restauradores, Avenida.*

NACH DEM ERDBEBEN von 1755 *(siehe S. 62f)* ließ der Marquês de Pombal den Passeio Público (öffentliche Promenade) in dem Gebiet errichten, das heute der untere Teil der Avenida da Liberdade und die Praça dos Restauradores bedecken. Trotz seines Namens war der Park nur der Oberschicht Lissabons vorbehalten, Mauern und Tore sollten die unteren Klassen ausschließen. Als 1821 die Liberalen an die Macht kamen, wurde der Platz für alle Bewohner zugänglich gemacht.

Der heutige Boulevard wurde zwischen 1879 und 1882 im Stil der Pariser Champs-Elysées ausgebaut. Die breite, baumbestandene Straße mit dem Denkmal für die Gefallenen des Ersten Weltkriegs wurde zum Kernstück von Umzügen, Festen und Demonstrationen. Mit seinen Brunnen und Straßencafés umgibt den Boulevard zwar noch ein Hauch Eleganz, doch zum Bummeln eignet er sich kaum. Die einst prachtvolle, 90 Meter breite Allee durchschneiden sieben verkehrsreiche Straßen zwischen Praça dos Restauradores und Praça Marquês de Pombal im Norden. Einige der originalen Bauwerke sind erhalten, so das klassizistische Kino Tivoli (Nr. 188) und die Casa Lambertini mit ihrem farbenprächtigen Mosaikschmuck (Nr. 166). Viele der hübschen Jugendstilfassaden mussten jedoch leider neueren weichen, hinter denen heute Büros, Hotels und Einkaufszentren residieren.

Ehrenmal aus dem 19. Jahrhundert auf der Praça dos Restauradores

Praça dos Restauradores ❸

Stadtplan 7 A2. *2, 9, 36, 46 u. andere Linien.* *Restauradores.*

DER PLATZ mit dem hochaufragenden Obelisken von 1886 erinnert an die Befreiung Portugals von Spanien im Jahr 1640 *(siehe S. 50f)*. Die Bronzefiguren am Sockel stellen Viktoria mit Palme und Krone sowie die Freiheit dar. Die Namen und Daten auf dem Obelisken bezeichnen Schlachten des Unabhängigkeitskriegs.

Der Palacio Foz an der Westseite, von Francesco Savario Fabri 1755–77 für den Marquês de Castelo-Melhor erbaut, erhielt seinen Namen nach dem Marquês de Foz, der dort im 19. Jahrhundert lebte. Das Hotel Avenida Palace *(siehe S. 383)* an der Südwestseite wurde von José Luís Monteiro (1849–1942) entworfen, dem Architekten des Rossio-Bahnhofs *(siehe S. 82)*.

Detail des Denkmals für die Toten des Ersten Weltkriegs in der Avenida da Liberdade

Museu da Sociedade de Geografia ❹

Rua das Portas de Santo Antão 100. **Stadtplan** 7 A2. ☎ *21-342 54 01.* 🚌 *1,2, 9, 11, 21, 80, 90.* Ⓜ *Restauradores.* ● *Mo–Fr 10–18 Uhr.* *obligatorisch.*

DAS MUSEUM im Haus der Geografischen Gesellschaft birgt eine einzigartige Sammlung mit Exponaten aus Portugals ehemaligen Kolonien. Dazu gehören Beschneidungsmasken aus Guinea-Bissau, Musikinstrumente, Schlangenspeere, Nackenstützen aus Angola zum Schutz von Frisuren und der originale Padrão, die Steinsäule, die die Portugiesen 1482 zum Zeichen ihrer Herrschaft über Angola errichteten. Viele interessante Stücke befinden sich in der Sala Portugal, die gelegentlich auch für Konferenzen genutzt wird.

Rossio ❺

Stadtplan 6 B3. 🚌 *2, 36, 44, 45 u. viele andere Linien.* Ⓜ *Rossio.*

Teatro Nacional Dona Maria II am Rossio bei Nacht

DER GROSSE PLATZ, eigentlich Praça Dom Pedro IV, war sechs Jahrhunderte lang pulsierendes Zentrum Lissabons und Schauplatz von Stierkämpfen, Festen, Militärparaden sowie schaurigen Ketzerverbrennungen *(siehe S. 51)*. Heute finden bestenfalls noch politische Kundgebungen statt, und in den pombalinischen Gebäuden, oben von Neonschildern entstellt, haben sich Souvenirläden, Juweliere und Cafés niedergelassen. Die vier weiblichen Figuren zu Füßen der Statue von Pedro IV, dem ersten Herrscher des unabhängigen Brasilien *(siehe S. 54)*, in der Platzmitte, sind Allegorien der Gerechtigkeit, Weisheit, Stärke und Mäßigung – Tugenden, die eigenartigerweise Pedro nachgesagt wurden.

Mitte des 19. Jahrhunderts wurde der Platz mit einem wellenförmigen Mosaik gepflastert, was ihm den Spitznamen »Schlingerplatz« verlieh. Die grau-weißen Steinquadermuster wurden dort erstmals verwendet, nur wenige sind noch erhalten. Das Teatro Nacional Dona Maria II, nach der Tochter Pedros benannt, befindet sich an der Nordseite. Es wurde gegen 1840 vom italienischen Architekten Fortunato Lodi erbaut. Das Innere wurde 1964 von einem Feuer zerstört und in den 1970er Jahren erneuert. Die Figur über dem Ziergiebel stellt den Gründer des portugiesischen Theaters, Gil Vicente (1465–1536), dar.

Das Café Nicola an der Westseite war ein beliebter Literatentreff, auch der Satiriker Manuel Barbosa du Bocage (1765–1805) verkehrte hier. Das heutige Café ist von 1929. Das Café Suiça gegenüber ist bei den Gästen sehr beliebt.

Bronzestatue des Königs João I auf der Praça da Figueira

Praça da Figueira ❻

Stadtplan 6 B3. 🚌 *14, 43, 59, 60 u. andere Linien.* 🚋 *15.* Ⓜ *Rossio.*

VOR DEM ERDBEBEN von 1755 *(siehe S. 62f)* befand sich an diesem Platz das Hospital de Todos-os-Santos. Beim Wiederaufbau durch Pombal wurde er als zentraler Marktplatz konzipiert. 1885 entstand hier eine Markthalle, die in den 1950er Jahren aber wieder abgerissen wurde. Heute sind in den vierstöckigen Gebäuden Hotels, Läden und Cafés untergebracht, ein Markt existiert nicht mehr. Das auffälligste Merkmal sind vermutlich die Taubenschwärme, die sich auf dem Sockel der bronzenen Reiterstatue Joãos I von Leopoldo de Almeida aus dem Jahr 1971 niederlassen.

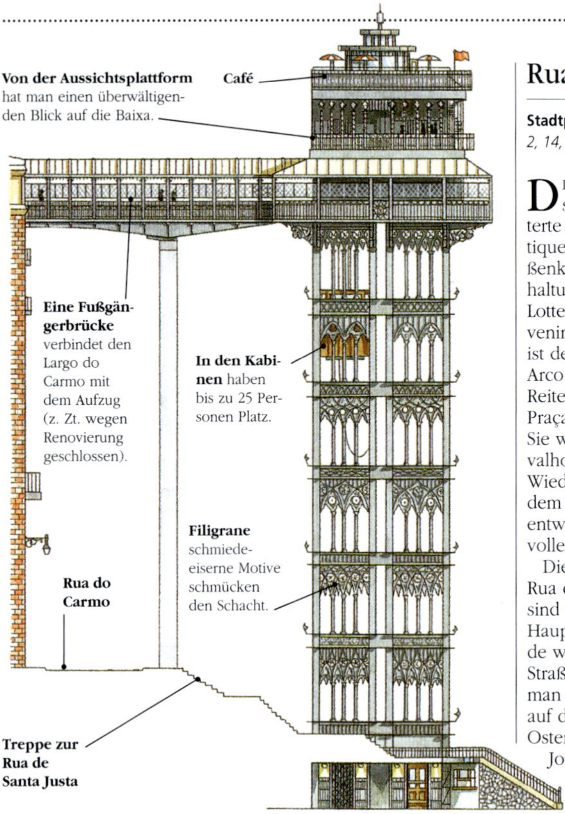

Elevador de Santa Justa ❼

Rua de Santa Justa u. Largo do Carmo. **Stadtplan** 7 B3. ☎ *21-363 20 21.* 🕒 *Mo–Sa 8.30–21.30 Uhr, So 9–21.30 Uhr.* ♿

DER NEOGOTISCHE AUFZUG (Anfang 20. Jh.), auch Elevador do Carmo genannt, ist eines der ungewöhnlichsten Bauwerke der Baixa. Er wurde um die Jahrhundertwende von Raoul Mesnier du Ponsard, einem Schüler Gustave Eiffels, errichtet. Der Fahrkartenschalter für den filigranen, schmiedeeisernen Aufzug befindet sich hinter dem Turm an der Treppe zur Rua do Carmo.

Zwei holzverkleidete und messinggeschmückte Kabinen transportieren die Passagiere auf und ab. Die in 32 Meter Höhe gelegene Fußgängerbrücke Richtung Largo do Carmo in der Bairro Alto ist jedoch derzeit wegen Renovierung geschlossen.

Die Spitze des Turms samt Café ist über eine enge Wendeltreppe zu erreichen. Von dort oben hat man eine großartige Aussicht auf den Rossio, das Schachbrettmuster der Baixa, die Burg, den Fluss und die Ruine der Carmo-Kirche. Das Feuer, das den Bezirk Chiado 1988 heimsuchte *(siehe S. 92)*, konnte kurz vor Erreichen des Aufzugs gelöscht werden.

Café auf der obersten Plattform des Elevador de Santa Justa

Rua Augusta ❽

Stadtplan 7 B4. Ⓜ *Rossio.* 🚌 *2, 14, 36, 40 u. viele andere Linien.*

DIE RUA AUGUSTA ist eine schicke, mosaikgepflasterte Fußgängerzone mit Boutiquen und Straßencafés. Straßenkünstler sorgen für Unterhaltung, Händler verkaufen Lotterielose, Bücher und Souvenirs an. Hauptaugenmerk ist der Triumphbogen, der Arco da Rua Augusta, der die Reiterstatue Josés I auf der Praça do Comércio umrahmt. Sie wurde von Santos de Carvalho zum Gedenken an den Wiederaufbau der Stadt nach dem Erdbeben *(siehe S. 62f)* entworfen, aber erst 1873 vollendet.

Die Rua da Prata und die Rua do Ouro oder Rua Áurea sind die beiden weiteren Hauptstraßen der Baixa. Beide werden von kleineren Straßen gekreuzt, von denen man nach Westen einen Blick auf den Bairro Alto und nach Osten auf das Castelo de São Jorge *(siehe S. 78f)* erhaschen kann. Etliche Straßennamen leiten sich von den ansässigen Läden her, wie Juweliere in der Rua da Prata und Rua do Ouro, Schuhmacher in der Rua dos Sapateiros und Banken in der Rua do Comércio.

Eine Überraschung sind Überreste der römischen Bäder inmitten der Banco Comercial Português in der Rua dos Correeiros. Durch das Schaufenster auf der Rückseite der Bank sind die Ruinen und Mosaiken zu erkennen. Für einen genaueren Blick darauf sollten Sie sich telefonisch anmelden (21-321 10 00).

Käufer und Passanten in der verkehrsberuhigten Rua Augusta

Nossa Senhora da Conceição Velha ❾

Rua da Alfândega. **Stadtplan** 7 C4. *21-887 02 02.* *9, 46, 90.* 18. *Mo-Fr 8–18, So nur Messe.* *Aug.*

DAS KUNSTVOLLE manuelinische Portal der Kirche blieb nach dem Erdbeben von 1755 als einziger Teil der ursprünglichen Kirche Nossa Senhora da Misericórdia aus dem 16. Jahrhundert erhalten. Engel, Tiergestalten, Blumen, Armillarsphären und das Kreuz des Christusordens *(siehe S. 185)* schmücken den Eingang. Im Giebelfeld breitet die Jungfrau Maria ihren Mantel schützend über Gestalten jener Zeit, wie Papst Leo X., Manuel I *(siehe S. 46f)* und dessen Schwester Königin Leonor, die Witwe Joãos II. Leonor hatte die ursprüngliche Misericórdia-Kirche an der Stelle einer früheren Synagoge gegründet.

Detail des Portals der Conceição Velha

Das Ambiente am Portal wird leider durch den Verkehr auf der Rua da Alfândega und die parkenden Autos vor der Kirche getrübt. Das düstere Innere weist eine ungewöhnliche Stuckdecke auf; in der zweiten Kapelle rechts befindet sich eine Statue »Unserer Lieben Frau von Restelo«, die aus der Belém-Kapelle stammt, in der die Seefahrer vor ihren Reisen gen Osten beteten.

Praça do Comércio ❿

Stadtplan 7 C5. *2, 9, 11, 14, 32, 40, 46 u. andere Linien.* *15, 18.*

AUF DEM GROSSEN PLATZ, von den Einheimischen gewöhnlich »Terreiro do Paço« (Schlossplatz) genannt, befand sich 400 Jahre lang der Königspalast. Manuel I verlegte 1511 die Residenz vom Castelo de São Jorge an diesen angenehmeren Ort am Fluss. Der erste Palast wurde beim Erdbeben von 1755 mitsamt der Bibliothek mit ihren rund 70 000 Büchern zerstört. Der Platz wurde dann zum Glanzpunkt des Wiederaufbaus unter Pombal. Der neue Palast umfasst geräumige, arkadengesäumte Gebäude, die drei Seiten des Platzes einnehmen. Nach der Revolution von 1910 *(siehe S. 54f)* wurden sie als Regierungsbüros genutzt und republikanisch-rosa gestrichen. Nun sind sie wieder königlich-gelb.

Die mit zwei Türmen geschmückte Südseite öffnet sich zum Tejo. Sie stellte schon immer den schönsten Zugang in die Stadt dar, gekrönte Häupter und Botschafter kamen hier an und stiegen die Marmorstufen hinauf. Mit der Fähre von Cacilhas am Südufer kann man diese edle Ankunft nachvollziehen, auch wenn das Erlebnis durch die verkehrsreiche Avenida Infante Dom Henrique, die am Ufer entlang führt, getrübt ist. In der Mitte der Praça do Comércio befindet sich die Reiterstatue von König José I, die Machado de Castro, der führende portugiesische Bildhauer des 18. Jahrhunderts, 1775 schuf. Das bronzene Pferd, das Schlangen zertritt, verlieh dem Platz bei englischen Reisenden seinen dritten Namen, »Black Horse Square«, auch wenn das Pferd mittlerweile von einer grünen Patina überzogen ist.

Schattige Arkaden an der Nordseite der Praça do Comércio

Der Triumphbogen an der Nordseite des Platzes führt zur Rua Augusta und bildet das Tor zur Baixa. In der nordwestlichen Ecke der Praça do Comércio eröffnete im Januar 2001 ein Fremdenverkehrsbüro, dem eine Galerie, Restaurants und Läden angegliedert sind. An der Nordostecke des Platzes befindet sich Lissabons ältestes Café, das Martinho da Arcada.

Am 1. Februar 1908 wurden auf diesem Platz König Carlos und sein Sohn Luís Felipe ermordet *(siehe S. 55)*. 1974 fand hier der erste Aufstand der »Nelkenrevolution« statt, die das Regime Caetanos schließlich stürzte *(siehe S. 57)*. Lange Zeit wurde die Praça do Comércio als Parkplatz genutzt, doch heute finden auf dem Platz manchmal wieder Kulturveranstaltungen und Festivals statt.

Triumphbogen und Statue von König José I auf der Praça do Comércio

Bairro Alto und Estrela

Bairro Alto, im 16. Jahrhundert im Schachbrettmuster auf einem Hügel angelegt, zählt zu den interessantesten Stadtteilen. Einst ließen sich hier reiche Bürger nieder, die aus der verrufenen Alfama wegzogen. Doch im 19. Jahrhundert verfiel auch Bairro Alto. Heute befinden sich hier viele Handwerksläden und preiswerte Restaurants sowie Bars und Klubs.

Kachelbild am Largo Rafael Bordalo Pinheiro, Bairro Alto

Ganz anders stellt sich das überaus elegante Geschäftsviertel Chiado dar – hier kaufen wohlhabende Lissabonner ein. Das Viertel Estrela im Nordwesten konzentriert sich um die gewaltige Basilika und die öffentlichen Gärten. Im Südwesten befindet sich das Viertel Lapa aus dem 18. Jahrhundert mit seinen Botschaftsgebäuden und eleganten Residenzen.

Sehenswürdigkeiten auf einen Blick

Museen und Sammlungen

Museu do Chiado 5
Museu Nacional da Marioneta 6
Museu Nacional de Arte Antiga S. 96ff 11

Kirchen

Basílica da Estrela 13
Igreja do Carmo 2
São Roque 1

Historische Gebäude und Viertel

Chiado 3
Palácio de São Bento 10
Solar do Vinho do Porto 7
Teatro Nacional de São Carlos 4

Gärten und Aussichtspunkte

Jardim da Estrela 12
Miradouro de São Pedro de Alcântara 8
Praça do Príncipe Real 9

Anfahrt

Die Gegend ist von der Praça dos Restauradores mit dem Elevador da Glória oder von der Baixa mit dem Elevador de Santa Justa zu erreichen. Der Aufstieg zu Fuß ist steil, aber reizvoll. Am Largo do Chiado gibt es eine U-Bahn-Station. Die Straßenbahn 28 passiert Bairro Alto auf dem Weg zwischen Graça und Estrela.

Legende

Detailkarte: Bairro Alto *S. 90f*
U-Bahn-Station
Bahnhof
Standseilbahn
Fähranlegestelle
Parken
Eisenbahn

Im Detail: Bairro Alto

Barocker Engel, Igreja do Carmo

BAIRRO ALTO (»Oberstadt«) mit seinen kopfsteingepflasterten Gassen ist ein faszinierender Stadtteil. Das ehemalige Künstlerviertel war früher auch berüchtigt für Prostitution und Glücksspiel. Heute ist Bairro Alto eine Wohngegend mit ausgeprägtem Nachbarschaftssinn und mittlerweile viel neuer Bausubstanz. Außerdem findet hier seit den 1980er Jahren ein reges Nachtleben in zahlreichen Bars, Restaurants und *casas de fado* statt. Der Chiado, der sich von der Praça Luís de Camões bis zur Rua do Carmo erstreckt, ist voller eleganter Läden und altmodischer Cafés. Seit 1988 viele Gebäude durch ein Feuer zerstört wurden *(siehe S. 92)*, wird dort kräftig saniert.

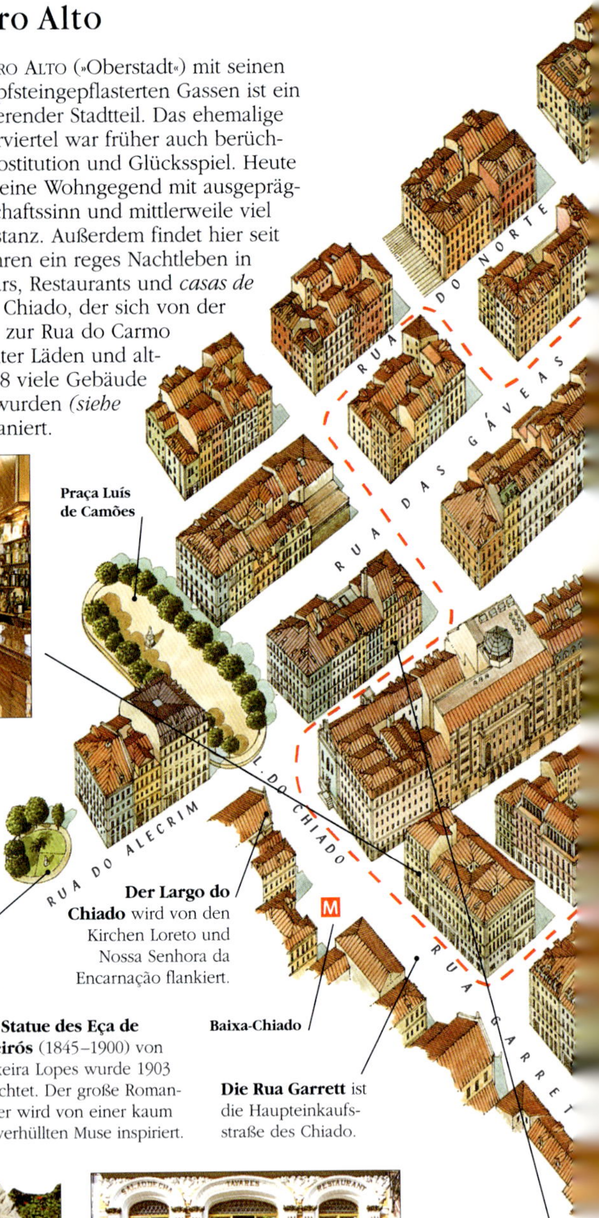

Praça Luís de Camões

Chiado, der einstige Tummelplatz von Autoren und Intellektuellen ist heute ein elegantes Einkaufsviertel. Das Café A Brasileira am Largo do Chiado schmücken vergoldete Spiegel.

Der Largo do Chiado wird von den Kirchen Loreto und Nossa Senhora da Encarnação flankiert.

Baixa-Chiado

Die Statue des Eça de Queirós (1845–1900) von Teixeira Lopes wurde 1903 errichtet. Der große Romancier wird von einer kaum verhüllten Muse inspiriert.

Die Rua Garrett ist die Haupteinkaufsstraße des Chiado.

0 Meter 50

LEGENDE

– – – Routenempfehlung

Das Tavares in der Rua da Misericórdia Nr. 37 eröffnete 1784 als Café. Heute ist es ein elegantes Restaurant *(siehe S. 405)*, das Anfang des 20. Jahrhunderts mit Spiegeln und Stuck ausgestattet wurde.

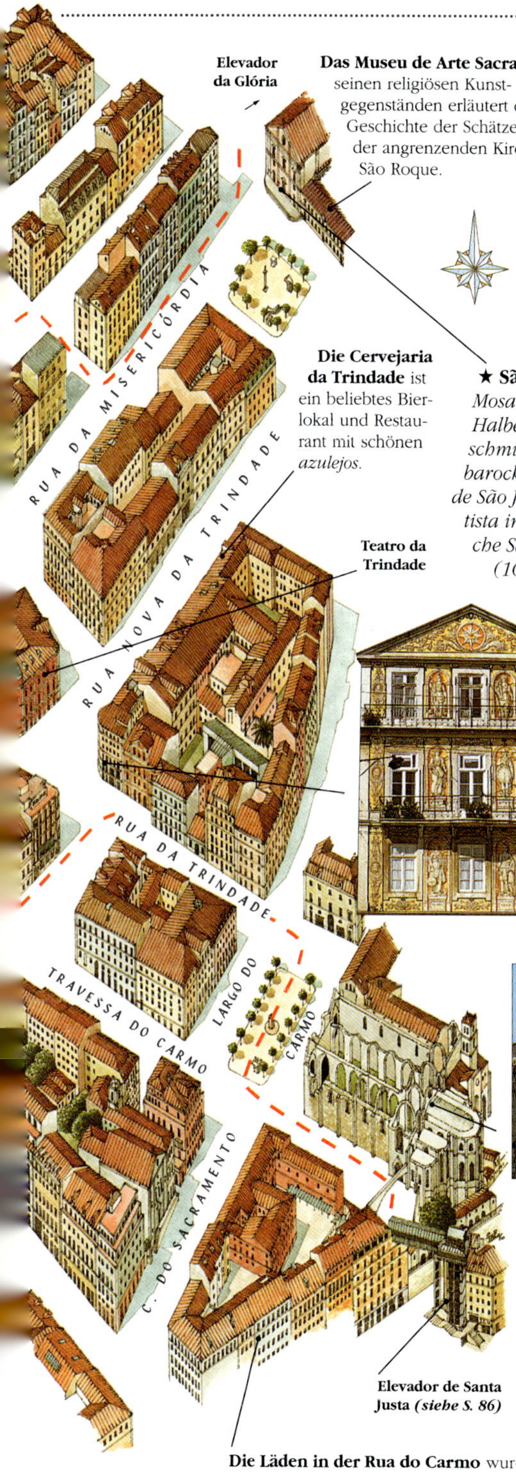

Elevador da Glória

Das Museu de Arte Sacra mit seinen religiösen Kunstgegenständen erläutert die Geschichte der Schätze in der angrenzenden Kirche São Roque.

Zur Orientierung
Siehe Stadtplan, Karte 7

Die Cervejaria da Trindade ist ein beliebtes Bierlokal und Restaurant mit schönen *azulejos*.

★ São Roque
Mosaiken und Halbedelsteine schmücken die barocke Capela de São João Baptista in der Kirche São Roque (16. Jh.). ❶

Teatro da Trindade

Der Kachelschmuck an dem Haus aus dem Jahr 1864 am Largo Rafael Bordalo Pinheiro zeigt Allegorien der Wissenschaft, Landwirtschaft, Industrie und des Handels.

★ Igreja do Carmo
Das Bogengerippe der Karmeliterkirche, einst das größte Gotteshaus Lissabons, erinnert an das Erdbeben von 1755. Im Altarraum und im Hauptschiff befindet sich ein archäologisches Museum. ❷

Elevador de Santa Justa *(siehe S. 86)*

Die Läden in der Rua do Carmo wurden nach der Feuersbrunst von 1988 *(siehe S. 92)* nach und nach saniert.

Nicht versäumen

- **★ São Roque**
- **★ Igreja do Carmo**

Blick von der Baixa auf die Ruine der Igreja do Carmo, einer Kirche aus dem 14. Jahrhuundert

São Roque ❶

Largo Trindade Coelho. **Stadtplan** 7 A3. *21-323 53 80.* *58, 100 u. Elevador de Glória.* *Mo–Fr 8–17 Uhr, Sa, So 9.30–17 Uhr.* **Museu de Arte Sacra** *21-323 53 81.* *Di–So 10–17 Uhr.* *Feiertage.*

Die schmucklose Fassade der Kirche São Roque täuscht über das üppige Innere hinweg. Sie wurde Ende des 16. Jahrhunderts von den damals mächtigen Jesuiten errichtet. 1742 entwarfen die italienischen Architekten Luigi Vanvitelli und Nicola Salvi im Auftrag von João V die Capela de São João Baptista (die letzte links). Sie wurde in Rom gebaut und mit Lapislazuli, Achat, Alabaster, Amethyst, Marmor, Gold, Silber und Mosaiken ausgeschmückt. Nachdem der Papst sie gesegnet hatte, wurde sie auseinandergenommen und auf drei Schiffen nach Lissabon gebracht. Die Schätze der Kapelle sind im **Museu de Arte Sacra** ausgestellt.

Kachel in der Capela de São Roque

Zu den schönsten der zahlreichen Kachelbilder in der Kirche gehören jene in der Kapelle aus dem 16. Jahrhundert (dritte rechts), die dem heiligen Rochus, dem Beschützer vor der Pest, gewidmet ist. Bemerkenswert sind weiterhin die eindrucksvollen Szenen aus der Apokalypse an den Decken sowie die Sakristei mit ihrer kassettierten Decke und ihren schönen Tafelbildern, die das Leben des heiligen Franz Xaver, eines jesuitischen Missionars aus dem 16. Jahrhundert, illustrieren.

Igreja do Carmo ❷

Largo do Carmo. **Stadtplan** 7 B3. *21-346 04 73.* *28, Elevador de Santa Justa u. Bus 58.* *Mai–Sep: Di–So 10–18 Uhr; Okt–Apr: Di–So 10–13, 14–17 Uhr.* *1. Jan, Ostern, 1. Mai, 25. Dez.*

Die Ruine der gotischen Karmeliterkirche auf einem Hang oberhalb der Baixa erinnert an die Zerstörungen des Erdbebens von 1755: Die Kirchengemeinde wurde während einer Messe unter Tonnen von Mauerwerk begraben. Die Kirche, vom Feldherrn Nuno Álvares Pereira *(siehe S. 183)*, der dem Karmeliterorden beitrat, Ende des 14. Jahrhunderts erbaut, war einst die größte Lissabons. Heute beherbergen das dachlose Schiff und der Altarraum, dessen Dach den Erdstoß überstand, ein **archäologisches Museum** mit einer kleinen Sammlung von Sarkophagen, Statuen, Keramiken und Mosaiken. Neben vielen anderen Ausstellungsstücken befinden sich dort die Reste eines westgotischen Pfeilers, ein römisches Grabmal mit Reliefs der Musen sowie Funde aus Mexiko und Südamerika.

Außerhalb der Ruine steht auf dem Largo do Carmo der Chafariz do Carmo, ein mit vier Delfinen geschmückter Brunnen, der im 18. Jahrhundert von Ângelo Belasco erbaut wurde.

Chiado ❸

Stadtplan 7 A4. *58, 100.* *28.* *Chiado.*

Mutmassungen über den Ursprung des Namens »Chiado«, der seit 1567 benutzt wird, gibt es viele. Eine beruft sich auf das Kreischen *(chiar)* der Karren, die sich den steilen Hang hochquälten. Eine zweite bezieht sich auf den Spitznamen des Dichters António Ribeiro, »O Chiado«. Dieses Viertel wird gern mit der Intellektuellenszene in Verbindung

Das Chiado-Feuer

Am 25. August 1988 nahm in einem Laden in der Rua do Carmo ein verheerendes Feuer seinen Ausgang. Löschwagen konnten die Fußgängerzone nicht erreichen, und so breitete sich das Feuer in die Rua Garrett aus. Neben Läden und Büros wurden viele Häuser aus dem 18. Jahrhundert zerstört, am schlimmsten in der Rua do Carmo. Der führende Architekt Portugals, Álvaro Siza Vieira, leitete das Wiederaufbauprojekt, das die originalen Fassaden, soweit möglich, erhielt.

Feuerwehrleute vor der Feuersbrunst in der Rua do Carmo

Zuschauerraum des Teatro Nacional de São Carlos (18. Jh.)

gebracht. Eine Statue von Fernando Pessoa, Portugals berühmtestem Dichter des 20. Jahrhunderts, wurde außerhalb des Cafés A Brasileira platziert, in den 1920er Jahren ein beliebter Treffpunkt der Intellektuellen.

Der Name »Chiado« wird oft nur auf die Rua Garrett bezogen, die Haupteinkaufsstraße der Gegend, die nach dem Dichter João Almeida Garrett (1799–1854) benannt wurde. Die elegante Straße, die sich vom Largo do Chiado bis zur Baixa erstreckt, ist bekannt für ihre Boutiquen, Cafés und Buchläden. Seit dem Feuer von 1988 wird hier saniert.

Am Largo do Chiado befinden sich zwei Barockkirchen, an der Nordseite die italienische Igreja do Loreto und gegenüber Nossa Senhora da Encarnação, deren Außenwände teilweise mit *azulejos* geschmückt sind.

Teatro Nacional de São Carlos ❹

Rua Serpa Pinto 9. **Stadtplan** 7 A4. *21-325 30 00/56.* *58, 100.* *28.* *Baixa-Chiado.* *nur für Vorstellungen.* www.saocarlos.pt

Das Theater wurde 1792–95 an Stelle eines älteren Opernhauses, das durch das Erdbeben von 1755 zerstört wurde, von José da Costa e Silva errichtet. Das Gebäude, das der Mailänder Scala und dem Teatro San Carlo in Neapel nachempfunden wurde, hat eine wunderschöne Fassade und eine bezaubernde Rokokoausstattung. Der Anblick des Theaters wird jedoch durch einen Parkplatz beeinträchtigt. Die Opernsaison dauert von September bis Juni; Konzerte und Ballettaufführungen finden jedoch auch den Rest des Jahres über statt.

Museu do Chiado ❺

Rua Serpa Pinto 4–6. **Stadtplan** 7 A5. *21-343 21 48.* *58, 85, 100.* *20, 28.* *Baixa-Chiado.* *Di 14–18 Uhr, Mi–So 10–18 Uhr, .* *1. Jan, Ostern, 1. Mai, 25. Dez.* www.museuchiado-ipmuseus.pt

Das Nationalmuseum für zeitgenössische Kunst, dessen Gemäldesammlung aus den Jahren 1850–1950 nicht mehr als zeitgenössisch bezeichnet werden konnte, änderte 1994 seinen Namen und zog in ein saniertes Lagerhaus um. Die Gemälde und Skulpturen illustrieren die Entwicklung vom Romantizismus zur Moderne. Die überwiegend portugiesischen Arbeiten weisen oft einen starken Einfluss der Kunst anderer europäischer Länder auf, was besonders bei den Landschaftsmalern des 19. Jahrhunderts deutlich wird, die in engem Kontakt mit den Künstlern der französischen Schule von Barbizon standen. Es werden außerdem einige Zeichnungen von Rodin (1840–1917) und französische Skulpturen gezeigt. Sonderausstellungen sind vorzugsweise jungen Künstlern gewidmet, »die von der ständigen Sammlung inspiriert sind«.

Jugendstilfassade des beliebten Cafés A Brasileira im Chiado

Groteske Puppe im Museu Nacional da Marioneta

Museu Nacional da Marioneta ❻

Convento das Bernardas, Rua da Esperança 146. **Stadtplan** 4 D3. *21-394 28 10.* *6, 13, 27, 49, 60.* *15.* *Cais do Sodré.* *Di–So 10–13, 14–18 Uhr.* *1. Jan, 1. Mai, 25. Dez.*

Das kleine Museum befindet sich in einem elegant renovierten Konvent. Die Sammlung enthält Puppen aus Opern und Theaterstücken des 17. und 18. Jahrhunderts, darunter Teufel, Ritter, Narren und satirische Figuren. Die Puppen sind schön verarbeitet, zeigen aber oft entstellte Züge, die kleine Kinder erschrecken können.

Das Museum erklärt die Geschichte des Puppentheaters und zeigt Videos von Aufführungen. Zudem gibt es Vorstellungen auf einer kleinen Bühne und einen Raum zur Unterhaltung der Kinder.

Große Portweinauswahl im Solar do Vinho do Porto

Solar do Vinho do Porto ❼

Rua de São Pedro de Alcântara 45.
Stadtplan 4 F2. *21-347 57 07.*
58. *28 u. Elevador da Glória.*
Mo–Sa 11–24 Uhr. *Feiertage.*

Seinem Namen entsprechend befindet sich der Solar do Vinho do Porto im Erdgeschoss einer Villa aus dem 18. Jahrhundert (*solar* bedeutet »Villa« oder »Herrenhaus«). Das Gebäude gehörte einst dem deutschen Architekten Johann Friedrich Ludwig (Ludovice), der das Kloster in Mafra erbaute *(siehe S. 152)*. Das Portwein-Institut von Porto betreibt hier einen gemütliche altertümliche Bar. Etwa 200 Portweinsorten sind in der langen Getränkekarte aufgeführt, darunter auch einige Raritäten. Leider sind viele Weine der Karte häufig nicht vorrätig. Bis auf die alten Jahrgänge können alle Portweine probiert werden – die Preise reichen von einem Euro für ein Glas jungen, rubinroten Portwein bis zu 70 Euro für einen 40 Jahre alten aristokratischen Port.

Miradouro de São Pedro de Alcântara ❽

Rua de São Pedro de Alcântara.
Stadtplan 7 A2. *58.*
28 u. Elevador da Glória.

Der Aussichtspunkt bietet einen weiten Blick über die Baixa hinweg nach Osten. Eine Karte auf Kacheln an der Balustrade hilft beim Auffinden der wichtigen Gebäude. Das Panorama reicht von der Brustwehr des Castelo de São Jorge *(siehe S. 78f)* auf dem bewaldeten Hügel im Südosten bis zur Kirche Penha da França aus dem 18. Jahrhundert im Nordwesten. Die weitläufige Klosteranlage der Igreja da Graça *(siehe S. 75)* ist ebenfalls zu sehen, und in der Ferne leuchtet São Vicente de Fora *(siehe S. 72)*, erkennbar an den beiden Türmen und der weißen Fassade.

Bänke unter schattigen Bäumen machen die Terrasse zu einem angenehmen Halt nach dem steilen Aufstieg von der Baixa über die Calçada da Glória. Sie können aber auch den gelben Elevador da Glória nehmen. Das Denkmal im Garten aus dem Jahr 1904 stellt Eduardo Coelho (1835–1889) dar, Gründer der Zeitung *Diário de Notícias*. Zu seinen Füßen rennt ein zerlumpter Zeitungsjunge mit dem berühmten Blatt. Die Gegend war einst das Zentrum des Pressewesens, doch die Druckereien sind inzwischen in den Westen der Stadt gezogen.

Am schönsten ist die Aussicht bei Sonnenuntergang und nachts, wenn das Schloss illuminiert ist und sich die Terrasse mit jungen Menschen füllt.

Praça do Príncipe Real ❾

Stadtplan 4 F1. *58, 100.*

Kartenspieler auf der Praça do Príncipe Real

Als nobles Wohnviertel im Jahr 1860 angelegt, verströmt der Platz noch immer einen Hauch von altem Reichtum. Gepflegte Villen umgeben einen ausgesucht hübschen Park mit offenem Café, Robinien, Magnolien und Judasbäumen. Die Zweige einer riesigen Zeder wurden auf ein Spalier gezogen, unter dem die Einheimischen sich gern aufhalten und Karten spielen. Das auffällige rosa-weiße neomaurische Haus Nr. 26 mit Kuppeln und Zinnen gehört zur Universität Lissabon.

Blick vom Miradouro de São Pedro de Alcântara zum Castelo de São Jorge

Schmiedeeiserner Musikpavillon im Jardim da Estrela

Palácio de São Bento ❿

Lago das Cortes. **Stadtplan** 4 E2.
21-396 01 41. *6, 49, 100.*
28. *nach Vereinbarung.*
unter 21-391 94 46/391 96 25.
www.parlamento.pt

DAS RIESIGE weiße klassizistische Gebäude, auch Assembleia da Republica genannt, ist Sitz des portugiesischen Parlaments. Es wurde Ende des 16. Jahrhunderts als Benediktinerkloster São Bento erbaut. Nach der Auflösung des Ordens 1834 zog das Parlament in das Bauwerk. Die Innenräume sind mit ihren Marmorsäulen und klassizistischen Statuen prachtvoll.

Klassizistische Fassade und Treppenaufgang des Palácio de São Bento

Museu Nacional de Arte Antiga ⓫

Siehe S. 96ff.

Jardim da Estrela ⓬

Praça da Estrela. **Stadtplan** 4 D2.
9, 20, 38. *25, 28.*
tägl. 7–24 Uhr.

DER BELIEBTE Park aus der Mitte des 19. Jahrhunderts gegenüber der Basílica da Estrela bildet eines der Zentren des Viertels. Familien füttern dort am Wochenende die Enten im See, sitzen im Ufercafé oder spazieren zwischen bunten Blumenbeeten und Bäumen. Die Gärten sind mit Rabatten begrenzt, und Buschwerk wächst um Platanen und Ulmen. Mittelpunkt des Parks ist ein filigraner schmiedeeiserner Musikpavillon aus dem Jahr 1884, in dem im Sommer Konzerte gegeben werden. Ursprünglich stand der Pavillon am Passeio Público, dem Vorgänger der Avenida da Liberdade *(siehe S. 84)*.

Auf dem Englischen Friedhof im Norden des Parks ist der berühmte englische Romancier und Dramatiker Henry Fielding (1707–1754) begraben. Sein *Tagebuch einer Reise nach Lissabon*, das 1775 posthum erschien, handelt von seiner letzten Reise nach Portugal, auf der er vergeblich hoffte, dass sich sein schlechter Gesundheitszustand bessern würde.

Basílica da Estrela ⓭

Praça da Estrela. **Stadtplan** 4 D2.
21-396 09 15. *9, 38.*
25, 28. *tägl. 8–13, 15–20 Uhr.*

Grabmal der frommen Maria I in der Basílica da Estrela

IM 18. JAHRHUNDERT schwor Maria I *(siehe S. 165)*, Tochter von José I, dass sie eine Kirche bauen werde, wenn sie einen männlichen Thronerben gebäre. Ihr Wunsch wurde erfüllt, und so begann man 1779 mit dem Bau der Basilika. Ihr Sohn José starb jedoch vor Vollendung der Kirche an den Pocken. Die Basilika auf einem Hügel im Westen der Stadt ist ein Wahrzeichen Lissabons und wurde als vereinfachte Variante der Basilika in Mafra *(siehe S. 152)* im Stil des ausgehenden Barock und des Frühklassizismus erbaut. Die Fassade mit den zwei Glockentürmen ist mit Heiligenstatuen und allegorischen Figuren geschmückt.

Der riesige Innenraum, in den Licht aus der durchbrochenen Kuppel strömt, ist mit grauem, rosafarbenem und gelbem Marmor ausgekleidet. Das Grabmal von Maria I, die in Brasilien starb, ist im rechten Querschiff. In einem verschlossenen Raum steht die Krippenszene von Machado de Castro, zusammengefügt aus über 500 Kork- und Terrakottafiguren. Der Küster öffnet auf Anfrage den Raum.

Museu Nacional de Arte Antiga ⓫

Holzstatue des hl. Georg (15. Jh.)

PORTUGALS NATIONALE KUNSTSAMMLUNG befindet sich in einem Palast aus dem 17. Jahrhundert, der für die Grafen von Alvor gebaut wurde. 1770 erwarb ihn der Marquês de Pombal, dessen Familie er über ein Jahrhundert lang gehörte. Das 1884 eingeweihte Museum wird von den Einheimischen wegen der einst grünen Fenster auch Museu das Janelas Verdes genannt. 1940 wurde an der Stelle des zwischen 1910 und 1920 teilweise zerstörten Albertusklosters ein moderner Anbau (einschließlich Hauptfassade) hinzugefügt. Nur die Kapelle des Klosters blieb erhalten; sie wurde ins Museum integriert.

★ Der hl. Hieronymus
Die meisterhafte Darstellung (1521) von Albrecht Dürer drückt eines der zentralen Themen der Renaissance aus: die Vergänglichkeit des Menschen.

KURZFÜHRER

Im Erdgeschoss befinden sich europäische Gemälde aus dem 14. bis 19. Jahrhundert, dekorative Kunst und Möbel. Orientalische und afrikanische Kunst, chinesische und portugiesische Keramiken, Silber, Gold und Juwelen sind im ersten Stock. Das Obergeschoss ist portugiesischer Kunst gewidmet.

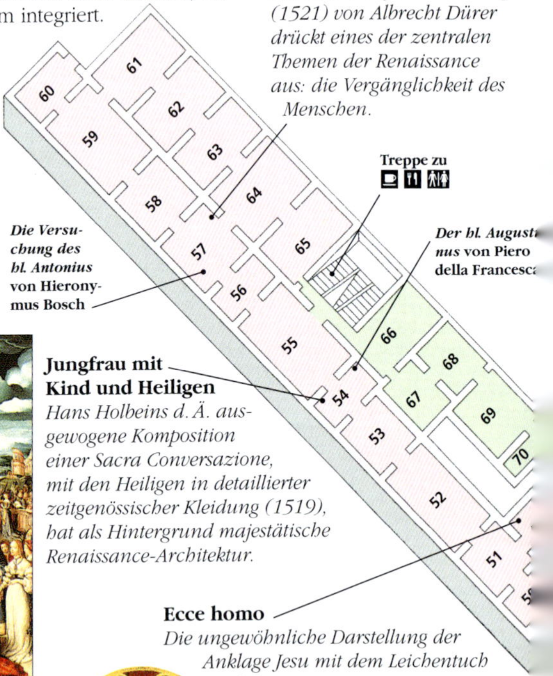

***Die Versuchung des hl. Antonius* von Hieronymus Bosch**

***Der hl. Augustinus* von Piero della Francesca**

Jungfrau mit Kind und Heiligen
Hans Holbeins d. Ä. ausgewogene Komposition einer Sacra Conversazione, mit den Heiligen in detaillierter zeitgenössischer Kleidung (1519), hat als Hintergrund majestätische Renaissance-Architektur.

Ecce homo
Die ungewöhnliche Darstellung der Anklage Jesu mit dem Leichentuch über seinen Augen, von einem Künstler der portugiesischen Schule Ende des 16. Jahrhunderts gemalt, verströmt trotz der Dornenkrone, der Fessel und der Blutflecken eine würdevolle Ruhe.

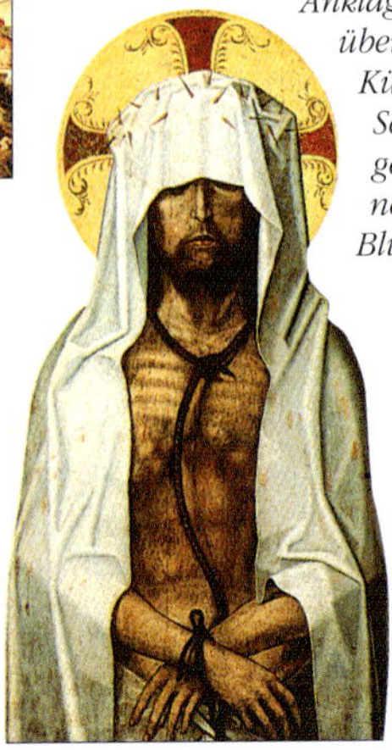

LEGENDE

- Europäische Kunst
- Portug. Gemälde u. Skulpturen
- Portug. u. chinesische Keramiken
- Orientalische und afrikanische Kunst
- Silber, Gold und Juwelen
- Dekorative Kunst
- Kapelle
- Sonderausstellungen
- Keine Ausstellungsfläche

NICHT VERSÄUMEN

- ★ ***Der hl. Hieronymus***
- ★ **Wandschirme**
- ★ ***Anbetung des hl. Vinzenz***

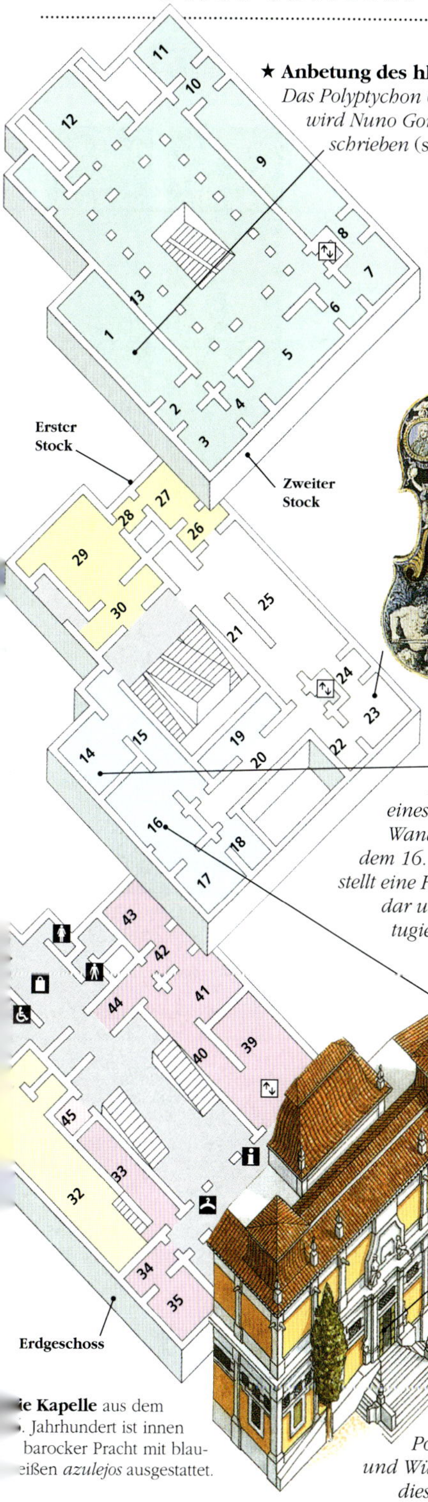

★ Anbetung des hl. Vinzenz
Das Polyptychon (um 1470) wird Nuno Gonçalves zugeschrieben (siehe S. 98).

Infobox

Rua das Janelas Verdes. **Stadtplan** 4 D4. *21-391 28 00.* *27, 40, 49, 50, 60.* *15, 18.* *Mi–So 10–13, 14–18 Uhr, Di 14–18 Uhr.* *Feiertage.* *So frei.* (21-391 28 48).
www.mnarteantiga-ipmuseus.pt

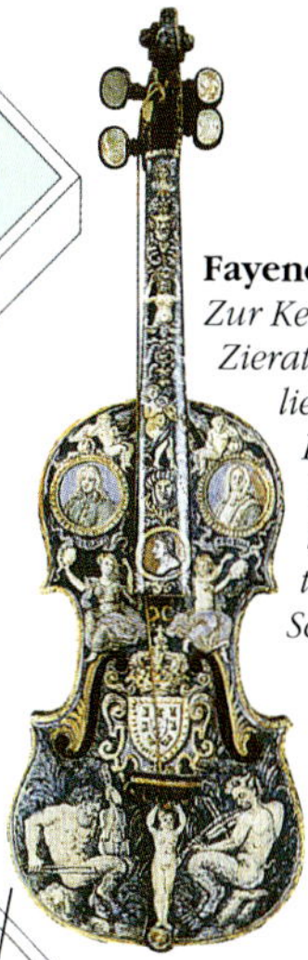

Fayence-Violine
Zur Keramiksammlung gehört viel Zierat, der für die königliche Familie in Portugal gefertigt wurde. Dieses Kunstwerk von Wenceslau Cifka (19. Jh.) ist mit dem königlichen Wappen und Porträts der Barockkomponisten Scarlatti und Corelli verziert.

★ Wandschirme
Dieses Detail eines japanischen Wandschirms aus dem 16. Jahrhundert stellt eine Handelsszene dar und zeigt portugiesische Mode.

ie Kapelle aus dem . Jahrhundert ist innen barocker Pracht mit blau-eißen *azulejos* ausgestattet.

Salzfässchen aus Elfenbein
Portugiesische Ritter und Würdenträger zieren dieses Kleinod aus dem westafrikanischen Benin.

Überblick: Sammlung des Museu Nacional de Arte Antiga

Das Museum birgt die größte Gemäldesammlung Portugals mit Schwerpunkt auf frühen religiösen Werken portugiesischer Künstler. Die meisten Exponate stammen aus Klöstern, nachdem die Orden 1834 aufgelöst worden waren. Des Weiteren gibt es zahlreiche aus ganz Portugal zusammengetragene Skulpturen, Silberarbeiten, Porzellan und Gebrauchsgegenstände vom Mittelalter bis zum 19. Jahrhundert, ergänzt durch eine Reihe europäischer und orientalischer Werke. Überall lassen sich Portugals Verbindungen zu Brasilien, Afrika, Indien, China und Japan erkennen.

Europäische Kunst

Gemälde von europäischen Künstlern vom 14. bis zum 19. Jahrhundert sind im Erdgeschoss chronologisch geordnet. Die meisten Werke stammen aus Privatbesitz und tragen zur Vielfalt der Ausstellung bei. Die ersten Säle mit Kunst aus dem 14. und 15. Jahrhundert verdeutlichen den Übergang von der Gotik zur Ästhetik der Renaissance.

Die deutschen und flämischen Künstler des 16. Jahrhunderts sind am besten vertreten, mit Gemälden wie z. B. *Der heilige Hieronymus* von Albrecht Dürer (1471–1528), *Salome* von Lucas Cranach d. Ä. (1472–1553), *Jungfrau mit Kind* von Hans Memling (1430–1494) und *Die Versuchung des heiligen Antonius* von Hieronymus Bosch (1450–1516). Zur kleinen Auswahl an italienischen Werken gehören *Der heilige Augustinus* des Renaissancemalers Piero della Francesca (um 1420–1492) und ein anmutiges frühes Altarbild der Auferstehung von Raffael (1483–1520).

Einige portugiesische Maler, darunter auch Josefa de Óbidos *(siehe S. 51)* sowie Gregório Lopes (1490–1550), sind ebenfalls im Erdgeschoss zu sehen.

Portugiesische Gemälde und Skulpturen

Viele der ältesten Werke stammen von portugiesischen Künstlern, die vom Detailrealismus flämischer Maler beeinflusst waren. Zwischen Portugal und Flandern gab es stets enge Handelsbeziehungen, und im 15. und 16. Jahrhundert gründeten flämischstämmige Künstler, wie Frei Carlos aus Évora, Schulen in Portugal.

Der Ehrenplatz gebührt jedoch dem Polyptychon der Kirche São Vicente de Fora, das bedeutendste portugiesische Werk des 15. Jahrhunderts und Symbol des Nationalstolzes in der Zeit der Entdeckungsreisen. Das Altarbild, etwa 1467–70 gemalt und Nuno Gonçalves zugesprochen, stellt die *Anbetung des heiligen Vinzenz* dar, des Schutzheiligen Portugals, umgeben von Rittern, Mönchen, Fischern und Bettlern. Die detailgetreuen Abbildungen machen das Gemälde zu einem unschätzbaren historischen und sozialen Dokument.

Zu weiteren bedeutenden Werken zählen ein Porträt des jungen Königs Sebastião *(siehe S. 46f)* von Cristóvão de Morais und Gemälde des Klassizisten Domingos António de Sequeira. Die Skulpturensammlung birgt viele gotische Stein- und Holzstatuen von Christus, der Jungfrau und Heiligen sowie Statuen aus dem 17. Jahrhundert und eine Krippenszene aus dem 18. Jahrhundert von Machado de Castro in der Kapelle.

Mittelfeld der *Versuchung des hl. Antonius* von Hieronymus Bosch

Die Anbetung des heiligen Vinzenz

Zisterziensermönche von Alcobaça *(siehe S. 178f)*

Fischer

Bettelmönch

Portugiesische und chinesische Keramiken

Die umfangreiche Keramiksammlung zeigt die Entwicklung chinesischen Porzellans und portugiesischer Fayencen sowie den orientalischen Einfluss auf portugiesi-

sche Werke und umgekehrt. Ab dem 16. Jahrhundert weisen portugiesische Keramiken einen deutlichen Ming-Einfluss auf, während chinesische Arbeiten portugiesische Motive, z. B. Wappen, enthalten. Mitte des 18. Jahrhunderts entwickelten Töpfer einen zunehmend bildhaften, europäischen Stil mit kräftigeren Mustern. Weiterhin gibt es italienische, spanische und niederländische Keramiken.

Chinesische Porzellanvase (16. Jh.)

Orientalische und afrikanische Kunst

Die Elfenbeinarbeiten und Möbelstücke mit europäischen Motiven illustrieren die gegenseitigen Einflüsse Portugals und seiner Kolonien. Die Vorliebe für Exotik im 16. Jahrhundert ließ die Nachfrage nach Gegenständen wie elfenbeinernen Jagdhörnern aus Afrika steigen. Japanische Wandschirme (16. Jh.) belegen den portugiesischen Handel mit Japan. Die Japaner gaben den Portugiesen den Namen *Namban-jin*, »Barbaren aus dem Süden«.

Silber, Gold und Juwelen

Zur hervorragenden Sammlung religiöser Schätze gehören König Sanchos I Goldkreuz (1214), die Bélem-Monstranz (1506) *(siehe S. 20)* und die Reliquie Madre de Deus aus dem 16. Jahrhundert, die angeblich einen Dorn aus der Krone Christi enthält. Glanzlicht der Sammlung ist jedoch ein kostbares silbernes Tafelgeschirr aus dem 18. Jahrhundert. Zu den etwa 1200 Einzelteilen, die José I der Pariser Werkstatt von Thomas Germain in Auftrag gab, gehören kompliziert gestaltete Terrinen, Saucieren und Salzfässchen. Die reichhaltige Sammlung an Juwelen stammt aus einigen Nonnenklöstern – die Mitgift reicher Novizinnen.

Dekorative Kunst

Zu den Objekten zählen Möbel, Wandteppiche, Textilien und liturgische Gewänder. Die Möbelsammlung (Mittelalter bis Klassizismus) beinhaltet Exemplare aus der Zeit König Joãos V, König Josés und Königin Marias I. Herausragend sind die französischen Möbel aus dem 18. Jahrhundert.

Bei den Textilien entdeckt man Bettüberwürfe aus dem 17. Jahrhundert, Wandteppiche, zum Teil flämischen Ursprungs wie *Die Taufe Christi* (16. Jh.), bestickte Decken sowie Arraiolos-Teppiche *(siehe S. 301)*.

Goldene, edelsteingeschmückte Reliquie Madre de Deus (um 1502)

Belém

Edelmut, Statue am Eingang des Palácio da Ajuda

Belém, an der Mündung des Tejo gelegen, wo die Karavellen zu ihren Entdeckungsreisen ablegten, ist untrennbar mit Portugals Goldenem Zeitalter *(siehe S. 46ff)* verbunden. Als Manuel I 1495 an die Macht kam, ließ er mit dem neuen Reichtum grandiose Monumente und Kirchen erbauen, die den Geist jener Zeit widerspiegelten. Die üppige manuelinische Architektur *(siehe S. 20f)* brachte Bauwerke wie das Mosteiro dos Jerónimos und die Torre de Belém hervor. Heute ist Belém ein weiträumig angelegter Stadtteil mit zahlreichen Museen und Grünanlagen sowie einer reizvollen Uferpromenade mit Cafés, wo an sonnigen Tagen ein ausgelassenes Flair herrscht. Einst pflegten die Mönche des Klosters die ablegenden Schiffe auf dem Tejo in Ruhe zu beobachten. Heutzutage schneidet jedoch der lebhafte Verkehr auf der mehrspurigen Avenida da Índia den Kern Beléms vom malerischen Ufer ab, und auch Züge rattern regelmäßig vorbei.

Sehenswürdigkeiten auf einen Blick

Museen und Sammlungen
Museu de Arte Popular ❿
Museu de Marinha ❼
Museu Nacional de Arqueologia ❺
Museu Nacional dos Coches ❷
Planetário Calouste Gulbenkian ❻

Parks und Gärten
Jardim Agrícola Tropical ❸
Jardim Botânico da Ajuda ⓮

Kirchen und Klöster
Ermida de São Jerónimo ⓬
Igreja da Memória ⓭
Mosteiro dos Jerónimos S. 106f ❹

Historische Gebäude
Palácio de Belém ❶
Palácio Nacional da Ajuda ⓯
Torre de Belém S. 110 ⓫

Denkmal
Padrão dos Descobrimentos ❾

Kulturzentrum
Centro Cultural de Belém ❽

Legende
Detailkarte: Belém *S. 102f*
Bahnhof
Fähranlegestelle
Parken
Eisenbahn

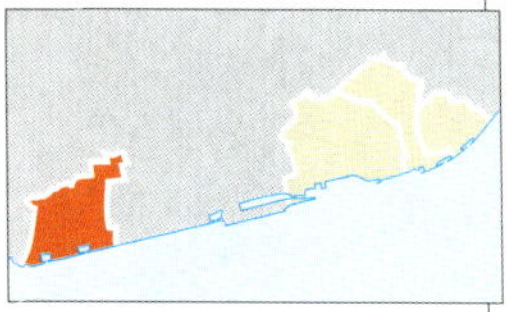

Anfahrt

Belém erreichen Sie mit der Straßenbahn 15 entlang dem Ufer von der Praça do Comércio. Die Busse 14, 27, 28, 29, 43, 49, 51, 73, 112 und 201 fahren ebenfalls nach Belém. Nahverkehrszüge vom Cais do Sodré nach Oeiras halten in Belém.

◁ **Langhaus von Santa Maria de Belém, der Kirche des Mosteiro dos Jerónimos**

Im Detail: Belém

Steinerne Karavelle, Mosteiro dos Jerónimos

PORTUGALS EINSTIGE maritime Blütezeit, die sich in prachtvollen Bauwerken wie dem Mosteiro dos Jerónimos ausdrückt, ist in Belém überall zu entdecken. Unter Salazar *(siehe S. 56f)*, der an Portugals Goldenes Zeitalter zu erinnern versuchte, wurde das im Lauf der Zeit verschlammte Ufergebiet rekonstruiert, um die einstige Größe der Nation zu feiern. Für eine Ausstellung 1940 wurde die Praça do Império angelegt. Die Praça Afonso de Albuquerque wurde Portugals erstem Vizekönig von Indien gewidmet. Im Palácio de Belém, von João V im 18. Jahrhundert restauriert und um Gärten und eine Reitschule erweitert, kam kurzzeitig die königliche Familie nach dem Erdbeben von 1755 unter.

★ Mosteiro dos Jerónimos
Arkaden und reich verzierte Säulen mit Blattwerk, exotischen Tierdarstellungen und Navigationsinstrumenten kennzeichnen das manuelinische Hieronymitenkloster. ❹

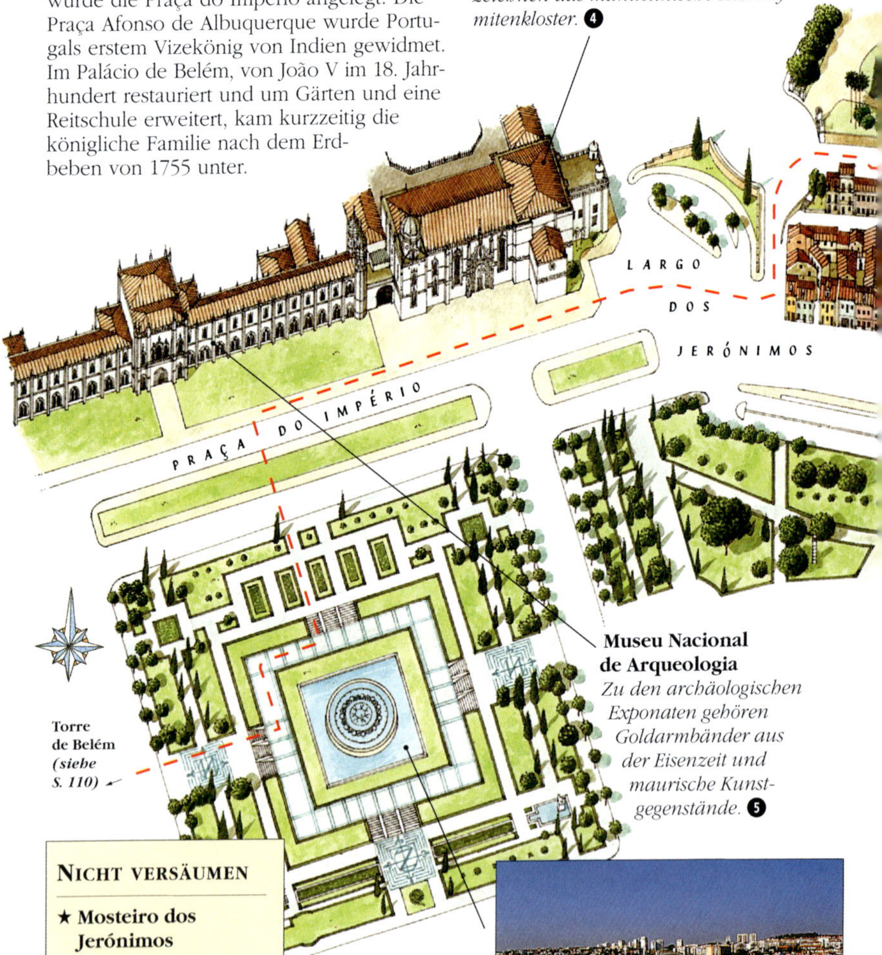

Museu Nacional de Arqueologia
Zu den archäologischen Exponaten gehören Goldarmbänder aus der Eisenzeit und maurische Kunstgegenstände. ❺

Torre de Belém *(siehe S. 110)*

NICHT VERSÄUMEN

★ **Mosteiro dos Jerónimos**

★ **Museu Nacional dos Coches**

LEGENDE

– – – Routenempfehlung

Die Praça do Império, die sich vor dem Kloster erstreckt, wird zu besonderen Gelegenheiten mit einem Lichtspiel am zentralen Brunnen illuminiert.

Die Rua Vieira Portuense grenzt an einen kleinen Park. Die hübschen Häuser aus dem 16. und 17. Jahrhundert stehen in Kontrast zu den imposanten Gebäuden Beléms.

Jardim Agrícola Tropical
Exotische Pflanzen und Bäume aus Portugals einstigen Kolonien zieren den Park, der früher zum Palácio de Belém gehörte. ❸

ZUR ORIENTIERUNG
Siehe Stadtplan, Karten 1 und 2

In der Antiga Confeitaria de Belém aus dem 19. Jahrhundert gibt es *pasteis de Belém*, Blätterteigtörtchen mit Pudding.

Palácio de Belém
Der ehemals königliche Palast aus dem 16. Jahrhundert, wegen seiner rosa Fassade auch Palácio Cor de Rosa genannt, ist die Residenz des Präsidenten Portugals und Sitz des Museu da Presidencia. ❶

★ Museu Nacional dos Coches
Die Kutsche aus dem 18. Jahrhundert, die der Gesandte am Heiligen Stuhl benutzte, gehört zur Sammlung in der alten Reitschule des Palácio de Belém. ❷

Die Praça Afonso de Albuquerque wurde nach dem ersten portugiesischen Vizekönig von Indien benannt. Szenen seines Lebens sind am Fuß der Säule in der Mitte des Platzes zu sehen.

Palácio de Belém ❶

Praça Afonso de Albuquerque.
Stadtplan 1 C4. *21-361 46 60.*
14, 27, 28, 29, 43, 49, 51, 73, 100, 112, 201. *15.* *Belém.* **Palast** *Sa 11–17 Uhr.* *obligatorisch (21-341 46 60).* **Museu da Presidencia** *Di–So 10–18 Uhr.*
www.museu.presidencia.pt

Die Gärten des Sommerpalastes, 1559 vom Grafen von Aveiras erbaut, grenzten früher an den Fluss. Im 18. Jahrhundert kaufte João V den Palast. Er baute ihn vollständig um, errichtete die Reitschule und stattete das Innere als Liebesnest aus.

Als das Erdbeben von 1755 *(siehe S. 62f)* das Zentrum Lissabons zerstörte, suchten König José I und seine Familie dort Zuflucht. Aus Furcht vor neuen Erdstößen schliefen sie zeitweise in Zelten auf dem Palastgelände. Der Palast selbst diente als Krankenhaus. Heute ist das Gebäude Residenz des portugiesischen Präsidenten. Das Museum verfügt auch über eine Galerie mit Porträts früherer Präsidenten des Landes.

Im Palácio de Belém residiert der portugiesische Präsident

Museu Nacional dos Coches ❷

Praça Afonso de Albuquerque.
Stadtplan 2 D4. *21-361 08 50.*
14, 27, 28, 43, 49, 51. *15.* *Belém.* *Di–So 10–17.30 Uhr.* *1. Jan, Ostern, 1. Mai, 25. Dez.* *So 10–14 Uhr frei.*
www.museudoscoches-ipmuseus.pt

Die Kutschensammlung des Museums in der ehemaligen Reitschule im Ostflügel des Palácio de Belém ist sicher die schönste Europas. Von der oberen Galerie hatte die königliche Familie ihre prachtvollen Lusitanos *(siehe S. 296)* in der Pferdearena betrachtet. 1905 gestaltete König Carlos' Frau Amélia, deren rosa Reitkleid ausgestellt ist, die Reitschule in ein Museum um.

Die schlichten bis protzigen Kutschen aus Portugal, Italien, Frankreich, Österreich und Spanien stammen aus drei Jahrhunderten. In der Hauptgalerie mit der prächtig ausgemalten Decke sind zwei Reihen von Kutschen des portugiesischen Königshauses.

Die Ausstellung beginnt mit der einfachen, mit Holz und rotem Leder ausgestatteten Kutsche von Felipe II von Spanien *(siehe S. 50f)* und wird immer prachtvoller: das Innere aus rotem Samt und Gold, das Äußere geschnitzt, mit Allegorien und dem königlichen Wappen geschmückt. Am Ende der Reihe befinden sich zwei Barockkutschen, die in Rom für den portugiesischen Gesandten, Rodrigo Almeida e Menezes, Marquês de Abrantes, gefertigt wurden. Diese prunkvollen und extravaganten, etwa fünf Tonnen schweren, aber kaum bequemen Kutschen sind mit einem plüschigen Inneren und großen vergoldeten Statuen ausgestattet.

Im Raum nebenan sind weitere königliche Kutschen zu bewundern, so ein zweirädriges Cabriolet und Ponywagen, die die Königskinder benutzten. Zudem gibt es eine Lissabonner Droschke aus dem 19. Jahrhundert in Schwarz und Grün, den Farben der Taxis bis in die 1990er Jahre. Die Brillen-

Rückansicht der Kutsche (1716) des portugiesischen Gesandten am Heiligen Stuhl

karosse aus dem 18. Jahrhundert, deren Verdeck mit sehr bedrohlichen, augengleichen Fenstern durchbrochen ist, stammt aus der Pombal-Ära *(siehe S. 52f)*, als üppige Ausstattung verpönt war. Pferdegeschirr, Hofkleidung und Porträts der königlichen Familie befinden sich in der oberen Galerie.

Jardim Agrícola Tropical ❸

Rua da Junqueira 86. **Stadtplan** 1 C4. *21-362 02 10.* *27, 28, 43, 49, 51, 112.* *15.* *Di–Fr 10–17 Uhr, Sa, So 11–18 Uhr.* *Feiertage.* *Di–Fr.* **Museu Tropical** *21-361 63 40.* *nach Vereinbarung.*

Der friedvolle Park mit Teichen, Wasservögeln und Pfauen, auch Jardim do Ultramar genannt, hat erstaunlich wenig Besucher. Zu Beginn des 20. Jahrhunderts als Forschungszentrum des Instituts für Tropenwissenschaft angelegt, ist er eher ein Arboretum denn ein Blumengarten. Schwerpunkt sind seltene tropische und subtropische, oft bedrohte Bäume und Pflanzen, wie Drachenbäume von den Kanarischen Inseln und Madeira, südamerikanische Schuppentannen und eine Allee aus hohen Washington-Palmen. Ein chinesisches Tor, das während der Ausstellung der portugiesischen Welt von 1940 Macau repräsentierte, führt in den orientalischen Garten mit seinen Bächen, Brücken und den schönen Hibiskussträuchern.

Das **Museu Tropical** ist im Palácio dos Condes da Calheta untergebracht, einer Villa aus dem 18. Jahrhundert, die innen mit *azulejos* aus drei Jahrhunderten dekoriert ist. Im Museum selbst gibt es 50 000 getrocknete Pflanzen und 2414 Holzsorten zu sehen.

Mosteiro dos Jerónimos ❹

Siehe S. 106 f.

Washington-Palmen im Jardim Agrícola Tropical

Museu Nacional de Arqueologia ❺

Praça do Império. **Stadtplan** 1 B4. *21-362 00 00.* *14, 27, 28, 29, 43, 49, 51.* *15, 16, 17.* *Di–So 10–18 Uhr.* *1. Jan, Ostern, 1. Mai, 25. Dez.* *So 10–14 Uhr frei.* www.mnarqueologia-ipmuseus.pt

Der lange Westflügel des Mosteiro dos Jerónimos, einst der Schlafsaal der Mönche, beherbergt seit 1893 ein Museum. Seit der Rekonstruktion Mitte des 19. Jahrhunderts ist er jedoch nur noch ein schwacher Abklatsch des manuelinischen Originals. Im Museum befindet sich Portugals archäologisches Forschungszentrum mit Exponaten wie etwa einem eisenzeitlichen Goldarmband aus Grândola im Alentejo, westgotischem Schmuck aus Beja *(siehe S. 311)*, römischen Ornamenten und maurischen Kunstgegenständen aus dem 8. Jahrhundert. Die ägyptische und griechisch-römische Abteilung zeigt Begräbniskunst, wie Figurinen, Grabsteine, Masken, Terrakottaamulette und Grabkegel, die mit Hieroglyphen beschriftet sind. In der Schatzkammer glitzern Münzen und Schmuck aus der Zeit zwischen 1800 und 500 v. Chr. Dieser und einige andere Räume des Museums wurden erst vor kurzer Zeit umfassend renoviert und erweitert.

Westgotische Goldspange, Museu de Arqueologia

Planetário Calouste Gulbenkian ❻

Praça do Império. **Stadtplan** 1 B4. *21-362 00 02.* *27, 28, 43, 49, 51, 112.* *15.* *wegen Umbau.* www.planetario-online.pt

Das moderne Gebäude, von der Gulbenkian-Stiftung *(siehe S. 119)* 1965 gebaut, befindet sich neben dem Mosteiro dos Jerónimos. Das Planetarium stellt den Nachthimmel nach und erläutert den Kosmos ausführlich. Die Vorführungen in Portugiesisch, Englisch und Französisch erklären die Sternenbewegungen und unser gesamtes Sonnensystem, aber auch besondere Themen wie die Sternbilder oder den Stern von Bethlehem (auf portugiesisch »Belém«).

Kuppel des Planetário Calouste Gulbenkian

Mosteiro dos Jerónimos ❹

Armillarsphäre im Kreuzgang

Das Kloster, ein Monument des Zeitalters der Entdeckungen *(siehe S. 48f)*, ist der Höhepunkt manuelinischer Architektur. Von Manuel I kurz nach der Rückkehr Vasco da Gamas von dessen historischer Reise um 1501 in Auftrag gegeben, wurde das Gebäude durch das »Pfeffergeld«, eine Steuer auf Gewürze, Edelsteine und Gold, finanziert. Verschiedene Baumeister arbeiteten an dem Bauwerk, die bekanntesten waren Diogo Boitac und João de Castilho. Das Kloster wurde dem Hieronymitenorden anvertraut, bis alle Orden 1834 aufgelöst wurden.

Grabmal des Vasco da Gama
Das Grab des Entdeckers (siehe S. 108) *aus dem 19. Jahrhundert ist mit Seefahrersymbolen geschmückt.*

Refektorium
Das Refektorium ist mit azulejos *aus dem 18. Jahrhundert dekoriert und stellt unter anderem die Speisung der Fünftausend dar.*

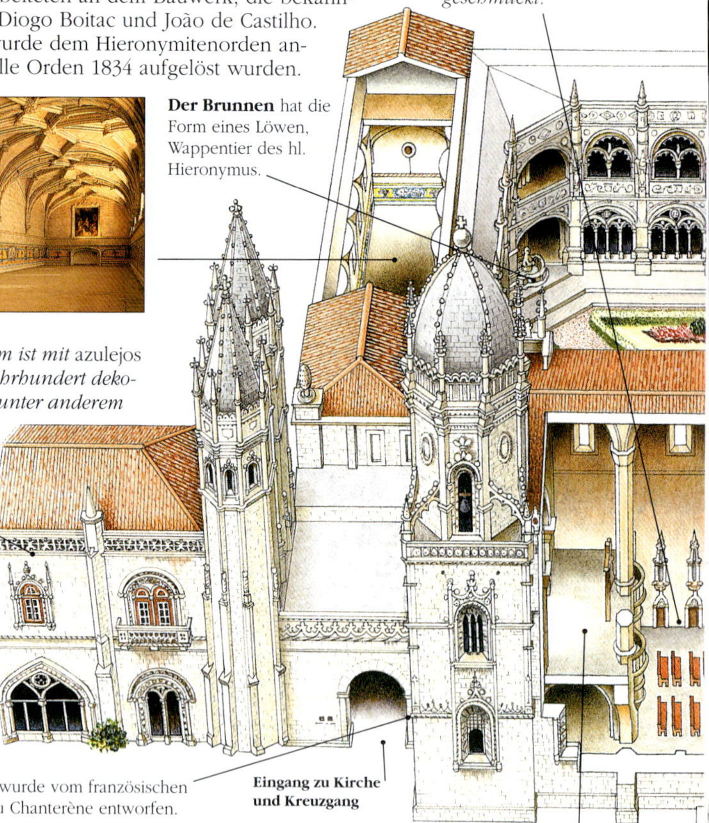
Der Brunnen hat die Form eines Löwen, Wappentier des hl. Hieronymus.

Dieser moderne, neomanuelinische Flügel aus dem Jahr 1850 beherbergt das Museu Nacional de Arqueologia *(siehe S. 105).*

Das Westportal wurde vom französischen Bildhauer Nicolau Chanterène entworfen.

Eingang zu Kirche und Kreuzgang

Galerie

Blick auf das Kloster
Die Szene aus dem 17. Jahrhundert von Felipe Lobo zeigt Frauen an einem Brunnen vor dem Kloster.

Nicht versäumen

- ★ **Südportal**
- ★ **Kreuzgang**

★ Kreuzgang
Der rein manuelinische Entwurf João de Castilhos wurde 1544 vollendet. Feinstes Maßwerk und üppige Reliefs schmücken Bogen und Balustraden.

INFOBOX

Praça do Império. **Stadtplan** 1 B4. *21-362 00 34.* *27, 28, 43, 49, 51.* *15.* *Belém.* *Di–So 10–18 Uhr (Okt–Apr bis 17 Uhr).* *Feiertage.* *So frei.* *nur Kreuzgang.*

Hauptschiff
Das Gewölbe der Kirche Santa Maria wird von schlanken, achteckigen Säulen getragen, die wie Palmen emporstreben und ein Gefühl von Raum und Harmonie vermitteln.

Der Kapitelsaal birgt das Grabmal des Historikers und ersten Bürgermeisters Beléms, Alexandre Herculano (1810–1877).

Der Altarraum wurde 1572 von Catarina, der Frau Joãos III, gestiftet.

Die Gräber von Manuel I, seiner Frau Maria, João III und Catarina werden von Elefanten getragen.

★ Südportal
Die Dekoration überdeckt fast die geometrische Architektur des Portals. João de Castilho verbindet religiöse Themen, wie das Bildnis des hl. Hieronymus, mit weltlichen, die portugiesischen Könige erhöhend.

Grabmal König Sebastiãos
Das Grab des »ersehnten« Sebastião ist leer. Der junge König kehrte nie aus der Schlacht von 1578 zurück (siehe S. 47).

Fassade des Museu de Marinha

Museu de Marinha ❼

Praça do Império. **Stadtplan** 1 B4. *21-362 00 19. 14, 27, 28, 29, 43, 49, 51, 73, 112. 15. Belém. Di–So 10–18 Uhr (Okt–März bis 17 Uhr). 1. Jan, Ostern, 1. Mai, 25. Dez. So 10–13 Uhr frei.* www.museumarinha.pt

DAS MEERESMUSEUM wurde 1962 im Westflügel des Mosteiro dos Jerónimos *(siehe S. 106f)* eingeweiht. In der Kapelle, die der Infant Henrique *(siehe S. 49)* gestiftet hatte, beteten die Seeleute, bevor sie in See stachen. Ein Saal, der Entdeckungsreisen gewidmet ist, illustriert den Fortschritt im Schiffsbau seit dem 15. Jahrhundert, der die Erfahrungen der Entdecker nutzte. Kleine Repliken zeigen die Entwicklung von Barken über Lateinersegel- zu den schnelleren Rahsegelkaravellen und der portugiesischen *nau*. Ebenfalls zu sehen sind Navigationsinstrumente, Astrolabien und Repliken von Karten aus dem 16. Jahrhundert. Die Steinsäulen mit dem Kreuz der Christusritter sind Nachbildungen jener *padrãos*, die in der Neuen Welt als Zeichen der portugiesischen Souveränität errichtet wurden. Hinter der Sala dos Descobrimentos geht es durch einige Räume mit Modellen moderner Schiffe zu den königlichen Quartieren mit der Kabine der Yacht *Amélia*, die 1900 in Schottland für König Carlos und Königin Amélia gebaut wurde.

Der moderne Pavillon gegenüber birgt originale königliche Barkassen, deren außergewöhnlichste die Brigg für Königin Maria I aus dem Jahr 1780 ist. Den Abschluss bildet eine Sammlung von Wasserflugzeugen, wie der *Santa Clara*, die 1922 als erstes eine Überquerung des Südatlantiks schaffte.

VASCO DA GAMA (UM 1460–1524)

1498 segelte Vasco da Gama um das Kap der Guten Hoffnung und öffnete den Seeweg nach Indien *(siehe S. 48f)*. Der reiche Herrscher von Calicut war nicht sehr beeindruckt von da Gamas bescheidenen Gaben wie Stoffen und Waschschüsseln, doch kehrte da Gama mit einer Ladung Gewürze zurück. 1502 segelte er erneut nach Indien und begründete die portugiesische Handelsroute im Indischen Ozean. João III ernannte ihn 1524 zum Vizekönig von Indien, doch da Gama starb kurz darauf an Fieber.

Gemälde von Vasco da Gama in Goa (16. Jh.)

Centro Cultural de Belém ❽

Praça do Império. **Stadtplan** 1 B5. *21-361 24 00. 14, 27, 28, 29, 43, 49, 51, 73, 112, 201. 15. Belém.* **Ausstellungszentrum** *11–20 Uhr.* www.ccb.pt

DER NÜCHTERNE Bau zwischen dem Mosteiro dos Jerónimos und dem Tejo rief Kontroversen hervor. Der Komplex, 1990 als Zentrale der portugiesischen Präsidentschaft in der EU erbaut, eröffnete 1993 als Kultur- und Konferenzzentrum mit Schwerpunkten auf Musik, darstellender Kunst und Fotografie sowie einem **Ausstellungszentrum** und einem Designmuseum mit Werken von 1937. Das Café und das Restaurant in den friedlichen Gärten mit Olivenbäumen und geometrisch angelegten Rasenflächen – ein Schutzwall vor dem umgebenden Verkehrslärm – bieten Aussicht auf den Kai und den Fluss.

Der moderne Komplex des Centro Cultural de Belém

Padrão dos Descobrimentos ❾

Padrão dos Descobrimentos, Avenida de Brasília. **Stadtplan** 1 C5. *21-303 19 50. 14, 28, 29, 43, 49, 51, 112, 201. 15. Belém. vorher anrufen. Feiertage. für Lift.* www.egeac.pt

DAS MASSIVE, ECKIGE Denkmal wurde 1960 am Ufer von Belém anlässlich des 500. Todestages des Infanten Henrique *(siehe S. 49)* errichtet. Das 52 Meter hohe Monument, vom Salazar-Regime in Auftrag gegeben, erinnert an die Seeleute, königlichen Gönner und all jene, die an der Entwicklung des Zeitalters der Entdeckungen beteiligt waren. Es ist einer Karavelle

Der große Kompass im Pflaster vor dem Padrão dos Descobrimentos

nachempfunden, mit dem portugiesischen Wappen an den Seiten und dem Schwert des Königshauses von Avis über dem Eingang. Der Infant Henrique steht am Bug mit einer Karavelle in der Hand. Auf beiden Seiten befinden sich auf einer Schräge die Statuen portugiesischer Helden aus jener Zeit der Entdeckungen, wie auf der Westseite Manuel I mit einer Armillarsphäre, der Dichter Camões mit einem Exemplar von *Os Lusíadas*, der Maler Nuno Gonçalves mit einer Palette, sowie eine Reihe berühmter Seefahrer, Kartografen und Könige.

Der große Kompass im Pflaster auf der Nordseite ist ein Geschenk der Republik Südafrika aus dem Jahr 1960. Die große, mit Galeonen und Meerjungfrauen übersäte Karte zeigt die Routen der Eroberer im 15. und 16. Jahrhundert. Ein Lift fährt im Inneren in den sechsten Stock, von dem einige Treppen auf das Dach führen, das einen Panoramablick auf den Fluss und Belém gewährt. Im Untergeschoss finden Ausstellungen zu verschiedenen Themen statt.

Der Padrão dos Descobrimentos ist nicht unbedingt nach jedermanns Geschmack, aber Lage und Gestaltung sind einzigartig. In der Abendsonne sieht dieses Monument besonders dramatisch aus.

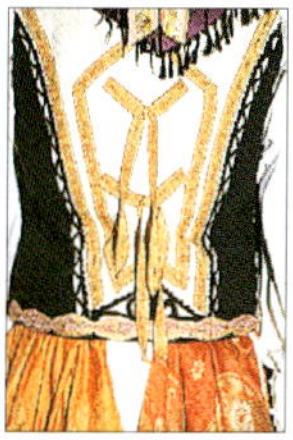

Traditionelle Tracht aus Trás-os-Montes

Museu de Arte Popular ⑩

Avenida de Brasília. **Stadtplan** 1 B5. *21-301 12 82.* *9, 27, 28, 43, 49, 51.* *15.* *Belém.* *Di–So 10–12.30 Uhr, 14–17 Uhr.* *Feiertage.*

Das farblose Gebäude am Uferbereich, zwischen dem Padrão dos Descobrimentos und Torre de Belém *(siehe S. 110)*, beherbergt seit 1948 das Museum für portugiesische Volkskunst. Viele Räume der Sammlung sind leider auf unbestimmte Zeit wegen Umbauten geschlossen. Es gibt jedoch derzeit eine Sonderausstellung. Zu den nach Regionen geordneten Exponaten gehören Töpferwaren, Landwirtschaftsgeräte, Trachten, Musikinstrumente, Schmuck und prächtige Sättel. Die Ausstellung gibt einen Einblick in die Vielfalt und Besonderheiten der Regionen, wie die bunten Ochsenjoche und Keramikhähne aus dem Minho, Körbe aus Trás-os-Montes, Kuhglocken und Tontöpfe aus dem Alentejo und Angelausrüstungen von der Algarve verdeutlichen. Plant man eine Reise durch ganz Portugal, bietet das Museum einen wunderbaren Überblick über das traditionelle Kunsthandwerk der Regionen.

Ostseite des Padrão dos Descobrimentos

Torre de Belém ⓫

Wappen von Manuel I

Der Turm wurde 1515–21 im Auftrag von Manuel I als Bastion mitten im Tejo erbaut. Das manuelinische Juwel, einst Startpunkt der Seefahrer, die die Handelsrouten entdeckten, wurde zum Symbol für Portugals Zeit der Expansion. Seine wahre Schönheit liegt in der reichen Ausschmückung mit Reliefs, durchbrochenen Balkonen, maurischen Ausgucken und schildförmigen Zinnen. Das düster-gotische Innere unterhalb der Terrasse diente einst als Waffenlager und Gefängnis. Die Unterkünfte im Turm lohnen wegen der Loggia und der Aussicht einen Besuch.

Infobox

Avenida da Índia. **Stadtplan** 1 A5. *21-362 00 34. 14, 27, 28, 29, 43, 49, 51, 73, 112, 201. 15. Belém. Di–So 10–18 Uhr, (Okt–Apr 17 Uhr). Feiertage. nur Erdgeschoss.*

Jungfrau mit Kind
Eine Statue »Unserer Lieben Frau« der sicheren Heimkehr blickt auf das Meer, Schutzsymbol für Seeleute auf Entdeckungsfahrt.

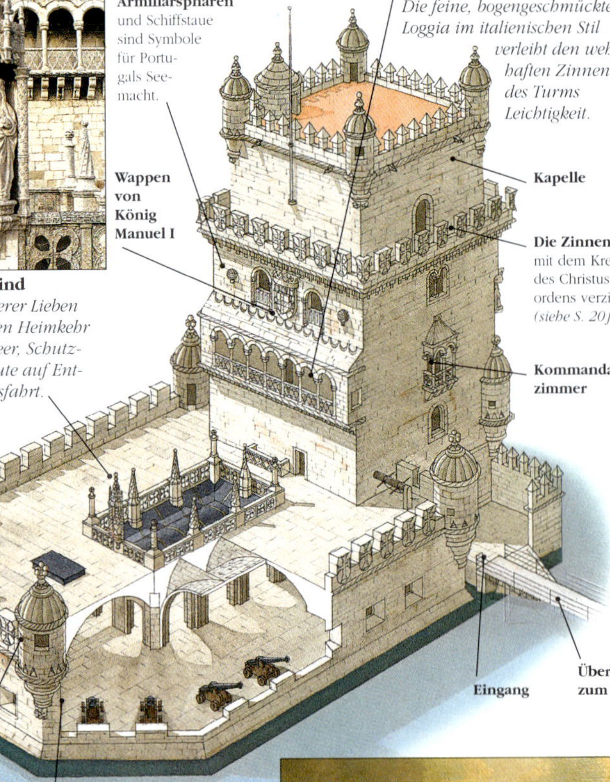

Renaissanceloggia
Die feine, bogengeschmückte Loggia im italienischen Stil verleiht den wehrhaften Zinnen des Turms Leichtigkeit.

Armillarsphären und Schiffstaue sind Symbole für Portugals Seemacht.

Wappen von König Manuel I

Kapelle

Die Zinnen sind mit dem Kreuz des Christusordens verziert *(siehe S. 20f).*

Kommandantenzimmer

Eingang

Übergang zum Ufer

Wachtürme

Das Kerkergewölbe wurde bis ins 19. Jahrhundert als Gefängnis genutzt.

Die Torre de Belém im Jahr 1811
Das Gemälde eines britischen Schiffs auf dem Tejo von J. T. Serres zeigt den Turm weiter von der Küste entfernt als heute. Im 19. Jahrhundert wurde der Fluss durch Aufschüttung am Nordufer schmaler.

Die schlichte manuelinische Ermida de São Jerónimo

Ermida de São Jerónimo ⓬

Rua Pero de Covilhã. **Stadtplan** 1 A3. *21-301 86 48.* *14, 28, 43, 49, 51, 73, 201.* *Mi (nach Vereinb.).*

DIE HÜBSCHE kleine Kapelle, auch Capela de São Jerónimo genannt, entstand im Jahr 1514, als Diogo Boitac am Mosteiro dos Jerónimos *(siehe S. 106f)* arbeitete. Trotz ihrer Schlichtheit ist sie manuelinisch und wurde vermutlich von Boitac entworfen. Die einzigen dekorativen Elemente des Gebäudes sind die vier Spitztürmchen, die Wasserspeier und das manuelinische Tor. Die Kapelle thront auf einem stillen Hügel und bietet sehr schöne Ausblicke auf Belém und den Tejo. Ein Pfad führt von der Terrasse hinab zur Torre de Belém.

Igreja da Memória ⓭

Calçada do Galvão, Ajuda. **Stadtplan** 1 C3. *21-363 52 95.* *14, 27, 28, 32.* *18.* *Mo–Sa 16–18 Uhr.*

DIE KIRCHE wurde 1769 von König José I als Dank dafür gestiftet, dass er 1758 an dieser Stelle einen Mordanschlag überlebt hatte. Seine Kutsche wurde nach einem Schäferstündchen mit einer Dame der Familie Távora überfallen und er von einer Kugel im Arm getroffen. Pombal *(siehe S. 52f)* nutzte das als Vorwand, seine Feinde bei den Távoras loszuwerden, indem er sie der Verschwörung anklagte. 1759 wurden sie gefoltert und hingerichtet. An sie erinnert eine Säule in der Beco do Chão Salgado, nahe der Rua de Belém.

Die klassizistische Kirche ist innen mit Marmor verkleidet. In der kleinen Kapelle rechts befindet sich das Grab Pombals, der ein Jahr nach seiner Verbannung aus Lissabon mit 83 Jahren starb.

Jardim Botânico da Ajuda ⓮

Calçada da Ajuda. **Stadtplan** 1 C2. *u.* FAX *21-362 25 03.* *14, 27, 28, 29, 32, 73.* *18.* *Do–Di 9–17 Uhr (Apr–Sep bis 20 Uhr).* *Feiertage.* *So 9–14 Uhr frei.*

DIE ITALIENISIERENDEN Gärten, von Pombal *(siehe S. 52f)* 1768 auf zwei Ebenen angelegt, sind ein Ruhepol inmitten von Belém. Das grüne, schmiedeeiserne Eingangstor in einer rosa Mauer ist leicht zu verfehlen. Im Park gibt es etwa 5000 Pflanzenarten aus Afrika, Asien und Amerika. Bemerkenswert sind der 400 Jahre alte Drachenbaum aus Madeira und der Brunnen aus dem 18. Jahrhundert, verziert mit Schlangen, Fischen und mythischen Kreaturen. Von einer Terrasse blickt man auf die untere Ebene der Gartenanlage.

Thron aus dem 19. Jahrhundert im Palácio Nacional da Ajuda

Palácio Nacional da Ajuda ⓯

Calcada da Ajuda. **Stadtplan** 2 D2. *21-363 70 95.* *14, 32, 42, 60, 73.* *18.* *Do–Di 10–17 Uhr.* *1. Jan, Ostern, 1. Mai, 25. Dez.* *So 9–14 Uhr frei.*

ANSTELLE DES 1795 von einem Feuer zerstörten königlichen Palastes wurde Anfang des 19. Jahrhunderts dieses klassizistische Gebäude errichtet. Es wurde aufgegeben, als das Königshaus 1807 ins Exil nach Brasilien gehen musste *(siehe S. 52f)*. Zur permanenten Residenz wurde es erst wieder, als Luís I 1861 König wurde und die italienische Prinzessin Maria Pia von Savoyen heiratete. Für die Ausstattung der Apartments wurden keine Kosten gescheut; man dekorierte sie mit Seidentapeten, Sèvres-Porzellan und Kristalllüstern. Beispiel königlichen Prunks ist das Sächsische Zimmer, ein Hochzeitsgeschenk des Königs von Sachsen an Maria Pia, in dem jedes Möbelstück mit Meißner Porzellan verziert ist. Eindrucksvoll ist auch der riesige Bankettsaal im ersten Stock mit den Kristalllüstern, seidenen Sesseln und einem Deckenfresko mit der allegorischen Darstellung der Geburt Joãos VI. Das neogotische Maleratelier Luís' I mit seinen geschnitzten Möbeln ist weitaus persönlicher.

Ziergarten im Jardim Botânico da Ajuda

Abstecher

Die meisten der außerhalb Lissabons liegenden Sehenswürdigkeiten sind vom Stadtzentrum aus leicht mit Bus oder U-Bahn zu erreichen. Ein Fußweg von gerade einmal zehn Minuten führt vom Parque Eduardo VII zum Museu Calouste Gulbenkian, dem großartigen Kulturtempel von Portugal. Auch das Museu da Cidade am Campo Grande ist wegen seines hervorragenden Querschnitts durch die Geschichte Lissabons einen Besuch wert. Der hübsche Palácio Fronteira mit seinen prachtvollen Kacheln ist eine der vielen für die Aristokratie erbauten Villen. Wunderschöne Kacheln findet man auch im Museu Nacional do Azulejo im Kreuzgang des Convento da Madre de Deus. Einen halben Tag benötigt man für einen Ausflug zum Christo-Rei-Denkmal jenseits des Tejo. Das Ozeanarium im Parque das Nações liegt nordöstlich der Stadt. Hier gibt es zudem einige beliebte Familienattraktionen sowie Hotels und Läden.

***Azulejo*-Bild am Palácio Fronteira**

Sehenswürdigkeiten auf einen Blick

Museen und Sammlungen
Centro de Arte Moderna 7
Museu Calouste Gulbenkian siehe S. 116ff 6
Museu da Água 9
Museu da Cidade 13
Museu Nacional do Azulejo siehe S. 122f 10

Moderne Architektur
Amoreiras-Einkaufszentrum 3
Cristo Rei 1
Parque das Nações 11
Ponte 25 de Abril 2

Historische Architektur
Aqueduto das Águas Livres 15
Campo Pequeno 8
Palácio Fronteira 16
Praça Marquês de Pombal 4

Parks und Gärten
Parque Eduardo VII 5
Parque do Monteiro-Mor 17

Zoos
Jardim Zoológico 14
Oceanário de Lisboa 12

Legende
- Lissabon Zentrum
- Flughafen
- Fähranlegestelle
- Autobahn
- Hauptstraße
- Nebenstraße

0 Kilometer 4

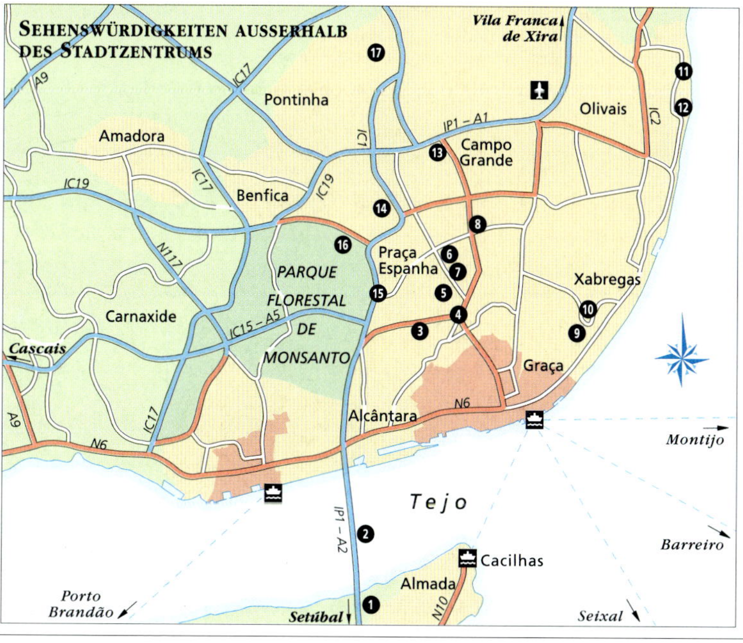

◁ **Nymphenbrunnen in der tropischen Vegetation der Estufa Fria im Parque Eduardo VII**

Cristo Rei ❶

Santuário Nacional do Cristo Rei, Alto do Pragal, Almada. ☎ *21-275 10 00.* ⛴ *Transtejo Cacilhas von Praça do Comércio u. Cais do Sodré nach Cacilhas.* 🚌 *101.* **Lift** ◯ *tägl. 9.30–18 Uhr (Nov–Feb bis 19 Uhr).*

Die 28 Meter hohe Statue mit den ausgebreiteten Armen auf dem 82 Meter hohen Sockel, dem Cristo Redentor in Rio de Janeiro nachempfunden, befindet sich am Südufer des Tejo. Sie wurde auf Betreiben von Salazar 1949–59 von Francisco Franco errichtet.

Man kann das Denkmal von unterschiedlichen Aussichtspunkten der Stadt sehen. Die Fähre zur Outra Banda (»dem anderen Ufer«) ist reizvoller als ein Bus oder Taxi dorthin. Ein Aufzug und ein paar Stufen führen zur Spitze des Sockels, die einen herrlichen Ausblick auf Stadt und Fluss gestattet.

Das turmhohe Denkmal Cristo Rei am Tejo

Ponte 25 de Abril ❷

Stadtplan 3 A5. 🚌 *52, 53.*

Ursprünglich hieß Lissabons Hängebrücke über den Tejo Ponte Salazar, nach dem Diktator, der sie 1966 bauen ließ. Sie wurde umbenannt in Erinnerung an die Revolution vom 25. April 1974, durch die Portugal die Demokratie zurückerhielt *(siehe S. 57).*

Die Stahlkonstruktion nach dem Vorbild der Golden Gate Bridge in San Francisco ist zwei Kilometer lang. Die untere Ebene wurde 1999 für die Eisenbahn umgebaut. Die ständigen Verkehrsstaus sind berüchtigt, doch brachte die elf Kilometer lange Vasco-da-Gama-Brücke teilweise eine Entlastung. Die von Montijo bis Sacavém, nördlich des Parque das Nações, verlaufende Brücke über den Tejo wurde 1998 fertig gestellt.

Amoreiras-Einkaufszentrum ❸

Avenida Engenheiro Duarte Pacheco. **Stadtplan** 5 A5. ☎ *21-381 02 00.* Ⓜ *Marquês de Pombal.* 🚌 *11, 18, 23, 48, 51, 53, 58, 74, 83.* ◯ *tägl. 10–23 Uhr.* ● *25. Dez.* ♿ Ⓦ www.amoreiras.com

Der Marquês de Pombal *(siehe S. 52f)* pflanzte im 18. Jahrhundert am Westrand der Stadt Maulbeerbäume *(amoreiras)* für die Seidenraupenzucht, weswegen das futuristische Einkaufszentrum, das dort 1985 erbaut wurde, diesen Namen erhielt. Der massive Komplex mit den rosa-blauen Türmen beherbergt 370 Läden, zehn Kinos und etliche Restaurants. Er passt nicht so recht ins Stadtbild, lockt aber junge Leute an. Heute ist er umgeben von anderen neuen Gebäuden und Einkaufszentren.

Die Ponte 25 de Abril verbindet Lissabon mit der Outra Banda, dem Südufer des Tejo

Tropische Pflanzen im Treibhaus Estufa Quente im Parque Eduardo VII

Praça Marquês de Pombal ❹

Stadtplan 5 C5. Ⓜ *Marquês de Pombal.* 🚌 *2, 6, 9, 11, 12, 20, 22, 23, 27, 32, 36, 38 u. andere Linien.*

Am oberen Ende der Avenida da Liberdade *(siehe S. 84)* donnert der Verkehr um die »Rotunda«, wie der Platz auch genannt wird. In der Mitte ragt das hohe Pombal-Denkmal aus dem Jahr 1934 wie ein Fels in der Brandung empor. Die Statue des despotischen Staatsmannes, der Portugal 1750–77 regierte, steht auf der Säule mit der Hand auf einem Löwen, und dem Blick auf sein Werk, die Baixa, gerichtet *(siehe S. 62f)*.

Der Sockel ist mit allegorischen Bildern von Pombals Reformen geschmückt. Aufrechte Figuren stellen die Universität Coimbra dar, an der er eine neue Wissenschaftsfakultät eingerichtet hatte. Raue Steinblöcke und Flutwellen zu Füßen des Denkmals sind eine Allegorie der Zerstörungen durch das Erdbeben von 1755.

Durch eine Unterführung, leider oft geschlossen, kommen Sie zur Platzmitte; hier können Sie die Figuren und Inschriften zu Pombals Errungenschaften betrachten. Die Unterführung führt auch zur U-Bahn-Station Rotunda und zum gepflegten Parque Eduardo VII, der sich im Norden hinter dem Platz erstreckt.

Das Pflaster um die Rotunda ist mit einem schwarzweißen Mosaik des Wappens Lissabons dekoriert, ganz ähnlich den Mustern, die auch sehr viele andere Straßen und Plätze der Stadt schmücken. Der im Bau befindliche Tunnel soll den Verkehr erheblich entlasten.

Darstellung der Mühsal der Landarbeit am Sockel des Denkmals auf der Praça Marquês de Pombal

Parque Eduardo VII ❺

Praça Marquês de Pombal. **Stadtplan** 5 B4. ☎ *21-388 22 78.* Ⓜ *Marquês de Pombal.* 🚌 *2, 11, 22, 36.* **Estufa Fria** ◯ *Aug–Sep 9–18 Uhr; Okt–März 9–17 Uhr, letzter Einlass 30 Min. vor Schließung.* ● *Feiertage* ♿

Der grösste Park Lissabons ist nach König Edward VII von England benannt, der 1902 in Lissabon die anglo-portugiesische Allianz bekräftigte. Der grasbewachsene, 25 Hektar große Hang wurde im späten 19. Jahrhundert als Fortsetzung der Avenida da Liberdade angelegt *(siehe S. 84)*. Säuberlich gestutzte Buchsbaumhecken und gepflasterte Spazierwege führen von der Praça Marquês de Pombal hügelaufwärts durch einen Amália Rodrigues *(siehe S. 67)* gewidmeten Garten zu einem Aussichtspavillon, der einen Blick über die Stadt bis zu den Hügeln jenseits des Tejo gewährt. An klaren Tagen sieht man bis zur Serra da Arrábida *(siehe S. 167)*.

Am reizvollsten in dem eher gleichförmigen Park ist die dschungelartige **Estufa Fria** in der Nordwestecke, ein Gewächshaus mit exotischen Pflanzen, Bächen und Wasserfällen. Eigentlich sind es zwei Gewächshäuser: In der Estufa Fria (»kühles Gewächshaus«) wachsen Palmen durch das durchbrochene Bambusdach, und Pfade schlängeln sich durch einen Wald aus Farnen, Fuchsien, blühenden Büschen und Bananenbäumen. Die Estufa Quente ist ein überglaster Garten mit üppigen Pflanzenteppichen, Teichen mit Wasserlilien, Kakteen und tropischen Vögeln in Käfigen. Kinder schätzen vor allem den seichten Teich und den Spielplatz in Form einer Galeone in der Nähe der Gewächshäuser.

Am Ostrand der Anlage befindet sich der nach dem olympischen Marathonsieger von 1984 benannte **Pavilhão Carlos Lopes**, in dem heute Konzerte und Konferenzen stattfinden. Die Fassade des Gebäudes ist mit Kachelbildern von Jorge Colaço *(siehe S. 23)* geschmückt.

Museu Calouste Gulbenkian ❻

Das Museum birgt dank des armenischen Ölmagnaten Calouste Gulbenkian *(siehe S. 119)* mit seinem scharfen Blick für Meisterwerke eine der besten Kunstsammlungen Europas. Das 1969 eingeweihte Museum wurde von dem Multimillionär als Teil einer Wohltätigkeitsinstitution dem Staat überantwortet. Das in letzter Zeit in großem Umfang renovierte Gebäude befindet sich in einem ausgedehnten Park und ist so konzipiert, dass die Sammlung in natürlichem Licht zur Geltung kommt.

Senffässchen
Das silberne Senffässchen (18. Jh.) wurde in Frankreich von Antoine Sébastien Durand gefertigt.

Lalique-Anstecknadel
Die gewundene Form der Schlangen aus Gold und Email ist typisch für den Jugendstilschmuck von René Lalique.

★ Diana
Die edle Marmorstatue (1780) des französischen Bildhauers Jean-Antoine Houdon gehörte einst der Zarin Katharina der Großen. Die Göttin der Jagd mit Pfeil und Bogen wurde als zu obszön für die Öffentlichkeit betrachtet.

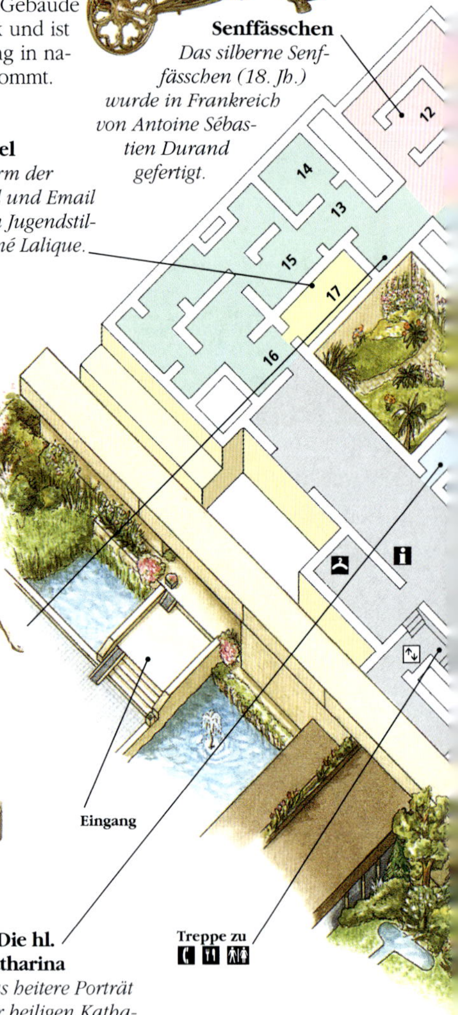

★ Die hl. Katharina
Das heitere Porträt der heiligen Katharina stammt vom flämischen Maler Rogier van der Weyden (1400–1464). Die Andeutung einer Landschaft links im Bild verleiht dem ruhigen Gemälde Licht und Tiefe.

Nicht versäumen

- ★ ***Porträt eines alten Mannes* v. Rembrandt**
- ★ ***Diana* von Houdon**
- ★ ***Die hl. Katharina* von van der Weyden**

★ Porträt eines alten Mannes
Rembrandt war ein Meister von Licht und Schatten. In dem ausdrucksstarken Porträt von 1645 wird die gebrechliche Miene des Mannes durch den dramatischen Lichteffekt kontrastiert.

INFOBOX

Avenida de Berna 45. **Stadtplan** 5 B2. *21-782 34 02.* *Praça de Espanha oder São Sebastião.* *16, 18, 26, 31, 46, 56.* *24.* *Di 14–16 Uhr, Mi–So 10–18 Uhr.* *1. Jan, Ostern, 1. Mai, 25. Dez.* *So frei.* www.museu.gulbenkian.pt

Vase der hundert Vögel
Die Glasur dieser chinesischen Porzellanvase wird »Famille verte« genannt. Das kunstvolle Muster ist charakteristisch für die Ch'ing-Dynastie unter Kaiser K'ang Hsi (1662–1722).

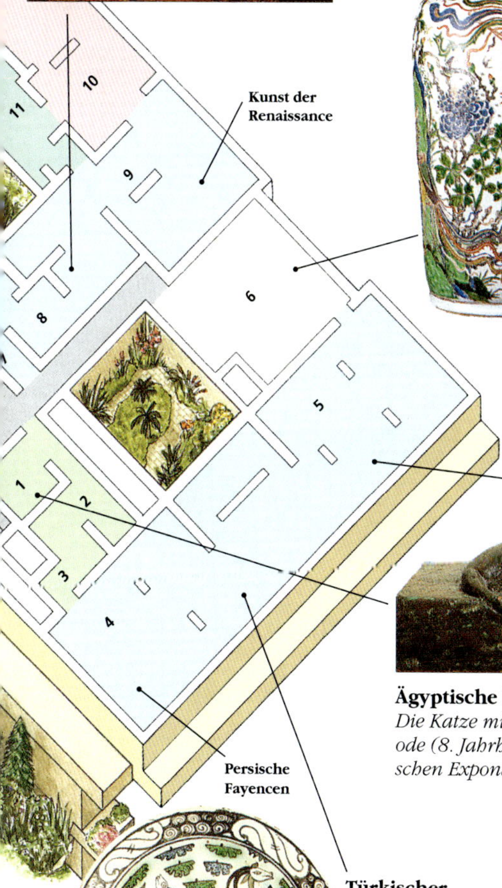

KURZFÜHRER

Die Galerien sind chronologisch und geographisch angelegt. Die erste Sektion (Räume 1–6) zeigt antike und orientalische Kunst, die zweite (Räume 7–17) europäische Gemälde, Skulpturen, Möbel, Silberarbeiten und Schmuck.

Ägyptische Bronzekatze
Die Katze mit Jungen stammt aus der Saite-Periode (8. Jahrhundert v. Chr.). Zu weiteren ägyptischen Exponaten gehört eine goldene Totenmaske.

Türkischer Fayenceteller
Im türkischen Iznik wurden einige der schönsten Krüge, Teller und Vasen der islamischen Welt hergestellt, wie dieser Teller aus dem 17. Jahrhundert mit den stilisierten Tiergestalten.

LEGENDE

- Ägyptische, antike und mesopotamische Kunst
- Orientalisch-islamische Kunst
- Fernöstliche Kunst
- Europäische Kunst (14.–17. Jh.)
- Französ. dekorative Kunst (18. Jh.)
- Europäische Kunst (18./19. Jh.)
- Lalique-Sammlung
- Keine Ausstellungsfläche

Überblick: Gulbenkian-Sammlung

Das Museum mit der einzigartigen Sammlung von Calouste Gulbenkian gehört neben dem Museu de Arte Antiga *(siehe S. 96ff)* zu den schönsten Lissabons. Die Exponate, die über 4000 Jahre umspannen – von altägyptischen Statuetten über islamisches Glas bis zu Jugendstilbroschen –, werden in großen, lichtdurchfluteten Galerien präsentiert. Das Museum ist relativ klein, doch jedes einzelne Kunstwerk, von den großartigen Werken der orientalisch-islamischen Kunst bis hin zur Auswahl an europäischen Gemälden und Möbeln, ist eine Attraktion für sich.

Persische Fayence-Kachel, Schule von Isfahan (16. Jh.)

Ägyptische, antike und mesopotamische Kunst

Kostbarkeiten zeichnen die ägyptische Kunst vom Alten Königreich (um 2700 v. Chr.) bis zur römischen Periode (1. Jh. v. Chr.) aus, wie eine Alabasterschale aus der dritten Dynastie und ein Terrakottatorso der Venus Anadyomene aus der römischen Periode.

In der Abteilung für antike Kunst sind eine griechische Vase und elf römische Medaillons herausragend. Man nimmt an, dass sie anlässlich der Spiele in Mazedonien 242 n. Chr. zur Erinnerung an Alexander den Großen geprägt wurden. Das assyrische Basrelief aus Alabaster in der mesopotamischen Abteilung stellt den geflügelten Frühlingsgenius dar, der geweihtes Wasser trägt. Es wird auf das 9. Jh. v. Chr. datiert.

Griechische Vase (5. Jh. v. Chr.)

Orientalisch-islamische Kunst

Gulbenkian zeigte als Armenier großes Interesse an Kunst aus dem Nahen Osten. Die orientalisch-islamische Abteilung birgt persische und türkische Teppiche, Textilien und Keramiken. Die für Sultane und Prinzen gefertigten syrischen Moscheelampen und Flaschen aus Glas sind mit farbiger Email verziert. Die armenische Abteilung verfügt über Manuskripte aus dem 16. bis 18. Jahrhundert, die von armenischen Flüchtlingen in Istanbul, Persien und auf der Krim gefertigt wurden.

Französisches Elfenbein-Triptychon der *Szenen aus dem Leben der Jungfrau* (14. Jh.)

Fernöstliche Kunst

Zwischen 1910 und 1930 erwarb Gulbenkian eine umfangreiche Sammlung chinesischen Porzellans. Eines der seltenen Stücke ist eine kleine blauglasierte Schale aus der Yüan-Dynastie (1279–1368). Der größte Teil der Exponate gehört jedoch zum üppig geschmückten Famille-verte- und dem K'ang-Hsi-Biskuitporzellan des 17. und 18. Jahrhunderts. Darüber hinaus gibt es in dieser Abteilung noch durchscheinende chinesische Jade und andere Halbedelsteine, japanische Drucke, Wandbehänge und Bucheinbände aus Seidenbrokat sowie Lackarbeiten.

Europäische Kunst (14.–17. Jahrhundert)

Illustrierte Manuskripte, seltene Buchausgaben und mittelalterliche Elfenbeinarbeiten zählen zu dieser Abteilung. Die kunstvoll geschnitzten Elfenbeindiptychen und -triptychen aus Frankreich stellen Szenen aus dem Leben Christi und der Jungfrau dar.

Zur Sammlung früher Kunst gehören die Gemälde *Der heilige Joseph* und *Die heilige Katharina* aus dem 15. Jahrhundert von Rogier van der Weyden. Die italienische Renaissance ist durch Cima da Coneglianos *Sacra Conversazione* und Domenico Ghirlandaios *Porträt einer jungen Frau* (1485) vertreten.

Die Sammlung enthält auch flämische und holländische Arbeiten aus dem 17. Jahrhundert, darunter zwei Gemälde Rembrandts: *Porträt eines alten Mannes* (1645), ein Meisterwerk psychologischer Durchdringung, und *Alexander der Große* (1660), das man einst für das Bildnis der griechischen Göttin Pallas Athene hielt und für das Rembrandts Sohn Titus Modell gestanden haben soll. Rubens ist mit drei Gemälden vertreten, darunter *Porträt der Hélène Fourment* (1630).

In der Galerie hinter der Sammlung befinden sich Wandteppiche und Textilien aus Italien und Flandern, italienische Keramiken sowie seltene Medaillons und Skulpturen (15. Jh.).

***Ansicht der Mole mit dem Dogenpalast* (1790) von Francesco Guardi**

Französische dekorative Kunst (18. Jahrhundert)

Zu dieser Sammlung gehören einige außerordentlich kunstvolle Louis-XV- und Louis-XVI-Möbel. Die Exponate, von denen viele mit Lack, Ebenholz und Bronze verziert sind, wurden historisch gruppiert, einschließlich der Beauvais- und Aubusson-Tapisserien an den Wänden.

Zum französischen Tafelsilber aus der gleichen Zeit, das teilweise einst die Tische in russischen Palästen schmückte, zählen üppig dekorierte Suppenterrinen, Salzfässchen und Servierplatten.

Louis-XV-Kommode mit Ebenholz- und Bronzeintarsien

Europäische Kunst (18./19. Jahrhundert)

Das 18. Jahrhundert ist hier hauptsächlich durch französische Maler vertreten, darunter Watteau (1684–1721), Fragonard (1732–1806) und Boucher (1703–1770). Die berühmteste Skulptur ist eine Statue der Diana von Jean-Antoine Houdon. Sie wurde 1780 für den Park des Herzogs von Sachsen-Gotha gefertigt und war vom 19. bis Anfang des 20. Jahrhunderts eines der Hauptexponate in der Eremitage in St. Petersburg.

Ein Raum ist Ansichten Venedigs des venezianischen Malers Francesco Guardi aus dem 18. Jahrhundert gewidmet. Zur englischen Kunst gehören u. a. Gainsboroughs *Porträt der Mrs. Lowndes-Stone* (um 1775), Romneys *Porträt der Mrs. Constable* (1787) und zwei Bilder von J. M. W. Turner (1775–1851). Französische Landschaftsmalerei des 19. Jahrhunderts ist entsprechend der Vorliebe Gulbenkians für den Naturalismus mit Werken der Schule von Barbizon, Realisten und Impressionisten vertreten. Das bekannteste Gemälde dort dürfte Manets *Junge mit Kirschen* sein, das um 1858 zu Beginn seiner Malerkarriere entstand, sowie der *Junge mit Seifenblasen* (um 1867). Das *Porträt der Madame Claude Monet* von Renoir entstand etwa 1872, als sich der französische Künstler im Landhaus Monets in Argenteuil bei Paris aufhielt.

Lalique-Sammlung

Der Rundgang endet in einem Raum, welcher mit den extravaganten Kreationen des französischen Jugendstiljuweliers René Lalique (1860–1945) angefüllt ist. Gulbenkian war mit ihm befreundet und erwarb von ihm viele seiner Schmuckstücke, Glas- und Elfenbeinarbeiten direkt. Die Broschen, Ketten, Vasen und Kämme, mit Halbedelsteinen und mit Blattgold oder Email eingelegt, sind mit Libellen, Pfauen oder sinnlichen Motiven verziert, wie sie charakteristisch für den Jugendstil sind.

Calouste Gulbenkian

Gulbenkian, 1869 in Konstantinopel geboren, begann mit seiner Sammlung im Alter von 14 Jahren, als er in einem Basar einige alte Münzen kaufte. 1928 wurden ihm, als Dank für seine Beteiligung am Kapitaltransfer der Turkish Petroleum Company, Fünf-Prozent-Anteile an vier größeren Ölgesellschaften, unter anderem BP und Shell, übereignet. Sein Vermögen erlaubte es ihm nun, sich ganz seiner Leidenschaft für Kunst zu widmen. Während des Zweiten Weltkriegs zog er sich ins neutrale Portugal zurück und vermachte vor seinem Tod 1955 den Portugiesen sein Anwesen in Form eines Treuhandvermögens. Die Stiftung unterstützt zahlreiche kulturelle Aktivitäten und verfügt über ein Orchester, Bibliotheken, eine Ballettkompanie und Konzertsäle.

Eine lichtdurchflutete Galerie im Centro de Arte Moderna

Centro de Arte Moderna ❼

Rua Dr. Nicolau de Bettencourt. **Stadtplan** 5 B3. *21-782 30 00.* www.gulbenkian.pt *São Sebastião.* *16, 18, 26, 31, 46, 56.* *24.* *Mi–So 10–18 Uhr, Di 14–16 Uhr.* *1. Jan, Ostern, Weihnachten, 31. Dez.* *So frei.*

DAS MUSEUM FÜR moderne Kunst jenseits des Parks des Gulbenkian-Museums gehört zur gleichen Kulturstiftung *(siehe S. 119)*. Die Ausstellung umfasst Gemälde und Skulpturen portugiesischer Künstler (19. Jh. bis heute). Das berühmteste Gemälde ist das Porträt (1964) des Schriftstellers Fernando Pessoa im Café Irmãos Unidos von José de Almada Negreiros (1893–1970), einem Hauptvertreter der portugiesischen Moderne. Sehenswert sind darüber hinaus die Bilder von Eduardo Viana (1881–1967), Amadeo de Sousa-Cardoso (1887–1910) sowie von zeitgenössischen Künstlern wie z. B. Paula Rego, Rui Sanches, Graça Morais oder auch Teresa Magalhães. Das helle, recht geräumige Museum besitzt auch einen hübschen Garten und eine Cafeteria.

Campo Pequeno ❽

Stadtplan 5 C1. *Campo Pequeno.* *22, 45.* **Arena.** *21-793 24 42.* *Ostern–Okt für Stierkämpfe.*

DER PLATZ WIRD von dem neomaurischen Gebäude aus dem 19. Jahrhundert beherrscht, das bis zu 9000 Zuschauern Platz bietet. Das Gebäude ist derzeit wegen Umbauarbeiten geschlossen. Architektonische Merkmale der Arena wie die Doppelkuppeln und die schlüssellochförmigen Fenster werden erhalten. Über die obige Telefonnummer erhalten Sie Auskünfte zu Stierkämpfen in anderen Arenen.

Neomaurische Fassade der Stierkampfarena auf dem Campo Pequeno

Restaurierte Dampfpumpe (19. Jh.) im Museu da Água

Museu da Água ❾

Rua do Alviela 12. *21-810 02 15.* *35, 104, 105, 107.* *1. März–30. Nov: 10–18 Uhr.* *Feiertage.*

DAS KLEINE Museum zur Geschichte der Wasserversorgung von Lissabon wurde um das erste Dampfkraftwerk der Stadt eingerichtet. Es erinnert an Manuel da Maia, den Ingenieur, der im 18. Jahrhundert den Bau des Aqueduto das Águas Livres *(siehe S. 124)* leitete. Die hervorragende Gestaltung des Museums brachte ihm 1990 den Museumspreis des Europarats ein.

Der ganze Stolz gehört den vier restaurierten Dampfmaschinen, von denen eine noch funktioniert. Fotografien zeigen die Entwicklung der Lissabonner Wasserversorgung. Besonders interessant sind die Bereiche über den Águas-Livres-Aquädukt und den Chafariz d'El Rei aus dem 17. Jahrhundert in der Alfama, einen der ersten Brunnen Lissabons, an dem sich die Einheimischen an den Wasserspendern anstellen mussten.

Museu Nacional do Azulejo ❿

Siehe S. 122 f.

Der beeindruckende Oriente-Bahnhof am Parque das Nações

Parque das Nações ⓫

Avenida Dom João II. *21-891 98 98.* *Oriente.* *5, 10, 19, 21, 28, 44, 50, 68, 82.* *Gare do Oriente.* *tägl. 10–20 Uhr.*
Pavilhão do Conhecimento – Ciencia Viva *21-891 71 00.* *Di–Fr 10–18 Uhr, Sa, So 11–19 Uhr.* *1. Jan, 24./25 und 31. Dez..*

Der Parque das Nações ist das ehemalige Gelände der Expo 1998. Das Industriegebiet am Ostufer wurde seit 1990 mit zeitgenössischer Architektur, Attraktionen und modernen Wohneinheiten umgestaltet und so zu einem neuen Mittelpunkt Lissabons. Die Geometrie der Baldachine des von Santiago Calatrava gestalteten Oriente-Bahnhofs ist der architektonische Maßstab für die Umgestaltung. Der **Portugal-Pavillion**, ein Entwurf des portugiesischen Architekten Álvaro Siza Vieira, hat ein beeindruckendes Betondach, dass sich wie ein Segel über den Vorhof wölbt.

Eine echte Attraktion ist der **Pavilhão do Conhecimento – Ciencia Viva** (Pavillon des Wissens und der Wissenschaft), ein Museum mit interaktiven Ausstellungen. Eine gute Aussicht hat man von der Seilbahn die quer über den Park führt oder vom **Torre Vasco da Gama**, Lissabons höchstem Bauwerk. Man sollte auch einen Spaziergang entlang dem Tejo unternehmen. Er bietet Blicke auf die breitesten Flussabschnitte und auf die eindrucksvolle Vasco-da-Gama-Brücke. Dieses etwa 17 Kilometer lange Bauwerk ist die längste Brücke Europas. Sie wurde 1998 zur Expo fertig gestellt und ist eine wichtige Verkehrsader für Reisende in Richtung Südportugal und Spanien. Zum Gelände zählen auch Sony Plaza und der Pavilhão Atlantico.

Oceanário de Lisboa ⓬

Esplanada D. Carlos 1, Parque das Nações. *21-891 70 02.* *Oriente.* *5, 10, 19, 21, 28, 44, 50, 68, 82.* *Gare do Oriente.* *Apr–Okt: tägl. 10–20 Uhr; Nov–März: tägl. 10–19 Uhr.*

Das Zentrum der Expo 1998 und heutige Hauptattraktion des Parque das Nações ist ein Ozeanarium, entworfen von dem amerikanischen Architekten Peter Chermayeff. Es handelt sich um das zweitgrößte Aquarium der Welt mit einer beeindruckenden Artenvielfalt – es gibt Vögel und einige Säugetiere genauso wie Fische und andere Meereslebewesen.

Vier eigenständige Aquarien zeigen die überaus bunte Tier- und Pflanzenwelt des Atlantischen, des Pazifischen und des Indischen Ozeans sowie der Antarktis. Im Mittelpunkt steht jedoch das riesige Hauptbecken mit Schwärmen von großen und kleinen Fischarten. Hier schwimmen Hammerhaie friedlich neben Brassen oder Barracudas neben Rochen.

Indisches Spielzeug (18. Jh.), Museu da Cidade

Museu da Cidade ⓭

Campo Grande 245. *21-751 32 00.* *Campo Grande.* *1, 3, 7, 33, 36, 47, 50, 68, 85, 101, 108.* *Di–So 10–13, 14–18 Uhr.* *Feiertage.*

Der Palácio Pimenta wurde angeblich von João V *(siehe S. 52f)* für seine Mätresse Paula, eine Nonne aus dem Konvent in Odivelas, Mitte des 18. Jahrhunderts erbaut. Damals befand er sich noch in einer ruhigen, ländlichen Gegend außerhalb der Hauptstadt, heute jedoch muss er sich gegen den brausenden Verkehr auf dem Campo Grande behaupten. Das Haus konnte jedoch seine Charme bewahren und das Stadtmuseum ist eines der interessantesten Lissabons.

Die Exponate belegen anhand von Kacheln, Zeichnungen, Gemälden, Modellen und Dokumenten die Entwicklung der Stadt von prähistorischen Zeiten bis heute.

Zur Ausstellung gehören auch die ehemaligen Wohnräume des Hauses mit zeitgenössischen Möbeln, Gemälden und Spielsachen, einschließlich der Küche mit ihren blau-weißen Kachelbildern von Fischen, Blumen und Wild.

Die faszinierendsten Exponate sind die Darstellungen der Stadt vor dem Erdbeben von 1755, z. B. ein detailliertes Modell aus den 1950er Jahren und ein Ölgemälde von Dirk Stoop (1610–1686) mit dem Titel *Terreiro do Paço*, wie die Praça do Comércio damals hieß *(siehe S. 87)*. Ein Raum ist mit Bauplänen, Drucken und Aquarellen dem Águas-Livres-Aquädukt *(siehe S. 124)* gewidmet.

Das Erdbeben wird mit Bildern gewürdigt, die die zerstörte Stadt zeigen. Das 20. Jahrhundert wird mit einem riesigen Plakat eröffnet, das die Revolution von 1910 und die Proklamation der Republik *(siehe S. 54f)* veranschaulicht.

Museu Nacional do Azulejo ⑩

Pelikan auf dem manuelinischen Portal

KÖNIGIN LEONOR, Witwe des Königs João II, gründete 1509 den Convento da Madre de Deus. Die ursprünglich manuelinische Kirche wurde unter João III in schlichter Renaissancemanier renoviert. Die barocken Ausschmückungen kamen unter João V hinzu. Der Kreuzgang des Konvents bildet das passende Ambiente für das Kachelmuseum. Bilder, einzelne Kacheln und Fotografien zeichnen die Entstehung der Kachelherstellung bis zum heutigen Tag nach, von der Einführung durch die Mauren bis zu Portugals eigenem Stil *(siehe S. 22f)*.

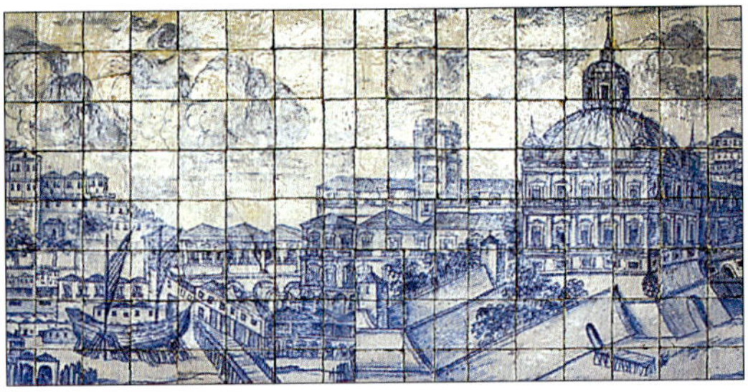

Panorama von Lissabon
Dieses Kachelbild aus dem 18. Jahrhundert im Kreuzgang zeigt Lissabon vor dem Erdbeben von 1755 (siehe S. 62f) *– hier der königliche Palast am Terreiro do Paço.*

Jagdszene
Handwerker, nicht Künstler, stellten im 17. Jahrhundert die dekorativen Kacheln her.

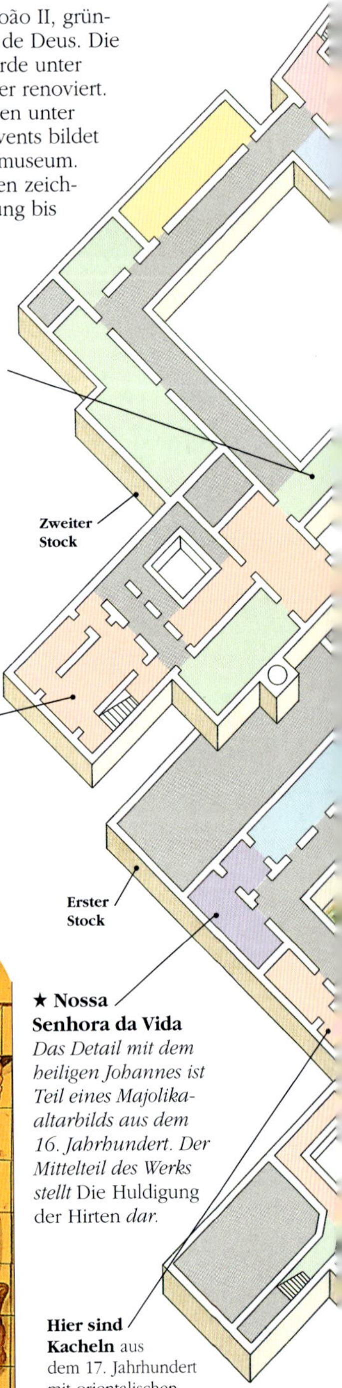

LEGENDE

- Maurische Kacheln
- Kacheln des 16. Jahrhunderts
- Kacheln des 17. Jahrhunderts
- Kacheln des 18. Jahrhunderts
- Kacheln des 19. Jahrhunderts
- Kacheln des 20. Jahrhunderts
- Räume für Sonderausstellungen
- Keine Ausstellungsfläche

★ Nossa Senhora da Vida
Das Detail mit dem heiligen Johannes ist Teil eines Majolika-altarbilds aus dem 16. Jahrhundert. Der Mittelteil des Werks stellt Die Huldigung der Hirten *dar.*

Hier sind Kacheln aus dem 17. Jahrhundert mit orientalischen Einflüssen ausgestellt.

NICHT VERSÄUMEN

- **★ Madre de Deus**
- **★ Manuelinischer Kreuzgang**
- **★ Nossa Senhora da Vida**

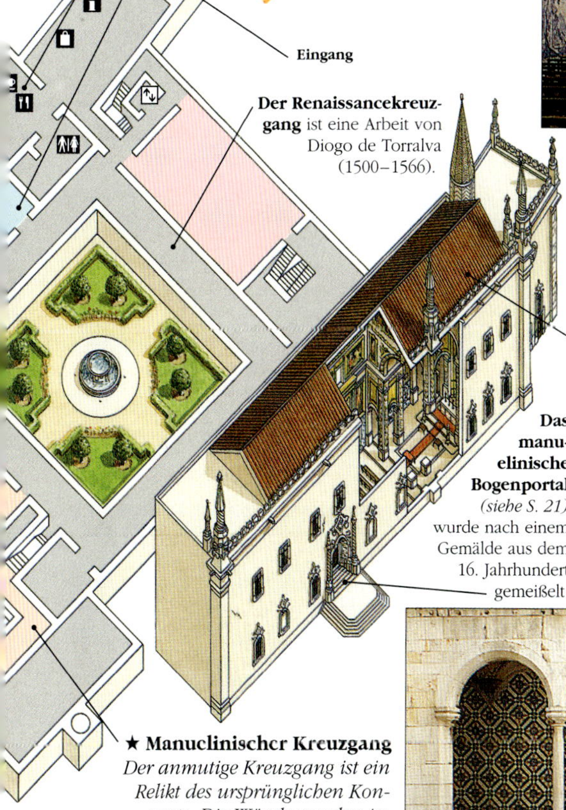

Café-Kacheln
Die Wände des Restaurants sind mit Kachelbildern des 20. Jahrhunderts dekoriert, die erlegtes Wild darstellen.

INFOBOX

Rua da Madre de Deus 4. *21-810 03 40.* *18, 42, 104, 105.* *Di 14–18 Uhr, Mi–So 10–18 Uhr (letzter Einlass 30 Min. vor Schließung).* *1. Jan, Ostern, 1. Mai, 25. Dez.* *So 10–14 Uhr frei.*

Maurische Kacheln
Diese Kacheln aus dem 15. Jahrhundert sind charakteristisch für maurische azulejos.

Der Renaissancekreuzgang ist eine Arbeit von Diogo de Torralva (1500–1566).

★ Madre de Deus
Erst zwei Jahrhunderte nach ihrer Vollendung im 16. Jahrhundert erhielt die Kirche unter João V ihre barocke Ausschmückung. Das prachtvolle Rokokoaltarbild kam nach dem Erdbeben von 1755 hinzu.

Das manuelinische Bogenportal *(siehe S. 21)* wurde nach einem Gemälde aus dem 16. Jahrhundert gemeißelt.

KURZFÜHRER
Die Räume um den zentralen Kreuzgang sind chronologisch angeordnet, mit den ältesten Kacheln im Erdgeschoss. Der Zugang zur Madre de Deus erfolgt über den 2. Stock des Museums. Das Hauptportal wird nur während der Messen genutzt.

★ Manuelinischer Kreuzgang
Der anmutige Kreuzgang ist ein Relikt des ursprünglichen Konvents. Die Wände wurden im 17. Jahrhundert mit geometrischen Mustern gekachelt.

Jardim Zoológico ⓮

Estrada de Benfica 158–160. ☎ *21-723 29 00.* Ⓜ *Jardim Zoológico.* 🚌 *16, 34, 54, 68 u. a.* 🕒 *tägl. 10–18 Uhr (Apr–Sep 20 Uhr).*

DIE GÄRTEN des Jardim Zoológico sind ebenso reizvoll wie der eigentliche Zoo – und die Pflanzen sehen um einiges glücklicher aus als die Tiere. Einige Gehege und Volieren stammen noch aus dem Jahr 1905, als der Zoo eröffnet wurde, doch wurden die meisten Gehege in der letzten Zeit renoviert. Die absonderlichste Attraktion ist der Hundefriedhof. Reizvoll sind die Kleinbahn, das Reptilienhaus, die Delfinshow und der Vergnügungspark. Das Areal ist in vier Bereiche eingeteilt, der Eintritt berechnet sich nach der Anzahl der besuchten Bereiche.

Delfinshow im Aquarium des Jardim Zoológico

Aqueduto das Águas Livres ⓯

Stadtplan 5 A5. ☎ *21-813 55 22.* 🚌 *6, 9, 20, 22, 27, 38, 49, 58, 74.* 🕒 *für Führungen, Apr–Okt, nach Vereinbarung (Museu da Água, 21-813 55 22).* **Mãe d'Água das Amoreiras**, Praça das Amoreias ☎ *21-325 16 46* 🕒 *Mo–Sa, 10–18 Uhr.*

DAS EINDRUCKSVOLLE Gebilde des Aquädukts Águas Livres, welcher sich über das Alcântara-Tal in den Nordwesten der Stadt spannt, galt um 1900 als die schönste Sehenswürdigkeit Lissabons. Der Bau eines Aquädukts für die Frischwasserversorgung der Stadt – die Alfama verfügte als einziger Teil Lissabons über frisches Trinkwasser – bot João V *(siehe S. 52f)* die Gelegenheit, seiner Neigung für großartige Bauwerke nachzugehen. Eine Lebensmittelsteuer finanzierte das Projekt, das, obwohl erst im 19. Jahrhundert vollendet, bereits ab 1748 die Stadt mit Wasser versorgte. Die Hauptzuleitung ist 19 Kilometer lang, mit allen Nebenleitungen sind es 58 Kilometer. Am augenfälligsten sind die 35 Bogen über dem Alcântara-Tal, die sich bis zu 65 Meter hoch erheben.

Der einst reizvolle Spazierweg entlang dem Aquädukt ist seit 1853 gesperrt, was zum Teil dem berüchtigten Räuber Diogo Alves zu verdanken ist, der seine Opfer über die Brüstung zu werfen pflegte. Heute können Sie immerhin eine informative Führung auf den Alcântara-Bogen unternehmen. Gelegentlich werden auch Führungen zum Reservoir der Mãe-d'Água-Quellen angeboten, die den Aquädukt speisen. Auskünfte über diese Touren gibt das Museu da Água *(siehe S. 120).*

Die **Mãe d'Água das Amoreiras** am Ende des Aquädukts ist ein burgähnliches Gebäude, das früher als Wasserreservoir diente. Entworfen wurde es 1745 vom ungarischen Architekten Carlos Mardel, der unter Pombal *(siehe S. 62f)* am Wiederaufbau der Baixa arbeitete. Nach der Fertigstellung im Jahr 1834 wurde es zu einem beliebten Ausflugsziel mit dem Ruf, ein Liebesnest für Könige und ihre Mätressen zu sein. Mittlerweile dienen die fünf Meter dicken Mauern um die Wasserbecken als Ausstellungsfläche für die Werke zeitgenössischer Künstler.

Die beeindruckenden Bogen des Aqueduto das Águas Livres über dem Alcântara-Tal

Palácio Fronteira ⓰

Largo de São Domingos de Benfica 1. ☎ *21-778 20 23.* Ⓜ *Jardim Zoológico.* 🚌 *70, 72.* 🚉 *Benfica.* ◯ *Mo–Sa* *Juni–Sep 10.30, 11, 11.30, 12 Uhr, Okt bis Mai 11 u. 12 Uhr.* ● *Feiertage.*

DER ENTZÜCKENDE Landsitz wurde 1640 als Jagdschloss für den ersten Marquês de Fronteira, João de Mascarenhas, erbaut. Trotz der Wolkenkratzer in der Ferne konnte er am Rand des Parque Florestal de Monsanto seinen ländlichen Charme bewahren. Haus und Garten sind mit großartigen *azulejos* ausgeschmückt, deren Darstellungen von Schlachtenszenen bis zu trompetenden Affen reichen.

Der zwölfte Marquês lebt dort zwar immer noch, doch sind einige Räume und der Park der Öffentlichkeit zugänglich. Im Schlachtensaal stellen Kachelbilder Szenen aus dem Unabhängigkeitskrieg *(siehe S. 50f)* dar. Eines davon zeigt João de Fronteira im Kampf gegen einen spanischen General. Seine Treue zu Pedro II brachte ihm den Titel »Marquês« ein. Sehr interessant ist ein Vergleich zwischen den portugiesischen Kacheln des 17. Jahrhunderts und den Delfter Kacheln mit naturalistischen Szenen aus der gleichen Zeit im Speisesaal, der auch mit Fresken und Porträts des portugiesischen Adels von Künstlern wie Domingos António de Sequeira (1768–1837) dekoriert ist.

Ältester Teil des Hauses ist die Kapelle aus dem 16. Jahrhundert, deren Fassade mit Halbedelsteinen, Muscheln, Glas- und Porzellanbruch versehen ist. Es heißt, dass es sich bei den Scherben um das Geschirr handele, das anlässlich der Einweihung des Palastes zerschmettert wurde, damit niemand anderer davon speisen könne. Die Kachelbilder in den Nischen im **Garten** präsentieren Gestalten der Kunst und mythologische Geschöpfe. Die Buchsbaumhecken im italienischen Garten weisen Formschnitt auf. Ein großer Teich reflektiert das Kachelbild von Rittern, die die Vorfahren der Fronteira-Familie darstellen. An beiden Seiten des Gewässers führt eine Treppe zur Terrasse, in deren Arkaden-Nischen Büsten der portugiesischen Könige und farbenprächtige Majolikareliefs eingearbeitet wurden. An der Begrenzungsmauer des Gartens befinden sich weitere blauweiße realistische und allegorische Kachelbilder.

Gekachelte Nische im Garten des Palácio de Fronteira

Büste von João I im Park des Palácio Fronteira

Eingang zum Theatermuseum im Parque do Monteiro-Mor

Parque do Monteiro-Mor ⓱

Largo Júlio Castilho. ☎ *21-759 03 18.* Ⓜ *Campo Grande.* 🚌Ⓜ *1, 3, 4, 7, 36, 101, 107, 108.* Ⓜ *Campo Grande.* **Park** ◯ *Di–So 10–18 Uhr.* ● *1. Jan, Ostern, 1. Mai, 25. Dez.* **Museu Nacional do Traje** ☎ *21-759 03 18.* ◯ *Di–So 10–18 Uhr.* **Museu Nacional do Teatro** ◯ *Mi–So 10–18 Uhr, Di 14–18 Uhr.* *kombinierter Eintritt für Park und Museen; So 10–14 Uhr frei.*

DER PARK WURDE 1975 an den Staat verkauft, und die Schlossgebäude aus dem 18. Jahrhundert wurden anschließend in Museen umgewandelt. Die hübschen Gärten sind wesentlich romantischer als die typischen gestutzten Parks von Lissabon. Der größte Teil der Anlage besteht aus Wäldern, nur das Areal um die Museen ist mit Büschen, Ententeichen und tropischen Bäumen gestaltet.

Das ein wenig altmodisch anmutende **Museu Nacional do Traje** präsentiert die Trachten von vielen Musikern, Politikern, Dichtern, Aristokraten und Soldaten.

Das **Museu Nacional do Teatro** ist in zwei Gebäuden untergebracht, eines für Sonderausstellungen, das andere für eine ständige Sammlung mit Fotografien, Plakaten und Karikaturen zu portugiesischen Schauspielern des 20. Jahrhunderts. Eine Abteilung ist der Fado-Sängerin Amália Rodrigues *(siehe S. 66f)* gewidmet.

Stadtplan Lissabon

Die Kartenverweise der in diesem Reiseführer genannten Sehenswürdigkeiten und Unterhaltungsmöglichkeiten sowie Hotels *(siehe S. 380 ff)* und Restaurants *(siehe S. 404 ff)* beziehen sich auf diesen Stadtplan. Die erste Ziffer bezeichnet die Nummer der entsprechenden Karte, der nach-

folgende Buchstabe und die zweite Ziffer geben die jeweiligen Koordinaten an. Die Karte auf dieser Seite zeigt die acht Kartenausschnitte Lissabons. In der Legende sind die Symbole der Sehenswürdigkeiten und anderer Einrichtungen erklärt. Ein Register der Straßennamen und Sehenswürdigkeiten auf den Karten folgt auf den Seiten 128–131.

Legende zum Stadtplan

- Wichtige Sehenswürdigkeit
- Sehenswürdigkeit
- Bahnhof
- U-Bahn-Station
- Busbahnhof
- Straßenbahn
- Standseilbahn
- Taxi
- Fähranlegestelle
- Parken
- Information
- Krankenhaus mit Ambulanz
- Polizei
- Kirche
- Synagoge
- Moschee
- Post
- Aussichtspunkt
- Eisenbahn
- Autobahn
- Einbahnstraße
- Fußgängerzone
- «45 Hausnummer

Massstab der Karten 1–6

0 Meter 250

Massstab der Karten 7–8

0 Meter 250

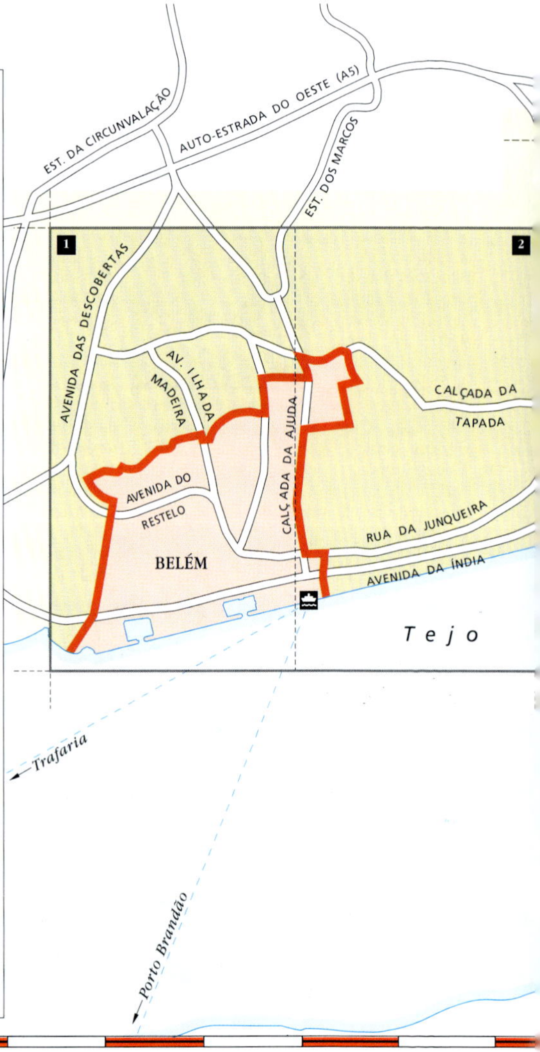

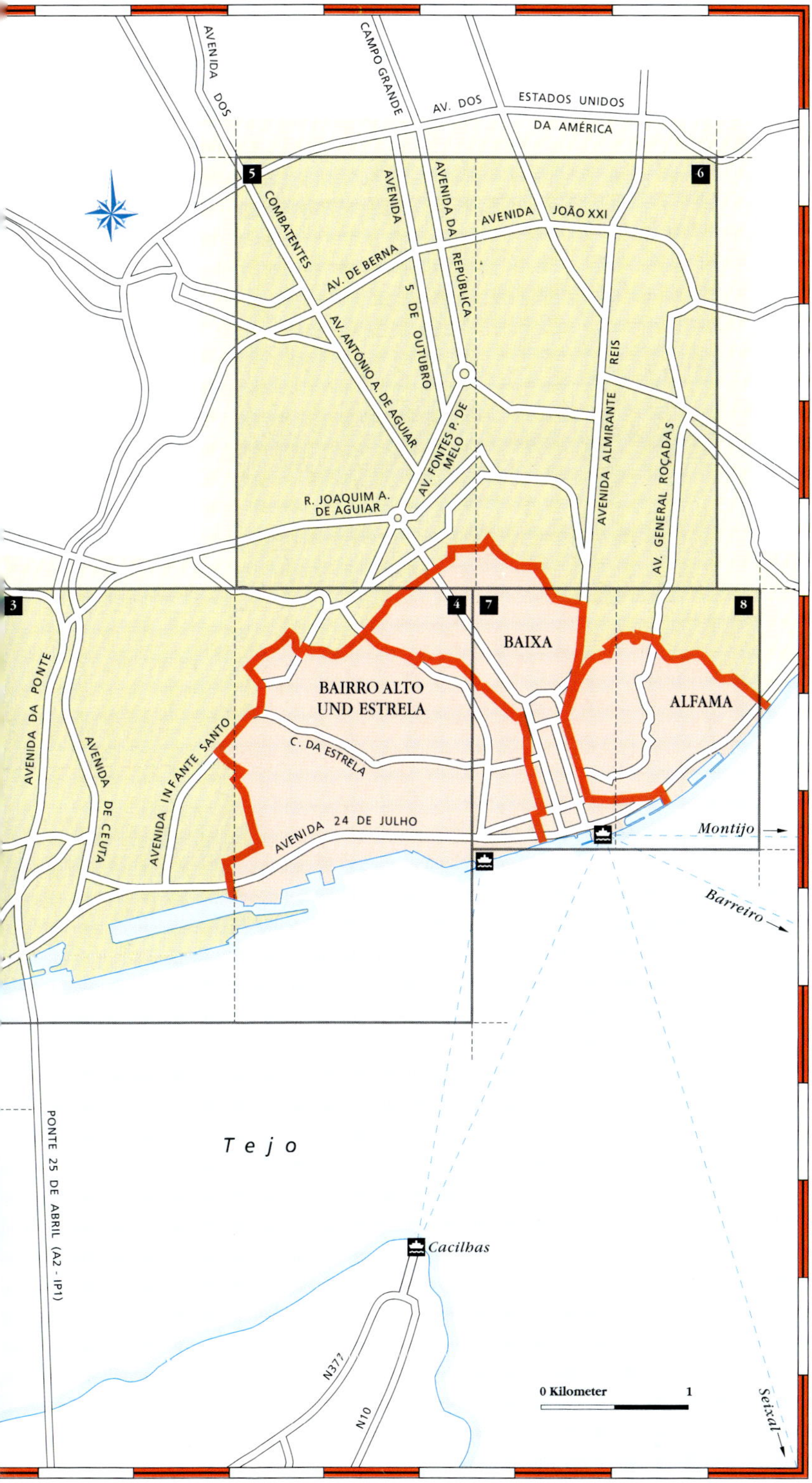
AVENIDA DOS
CAMPO GRANDE
AV. DOS ESTADOS UNIDOS DA AMÉRICA
5
6
COMBATENTES
AVENIDA
AVENIDA DA REPÚBLICA
AVENIDA JOÃO XXI
AV. DE BERNA
5 DE OUTUBRO
AV. ANTÓNIO A. DE AGUIAR
AV. FONTES P. DE MELO
AVENIDA ALMIRANTE REIS
AV. GENERAL ROÇADAS
R. JOAQUIM A. DE AGUIAR
3
4
7
8
BAIXA
ALFAMA
BAIRRO ALTO UND ESTRELA
C. DA ESTRELA
AVENIDA DA PONTE
AVENIDA DE CEUTA
AVENIDA INFANTE SANTO
AVENIDA 24 DE JULHO
Montijo
Barreiro
Tejo
PONTE 25 DE ABRIL (A2 - IP1)
Cacilhas
N377
N10
0 Kilometer 1
Seixal

Kartenregister

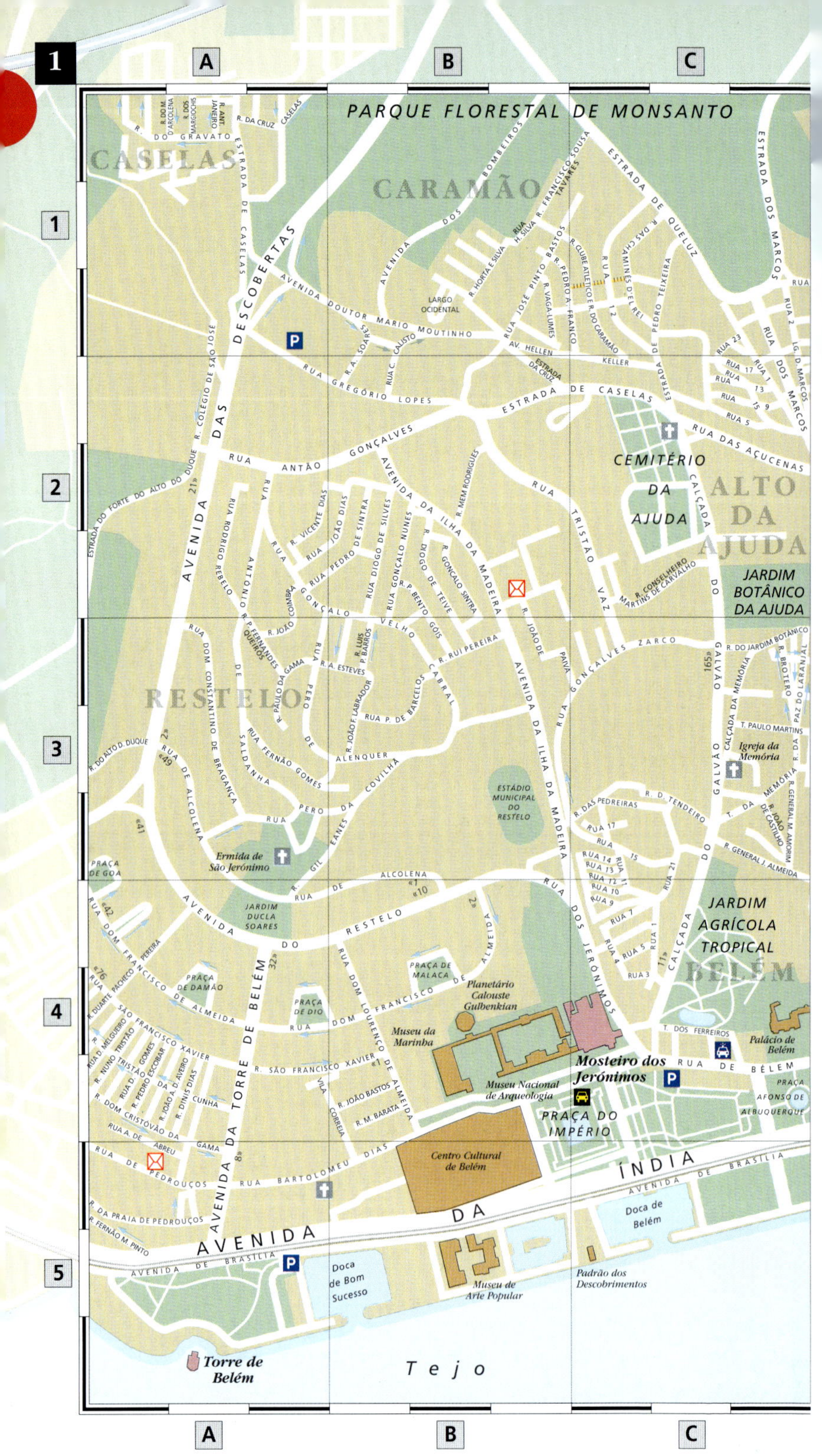
1
A
B
C
PARQUE FLORESTAL DE MONSANTO
CASELAS
CARAMÃO
RESTELO
ALTO DA AJUDA
BELÉM
CEMITÉRIO DA AJUDA
JARDIM BOTÂNICO DA AJUDA
JARDIM AGRÍCOLA TROPICAL
ESTRADA DE CASELAS
ESTRADA DE QUELUZ
ESTRADA DOS MARCOS
AVENIDA DAS DESCOBERTAS
AVENIDA DOUTOR MARIO MOUTINHO
AVENIDA DOS BOMBEIROS
LARGO OCIDENTAL
RUA GREGÓRIO LOPES
RUA ANTÃO GONÇALVES
AVENIDA DA ILHA DA MADEIRA
RUA TRISTÃO VAZ
RUA GONÇALVES ZARCO
CALÇADA DO GALVÃO
CALÇADA DA AJUDA
RUA DAS AÇUCENAS
AV. HELLEN KELLER
RUA DOM CONSTANTINO DE BRAGANÇA
RUA DE ALCOLENA
RUA DE ALENQUER
RUA PERO DA COVILHÃ
RUA GIL EANES
RUA DOS JERÓNIMOS
ESTÁDIO MUNICIPAL DO RESTELO
Ermida de São Jerónimo
JARDIM DUCLA SOARES
PRAÇA DE GOA
AVENIDA DO RESTELO
AVENIDA DA TORRE DE BELÉM
RUA DOM FRANCISCO DE ALMEIDA
RUA DOM LOURENÇO DE ALMEIDA
RUA SÃO FRANCISCO XAVIER
RUA DE PEDROUÇOS
RUA BARTOLOMEU DIAS
PRAÇA DE DAMÃO
PRAÇA DE DIO
PRAÇA DE MALACA
Igreja da Memória
Planetário Calouste Gulbenkian
Museu da Marinha
Mosteiro dos Jerónimos
Museu Nacional de Arqueologia
PRAÇA DO IMPÉRIO
RUA DE BELÉM
T. DOS FERREIROS
Palácio de Belém
PRAÇA AFONSO DE ALBUQUERQUE
Centro Cultural de Belém
AVENIDA DA ÍNDIA
AVENIDA DE BRASÍLIA
Doca de Belém
Doca de Bom Sucesso
Museu de Arte Popular
Padrão dos Descobrimentos
Torre de Belém
Tejo
1
2
3
4
5

D
E
F
2
1
3
4
5
TAPADA
DA
AJUDA
BAIRRO DA AJUDA
ESTRADA DO ALVITO
CALÇADA DA AJUDA
PROFESSOR CID DOS SANTOS
RUA 24
RUA 16
RUA 12
RUA 8
RUA 4
RUA PROF. ARMANDO DE LUCENA
RUA P. QUARTIN
T. DO ARMADOR
C. DO MIRANTE À AJUDA
R. DO SÍTIO AO CASALINHO DA AJUDA
RUA ROY CAMPBELL
R. FONSECA BENEVIDES
R. DO CASALINHO DA AJUDA
TRAVESSA DO PARAL
RUA DO CRUZEIRO
T. JOSÉ FERNANDES
EDUARDO BAIRRADA
RUA G. ANTINORI
R. PADRE M. A. CORREIA
CASTRO
LARGO DA TORRE
R. DA TORRE
RUA A. GOMES FERREIRA
LARGO DA AJUDA
Palácio Nacional da Ajuda
RUA DE DOM VASCO
R. DO GUARDA-JÓIAS
T. DAS FLORINDAS
T. DO GUARDA-JÓIAS
R. DA BICA DO MARQUÊS
R. DAS MERCÊS
CALÇADA DA AJUDA
227»
R. CORONEL PEREIRA DA SILVA
TRAVESSA MOINHO VELHO
R. DO MACHADO
MIRADOR
RUA DO RIO SECO
R. SILVA PORTO
RUA DOM JOÃO DE CASTRO
RUA ALIANÇA OPERÁRIA
T. DOS MOINHOS
CALÇADA DA TAPADA
RUA DE BARROS
RUA PEDRO CALMON
RUA JOÃO DE BARROS
R. SOARES DE PASSOS
RUA GIL
RUA JAU
R. DA INDÚSTRIA
RUA LUÍS DE CAMÕES
RUA FILINTO ELÍSIO
LUSÍADAS
RUA DOS
RUA DE S. VICENTE
R. SÁ DE MIRANDA
TRAVESSA DA BOA HORA À AJUDA
AJUDA
T. DOM VASCO
RUA NOVA DO CALHARIZ
RUA DOS QUARTÉIS
R. DAS AMOREIRAS À AJUDA
«89
CALÇADA
R. ALF. DA SILVA
RUA DIOGO CÃO
TRAVESSA DO GIESTAL
CALÇADA DE SANTO AMARO
SANTO AMARO
T. DO CONDE DA RIBEIRA
R. ACADEMIA RECREATIVA DE S. AMARO
«14
«183
RUA ALEXANDRE DE SÁ PINTO
R. DA QUINTA DO ALMARGEM
RUA ARTUR LAMAS
RUA PINTO FERREIRA
RUA DA BOA HORA
RUA DO GIESTAL
Hospital de Egas Moniz
RUA DA JUNQUEIRA
T. DO PINTO
T. DA PRAIA
T. DA GUARDA
P
RUA DO EMBAIXADOR
Museu Nacional dos Coches
«329
AVENIDA DA ÍNDIA
AVENIDA DE BRASÍLIA
Belém
Estação Fluvial de Belém
T e j o

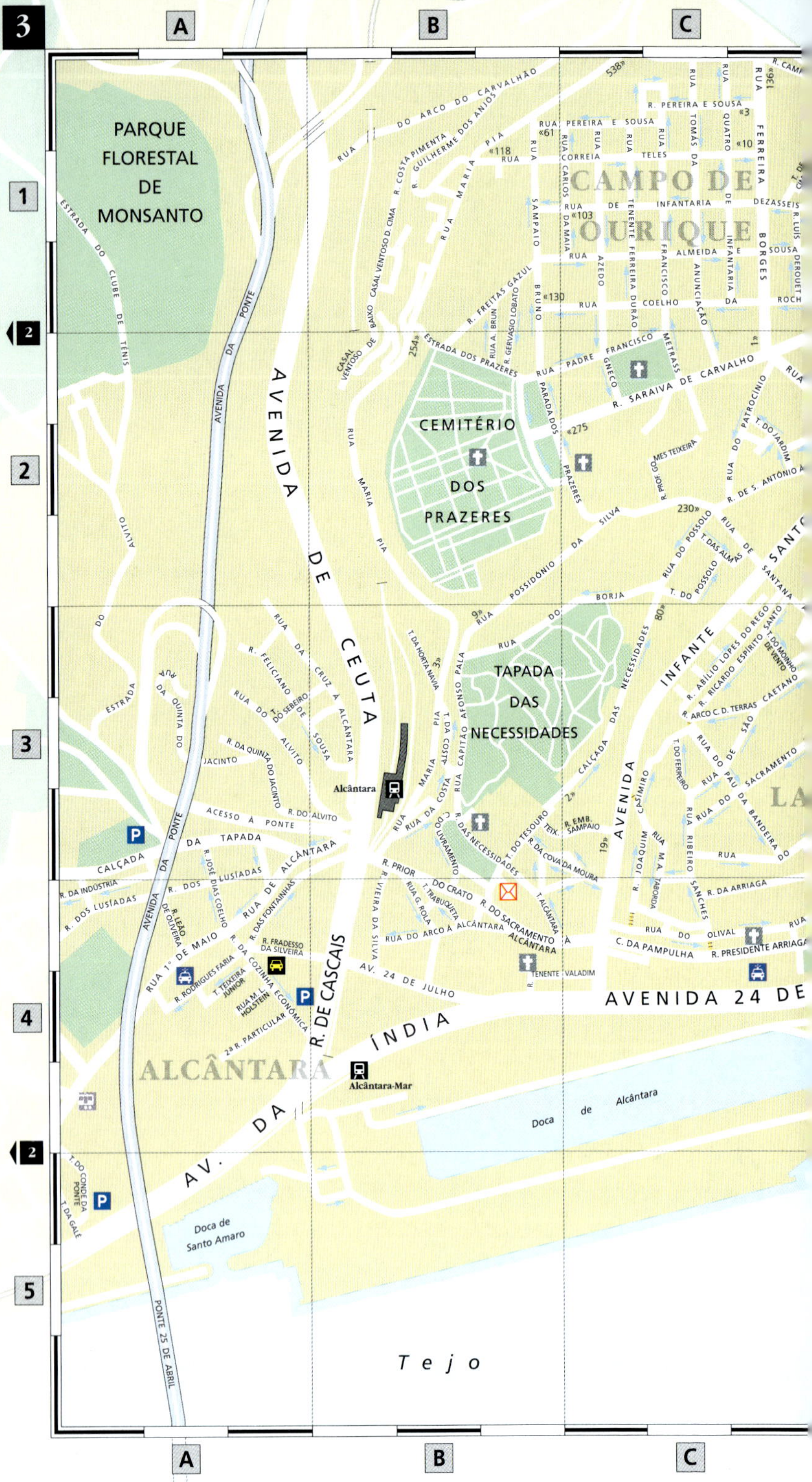
3
A
B
C
1
2
3
4
5
PARQUE FLORESTAL DE MONSANTO
ESTRADA DO CLUBE DE TÉNIS
AVENIDA DA PONTE
AVENIDA DE CEUTA
RUA DO ARCO DO CARVALHÃO
R. COSTA PIMENTA
R. GUILHERME DOS ANJOS
CASAL VENTOSO D. CIMA
CASAL VENTOSO DE BAIXO
RUA MARIA PIA
RUA PEREIRA E SOUSA
R. PEREIRA E SOUSA
RUA CORREIA TELES
RUA CARLOS DA MAIA
RUA TOMÁS DA ANUNCIAÇÃO
RUA QUATRO DE INFANTARIA
RUA FERREIRA BORGES
CAMPO DE OURIQUE
RUA DE INFANTARIA DEZASSEIS
RUA TENENTE FERREIRA DURÃO
RUA FRANCISCO METRASS
RUA SAMPAIO BRUNO
RUA AZEDO GNECO
RUA ALMEIDA E SOUSA
RUA COELHO DA ROCHA
R. LUIS DEROUET
R. FREITAS GAZUL
RUA A. BRUN
R. GERVÁSIO LOBATO
ESTRADA DOS PRAZERES
RUA PADRE FRANCISCO
R. SARAIVA DE CARVALHO
CEMITÉRIO DOS PRAZERES
PARADA DOS PRAZERES
R. PROF. GOMES TEIXEIRA
RUA DO PATROCÍNIO
T. DO JARDIM
R. DE S. ANTÓNIO
RUA DA SILVA
RUA POSSIDÓNIO DA SILVA
RUA DO POSSOLO
T. DAS ALMAS
T. DO POSSOLO
RUA DE SANTANA
RUA DO BORJA
TAPADA DAS NECESSIDADES
CALÇADA DAS NECESSIDADES
AVENIDA INFANTE SANTO
R. ABÍLIO LOPES DO REGO
R. RICARDO ESPÍRITO SANTO
T. DO MOINHO DE VENTO
R. ARCO C. D. TERRAS
CAETANO
RUA DE SÃO
T. DO FERREIRO
RUA DO PAU DA BANDEIRA
RUA DO SACRAMENTO
RUA RIBEIRO SANCHES
RUA M. A. TABORDA
R. JOAQUIM CASIMIRO
R. DA ARRIAGA
RUA DO OLIVAL
C. DA PAMPULHA
R. PRESIDENTE ARRIAGA
T. DA HORTA NAVIA
RUA DA COSTA
T. DA COSTA
RUA CAPITÃO AFONSO PALA
RUA DA CRUZ A ALCÂNTARA
R. FELICIANO DE SOUSA
RUA DO ALVITO
T. DO SEBEIRO
RUA DA QUINTA DO JACINTO
R. DA QUINTA DO JACINTO
R. DO ALVITO
ESTRADA DO ALVITO
ACESSO À PONTE
CALÇADA DA TAPADA
R. DA INDÚSTRIA
R. DOS LUSÍADAS
RUA DE ALCÂNTARA
R. JOSÉ DIAS COELHO
R. LEÃO DE OLIVEIRA
RUA 1° DE MAIO
R. DAS FONTAINHAS
R. FRADESSO DA SILVEIRA
RUA DA COZINHA ECONÓMICA
R. RODRIGUES FARIA
T. TEIXEIRA JUNIOR
RUA M. L. HOLSTEIN
2ª R. PARTICULAR
R. DE CASCAIS
Alcântara
R. PRIOR DO CRATO
R. VIEIRA DA SILVA
RUA G. ROLA
T. TRABUQUETA
C. DO LIVRAMENTO
R. DAS NECESSIDADES
T. DO TESOURO
TEIX.
R. EMB. SAMPAIO
R. DA COVA DA MOURA
T. ALCÂNTARA
R. DO SACRAMENTO À ALCÂNTARA
RUA DO ARCO À ALCÂNTARA
R. TENENTE VALADIM
AV. 24 DE JULHO
AVENIDA 24 DE
AV. DA ÍNDIA
ALCÂNTARA
Alcântara-Mar
Doca de Alcântara
T. DO CONDE DA PONTE
T. DA GALÉ
Doca de Santo Amaro
PONTE 25 DE ABRIL
Tejo
LA
538»
«61
«118
«3
«10
«103
«130
254»
«275
230»
9»
3»
80»
2»
19»
1»

D
E
5
F
7
1
2
3
4
5
RUA DOM JOÃO
RUA DO SOL AO RATO
RUA DA ARRÁBIDA
CARVALHO
R. DA PASCOA
CABO
R. SARAIVA DE CARVALHO
T. DE SANTA
AV. PEDRO ÁLV. CABRAL
LARGO DO RATO
Rato
RATO
RUA DA ESCOLA POLITÉCNICA
RUA DO SALITRE
R. CASTILHO
R. DO VALE DE PEREIRO
R. NOVA D. SÃO MAMEDE
JARDIM BOTÂNICO
AV. DA LIBERDADE
Avenida
T. DO SALITRE
PRAÇA DA ALEGRIA
RUA DA ALEGRIA
RUA DA MÃE D'ÁGUA
R. DA CONC. DA GLÓRIA
R. DAS TAIPAS
RUA DE QUITÉRIA
R. DO ARCO A SÃO MAMEDE
R. DE GUSTAVO DE MATOS SEQUEIRA
PRAÇA DO PRÍNCIPE REAL
RUA DE SÃO MARÇAL
R. CECÍLIO DE SOUSA
RUA D. PEDRO V
R. DE S.JORGE
JARDIM DA ESTRELA
ESTRELA
R. DE SÃO BERNARDO
RUA DE SANTO AMARO
RUA DE SÃO BENTO
RUA DA IMPRENSA
R. DOS PRAZERES
RUA N. DA PIEDADE
R. DO JASMIM
RUA EDUARDO COELHO
RUA DO SÉCULO
R. DA ROSA
RUA DA PALMEIRA
R. DA ACADEMIA DAS CIÊNCIAS
BAIRRO ALTO
Solar do Vinho do Porto
T. DA BOA HORA
PRAÇA DA ESTRELA
Basílica da Estrela
CALÇADA DA ESTRELA
Palácio de São Bento
SÃO BENTO
RUA DA CRUZ DOS POIAIS
ARROCHELA
T. DOS INGLESINHOS
T. DOS FIÉIS DE DEUS
T. DAS MERCÊS
RUA DA ATALAIA
R. DA BARROCA
T. DO PINHEIRO
R. DA BELA VISTA À LAPA
RUA DOS NAVEGANTES
R. DE BORGES CARNEIRO
RUA MIGUEL LUPI
FRANCESINHAS
R. DOS POIAIS D. S. BENTO
CALÇADA DO COMBRO
R. DO LORETO
RUA DA EMENDA
RUA DAS CHAGAS
RUA DA LAPA
R. MEIO À LAPA
QUELHAS
AV. DOM CARLOS I
R. FRESCA
RUA DOS NEGROS
RUA DO POÇO
R. GAIVOTAS
R. S. CATARINA
R. D. CORDOEIROS
Elevador da Bica
RUA DA BOAVISTA
R. DE S. PAULO
T. DE CARVALHO
R. D. RIBEIRA NOVA
RUA DE SÃO FÉLIX
RUA DE SÃO JOÃO DA MATA
R. DAS MADRES
RUA DA ESPERANÇA
C. MARQUÊS DE ABRANTES
LARGO DE SANTOS
Museu da Marioneta
R.D. SANTOS-O-VELHO
RUA DE DOM LUÍS I
R. BOQ. DE DURO
R. DO INST. INDUSTRIAL
R. BOQ. DE FERREIROS
AVENIDA 24 DE JULHO
Santos
Cais do Sodré
RUA DAS JANELAS VERDES
Museu Nacional de Arte Antiga
ULHO
Tejo

D
E
F

A B C

1 2 3 4 5

A B

4

C

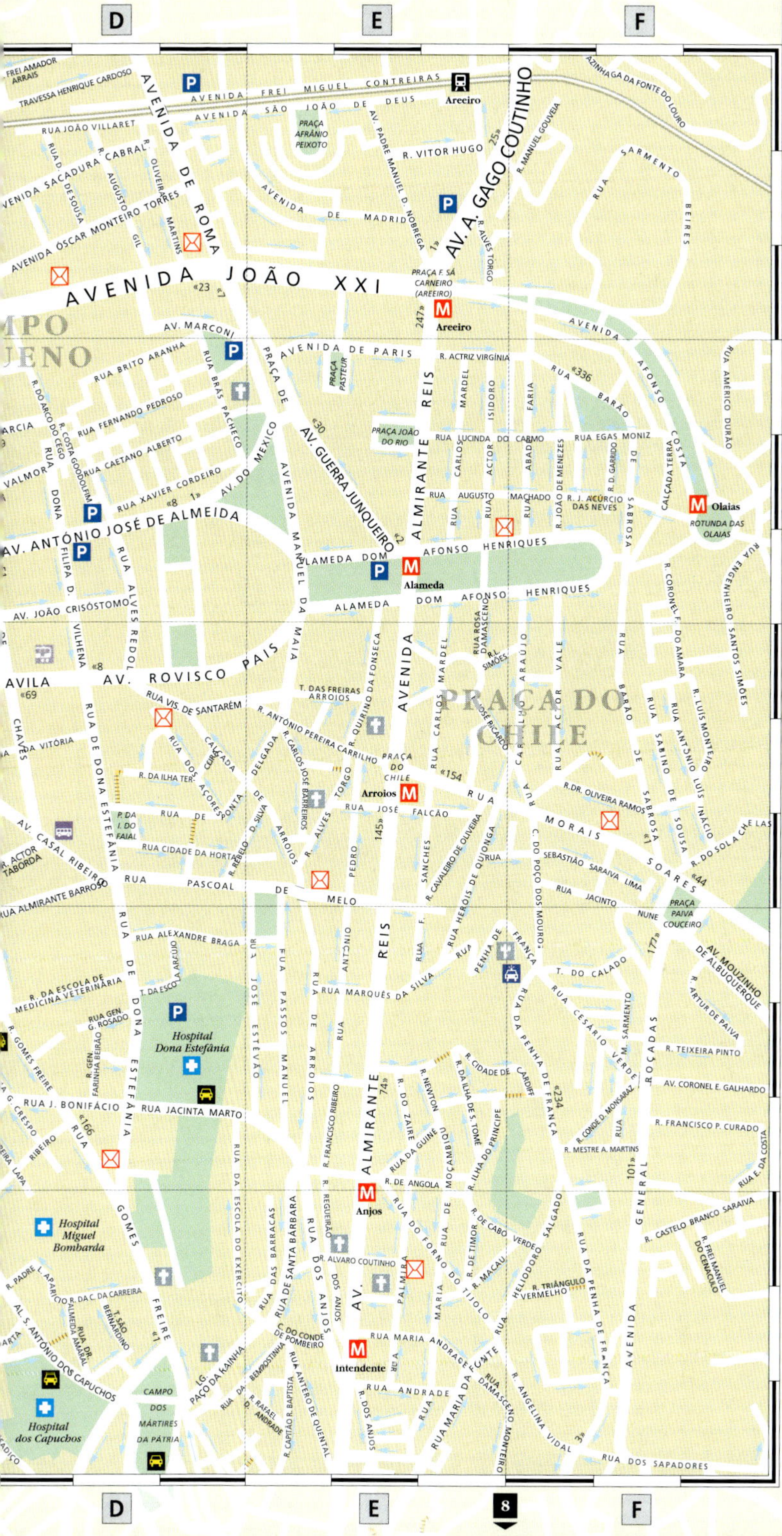
D
E
F
1
2
3
4
5
Avenida Frei Miguel Contreiras
Areeiro
Avenida São João de Deus
Praça Afrânio Peixoto
Av. Padre Manuel D. Nóbrega
R. Vitor Hugo
Av. A. Gago Coutinho
R. Manuel Gouveia
Azinhaga da Fonte do Louro
Sarmento
Rua Beires
Avenida de Madrid
Avenida de Roma
Rua João Villaret
Travessa Henrique Cardoso
Frei Amador Arrais
Avenida Sacadura Cabral
Avenida Óscar Monteiro Torres
Avenida João XXI
Praça F. Sá Carneiro (Areeiro)
Areeiro
Av. Marconi
Avenida de Paris
Praça Pasteur
R. Actriz Virgínia
Rua Barão
Avenida Afonso Costa
Rua Américo Durão
Rua Brito Aranha
Rua Brás Pacheco
Praça de Londres
Rua Fernando Pedroso
Rua Caetano Alberto
Rua Xavier Cordeiro
Av. do México
Av. Guerra Junqueiro
Praça João do Rio
Rua Lucinda do Carmo
Rua Egas Moniz
Rua Augusto Machado
R. João de Menezes
R. J. Acúrcio das Neves
Calçada Terra
Olaias
Rotunda das Olaias
Av. António José de Almeida
Alameda Dom Afonso Henriques
Alameda
Rua Engenheiro Santos Simões
Av. João Crisóstomo
Avenida Manuel da Maia
Avenida Almirante Reis
Av. Rovisco Pais
Rua Vis. de Santarém
T. das Freiras Arroios
R. Quirino da Fonseca
Praça do Chile
R. António Pereira Carrilho
Praça do Chile
Arroios
Rua José Falcão
R. Dr. Oliveira Ramos
Rua Morais Soares
R. Luís Monteiro
Rua Sabino de Sousa
R. Cavaleiro de Oliveira
Rua Heróis de Quionga
Sebastião Saraiva Lima
Rua Jacinto Nunes
Praça Paiva Couceiro
Av. Mouzinho de Albuquerque
R. do Sol a Chelas
Rua de Dona Estefânia
Av. Casal Ribeiro
R. Actor Taborda
Rua Almirante Barroso
Rua Pascoal de Melo
Rua Alexandre Braga
Rua Marquês da Silva
R. da Escola de Medicina Veterinária
Hospital Dona Estefânia
Rua J. Bonifácio
Rua Jacinta Marto
R. Gomes Freire
R. Cidade de Cardiff
Rua da Penha de França
T. do Calado
Rua Cesário Verde
R. Teixeira Pinto
Av. Coronel E. Galhardo
R. Francisco P. Curado
R. Mestre A. Martins
R. Conde D. Monsaraz
R. de Angola
Anjos
R. Francisco Ribeiro
Rua da Guiné
R. do Zaire
R. Newton
Hospital Miguel Bombarda
Rua Gomes Freire
Rua da Escola do Exército
Rua das Barracas
Rua de Santa Bárbara
Rua dos Anjos
R. Álvaro Coutinho
Rua do Forno do Tijolo
R. de Timor
R. de Cabo Verde
R. Macau
Heliodoro Salgado
R. Triângulo Vermelho
R. Castelo Branco Saraiva
Avenida General Roçadas
Rua Maria Andrade
Intendente
Rua Andrade
Rua Maria da Fonte
Rua Damasceno Monteiro
R. Angelina Vidal
Rua dos Sapadores
Hospital dos Capuchos
Campo dos Mártires da Pátria
Al. S. António dos Capuchos
R. Padre L. Aparício
Rua Antero de Quental
R. Capitão R. Baptista
R. Rafael Andrade
Lg. Paço da Rainha
R. do Conde de Pombeiro

8

7
A
B
C
6
4
1
2
3
4
5
Hospital do Desterro
Hospital de São José
Martim Moniz
Elevador de Lavra
Museu da Sociedade de Geografia
PRAÇA DOS RESTAURADORES
Miradouro de São Pedro de Alcântara
Elevador da Glória
Restauradores
Rossio
São Roque
LARGO DE SÃO DOMINGOS
ROSSIO (PRAÇA DOM PEDRO IV)
PRAÇA DA FIGUEIRA
Igreja do Carmo
Elevador de Santa Justa
BAIXA
CHIADO
MOURARIA
Baixa-Chiado
PRAÇA LUÍS CAMÕES
Teatro de São Carlos
Museu do Chiado
L. DA A. NACIONAL DE BELAS ARTES
PRAÇA DO MUNICÍPIO
PRAÇA DO COMÉRCIO
Santo António à Sé
Nossa Senhora da Conceição Velha
Estação Fluvial Terreiro do Paço
AV. DA LIBERDADE
AVENIDA ALMIRANTE REIS
RUA DE SÃO JOSÉ
RUA DAS PORTAS DE SANTO ANTÃO
CAMPO DOS MÁRTIRES DA PÁTRIA
R. MANUEL BENTO SOUSA
RUA DE SÃO LÁZARO
RUA DA PALMA
R. MARTIM MONIZ
R. DA MOURARIA
RUA DA MISERICÓRDIA
RUA GARRETT
RUA DO CARMO
RUA AUREA (R. DO OURO)
RUA AUGUSTA
RUA DA PRATA
RUA DOS FANQUEIROS
RUA DOS CORREEIROS
RUA DOS DOURADORES
R. DA BETESGA
RUA DE SANTA JUSTA
RUA DA ASSUNÇÃO
RUA DA VITÓRIA
RUA DE SÃO NICOLAU
RUA DA CONCEIÇÃO
RUA DE SÃO JULIÃO
RUA DO COMÉRCIO
R. DA ALFÂNDEGA
RUA DO ALECRIM
RUA ANTÓNIO MARIA CARDOSO
RUA SERPA PINTO
RUA IVENS
RUA NOVA DO ALMADA
RUA VITOR CORDON
RUA DO ARSENAL
AVENIDA DA RIBEIRA DAS NAUS
RUA B. COSTA
RUA FERRAGIAL
R. DA TRINDADE
RUA NOVA DA TRINDADE
RUA DA MADALENA
CALÇADA DO CARMO
R. 1 DE DEZEMBRO
C. DE SÃO FRANCISCO
RUA DO BENFORMOSO
RUA DAS OLARIAS
RUA DA BOMBARDA
RUA DO TELHAL
R. DA GLÓRIA
C. DA GLÓRIA

D
E
6
F
1
2
3
4
5
GRAÇA
Miradouro da Graça
ALFAMA
Castelo de São Jorge
São Vicente de Fora
Feira da Ladra
Santa Engrácia
Santa Apolónia
Museu Militar
Museu de Artes Decorativas
Miradouro de Santa Luzia
Sé
Casa dos Bicos
RUA DO VALE DE SANTO ANTÓNIO
RUA DA BELA VISTA À GRAÇA
RUA DA SENHORA DA GLÓRIA
RUA LEITE DE VASCONCELOS
RUA DA VERÓNICA
RUA DA VOZ DO OPERÁRIO
RUA DA GRAÇA
LARGO DA GRAÇA
TRAVESSA DAS MÓNICAS
CALÇADA DE SÃO VICENTE
ARCO GRANDE DA CIMA
CAMPO DE SANTA CLARA
RUA DOS CAMINHOS DE FERRO
R. DO JARDIM DO TABACO
AV. INFANTE DOM HENRIQUE
R. DO CAIS D. SANTARÉM
R. DO TERREIRO DO TRIGO
Doca do Terreiro do Trigo
Doca da Marinha
Tejo

ZENTRAL-PORTUGAL

Zentralportugal im Überblick

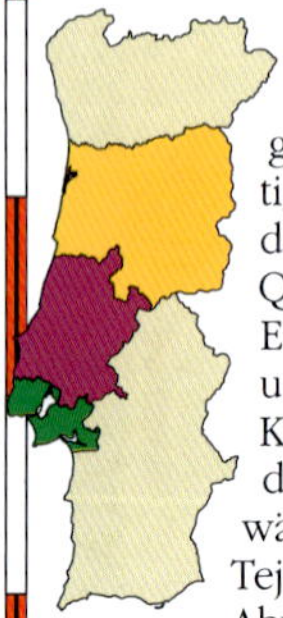

In dem Gebiet zwischen der Hauptstadt und Porto, der zweitgrößten Stadt Portugals, befinden sich einige der schönsten Bauwerke und wichtigsten Sehenswürdigkeiten des Landes, wie die Schlösser von Sintra und Queluz oder die alten Klöster in der Estremadura. Malerische Fischerdörfer und schicke Badeorte säumen die Küste mit den einsamen Sandstränden der Estremadura und der Beira Litoral, während sich im Landesinneren bis zum Tejo fruchtbares Ackerland erstreckt. Abwechslungsreicher sind die Beiras im Norden mit der historischen Universitätsstadt Coimbra, den Dão-Weinbergen sowie der Beira Alta und der Beira Baixa mit kahlem Bergland und Burgen. Überragt wird diese Region von den Bergen der Serra da Estrela.

***In Batalha** wurde zum Dank für den Sieg über die Spanier in der Schlacht von Aljubarrota 1385 das Kloster Santa Maria da Vitória gegründet. Es gehört zu den schönsten gotischen Gebäuden Portugals* (siehe S. 182f).

***Alcobaça** ist vor allem wegen der Abtei bekannt, die von Portugals erstem König, Afonso Henriques, im 12. Jahrhundert gegründet wurde. Die besinnliche Atmosphäre des Zisterzienserklosters* (siehe S. 178f) *ist ganz besonders im Dormitorium spürbar.*

***Sintra** ist eine kühle, grüne Oase jenseits der Hitze der Hauptstadt, weshalb die portugiesischen Könige ihre Sommerresidenz hier hatten. Im Palácio Nacional gibt es Besonderheiten wie diese Decke* (siehe S. 158f).

***Der Palácio de Queluz**, ein Meisterwerk des Rokoko* (siehe S. 164f), *liegt am Rand Lissabons. Die Löwentreppe führt zu einem Pavillon, der nach seinem Architekten Jean-Baptiste Robillion benannt ist.*

◁ **Tomars Convento da Ordem de Christo mit Aussicht auf die Stadt**

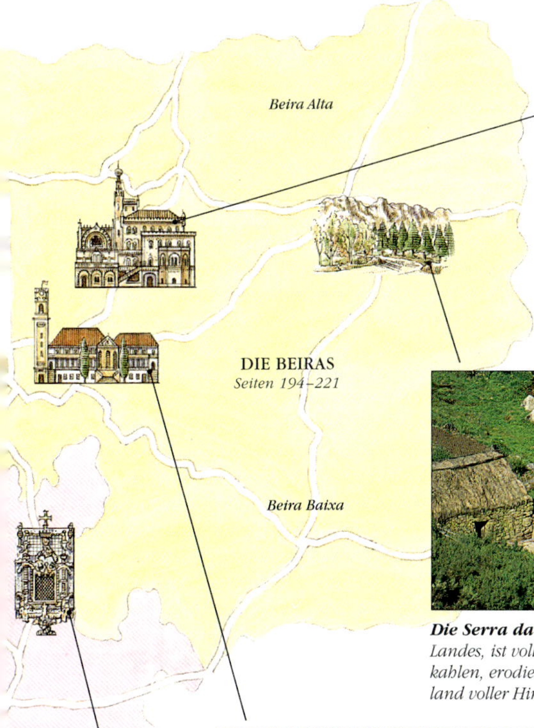

Der Wald von Buçaco *ist Arboretum und heilige Stätte zugleich. Eine Via Sacra führt zwischen bemoosten Baumstämmen auf einen aussichtsreichen Hügel* (siehe S. 210f).

Die Serra da Estrela, *die höchste Bergkette des Landes, ist voller landschaftlicher Kontraste, von kahlen, erodierten Kuppen bis zu grünem Weideland voller Hirtenhütten* (siehe S. 218f).

Die Universität von Coimbra *ist die älteste und angesehenste Portugals* (siehe S. 206f). *Längst ist sie über den königlichen Palast, wo sie 1537 gegründet wurde, hinausgewachsen. Doch der Palast mit seiner vergoldeteten Capela de São Miguel und der großartigen Bibliothek ist immer noch Mittelpunkt des Campus.*

Tomar *wurde im 12. Jahrhundert von Tempelrittern gegründet, die eine führende Rolle bei der Vertreibung der Mauren aus Portugal spielten. Ihre Burg und das Oratorium haben die Zeiten überdauert. Sie bilden das Zentrum des Convento do Ordem de Christo, das im Lauf der Jahrhunderte um die Kirche entstand* (siehe S. 184ff).

Reitkunst und Stierkampf

Reiter auf dem Jahrmarkt in Golegã

Klassische Reitkunst und bravouröser Stierkampf sind mit dem Marquês de Marialva verbunden, der von 1770 bis 1799 königlicher Stallmeister war. Er kultivierte die modernsten und schwierigsten Techniken des Dressurreitens. Die so genannte Marialva-Kunst ist den Reitern beim Stierkampf außerordentlich nützlich. In der Regel führen sie für das Publikum einige Reiterkunststücke vor. Der Ribatejo ist traditionelles Zentrum des Stierkampfs – von Frühjahr bis Herbst finden auf Jahrmärkten und in Städten wie Santarém, Vila Franca de Xira und Coruche zahlreiche Stierkämpfe statt. In Portugal wird der Stier in der Arena nicht getötet.

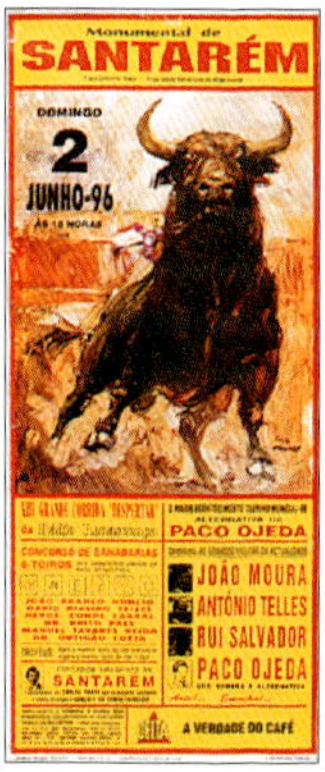

Das Plakat kündigt einen Stierkampf in Santarém an

Campinos, *Hirten aus dem Ribatejo, die die Stiere zusammentreiben, zeigen ihre Geschicklichkeit.*

Der Stierkämpfer João Moura grüßt das Publikum einer *tourada* mit seinem Dreispitz.

Die Mähne ist zur Zierde mit Bändern geflochten.

Die kostbare Satteldecke ist mit João Mouras Initialen bestickt.

Aufmachung und Schmuck des Schweifs gehen auf den Stil Louis' XV zurück.

Die Steigbügel sind traditionell, elegant und sicher.

Der Stierkämpfer

Der Matador trägt ein traditionelles Kostüm aus dem 18. Jahrhundert, samt dem Satinumhang eines Granden, und reitet ein aufwändig geschmücktes Pferd. Er muss etliche Wurfspeere in die Schulter des Stieres stecken, wobei Stil und Kühnheit seiner Darbietung beurteilt werden.

Traditionelle Reitkunst

Plakette des Reitzentrums Lezíria Grande (s. S. 192)

Die Escola Portuguesa de Arte Equestre in Lissabon und die Reitschulen im Ribatejo pflegen die von Marialva gesetzten Standards. Die Lissabonner Schule gibt mehrmals jährlich im ganzen Land Vorstellungen. Die Reiter in ihren traditionellen Kostümen bieten auf Lusitanos (*siehe S. 296*) hervorragende Darbietungen. Ihre Figuren gleichen den Illustrationen in einem Buch über Reitkunst von 1790, das dem Reiter João, dem späteren João VI, gewidmet war.

Der Marquês de Marialva übt mit dem Pferd die *croupade*, bei der das Pferd mit angezogenen Hinterbeinen in die Luft springt.

Der Stierkampf

Die *corrida* oder *tourada* verbindet Schauspiel mit Wagemut. Zuerst lenkt eine Gruppe von unberittenen Stierkämpfern *(peões de brega)* den Stier mit Capes ab. Nach dem Auftritt des Matadors versuchen acht freiwillige *forcados*, während der *pega* den Stier mit bloßen Händen zu überwältigen. Zum Schluss wird der Stier inmitten einer Kuhherde aus dem Ring getrieben.

Während dieser Eröffnungszeremonie *in Montijo präsentieren sich die beiden* cavaleiros *zwischen den* forcados.

Der *cavaleiro* bohrt lange Speere in die Schulter des Stiers.

Der Stier greift an, wenn ihn der *cavaleiro* provoziert. Seine Hörner wurden stumpf gehobelt und in Leder gehüllt.

Das Zusammenspiel *von Reiter und Pferd ist äußerst wichtig. Die meisten Matadore reiten einen Lusitano, das älteste Schlachtross und Reitpferd der Welt, berühmt für Mut, Grazie und Kraft. Seine Behändigkeit und Schnelligkeit ist in der Arena essenziell. Viele glauben, dass das Spektakel seine Zucht erhalten habe.*

Die Fesseln des Pferdes sind zur Stützung bandagiert.

Der Anführer der *forcados* nimmt den Stier frontal in Angriff, indem er sich zwischen seine Hörner wirft und ihn am Nacken packt.

Einer der *forcados* kommt dem Anführer zu Hilfe, während die übrigen sich auf ihren Einsatz vorbereiten.

Der Stierkampf endet *mit der* pega. *Der Anführer der* forcados *reizt den Stier zum Angriff und wirft sich dann über seinen Kopf. Die anderen versuchen, den Stier mit ihrem Gewicht in Schach zu halten, wobei einer ihn am Schwanz packt. Meist werden die* forcados *zur Unterhaltung der Zuschauer, abgeschüttelt, stürzen sich dann aber wieder auf den Stier.*

João beim *galope*, einer schwierigen Übung, bei der bei jedem Schritt die Richtung geändert wird.

Das Pferd springt in der *capriole* mit ausgestreckten Hinterbeinen aus dem Stand.

Der Marquês de Marialva bringt seinem Pferd bei, eng um einen Pfosten zu kreisen.

Die Küche Zentralportugals

Honigtopf

DIE ZENTRALPORTUGIESISCHE KÜCHE weist eine erstaunliche Vielfalt auf. Die Spezialitäten von Aveiro sind Aaleintopf und die süßen *ovos moles (siehe S. 200).* In der Gegend um Coimbra isst man gern Spanferkel. An der Küste dominieren Fisch und Meeresfrüchte die Speisekarte, im Landesinneren hingegen Fleisch. Die Milch von Schafen und Ziegen verwendet man für eine Vielzahl wohlschmeckender Käse, deren bekanntester der weiche Serra aus der Serra da Estrela ist. Die Melonen des Ribatejo sind für ihre Süße berühmt, und in der Umgebung von Setúbal wachsen köstliche Muskatellertrauben.

Pataniscas *sind fritierte Kabeljaustückchen. Beliebte Snacks sind auch die mit einer Meeresfrüchtecreme gefüllten* rissois.

Sopa de pedra, *wörtlich »Steinsuppe«, enthält verschiedene Gemüse- und Fleischsorten.*

Käse *aus Schafs- oder Ziegenmilch isst man mit frischen Brötchen; sehr delikat ist Requeijão.*

Leitão à Bairrada, *knusprig geröstetes Spanferkel, schmeckt warm oder kalt – es ist fast überall erhältlich.*

Bife à café *ist ein zartes Steak mit Spiegelei; als Beilage werden üblicherweise Pommes frites gereicht.*

Frango à piri-piri, *gegrilltes Hühnchen, stammt aus den afrikanischen Kolonien Portugals.*

Bacalhau à Brás *ist eine Art Eintopf aus Kabeljaustücken, Kartoffeln, Zwiebeln und Rührei.*

KÄSE

Portugiesischer Käse wird entweder aus Ziegen- oder Schafsmilch gemacht; in einigen Fällen auch aus beiden. Eine Delikatesse ist der weiche Serra, der mit zunehmendem Alter härter und würziger wird *(siehe S. 215).* Aus Coimbra stammt der milde Rabaçal, während der scharfe Azeitão in der Nähe von Setúbal hergestellt wird. Der Saloio hat einen milchigen Geschmack.

Rabaçal

Serra

Azeitão

Saloio

***Meeresfrüchte** werden in ganz Portugal geschätzt. In Lissabon gibt es zahlreiche Restaurants, die Hummer, Krebs, Languste oder Seespinne vorzüglich zubereiten, ebenso wie Krabben, Garnelen und Austern. Für den beliebten* arroz de marisco, *Reis mit Meeresfrüchten, verwendet man verschiedene Muscheln.*

Açorda de marisco *ist eine Brotsuppe mit Koriander und Knoblauch und Meeresfrüchten als Einlage.*

Salmonete grelhado, *gegrillte Rotbarbe, wird mit Kartoffeln und einer Zitronen-Butter-Sauce serviert.*

***Mousse de chocolate** aus dunkler Schokolade ist ein beliebtes Dessert in Portugal.*

***Arroz doce**, ein sahniger Milchreis, wird mit Zitronenschalen und Vanille bestreut.*

***Törtchen** wie* pasteis de nata *werden zu jeder Gelegenheit verzehrt; eine häufige Zutat sind Mandeln.*

Getränke

Portugal ist die Heimat einiger erstklassiger Weine *(siehe S. 28f)*, aus denen Erzeuger wie Fonseca *aguardente* (Schnaps) herstellen. Mineralwässer wie das aus Luso sind überall erhältlich. Auch Bier, wie das beliebte Sagres, wird in Lissabon viel getrunken; dies erklärt die Existenz der zahlreichen *cervejarias* (Bierlokale). Einer der köstlichen Liköre ist der würzige Beirão.

Aguardente-Velha Reserva

Mineralwasser aus Luso

Licor Beirão

Sagres-Bier

TRES

UMGEBUNG VON LISSABON

DIE FELSIGE ATLANTIKKÜSTE, *die bewaldeteten Hänge von Sintra oder die Villen und Paläste auf dem Land sind gerade einmal eine Autostunde von Lissabon entfernt. Südlich der Stadt erstrecken sich Sandstrände und Fischerstädtchen sowie die Lagunen an den Mündungen von Tejo und Sado.*

Händler und Eroberer, von den Phöniziern bis zu den Spaniern, haben hier ihre Spuren hinterlassen. Dies gilt insbesondere für die Mauren, deren im Lauf der Zeit mehrfach umgebaute Burgen überall an der Küste zu entdecken sind. Die portugiesischen Könige und Adligen errichteten, nachdem Lissabon 1256 Hauptstadt geworden war, ihre Sommerpaläste vorzugsweise in der kühlen Serra de Sintra.

Das weniger noble Südufer des Tejo (Outra Banda) konnte bis zum Bau der Brücke 1966 nur mit der Fähre erreicht werden. Heute sind die Sandstrände an der Costa da Caparica, das Fischerstädtchen Sesimbra und selbst die Halbinsel Tróia während der Sommermonate beliebte Ferienziele. Glücklicherweise stehen ausgedehnte Küstengebiete und große Flächen unberührter Landschaft unter Naturschutz.

Ungeachtet der rasanten Urbanisierung der Region bestehen die kleinen Fischer- oder Agrargemeinden noch immer. Die Fischmärkte bieten eine breite Palette an frischem Fisch und Meeresfrüchten, Palmela und die Region von Sado werden für ihren Wein gerühmt. Die Schafe, aus deren Milch der Azeitão-Käse hergestellt wird, durchstreifen die Serra da Arrábida, und an der Mündung des Sado wird Reis angebaut. Auch traditionelles Gewerbe, wie Salzgewinnung oder Marmorabbau, wird noch betrieben.

Das Meer ist hier an der Westküste kalt und rau, doch die Strände zählen zu den saubersten Europas. Die Region bietet neben Surfen, Fischen und Tauchen auch Golfplätze, Reitmöglichkeiten und eine Autorennstrecke. Kunst und Unterhaltung reichen von Musik- und Filmfestivals bis zu Stierkämpfen und Jahrmärkten mit lokalem Kunsthandwerk.

Kachelfassaden in Alcochete, einer hübschen Stadt im Mündungsgebiet des Tejo

◁ **Leuchtend bunte Fischerboote im Hafen von Sesimbra**

Überblick: Umgebung von Lissabon

Die hübsche Stadt Sintra nordwestlich von Lissabon hat viele historische Paläste und ist von bewaldeten Hügeln umgeben, die manchmal von dickem Nebel eingehüllt sind. Das kosmopolitische Cascais und das alte Fischerstädtchen Ericeira sind hervorragende Standorte, um die felsige Küste zu erkunden. Die Serra da Arrábida und die zerklüftete Küste um Cabo Espichel im Süden können vom Hafen Sesimbra aus besucht werden. Die Naturschutzgebiete in den Mündungsregionen von Tejo und Sado sind Oasen der Ruhe.

Sehenswürdigkeiten auf einen Blick

Alcácer do Sal 18
Alcochete 10
Cabo Espichel 12
Cascais 7
Colares 3
Costa da Caparica 11
Ericeira 2
Estoril 8
LISSABON S. 58 ff
Monserrate 5
Palácio de Mafra 1
Palácio de Queluz S. 164 f 9
Palmela 14
Península de Tróia 17
Serra da Arrábida 15
Sesimbra 13
Setúbal 16
Sintra S. 156 ff 6

Tour

Serra de Sintra 4

Cabo da Roca am westlichen Rand der Serra de Sintra

Der Convento da Arrábida in der Serra da Arrábida

In der Umgebung von Lissabon unterwegs

Von Lissabon kommen Sie über die Autobahn rasch nach Sintra, Estoril, Palmela und Setúbal. Hauptverkehrsstraßen sind gut ausgeschildert, doch ist besonders an Wochenenden und Feiertagen mit dichtem Verkehr zu rechnen. Auf Nebenstraßen sollten Sie auf Schlaglöcher achten. Vom Bahnhof Cais do Sodré in Lissabon fahren regelmäßig Züge nach Estoril und Cascais und vom Rossio-Bahnhof nach Queluz und Sintra. Züge nach Setúbal und über Alcácer do Sal gen Süden fahren von Barreiro am Südufer des Tejo ab. Die Busverbindungen in der Region sind gut. Die meisten Busse starten an der Praça de Espanha in Lissabon.

Fischerboote im Hafen von Sesimbra

Siehe auch

- ***Übernachten*** S. 384ff
- ***Restaurants*** S. 408f

Die Bibliothek mit Marmorfußboden im Palácio de Mafra

Palácio de Mafra ❶

Straßenkarte B5. Terreiro de Dom João V, Mafra. *261-81 75 70. von Lissabon. Campo Grande, dann 1 Mafrens. Mi–Mo 10–16 Uhr. 1. Jan, Ostern, 1. Mai, 25. Dez. So 10–13 Uhr frei. obligatorisch.*

Der mächtige barocke Klosterpalast *(siehe S. 52f)*, der die kleine Stadt Mafra überragt, wurde unter Portugals verschwenderischstem Monarchen, João V, erbaut. Er schwor, ein Kloster und eine Basilika zu bauen, angeblich als Dank für die Geburt eines Erben, aber vermutlich eher, um seine allbekannten sexuellen Eskapaden zu büßen. 1717 begannen die Arbeiten an einem bescheidenen Haus für 13 Franziskanermönche. Doch als sich die Schatztruhen mit den Reichtümern Brasiliens füllten, planten der König und sein Architekt Johann Friedrich Ludwig (1670–1752) Größeres. Man scheute keine Kosten: 52 000 Menschen arbeiteten an dem Bau. Als er fertig gestellt war, bot er nicht 13, sondern 330 Mönchen Platz. Er wurde zum königlichen Palast mit einer der schönsten Bibliotheken Europas, die mit kostbarem Marmor, Tropenhölzern und zahllosen Kunstwerken ausgestattet war. Die Basilika wurde am 22. Oktober 1730, dem 41. Geburtstag des Königs, geweiht. Dazu gab es ein achttägiges Fest.

Die königliche Familie mochte den Palast nicht besonders, außer jenen, die gern Rotwild und Wildschweine jagten. Heute ist in dem königlichen Jagdrevier ein Wolfschutzgebiet eingerichtet worden. Die schönsten Möbel und Kunstwerke nahm die königliche Familie auf ihrer Flucht vor der französischen Invasion 1807 mit nach Brasilien. 1834 wurde das Kloster nach Auflösung der Orden aufgegeben; 1910 auch der Palast, als der letzte portugiesische König Manuel II von dort zur königlichen Yacht floh, die vor Ericeira ankerte.

Schlafgemach des Königs im Palácio de Mafra

Mindestens eine Stunde dauert der Rundgang, der im Kloster beginnt. Dabei treffen Sie auf die Apotheke mit alten Medizingefäßen und einigen beängstigenden Instrumenten sowie auf das Krankenhaus, in dem 16 Patienten in Einzelzimmern der Messe in der angrenzenden Kapelle beiwohnen konnten, ohne ihre Betten zu verlassen.

Die prachtvollen Staatsgemächer im Obergeschoss nehmen die gesamte Westfassade ein, am einen Ende die Räume des Königs und am anderen, 232 Meter entfernt, die der Königin. In der Mitte wird die Fassade von den beiden Türmen der Basilika aufgelockert. Der Innenraum der Kirche ist mit verschiedenfarbigem Marmor und sechs Orgeln (frühes 19. Jh.) ausgestattet. Die barocken Skulpturen im Atrium der Basilika stammen aus der Bildhauerschule von Mafra, die José I 1754 gründete und in der unter der Leitung des italienischen Bildhauers Alessandro Giusti (1715–1799) viele namhafte Künstler ausgebildet wurden. Die Sala da Caça birgt eine Sammlung grotesker Jagdtrophäen. Prunkstück des Palastes ist jedoch die großartige Bibliothek mit dem gemusterten Marmorboden, Bücherschränken im Rokokostil und 40 000 Büchern in goldgeprägten Ledereinbänden, darunter eine Erstausgabe von *Os Lusíadas* (1572) des großen portugiesischen Dichters Luís de Camões *(siehe S. 46)*.

Statue des hl. Bruno im Atrium der Basilika in Mafra

Umgebung: Jeden Donnerstag morgen findet im Städtchen **Malveira**, zehn Kilometer östlich von Mafra, der größte Markt der Region statt, mit Kleidern, Haushaltswaren und Lebensmitteln.

Im Dorf **Sobreiro**, sechs Kilometer westlich von Mafra, befindet sich das Modelldorf Zé Francos mit detailgetreuen Häusern, Bauernhöfen, Wasserfall und Windmühle.

Ein Traktor zieht in Ericeira ein Fischerboot an Land

Ericeira ❷

Straßenkarte B5. 6600. *Rua Mendes Leal (261-86 31 22).* *Apr–Okt tägl.*

Ericeira konnte trotz der zahlreichen Besucher von nah und fern, die das milde Klima, die sauberen Sandstrände und die frischen Meeresfrüchte schätzen, sein traditionelles Dorfleben bewahren. Im Sommer, wenn die Bevölkerungszahl auf 30 000 steigt, geht es in den Straßencafés, Restaurants und Bars bis spät in die Nacht hoch her. Wenn die rote Flagge wegen Gefahr das Baden im Meer verbietet, stellen ein Minigolfplatz im Santa-Marta-Park oder das **Museu da Ericeira** mit seinen Modellschiffen und traditionellen Fischerutensilien Alternativen dar.

Das ursprüngliche Städtchen mit seinem Gassengewirr und den weißen Häusern thront auf einer Klippe bis zu 30 Meter über dem Atlantik. Vom höchsten Punkt, dem Largo das Ribas, kann man den geschäftigen Hafen, in dem Traktoren statt Ochsen die Boote aus dem Wasser ziehen, aus der Vogelperspektive betrachten. Am 16. August findet das Fischerfest mit einer Lichterprozession zum Hafen statt; dort werden die Boote gesegnet.

Von Ericeira aus ging am 5. Oktober 1910 der letzte König von Portugal, Manuel II *(siehe S. 54f)*, ins Exil, als in Lissabon die Republik ausgerufen wurde. Ein schönes Kachelbild in der Kapelle Santo António oberhalb des Hafens erinnert an dieses Ereignis. Der König ließ sich in England nieder, wo er 1932 starb.

Museu da Ericeira

Largo da Misericórdia. *261-86 25 36.* *nur nach Voranmeldung; Juni–Sep Di–So; Okt–Mai Mo–Sa (nur nachm.).* *Feiertage.*

Colares ❸

Straßenkarte B5. *7500.* *Praça da República (21-923 11 57).*

Das hübsche Dorf mit seinen Blumen, Kiefern und Kastanien an den Ausläufern der Serra de Sintra blickt Richtung Meer über ein grünes Tal, die Várzea de Colares. Eine Allee windet sich hoch zu dem Dorf. Ein paar Weingüter produzieren hier noch den berühmten Colares. Die aktuellen Jahrgänge haben jedoch nicht mehr den Charakter und die Lagerfähigkeit des klassischen Colares. Die alten Rebstöcke wachsen auf Sand, wurzeln jedoch tief im Lehmboden. Sie sind die einzigen Rebstöcke Europas, die die Reblausplage am Ende des 19. Jahrhunderts überstanden haben. Das Insekt, das mit den ersten Rebstockimporten aus Amerika kam und europaweit zahlreiche Weinkulturen zerstört hatte, konnte den dichten Sandboden nicht durchdringen. Der Wein kann in der Adega Regional de Colares in der Alameda de Coronel Linhares de Lima verkostet werden.

Umgebung: Westlich von Colares gibt es einige Badeorte. Von Bazão aus kann man die drei Kilometer zur **Praia das Maçãs** mit der alten Straßenbahn aus dem Jahr 1910 fahren, die vom 1. Juli bis 30. September betrieben wird. Nördlich der Praia das Maçãs klammert sich das malerische Dorf **Azenhas do Mar** an die Klippen. Im Süden befindet sich der Badeort **Praia Grande**. Beide verfügen über natürliche Schwimmbecken in den Felsen, die sich bei Flut mit Meerwasser füllen. An der unberührten **Praia da Adraga**, ein Kilometer weiter südlich, locken ein Strandcafé und ein Restaurant. Abends und außerhalb der Saison werfen Fischer ihre Angelruten in die Becken aus, um Barsche, Brassen und Plattfische zu fangen, die mit der Flut anschwimmen.

Gezeitenbecken in Azenhas do Mar bei Colares

Serra de Sintra ❹

Gekachelte Engel, Peninha-Kapelle

Die Rundfahrt von Sintra aus ist eine reizvolle Tour über die Anhöhen des Gebirges. Sie führt über eine enge, steile und stellenweise nur schlecht asphaltierte Straße mit gefährlichen Haarnadelkurven, dann durch einen dichten Wald und eine surreale Landschaft mit riesigen, moosbewachsenen Felsbrocken. Die Ausblicke auf die Atlantikküste und die Tejo-Mündung sind atemberaubend. Auf dem Rückweg von der Küste verläuft die Strecke an den kühlen, grünen Nordhängen der Serra de Sintra durch beschauliche Bergdörfer und vorbei an großen Landsitzen.

Blick von Peninha auf die Atlantikküste

Colares ⑥
Das Dorf Colares an den Ausläufern der Serra de Sintra ist von Gärten und Weinbergen umgeben *(siehe S. 153)*.

Peninha ④
Der 490 Meter hohe Gipfel bietet überwältigende Ausblicke Richtung Küste. Die Kapelle (17. Jh.) mit ihren Kachelbildern thront hoch auf dem grauen Felsen.

0 Kilometer 1

Cabo da Roca ⑤
Der Leuchtturm auf der Spitze der 140 Meter hohen Klippe markiert den westlichsten Punkt des europäischen Festlands.

Legende

- Routenempfehlung
- Andere Straße
- Aussichtspunkt

Seteais ⑧
Der elegante, rosafarbene Palast, heute ein Luxushotel *(siehe S. 386 u. 409)*, wurde im 18. Jahrhundert für einen holländischen Konsul erbaut.

Routeninfos

Länge: *36 Kilometer*
Rasten: *Es gibt entlang den Bergstraßen eine ganze Reihe von sehr schönen Picknickplätzen, in den Wäldern und im Parque da Pena teilweise auch mit Trinkwasserbrunnen und Quellen. In Cabo da Roca befinden sich ein Café, ein Restaurant und ein Souvenirladen. In Colares gibt es mehrere Restaurants und Bars.*

Monserrate ⑦
Der kühle Waldpark und das reizvolle Schloss (19. Jh.) repräsentieren die Romantik Sintras.

Sintra ①
Die Straße schlängelt sich vom Zentrum der alten Stadt steil bergauf entlang großartiger *quintas* (Landsitze) hinter dichten Bäumen.

Parque da Pena ②
Den riesigen Park kann man zu Fuß erkunden *(siehe S. 157)*. Bis zur Cruz Alta, dem höchsten Punkt der Serra de Sintra, kann man auch mit dem Auto fahren.

Convento dos Capuchos ③
Zwei Felsbrocken bewachen den Eingang zu dem abgelegenen Franziskanerkloster aus dem Jahr 1560, in dem die Mönche in winzigen Felszellen hausten. Der Hügel oberhalb dieses Zufluchtsorts bietet einen großartigen Ausblick.

Das Schloss von Monserrate

Monserrate ❺

Straßenkarte B5. Estrada de Monserrate. ☎ *21-923 12 01.* 🚌 *nach Sintra, dann Taxi.* ◯ *1. Mai–14. Juni, 16. Sep–31. Okt 9–19 Uhr; 15. Juni–15. Sep 9–20 Uhr; 1. Nov–30. Apr 9–18 Uhr. Letzter Einlass eine Stunde vor Schließung.* ♿
W www.parquesdesintra.pt

Der wildromantische Park dieses einst prachtvollen Landsitzes ist ein Dschungel aus subtropischen Bäumen, in dem sich ein Wasserfall, ein kleiner See und die vom Wurzelwerk umwucherte Kapelle verbergen. Die Geschichte der Kapelle geht bis auf die Mauren zurück, doch ihren Namen erhielt sie von einer kleinen Kapelle aus dem 16. Jahrhundert, die Unserer Lieben Frau von Montserrat in Katalonien geweiht war. Der Park wurde Ende des 18. Jahrhunderts von einem reichen Engländer angelegt, dem exzentrischen William Beckford. Lord Byron machte ihn in seinem Gedicht *Ritter Harolds Pilgerfahrt* (1818) unsterblich. 1856 kaufte ein anderer Engländer, Sir Francis Cook, das Grundstück und ließ hier das maurisch inspirierte, nun längst verlassene Schloss bauen. Den Garten gestaltete er mit einem gepflegten Rasen, Kamelien und subtropischen Bäumen aus aller Welt um. Darunter befinden sich einheimische Erdbeerbäume, aus denen Medronheira *(siehe S. 289)* gebrannt wird, sowie Korkeichen, an deren Borke kleine Farne gedeihen.

Die Organisation »Freunde von Montserrate« wurde gegründet, um dem vernachlässigten Haus und dem Park wieder zum einstigen Glanz zu verhelfen.

Sintra ❻

Sintra wurde wegen der großartigen Lage an den Nordhängen der felsigen Serra de Sintra, umgeben von waldigen Schluchten, zu einer bevorzugten Sommerresidenz der portugiesischen Könige. Zu den bedeutendsten Wahrzeichen der Sadt zählen der Palácio Nacional de Sintra *(siehe S. 158f)* mit seinen beiden merkwürdig anmutenden Türmen und der auf einem Hügel gelegene, im 19. Jahrhundert errichtete Palácio da Pena *(siehe S. 160f)*.

Heute zieht die Stadt, die 1995 von der UNESCO zum Weltkulturerbe erklärt wurde, ganzjährig zahlreiche Besucher aus Portugal und anderen Ländern an.

Fonte Mourisca (Volta do Duche)

Überblick: Sintra
Das moderne Sintra besteht aus Sintra Vila, Estefânia und São Pedro, die durch ein Straßengewirr miteinander verbunden sind, das sich über die umgebenden Hügel zieht. In der Altstadt, Sintra Vila, um den **Palácio Nacional de Sintra** befinden sich in den hübschen Pflasterstraßen die Museen und das wunderschön gekachelte **Postamt**. Die kurvige **Volta do Duche** führt von der Altstadt Richtung Norden durch den **Parque da Liberdade** nach Estefânia mit der neogotischen **Câmara Municipal** (Rathaus). Richtung Süden und Osten erstreckt sich auf den Hügeln der Serra de Sintra São Pedro. Jeden zweiten Sonntag findet dort ein viel besuchter **Markt** statt, der sich über den großen Marktplatz hinaus bis in die Rua 1 de Dezembro ausdehnt.

Ein Stadtrundgang zu Fuß ist wegen der vielen steilen Hügel ziemlich anstrengend, einfacher ist eine Kutschenrundfahrt. Vom **Miradouro da Vigia** in São Pedro hat man eine eindrucksvolle Aussicht, ebenso wie vom Café **Casa de Sapa**, in dem es die köstlichen *queijadas (siehe S. 147)* gibt.

Den vielen Brunnen der Stadt entnehmen die Einheimischen frisches Quellwasser. Mit die schönsten sind die gekachelte **Fonte Mourisca** (arabischer Brunnen), so bezeichnet wegen seiner neomaurischen Dekoration, und die **Fonte da Sabuga**, in der das Wasser aus zwei Brüsten sprudelt.

Die Türme des Palácio Nacional de Sintra überragen die Altstadt

🏛 Museu do Brinquedo

Rua Visconde de Monserrate. ☎ *21-924 21 71.* ◯ *Di–So.* 🎟 ♿
W www.museu-do-brinquedo.pt

In dem kleinen Museum befindet sich eine Spielzeugsammlung mit Modellflugzeugen, Autos und Eisenbahnen sowie Soldatenfiguren, Puppen und Puppenhäusern, Spielzeug aus Zinn und weiteren Kuriositäten. Auch die Werkstatt zieht viele Besucher in ihren Bann.

Alfa-Romeo-Modell, Museu do Brinquedo

🏛 Museu de Arte Moderna

Avenida Heliodoro Salgado. ☎ *21-924 81 70.* ◯ *Di–So 10–18 Uhr.* 🎟 *So 10–14 Uhr frei.* ♿ 🍴 🛍

Die Berardo-Sammlung des Unternehmers Joe Berardo gilt als eine der besten Privatsammlungen von Kunst des 20. Jahrhunderts, u. a. mit Werken von René Magritte, Jackson Pollock, Francis Bacon und Andy Warhol. Das Museum umfasst eine gut aufbereitete Ausstellung von Entwicklungen und Stilen insbesondere nach 1945.

Quinta da Regaleira

Rua Barbosa du Bocage. ☎ *21-910 66 50.* ◯ *tägl. 10–18.30 Uhr (Juni–Sep bis 20 Uhr, Nov–Jan bis 17.30 Uhr).* *nach Voranmeldung (11, 12.30, 14.30, 16 Uhr).* 🎟 🍴 🛍

Der neo-manuelinische Palast und die Gärten der 1890er Jahre besitzen viele historische und religiöse Zeichen, okkulte Symbole und Mysterien. Die Leidenschaften des António Augusto Carvalho Monteiro sind ein Muss für Freimaurer, Alchemisten und Esoteriker.

Castelo dos Mouros

Estrada da Pena. ☎ *01-923 51 16.* ◯ *10–18 Uhr.* ● *1. Jan, 25. Dez.*

Wie ein Schutzwall oberhalb der Altstadt schlängelt sich die Brustwehr des maurischen Kastells aus dem 8. Jahrhundert, von Afonso Henriques 1147 erobert, über die Höhen der Serra de Sintra. An klaren Tagen hat man von den Mauern einen großartigen Blick über die Altstadt auf den Palácio da Pena und bis hin zur Küste. Innerhalb der Mauern befinden sich die Ruinen einer Kapelle und eine maurische Zisterne. Von der Kirche **Santa Maria** aus dem 12. Jahrhundert führt ein steiler Fußweg hinauf. Schilder weisen auf ein grünes Tor hin, wo der Fußweg beginnt. Das Monogramm »DFII« auf der Einfahrt erinnert an Fernando II *(siehe S. 161)*, der die Mauer im 19. Jahrhundert restaurieren ließ.

Burgwall des Castelo dos Mouros auf dem Kamm der Serra de Sintra

> **INFOBOX**
>
> **Straßenkarte** B5. *25 000.* *Avenida Dr. Miguel Bombarda.* *Praça da República 23 (21-923 39 19).* *2. u. 4. So im Monat in São Pedro.* *Juni/Juli: Festival de Música.*

Parque da Pena

Estrada da Pena. ☎ *21-923 73 00.* ◯ *tägl.* ● *1. Jan, 25. Dez.*

Der Palácio da Pena ist von einem Park umgeben, in dem exotische Bäume und Sträucher gedeihen. Hinter der üppigen Vegetation verstecken sich Aussichtspavillons, Brunnen und ein romantisches Landhaus, das Fernando II 1869 für seine Mätresse bauen ließ. Cruz Alta, mit 530 Metern höchster Punkt der Serra de Sintra, bietet schöne Aussichten. Auf einer Felsenspitze steht die Statue des Barons von Eschwege, des Architekten von Schloss und Park.

Palácio Nacional de Sintra

Schwanenpaneel, Sala dos Cisnes

DER MITTEN IN der Altstadt (Sintra Vila) gelegene Palast prägt das Stadtbild von Sintra. Seine beiden auffälligen, konischen Türme sind schon von Weitem zu erkennen. Der Hauptteil des Palastes, einschließlich des Baus mit der gotischen Fassade und den Küchenräumen unter den Türmen, wurde Ende des 14. Jahrhunderts von João I erbaut. Das auch Paço Real genannte Anwesen wurde Sommerresidenz des Hofes und blieb es bis Ende des 19. Jahrhunderts. Die Anbauten im maurischen Stil entstanden im 16. Jahrhundert unter Manuel I. Bauliche Veränderungen haben zu einer reizvollen Mischung unterschiedlicher Stile geführt.

★ Sala das Pegas
Angeblich ließ König João I die Deckenbilder als Rüge für die Hofdamen malen, weil sie sich wie schnatternde Elstern (pegas) *dem Klatsch widmeten.*

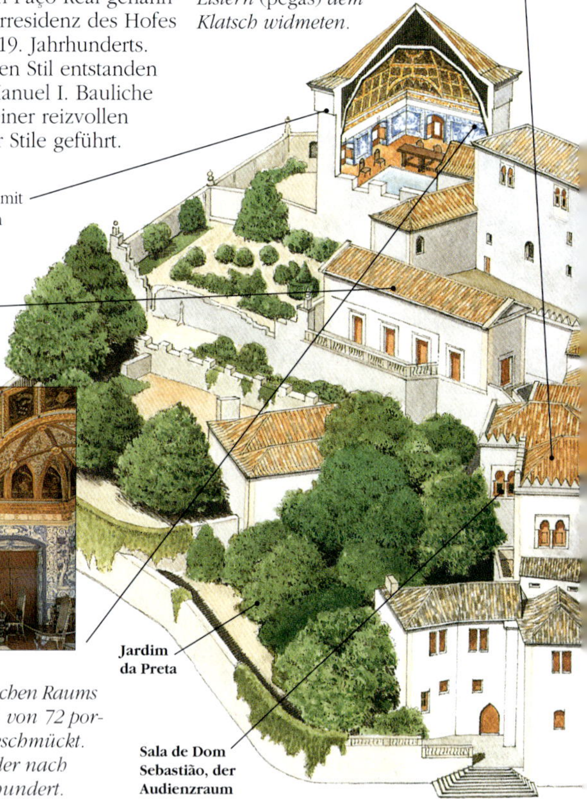

Taubenschläge sind unter dem mit Armillarsphären und Schiffstauen verzierten Gesims der Torre da Meca untergebracht.

In der Sala das Galés werden wechselnde Ausstellungen gezeigt.

Jardim da Preta

Sala de Dom Sebastião, der Audienzraum

★ Sala dos Brasões
Die Kuppeldecke des majestätischen Raums ist mit den Wappen (brasões) *von 72 portugiesischen Adelsfamilien geschmückt. Die Wände zieren Kachelbilder nach Delfter Art aus dem 18. Jahrhundert.*

ZEITSKALA

10. Jahrhundert Der Palast wird Residenz des maurischen Herrschers

1281 König Dinis befiehlt die Restaurierung des Palácio de Oliva, wie er damals hieß

1495–1521 Manuel I: größere Umbauten und manuelinische Erweiterungen

1683 Afonso VI stirbt hier nach neun Jahre dauernder Gefangenschaft

1755 Das Erdbeben *(siehe S. 62f)* zerstört Teile des Palastes

800 | 1000 | 1200 | 1400 | 1600 | 1800

1147 Afonso Henriques erobert den Palast

1385 João I befiehlt den kompletten Umbau des Haupt- und des Küchentrakts

um 1880 Maria Pia (Großmutter Manuels II) bewohnt den Palast

8. Jahrhundert Erster Palastbau durch die Mauren

Sirene, Sala das Sereias (um 1660)

1910 Der Palast wird zu einem Nationaldenkmal

INFOBOX

Largo Rainha Dona Amélia.
21-910 68 40. Do–Di 10–17.30 Uhr. 1. Jan, Ostern, 1. Mai, 29. Jun, 25. Dez. So 10–14 Uhr frei.
www.ippar.pt

★ Sala dos Cisnes
Die Decke des einstigen Bankettsaals besteht aus achteckigen, mit Schwänen (cisnes) geschmückten Holzpaneelen aus dem 17. Jahrhundert.

Sala das Sereias
Verschlungene Arabesken auf Kacheln aus dem 16. Jahrhundert umrahmen die Tür zum Sirenensaal.

Die Sala dos Árabes ist mit *azulejos* ausgestattet.

Im Küchentrakt unterhalb der riesigen Türme hängen noch Bratspieße und Küchengeräte.

Eingang

Sala dos Archeiros, Eingangshalle

Manuel I ließ die *ajimene*-Fenster, deren zwei Bogen von einer schlanken Säule geteilt werden, nach maurischem Vorbild einfügen.

Kapelle
Symmetrische maurische Muster zieren die Decke aus Walnuss- und Eichenholz aus dem 14. Jahrhundert und den Mosaikboden der Privatkapelle.

NICHT VERSÄUMEN

- ★ Sala dos Brasões
- ★ Sala dos Cisnes
- ★ Sala das Pegas

Sintra: Palácio da Pena

Tritontor

HOCH OBEN IN DER Serra de Sintra wurde im 19. Jahrhundert der eklektische Palácio da Pena für den Ehegatten der jungen Königin Maria II, Ferdinand von Sachsen-Coburg-Gotha, gebaut – auf den Ruinen eines Hieronymitenklosters, das dort im 15. Jahrhundert an der Stelle der Kapelle Nossa Senhora da Pena gegründet worden war. Ferdinand engagierte für den Bau seines Sommerhauses, das voll von Kuriositäten aus aller Welt ist, den deutschen Architekten Baron von Eschwege. Nach der Ausrufung der Republik 1910 wurde der Palast zum Museum, das so erhalten blieb, als würde die königliche Familie dort noch leben. Für eine Besichtigung sollte man mindestens eine Stunde einplanen.

Eingangstor
Ein mit Zinnen überladener Bogengang heißt den Besucher am Eingang willkommen. Die Palastgebäude sind in Narzissengelb und Erdbeerrot gestrichen.

Schlafgemach Manuels II
Das ovale Zimmer ist mit grünen Tapeten und einer Stuckdecke dekoriert. Über dem Kamin hängt ein Porträt des letzten Königs von Portugal.

In der Küche hängen noch die Kupferkessel über dem Eisenherd. Das Speiseservice ist mit dem Wappen Fernandos II geschmückt.

★ Ballsaal
Der geräumige Ballsaal ist prachtvoll mit deutschem Buntglas, wertvollem Porzellan und vier lebensgroßen Fackelträgern mit riesigen Kandelabern ausstaffiert.

★ Arabisches Zimmer
Wände und Decke des hübschesten Zimmers im Palast sind mit wunderbaren Trompe-l'œil-Fresken bemalt. Der Romantizismus war stark vom Orient beeinflusst.

INFOBOX

Estrada da Pena, 5 km S von Sintra. *21-923 02 27. 434 von der Avenida Dr. Miguel Bombarda, Sintra. Mai–Okt: Di–So 9.30 bis 18 Uhr (Juni–Sep 19 Uhr); Nov–Apr: Di–So 10–17 Uhr. 1. Jan, Ostern, 1. Mai, 29. Jun, 25. Dez.* www.ippar.pt

★ Altarbild der Kapelle
Das Retabel aus Alabaster und Marmor wurde im 16. Jahrhundert von Nicolau Chanterène geschaffen. Jede Nische stellt eine Szene aus dem Leben Christi dar.

Das Tritontor ist mit neomanuelinischer Dekoration überladen und wird von einem Seeungeheuer bewacht.

Der Kreuzgang mit den farbenprächtigen Kacheln ist Teil des ursprünglichen Klosters.

Eingang

PRINZGEMAHL FERDINAND

In Portugal wurde Ferdinand, Fernando II, »Künstlerkönig« genannt. Er liebte, wie so viele andere Herrscher des 19. Jahrhunderts, Kunst, Natur und die Neuerungen seiner Zeit. Er selbst malte Aquarelle. Ferdinand liebte seine Wahlheimat und widmete sich mit großem Enthusiasmus der Förderung der Künste. 16 Jahre nach dem Tod von Maria II heiratete er 1869 seine Geliebte, die Opernsängerin Gräfin Edla. Der extravagante Palast, den er sich ein Leben lang erträumte, wurde 1885, in seinem Todesjahr, fertig gestellt.

NICHT VERSÄUMEN

- ★ **Arabisches Zimmer**
- ★ **Ballsaal**
- ★ **Altarbild der Kapelle**

Straßencafé in dem beliebten Ferienort Cascais

Cascais ❼

Straßenkarte B5. *33 000.* *Rua Visconde da Luz 14 (21-486 82 04).* *1. u. 3. So des Monats.*

CASCAIS IST seit mehr als 100 Jahren ein Urlaubsort und besitzt ein gewisses Flair, das jüngeren Ferienzielen meist fehlt. Seine Geschichte wird in den Villen an der Küste dokumentiert: Sie waren im 19. Jahrhundert die Sommerresidenzen reicher *Lisboetas*. Auch König Luís I verlebte den Sommer hier in der Festung aus dem 17. Jahrhundert. Wegen seiner Lage am Nordufer der Tejomündung hatte Cascais einst auch miltärische Bedeutung.

Der moderne Vorort Lissabons erstreckt sich um eine geschützte sandige Bucht, in der schon in prähistorischer Zeit ein Fischerhafen existierte. Die Fischerei bekam kürzlich einen neuen, staatlich geförderten Impuls durch den Bau eines neuen Kais, wo man den Fang auch gleich frisch kaufen kann.

In erster Linie ist Cascais jedoch ein beliebter Wohnvorort von Lissabon mit modernen Apartments mit Meerblick und Golfplätzen inmitten von Piniewäldern. Einige Bauten scheinen sich zwar an keine historischen Vorbilder zu halten oder attraktiv für Besucher zu sein, die wunderschöne windumtoste Küste jenseits der Stadt blieb jedoch relativ unangetastet.

Im **Museo do Conde de Castro Guinarães** lässt sich das Cascais des 19. Jahrhunderts vielleicht am besten kennenlernen. Die schlossähnliche Villa liegt an einem kleinen Bach auf einer Landzunge inmitten eines Parks. Das Museum und die Exponate hat die Gemeinde geerbt.

Direkt gegenüber vom Museum befindet sich nun der neue Yachthafen, ein Schmuckstück von Cascais. Die Anlage umfasst ein Einkaufszentrum, Restaurants und einige Cafés. Diese Annehmlichkeiten machen dan Hafen zu einem beliebten Wochenendziel für Besucher und Einheimische.

Museu do Conde de Castro Guimarães

Avenida Rei Humberto de Itália. *21-482 54 07.* **Museum** *Di–So, 10–17 Uhr.* **Bibliothek** Casa da Horta de Santa (neben Zentralmarkt) *Mo–Sa, 10–19 Uhr.* *Feiertage.*

UMGEBUNG: An der **Boca do Inferno**, etwa drei Kilometer westwärts an der Küstenstraße, donnert das Meer mit gewaltigem Dröhnen und sprühender Gischt in die Felsspalten. Der Ort ist übersät mit Marktständen und Cafés am Straßenrand. Von einer kleinen Plattform aus hat man einen guten Blick auf das Felsentor und das Meer.

Hinter dem großartigen Sandstrand von **Guincho**, zehn Kilometer weiter westlich, gibt es Sanddünen mit Schirmpinien. Ein kleines Fort (heute das Luxushotel Fortaleza do Guincho) thront auf den Felsen über dem Meer. Die atlantischen Brecher machen den Strand zum Paradies für erfahrene Windsurfer, doch ist die Unterströmung nicht zu unterschätzen.

Spektakulärer Blick auf die zerklüftete Küste am Boca do Inferno bei Cascais

Sandstrand und Promenade entlang der Bucht von Estoril

Estoril ❽

Straßenkarte B5. *24 000.* *Arcadas do Parque (21-466 44 14), Avenida Clotilde 3A (214-67 82 10).*

ESTORIL WAR EINST ein beliebtes Exil von Königen und europäischem Adel. Heute ist der Ort ein Ferienziel und Alterssitz, auch als Handelszentrum inmitten einer attraktiven Landschaft hat er sich einen Namen gemacht. Es gibt rund um Estoril zudem eine Reihe von Golfplätzen.

Estoril verfügt über eine angenehme, drei Kilometer lange Strandpromenade. Die Häuser ziehen sich bis in die Hochlagen des Höhenzugs Monte Estoril. Die Stadt ist verkehrstechnisch sehr gut erreichbar. Der Bahnhof liegt mitten in der Stadt. Auf der einen Seite der Eisenbahngleise befindet sich der viel besuchte Strand, auf der anderen Seite verlaufen palmenbestandene Parkanlagen mit prächtigen Gebäuden, Brunnen und einem der größten Kasinos Europas. Das Kongresszentrum von Estoril ist ebenfalls von beeindruckender Größe. Es handelt sich um einen modernen Zweckbau, der die aktuelle überregionale Bedeutung der Stadt demonstriert.

Palácio de Queluz ❾

Siehe S. 164 f.

Alcochete ❿

Straßenkarte C5. *9000.* *Largo da Misericórdia (21-234 86 55).*

DIE REIZVOLLE ALTE STADT liegt am Südufer des breiten Tejo. Salz war dort lange Zeit der Haupterwerbszweig, und noch heute sieht man einige Salzpfannen im Norden und Süden der Stadt. Eine Inschrift auf einer Statue eines kräftigen Salzarbeiters im Stadtzentrum lautet: »Do sal a Revolta e a Esperança« (Vom Salz zu Aufstand und Hoffnung). Am Stadtrand befindet sich eine Statue von Manuel I *(siehe S. 46 f)*, der dort am 1. Juni 1469 geboren wurde und der Stadt 1515 das königliche Privileg verlieh.

Statue eines Salzarbeiters in Alcochete (1985)

UMGEBUNG: Die **Reserva Natural do Estuário do Tejo**, ein Wasservogelreservat, umfasst ein großes Areal aus Flussgewässern, Salzmarschen und Inseln um Alcochete. Besonders reizvoll sind Flamingos, die sich im Herbst und Frühjahr auf ihrem Weg von der Camargue in Frankreich und Fuente de Piedra in Spanien versammeln. Fremdenverkehrsbüros bieten Bootsausflüge zur Beobachtung der Vögel und anderer Tiere, wie Wildpferde und Stiere.

Reserva Natural do Estuário do Tejo
Avenida dos Combatentes da Grande Guerra 1. *21-234 17 42.*

Pilgerunterkunft am Cabo Espichel

Costa da Caparica ⓫

Straßenkarte B5. *12 000.* *nach Pragal, dann Bus.* *Avenida da República 18 (21-290 00 71).*

LANGE SANDSTRÄNDE und Dünen, urige Fischrestaurants und gemütliche Strandcafés haben den Ort zu einem beliebten Ferienziel der Lissabonner gemacht.

Eine Eisenbahn mit offenen Waggons befährt im Sommer eine zehn Kilometer lange Strecke an der Küste. Die der Stadt nächstgelegenen Strände werden vorzugsweise von Familien mit Kindern besucht, die weiter entfernten sind bei jenen beliebt, die gern allein sind. Weiter im Süden bietet die **Lagoa do Albufeira** Windsurfen und einen Campingplatz.

Cabo Espichel ⓬

Straßenkarte B5. *von Sesimbra.*

AN DIESER WINDIGEN Landspitze stürzen die blanken Klippen steil ins Meer. Die Römer nannten sie in Bezug auf ihre Gefährlichkeit Promontorium Barbaricum. Von der Landzunge hat man einen überwältigenden Blick auf den Ozean und die Küste, doch sollte man die heftigen Windböen am Klippenrand nicht unterschätzen.

In dieser unwirtlichen Gegend wurde mit dem Rücken zum Meer im 17. Jahrhundert das **Santuário de Nossa Senhora do Cabo** errichtet. Die Pilgerunterkünfte rund um die Kirche bilden, mit Blick nach innen, einen offenen Hof. Der Innenraum der teils restaurierten Kirche ist mit barocken Gemälden, Votivbildern und einem Deckenfresko verziert. Neben der Kirche befindet sich eine Kapelle, die mit blau-weißen *azulejo*-Bildern mit Fischerszenen ausgestattet ist.

Im 13. Jahrhundert wurde der Ort eine Pilgerstätte, nachdem ein Einheimischer eine Madonna auf einem Maultier aus dem Meer aufsteigen sah. Es heißt, dass man die Hufabdrücke des Maultiers noch im Felsen sehen könne. Tatsächlich geht man davon aus, dass die Abdrücke an der Praia dos Lagosteiros unterhalb der Kirche versteinerte Dinosaurierspuren sind.

Frühlingsblumen an den Salzpfannen des Tejo bei Alcochete

Palácio de Queluz ❾

Eine Sphinx im Garten

PEDRO, DER JÜNGERE SOHN Joãos V, beauftragte 1747 Mateus Vicente mit dem Umbau seines Jagdschlosses aus dem 17. Jahrhundert in einen Rokokopalast. Der Mitteltrakt mit Musikzimmer und Kapelle wurde fertig gestellt, und nach Pedros Heirat mit der zukünftigen Maria I im Jahr 1760 erneut erweitert. Der französische Architekt Jean-Baptiste Robillion fügte den Robillion-Pavillon samt Park hinzu, schuf Platz für den Thronsaal und gestaltete das Musikzimmer neu. Maria I hielt eine Menagerie und genoss Ausflüge auf dem *azulejo*-gesäumten Kanal.

Ärmelkorridor
Die Wände des Corredor das Mangas (Ärmel) sind mit azulejo-*Bildern (1784) versehen, die die Kontinente, Jahreszeiten und Jagdszenen darstellen.*

★ Sala dos Embaixadores
Der Saal von Robillion wurde für Audienzen und Konzerte genutzt. Die Trompe-l'œil-Decke stellt die königliche Familie während eines Konzerts dar.

Neptunbrunnen

Die repräsentative und anmutige Löwentreppe führt vom Park zum Palast.

Zum Kanal

Löwenbrunnen

Der Robillion-Pavillon ist ein Prachtexemplar des französischen Rokoko.

NICHT VERSÄUMEN

- ★ **Thronsaal**
- ★ **Sala dos Embaixadores**
- ★ **Palastgarten**

Don-Quichotte-Gemach
Das Schlafzimmer, in dem Pedro IV (siehe S. 54) *geboren wurde und starb, hat eine Kuppeldecke und einen Parkettboden aus exotischen Hölzern, was dem rechteckigen Zimmer einen kreisförmigen Anschein gibt. Die Bilder (1784) von Manuel de Costa erzählen die Geschichte des Don Quixote.*

Musikzimmer
Das Orchester Marias I, von einem englischen Reisenden als »das beste Europas« bezeichnet, führte dort Opern und Konzerte auf. Ein Porträt der Königin befindet sich über dem Flügel.

INFOBOX

Straßenkarte B5. Largo do Palácio, Queluz. *21-434 38 60.* *Queluz-Belas oder Queluz-Massama.* *von Lissabon (Colégio Militar).* *Mi–Mo 10–17 Uhr.* *1. Jan, Ostern, 1. Mai, 29. Nov, 25. Dez.* *So 10–14 Uhr frei.* *Cozinha Velha* (siehe S. 409).

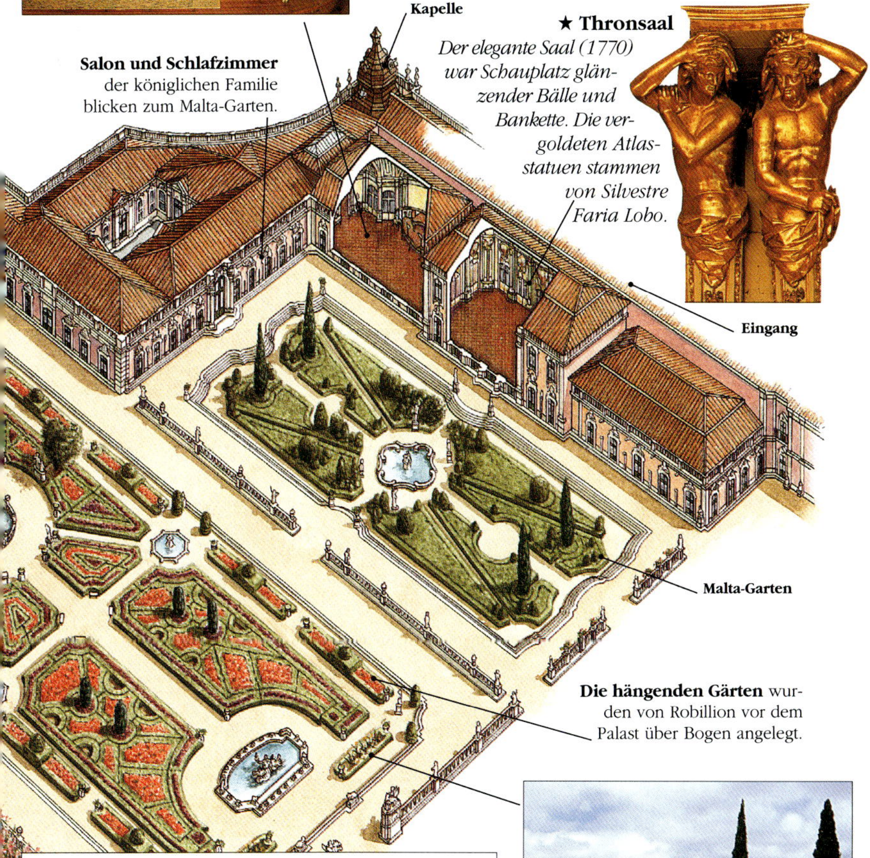

Kapelle

Salon und Schlafzimmer der königlichen Familie blicken zum Malta-Garten.

★ Thronsaal
Der elegante Saal (1770) war Schauplatz glänzender Bälle und Bankette. Die vergoldeten Atlasstatuen stammen von Silvestre Faria Lobo.

Eingang

Malta-Garten

Die hängenden Gärten wurden von Robillion vor dem Palast über Bogen angelegt.

MARIA I (1734–1816)

Maria, die älteste Tochter Josés I, lebte nach ihrer Heirat (1760) mit ihrem Onkel Pedro in dem Palast. Ernst und fromm füllte sie ihre Rolle als Königin aus, litt jedoch zunehmend unter Anfällen von Melancholie. Als ihr Sohn José 1788 an den Pocken starb, wurde sie endgültig verrückt. Besucher waren bestürzt über ihre Schreie in Agonie und Wahnsinn. Nach der französischen Invasion 1807 nahm sie ihr jüngerer Sohn João, seit 1792 Regent, mit nach Brasilien.

★ Palastgarten
Der Garten mit Statuen, Brunnen und in Form geschnittenen Bäumen wurde für Lustbarkeiten genutzt. Konzerte aus dem Musikzimmer erschallten bis in den Malta-Garten.

Sesimbra ⓭

Straßenkarte C5. *42 000.* *Largo da Marinha 26/27 (21-228 85 40).* *1. u. 3. Fr des Monats.*

Eine steile, schmale Straße führt hinab zu der in einer geschützten Bucht gelegenen Fischerstadt. Durch die Südlage und die Hänge der Serra da Arrábida von den Nordwinden abgeschirmt, wurde das Dorf ein beliebter Ferienort. Einst hatten es die Römer und später die Mauren besetzt, bis König Sancho II deren stark befestigte Burgen 1236 eroberte. In der Mitte der Altstadt mit ihrem Gewirr aus engen Straßen ragt das **Fort** (heute Zollhaus) empor. Der Vorhof, der tagsüber geöffnet ist, bietet einen sehr schönen Blick auf die Stadt, den Atlantik und den Sandstrand. Sesimbra entwickelt sich rasant zu einem viel besuchten Urlaubsort. In den umliegenden Hügeln werden Ferienwohnungen gebaut. Es gibt zahlreiche Straßencafés und Bars, die an sonnigen Tagen stets gut besucht sind.

Leuchtend bunte Fischerboote ankern im **Porto do Abrigo** westlich vom Stadtzentrum. Der Hafen ist über die Avenida dos Náufragos, eine ausladende Strandpromenade, zu erreichen. Die großen Trawler *(traineiras)* fangen hauptsächlich Sardinen, Seebrassen, Weiß- und Schwertfische, die kleineren Boote Tintenfische und Oktopusse. Wenn die Schiffe am späten Nachmittag zurückkehren, findet am Hafen eine lautstarke Fischauktion statt. Der Fang kann in den exzellenten Fischrestaurants genossen werden.

Die **maurische Burg** hoch über der Stadt wurde im Lauf des 18. Jahrhunderts restauriert, als innerhalb ihrer Mauern eine Kirche mit Friedhof errichtet wurde. Von den Mauern der Burg hat man besonders bei Sonnenuntergang einen großartigen Blick über Stadt und Umgebung.

Farbenfrohe Fischerboote im Hafen von Sesimbra

Palmela ⓮

Straßenkarte C5. *57 000.* *Castelo de Palmela (21-233 21 22).* *jeder zweite Di.*

Die gewaltige Burg in Palmela auf einem Ausläufer der Serra da Arrábida überragt die kleine Stadt. Sie ist, besonders bei nächtlicher Beleuchtung, kilometerweit zu sehen. Trotz heftiger Verteidigung der Mauren wurde sie schließlich im 12. Jahrhundert vom Ritterorden von Santiago erobert. João I wandelte 1423 die Burg in ein Kloster für den Orden um. Heute ist sie nach ihrer Restaurierung eine prachtvolle *pousada* *(siehe S. 385)* mit einem Restaurant im alten Refektorium und einem Swimmingpool innerhalb der Burgmauern.

Von der Burg, und mehr noch vom Bergfried, hat man einen fantastischen Panoramablick auf die Serra da Arrábida, an klaren Tagen sogar bis Lissabon. In der Stadt selbst können Sie in der Kirche **São Pedro** Kachelbilder aus dem 18. Jahrhundert mit einigen Szenen aus dem Leben des heiligen Petrus bewundern.

Das jährliche Weinfest, die Festa das Vindimas, findet am 1. Wochenende im September vor dem Paços do Concelho (Rathaus) aus dem 17. Jahrhundert statt. Die Einwohner in traditionellen Trachten treten die Reben mit bloßen Füßen, und am letzten Tag des Fests veranstaltet man auf den Burgmauern ein spektakuläres Feuerwerk.

Die Burg in Palmela mit Blick auf die bewaldete Serra da Arrábida

Serra da Arrábida ⓯

Straßenkarte C5. 🚌 *Setúbal.*
ℹ *Parque Natural da Arrábida, Praça da República, Setúbal (265-54 11 40).*

DER PARQUE NATURAL da Arrábida umfasst die kleine Bergkette, die sich an der Küste zwischen Sesimbra und Setúbal in Ost-West-Richtung erstreckt. Er wurde zum Schutz der wunderschönen Landschaft und der vielfältigen Fauna, zu der Adler, Wildkatzen und Dachse gehören, eingerichtet.

Der Name »Arrábida« kommt aus dem Arabischen und bedeutet »Gebetsplatz«; es ist tatsächlich ein Ort, der Frieden und Abgeschiedenheit ausstrahlt. Die geschützten Südhänge sind von immergrüner, eher mediterraner Vegetation überwuchert. Auch Wein gedeiht an den Hängen. **Vila Nogueira de Azeitão** ist berühmt für ihren Wein, besonders für den Moscatel de Setúbal.

Die **Estrada de Escarpa** (N379-1), die sich über den Bergkamm schlängelt, bietet großartige Aussichten. Eine schmale Straße führt hinab zum **Portinho da Arrábida**, einer geschützten Bucht mit weißem Sandstrand und kristallklarem Wasser. Weiter östlich Richtung Setúbal befinden sich die Sandstrände von **Galapos** und **Figueirinha**. Die 380 Meter hohen Risco-Klippen, die höchsten des portugiesischen Festlands, stürzen östlich von Sesimbra steil ins Meer.

Portinho da Arrábida an der dramatischen Küste der Serra da Arrábida

Convento da Arrábida

Serra da Arrábida. ☎ *21-218 05 20.*
◯ *nur nach Vereinbarung mit Fundaçáo Oriente (21-352 70 02).*
Das von Bäumen umgebene Gebäude (16. Jh.) in der Serra da Arrábida war einst ein Franziskanerkloster. Die fünf Rundtürme auf dem Hügel dienten der Meditation. Heute ist hier ein Kulturzentrum.

Museu Oceanográfico

Fortaleza de Santa Maria, Portinho da Arrábida. ☎ *265-54 11 40.*
◯ *Di–Fr, 9–12, 14–17 Uhr.*
Die kleine Festung oberhalb von Portinho da Arrábida ließ Prinzregent Pedro 1676 zum Schutz der Dörfer vor Piratenüberfällen bauen. Heute sind darin ein Meeresmuseum und ein meeresbiologisches Zentrum untergebracht, in deren Aquarien sich einheimische Meerestiere tummeln.

José Maria de Fonseca

Rua José Augusto Coelho 11, Vila Nogueira de Azeitão. ☎ *21-219 75 00.* FAX *21-219 75 01.*
◯ *Mo–Fr 9–12, 14.15–16.15 Uhr, Sa 10–12.15, 14.15–16.30 Uhr.*
● *24. Dez–1. Jan.*
Das Weingut José Maria de Fonseca produziert hochwertige Tafelweine und ist insbesondere für seinen duftigen Dessertwein Moscatel de Setúbal berühmt *(siehe S. 29).* Touren durch das Weingut erklären den Prozess der Herstellung des Moscatels; man wird dabei durch mehrere Keller mit riesigen Eichen- und Kastanienfässern geführt. Die Führungen dauern etwa 45 Minuten und schließen eine Weinprobe ein.

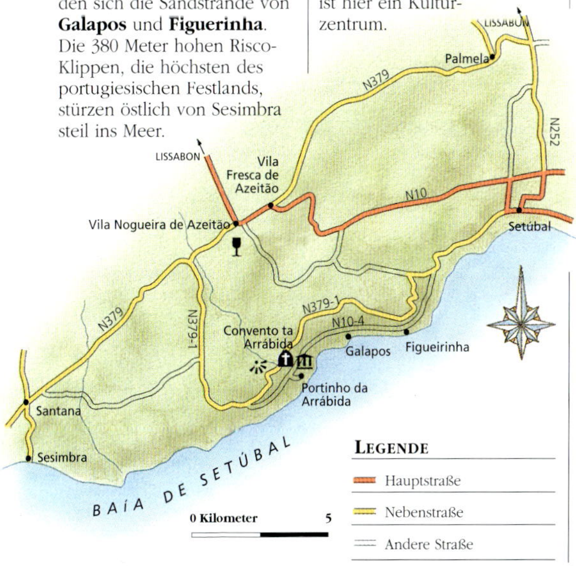

Manuelinischer Innenraum der Igreja de Jesus in Setúbal

Setúbal ⓰

Straßenkarte C5. 118 500. Casa do Corpo Santo, Praça do Quebedo (265-53 42 22).

SETÚBAL IST EINE wichtige Industriestadt und nach Lissabon und Porto drittgrößter Hafen Portugals. Von dort kann man gut die Gegend erkunden. Südlich des Stadtparks mit seinen Brunnen befinden sich Fischerei-, Yacht- und Fährhafen sowie eine lebhafte Markthalle. Nördlich des Parks erstreckt sich die Altstadt mit hübschen Fußgängerzonen und Plätzen voller Läden und Cafés.

Die **Kathedrale** Santa Maria da Graça aus dem 16. Jahrhundert birgt Kachelbilder aus dem 18. Jahrhundert. Einige Straßennamen erinnern an zwei berühmte Einwohner der Stadt: Manuel Barbosa du Bocage (1765–1805), dessen satirische Gedichte ihn ins Gefängnis brachten, sowie Luísa Todi (1753–1833), eine gefeierte Opernsängerin. Zur Römerzeit war das Fischpökeln der Haupterwerbszweig der Stadt. Die steinernen Becken sind unter dem Glasboden des Fremdenverkehrsbüros in der Travessa Frei Gaspar Nr. 10 zu sehen.

Igreja de Jesus

Praça Miguel Bombarda. *265-52 41 50. Di–So 9–12, 14–17 Uhr.* **Museum** *265 52 47 72 Di–Sa. Feiertage.*

Die gotische Kirche im Norden der Altstadt gehört zu den architektonischen Schätzen Setúbals. Der hohe Innenraum, von Diogo Boitac 1494 entworfen, ist mit aus drei Strängen »verflochtenen« Säulen aus rosafarbenem Arrábida-Kalkstein und seilartigen Steinstreben am Dach ausgestattet. Er gilt als das früheste Beispiel des manuelinischen Stils *(siehe S. 20f)*.

Im angrenzenden Klostertrakt in der Rua do Balneário ist ein **Museum** mit 14 Gemälden zum Leben Christi untergebracht. Die sehenswerten Werke werden den Schülern Jorge Afonsos (1520–30) zugeschrieben und sind von der flämischen Schule beeinflusst.

Museu de Arqueologia e Etnografia

Avenida Luísa Todi 162. *265-23 93 65. Di–Sa. Feiertage.*

Das archäologische Museum stellt eine Fülle von Ausgrabungsfunden um Setúbal aus, wie bronzezeitliche Töpfe, römische Münzen, Weinamphoren und *garum*, eine Soße aus mariniertem Fisch, die in Rom als Delikatesse galt. Die ethnografische Ausstellung zeigt regionale Kunst, Kunsthandwerk und wichtige Gewerbe wie Salz- oder Korkverarbeitung.

Castelo de São Filipe

Estrada de São Filipe. *065-52 38 44. tägl.*

Die sternförmige Burg wurde 1595 von Felipe II von Spanien während der spanischen Herrschaft *(siehe S. 50f)* erbaut, um Piraten, englische Invasoren und die Bevölkerung im Auge zu behalten. Eine massive Toreinfahrt führt ins Innere, in dem nun eine *pousada (siehe S. 385)* untergebracht ist sowie eine kleine Kapelle mit Kachelszenen aus dem Leben des heiligen Philipp von Policarpo de Oliveira Bernardes *(siehe S. 22)*. Von der Terrasse hat man einen guten Blick auf die Stadt und die Sado-Mündung.

Fischerboot im seichten Gewässer der Reserva Natural do Estuário do Sado

UMGEBUNG: Von Setúbal aus kann man Autotouren in die unberührte **Reserva Natural do Estuário do Sado**

unternehmen, eine Flussniederung mit flachen Lagunen, Salzmarschen und Pinienwäldchen, die seit 3500 v. Chr. kultiviert und bewohnt ist. Es gibt dort Otter, Wasservögel, Austern und eine Vielzahl an Fischen. Die alte Flutwassermühle in Mouriscas, fünf Kilometer östlich von Setúbal, nutzt Ebbe und Flut als Antrieb. Heute sind der Reisanbau und die Fischerei die wichtigsten Erwerbszweige der Gegend.

Reserva Natural do Estuário do Sado
Praça da República, Setúbal (265-54 11 40).

Península de Tróia ⓱

Straßenkarte C5. *Tróia.*
Complexo Turístico de Tróia (265-49 43 12).

Fischerhaus mit Reetdach in Carrasqueira

Hoch aufragende Apartmenthäuser dominieren die Spitze der Halbinsel, die von Setúbal leicht mit der Fähre zu erreichen ist. An den unberührten Sandstränden der Küste, die sich 18 Kilometer nach Süden erstreckt, tummeln sich im Sommer die Sonnenanbeter.

In der von Römern an einer Lagune gegründeten Stadt **Cetóbriga** war Fischpökeln wichtiger Erwerbszweig. Die Steinbecken und Ruinen kann man besichtigen. Weiter südlich entstehen entlang der Lagune schicke Ferienhäuser und Golfplätze.

Carrasqueira ist ein altes Fischerdorf, in dem man noch immer die traditionellen Häuser sehen kann, deren Wände und Dächer mit Schilf gedeckt sind. Die schmalen Boote, die im Flachwasser dümpeln, erreichen die Fischer über Fußwege auf Pfählen. Die Straße nach Alcácer do Sal ist von Pinien gesäumt. Von dort sieht man bereits die Korkeichen, die so typisch für den Alentejo sind.

Blick von der Burg über Alácer do Sal und den Sado

Cetóbriga
N253-1. *265-49 43 18.* *tägl.*

Alcácer do Sal ⓲

Straßenkarte C5. *13 700.*
Rua da República (265-61 00 45).
1. Sa im Monat.

Abseits der Hauptstrasse liegt die alte Stadt Alcácer do Sal (*al-kasr* ist arabisch für »Burg«, *do sal* bezieht sich auf den Salzhandel) friedlich am Nordufer des Sado. Die imposante Burg war bereits im 6. Jahrhundert v. Chr. eine Festung.

Die Phönizier gründeten hier einen Handelshafen; später wurde die Burg zu einer Festung der Römer. Nach dem Wiederaufbau durch die Mauren wurde sie schließlich 1217 von Afonso II erobert. Heute ist in den restaurierten Gebäuden eine *pousada* *(siehe S. 384)* untergebracht, von der man einen weiten Blick über die Dächer und Storchennester hat.

An der Flusspromenade gibt es hübsche Cafés und einige historische Kirchen. Die kleine Espírito Santo beherbergt nun das **Museu Arqueológico** mit lokalen Fundstücken. In der Kirche **Santo António** befindet sich die marmorne Kapelle der 11 000 Jungfrauen. Im Sommer lockt die Stierkampfarena mit vielen Darbietungen, im Oktober eine Landwirtschaftsmesse.

Museu Arqueológico
Igreja do Espírito Santo, Praça Pedro Nunes. *265-61 00 70.* *tägl.*

Vogelwelt der Tejo- und Sado-Mündung

Im Mündungsgebiet von Tejo und Sado mit Brackwasser und ausgetrockneten Lagunen entdeckt man zahlreiche Wasservögel wie Stelzen, Säbelschnäbler, Regenpfeifer oder Brachschwalben. Auch die Schilfgürtel bieten Nistplätze für zahlreiche Rohrdommeln, Purpurreiher und Weihen. Zwischen September und März ist das Mündungsgebiet des Tejo für Wildvögel und überwinternde Stelzvögel von größter Bedeutung.

Schwarzflügelige Stelze, die an Tejo und Sado nistet

Estremadura und Ribatejo

Zwischen Tejo und Küste *verläuft die Estremadura, ein von Klippen und Sandstränden gesäumtes Hügelland. Der Ribatejo, das weitläufige Marsch- und Schwemmland, erstreckt sich am Tejo. Die schönsten mittelalterlichen Klöster Portugals zeugen von der grandiosen und turbulenten Geschichte der Regionen.*

Der Name »Estremadura« kommt vom lateinischen *extrema Durii*, »jenseits des Douro«, der damaligen Grenze der christlichen Königreiche im Norden. Bei der Expansion Portugals nach Süden im 12. Jahrhundert *(siehe S. 42ff)* erhielten religiöse Orden das den Mauren entrissene Land. Die Grundsteinlegung des Zisterzienserklosters Alcobaça geht auf Afonso Henriques' Eroberung von Santarém (1147) zurück; kurz darauf begannen die Tempelritter mit dem Bau ihrer Burg in Tomar *(siehe S. 185)*.

Spaniens Anspruch auf den portugiesischen Thron löste Konflikte aus: Das Kloster Batalha entstand unweit von Aljubarrota, wo João I 1385 die Kastilier besiegte. Zwischen 1808 und 1810 plünderten Truppen Napoléons viele Städte der Region, bis Wellingtons Verteidigungslinie sie bei Torres Vedras stoppte.

Die Estremadura ist eine erfolgreiche Wirtschaftsregion mit Weinbergen, Weizenfeldern und Gärtnereien. Das weite Becken des Ribatejo (der Name bedeutet »Ufer des Tejo«) überziehen große Weideflächen zur Zucht von Kampfstieren und Pferden.

Industrieller Aufschwung kennzeichnet die Gegend um Tomar und die Städte am Tejo. Der Damm, der bei Castelo de Bode den Zêzere staut, läutete in den 1940er Jahren das Zeitalter der Stromerzeugung durch Wasserkraft ein. Die Atlantikküste ist ein beliebtes Urlaubsziel, vor allem Nazaré und die Strände am Pinhal de Leiria. Pilgermassen strömen auch nach Fátima, dem berühmtesten Wallfahrtsort Portugals, wo drei Kinder 1917 die Jungfrau Maria sahen.

Plakate kündigen Stierkämpfe in Coruche an

◁ **Frühgotische Pfeiler im Langhaus des Zisterzienserklosters Alcobaça**

Überblick: Estremadura und Ribatejo

Die imposanten Bauwerke der Estremadura spiegeln die zentrale Bedeutung wider, die dieser Region in der Geschichte Portugals zukam. Tomar und Óbidos sind ideale Ausgangspunkte für die Besichtigung der Klöster Batalha und Alcobaça sowie des Wallfahrtsorts Fátima. Leirias bezaubernde Altstadt ist ebenfalls ein angenehmer Aufenthaltsort. Entspannung bieten eine Bootsfahrt auf dem See von Castelo de Bode und die grandiosen Strände entlang der Küste. Die fruchtbare Ebene Lezíria im Ribatejo ist berühmt für Stier- und Pferdezucht, Stierkämpfe in Santarém und farbenfrohe regionale Feste.

Sehenswürdigkeiten auf einen Blick

Abrantes 14
Alcobaça S. 178f 5
Alenquer 22
Alpiarça 18
Barragem do Castelo de Bode 13
Batalha S. 182f 8
Berlenga-Inseln 1
Caldas da Rainha 4
Castelo de Almourol 15
Coruche 20
Fátima 11
Golegã 17
Leiria 9
Nazaré 6
Óbidos 3
Peniche 2
Pombal 10
Porto de Mós 7
Santarém 19
Tomar S. 184ff 12
Torres Novas 16
Torres Vedras 23
Vila Franca de Xira 21

In der Estremadura und im Ribatejo unterwegs

Zwar sind die Zugverbindungen zwischen den größeren Städten der Region gut, Bahnhöfe liegen leider aber oft außerhalb. Von Lissabon gibt es Buslinien, auch Reisen mit Führern zu Zielen wie Alcobaça und Tomar werden angeboten. Mit dem Auto ist es am bequemsten. Die Autobahnen A1 und A8 sorgen für eine rasche Nord-Süd-Verbindung. Die N1 ist oft überlastet. Die A23 verläuft von der A1 nach Osten.

Bunte Strandzelte in São Martinho do Porto bei Nazaré

Bougainvilleen schmücken die Wand eines Cafés im historischen Óbidos

LEGENDE

- Autobahn
- Hauptstraße
- Nebenstraße
- Panoramastraße
- Fluss

SIEHE AUCH

- ***Übernachten*** S. 386ff
- ***Restaurants*** S. 410f

Die Renaissancebrücke Ponte Velha über den Nabão in Tomar mit dem Convento de Cristo im Hintergrund

Berlenga-Inseln ❶

Straßenkarte B4. *von Peniche.* *Peniche.*

Diese Felseninseln zwölf Kilometer vor der Küste bewohnten schon Mönche, ein Leuchtturmwärter und unlängst auch Biologen. Die größte Insel, Berlenga Grande, ein Naturschutzgebiet für Meeresvögel wie Lummen und Silbermöven, erreicht man mit der Fähre in einer Stunde.

Auf der Südostseite der Insel liegt das **Forte de São João Baptista**, das in der Vergangenheit mehrmals von Piraten und feindlichen Armeen angegriffen wurde. Heute befindet sich darin eine schlichte Herberge. Am Steg kann man kleine Boote mieten, um die Riffe und Grotten rund um die Insel zu erkunden: Am spektakulärsten ist der **Furado Grande**, ein siebzig Meter langer Tunnel, der in die von roten Granitfelsen eingeschlossene Cova do Sonho mündet.

Die Festung São João Baptista auf Berlenga Grande

Peniche ❷

Straßenkarte B4. *28 000.* *Rua Alexandre Herculano (262-78 95 71).* *letzter Do des Monats (außer Juli u. Dez).*

Diese nette Kleinstadt mit teilweise erhaltener Stadtmauer aus dem 16. Jahrhundert liegt auf einer Halbinsel. Das von seinem Hafen geprägte Peniche bietet gute Fischrestaurants und Möglichkeiten zum Hochseeangeln. Im Süden der Stadt liegt die **Fortaleza** aus dem 16. Jahrhundert, die unter Salazar *(siehe S. 56f)* Gefängnis war und seit der Flucht von Kommunistenführer Alvaro Cunhal 1960 berühmt ist. Das **Museu de Peniche** bietet einen Einblick in das damalige politische Leben, die Zellen können besichtigt werden. Die mit Szenen aus dem Leben Christi bemalte Decke der **Igreja da Misericórdia** am Largo 5 de Outubro stammt wie die Kachelbilder aus dem 17. Jahrhundert.

Museu de Peniche

Campo da República. *262-78 01 16.* *Di–So.* *25. Dez.*

Umgebung: Das **Cabo Carvoeiro** auf der Westseite der Halbinsel, zwei Kilometer außerhalb von Peniche, bietet einen grandiosen Blick auf das Meer und die stark zerklüftete Steilküste. Die *azulejos* (18. Jh.) im Inneren der dortigen Kapelle **Nossa Senhora dos Remédios** werden der Werkstatt von António de Oliveira Bernardes *(siehe S. 22)* zugeschrieben.

Der kleine Küstenort Baleal, zwei Kilometer östlich von Peniche, bietet herrliche Badestrände und eine idyllische Angelbucht.

Schiffe im alten Hafen von Peniche

Óbidos ❸

Straßenkarte B4. *3000.* *Parque de Estacionamento da Porta da Vila (262-95 92 31).*

Die weiss getünchten Häuser der bezaubernden Stadt umschließt eine Stadtmauer mit Türmen. Als König Dinis *(siehe S. 44f)* 1282 Isabel von Aragón heiratete, machte er ihr Óbidos zum Hochzeitsgeschenk. Damals war dies ein wichtiger Hafen, der jedoch infolge von Verschlammung im 16. Jahrhundert an strategischer Bedeutung verlor. Heute genießt Óbidos den Ruf einer Bilderbuchstadt für Besucher. Vom südlichen **Porta da Vila**, dessen Innenwände Kacheln aus dem 18. Jahrhundert zieren, gelangt man über die Hauptstraße Rua Direita zur Praça de Santa Maria. Den dortigen ***pelourinho*** (Pranger) ziert ein Fischernetz. Leonor, die Frau Joãos II, nahm dies als Wappenemblem, nachdem Fischer vergeblich versucht hatten, ihren Sohn vor dem Ertrinken zu retten.

In der gegenüber liegenden Kirche **Santa Maria** mit dem schlichten Renaissanceportal heiratete 1441 der spätere Afonso V zehnjährig seine achtjährige Cousine Isabel. Das Innere umfasst eine bemalte Holzdecke und Kacheln (17. Jh.). Das Retabel *Die mystische Hochzeit der heiligen Katharina* (1661) im Altarraum stammt von Josefa de Óbidos *(siehe S. 51)*, die einen Großteil ihres Lebens in Óbidos verbrachte und in der Kirche **São Pedro** am Largo de São Pedro begraben ist. Weitere Werke der Künstlerin zeigt das **Museu Municipal**.

Blickfang der Stadt ist die **Burg**, die Afonso Henriques wiederaufbaute, nachdem er Óbidos 1148 den Mauren entrissen hatte. Inzwischen ist sie zu einer *pousada* umgestaltet *(siehe S. 387)*. Der Fußweg auf der Stadtmauer bietet schöne Blicke auf die Altstadt.

Im Südosten liegt die 1740 begonnene Barockkirche **Santuário do Senhor da Pedra** mit sechseckigem Grundriss. Das frühchristliche Steinkreuz wird noch heute verehrt.

Museu Municipal
Praça de Santa Maria. 262-95 50 10. tägl. 1. Jan, 25. Dez.

Blick auf die Burg und die weiß getünchten Häuser von Óbidos

Pranger vor der Igreja de Santa Maria in Óbidos

Caldas da Rainha ❹

Straßenkarte B4. 22 000. Praça da República (262-83 97 00). Mo.

DIE »WARMEN QUELLEN der Königin« begründen neben Obstanbau und Töpferwaren den Reichtum des Ortes. Königin Leonor, die Namenspatronin, gründete das **Misericórdia**-Hospital am Largo Rainha Dona Leonor. An der Stelle der einstigen Hospitalskapelle steht nun die manuelinische **Igreja do Populo** von Diogo Boitac. Sehenswert im Inneren sind die Kapelle des hl. Sebastian (15. Jh.) sowie die *azulejos* aus dem 18. Jahrhundert.

Auf dem Markt auf der Praça da República und in den Läden der Rua da Liberdade werden die für die Stadt typischen Majolikawaren verkauft *(siehe S. 24f)*. Beispiele für das Werk des Karikaturisten und Töpfers Rafael Bordalo Pinheiro (1846–1905) zeigt das **Museu de Cerâmica** (in der Keramikfabrik). Das Centro de Artes in der Rua Ilídio Amado präsentiert Arbeiten portugiesischer Bildhauer .

Museu de Cerâmica
Rua Dr. Elídio Amado. 262-84 02 80. Di–So. Feiertage.

UMGEBUNG: Die **Lagoa de Óbidos**, 15 Kilometer westlich von Caldas da Rainha, ist bei Seglern und Anglern überaus beliebt.

Die von einer zinnenbewehrten Mauer umschlossene Bilderbuchstadt Óbidos ▷

Alcobaça ❺

Die grösste Kirche Portugals, das Mosteiro de Santa Maria de Alcobaça, ist als Weltkulturerbe berühmt für seine mittelalterliche Architektur. Das 1153 gegründete Kloster ist eng mit der Ankunft der Zisterzienser in Portugal im Jahr 1138 und der Geburt der Nation verbunden. Im März 1147 eroberte König Afonso Henriques *(siehe S. 42f)* die Maurenhochburg Santarém. Nach seinem Sieg baute er den Zisterziensern eine Kirche, die 1223 vollendet wurde. Auch später schenkte die Monarchie dem Kloster seine Gunst, vor allem König Dinis, der den großen Kreuzgang stiftete. In Alcobaça liegen auch König Pedro und die ermordete Inês de Castro begraben.

Portal zur Sakristei
Exotisches Blattwerk und filigrane Zinnen zieren das João de Castilho zugeschriebene manuelinische Portal.

Sarkophag von Inês de Castro

Dormitorium

Im Kapitelsaal trafen sich die Mönche, um ihren Abt zu wählen und klosterinterne Themen zu erörtern.

Der riesige Kamin der Küche

Im achteckigen Brunnenhaus wuschen sich die Mönche die Hände.

Refektorium und Küche
Stufen führen zur Kanzel, aus der ein Mönch aus der Bibel vorlas, während die anderen schweigend aßen. In der riesigen Küche nebenan konnte im Kamin ein Ochse gebraten werden; ein umgeleiteter Bach sorgte für Frischwasser.

★ Kreuzgang
Diesen »Kreuzgang des Schweigens« gab König Dinis 1308 in Auftrag. Die strengen Galerien und Doppelbogen tragen dem Zisterziensergebot der Einfachheit Rechnung.

Nicht versäumen

- ★ **Kreuzgang**
- ★ **Gräber von Pedro I und Inês de Castro**

***Tod des heiligen Bernhard*, Keramikskulptur aus dem 17. Jahrhundert**

★ Gräber von Pedro I und Inês de Castro
Die Figur Pedros liegt gegenüber der von Inês. Der König wünschte, dass sie einander ansehen sollten, damit er am Jüngsten Tag als erstes seine Geliebte erblicke (siehe S. 44f).

Haupt-portal

INFOBOX

Straßenkarte C4. Mosteiro de Santa Maria de Alcobaça, Praça 25 de Abril, Alcobaça. *262-50 51 20. von Lissabon, Coimbra u. Leiria. tägl. 9–19 Uhr (Okt–März 17 Uhr; letzter Einlass 30 Min. vor Schließung). Feiertage. 11.30 Uhr. So 9–14 Uhr frei.*

Langhaus
Das Deckengewölbe und die hohen Pfeiler erwecken den Eindruck von Harmonie und schlichter Strenge.

Die reich verzierte Fassade entstand im 18. Jahrhundert. Marmorstatuen der Heiligen Benedikt und Bernhard flankieren das Hauptportal.

Sala dos Reis
Kacheln (18. Jh.) zeigen die Gründung des Klosters, und Statuen portugiesischer Könige zieren die Wände.

DER MORD AN INÊS DE CASTRO

Die Staatsräson zwang Pedro, den Sohn Afonsos IV *(siehe S. 44f)*, die Infantin Constanza von Kastilien zu heiraten; seine Liebe galt jedoch Inês de Castro, einer ihrer Hofdamen. Nach dem Tod Constanzas lebte Pedro mit Inês in Coimbra. In der Überzeugung, ihre Familie sei eine Gefahr, ließ Afonso IV Inês am 7. Januar 1355 ermorden *(siehe S. 203)*. Nach Afonsos Tod rächte sich Pedro an zweien der Mörder, indem er ihnen die Herzen aus dem Leib reißen ließ. Er erklärte, mit Inês vermählt gewesen zu sein, ließ sie exhumieren und krönen. Zuletzt zwang er seinen Hof, vor Inês niederzuknien und ihre verweste Hand zu küssen.

Blick auf den Strand von Nazaré

Nazaré ❻

Straßenkarte C4. *15 000.*
Avenida da República 17 (262-56 11 94). *Fr.*

Das Fischerdorf Nazaré liegt an einem herrlichen, sanft geschwungenen Sandstrand vor der Kulisse steiler Klippen. Das beliebte Besucherziel bewahrt sein traditionelles Flair: Nach wie vor sieht man Fischer in ihren Booten ausfahren und Frauen Netze flicken oder Fische trocknen. Die farbenreichen Boote, die früher von Ochsen an Land gezogen wurden, sind immer noch im Einsatz, wenngleich sie heute südlich des Strandes ihren eigenen Ankerplatz haben. Der Legende nach brachte ein Mönch aus Nazareth im 4. Jahrhundert eine Marienstatue hierher und gab so dem Ort seinen Namen.

Zur Oberstadt **Sítio** auf 110 Meter hohen Klippen fährt eine Seilbahn. Die kleine **Ermida da Memória** am Klippenrand steht angeblich an dem Punkt, wo die Jungfrau Maria den Adligen Fuas Roupinho im Jahr 1182 davor bewahrte, mit seinem Pferd einem Hirsch nachzuspringen, der bei Nebel in die Tiefe gestürzt war. Die Barockkirche **Nossa Senhora da Nazaré** aus dem 17. Jahrhundert birgt *azulejos* aus dem 18. Jahrhundert, ein anonymes Gemälde von der wundersamen Rettung Roupinhos und eine verehrte Marienstatue. Die alljährlich im September stattfindende, farbenfrohe Prozession, bei der die Statue zum Meer getragen wird, erinnert an die Ursprünge des Ortes.

Die Barockkirche Nossa Senhora da Nazaré in Sítio

Umgebung: São Martinho do Porto, 13 Kilometer südlich, bietet in einer fast hufeisenförmigen Bucht Sandstrände, die bei Familien mit Kindern beliebt sind. Steinmetzarbeiten und harmonische Bogen weist die westgotische Kirche **São Gião** fünf Kilometer weiter südlich auf.

Porto de Mós ❼

Straßenkarte C4. *24 500.*
Alameda d. Afonso Henriques (244-49 13 23). *Fr.*

Auf einem Hügel oberhalb der Kleinstadt thront eine eigenwillige, ursprünglich maurische und über die Jahrhunderte mehrfach von christlichen Herrschern umgebaute **Burg**. Den heutigen Bau mit seinen grünen, kegelförmigen Türmen und einer grandiosen Loggia schufen 1420 die Baumeister Afonsos IV.

Die Kirche **São João Baptista** aus dem 13. Jahrhundert ziert ein romanisches Portal. Die prachtvoll ausgestaltete Barockkirche **São Pedro** liegt inmitten des Stadtparks. Das etwas abseits der Praça da República gelegene **Museu Municipal** zeigt zahlreiche römische Funde aus der Region sowie Dinosaurierknochen. Zu den moderneren Exponaten zählen u. a. Mühlsteine *(mós)*, Keramiken und gewebte Teppiche.

Museu Municipal
Travessa de São Pedro. *244-49 96 15.* *Di–So.* *Feiertage.*

Ein Esel im Naturpark Serra de Aire südlich von Porto de Mós

Umgebung: Den 38 900 Hektar großen **Parque Natural das Serras de Aire e Candeeiros** südlich der Stadt prägen Kalksteinfelsen, Weiden und Olivenhaine.

Die Region ist bekannt für ihre riesigen unterirdischen Höhlen mit außergewöhnlichen Gesteinsformationen, Stalaktiten und Stalagmiten. Die größten, die **Grutas de Mira de Aire**, 17 Kilometer südöstlich von Porto de Mós, bilden ein bis zu 110 Meter tiefes System aus Tunneln, Gängen und unterirdischen Seen. Die Führung zeigt u. a. Grotten mit Namen wie etwa »Juwelenzimmer«, bizarre Felsen namens »Chinesenhut« oder »Qualle« und endet mit einer theatralischen Licht-und-Wasser-Show.

Grutas de Mira de Aire
Mira de Aire, E.N. 243. *244-44 03 22.* *tägl.*

Batalha ❽

Siehe S. 182 f.

Leiria ❾

Straßenkarte C4. 123 000. *Jardim Luis de Camões (244-84 87 70).* *jeden 2. Di u. Sa.* www.rt-leiriafatima.pt

SEIT 1545 BISCHOFSSITZ, liegt Leiria in einer reizvollen Landschaft am Ufer des Lis. Zur Römerzeit hieß die Stadt Collipo; Afonso Henriques *(siehe S. 42f)* eroberte sie im 12. Jahrhundert von den Mauren zurück. 1254 hielt Afonso III hier eine Versammlung ab, zu der gewöhnliche Bürger zugelassen waren.

Die Stadt krönt ein **Kastell** mit Bibliothek und Versammlungsräumen. Mit den Anlagen in Pombal, Ourém und Tomar bildete Leiria einen Teil des Verteidigungssystems in Zentralportugal. Anfang des 14. Jahrhunderts erweiterte König Dinis den Bau um die *torre de menagem* (Bergfried) und machte ihn zum Palast für sich und seine Königin, Isabel von Aragón. Innerhalb der Anlagen stehen die Reste der gotischen Kirche **Nossa Senhora da Pena**. Die Loggia bietet einen Blick auf den weitläufigen Pinhal de Leiria und die Stadt.

Sehr reizvoll ist die Altstadt unterhalb des Kastells mit anmutigen Arkaden und der Kirche **São Pedro** (12. Jh.) am Largo de São Pedro. Vom ursprünglichen Bau ist lediglich das romanische Portal erhalten. Sehenswert sind die verschiedenen Gewölbeformen in der **Kathedrale** aus dem 16. Jahrhundert oberhalb der Praça Rodrigues Lobo sowie ein Retabel (1605) von Simão Rodrigues im Altarraum. Von der Avenida Marquês de Pombal, die den Hügel gegenüber dem Kastell hinaufführt, leitet eine Treppe zur Wallfahrtskirche **Santuário de Nossa Senhora de Encarnação** (16. Jh.). Auffällig im barocken Innenraum sind die geometrischen *azulejos* und Szenen aus dem Leben Mariens aus dem 17. Jahrhundert.

Kastell
Largo de São Pedro. *244-81 39 82.* *tägl.* *1. Jan, 25. Dez.*

UMGEBUNG: Westlich von Leiria zieht sich der **Pinhal de Leiria** die Küste entlang. Die vom »Bauernkönig« Dinis gepflanzten Kiefern sollten Holz für den Schiffsbau liefern. Das für die Fußball-EM 2004 erbaute Estádio Dr Magalhães Pessoa steht in dem Kiefernwald, der bis zum Strand von Pedrogão reicht. Der kleine Ort **São Pedro de Muel**, 22 Kilometer westlich von Leiria, hat einen herrlichen Strand.

Wilde, zerklüftete Küste westlich von Leiria

Pombal ❿

Straßenkarte C4. 58 000. *Viaduto Guilherme Santos (236-21 32 30).* *Mo u. Do.*

DIE KLEINSTADT ist untrennbar mit dem Marquês de Pombal *(siehe S. 52f)* verbunden, der sich nach unehrenhafter Entlassung 1777 hier zur Ruhe setzte. Pombal wird von der 1171 gegründeten, gut erhaltenen **Templerburg** dominiert.

Der Marquis lebte an der heutigen Praça Marquês de Pombal. Das Familienwappen ziert das Gefängnis und den *celeiro* (Kornspeicher). Die Kunstgegenstände des **Museu Marquês de Pombal** im früheren Kloster Santo António dokumentieren sein Leben.

Museu Marquês de Pombal
Largo do Cardal. *236-21 20 18.* *Mo–Fr.* *Feiertage.*

Loggia und Türme des Kastells blicken auf Leiria hinab

Batalha ❽

Das Wappen von João I am Portal

Das Dominikanerkloster Santa Maria da Vitória in Batalha ist eine Welterbestätte und ein Kleinod portugiesisch-gotischer Architektur, berühmt für seine manuelinischen Elemente. Die Arbeiten zu diesem Prachtbau begannen 1385 nach dem Sieg Joãos I über Kastilien bei Aljubarrota. Der König hatte versprochen, der Jungfrau Maria eine prächtige Kirche zu weihen, falls er siegen würde. Im Kapitelsaal ruhen die Gebeine zweier unbekannter Soldaten aus dem Ersten Weltkrieg. Zu Baubeginn 1388 war Baumeister Afonso Domingues federführend, 1402 folgte David Huguet. Im Lauf der folgenden 200 Jahre verewigten sich mehrere Könige am Kloster: Die Capelas Imperfeitas, die König Duarte als Mausoleum hinter der Apsis in Auftrag gab, sind neben den Ausschmückungen Glanzlichter manuelinischer Kunst.

Kapitelsaal
Über dem bewachten Grab der Unbekannten Soldaten erhebt sich David Huguets faszinierende Sternkuppel.

★ Königlicher Kreuzgang
Das manuelinische Maßwerk (siehe S. 20f) *an den gotischen Bogen von Afonso Domingues und David Huguet rund um den Kreuzgang trägt zum Einklang von Form und Dekoration bei.*

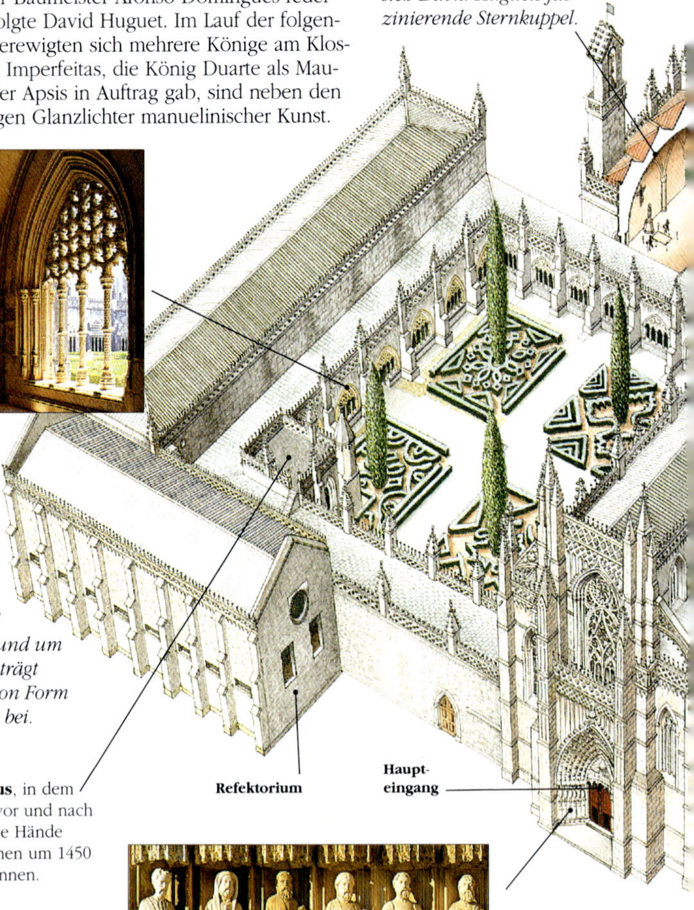

Das Brunnenhaus, in dem sich die Mönche vor und nach den Mahlzeiten die Hände wuschen, birgt einen um 1450 entstandenen Brunnen.

Nicht versäumen

- ★ Gründerkapelle
- ★ Königlicher Kreuzgang
- ★ Capelas Imperfeitas

Portal
Das Portal gestaltete Huguet mit religiösen Motiven und Apostelstatuen im spätgotischen Stil.

★ Capelas Imperfeitas
Den Bau des unter König Duarte begonnenen achteckigen Mausoleums brach Manuel I zugunsten des Mosteiro dos Jerónimos in Belém (siehe S. 106f) *ab.*

INFOBOX

Straßenkarte C4. Mosteiro de Santa Maria da Vitória, Batalha. *244-76 54 97.* *von Lissabon, Leiria, Porto de Mós u. Fátima.* *tägl. 9–18 Uhr (Okt–März 17 Uhr).* *1. Jan, Ostern, 1. Mai, 25. Dez.*

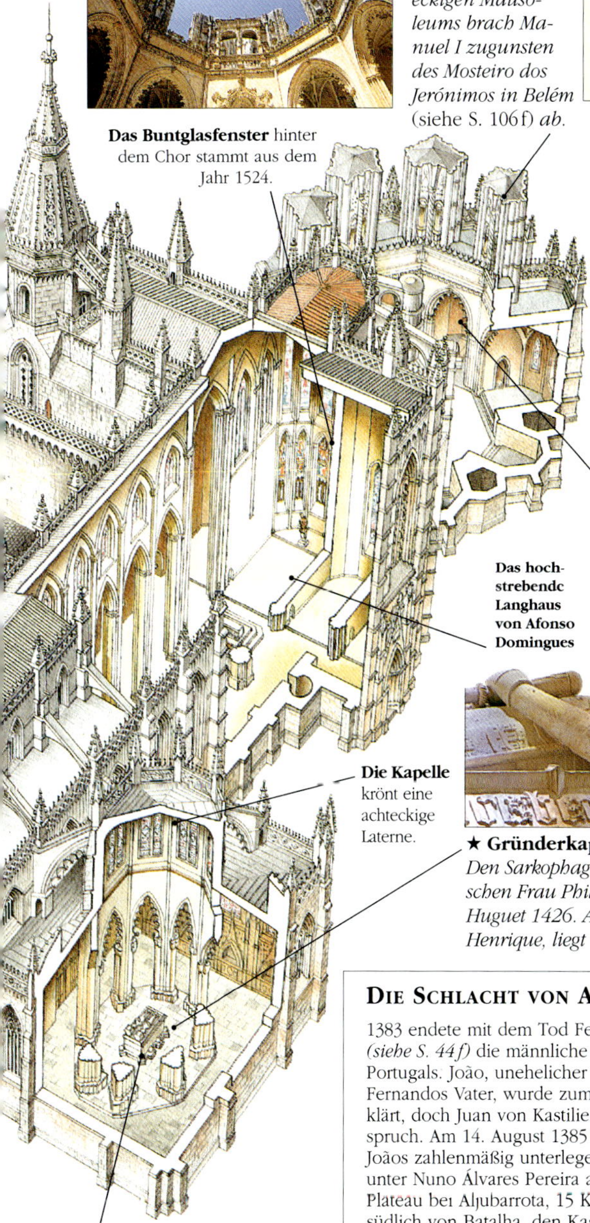

Das Buntglasfenster hinter dem Chor stammt aus dem Jahr 1524.

Das hochstrebende Langhaus von Afonso Domingues

Die Kapelle krönt eine achteckige Laterne.

Das Motto von João I – *por bem* (zum Guten) – steht auf dem Sarkophag.

Manuelinisches Portal
Ein Großteil der Dekoration der Capelas Imperfeitas entstand zur Zeit Manuels I. Dieses reich verzierte Portal schuf Mateus Fernandes 1509.

★ Gründerkapelle
Den Sarkophag von João I und seiner englischen Frau Philippa von Lancaster schuf Huguet 1426. Auch ihr Sohn, der Infant Henrique, liegt hier begraben.

DIE SCHLACHT VON ALJUBARROTA

1383 endete mit dem Tod Fernandos I *(siehe S. 44f)* die männliche Ahnenreihe Portugals. João, unehelicher Sohn von Fernandos Vater, wurde zum König erklärt, doch Juan von Kastilien erhob Einspruch. Am 14. August 1385 stellte sich Joãos zahlenmäßig unterlegene Armee unter Nuno Álvares Pereira auf einem Plateau bei Aljubarrota, 15 Kilometer südlich von Batalha, den Kastiliern. Joãos Sieg sicherte Portugal 200 Jahre Unabhängigkeit. Das Kloster versinnbildlicht die portugiesische Souveränität und die Macht des Hauses Avis.

Befehlshaber Nuno Álvares Pereira

Ein bogenförmiger Säulengang flankiert den riesigen Platz vor der Basilika von Fátima

Fátima ⓫

Straßenkarte C4. *9000.*
Avenida Dom José Alves Correia da Silva (249-53 11 39). *Sa.*
www.santuario-fatima.pt/portal

FÁTIMA IST DURCHAUS vergleichbar mit Santiago de Compostela in Spanien oder Lourdes in Frankreich. Der Vorplatz der neobarocken, von Heiligenfiguren flankierten **Basilika** mit dem 65 Meter hohen Turm ist doppelt so groß wie Roms Petersplatz.

Zum Gedenken an die Erscheinungen der Jungfrau Maria kommen am 12. und 13. Mai sowie am 13. Oktober Tausende von Wallfahrern. Am 13. Mai 1917 sahen die zehnjährige Lúcia, ihr Vetter Francisco und dessen Schwester Jacinta Marta in einer Steineiche eine strahlende Gestalt. Sie gebot ihnen, sechs Monate lang jeweils am selben Tag wiederzukommen; am 13. Oktober kamen 70 000 Gläubige mit ihnen. Lúcia empfing von der Gestalt die drei »Geheimnisse von Fátima«. Das erste bezog sich auf eine Vision der Hölle, das zweite auf einen Krieg, das dritte – eine Vision eines Papstattentats – wurde von Papst Johannes Paul II zum Jahrtausendwechsel verkündet. Der Papst sprach im Mai 2000 Jacinta und Francisco selig. Sie wurden in der 1928 begonnenen Basilika beigesetzt; Lúcia wurde nach ihrem Tod am 13. Februar 2005 in einem Karmeliterinnenkloster bestattet. Buntglasfenster in der Basilika zeigen die Erscheinungen. Die **Capela das Aparições** auf dem Vorplatz markiert deren Ort. Die Marienkrone birgt die Patrone, von der Johannes Paul II. 1981 bei einem Attentat getroffen wurde. Die ehemaligen Wohnhäuser der Kinder in der **Casa dos Pastorinhos** östlich der Wallfahrtskirche sind erhalten. Wachsarbeiten und eine Multimedia-Show sind ebenfalls zu sehen.

Eindrucksvoll ist auch der Anblick der bußfertigen Gläubigen, die auf Knien zur Kirche rutschen. Als Dankopfer für die Jungfrau Maria werden Körperglieder aus Wachs verbrannt und bei abendlichen Messen auf dem Vorplatz Tausende von Kerzen entzündet.

Casa dos Pastorinhos

Aljustrel. *249-53 28 28.*
tägl.

Kirche und Glockenturm von São João Baptista in Tomar

UMGEBUNG: Die mittelalterliche Stadt **Ourém** liegt zehn Kilometer nordöstlich von Fátima. Die Burg erbaute Afonso, Enkel von Nuno Álvares Pereira *(siehe S. 183)*, im 15. Jahrhundert. Sein Grab befindet sich in der Igreja Matriz. Angeblich geht der Name der Stadt auf das maurische Mädchen Fátima zurück, das aus Liebe zu einem christlichen Ritter konvertierte und fortan Oureana hieß.

Der verfallene Geheimgang zwischen den Türmen der Burg von Ourém

Tomar ⓬

Straßenkarte C4. *20 000.*
Avenida Dr. Cândido Madureira (249-32 24 27). *Fr.*

DEN MITTELPUNKT der 1157 von Gualdim Pais, dem ersten Ordensmeister der portugiesischen Tempelritter, gegründeten Stadt stellt der Convento da Ordem de Cristo aus dem 12. Jahrhundert *(siehe S. 186f)* dar. Ein enges Netz schmaler Straßen bildet den Stadtkern. Die Einkaufsstraße Rua Serpa Pinto führt zur gotischen Kirche **São João Baptista** an der Praça da República (Ende 15. Jh.). Bedeutend sind das manuelinische Portal, der achteckige Kirchturm sowie im Inneren die Steinkanzel und die Gemälde aus dem 16. Jahrhundert, darunter auch *Das letzte Abendmahl* von Gregório Lopes (1490–1550), dem auch eine Darstellung der blutigen Enthauptung des Johannes zugeschrieben wird.

Vor der Kirche findet alle zwei oder drei Jahre im Juli die spektakuläre Festa dos

Tabuleiros statt, die – ähnlich der Festa do Espírito Santo *(siehe S. 366)* auf den Azoren – heidnischen Ursprungs ist. Mädchen in weißen Kleidern tragen dabei Gebilde aus Brot und Blumen auf dem Kopf.

Die **Synagoge** in der Rua Joaquim Jacinto wurde von 1430 bis 1460 erbaut und zählt damit zu den ältesten in Portugal. Genutzt wurde sie nur bis 1497, da Manuel I *(siehe S. 46f)* alle Juden vertrieb, die nicht Christen werden wollten. Danach diente der Bau als Gefängnis, Heuschober und Lagerhaus. Heute beherbergt er das kleine **Museu Luso-Hebraico de Abraham Zacuto**, benannt nach dem jüdischen Astronomen und Mathematiker des 15. Jahrhunderts.

Im Kreuzgang der südlich gelegenen Kirche **São Francisco** (17. Jh.) zeigt das **Museu dos Fósforos** mehr als 43 000 Streichholzschachteln aus 104 Ländern und damit die größte Sammlung Europas.

Am Ostufer des Nabão, an der Rua Aquiles da Mota Lima, erhebt sich der dreistöckige Glockenturm der Kirche **Santa Maria do Olival** aus dem 13. Jahrhundert. Die gotische Fassade und die Fensterrosette sind erhalten. Im Inneren befinden sich die Grabmäler von Gualdim Pais und anderen Meistern der Tempelritter sowie eine elegante Renaissancekanzel. Als Seefahrerkirche reichte der Einfluss dieser Kirche zur Zeit der Entdeckungen weit über Tomar hinaus.

Die Kanzel von Santa Maria do Olival

Nach Norden führt die Rua de Santa Iria zur **Capela de Santa Iria** neben der **Ponte Velha** aus dem 15. Jahrhundert. Die Renaissancekapelle markiert angeblich die Stelle, an der die Heilige im 7. Jahrhundert als Märtyrerin starb *(siehe S. 191)*. Das Steinretabel *Christus am Kreuz* (1536) ist Blickfang oberhalb des Altars der Capela dos Vales.

Tomars Einkaufsstraße Rua Serpa Pinto vor der Kulisse der Templerburg

Der **Parque do Mouchão** auf einer Insel im Fluss, der ein Wasserrad bewegt, das angeblich aus römischer Zeit stammt, bietet sich für einen Spaziergang an. Weiter nördlich, vorbei an der **Ermida de São Gregório** (16. Jh.) mit ihrem üppigen manuelinischen Portal, gelangt man über eine Treppe zur Kapelle **Nossa Senhora da Piedade** aus dem 17. Jahrhundert.

Von 1530 bis 1550 erbaute der im Dienst Joãos III stehende Architekt Francisco de Holanda (1517–1584) am Hügel unterhalb des Klosters die Renaissancebasilika **Nossa Senhora da Conceição**. Das schlichte Äußere birgt einen elegant proportionierten Innenraum mit reich verzierten korinthischen Säulen.

Museu Luso-Hebraico de Abraham Zacuto
Rua Joaquim Jacinto. *249-32 24 27 (Information).* *tägl.* *Feiertage.*

Museu dos Fósforos
Largo 5 de Outubro. *249-32 24 27 (Information).* *tägl.* *Feiertage.*

Der Christusorden

Kreuz der Christusritter

Im 12. und 13. Jahrhundert unterstützten die Tempelritter die Portugiesen bei deren Kampf gegen die maurischen »Ungläubigen«, wofür sie mit Ländereien und politischer Macht entlohnt wurden. Unter ihrem Schutz entstanden Burgen, Kirchen und Städte. 1314 sah sich Papst Klemens V. gezwungen, den mächtigen Orden aufzulösen, woraufhin der portugiesische König Dinis umgehend den Christusorden gründete, der alle Güter und Privilegien der Tempelritter erbte. Die Ideale christlicher Expansion bekamen einen neuen Auftrieb, als Großmeister Henrique die Einkünfte des Ordens in seine Entdeckungsreisen investierte und mit dem Kreuz der Christusritter auf den Segeln bis dahin noch unbekannte Gewässer befuhr *(siehe S. 46f)*.

Tomar: Convento da Ordem de Cristo

Heiligenfigur am Südportal

DER CONVENTO da Ordem de Cristo –1162 vom Ordensmeister der Tempelritter gegründet – erinnert an die Mönchsritter und ihre Nachfolger, die Christusritter *(siehe S. 185)*. Der Infant Henrique, ab 1418 Ordensmeister, ließ zwischen der alten Templerburg und der Charola zwei Kreuzgänge erbauen; die größten Veränderungen initiierte João III (1521–57). Architekten wie João de Castilho und Diogo de Arruda sollten die Macht des Ordens in Stein verewigen. Sie schufen eine Kirche und Kreuzgänge mit manuelinischem Zierwerk, das im Fenster in der Westfassade seinen Höhepunkt erreicht.

★ Manuelinisches Fenster
Seefahrtsmotive umranken dieses kunstvolle Fenster. Die Figur am unteren Rand ist entweder der Architekt (siehe S. 20) *oder ein Seefahrer.*

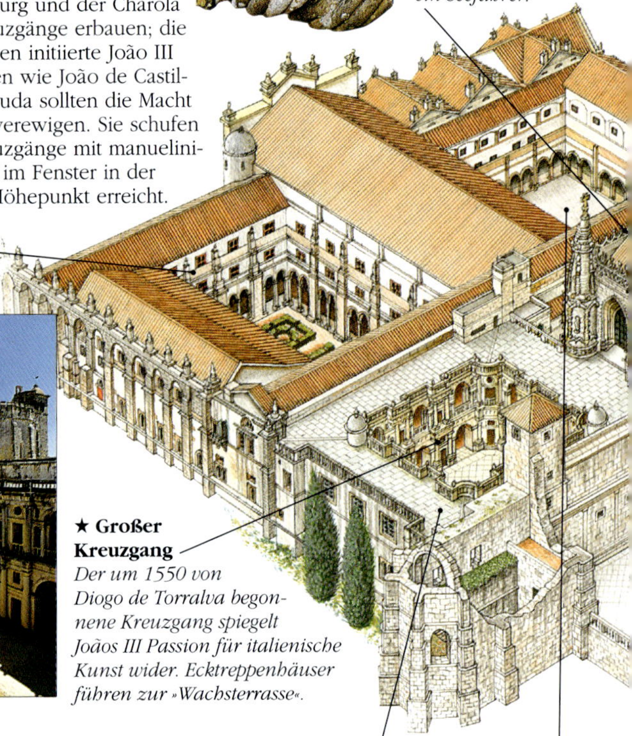

Der von einem Aquädukt flankierte Claustro dos Corros

★ Großer Kreuzgang
Der um 1550 von Diogo de Torralva begonnene Kreuzgang spiegelt Joãos III Passion für italienische Kunst wider. Ecktreppenhäuser führen zur »Wachsterrasse«.

Im Claustro da Mica wurden Arme und Bettler gespeist.

Auf der »Wachsterrasse« wurden Bienenwaben getrocknet

DIE CHAROLA

Kernstück des Klosters ist die Charola, die ursprüngliche Templerkirche (12. Jh.). Wie viele Kirchen ist auch sie der Rotunde der Grabeskirche in Jerusalem nachempfunden und birgt einen achteckigen Altarraum. 1356 wurde Tomar Sitz des portugiesischen Christusordens, dessen Reichtum sich in der Ausstattung der Charola niederschlug. Die Gemälde und Fresken (biblische Szenen des 16. Jahrhunderts) sowie die vergoldete Pracht unter der byzantinischen Kuppel sollen restauriert werden.

Ein Spitzbogen markiert den Durchgang von der Charola zur später erbauten manuelinischen Kirche.

Das vergoldete Oktogon

NICHT VERSÄUMEN

★ Charola

★ Manuelin. Fenster

★ Großer Kreuzgang

Manuelinische Kirche
Die Anfang des 16. Jahrhunderts begonnene Kirche von Diogo de Arruda besteht aus zwei Ebenen (im Bild der Hochchor). Die Embleme und Initialen Manuels I sind in das Netzgewölbe eingearbeitet.

Infobox

5 Min. zu Fuß von Tomars Zentrum ☎ 249-31 34 81. 🚆 🚌 *von Lissabon, Coimbra u. Leiria.* *Juni–Sep 9–18.30 Uhr, Okt–Apr 9–17.30 Uhr; letzter Einlass 30 Min. vor Schließung).* *1. Jan, Ostern, 1. Mai, 25. Dez.* *So 9–14 Uhr frei.*

★ Charola
Die ursprüngliche Templerkirche, auch Rotunde genannt, basiert auf einem 16-seitigen Grundriss.

Achteckiger Altarraum der Charola

Friedhofskreuzgang
Grabplatten von Mönchsgräbern pflastern den ersten Kreuzgang des Klosters (frühes 15. Jh.). In einer Ecke steht ein Brunnen.

Der Claustro da Lavagem ist um zwei große Wasserreservoirs angelegt, die mit Blumen bepflanzt sind.

Ruinen der ehemaligen königlichen Quartiere

Das Südportal ist ein Werk Joãos de Castilho.

Bergfried

Eingang

Templerburg
Der Ordensmeister erbaute 1160 die Burg auf Land, das der Orden für Kriegsdienste erhalten hatte.

Die Festung von Abrantes aus dem frühen 13. Jahrhundert

Barragem do Castelo de Bode ⓭

Straßenkarte C4. *zum Damm.* *von Castanheira.* *Tomar (249-32 24 27).*

VERMUTLICH GAB ES HIER früher eine »Burg des Ziegenbocks«, doch der heutige Name bezieht sich auf den Staudamm *(barragem)* des Zêzere, zehn Kilometer flussaufwärts vom Zusammenfluss mit dem Tejo. 1946 begann man mit dem Bau des Staudamms, um die ersten Wasserkraftwerke Portugals in Betrieb zu nehmen. Oberhalb des Damms ruht inmitten von Hügeln mit Kiefern- und Eukalyptuswäldern und kleinen, abgeschiedenen Dörfern ein großer Stausee, der bei Anglern und Wassersportlern sehr beliebt ist. Sportzentren entlang dem Ufer verleihen die passende Ausrüstung: Kanus, Surfbretter und Wasserski bekommen Sie im Centro Náutico do Zêzere in Castanheira am Westufer des Sees; Hotels wie das Estalagem Lago Azul *(siehe S. 386)* bieten Yachten an. Bootstouren vom Hotel aus steuern Sandstrände und die kleinen Inseln an.

Abrantes ⓮

Straßenkarte C4. *41 500.* *Esplanada 1 de Maio (241-36 25 55).* *Mo.*

DIE STADT oberhalb des Tejo hatte früher große strategische Bedeutung. Sie spielte eine wichtige Rolle bei der Reconquista *(siehe S. 42f)*; in den Napoleonischen Kriegen *(siehe S. 54)* diente sie dem französischen General Junot und auch Wellington als Stützpunkt. Die teils zerstörte **Festung** erinnert an Abrantes' früheren Stellenwert.

Die Kirche Santa Maria do Castelo aus dem 15. Jahrhundert innerhalb der Wehrmauern beherbergt das **Museu Dom Lopo de Almeida**, das archäologische Funde der Region sowie die Sarkophage der Almeidas, der Grafen von Abrantes, zeigt. Schön sind Sakralgemälde von Gregório Lopes (1490–1550) in der **Misericórdia**-Kirche (1584) in der Rua da República.

Museu Dom Lopo de Almeida

Rua Capitão Correia de Lacerda. *241-37 17 24.* *tägl.*

Weiß getünchte Häuser in Constância am Ufer des Tejo

UMGEBUNG: Der dornengekrönte Christus der Kirche São Tiago e São Mateus (16. Jh.) in **Sardoal**, acht Kilometer nördlich von Abrantes, stammt vom Meister von Sardoal. Ein Kachelbild (18. Jh.) an der Fassade der Capela do Espírito Santo (Praça da República) ehrt den im 16. Jahrhundert in Sardoal geborenen Dramatiker Gil Vicente.

Constância, zwölf Kilometer westlich von Sardoal, hält die Erinnerung an den Dichter Luís Vaz de Camões wach. Wegen seines ungebührlichen Verhaltens mit einer Hofdame vom Hof verbannt, wohnte er hier einige Zeit nach 1546. Sein Haus am Flussufer, die **Casa Memória de Camões**, können Sie besichtigen.

Casa Memória de Camões

Rua do Tejo. *249-73 95 36.* *Zeiten telefonisch erfragen.*

LUÍS VAZ DE CAMÕES (1524–1580)

Der Autor des portugiesischen Nationalepos *Os Lusíadas* geriet wegen seines leidenschaftlichen Naturells oft in Schwierigkeiten. Vom Königshof verbannt, verlor er als Soldat bei Kämpfen in Nordafrika ein Auge. Später wollte er seinem Land in Indien dienen, und sein Schiff kam als einziges der Flotte heil durch die stürmische See. Diese Erfahrung verlieh dem klassischen Epos seine charakteristische Färbung. Der einzigartige Bericht erzählt von Vasco da Gamas Fahrt nach Indien sowie Ereignissen und Legenden aus der portugiesischen Geschichte. Camões selbst blieb glücklos in Indien und sehnte sich nach Lissabon zurück. Sein Epos wurde 1572 veröffentlicht, doch von seinem Tod nahm man kaum Notiz.

Camões-Denkmal am Flussufer in Constância

Castelo de Almourol ⓯

Straßenkarte C4. *nach Barquinha, dann Taxi, dann Fähre.* *tägl. bis Sonnenuntergang.* *Praça da República, Barquinha (249-72 03 50).*

GUALDIM PAIS *(siehe S. 185)* baute die Burg 1171 auf einer kleinen Insel im Tejo über den Resten einer römischen Festung. Viele Sagen und Legenden ranken sich um diesen Ort. So erzählt das Gedicht *Palmeirim de Inglaterra* aus dem 16. Jahrhundert von Riesen, Rittern und dem Kampf des Kreuzritters Palmeirim um die reizende Polinarda. Außerdem soll hier der Geist einer Prinzessin spuken, die sich seufzend nach ihrem maurischen Sklaven sehnt.

Die mit Wällen und neun Türmen bewehrte Burg fiel nie in feindliche Hände.

Die sagenumwobene Burg Almourol mitten im Tejo

Torres Novas ⓰

Straßenkarte C4. *16 000.* *Largo dos Combatentes 4–5 (249-81 30 15).* *Di.*

ZAHLREICHE SCHÖNE KIRCHEN und belebte Straßen kennzeichnen die reizende Kleinstadt. In der Ruine der Festung (12. Jh.), in der sich Mauren und Christen während der Reconquista bekämpften, erblüht heute ein Garten. Unterhalb der Burg liegt die **Misericórdia**-Kirche (16. Jh.) mit Renaissanceportal und farbenprächtigen *azulejos* (1674) im Inneren. Die **Igreja de Santiago** am Largo do Paço datiert vermutlich von 1203, wenngleich die Kacheln und das vergoldete Retabel mit einer Holzschnitzerei, die den jungen Jesus mit Josef in der Zimmermannswerkstatt zeigt, aus dem 17. Jahrhundert stammen.

Das **Museu Municipal de Carlos Reis** im Zentrum erinnert an den hier geborenen Maler Carlos Reis (1863–1940) und zeigt Gemälde aus dem 19. und 20. Jahrhundert, eine gotische Statue von Nossa Senhora do Ó (15. Jh.) sowie römische Münzen und Kunstgegenstände aus Bronze und Keramik aus Vila Cardílio.

Museu Municipal de Carlos Reis
Rua do Salvador. *249-81 25 35.* *Di–So.*

UMGEBUNG: Herrliche Mosaiken und Bäder bieten die Ruinen (4. Jh.) von **Vila Cardílio**, drei Kilometer südwestlich von Torres Novas. Am Stadtrand im Nordosten liegen riesige neolithische Höhlen namens **Grutas das Lapas**. Das kleine Feuchtgebiet **Reserva Natural do Paúl de Boquilobo** zwischen Tejo und Almondo, acht Kilometer südlich von Torres Novas, ist seit 1981 Naturschutzgebiet. Im Winter finden Vögel Schutz in den Weiden und Wasserpflanzen am Ufer, im Frühling nisten hier Silber- und Graureiher.

Vila Cardílio
An der E.N.3. *tägl.*

Grutas das Lapas
Rua José Mota e Silva, Lapas. *tägl. (im Haus Nr. 16 nach dem Schlüssel fragen).*

Überreste der Hypokausten, einer römischen Unterbodenheizung in Vila Cardílio bei Torres Novas

Portal der Igreja Matriz in Golegã

Golegã ⓱

Straßenkarte C4. 9000.
Rua de D. Afonso Henriques, Largo da Imaculada Conceiçao (249-97 73 61). *Mi.*

In den ersten beiden Novemberwochen lockt der farbenfrohe, alljährliche Pferdemarkt Feira Nacional do Cavalo Tausende Pferdefreunde in die sonst recht ruhige Stadt. Auf der Messe sind Züchter, Reiter und die schönsten Pferde des Landes vertreten. Da gleichzeitig, nämlich am Martinstag (11. Nov), auch der neue Wein, genannt *agua-pé* (»Fuß-Wasser«), verkostet wird, herrscht stets eine fröhliche, ausgelassene Stimmung.

Im Stadtzentrum liegt die Diogo Boitac zugeschriebene **Igreja Matriz** (16. Jh.). Besonders ansprechend sind das manuelinische Portal und das friedliche Interieur. Das kleine **Museu de Fotografia Carlos Relvas** ist in dem eleganten Jugendstilhaus und Studio des Fotografen (1838–1894). Eine Sammlung moderner Kunst zeigt das **Museu de Pintura e Escultura Martins Correia** im alten Postamt.

Museu de Fotografia Carlos Relvas

Largo Dom Manuel I. *249-97 90 50.* bis auf Weiteres.

Museu de Pintura e Escultura Martins Correia

Largo da Imaculada Conceição. *249-97 90 50.* *Di–So.* *1. Jan, 25. Dez.* *Erdgeschoss.*

Alpiarça ⓲

Straßenkarte C4. *8000.*
Parque de Campismo de Alparça (243-55 70 40). *Mi.*

Die hübsche, kleine Stadt Alpiarça liegt in der weiten, fruchtbaren Ebene Lezíria östlich des Tejo, einem Zentrum der Pferdezucht. Die Pfarrkirche (19. Jh.) in der Rua José Relvas ist dem **heiligen Eustachius**, dem Schutzheiligen der Stadt, geweiht. Unter den Gemälden aus dem 17. Jahrhundert befindet sich die reizende Darstellung des *Göttlichen Hirten* in der Sakristei, die den jungen Jesus mit einem Schaf zeigt. Das steinerne Kreuz auf dem Hof ist aus dem Jahr 1515.

Am südlichen Stadtrand steht die bemerkenswerte, von Weinbergen umgebene **Casa Museu dos Patudos**, die Residenz des wohlhabenden José Relvas (1858–1929), der Kunstsammler, Diplomat, Politiker und kurze Zeit auch Premierminister des Landes war. Bemerkenswert ist der grünweiß gestreifte Turm des von Raúl Lino zwischen 1905 und 1909 erbauten Landhauses. Eine Außentreppe führt zu der mit Kolonnaden und bunten *azulejos* gestalteten Loggia. Das Museum zeigt Relvas' persönliche Sammlung von Kunstwerken und -gegenständen mit Renaissancegemälden wie *Jungfrau mit Kind und dem heiligen Johannes* eines Schülers von Leonardo da Vinci und *Christus im Grab*. Neben Delacroix und Zurbarán sind auch zahlreiche Gemälde von portugiesischen Künstlern aus dem 19. Jahrhundert vertreten, darunter 30 Werke von Relvas' Freund José Malhôa *(siehe S. 55)*. Relvas sammelte außerdem Porzellan, Bronzen, Möbel, Orientteppiche und frühe, wertvolle Arraiolos-Wandteppiche.

Casa Museu dos Patudos

2 km S der N118. *243-55 64 44.* *Di–So.* *Feiertage.*

Die elegante Fassade der Quinta da Alorna bei Almeirim

Umgebung: Das Haus Avis *(siehe S. 46f)* liebte **Almeirim**, sieben Kilometer südlich. Nur wenig erinnert an die königliche Vergangenheit; die meisten Besucher kommen, um die *sopa de pedra* *(siehe S. 146)* zu kosten.

Güter und Stallungen sprenkeln die Ebenen der für Vieh- und Pferdezucht bekannten Region. Die **Quinta da Alorna**, ein ansehnliches Herrenhaus (19. Jh.) mit ummauertem Garten und dem weithin bekannten Wein, liegt gleich außerhalb von Almeirim.

Gekachelte Loggia der Casa Museu dos Patudos in Alpiarça

Blick auf den Tejo vom Jardim das Portas do Sol in Santarém

Santarém ⑲

Straßenkarte C4. 30 000. ℹ *Rua Capelo e Ivens 63 (243-30 44 79).* *2. u. 4. So im Monat.*

DIE LEBHAFTE HAUPTSTADT des Ribatejo blickt auf eine lange Geschichte zurück. Das römische Verwaltungszentrum Praesidium Julium machten die Mauren zur Festung Xantarim, benannt nach der im 7. Jahrhundert als Märtyrerin gestorbenen Nonne Iria aus Tomar *(siehe S. 184f)*, deren Leiche in den Nabão geworfen wurde und angeblich hier am Ufer des Tejo wieder auftauchte.

Die portugiesischen Könige, die 1147 die Mauren vertrieben, hielten sich gern in Santarém auf und beriefen hier auch mehrmals das Parlament *(cortes)* ein.

Im Herzen der Altstadt, an der Praça Sá da Bandeira, ließ João IV 1640 für die Jesuiten an der Stelle eines alten Palastes die prachtvolle barocke **Igreja do Seminário** erbauen. Eine bemalte Holzdecke sowie Gold- und Marmorornamente prägen den riesigen Innenraum. Von hier führt die Rua Serpa Pinto Richtung Südosten. Die im 12. Jahrhundert erbaute und später modifizierte **Igreja de Marvila** besitzt ein manuelinisches Portal und im Inneren Rautenmuster aus *azulejos* (17. Jh.). Die mittelalterliche, 22 Meter hohe **Torre das Cabaças** war einst ein Uhrenturm und beherbergt nun ein kleines Museum der Zeit, das den Namen Núcleo Museológical do Temp trägt. Gegenüber dem Turm steht das Museu Arqueológico in der ehemaligen romanischen Kirche São João de Alporão. Das Museum ist derzeit bis auf Weiteres geschlossen.

Die Rua Serpa Pinto mündet in die Rua 5 de Outubro und führt zum **Jardim das Portas do Sol** an der Stelle einer ehemaligen Maurenburg. Die mittelalterlichen Stadtmauern umgeben den Garten, und eine Terrasse gewährt einen prächtigen Blick auf den Tejo und das Umland. Über den Largo Pedro Álvares Cabral gelangt man zurück in die Stadt und zur **Igreja da Graça** (14. Jh.) mit ihrer spektakulären, aus einem riesigen Stein gehauenen Fensterrosette und den Gebeinen von Pedro Álvares Cabral, der Brasilien entdeckte *(siehe S. 48)*. Das schmucke Renaissance-Interieur der **Igreja do Santíssimo Milagre** weiter südlich in der Rua Braamcamp Freire zieren *azulejos*. Der kleine Kristallflakon in der Sakristei enthält angeblich Blut Christi. Eine Legende aus dem 13. Jahrhundert besagt, dass ein Mann, tief beeindruckt von der wunderbaren Verwandlung einer Hostie in Blut, davon abließ, seine Frau zu schlagen.

Im Südwesten von Santarém gibt es eine moderne Stierkampfarena, in der regelmäßig Kämpfe stattfinden. In den ersten zehn Tagen im Juni wird hier auch die Ribatejo-Messe veranstaltet, die größte Landwirtschaftsmesse Portugals.

Im Herbst (Okt/Nov) findet hier außerdem Portugals größtes kulinarisches Festival statt. An Ständen kann man dann Spezialitäten aus den Regionen des Landes probieren.

Sarkophag von Duarte de Meneses im Museu Arqueológico in Santarém

Felder und Weinberge in der Ebene Lezíria hinter Coruche

Coruche ⓴

Straßenkarte C5. 3500.
Porto João Felício (243-61 74 88).
letzter Sa im Monat.

DIE ATTRAKTIVE Kleinstadt im Herzen der Stierkampfregion überblickt die weite Ebene Lezíria östlich des Tejo. Der seit der Altsteinzeit bewohnte Ort wurde 1180 von den Mauren aus Rache für die christlichen Rückeroberungen dem Erdboden gleichgemacht.

Sehr anschaulich sind die modernen *azulejo*-Darstellungen von Stieren der Lezíria, der Stierkampfarena der Stadt und Alltagsszenen im Café **O Coruja** in der Fußgängerzone Rua de Santarém. In derselben Straße befindet sich auch die kleine Kirche **São Pedro**, deren Innenraum mit blaugelben Kacheln aus dem 17. Jahrhundert ausgekleidet ist. Eine *azulejo*-Tafel an der Altarfront zeigt den heiligen Petrus umringt von Vögeln und anderen Tieren. Von der schlichten Kirche **Nossa Senhora do Castelo** (12. Jh.) oberhalb der Stadt eröffnet sich ein Panoramablick auf das Agrarland und die Korkeichen des Sorraia-Tals und der Lezíria.

***Azulejo*-Verkleidung im Altarraum von São Pedro in Coruche**

Stiertreiben *(largada)* in Vila Franca de Xira

Vila Franca de Xira ㉑

Straßenkarte C5. *130 600.*
Avenida Almirante Cândido dos Reis 147 (263-27 60 53). *Di u. Fr.*

DIE STADT LIEGT, umgeben von vielen Industrieansiedlungen, direkt am Tejo. Mit dem Namen Vila Franca de Xira verbindet man weithin das Kernland der Stier- und Pferdezucht. Zweimal im Jahr strömen zahlreiche Besucher hierher, um am Stiertreiben in den Straßen teilzunehmen und den *touradas* und den Darbietungen traditioneller Reitkunst zuzusehen. Die farbenprächtige Festa do Colete Encarnado (benannt nach der roten Weste der Stierhirten im Ribatejo) Anfang Juli ist ein ausgelassenes mehrtägiges Fest mit Volkstanz, Bootsrennen auf dem Tejo und Sardinen vom Grill. Ein ähnliches Fest, die Feira de Outubro, findet im Oktober statt. Die farbenprächtige Tracht der *campinos* (Stierhirten) und andere Exponate zum Thema Stierkampf zeigt das kleine **Museu Etnográfico**.

Bemerkenswert ist außerdem der **Markt** im Stadtzentrum mit seinem überschwänglichen Kachelschmuck aus den 1920er Jahren. Der Chor der **Misericórdia**-Kirche am Largo da Misericórdia beeindruckt durch seine *azulejo*-Verkleidung aus dem 18. Jahrhundert. Die 1951 erbaute Ponte Marechal Carmona im Süden ist die einzige Brücke über den Tejo zwischen Santarém und Lissabon.

Museu Etnográfico
Praça de Touros. *263-27 30 57.*
Di–So. *Feiertage.*

UMGEBUNG: Das **Centro Equestre da Lezíria Grande** in Povos, drei Kilometer südlich von Vila Franca, zeigt stilvolle Pferdedressur mit Vollblut-Lusitanos *(siehe S. 296).*

Centro Equestre da Lezíria Grande
N1. *263-28 51 60.* *Di–So.*
1. Jan, Ostern, 25. Dez.

Alenquer ㉒

Straßenkarte C5. *42 000.* *Parque Vaz Monteiro (263-73 36 63).* *2. Mo im Monat.*

DIE ALTE OBERSTADT von Alenquer (Vila Alta) zieht sich steil den Hügel hinauf und überragt die Neustadt am Fluss. In der Kirche **São Pedro** (15. Jh.) an der Praça Luís de Camões ist der aus Alenquer stammende Chronist Damião de Góis (1501–1574) begraben. Auch Pêro de Alenquer, Steuermann des Entdeckers Bartolomeu Dias (1488) *(siehe S. 48f)*, wurde hier geboren. Am Hügel, in der Nähe der Burgruine, liegt das Kloster **São Francisco** mit seinem manuelinischen Kreuzgang und Portal aus dem 13. Jahrhundert. Das noch zu Lebzeiten des heiligen Franziskus gegründete Kloster war das erste Franziskanerkloster Portugals.

UMGEBUNG: In **Meca**, fünf Kilometer nordwestlich, steht die riesige Wallfahrtskirche Santa Quitéria, in der im Mai Tiere gesegnet werden.

Verteidigungsmauern und Burg von Torres Vedras

Torres Vedras ㉓

Straßenkarte B5. *74 800.* *Rua 9 de Abril (261-31 40 94).* *3. Mo im Monat.*

MIT DER STADT ASSOZIIERT man unweigerlich die Verteidigungslinien von Torres Vedras, die Wellington im Krieg gegen Napoléons Truppen anlegen ließ *(siehe S. 54)*. Nördlich der Stadt, unweit des restaurierten Forts von **São Vicente**, sind noch Reste von Gräben und Bastionen zu sehen; die meisten ehemaligen Forts fielen jedoch der Zeit und Veränderungen zum Opfer.

Die restaurierten Mauern der **Burg** aus dem 13. Jahrhundert oberhalb der Stadt umschließen einen Garten und die Kirche Santa Maria do Castelo. In der Stadt erinnert ein Denkmal vor dem Convento da Graça auf der Praça 25 de Abril an die Toten der Napoleonischen Kriege. Das Kloster beherbergt das **Museu Municipal**, das neben einem Modell der Verteidigungslinien auch ein *Retábulo da Vida da Virgem* aus dem 15. Jahrhundert zeigt. Die Klosterkirche, die **Igreja da Graça,** am Wochenende geöffnet, birgt ein Altarbild des 17. Jahrhunderts; in einer Nische des Altarraums ist das Grab des heiligen Gonçalo *(siehe S. 320)*.

Am Portal der manuelinischen Kirche **São Pedro** hinter der Fußgängerzone Rua 9 de Abril grüßt ein geflügelter Drache. Der Innenraum weist eine bemalte Holzdecke auf; bunte *azulejos* illustrieren den Alltag im 18. Jahrhundert. Hinter der Kirche, in der Rua Cândido dos Reis, plätschert der **Chafariz dos Canos** (16. Jh.).

Museu Municipal
Praça 25 de Abril. 261-31 04 84. *Di–So.* *Feiertage.*

DIE VERTEIDIGUNGSLINIEN VON TORRES VEDRAS

Pistole aus den Napoleonischen Kriegen

Um Lissabon vor einer Invasion napoleonischer Truppen zu schützen, ordnete Arthur Wellesley, der spätere Herzog von Wellington, im Oktober 1809 den Bau mehrerer Verteidigungslinien *(Linhas de Torres)* von über 600 Kanonen und 152 Steinforts in zwei Reihen vom Meer bis zum Tejo an. Die erste Linie war 46 Kilometer lang und reichte von der Flussmündung der Sizandra westlich von Torres Vedras bis Alhandra, südlich von Vila Franca de Xira. Die zweite Linie war 39 Kilometer lang und verlief hinter der ersten. Eine kurze dritte Linie ermöglichte Rückzug und Verschiffung. Der Bau erfolgte streng geheim: Man musste Flüsse aufstauen, Schanzen graben, Hügel abtragen sowie Häuser und Höfe niederreißen, doch nach einem Jahr war die Festungskette fertig. Am 14. Oktober 1810 erblickte General Masséna, Befehlshaber von 65 000 französischen Soldaten, zu seinem Erstaunen das grundlegend veränderte, befestigte und somit uneinnehmbare Terrain. Im November zogen sich die Invasoren nach Santarém *(siehe S. 191)* und 1811 hinter die Grenze zu Spanien zurück.

Porträt des Herzogs von Wellington

Die Beiras

Die Beiras reichen von der Grenze zu Spanien bis zum Meer und bilden eine Barriere zwischen dem kühlen Norden und dem trockenen Süden – hier vereinen sich Extreme wie die Serra da Estrela und das Marschland der Ria de Aveiro sowie Städte wie das quirlige Figueira da Foz und das ehrwürdige Coimbra.

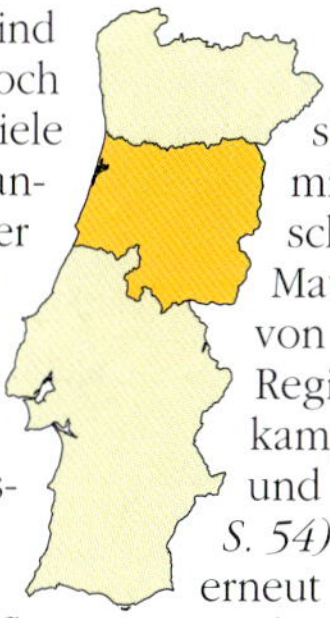

Die drei Regionen der Beiras sind keine Besuchermagneten, doch die Vergangenheit hinterließ viele interessante Spuren: Die markanten Boote der Seetangfischer von Aveiro in der Beira Litoral sind Erbe des Handels mit den Phöniziern. In der Beira Baixa, ob in der Hauptstadt Castelo Branco oder im kleinsten Dorf, begegnet man Relikten früherer Besatzer. Viseu, die Hauptstadt der Beira Alta, florierte an der Kreuzung römischer Handelsstraßen.

Die Römer waren hier nie so präsent wie im Süden, doch die Ruinen von Conímbriga lassen die elegante Stadt erahnen, die Coimbra, Hauptstadt der Beira Litoral, ihren Namen gab. König Afonso Henriques *(siehe S. 43)*, verlegte seinen Hof nach Coimbra, das mehr als ein Jahrhundert Zentrum des Landes blieb.

Burgen und befestigte Städte erinnern an die hart erkämpfte Unabhängigkeit Portugals. Da die Bedrohung durch den Nachbarn Spanien wiederholt groß war, sicherte man die Ostgrenze mit Verteidigungsanlagen. Die scheinbar unüberwindbaren Mauern von Almeida zeugen von der Wehrhaftigkeit der Regionen. Im Unabhängigkeitskampf gegen Spanien (17. Jh.) und gegen Napoléon *(siehe S. 54)* waren diese Festungen erneut von unschätzbarem Wert. Das friedliche Buçaco ging als der Ort in die Geschichte ein, an dem Wellington Masséna zurückschlug.

Trotz der zweitweise schwierigen Lebensbedingungen brachten die Beiras einige gastronomische Köstlichkeiten hervor: Der Lieblingskäse der Portugiesen wird in der Serra da Estrela gemacht, und der Bezirk Bairrada rund um Mealhada ist berühmt für sein *leitão* (Spanferkel). Auch einige bekannte portugiesischen Rotweine wie die eleganten Bairradas und die kräftigen Dãos *(siehe S. 28f)* werden in den Beiras gekeltert.

Bunt gestreifte Strandhäuser in Costa Nova zwischen der Ria de Aveiro und dem Meer

◁ **Ein *pelourinho* (Pranger) in einem ruhigen Winkel der Grenzstadt Castelo Mendo in der Beira Alta**

Überblick: Die Beiras

Die drei Beiras bergen einige der landschaftlichen Höhepunkte Portugals. Die Ria de Aveiro in der Beira Litoral bildet einen markanten Gegenpol zum lebhaften Badeort Figueira da Foz. Die Universitätsstadt Coimbra lohnt einen längeren Besuch und ermöglicht Abstecher zum Wald von Buçaco und zu einigen Kurorten.

Auf dem Weg zu den mittelalterlichen Burgen von Guarda und Trancoso und den Grenzfestungen passiert man Viseu, die reizende Hauptstadt der Beira Alta. Die höchsten Berge des Landes in der Serra da Estrela scheiden die Beira Alta von der unberührten Beira Baixa mit ihren reizvollen Attraktionen Monsanto, das zum »portugiesischsten Dorf« gewählt wurde, und der Kleinstadt Castelo Branco.

Coimbras Museu Nacional Machado de Castro mit seinen großartigen Plastiken

Sehenswürdigkeiten auf einen Blick

Almeida 22
Arganil 14
Arouca 1
Aveiro S. 200f 4
Belmonte 26
Buçaco S. 210f 12
Caramulo 17
Castelo Branco 31
Celorico da Beira 21
Coimbra S. 202ff 8
Conímbriga 9
Figueira da Foz 6
Guarda 24
Idanha-a-Velha 30
Lousã 11
Luso 13
Monsanto 29
Montemor-o-Velho 7
Oliveira do Hospital 16
Ovar 3
Penamacor 28
Penela 10
Piódão 15
Praia de Mira 5
Sabugal 27
Santa Maria da Feira 2
Sernancelhe 19
Serra da Estrela S. 218f 25
Trancoso 20
Viseu 18

Tour

Grenzfestungen 23

Strand bei Figueira da Foz

Dão-Weinberge zwischen Viseu und Mangualde

In den Beiras unterwegs

Das Bahnnetz verbindet die wichtigen Städte mit kleineren Orten, die Bahnhöfe liegen jedoch oft außerhalb. Von Coimbra fahren Busse ins Umland, Regionalbusse versorgen die Dörfer und Kleinstädte. Am angenehmsten erkundet man die Beiras jedoch mit dem Auto. Coimbra und Aveiro liegen an der Autobahn A1; die IP5 verbindet Aveiro und das östliche Hochland. Lange Gefällstrecken und scharfe Kurven machen die IP5 allerdings zur unfallträchtigsten Straße Portugals. Bis auf die Hauptstrecken sind die Straßen wenig befahren, gelegentliche Schotterabschnitte trüben den Fahrgenuss.

Steile Terrassen in der Serra de Açor bei Piódão

Legende

- Autobahn
- Hauptstraße
- Nebenstraße
- Panoramastraße
- Fluss
- Aussichtspunkt

Siehe auch

- *Übernachten* S. 388 ff
- *Restaurants* S. 411 ff

Arouca 1

Straßenkarte C2. 24 000. *Praça Brandão de Vasconcelos (256-94 35 75). 5. u. 20. des Monats.*

Ihre Hauptattraktion, den **Convento de Arouca**, verdankt diese Stadt ihrer königlichen Gönnerin Mafalda. Prinzessin Mafalda wurde 1195 als Tochter Sanchos I geboren. Sie wurde mit dem jungen Prinzen Enrique von Kastilien verlobt, doch als dieser bei einem Unfall starb, ging sie ins Kloster von Arouca, das unter Mafalda zu einem Zisterzienserinnenkloster wurde und dank ihres Reichtums und Engagements sehr an Einfluss gewann. Mafalda starb 1256; 1616 entdeckte man ihre nicht verweste Leiche, woraufhin sie 1793 heilig gesprochen wurde.

Die Kirche neben dem Kloster wurde Anfang des 18. Jahrhunderts aufwändig umgestaltet: Über dem Chor mit 104 geschnitzten Stühlen hängen Gemälde mit vergoldeten Rahmen, auch die Orgel und das Retabel im Altarraum sind vergoldet. Eine Liegefigur der heiligen Mafalda ruht in einem gläsernen, mit Silber und Ebenholz verzierten Sarg, der mumifizierte Leichnam liegt darunter.

Im Rahmen einer Führung besichtigt man das Klostermuseum mit kostbaren Silbermonstranzen, Möbeln und Sakralkunstwerken, darunter zwei Gemälde aus dem 18. Jahrhundert von André Gonçalves. Sehenswert sind auch der 1781 begonnene Doppelkreuzgang, das Refektorium, die Küche und der mit Kacheln aus Coimbra verzierte Kapitelsaal.

Convento de Arouca

Largo de Santa Mafalda. *256-94 33 21. Di–So. Mi vormittags, 1. Jan, 2. Mai, 25. Dez.*

Figur der hl. Mafalda in einem mit Silber und Ebenholz verzierten Sarg in der Klosterkirche von Arouca

Santa Maria da Feira 2

Straßenkarte C2. *140 500. Praça de República (256-37 08 02). 20. des Monats.*

Korkverarbeitung und umfangreicher Handel sind für Santa Marias Wohlstand verantwortlich. Der Name der Stadt hat eine lange Geschichte: In einem Dokument aus dem Jahr 1117 wird sie erwähnt als »Terra de Santa Maria, das die Leute Feira nennen« – nach den Märkten, die hier abgehalten wurden. Der große monatliche Markt auf dem Rossio stärkt dieses Image. Von hier aus führt eine Doppeltreppe zur **Igreja dos Lóios** mit Glockentürmen in blauem Kacheldekor des 17. Jahrhunderts. An der gegenüberliegenden Seite des Rossio gelangt man, vorbei an alten Kaufmannshäusern, zu einer Ziertreppe, dem Aufgang zur **Misericórdia**-Kirche (18. Jh.).

Die **Burg** thront auf einem Hügel am Südrand der Stadt. Die umfangreiche Umgestaltung im 20. Jahrhundert folgte dem Plan, den Fernão Pereira und sein Sohn im 15. Jahrhundert entwarfen. Die über einem heidnischen Tempel im 11. Jahrhundert errichtete Festung wurde mit Zinnen und Türmen erweitert. Pereira wurde »Conde da Feira«, und die Burg blieb bis 1700 im Besitz seiner Familie. Außer romantischem Flair hat die Burg innen nicht viel zu bieten.

Die zinnenbewehrte Burg überragt Santa Maria da Feira

Burg

Largo do Castelo. *256-37 22 48. Di–So.*

Ovar 3

Straßenkarte C2. *56 300. Rua Elias Garcia (256-57 22 15). Di, Do u. Sa (allgemein); 3. So im Monat (Antiquitäten).*

Die Varinas genannten, schwer arbeitenden portugiesischen Fischersfrauen haben ihren Namen von der Kleinstadt Var oder O Var, die von jeher vom Meer und der Ria de Aveiro lebt *(siehe S. 201)*. Auch wenn Gießereien und Walzwerke das Bild veränderten, trotten immer noch Ochsen auf den Straßen.

Glänzende Kacheln zieren die **Igreja Matriz** aus dem 17. Jahrhundert in der Avenida do Bom Reitor. Holzschnitzereien schmücken die Kreuzwegkapelle, die **Capela dos Passos** (18. Jh.), im Zentrum der Stadt.

Der Karnevalszug von Ovar ist einer der farbenprächtigsten Portugals und der Biskuit-

Traditionell mit blauen Kacheln verkleidete Häuser in Ovar

kuchen *pão-de-ló* ein Genuss. Das **Museu de Ovar** zeigt ortstypische Kostüme und Puppen sowie den Lebensstil vergangener Epochen. Außerdem erinnert es an den portugiesischen Romancier Júlio Dinis, der im 19. Jahrhundert in Ovar lebte.

Museu de Ovar
Rua Heliodoro Salgado 11. 256-57 28 22. Mo–Sa. Feiertage.

Aveiro 4

Siehe S. 200 f.

Praia de Mira 5

Straßenkarte C3. *5000.* *Praça da República (231-47 11 00).* *11. u. 30. des Monats.*

Fischerboot am Strand von Praia de Mira

Der Küstenstreifen vor dem Naturschutzgebiet Mata Nacional das Dunas de Mira ist erst seit kurzem ein Anziehungspunkt für Besucher. Das Fischerdorf Praia de Mira zwischen Dünen und Atlantik auf der einen und der friedlichen Lagune Barrinha de Mira auf der anderen Seite verändert sich langsam: Noch ziehen Ochsen die Fischerboote an den Strand, doch immer öfter sieht man Ferienboote, und die gestreiften *palheiros (siehe S. 18)*, die als Strandhäuschen beliebt sind, verschwinden zwischen Läden, Bars und Cafés.

Figueira da Foz 6

Straßenkarte C3. *63 000.* *Avenida 25 de Abril (233-40 28 20).* *tägl.*

In dem Seebad ziehen der Yachthafen, das Kasino, der weite Strand und die für Surfer idealen Brecher viele Besucher an.

Zu den kulturellen Höhepunkten gehört das **Museu Municipal Dr. Santos Rocha** mit archäologischer Sammlung, Arraiolos-Teppichen *(siehe S. 301)*, indisch-portugiesischen Möbeln, Fotografien und Musikarchiv.

Die **Casa do Paço** an der Uferstraße birgt 8000 Delfter Kacheln, die von einem Schiffbruch Ende des 17. Jahrhunderts stammen. Die Festung **Santa Catarina** (16. Jh.) an der Mündung des Mondego ins Meer machte der Herzog von Wellington zu seinem Stützpunkt, als er 1808 in Portugal landete, um gegen Napoléons Truppen zu kämpfen *(siehe S. 54)*.

Museu Municipal Dr. Santos Rocha
Rua Calouste Gulbenkian. *233-40 28 40.* *Di–Fr 9.30–17.15 Uhr; Sa, So u. Winter 14.15–17.15 Uhr.* *1. Jan, Ostern, 1. Mai, 25. Dez.*

Casa do Paço Largo Professor Vítor Guerra. *233-42 21 59.* *Mo–Fr 9–17 Uhr.* *Feiertage.*

Montemor-o-Velho 7

Straßenkarte C3. *2600.* *Castelo de Montemor-o-Velho (239-68 03 80).* *jeden 2. Mi.*

Über den Reis- und Maisfeldern am Mondego thront diese reizvolle kleine Stadt. Ihre **Burg**, die als Bollwerk zur Verteidigung Coimbras diente, stammt größtenteils aus dem 14. Jahrhundert, basiert jedoch auf maurischen und römischen Fundamenten. 1090 wurde die Burgkirche **Santa Maria de Alcáçova** gegründet, im 15. Jahrhundert wurde sie im manuelinischen Stil restauriert.

Montemor war der Geburtsort von Fernão Mendes Pinto (1510–1583), berühmt wegen seiner anschaulichen Reiseberichte. Der Entdecker Diogo de Azambuja (gestorben 1518) liegt hier begraben. Kolumbus soll mit Azambuja gesegelt sein, der die westafrikanische Küste entlangnavigierte. Sein vom manuelinischen Meister Diogo Pires geschaffener Sarkophag ist im **Convento de Nossa Senhora dos Anjos** (im Fremdenverkehrsbüro nach dem Schlüssel fragen). Hinter der Fassade aus dem 17. Jahrhundert verbirgt sich ein sehenswertes Inneres mit Einflüssen der Manuelinik und der Renaissance.

Burg
Rua do Castelo. *Di–So.*

Sonniges Straßencafé in Figueira da Foz

Aveiro ❹

Holzfässchen mit *ovos moles*

DER FRÜHERE SEEHAFEN blickt auf eine lange Geschichte zurück: Aveiros Salzpfannen erschienen bereits 959 im Testament der Gräfin Mumadona. Salz und die Kabeljaufischerei vor Neufundland brachten im 15. Jahrhundert Wohlstand. Aveiros Niedergang begann, als 1575 ein Sturm den Hafen verschlammen ließ. An der daraus resultierenden Lagune fristete die Stadt von nun an ein kümmerliches Dasein. Erst im 19. Jahrhundert begann eine neue Blütezeit. Den heutigen Wohlstand verdankt Aveiro der Industrie. Das Bild der Stadt prägen nach wie vor die *ria* und die Kanäle.

Altstadt

Zwischen dem Canal das Pirâmides und dem Canal de São Roque liegen versteckt die weiß getünchten Häuser der Fischer. Jeden Morgen bringen sie den nächtlichen Fang zum **Mercado do Peixe** zur Versteigerung.

Den Canal Central an der Rua João de Mendonça säumen Jugendstilhäuser und einige der vielen *pastelarias*, die die Spezialität der Stadt, *ovos moles*, verkaufen. Diese »weichen Eier« bestehen aus gesüßtem Eigelb mit einem kandierten Überzug und werden nach Gewicht oder in Holzfässchen verkauft. Das Rezept stammt ursprünglich von Nonnen.

Brücke über den Canal de São Roque

Jenseits des Canal Central

Die wichtigsten Sehenswürdigkeiten Aveiros liegen südlich des Canal Central und der belebten Praça Humberto Delgado. Die **Misericórdia**-Kirche an der Praça da República ist aus dem 16. Jahrhundert. Das manieristische Portal umrahmen *azulejos*. Am selben Platz steht das **Rathaus** aus dem 18. Jahrhundert mit Pilastern im toskanischen Stil.

Gegenüber dem Museum befindet sich die Kathedrale **São Domingos** (15. Jh.). Die Figuren der drei Kardinaltugenden über dem Barockportal datieren von 1719.

Etwas weiter südlich zeigen Gemälde in der **Igreja das Carmelitas** das Leben der heiligen Teresa, einer karmelitischen Reformerin.

Museu de Aveiro

Ave. de Santa Joana Princesa.
234-42 32 97. *Di–So 10–17.30 Uhr.* *Feiertage.*

Vieles im ehemaligen Mosteiro de Jesus erinnert an die heilige Joana, die 1490 hier starb. Die Tochter Afonsos V ging 1472 für den Rest ihres Lebens ins Kloster. 1693 wurde sie selig gesprochen; ihr zwanzig Jahre später vollendetes Barockgrabmal befindet sich im unteren Chor. Schlichter sind die Gemälde mit Szenen aus ihrem Leben (18. Jh.) in der Kapelle, dem ehemaligen Handarbeitszimmer, in dem Joana starb. Sehenswert ist weiterhin ein Porträt der Prinzessin aus dem 15. Jahrhundert.

Zum Kloster gehören auch der vergoldete Altarraum (1725–29), der gekachelte Kreuzgang und das Refektorium aus dem 15. Jahrhundert. Zwischen Refektorium und Kapitelsaal befindet sich das gotische Grabmal von João de Albuquerque.

Farbenprächtige Boote der Tangfischer, *moliceiros*, am Canal Central

Salzgewinnung in den Pfannen rund um die Ria de Aveiro

UMGEBUNG: In Ílhavo, acht Kilometer südlich von Aveiro, veranschaulicht das **Museu Marítimo e Regional de Ílhavo** mit einem umfassenden Angebot an Fischereiexponaten, Muscheln und Schiffsmodellen die lange Geschichte der Seefahrt in dieser Region.

Vier Kilometer weiter südlich führt ein kleiner Wegweiser zum **Museu Histórico da Vista Alegre**. Die in der Welt des Porzellans *(siehe S. 24)* bekannte Manufaktur Vista Alegre wurde 1824 gegründet und verkauft ihre schönen Stücke auch in einem eigenen Laden. Das Museum ist der Geschichte der Manufaktur gewidmet und zeigt Porzellan und Kristall von 1850 bis heute.

INFOBOX

Straßenkarte C3. *73 500.* *Avenida Dr. Lourenço Peixinho.* *Avenida Dr. Lourenço Peixinho.* *Rua João Mendonça 8 (234-42 36 80).* *14. u. 28. des Monats.* *Juli–Aug: Festa da Ria.* *Aveiro–Torreira: Juni–Sep tägl. einmal.*

Museu Marítimo e Regional de Ílhavo
Avenida Dr. Rocha Madaíl.
234-32 99 90. *10–12.30, 14–17 Uhr (Juni–Sep: 14.30–17.30 Uhr).* *Feiertage.*

Museu Histórico da Vista Alegre *234-32 07 55.* *Di–So 9–18 Uhr.* *Feiertage.*

RIA DE AVEIRO

Aveiro hatte direkten Zugang zum Meer, bis 1575 ein schwerer Sturm eine Sandbarriere aufhäufte und den Hafen blockierte. Von ihrer Lebensader abgeschnitten, verkümmerte die Stadt, und das brackige Wasser brachte Fieber, das die Bevölkerung dezimierte. Erst seit 1808 verbindet die *barra nova* Aveiro wieder mit dem Meer.

Die heute etwa 65 Quadratkilometer große Lagune erstreckt sich fast 50 Kilometer von Furadouro Richtung Süden über die Salzpfannen Aveiros und das Naturschutzgebiet von São Jacinto bis Costa Nova. Das Gebiet umfasst Strände, Dünen und Wälder sowie die Lagune selbst. Die artenreiche Vogelpopulation ist bemerkenswert; hier leben u. a. Spießenten und Hühnerhabichte. Die elegantesten Boote der Lagune sind die *moliceiros*, die trotz ihrer bunten Bemalung täglich im Einsatz sind und *moliço* (Seetang) sammeln, der zu Dünger verarbeitet wird. Chemische Düngemittel ließen die Nachfrage drastisch sinken, doch einige Boote überleben. Die Festa da Ria zeigt sie in ganzer Pracht.

Der bemalte Bug eines *moliceiro*

LEGENDE

- Autobahn
- Hauptstraße
- Nebenstraße
- Andere Straße
- Salzpfanne

Blick aufs Meer vom Fischerdorf Torreira

Coimbra ❽

Figur der Festwoche im Mai

Die Geburtsstadt von sechs Königen und der Sitz der ältesten Universität Portugals ist bei den Portugiesen besonders beliebt. Die Römer nannten die Stadt auf dem Hügel Alcáçova Aeminium; mit wachsendem Einfluss nahm sie aber Rang und Namen des nahe gelegenen Conímbriga *(siehe S. 208)* an. 878 den Mauren entrissen, fiel Coimbra ein Jahrhundert später wieder in deren Hand, bis Fernando von Kastilien es 1064 endgültig befreite. Afonso Henriques, der erste portugiesische König, beschloss 1139, seine Hauptstadt von Guimarães *(siehe S. 280f)* nach Coimbra zu verlegen – eine Ehre, die bis 1256 bestand. Portugiesen finden in Coimbra die Wurzeln ihrer Nation, Besucher eine Fülle von historischen Assoziationen.

Orientierung

Im historischen Kern hoch über dem Mondego befinden sich die Kathedralen, die Universität und ein Museum. Auf den ersten Blick scheint der Handel die Kultur zu dominieren. Läden, Verkehr und Eisenbahn prägen die Stadt. Der Largo da Portagem ist ein günstiger Ausgangspunkt für eine Besichtigung; Flussfahrten starten am nahe gelegenen Parque Dr. Manuel Braga.

Grab des ersten portugiesischen Königs Afonso Henriques

Die Unterstadt

Vom Largo da Portagem führt die Rua Ferreira Borges vorbei an Läden, Bars, Restaurants und *pastelarias* zur Praça do Comércio. An der Nordseite des Platzes überrascht der Innenraum der Kirche **São Tiago** mit einem prächtigen Rokokoaltarbild. Die einfache Fassade ist die restaurierte Version des Originals aus dem 12. Jahrhundert.

Richtung Norden führt die Rua Visconde da Luz zur Praça 8 de Maio und der Kirche **Santa Cruz** *(siehe S. 205)* mit den Gebeinen der ersten beiden Könige Portugals. Die Mönche des nahen Klosters Santa Cruz lehrten die ersten Studenten der Universität.

Hinter der Praça 8 de Maio folgt die nach der ehemaligen theologischen Fakultät benannte Rua da Sofia. Die Klosterkirchen, denen die Fakultät angeschlossen war, sind noch erhalten: die **Igreja do Carmo** (1597) mit einem schönen Retabel (16. Jh.) und die 1543 von João III gegründete **Igreja da Graça**. Der Pátio da Inquisição in der Nähe erinnert daran, dass hier im 16. Jahrhundert die Inquisition wütete *(siehe S. 51)*.

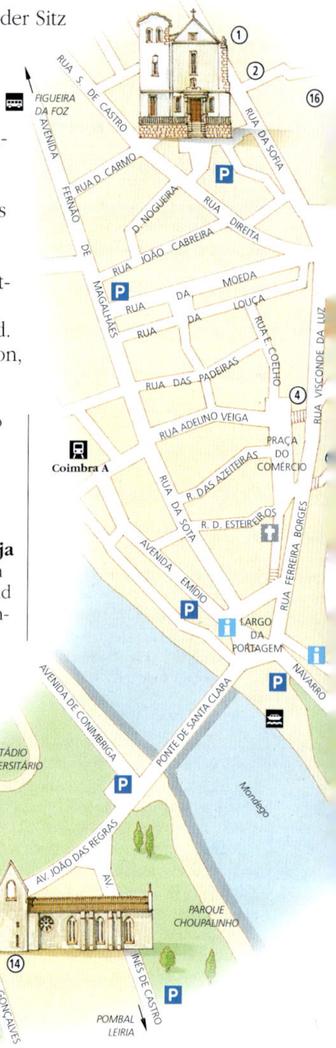

Café auf der Praça do Comércio mit São Tiago im Hintergrund

Der Pátio das Escolas der ältesten Universität Portugals

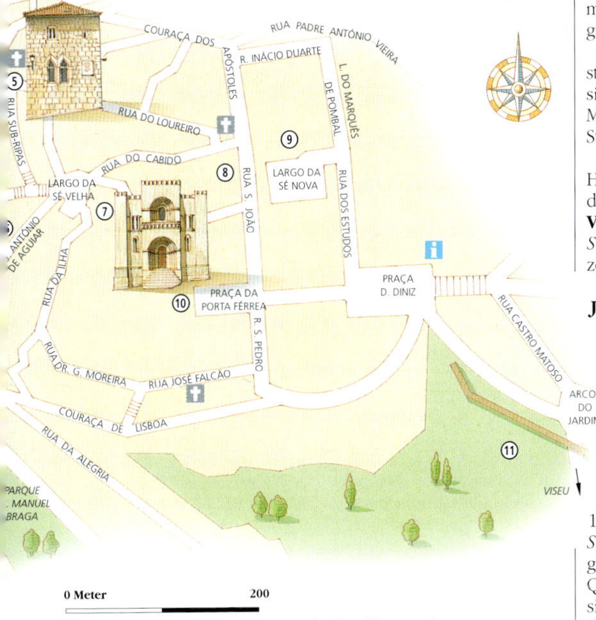

Zentrum von Coimbra

Die Oberstadt

Das Tor zur Altstadt ist der restaurierte **Arco de Almedina** (12. Jh.) an der Rua Ferreira Borges (*medina* heißt auf arabisch »Stadt«). Die Stufen führen an der **Torre de Anto** vorbei, deren Renaissancefenster und -medaillons

Legende

- Bahnhof
- Busbahnhof
- Bootsanlegestelle
- Parken
- Information
- Kirche
- Aquädukt
- Treppe

Infobox

Straßenkarte C3. *143 800.* *Coimbra A, Avenida Emídio Navarro; Coimbra B, N der Stadt, an der N11.* *Avenida Fernão de Magalhães.* *Praça da República (239-83 32 02). Largo da Portajem (239-48 81 20).* *Mo–Sa.* *Anfang Mai: Queima das Fitas; Anfang Nov: Festa das Latas.*

aus der Werkstatt des Bildhauers Jean de Rouen stammen. Im Turm ist eine Kunstgalerie.

Einige Häuser entlang den steilen Gassen am Stadtberg sind *repúblicas* – auf das Mittelalter zurückgehende Studentenwohnheime.

Die Universität auf dem Hügel *(siehe S. 206f)* überragt die beiden Kathedralen **Sé Velha** und **Sé Nova** *(siehe S. 204)*; dahinter liegt die zentrale Praça da República.

Jenseits des Mondego

Vom anderen Flussufer bietet sich ein grandioser Blick auf das alte Coimbra. Die Klöster **Santa Clara** *(siehe S. 205)* am Südufer sind eng mit Isabel und Inês de Castro verbunden, der glücklosen Geliebten Pedros I, die hier 1355 erstochen wurde *(siehe S. 179)*. Einer Legende zufolge entsprang an dem Ort die Quelle **Fonte dos Amores**; sie befindet sich im Garten des Hotels Quinta das Lágrimas *(siehe S. 389)*, südlich von Santa Clara-a-Velha.

Durch den Arco de Almedina geht es hinauf in die Altstadt

Überblick: Coimbra

Die Begeisterung der Bewohner Coimbras für ihre Stadt spiegelt sich im Beinamen »O Rio dos Poetas« (Fluss der Dichter), den sie dem Mondego verliehen haben. Die Oberstadt mit der Universität *(siehe S. 206f)* auf dem Hügel Alcáçova, die engen Gassen und Treppen sowie die Unterstadt bergen historische Gebäude und Schätze in Hülle und Fülle. Da die meisten Sehenswürdigkeiten eng nebeneinander liegen, besichtigt man sie trotz des steilen Stadtbergs am besten zu Fuß. Weitere historische Stätten und einen spannenden Erlebnispark für Kinder finden Sie jenseits des Mondego.

Vergoldetes Altarbild der Sé Velha

Sé Velha

Largo da Sé Velha. *239-82 52 73.*
Mo–Do 10–18 Uhr, Fr 10–13 Uhr, Sa 10–17 Uhr. *1. Jan, Ostern, 1. Mai, 25. Dez.* *Kreuzgang.*

Die einer Festung ähnelnde alte Kathedrale, der in Stein verewigte Triumph über die Mauren im Jahr 1064, gilt als der schönste romanische Bau Portugals. Afonso Henriques, erster König Portugals, machte Coimbra zur Hauptstadt; hier wurde 1185, kurz nach Fertigstellung der Kathedrale, auch sein Sohn Sancho I gekrönt.

Im nüchtern gehaltenen Mittelschiff besticht das Altarbild von 1502. Die vergoldete Holzschnitzarbeit zeigt die Geburt Christi, die Himmelfahrt Marias und viele Heilige. Auch der Altar im südlichen Querhaus aus dem 16. Jahrhundert sowie der Diogo Pires dem Jüngeren zugeschriebene manuelinische Taufstein sind reich verziert. Im Gegensatz dazu wirkt der 1218 erbaute und im 18. Jahrhundert restaurierte Kreuzgang bescheiden.

Im Kapitelhaus steht das Grabmal des 1091 verstorbenen muslimischen Konvertiten Sisinando, des ersten christlichen Gouverneurs Coimbras. Im nördlichen Seitenschiff ruht die 1246 verstorbene Byzantinerin Vetaça, Begleiterin von Königin Isabel *(siehe S. 45)*.

Die prächtige Fassade der Sé Nova

Sé Nova

Largo da Feira. *239-82 31 38.*
Di–Sa, 9.30–12.30 Uhr, 14–18.30 Uhr. *Feiertage.*

Die Bezeichnung »neu« ist relativ, da die Kirche nahe der Universität bereits 1598 von Jesuiten gegründet wurde (deren Colégio das Onze Mil Virgens nebenan gehört heute zur wissenschaftlichen Fakultät). Obwohl der Marquês de Pombal *(siehe S. 52)* den Orden 1759 verbot, wurde diese Kirche 1772 Bischofssitz. Von der Fassade blicken jesuitische Heilige herab.

Der Innenraum mit Tonnengewölbe und Vierungskuppel ist geräumiger als jener der Sé Velha. Der manuelinische Taufstein links des Eingangs stammt wie das Chorgestühl aus der Sé Velha. Die Gemälde über den Stühlen sind Kopien italienischer Meister. Das Altarbild, flankiert von Orgeln (18. Jh.), zeigt jesuitische Heilige.

Die Universität mit dem Glockenturm auf dem Hügel Alcáçova überragt Coimbra

Museu Nacional Machado de Castro

Largo Dr. José Rodrigues. *239-82 37 27.* *wg. Renovierung bis 2007 (Information unter 239-48 20 01).*
Die Loggien und Innenhöfe des ehemaligen bischöflichen Palastes aus dem 16. Jahrhundert bilden den Rahmen für die Sammlung einiger der schönsten Skulpturen Portugals; Joaquim Machado de Castro (1731–1822) war selbst ein Meister der Bildhauerkunst. Besonders reizend ist ein kleiner mittelalterlicher Ritter mit Keule. Neben Möbeln und Roben sind Gemälde aus den vergangenen 800 Jahren zu sehen, darunter die *Himmelfahrt Maria Magdalenas* des Meisters von Sardoal (16. Jh.). Sehenswert ist weiterhin der Kryptoportikus des alten Aeminium, ein römisches Labyrinth aus unterirdischen Gängen mit einer Sammlung Skulpturen, Stelen und westgotischer Kunst.

Der Claustro do Silêncio im Kloster Santa Cruz

Santa Cruz

Praça 8 de Maio. *239-82 29 41.* *Mo–Sa 9–12, 14–17.45 Uhr, So 16–18 Uhr.* *Kreuzgang.*
Kirche und Kloster Santa Cruz (1131) beherbergen Werke der Bildhauerschule von Coimbra aus dem 16. Jahrhundert. Die Bildhauerarbeiten am Portal da Majestade (1523) von Diogo de Castilho stammen von Nicolau Chanterène und Jean de Rouen. Manuelinisch sind der Kapitelsaal von Diogo Boitac, der Claustro do Silêncio und das 1518 entstandene Chorgestühl, dessen Schnitzereien an die Entdekkungsfahrten erinnern. Die Könige Afonso Henriques und Sancho I fanden 1520 im Altarraum ihre Ruhestätte. Ihre Grabmäler stammen von Chanterène, der in Santa Cruz beigesetzt ist.

Jardim Botânico

Calçada Martim de Freitas. *239-82 28 97.* *tägl.*
Der größte botanische Garten Portugals entstand 1772, als der Marquês de Pombal an der Universität Coimbra das Studienfach Naturgeschichte einführte.

In der Nähe des Aquädukts São Sebastião (16. Jh.) betritt man den 20 Hektar großen Park mit etwa 1200 teils seltenen und exotischen Pflanzenarten. Der Park hat wissenschaftliche Bedeutung, ist jedoch in Form von Ziergärten mit einem naturbelassenen Areal angelegt.

Freilichtatelier im Jardim Botânico

Santa Clara-a-Velha

Santa Clara. *239-80 11 60.* *nur nach Voranmeldung (18. März–30. Sep: Di–Fr 16–20 Uhr; Sa, So, Feiertage 14–19 Uhr).*
Isabel, Witwe von König Dinis, ließ das Kloster Santa Clara wieder aufbauen. Sie starb 1336 in Estremoz *(siehe S. 300)*, wurde aber hier beigesetzt. Zwanzig Jahre später wurde auch die ermordete Inês de Castro hier begraben, bevor sie nach Alcobaça überführt wurde *(siehe S. 178f)*.

Santa Clara litt stets unter Überschwemmungen und wurde 1677 aufgegeben. 1696 wurden die sterblichen Überreste Isabels ins Kloster Santa Clara-a-Nova gebracht. Die häufig von Sand zugeschwemmte Klosterkirche wird nun renoviert.

Santa Clara-a-Nova

Alto de Santa Clara. *239-44 16 74.* *Di–So 9–12 Uhr, 14–17 Uhr.* *Kreuzgang.*
Auf trockenem Boden entstand zwischen 1649 und 1677 das riesige »neue« Klarissinnenkloster für die Nonnen von Santa Clara-a-Velha. Der vom Mathematikprofessor João Turriano ursprünglich als Kloster entworfene Bau dient heute zum Teil als Kaserne. Blickfang der Barockkirche ist der 1696 aufgestellte und von den Bewohnern Coimbras finanzierte Silberschrein Isabels. Das Originalgrab der Heiligen befindet sich im unteren Chor, und polychrome Gemälde erzählen ihre Lebensgeschichte. Den von dem Ungarn Carlos Mardel geschaffenen Kreuzgang des Klosters stiftete 1733 João V, der für seine Großzügigkeit gegenüber Nonnen bekannt war.

Portugal dos Pequenitos

Santa Clara. *239-80 11 70.* *16. Sep–Feb: tägl. 10–17 Uhr; Juni–15 Sep: tägl. 9–20 Uhr.* *25. Dez.*
Dieses Areal, ein Wunderland für Kinder, wird von einer ganz anderen Stimmung geprägt als der Rest der Stadt. In diesem Park mit Freilichtmuseum bestaunen Kinder wie Erwachsene die wichtigsten Bauwerke Portugals, Dörfer mit regionaler Architektur, Pagoden und Tempel aus allen Ecken des ehemaligen portugiesischen Weltreichs – alles im Miniaturformat.

Miniaturmodell eines Herrenhauses an der Algarve in Portugal dos Pequenitos

Universität Coimbra

Ein Atlas in der Via Latina

Auf Ersuchen der Kirche gründete König Dinis 1290 eine der ältesten und renommiertesten Universitäten der Welt. Ihr Sitz wechselte zunächst zwischen Lissabon und Coimbra hin und her; 1537 wurde sie im Königspalast Afonsos eingerichtet. Bis der Marquês de Pombal um 1770 den Lehrplan erweiterte, konnte man nur wenige Fächer studieren. Viele Literaten des 19. Jahrhunderts wie Eça de Queirós *(siehe S. 55)* absolvierten die Universität Coimbra. Nach 1940 entstanden zahlreiche Neubauten; die Säle um den Pátio das Escolas blicken auf 700 Jahre der Gelehrsamkeit zurück.

Museu de Arte Sacra
Die vier Räume dieses Museums beherbergen sakrale Kunstwerke, Roben, Kelche und Noten früher Kirchenmusik.

★ Capela de São Miguel
Das Innere der 1517 begonnenen Kapelle stammt aus dem 17./18. Jahrhundert. Die atemberaubende barocke Orgel übertrifft die azulejos, *die kunstvolle Decke und sogar den manieristischen Altar.*

Das manuelinische Portal der Capela de São Miguel schuf Marcos Pires vor seinem Tod 1521.

Porträt von João V (um 1730)

★ Biblioteca Joanina
Die nach ihrem Gönner João V (dessen Wappen über der Tür prangt) benannte Bibliothek (Anfang 18. Jh.) beherbergt in mit Gold und Tropenhölzern verkleideten Räumen 300 000 Bände.

Nicht versäumen

- ★ Biblioteca Joanina
- ★ Capela de São Miguel

INFOBOX

Universidade de Coimbra, Paço de Escolas. *239-85 98 00.* *1 vom Largo da Portagem.* *Nov–4. März: 10–17.30 Uhr; 5. März–Okt: 9–19.20 Uhr.* *25. Dez.* www.uc.pt

Der Glockenturm ist das weithin sichtbare Wahrzeichen der Universität. Seine berühmteste Glocke namens *cabra*, Ziege, rief seit ihrer Vollendung im Jahr 1733 Generationen von Studenten in die Vorlesungen.

Sala Grande dos Actos
In dem auch Sala dos Capelos genannten Saal finden Ereignisse wie Promotionsfeiern statt. Die Porträts über den Dekansesseln zeigen portugiesische Monarchen.

Die Via Latina ist ein dem Originalpalast im 18. Jahrhundert angefügter Säulengang. Die »Weisheit« krönt das portugiesische Wappen oberhalb der Doppeltreppe; unterhalb steht José I, unter dessen Herrschaft (1750–77) der Marquês de Pombal die Universität modernisierte, flankiert von »Gerechtigkeit« und »Standhaftigkeit«.

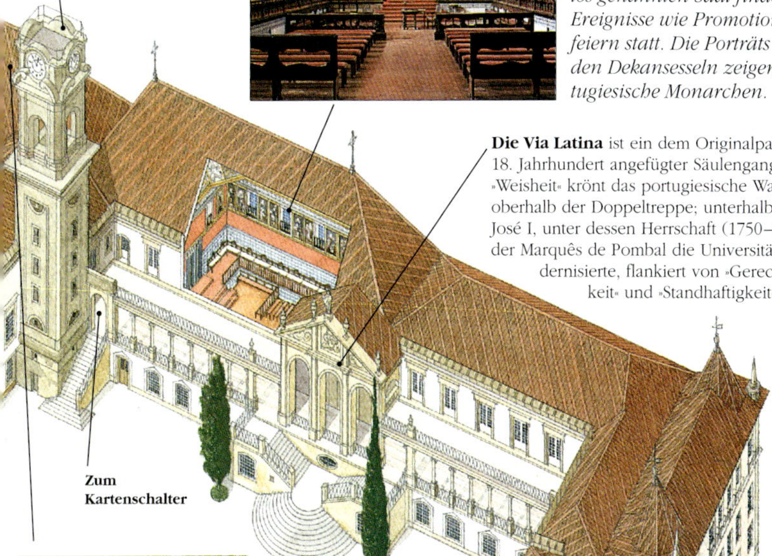

Zum Kartenschalter

Sala do Exame Privado
Im privaten Prüfungssaal überspannt die von José Ferreira Araújo gemalte Decke (1701) einen Fries mit Porträts früherer Rektoren.

Porta Férrea
Das schwere, von Allegorien der ursprünglichen Fakultäten flankierte Tor (1634) führt in den Hof der Universität.

STUDENTISCHE TRADITIONEN

Nach Gründung der Universität konnte man nur Kirchen- und Zivilrecht, Medizin, Literatur (Grammatik und Philosophie) studieren. Um zu zeigen, welcher Fakultät man angehörte, hefteten sich die Studenten farbige Bänder an: rot für Recht, gelb für Medizin, dunkelblau für Literatur. Die Studenten werden noch heute mit Ritualen aufgenommen, und am Ende des akademischen Jahres im Mai werden bei der Queima das Fitas die Bänder feierlich verbrannt.

Fakultätsbänder werden wie eh und je verbrannt

Conímbriga ⑨

Straßenkarte C3. 2 km S von Condeixa-a-Nova. *von Coimbra.*
Stätte *tägl. 10–20 Uhr (16. Sep–14. März bis 18 Uhr).* *25. Dez.*
Museum 239 94 11 77 *Di–So 10–20 Uhr (16. Sep–14. März bis 18 Uhr).* *25. Dez.* *nur Museum.*

CONÍMBRIGA, die größte und am umfassendsten freigelegte römische Ruinenstadt Portugals *(siehe S. 40f)*, lag an der alten Römerstraße von Lissabon (Olissipo) nach Braga (Bracara Augusta). Erste Spuren römischer Besiedlung stammen aus dem 2. Jahrhundert v. Chr., vorher bestand hier eine keltische Siedlung. Doch erst unter Augustus (ab 25 v. Chr.) gewann Conímbriga an Bedeutung: Bäder, ein Forum und der Aquädukt aus dieser Zeit wurden bei den seit 1912 laufenden Ausgrabungen freigelegt. Ein großer Teil des Areals (13 ha), darunter ein Amphitheater nördlich der Stadt, ist noch Gegenstand archäologischer Arbeit. Die schönsten Gebäude stammen aus dem 2. und 3. Jahrhundert und belegen den Wohlstand Conímbrigas.

Detail eines Bodenmosaiks in einem Haus am Eingang

Man nähert sich der Anlage von Osten her auf einer alten römischen Straße. Zur Linken stehen die Fundamente von Läden, Bädern und zwei Häusern mit Mosaikböden.

In Conímbriga befindet sich auch eines der größten Privathäuser des westlichen Römischen Reichs. Diese feudale Villa, die Casa de Cantaber, besitzt einen Garten mit Säulenhalle und Bäder. Einige der Mosaiken im Museum stammen vermutlich aus diesem Komplex.

Führungen in der Casa das Fontes (frühes 2. Jh.) werden angeboten. Die Mosaiken und Brunnen (die dem Haus seinen Namen gaben) machen deutlich, wie sehr die Römer gutes Leben schätzten. Die Bäder, Schwimmbäder und Dampfbäder der Trajansthermen wurden über einen größtenteils unterirdischen Aquädukt aus der Zeit von Augustus von einer etwa 3,5 Kilometer entfernten Quelle gespeist. Im 3. und Anfang des 4. Jahrhunderts errichtete man aus den Steinen der Häuser eine Verteidigungsmauer gegen die Barbaren. Die Sweben brannten die Stadt 468 nieder und töteten die Einwohner. Skelettfunde stammen womöglich aus dieser Zeit.

Ein informatives Museum außerhalb der Ruinenstadt erklärt Geschichte und Aufbau der Anlage und zeigt römische Büsten, Mosaiken, Münzen und keltische Kunstgegenstände. Auch Restaurant und Picknickplatz sind vorhanden.

Der Garten der Casa das Fontes in Conímbriga

Die Kirche São Miguel innerhalb der Mauern des Kastells von Penela

Penela ⑩

Straßenkarte C3. *6500.* *Praça do Município (239-56 11 32).* *Do.*

DAS GEDRUNGENE **Kastell** von Penela wurde 1087 von Sisinando, dem Gouverneur von Coimbra, als Teil der Verteidigungslinie des Mondego-Tals erbaut. Von den Türmen hat man einen prächtigen Blick auf das Dorf und die Serra da Lousã im Osten. Die Kirche **São Miguel** innerhalb der Umfassungsmauern ist aus dem 16. Jahrhundert. In **Santa Eufémia** in Penela selbst dient ein römisches Kapitell als Taufstein.

UMGEBUNG: Der pikante Käse aus Schafs- und Ziegenmilch aus dem Weiler **Rabaçal**, fünf Kilometer westlich, zählt zu den Spezialitäten der Region *(siehe S. 146)*. Einige Dorffrauen lassen den Käse noch heute zu Hause in verdunkelten Zimmern reifen.

Lousã ⑪

Straßenkarte C3. *16 700.* *Câmara Municipal, Rua Dr. João de Cáceres (239-99 03 76).* *Di u. Sa.*

DIE PAPIERFABRIK von Lousã am bewaldeten Ufer des Arouce wurde 1716 eröffnet und ist noch heute in Betrieb. Mit den vom Marquês de Pombal *(siehe S. 52)* ins Land geholten Papiermachern aus Italien und Deutschland kam auch der Wohlstand, der sich in den Häusern des 18. Jahrhunderts widerspiegelt. Am

Die seltsam schutzlos wirkende Burg von Arouce bei Lousã

elegantesten ist der **Palácio dos Salazares**, ein Privathaus in der Rua Viscondessa do Espinhal. Sehenswert ist auch die **Misericórdia**-Kirche in der Rua do Comércio mit ihrem Renaissanceportal.

UMGEBUNG: Tief im Tal, drei Kilometer südlich liegt **Castelo de Arouce**. Der Legende nach erbaute ein König Arouce im 11. Jahrhundert die Burg als Zuflucht vor Räubern. Die Zutrittserlaubnis erhält man in der Stadthalle. Die neben der Burg liegenden drei Kapellen bilden den **Santuário de Nossa Senhora da Piedade**.

Vom Aussichtspunkt an der kurvenreichen Straße Richtung Süden nach Castanheira de Pêra sieht man herrlich über das bewaldete Tal. An einer Abzweigung nach Osten gelangt man zum **Alto do Trevim**, den höchsten Punkt der Serra da Lousã (1204 m).

Buçaco ⓬

Siehe S. 210 f.

Luso ⓭

Straßenkarte C3. *3000.*
Rua Emídio Navarro (231-93 91 33).
Mo Sa.

IM 11. JAHRHUNDERT war Luso lediglich ein dem Kloster von Vacariça angeschlossenes Dorf. Es entwickelte sich jedoch im 18. Jahrhundert, als seine heißen Quellen touristisch genutzt wurden, zu einem Heilbad. Die Thermalquellen entspringen unterhalb der **Capela de São João** und entfalten ihre Heilwirkung unter anderem bei niedrigem Blutdruck, schlechtem Muskeltonus, Nierenleiden und Rheumatismus.

Der Ort verfügt über zahlreiche elegante, wenngleich etwas veraltete Hotels. Das hübsche Jugendstilfoyer im ehemaligen Kasino ist überaus ansprechend. Viele Besucher kommen wegen der vielfältigen Kuranwendungen nach Luso. Ein weiterer Vorteil des Ortes ist seine Nähe zum berühmten Wald von Buçaco.

UMGEBUNG: Mealhada zwischen Luso und Curia ist eine reizende Kleinstadt im Herzen einer Gegend, die für Spanferkel *(leitão)* berühmt ist *(siehe S. 146)*. Zahlreiche Restaurants der Gegend bieten dieses ungemein beliebte Gericht an.

Arganil ⓮

Straßenkarte D3. *13 300.*
Avenida das Forças Armadas (235-20 48 23). *Do.*

ARGANIL IST ANGEBLICH eine alte Römerstadt namens Argos und wurde im 12. Jahrhundert von Teresa, der Mutter Afonso Henriques' *(siehe S. 42 f)*, dem Bistum Coimbra angeschlossen.

Architektonisch am interessantesten ist die vermutlich aus dem 14. Jahrhundert stammende Pfarrkirche **São Gens** in der Rua de Visconde de Frias.

Menino Jesus in Mont'Alto bei Arganil

UMGEBUNG: Eine der kuriosesten Sehenswürdigkeiten der Gegend findet man in Mont'Alto, drei Kilometer oberhalb der Stadt: den Menino Jesus in der **Capela do Senhor da Ladeira** – ein Christuskind in stilechter Garderobe, das bei *festas* außerhalb der Kapelle gezeigt wird (sonst bekommt man den Schlüssel im letzten Haus rechts).

Kurgäste trinken Heilwasser an der Fonte de São João in Luso

THERMALBÄDER

Infolge der Begeisterung der Portugiesen für Thermalquellen und Gesundheitsurlaube entstehen im Norden des Landes vermehrt Kurorte, einige davon auch in den Beiras bei Luso. Ausnahmslos bieten sie ein umfangreiches Sportangebot, eine friedliche Atmosphäre und Behandlungen für die verschiedenen Indikationen. Die meisten Kurorte stellen im Winter den Betrieb ein, mit Ausnahme von Curia, 16 Kilometer nordwestlich von Luso. Aus Luso selbst stammt das bekannteste Mineralwasser des Landes.

Buçaco ⓬

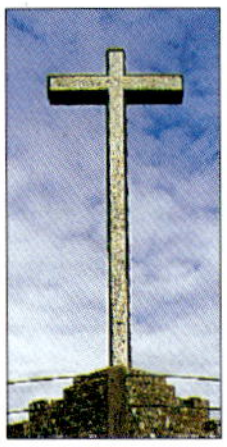

Aussichtspunkt Cruz Alta

Der Nationalpark von Buçaco, teils Arboretum, teils uralter Wald, ist ein magischer Ort. Schon im 6. Jahrhundert zogen sich Mönche hierher zurück. 1628 errichteten die Karmeliter ein Kloster und umgaben den Wald mit einer Mauer (1622 hatte der Papst Frauen den Zugang verboten). Sie bauten Wege und Kapellen zur Besinnung. Die von ihnen gepflanzten, teils von portugiesischen Entdeckern mitgebrachten Bäume genossen seit 1632 päpstlichen Schutz. Das 105 Hektar große Areal umfasst 700 einheimische und ausländische Arten, darunter die Buçaco-Zeder. 1810 kämpften auf dem Höhenzug von Buçaco britisch-portugiesische Truppen gegen die Franzosen. 1834 schloss das Kloster, doch die Wege, Grotten und das Palace Hotel do Buçaco ziehen noch immer viele Menschen an.

★ Fonte Fria
Diese beeindruckende Kaskade aus der größten Quelle des Waldes stürzt in ein von Magnolien gesäumtes Becken.

Porta dos Degraus und Treppe nach Luso

Vale dos Fetos
Dieses Tal mit üppigen Farnen aus aller Welt führt hinab zu einem kleinen See. Dank der prächtigen Baumfarne wirkt das Tal beinahe tropisch.

Die Portas de Coimbra bergen die päpstlichen Bullen, die die Bäume schützten und Frauen den Zugang verboten.

Legende

- Mauer
- Verlauf der Via Sacra
- Parken
- Kapelle
- Aussichtspunkt

Palace Hotel do Buçaco

König Carlos, der diesen extravaganten Bau 1888 in Auftrag gab, erlebte dessen Vollendung nicht mehr. Sein Sohn Manuel II kam vor seinem Exil 1910 *(siehe S. 55)* nur kurz hierher – angeblich zu einem romantischen Treffen mit der französischen Schauspielerin Gaby Deslys. Der königliche Koch regte die Umwandlung zu einem Luxushotel an, mit eigenen renommierten Weinen; so lockte er die feine Gesellschaft. Im Zweiten Weltkrieg sollen hier Spione gewohnt haben. Heute ist es eines der großen portugiesischen Hotels *(siehe S. 388)*.

Gaby Deslys, mit der Manuel II angeblich eine kurze Romanze hatte

Nicht versäumen

★ Palace Hotel

★ Fonte Fria

Kloster
Vom Karmeliterkloster sind nur Kreuzgang, Kapelle und einige Mönchszellen erhalten. Ein Schild besagt, Wellington habe in einer der korkverkleideten Zellen geschlafen.

INFOBOX

Straßenkarte C3. 3 km SÖ von Luso. *Luso (231-93 91 33).* **Kloster** *Sa–Do.* **Wald** *tägl.* *für Fahrzeuge (März–Okt).* **Museu Militar** Almas do Encarnadouro. *231-93 93 10.* *Di–So.* *1. Jan, Ostern, 25. Dez.* *27. Sep: Jahrestag der Schlacht von Buçaco.*

Die Porta da Rainha wurde für Catarina von Bragança erbaut. Nach Absage ihres Besuchs (1693) blieb das Tor elf Jahre lang verschlossen.

Museu Militar zum Gedenken an die Napoleonischen Kriege

Tasmanischer Eukalyptus (1876)

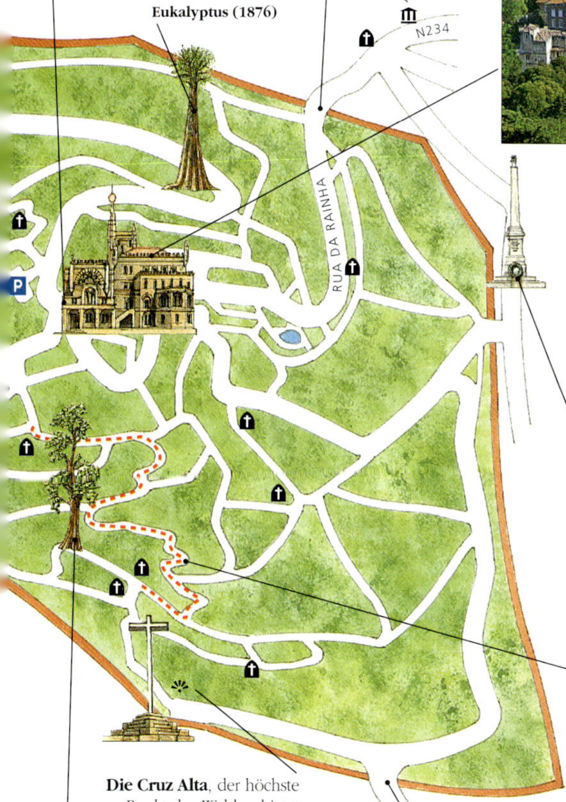

★ Palace Hotel do Buçaco
Das 1907 vollendete, extravagante neomanuelinische Jagdschloss von Luigi Manini birgt Wandgemälde und Kacheln berühmter Künstler. Azulejos *im Foyer zeigen die Schlacht von Buçaco.*

Das Denkmal der Schlacht von Buçaco ehrt Wellingtons Sieg vom 27. September 1810 auf dem nahe gelegenen Höhenzug. Wie das Museu Militar erläutert, stoppte dieser Sieg den französischen Vormarsch auf Coimbra.

Die Cruz Alta, der höchste Punkt des Waldes, bietet einen Blick bis zum Meer.

Porta da Cruz Alta

Die Buçaco-Zeder, heute 26 Meter hoch, soll 1644 gepflanzt worden sein.

0 Meter 250

Via Sacra
Die 1693 vom Bischof von Coimbra errichteten Kapellen mit lebensgroßen Figuren markieren die Stationen eines verschlungenen Kreuzwegs.

Das Dorf Piódão fügt sich in das Grau des Granits der Serra de Açor ein

Piódão 15

Straßenkarte D3. 60. *zum 20 km entfernten Coja.* *Arganil (235-20 01 37).*

Die Serra de Açor, die »Berge des Habichts«, sind, wie der Name andeutet, von karger Schönheit. Ihre kleinen, einsamen Dörfer mit schiefergrauen Häusern klammern sich an Felsterrassen. Besonders beeindruckend ist das in einem Tal gelegene Piódão, das sich bis Ende des 19. Jahrhunderts an der wichtigsten Handelsstraße von Coimbra nach Covilhã befand, mit dem Bau neuer Straßen jedoch in Vergessenheit geriet. Blickfang inmitten der dunklen Häuser ist die weiße **Igreja Matriz** am Dorfplatz. Durch den Zufluss von Fördermitteln wird der Ort umgestaltet. Trotzdem konnte sich Piódão einen Großteil seines Charmes bewahren.

Oliveira do Hospital 16

Straßenkarte D3. *22 000.* *Casa da Cultura, Rua do Colégio (238-60 92 69).* *2. Mo im Monat.*

Die Mutter von Afonso Henriques stiftete die Ländereien rund um den Ort 1120 den Hospitaliterrittern. Die **Igreja Matriz** (13. Jh.) am Largo Ribeira do Amaral beherbergt ein grandioses Erinnerungsstück an diesen Ritterorden: das von einer Reiterstatue überragte Grab von Domingues Joanes, einem der Stadtgründer.

Die lebendige Industriestadt ist der ideale Ausgangspunkt für eine Erkundung der Täler von Mondego und Alva.

Umgebung: Die Kirche **São Pedro** (10. Jh.) in Lourosa, zwölf Kilometer südwestlich, ist ein Spiegel der Geschichte Portugals: Unter ihr wurde ein römischer Friedhof freigelegt, die Vorhalle ist westgotischen Ursprungs, und das Innere birgt zehn römische Bogen und ein *ajimene* (maurisches Fenster).

Caramulo 17

Straßenkarte C3. *2000.* *Avenida Dr. Jerónimo de Lacerda (232-86 14 37).*

Diese Kleinstadt in der Serra do Caramulo westlich von Viseu hatte dank ihres Heilklimas früher einige Sanatorien. Heute locken zwei sehr unterschiedliche Museen unter einem Dach.

Das Innere von São Pedro in Lourosa nahe Oliveira do Hospital

Die Exponate der **Fundação Abel de Lacerda** reichen von flämischen Wandteppichen aus dem 16. Jahrhundert über Plastiken, Porzellan, Silber- und Elfenbeinarbeiten bis hin zu ägyptischen Bronzen (1580–900 v. Chr.). Auch gibt es eine große Vielfalt an Gemälden portugiesischer Maler bis zum 20. Jahrhundert; außer Chagall und Dalí ist auch die Portugiesin Maria Helena Vieira da Silva (1908–1992) vertreten. Picasso stiftete 1947 ein Stillleben.

Das **Museu do Automóvel** zeigt einen 1899er Peugeot, Bugattis, Rolls-Royces und einen von Ministerpräsident Salazar *(siehe S. 56f)* bestellten kugelsicheren Mercedes, der nie zum Einsatz kam.

Museu do Caramulo (Fundação Abel de Lacerda und Museu do Automóvel)
Caramulo. *232-86 12 70.* *tägl. 10–13, 14–18 Uhr (Nov–Feb bis 17 Uhr).* *Karfreitag, 24./25. Dez.*

Umgebung: Vom Museum schlängelt sich eine Straße Richtung Südwesten zu zwei Aussichtspunkten und Picknickplätzen in der Serra do Caramulo: Etwa vier Kilometer hinter Caramulo erstrecken sich auf 970 Metern Höhe die Wiesen der **Cabeça da Neve**. Etwas weiter westlich bietet das bis zu 1074 Meter hohe Bergland **Caramulinho** grandiose Panoramablicke.

Viseu ⓲

Straßenkarte D3. *19 500.*
Avenida de Calouste Gulbenkian (232-42 09 50). *Di.*

Die elegante Rokokofront der Misericórdia-Kirche in Viseu

Faszinierend ist die Altstadt der munteren Hauptstadt der Beira Alta, die seit römischer Zeit ein wichtiger Verkehrsknotenpunkt im Norden und Zentrum des Dão-Weinbaugebiets ist *(siehe S. 29)*.

Wer Viseu besucht, erkennt unschwer, dass hier einer der bedeutendsten portugiesischen Künstler des 16. Jahrhunderts lebte, zumal nach Grão Vasco sogar ein Hotel und ein Wein benannt sind.

Im Westen der Altstadt ist ein Teil der alten Stadtmauer erhalten, die **Porta do Soar de Cima** (15. Jh.). Die **Igreja dos Terceiros de São Francisco** (1773) am Stadtplatz (Rossio) bietet eine italienisierende Fassade und einen in Gold gehaltenen Innenraum. *Azulejos* im Rathaus (1887) veranschaulichen die Geschichte von Viseu. Die Rua Augusto Hilário unmittelbar nördlich ist benannt nach dem hier geborenen Erfinder des Fado *(siehe S. 66f)*.

Fassade der Kathedrale von Viseu mit ihren Vierecktürmen

Kathedrale

Largo da Sé. *232-42 29 84.*
9–12 Uhr, 14–19 Uhr.

Die Kathedrale vereint mehrere Baustile, die miteinander harmonieren. Auch die romanischen Elemente sind gut erhalten. Die heutige Fassade ersetzte die manuelinische Front, die 1635 einfiel. Das mit Knoten und Rippen versehene Gewölbe (16. Jh.) im Innenraum ruht auf Säulen aus dem 13. Jahrhundert. Die *azulejos* der Nordkapelle stammen aus dem 18., die im doppelstöckigen Kreuzgang aus dem 17. Jahrhundert. In der Sakristei beeindrucken Decke und »Teppichkacheln« *(siehe S. 22)*. Das Chorgestühl aus brasilianischem Jacaranda-Holz kontrastiert mit dem modernen Altar in Form einer umgedrehten Pyramide.

Zum Kirchenschatz im Kapitelsaal zählen ein Evangeliar (12. Jh.) und ein Reliquienkasten aus Limoges (13. Jh.).

Gut proportioniert ist die Rokokofassade der **Misericórdia**-Kirche gegenüber der Kathedrale. Hier befindet sich eine Sonderausstellung des Museu de Grão Vasco.

Museu de Grão Vasco

Largo da Sé. *232-42 20 49.*
Di–So 10–18 Uhr (Di ab 14 Uhr).
Feiertage. *So 10–14 Uhr frei.*

An die Kathedrale grenzt der Bischofspalast (16. Jh.) mit dem **Museu de Grào Vasco**. Die Werke des »großen Vasco«, Vasco Fernandes (um 1475–1540), und seiner Kollegen aus der Schule von Viseu genießen wegen ihrer naturalistischen Darstellungen, Hintergrundlandschaften, Draperie und der Liebe zum Detail großes Ansehen. Ihr Umgang mit Licht verrät flämische Einflüsse.

Das Obergeschoss zeigt jene Werke, die früher den Altarraum der Kathedrale schmückten. Herausragend sind Vascos monumentaler *Heiliger Petrus* und die *Anbetung der Könige*, eines von 14 Tafelbildern zum Leben Jesu. Bemerkenswert an dem zwischen 1503 und 1505 entstandenen Werk ist, dass unter den Anbetenden auch ein brasilianischer Indianer ist *(siehe S. 48)*. Andere Tafeln werden Künstlerfreunden aus der Schule von Viseu zugeschrieben.

Weitere Glanzpunkte sind Werke wie *Das letzte Abendmahl* von Gaspar Vaz, Vascos größtem Rivalen und portugiesische Künstler aus dem 19./20. Jahrhunderts wie z. B. Columbano Bordalo Pinheiro.

***São Pedro* (1503–05) von Vasco Fernandes im Museu de Grão Vasco von Viseu**

Sernancelhe ⓳

Straßenkarte D2. 6200.
Avenida das Tílias (254-59 52 26).
jeden 2. Do.

KLEINE, WEISS GETÜNCHTE Häuser scharen sich um den granitgrauen Kern dieser Kleinstadt, die im 10. Jahrhundert am Ufer des Távora gegründet wurde. An der Praça da República steht die romanische **Igreja Matriz**. Die Granitskulpturen aus dem 12. Jahrhundert in den Nischen der Fassade flankieren ein Portal mit einer Bogenlaibung aus Engelsfiguren. Der Pranger auf dem Stadtplatz wird auf das Jahr 1554 datiert.

Das schönste Haus der Stadt ist der barocke **Solar dos Carvalhos** hinter der Kirche. Schon im 18. Jahrhundert wohnte eine Adelsfamilie in diesem langen, tiefen Bau mit verzierten Granitportalen, der noch heute in Privatbesitz ist.

In den Überresten alter Burgmauern auf dem Felsvorsprung oberhalb des Platzes wurde nachträglich ein zinnenbewehrtes Haus errichtet.

Bogenlaibung über dem Portal der Igreja Matriz in Sernancelhe

UMGEBUNG: Um den **Santuário da Nossa Senhora da Lapa** in der Serra da Lapa südlich von Sernancelhe rankt sich die Geschichte von dem stummen Hirtenmädchen Joana, das auf einem Felsblock eine Marienstatue fand und sie mit nach Hause nahm. Als die verärgerte Mutter die Statue ins Feuer warf, rief das Mädchen, wie durch ein Wunder geheilt: »Verbrenne sie nicht. Das ist die Senhora da Lapa.«

Um den Felsblock wurde eine Kapelle errichtet, und die etwas angesengte Statue blickt von einer Ziernische auf die Besucher herab; unterhalb liegen Votivbilder und -gaben der Pilger.

Das Haupttor zur befestigten Stadt Trancoso

Die zentral gelegene Burg von **Penedono**, 17 Kilometer nordöstlich von Sernancelhe, geht mindestens auf das 10. Jahrhundert zurück. Sie wird in der mittelalterlichen Geschichte des Ritters O Magriço erwähnt, der mit elf anderen nach England zog, um zu Ehren von zwölf englischen Damen an einem Turnier teilzunehmen. Im Inneren lohnt sich der Blick von den Burgmauern (den Schlüssel bekommt man im Laden neben dem Pranger).

Santuário da Nossa Senhora da Lapa

Quintela da Lapa, 11 km SW von Sernancelhe. *232-68 89 93*
tägl.

Die Burg von Penedono bei Sernancelhe mit ihren mächtigen mittelalterlichen Zinnen

Trancoso ⓴

Straßenkarte D2. *6000.*
Avenida Heróis de São Marcos (271-81 11 47). *Fr.*

ALS KÖNIG DINIS 1283 in Trancoso Isabel heiratete *(siehe S. 44f)*, schenkte er ihr die Stadt zur Hochzeit. Auf Dinis geht außerdem der eindrucksvolle Mauerring zurück, der Trancoso noch heute umschließt; 1304 gründete er hier die erste freie Handelsmesse Portugals. Nach 1385 wurde Trancoso ein Handelszentrum. Früher wohnten hier viele Juden, und in der alten Judiaria findet man noch Häuser mit einer breiten und einer engen Tür, um Privatleben und Geschäft zu trennen.

Vom Südtor führt die Rua da Corredoura zu der nach 1720 restaurierten Kirche **São Pedro**. Ein Grabstein erinnert an Gonçalo Anes, den Schuhmacher, der um 1580 unter dem Pseudonym Bandarra die *Trovas* verfasste, die die Rückkehr des jungen Königs Sebastião *(siehe S. 107)* voraussagten.

UMGEBUNG: Von der mittelalterlichen Zitadelle **Marialva**, 14 Kilometer nordöstlich von Trancoso, steht nur noch eine Ruine. Granitmauern, Fragmente von Steinmetzarbeiten und der Pranger aus dem 15. Jahrhundert erinnern an die ehemalige Größe. Die Gründe für den Ruin des Anfang des 11. Jahrhunderts vermutlich von Fernando von León und Kastilien gegründeten und von Sancho I befestigten Marialva sind unbekannt. Vermutlich wanderte die Bevölkerung einfach in fruchtbarere Landstriche ab.

SERRA-KÄSE

Der Serra aus der Milch von den Schafen der Serra da Estrela *(siehe S. 218f)* ist Portugals Spitzenkäse. Er wird im Winter gemacht – früher hing sein Gelingen davon ab, wie warm die Hände der Frauen waren, die ihn in der kühlen Küche zubereiteten. Traditionell verwendet man Distelblüten zum Gerinnen der Milch. Um angesichts vieler Imitate hohe Qualität und Authentizität zu gewährleisten, sind die kleinen Fabriken, die den Käse in Laiben von 1,5 bis 2 Kilogramm herstellen, registriert. Bei Raumtemperatur wird Serra weich; er wird von oben durch ein Loch in der Rinde gelöffelt.

Hirte mit Schafherde in der Serra da Estrela

Celorico da Beira ㉑

Straßenkarte D3. *8800.*
Estrada Nacional 16, Forno Telheiro (271-74 21 09). Di; Dez–Mai: Fr.

VON DEN WEIDEN um Celorico da Beira im Windschatten der Serra da Estrela kommt seit je die Milch für den berühmten Serra-Käse. Sehr beliebt ist der Käsemarkt auf der Praça Municipal von Dezember bis Mai, und jeden Februar findet in Celorico eine Käsemesse statt.

Die Granithäuser der Altstadt werden von manuelinischen Fenstern und gotischen Türen geprägt. Sie konzentrieren sich an der Rua Fernão Pacheco, die von der Hauptstraße zur Burg hinaufführt. Permanente Grenzkonflikte mit Spanien ließen von der **Burg** aus dem 10. Jahrhundert nur einen Turm und die Außenmauern übrig. Die im Lauf des 18. Jahrhunderts restaurierte **Igreja Matriz** weist eine bemalte Kassettendecke auf und diente in den Napoleonischen Kriegen als Lazarett.

Almeida ㉒

Straßenkarte E2. *1500.*
Portas de São Francisco (271-57 42 04). 8. sowie letzter Sa im Monat.

EINE IMPOSANTE WALLANLAGE in Form eines zwölfzackigen Sterns schützt diese reizende Grenzstadt.

Im Vertrag von Alcañiz erkannte Spanien am 12. September 1297 Almeida als portugiesisches Territorium an, doch die Stadt wurde weiterhin von Einfällen heimgesucht. Die Befestigungsanlagen entwarf Antoine Deville 1641, nachdem Spaniens König Felipe IV die Schutzwälle der Stadt und der mittelalterlichen Burg zerstört hatte.

Von 1742 bis 1743 war Almeida wieder in spanischer Hand; in den Napoleonischen Kriegen fiel es erst an die Franzosen unter Masséna, dann an die Briten unter Wellington. 1810 zerstörte eine französische Granate die Burg.

Zu der Festungsanlage führen eine Brücke und ein Tunnel. Die unterirdischen *casa matas* (Soldatenunterkünfte) können besichtigt werden; das Waffenlager im Haupttor birgt weitere Erinnerungsstücke an Almeidas militärische Vergangenheit. In der Stadt selbst befinden sich die Pfarrkirche sowie die **Misericórdia**-Kirche (17. Jh.), die einem der ältesten Armenhäuser Portugals angeschlossen ist. Die teils überwachsenen Wehrmauern bieten einen schönen Blick auf die Stadt.

Die komplexen Wehranlagen von Almeida werden zusehends von Gras und Wildblumen überwuchert

Grenzfestungen ㉓

Die Verteidigung der Landesgrenzen war eine lebenswichtige Aufgabe der frühen portugiesischen Könige. Die größte Bautätigkeit fiel in die Regierungszeit von Dinis (1279–1325). An der Ostgrenze gab es häufig spanische Übergriffe, die Loyalitäten wechselten regelmäßig. Viele Burgen wurden angegriffen, belagert und wiederaufgebaut; was erhalten blieb, zeugt von diesen langwierigen Disputen. Vor allem die Serra da Marofa ist recht karg, doch bei Pinhel und hinter Castelo Mendo bildet das Côa-Tal eine atemberaubende Kulisse.

Castelo Rodrigo ②
Die Ringmauern dieses befestigten Dorfs – 1296 von König Dinis erbaut – existieren noch. Der Palast des mit Spanien sympathisierenden Cristóvão de Moura wurde 1640 niedergebrannt.

Figueira de Castelo Rodrigo ③
Seit dem 18. Jahrhundert wanderte die Bevölkerung von Castelo Rodrigo vermehrt ins günstiger gelegene Figueira ab. Die florierende Kleinstadt ist heute bekannt für ihre Mandelblüte. Etwas südlich liegt der von einer riesigen Christusstatue gekrönte höchste Punkt der Serra da Marofa (977 Meter).

Almeida ①
Der sternförmige Komplex ist ein gut erhaltenes Beispiel für die komplizierten, aber wirkungsvollen Befestigungsanlagen, die der französische Ingenieur Vauban im 17. Jahrhundert entwickelte *(siehe S. 297)*.

Pinhel ④
Pinhel gehörte seit der Römerzeit zur Verteidigungslinie der Region und bildete das Zentrum eines Festungssystems. Anfang des 14. Jahrhunderts baute König Dinis es zu einer Zitadelle aus. Der Mauerring und zwei Türme sind weitgehend erhalten.

Castelo Mendo ⑤
Jenseits des Haupttors ist wenig von der Burg erhalten. Dank der Fernsicht drängte sich die Funktion als Grenzfestung förmlich auf.

Routeninfos

Länge: *115 km.*
Rasten: *Cafés in vielen Dörfern, Restaurants in Pinhel und Almeida.*
Straßenzustand: *Die Straßen sind gut geteert; Abkürzungen sind trügerisch und nicht ratsam* (siehe auch S. 444 f).

Legende

- Routenempfehlung
- Andere Straße
- Landesgrenze
- Aussichtspunkt

0 Kilometer 10

Das hochstrebende Innere der gotischen Kathedrale von Guarda

Guarda 24

Straßenkarte D3. 26 000. *Praça Luís de Camões (271-20 55 30).* *1. u. letzter Mi im Monat.*

DIE HÖCHSTGELEGENE STADT Portugals (1056 m), 1197 von Sancho I gegründet, erstreckt sich über einen kahlen Hügel im Nordosten der Serra da Estrela. Name und strenges Erscheinungsbild erklären sich durch die anfängliche Funktion als »Wache« über die Grenze. Einige von Arkaden gesäumte Straßen und Plätze sind lebendig und interessant; die **Kathedrale** wirkt mit ihren Strebebogen, Zinnen und Wasserspeiern eher wehrhaft. Zu den Meistern, die an der 1390 begonnenen und 1540 vollendeten Kathedrale arbeiteten, zählen Diogo Boitac (1504–17) und die Erbauer von Batalha *(siehe S. 182f)*. Jean de Rouen schuf 1552 die einhundert Figuren des Retabels im Altarraum des hellen, freundlichen Inneren.

Das nahe gelegene **Museu de Guarda** widmet sich auf zwei Stockwerken Gemälden, Kunstgegenständen, archäologischen Funden sowie dem Dichter der Stadt, Augusto Gil (1873–1929).

Vom Vorplatz der Kathedrale führt die Rua do Comércio zur **Misericórdia**-Kirche (17. Jh.). Das verzierte Portal öffnet sich zu barocken Altären und Kanzeln. Nördlich der Kathedrale, im historischen Zentrum, veranschaulichen in der Kirche **São Vicente** (18. Jh.) 16 *azulejo*-Tafeln das Leben Jesu.

Guarda hatte früher eine jüdische Gemeinde; das Schlüsselgeschäft in der Rua Dom Sancho I war vermutlich die Synagoge. João I soll bei einem Besuch in Guarda Inês Fernandes, der hübschen Tochter eines jüdischen Schuhmachers, verfallen sein. Ihr Sohn Afonso wurde 1442 der erste Herzog von Bragança, 200 Jahre später bestieg dessen Nachkomme João IV als erster Monarch der Braganças den Thron *(siehe S. 299)*.

Centum Cellas, ein recht kurioser römischer Bau bei Belmonte

Museu de Guarda

Rua Alves Roçadas 30. 271-21 34 60. Di–So. Feiertage.

Serra da Estrela 25

Siehe S. 218f.

Belmonte 26

Straßenkarte D3. *3500.* *Castelo de Belmonte (275-91 14 88).* *1. u. 3. Mo im Monat.*

BELMONTE war viele Generationen lang das Lehen der Familie Cabral. Vorfahren von Pedro Álvares Cabral, der 1500 als erster Seefahrer in Brasilien anlegte, kämpften bei Ceuta *(siehe S. 48)* und Aljubarrota *(siehe S. 183)*. Noch früher waren die Kraftakte Fernãos, des »Riesen der Beiras«, in aller Munde. Die Burg und die nahe gelegene Kapelle tragen das Familienwappen mit einer Ziege *(cabra)*. Von der 1266 begonnenen **Burg** sind der Bergfried und das manuelinische Fenster erhalten. Die kleine Kirche **São Tiago** nebenan veranschaulicht die romanische Schlichtheit: Die Fresken oberhalb des Altars und die Granitpietà in einer Seitenkapelle stammen aus dem 13. Jahrhundert. Neben der Kirche liegt die **Capela dos Cabrais** (15. Jh.) mit dem Familiengrab der Cabrals.

Das Familienwappen der Cabrals

Die **Igreja da Sagrada Família** (1940) beherbergt die Marienstatue Nossa Senhora da Esperança, die Cabral auf seine Reise nach Brasilien mitgenommen haben soll. Die Eröffnung eines Museums zur Entwicklung der jüdischen Gemeinde soll bald erfolgen.

UMGEBUNG: Unmittelbar nordöstlich von Belmonte liegt der römische Turm **Centum Cellas** (auch Torre de Colmeal genannt). Die Funktion dieses quadratischen, dreistöckigen Baus ist unklar; Archäologen rätseln, ob er Herberge, Militärstützpunkt, Herrenhaus oder Tempel gewesen sei.

Serra da Estrela ㉕

Heuernte in der Nähe von Linhares

DAS »STERNENGEBIRGE« ist die höchste Bergkette des portugiesischen Festlands. In weiten Teilen überschreitet sie die 1500-Meter-Marke; der höchste Punkt ist der Torre mit 1993 Metern. Auf den weitgehend kahlen Granitfelsen der oberen Lagen grasen Schafe. Hirtenhütten aus Stein, deren Dächer nach jedem Winter neu gedeckt werden müssen, prägen die Landschaft. Die Schafe bestimmen über das Wohl der Gegend, da sie Wolle für die Textilindustrie und Milch für den bekanntesten Käse des Landes liefern. Die Wanderwege und die vielfältige Pflanzenwelt dieses Naturschutzgebiets locken Wander- und Naturfreunde an, während im Winter Skifahrer den Torre ansteuern.

Cabeça do Velho
Die Erosion schuf eigenartige Formen aus den Granitfelsen der Bergkuppen, wie etwa diesen »Kopf des Alten« bei Sabugueiro, der zum »Kopf der Alten« südlich von Seia passt.

Valezim
Wassermühlen wie die in Valezim gibt es in Portugal nur mehr selten. Zwei mahlen noch heute Korn.

Seia ist ein zentraler Zugang zum Parque Natural da Serra da Estrela.

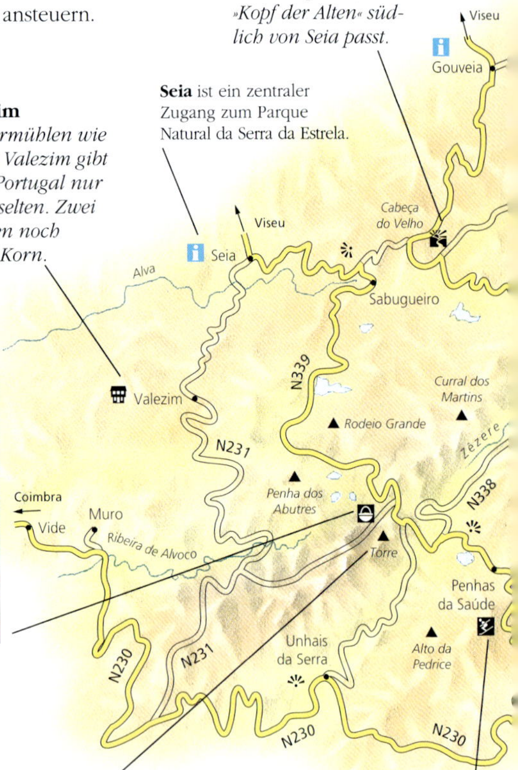

Serra-Käseladen
Der beste Serra (siehe S. 215) *wird noch von Hand gemacht. Bauern verkaufen ihn auf Märkten, an Ständen oder in kleinen Läden wie diesem nahe dem Torre.*

Penhas de Saúde, früher Kurort, ist heute ein beliebter Skiort.

Torre
Wenn es einmal am Torre schneit, gibt es für Bewohner der Umgebung kein Halten mehr.

NICHT VERSÄUMEN

★ Zêzere-Tal

★ Linhares

★ Linhares
Der Ort mit seiner mittelalterlichen Burg ist ein lebendes Museum. Das Forum, in dem früher Recht gesprochen wurde, und schöne Häuser aus der Blütezeit des 15. Jahrhunderts sind erhalten.

INFOBOX

Straßenkarte D3. *Mercado Municipal, Rua Pintor Lucas Marrão, Seia (238-31 77 62); Covilhã (275-31 95 60); Gouveia (238-49 21 85); Manteigas (275-98 11 29).* *Covilhã, Guarda.* *nach Covilhã, Seia u. Guarda. Im Park teilweise Busverkehr.* *Sa in den meisten Dörfern.* *Feb: Karneval u. jährliche Käsemessen; Dez: Santa Luzia.*

LEGENDE

- Hauptstraße
- Nebenstraße
- Information
- Aussichtspunkt

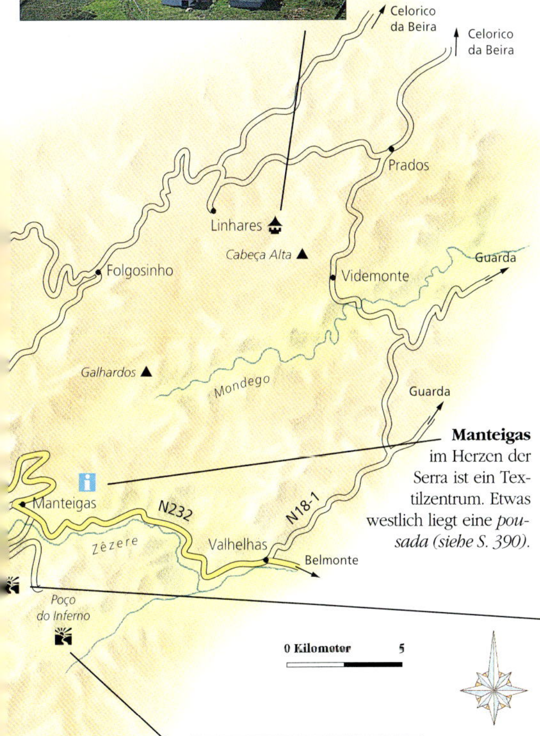

Manteigas im Herzen der Serra ist ein Textilzentrum. Etwas westlich liegt eine *pousada (siehe S. 390).*

★ Zêzere-Tal
Der Zêzere, der in den Tejo mündet, fließt hier unweit seiner Quelle durch ein klassisches Gletschertal. Mit dem Ginster, der hier wächst, deckt man Berghütten.

Covilhã, die größte Stadt der Gegend, mit einem morgendlichen Markt, ist bekannt für Textilien aus Schafwolle. Das Textilmuseum ist einen Besuch wert.

Poço do Inferno
Der Wasserfall in einer Schlucht des Leandros ist atemberaubend, vor allem im winterlichen Eispanzer.

HIRTENHUNDE

Der Hirtenhund der Serra da Estrela ist intelligent, treu und mutig – Qualitäten, die man in dieser rauen Gegend braucht. Sein zotteliges Fell ermöglicht es ihm, die Winter in den Höhenlagen zu überleben. Früher wurde er zur Verteidigung der Schafherden gegen Wölfe eingesetzt. Reinrassige Serra-da-Estrela-Hunde (in deren Adern angeblich auch Wolfsblut fließt) werden bei Gouveia und westlich von Manteigas gezüchtet.

Sabugal 27

Straßenkarte E3. *3000.*
Câmara Municipal, Praça da República (800-26 27 88).
1. Do u. 3. Di im Monat.

Als die Kleinstadt am Côa, die schon in vorgeschichtlicher Zeit bewohnt war, 1296 im Vertrag von Alcañiz Portugal zugesprochen wurde, erneuerte König Dinis *(siehe S. 44f)* die **Burg**. Die Mauern mit Wehrtürmen und der fünfeckige Bergfried sind erhalten, obwohl die Burg in Friedenszeiten als Steinbruch für Bauvorhaben diente.

Die mittelalterliche, im 17. Jahrhundert verstärkte, zum Teil noch intakte Stadtmauer umgeben neuere Häuser. Der **Uhrturm** auf der Praça da República wurde im 17. Jahrhundert wieder aufgebaut.

Umgebung: Das reizende **Sortelha**, 20 Kilometer westlich, umgibt eine Ringmauer. Der Ausblick vom Bergfried der grandiosen Burg aus dem 13. Jahrhundert ist atemberaubend. Eine Armillarsphäre krönt den Pranger (16. Jh.) vor dem Burgeingang. Die kleine Zitadelle beherbergt eine Schule und kleine Gassen mit Häusern, die teils zu Restaurants umfunktioniert wurden *(siehe S. 413)*.

Die Begeisterung der Region für Stierkampf spiegelt sich auch in Ortsnamen wie **Vila do Touro** wider. Bei der hiesigen Variante *capeia* reizt man den Stier so lange, bis er in ein Holzgestänge rast.

Die Burg von Sabugal mit ihrem markanten fünfeckigen Bergfried

Penamacor 28

Straßenkarte D3. *6200.*
Avenida 25 de Abril (277-39 43 16). *1. u. 3. Mi im Monat.*

Diese Grenzstadt, die der Ordensmeister der Tempelritter *(siehe S. 184f)*, Gualdim Pais, im 12. Jahrhundert befestigte, war bereits von Römern, Westgoten und Mauren umkämpft. Heute überragen die verwitterten Burgmauern ein Städtchen in einer Gegend, deren größte Attraktion die Niederwildjagd ist.

Die Straße vom Stadtplatz hinauf in die Altstadt führt am ehemaligen Rathaus oberhalb eines mittelalterlichen Torbogens vorbei. Dahinter liegen der restaurierte Bergfried und die **Igreja da Misericórdia** (16. Jh.) mit einem von Armillarsphären, dem Emblem Manuels I, gekrönten manuelinischen Portal.

Umgebung: Wer die **Reserva Natural da Serra da Malcata** besuchen möchte, kann sich im Besucherzentrum in Penamacor erkundigen. Das etwa 20 Quadratkilometer große Waldgebiet ist Lebensraum von Wolf und Otter und eine der letzten Zufluchtsstätten des Iberischen Luchses.

Reserva Natural da Serra da Malcata
nach Penamacor oder Sabugal.
Rua dos Bombeiros Voluntários, Penamacor (277-39 44 67). *nach Vereinbarung.*

Die Häuser von Monsanto verschwinden neben riesigen Granitfelsen

Monsanto 29

Straßenkarte E3. *1500.*
Rua Marquês de Graciosa (277-31 46 42). *3. Sa.*

Monsanto wurde 1938 zum »portugiesischsten aller Dörfer Portugals« gewählt. Der Granit der umliegenden Hügel bestimmt sein Bild: Gassen durchschneiden grauen Fels, Häuser liegen zwischen Granitbrocken gedrängt; winzige Gärten schaffen kleine Oasen, und die Hunde trinken aus Granittrögen. Die verfallene **Burg**, eine ehemalige befestigte lusitanische Siedlung *(castro)*, war oft Ziel von Belagerungen, im 19. Jahrhundert wurde sie durch eine Explosion zerstört. Mit dem Auto erreicht man nur den Ortskern, der Fußweg hinauf zur Ruine lohnt sich wegen der Aussicht. Bei einer maurischen Belagerung griffen die hungrigen Bewohner zu einer List: Sie mästeten ihr letztes Kalb mit Kornresten und warfen es über die Burgmauer; angesichts dieser Demonstration von Überfluss gaben die Mauren auf. Jährlich im Mai wird dieser Sieg gefeiert.

Idanha-a-Velha ㉚

Straßenkarte D3. 90. *Rua da Sé (277-91 42 80).*

Der kleine Weiler in den Olivenhainen ist ein Spiegel der portugiesischen Geschichte. Schilder auf portugiesisch, französisch und englisch leiten durch dieses Museum unter freiem Himmel.

Angeblich wurde der westgotische König Wamba in Idanha-a-Velha geboren, das bis 1199 Bischofssitz war. Ihr heutiges Erscheinungsbild verdankt die **Kathedrale** einer Restaurierung im 16. Jahrhundert; im Innenraum finden sich noch römische Inschriften und Steinmetzarbeiten.

Mittelpunkt des Dorfs sind mehrere historische Denkmäler, ein Pranger (17. Jh.) und die **Igreja Matriz** aus der Renaissancezeit. Nahe der Anfang des 20. Jahrhunderts erbauten Olivenpresse steht die Ruine **Torre dos Templários**, ein Relikt der Templer, die Idanha bis ins 14. Jahrhundert beherrschten *(siehe S. 184f)*.

Die Treppe der Apostel im außergewöhnlichen Jardim Episcopal von Castelo Branco

Castelo Branco ㉛

Straßenkarte D4. 32 500. *Alameda da Liberdade (272-333 03 39).* *Mo.*

Das schöne, alte Castelo Branco mit Überresten einer Templerburg ist die wichtigste Stadt der Beira Baixa.

Mit Abstand am interessantesten ist der **Jardim Episcopal** neben dem alten Bischofspalast. Zahllose Statuen machen den von Bischof João de Mendonça im 18. Jahrhundert geschaffenen Ziergarten zu einer wahren Attraktion. Barocke Heilige und Apostel aus Stein säumen die Wege, Löwen spiegeln sich in Wasserbecken, und Monarchen stehen an Balustraden Spalier – die verhassten Könige der sechzigjährigen spanischen Herrschaft *(siehe S. 50f)* in Zwergengröße.

Das **Museu Francisco Tavares Proença Júnior** im Paço Episcopal aus dem 17. Jahrhundert zeigt archäologische Funde, Wandteppiche aus dem 16. Jahrhundert und primitive Kunst aus Portugal. Castelo Branco ist außerdem bekannt für seine Bettüberwürfe mit Seidenstickereien *(colchas)*, von denen einige im Museum zu sehen sind. Der vorwiegend aus dem 18. Jahrhundert stammende Convento da Graça beherbergt das **Museu de Arte Sacra** mit einer abwechslungsreichen Sammlung sakraler Kunstwerke. An der Straße zum Stadtzentrum steht das Kreuz **Cruzeiro de São João** aus dem 15. Jahrhundert.

Jardim Episcopal
Rua Bartolomeu da Costa. *tägl.*

Museu Francisco Tavares Proença Júnior
Rua Bartolomeu da Costa. *272-34 42 77.* *Di–So 10–12.30, 14–17.30 Uhr.*

Museu de Arte Sacra
Rua Bartolomeu da Costa. *272-34 84 20.* *Mo–Fr 9–12.30, 14–18 Uhr* *Feiertage.*

Das historische Dorf Idanha-a-Velha inmitten von Olivenhainen am Fluss Ponsul

CARMELO
ECCE SIGNUM SALUTIS
SALUS IN PERICULIS

NORD-PORTUGAL

Nordportugal im Überblick

Die Landschaft nördlich des Douro ist unberührt und ländlich geprägt, dennoch äußerst attraktiv für Kulturinteressierte, Wanderer und Wassersportler. Jenseits des Agrarlands am Douro und des fruchtbaren Minho erstreckt sich die Region Trás-os-Montes (»hinter den Bergen«) mit abgelegenen Landstrichen und mittelalterlichen Ortschaften. Das Gebiet zwischen dem Minho und dem Douro ist historisch sehr bedeutsam, und alte Städte wie Porto, Bragança und Braga sind faszinierende Spiegel der Geschichte.

Im Parque Nacional da Peneda-Gerês *wechseln sich bewaldete Täler mit Blumenwiesen ab. Die Bauern lagern ihr Korn in eigenwilligen steinernen* espigueiros (siehe S. 270f).

Viana do Castelo *liegt an der Mündung des Flusses Lima. Die herrschaftlichen Gebäude der eleganten Stadt* (siehe S. 274f) *wie das alte Rathaus erinnern an den früheren Reichtum Vianas.*

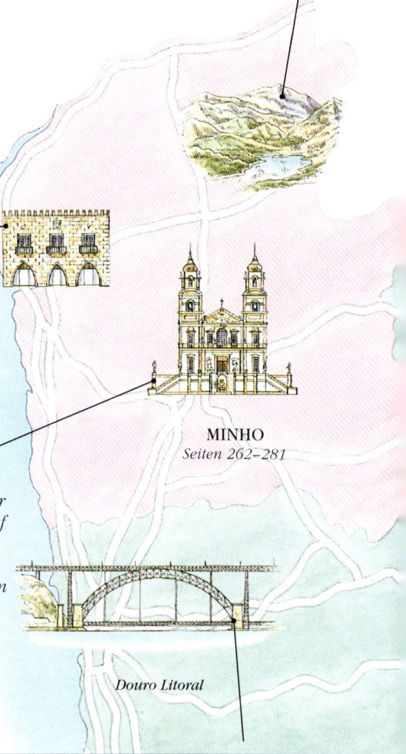

Bom Jesus do Monte *bei Braga zieht Gläubige, Büßer und Besucher an. Auf der 116 Meter hohen Treppe – »Treppe der Sinne« – symbolisieren Brunnen die fünf Sinne.*

Porto*, die zweitgrößte Stadt Portugals* (siehe S. 236ff), *liegt auf dem Hügel Penaventosa oberhalb des Douro. Neben historischen Sehenswürdigkeiten und feinen Läden sind auch die mittelalterlichen Gassen zum Uferkai reizvoll. Außerdem können Sie hier Portwein kosten.*

◁ ***Azulejos*** **an der Igreja do Carmo in Porto zeigen die Gründung des Karmeliterordens**

***Die Casa de Mateus**, weithin bekannt durch den Mateus Rosé, liegt in den Hügeln oberhalb des Douro-Tals. Obstgärten und Weinberge umgeben diesen* solar *mit seinen charakteristischen Türmchen und gepflegten Gärten* (siehe S. 254f).

***Bragança**, die Hauptstadt von Trás-os-Montes, gab der letzten und am längsten regierenden Königsfamilie Portugals den Namen. Der Bergfried und die Mauern der Zitadelle (12. Jh.) blicken auf das Fervença-Tal* (siehe S. 258f).

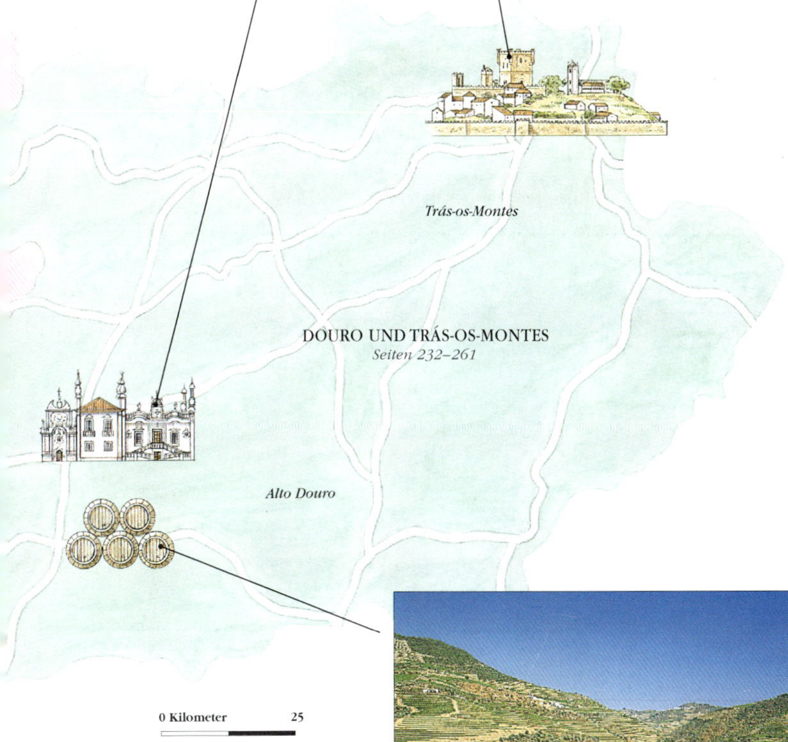

***Das »Land des Portweins«**, wie das malerische Tal des Oberen Douro auch genannt wird, ist die Keimzelle der Portweinindustrie. Eine Führung durch eine Kellerei* (quinta) *und die steilen Weinbergterrassen ist sehr empfehlenswert* (siehe S. 252f).

Feste des Nordens

Eingekleidet zur Karwoche

Alle portugiesischen Städte und Dörfer haben ihre eigenen Heiligenfeste, die im Minho und im frommen Norden vor allem religiöser Natur sind. Sie bieten aber auch Gelegenheit, ein paar Tage lang den Alltag zu vergessen. Ganz allgemein gilt, dass an einem solchen Feiertag Essen, Trinken, Tanzen und Vergnügen mit Gottesdiensten und Gebet Hand in Hand gehen. Die Festlichkeiten zur Karwoche (Semana Santa) sind auch im Norden – vor allem in der religiösen Stadt Braga *(siehe S. 276f)* – der Höhepunkt des Kirchenjahrs.

Das feierliche Entzünden der Osterkerzen in Braga

Ostern

Die Karwoche mit dem Ostersonntag als Höhepunkt ist die wichtigste religiöse Festwoche des Jahres. In Braga ziehen Prozessionen zur Kathedrale, und jedes Dorf hat eigene Feierlichkeiten.

Am Palmsonntag, zu Anfang der Karwoche, säumen Gläubige mit Zweigen die Straßen zum Gedenken an den Einzug Christi in Jerusalem. Ernst ist die Stimmung am Karfreitag, wenn Prozessionen den 14 Stationen des Kreuzwegs folgen und viele Gläubige zur Erinnerung an die Leiden Jesu Abbitte leisten. In einigen Dörfern wird eine Statue des leblosen, blutenden Christus durch die Straßen getragen.

Nach der Verkündung der Auferstehung Christi zieht am Ostersonntag der Pfarrer mit einem Kruzifix durch sein Dorf, damit die Gläubigen die Füße Jesu küssen können. Während der Priester ein Glas Wein trinkt, feuern seine Gläubigen Raketen ab. In den Familien wird Zickleinbraten *(cabrito)* aufgetischt.

Anfang Mai gedenkt man in Barcelos *(siehe S. 273)* erneut der Passion Christi. Zur **Festa das Cruzes** errichtet man Kreuze und streut Blumen.

Prozession während der Festa das Cruzes in Barcelos

São João do Porto

Die Feierlichkeiten zu Ehren des heiligen Johannes in Porto (23./24. Juni) zählen zu den ausgelassensten in ganz Portugal. Man isst, trinkt, tanzt die ganze Nacht und schlägt sich mit riesigen Knoblauchknollen (oder quietschenden Plastikhämmern) auf den Kopf. Freudenfeuer werden entzündet, über dem Douro erstrahlt ein Feuerwerk.

Hammerschlag an São João

Die Tracht des Minho

Feste helfen, Traditionen, vor allem Trachten, am Leben zu erhalten. Heute prägen im Minho wie im übrigen Westeuropa aktuelle Musik und Designerkleidung den Alltag vieler junger Menschen, doch zu feierlichen Anlässen trägt man stolz seine Tracht. Die des Minho ist die farbenprächtigste des Landes, mit reich verzierten Schals und Schürzen, deren Farben jeweils auf ein bestimmtes Dorf hinweisen. Die Taschen werden mit Liebes- und Freundschaftsbotschaften bestickt, um den Hals trägt man mehrere goldene Halsketten übereinander.

Seit etwa zehn Jahren findet an São João auf dem Douro außerdem jährlich eine Regatta der *barcos rabelos*, der traditionellen Portweinsegler *(siehe S. 252)*, statt.

Religiöse Feste

Ein Fest oder eine Feier bezeichnet man generell als *festa*. Eine *romaria* hingegen ist eindeutig religiös ausgerichtet. Die meisten *festas* im Norden sind *romarias*, die mit Gottesdiensten beginnen; anschließend werden den Heiligenfiguren auf Sänften durch die Straßen getragen. In alle Richtungen wird der Segen erteilt – oft kommen auch Feuerwehren und Krankenwagen in diesen Genuss – und danach etwas Raposeira-Perlwein verspritzt. Viele *romarias* finden im Sommer statt; im August ist fast an jedem Tag ein Fest. **Mariä Himmelfahrt** (15. Aug) wird landesweit mit Musik und Tanz gefeiert; *gigantones*, groteske Riesen vorchristlichen Ursprungs, begleiten Umzüge, und Feuerwerke erhellen den Himmel. Um den 20. August findet in Viana do Castelo *(siehe S. 274f)* eine der spektakulärsten *romarias* des Jahres statt. Zu **Nossa Senhora da Agonia** steht neben Stierkampf auch ein bunter Nachmittag mit mehr als tausend Teilnehmern in regionaler Tracht auf dem Programm. Zum Abschluss werden von der Brücke über den Lima Raketen abgefeuert, deren Feuerstrahlen wie feuriger Regen in den Fluss fallen.

In São Bartolomeu do Mar westlich von Braga praktiziert man zum Abschluss der *romaria* (22.–24. Aug) eine »Opferung« der Kinder, indem man sie ins Wasser taucht.

Nossa Senhora da Agonia, Viana do Castelo

Stocktanz

Stocktänzer *(pauliteiros)* treten noch heute auf Dorffesten in Trás-os-Montes auf. Die uralten Tänze rühren vermutlich von Fruchtbarkeitsriten her, und die Stöcke waren früher wohl Schwerter. Das berühmteste Ensemble kommt aus Duas Igrejas bei Miranda do Douro *(siehe S. 260)*.

Tänzer auf einer *festa*

Sonderbare Verkleidungen und Masken für den Dia dos Rapazes

Riesen führen an Mariä Himmelfahrt den Umzug in Peso da Régua an

Weihnachten und Winter

Am Heiligabend werden im im Kreis der Familie große Mengen *bacalhau* (Stockfisch) und Glühwein aufgetischt. Vor der Mitternachtsmesse wird beschert.

Zum **Dia dos Rapazes** zwischen Weihnachten und dem Dreikönigstag laufen die Dorfjungen von Trás-os-Montes in Verkleidung herum.

Die Weihnachtszeit endet am **Dia de Reis** (6. Jan) mit dem Verzehr von *bolo rei*, Königskuchen *(siehe S. 33)*.

Die Geschichte des Portweins

Portwein wurde im 17. Jahrhundert »entdeckt«, als englische Kaufleute den Wein aus dem Douro-Gebiet mit Schnaps versetzten, damit er beim Transport nicht sauer werde. Je stärker und süßer der Wein war, desto besser wurde sein Geschmack. Die Lager- und Verschnittmethoden wurden bis heute von den großen Erzeugern verfeinert. Croft war einer der ersten großen, gefolgt von anderen englischen und schottischen Firmen; noch heute ist der Portweinhandel überwiegend in britischer Hand und teilweise in Familienbesitz.

Ein *barco rabelo* mit Portwein auf dem Douro

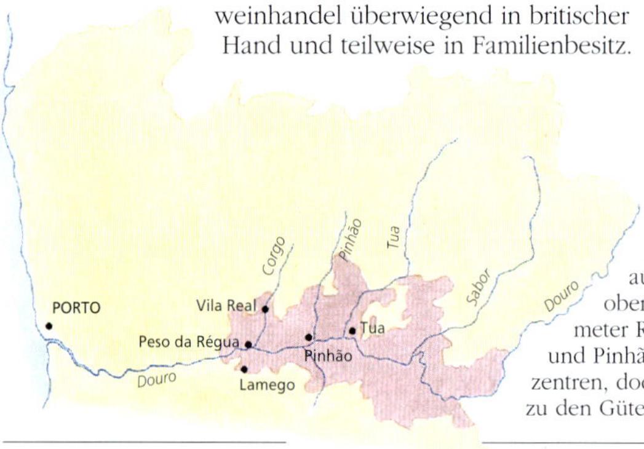

Das Anbaugebiet

Portwein stammt ausschließlich aus einer abgegrenzten Region im oberen Douro-Tal, die sich 100 Kilometer Richtung Spanien erstreckt. Régua und Pinhão sind die Hauptproduktionszentren, doch die besten Weinberge gehören zu den Gütern im rauen Osten der Region.

Portweinarten

Es gibt prinzipiell drei Kategorien von Portwein: Roter Port ist dunkler und reift nach Flaschenabfüllung weiter; »fassgereifter« Port (inklusive der »Tawny«-Portwein) ist trinkfertig nach der Flaschenabfüllung. Weißer Port ist wieder eine eigene Sorte.

»Vintage«

***Der Wein** der besten Lagen eines Jahrgangs reift zwei Jahre in Eichenfässern. Danach wird er verschnitten und in Flaschen abgefüllt, in denen er eine sehr lange Zeit weiteraltern kann.*

LBV

***LBV* (Late Bottled Vintage)** *ist Wein eines Jahrgangs, der vier bis sechs Jahre im Fass lagert, bevor er abgefüllt wird. »Traditioneller« ungefilterter LBV hat mehr Körper als gefilterter, der aber nicht dekantiert werden muss.*

»Aged Tawny«

***Dieser** Portwein ist ein Verschnitt von Topweinen, die lange in Fässern gereift sind. Das Alter auf dem Etikett ist nicht exakt, aber je älter, desto heller, intensiver und weniger fruchtig (sowie teurer) ist der »Aged Tawny«.*

»Tawny«

***Der »Tawny«** ohne Altersangabe ist nicht lange genug in Fässern gereift, um die Qualität eines »Aged Tawny« zu erreichen. Er ist auch leichter und preiswerter als dieser und kann aus rotem und weißem Port verschnitten sein.*

»Ruby«

***Dieser rubinrote** fruchtige Portwein mit vollem Körper altert meist im Fass, bis er trinkfertig ist (bei jüngeren Varianten bis zu drei Jahre). Der »Ruby« ist leichter und preiswerter als ein LBV oder »Vintage«.*

Weiß

***Die beiden Sorten** des weißen Portweins – trocken und süß – trinkt man, im Gegensatz zu den anderen, am besten gut gekühlt als Aperitif. Verschiedene weiße Portweine haben einen Alkoholgehalt von weniger als die üblichen 20 %.*

Die Trauben werden in Weidenkörben zur Kellerei gebracht

So entsteht Portwein

Ende September erreicht das Jahr der Douro-Weinbauern mit der Weinlese seinen Höhepunkt. Mehr als 40 Rebsorten werden zu Portwein verarbeitet, aber nur fünf zählen zu den empfohlenen Sorten.

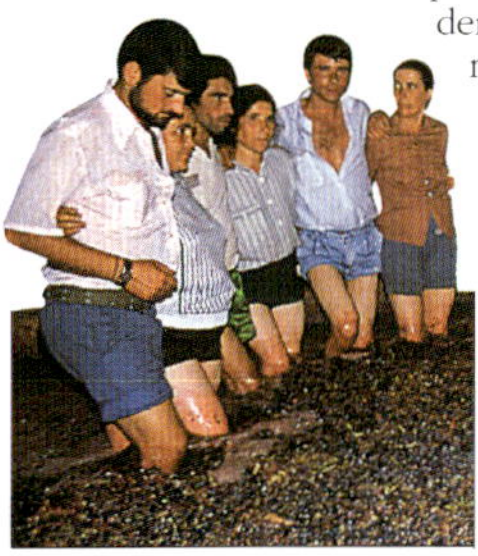

***Das Traubentreten** in Steinbottichen (lagares) ist in traditionsbewussten Gütern noch üblich, da es dem Wein eine besondere Qualität verleihen soll.*

***Die Fermentierung** in Zement- oder Stahltanks ist eine gängigere Methode. Das Kohlendioxid im Tank drückt den Most nach oben in eine offene Rinne. Das Gas entweicht, und der Most läuft über die Traubenkerne und -schalen wieder zurück nach unten.*

***Beim Verstärken** läuft der halbvergorene Most in einen zweiten Behälter, in dem Tresterbranntwein zugesetzt wird. Die Gärung wird unterbunden, und die natürliche Fruchtsüße des Weins bleibt erhalten.*

***Tausende Flaschen** von Grahams »Vintage« 1977, einem guten Jahrgang, warten in der Kellerei in Vila Nova de Gaia auf die optimale Reife.*

***Hochwertige »Tawny«-Portweine**, reifen in Eichenfässern. Der abgefüllte Portwein ist trinkfertig und muss nicht dekantiert werden.*

»Vintage«-Portwein

Im Interesse, die höchste Qualität zu erhalten – und nicht den Markt mit durchschnittlichen Ports zu überschwemmen – wird nicht jeder Jahrgang zum »Vintage« erklärt. Jedes Jahr wird der Wein der besten Güter 18 Monate genau beobachtet und von auswärtigen Erzeugern begutachtet, bevor ein Urteil über die Qualität eines Jahrgangs abgegeben wird. Handelt es sich nicht um einen »Vintage«, verbleibt der Wein in den Fässern, um später als »Tawny« oder LBV verschnitten zu werden oder er wird als einfacher »Quinta«-Port in Flaschen abgefüllt. Im Durchschnitt gibt es drei »Vintage«-Jahrgänge pro Jahrzehnt.

Ein guter »Vintage« reift mindestens 15 Jahre, man kann ihn jedoch auch jünger trinken. Die Liste der sehr guten Jahrgänge entwickelt sich dank des natürlichen Reifeprozesses der »Vintage«-Portweine kontinuierlich weiter. Der Jahrgang 1963 gilt jedoch bislang als unübertroffen.

»Vintages« vor 1945:

1927, 1931, 1935: Großartige und sehr seltene Jahrgänge

»Vintages« nach 1945:

1945, 1947, 1948, 1955: Sehr teuer und selten.

1963 Der vielleicht beste Jahrgang nach 1945.

1970 Ein fabelhafter Jahrgang, mittlerweile auf dem Niveau des 1963er.

1994 Ein guter Jahrgang, insbesondere von den Herstellern Dow, Taylor und Quinta do Noval.

1997 Ein weiterer guter Jahrgang.

2000 Ein vielversprechender Jahrgang.

Taylor's »Vintage« 1994

Die Küche Nordportugals

Walnüsse

Der üppig-grüne Minho gilt als die Heimat vieler portugiesischer Rezepte. Dazu zählt in erster Linie die Kohlsuppe *caldo verde*. An der Küste verarbeitet man viel Fisch, wenngleich der getrocknete und gesalzene Stockfisch *(bacalhau)* in großen Mengen importiert wird. Auch die im Minho einst heimischen Neunaugen werden heute meist importiert, und die Forellen stammen aus Fischfarmen. Die einfache, herzhafte Küche von Trás-os-Montes stützt sich auf Schweinefleisch. Im Norden wird viel Süßes gegessen, alle *pastelarias* warten deshalb mit köstlichen Kuchen auf.

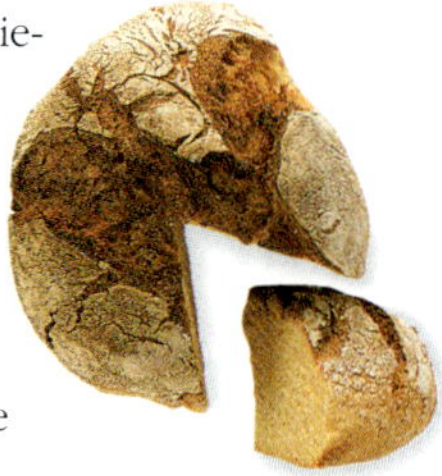

Broa *ist ein dunkles, kräftiges Maisbrot mit einer herzhaften Kruste.*

***Chouriço*, eine würzige Wurst**

***Paio*, eine Wurst aus Schweinelende**

Schinken aus Lamego

Geräucherte Wurst und Schinken *spielen eine wichtige Rolle in der Küche Nordportugals. Der beste Schinken stammt aus Lamego, Trás-os-Montes stellt würzige* chouriços *her.*

Monte *heißt ein milder, cremiger Käse, für den man Kuh- und Schafsmilch verwendet.*

Bola *isst man gern an Ostern und bei Picknicks – ein kräftiger Brotteig wird mit verschiedenen Wurstsorten belegt.*

Pasteis de bacalhau *sind kleine Kroketten aus Stockfisch, die zu jeder Gelegenheit gegessen werden.*

Caldo verde*, die berühmteste Suppe Portugals, erhält ihre charakteristische Farbe durch* couve galega, *Grünkohl.*

Sopa de castanhas piladas *ist eine Wintersuppe aus Trás-os-Montes; man stellt sie aus Kastanien, Bohnen und Reis her.*

Bacalhau à Gomes de Sá *stammt aus Porto und besteht aus Schichten von Stockfisch, Kartoffeln und Zwiebeln.*

Truta de Barroso *ist eine mit Schinken gestopfte Forelle, die in Fett gebraten wird; dazu serviert man Kartoffeln.*

Feijoada *gibt es in ganz Portugal in unzähligen Varianten; in jedem Fall enthält sie Bohnen und Räucherfleisch.*

Vitela no espeto *ist eine Kalbslende, die auf einem Spieß gegrillt und dann mit Öl beträufelt wird.*

Rojões *erfreuen sich großer Beliebtheit – mit Kümmel gewürztes Schweinefleisch wird in Wein und Knoblauch gekocht.*

Cozido à portuguesa, *eines der portugiesischen Nationalgerichte, war ursprünglich eine Karnevalsspezialität in Trás-os-Montes und enthält verschiedene Würste und mehrere Fleischsorten.*

Diese Würste *werden in Gerichten wie* cozido à portuguesa *verwendet. Die* farinheira *besteht aus Schweinefleisch, Wein und Mehl;* morcela *ist eine würzige Blutwurst, die, in dicke Scheiben geschnitten, gebraten oder gegrillt wird.*

Sopa dourada *ist ein Biskuitkuchen aus Viana do Castelo, den gemahlene Mandeln und Eigelb bedecken.*

Torta de Viana ist eine Biskuitrolle mit süßer Füllung.

Toucinho do céu heißt ein Mandel-Zimt-Kuchen, der wörtlich übersetzt »Speck vom Himmel« bedeutet.

Papos de anjo sind leckere kleine Küchlein.

Kuchen *werden von allen Portugiesen gern gegessen. Die nordportugiesischen Kuchen sind sehr süß und gehaltvoll und häufig mit Zimt gewürzt.*

Pudim Abade de Priscos, *nach einem Abt benannt, wird mit Portwein, Gewürzen und Zitrone hergestellt.*

GETRÄNKE

Aus den Trauben Nordportugals werden auch *Bagaceira*, ein Destillat aus Traubenrückständen vom keltern, und Schnaps *(aguardente)* gewonnen. Thermalbäder wie Pedras Salgadas stellen Mineralwasser her.

Mineralwasser aus Pedras Salgadas ***Aguardente***

Frisumo

Douro und Trás-os-Montes

Auf seinem Weg zum Atlantik *schlängelt sich der malerische Douro durch tiefe Schluchten auf unzähligen Terrassen bis zur historisch bedeutenden Stadt Porto, der Heimat des Portweins. Trás-os-Montes, die ursprünglichste, aber auch ärmste Region Portugals, kennzeichnen Hochebenen und Bergketten.*

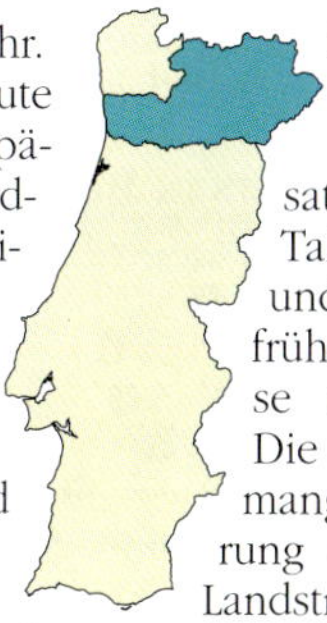

Bereits im 9. Jahrhundert v. Chr. ankerten phönizische Kaufleute an der Mündung des Douro. Später bauten die Römer die Siedlungen Portus und Cale beidseitig des Flusses aus. Portucale, die Verschmelzung der beiden Namen, bezeichnete schließlich die Region zwischen den Flüssen Minho und Douro, das Kernland des Königreichs Portugal *(siehe S. 42f)*. Heute säumen Häfen, Badeorte und Industriegebiete die Küste des Douro Litoral. Pulsierendes Zentrum ist Porto, die zweitgrößte Stadt des Landes.

Die weltoffene Handelsstadt mit ihrem reizvollen Durcheinander aus Straßen und Gässchen ist modern und altmodisch zugleich. In den Kellereien reift der kostbare Portwein, dem die Stadt seinen Namen gab. Endlose Weinberge und -güter charakterisieren den Oberlauf des Douro, an dem die Portweinreben wachsen.

Trás-os-Montes, im Gegensatz zum fruchtbaren Douro-Tal eine sehr abgeschiedene und ursprüngliche Region, war früher Schlupfwinkel für religiöse und politische Flüchtlinge. Die Härte des Alltags und die mangelnde Aussicht auf Besserung entvölkerten jedoch diesen Landstrich; unter dem Diktat der Jahreszeiten und des gnadenlosen Klimas bestellen die noch Ansässigen ihre Felder und hüten ihre Herden.

Die *festas* im traditionsbewussten Norden zählen zu den prächtigsten des Landes *(siehe S. 226f)*. Die Außenwelt dringt nun auch in Trás-os-Montes ein, doch für den Besucher bleibt der nachhaltige Eindruck stiller Dörfer, Roggenfelder und Moorgebiete sowie des unberührten Parque Natural do Montesinho zwischen Bragança und der Grenze zu Spanien.

Weinbergterrassen im Tal des Oberen Douro zwischen Pinhão und Alijó

◁ **Auch in Portos Stadtteil Barredo sind viele Fassaden mit Kacheln verziert**

Überblick: Douro und Trás-os-Montes

Angesichts der Fülle von Sehenswürdigkeiten kommen viele Besucher nicht über Porto hinaus. Doch wer dem Douro flussaufwärts folgt, entdeckt die Welt des Weines – Weinbergterrassen und wohlhabende *quintas*, die für den Portwein leben. Neben Porto sind Peso da Régua und die Pilgerstadt Lamego gute Ausgangspunkte für Ausflüge ins Umland.

Trás-os-Montes ist die ärmste und unbekannteste Region Portugals. Ihre isolierte, geschichtsträchtige Hauptstadt Bragança liegt am Rand des unberührten Naturparks Montesinho. Die spektakuläre Landschaft von hier bis Chaves ist wenigen Besuchern bekannt.

Felsen im Parque Natural do Alvão

Sehenswürdigkeiten auf einen Blick

Amarante 4
Bragança S. 258f 17
Casa de Mateus S. 254f 10
Chaves 14
Cinfães 5
Freixo de Espada à Cinta 22
Lamego 8
Mesão Frio 6
Miranda do Douro 19
Mirandela 16
Mogadouro 20
Murça 15
Parque Natural do Alvão 12
Parque Natural de Montesinho 18
Penafiel 3
Peso da Régua 7
Porto S. 236ff 1
Santo Tirso 2
Serra do Barroso 13
Torre de Moncorvo 21
Vila Real 11

Tour

Portwein-Anbaugebiet S. 252f 9

Legende

- Autobahn
- Hauptstraße
- Nebenstraße
- Panoramastraße
- Fluss
- Aussichtspunkt

Portos Cais da Ribeira am frühen Morgen

Weinberge säumen den Douro im Portweinanbaugebiet bei Pinhão

SIEHE AUCH

- ***Übernachten*** S. 390ff
- ***Restaurants*** S. 413ff

IM DUORO-TAL UND IN TRÁS-OS-MONTES UNTERWEGS

Angesichts des furiosen Straßenverkehrs in Porto sollte man die Innenstadt mit Bus, Taxi oder zu Fuß erkunden. Eine gemächliche Bootsfahrt ab Porto zeigt die abwechslungsreiche Landschaft am Douro. Züge verkehren zwischen Porto und den größeren Städten im Norden und im Douro-Tal. Hinter Peso da Régua fährt die Bahn immer seltener, doch die Strecke am Douro ist ein einmaliges Erlebnis. Da es in Trás-os-Montes kaum öffentliche Verkehrsmittel gibt, sollte man diese entlegene Region mit dem Auto befahren, zumal man auf der IP4 inzwischen rasch von Vila Real nach Bragança kommt.

Der Fluss Sabór bei Bragança am Südrand des Parque Natural de Montesinho

Porto ❶

Löwe und Adler auf der Rotunda da Boavista

Seit die Römer dort, wo ihre Handelsstraße den Douro überquerte, ein Fort errichteten, blühte Porto (port. Oporto) als Handelsstadt auf. Rasch vertrieb man die Mauren und verpflegte gewinnbringend die Kreuzfahrer auf dem Weg ins Heilige Land. Im 15. und 16. Jahrhundert nutzte Porto den Wohlstand, der aus den Kolonien kam. Später kompensierte man den Ausfall des lukrativen Gewürzhandels durch den Weinhandel mit Großbritannien. Porto, nach wie vor eine florierende Industriemetropole und zweitgrößte Stadt des Landes, vereint Industrie und Charme. 2001 war Porto Kulturhauptstadt Europas. Die Altstadt wurde von der UNESCO zum Weltkulturerbe erklärt.

Kathedrale (Sé) und Denkmal von Vímara Peres *(siehe S. 42)*

Der Kathedralenbezirk

Den am höchsten gelegenen Teil der Altstadt überragt die Kathedrale *(siehe S. 240)*; viele Bauten in den umliegenden Straßen wie die Renaissancekirche Santa Clara *(siehe S. 239)* oder auch der Bahnhof São Bento vom Anfang des 20. Jahrhunderts *(siehe S. 239)* erinnern an die Vergangenheit.

Mittelalterlich erscheint der Stadtteil Barredo unter der Kathedrale. Zwischen balkonverzierten Häusern in steiler Hügellage erstreckt sich ein Gewirr von Gässchen, die zum Teil nichts anderes als Außentreppen sind.

Wäsche auf der Leine – ein typisches Bild in der Ribeira

Ribeira

Gewundene Straßen und Arkaden kennzeichnen dieses Viertel am Fluss. An den prächtig gekachelten oder in Pastellfarben bemalten, teils etwas verblichenen Häusern in den engen Straßen hängt häufig die Wäsche der Bewohner. Da Ribeira zusehends renoviert wird, lassen sich hier immer mehr Klubs und Restaurants nieder.

Cordoaria

Die Gärten liegen unterhalb des Torre dos Clérigos *(siehe S. 241)*. In der Gegend gibt es viele interessante Läden.

Ein Laden mit *bacalhau* (Stockfisch)

Blick über die Avenida dos Aliados zum Rathaus

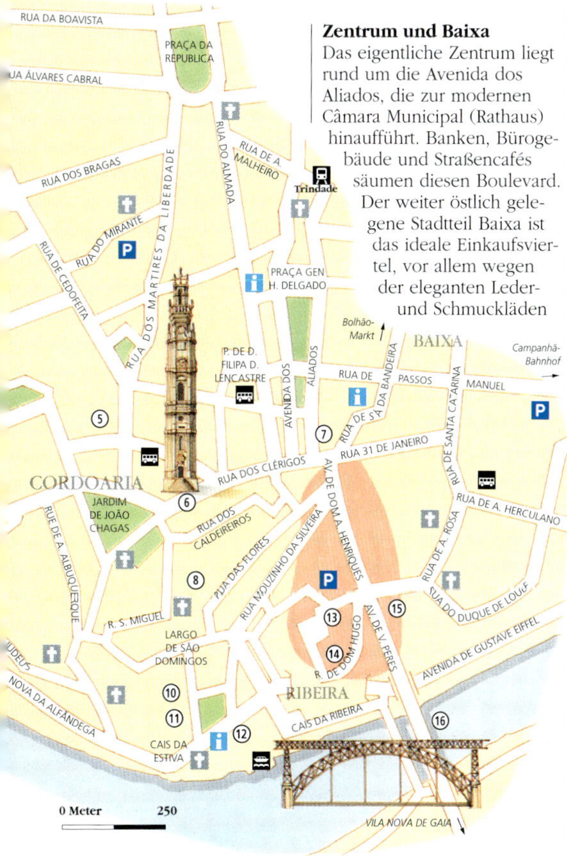

Zentrum und Baixa

Das eigentliche Zentrum liegt rund um die Avenida dos Aliados, die zur modernen Câmara Municipal (Rathaus) hinaufführt. Banken, Bürogebäude und Straßencafés säumen diesen Boulevard. Der weiter östlich gelegene Stadtteil Baixa ist das ideale Einkaufsviertel, vor allem wegen der eleganten Leder- und Schmuckläden rund um die Fußgängerzone Rua de Santa Catarina und die parallel verlaufende Rua de Sá da Bandeira. Dazwischen liegt der zweistöckige, überdachte Bolhão-Markt, in dem man den lauten Alltag von Porto hautnah erleben kann und noch dazu alles von Obst und Gemüse über Haushaltsartikel bis hin zum Haustier bekommt.

Legende

- Kathedralenbezirk S. 238f
- Bahnhof
- Busbahnhof
- Bootsanlegestelle
- Parken
- Information
- Kirche

Infobox

Straßenkarte C2. *245 000.*
Francisco Sá Carneiro 20 km N (22-943 24 00). National u. international: Campanhã (808 208 208); Regional: São Bento.
Rua de Alexandre Herculano; Rua da Restauraçao; Praça da Galizia; Campo 24 de Augusto; Praçeta Régulo Megoanha; Praça General H. Delgado.
Rua Clube dos Fenianos 25 (22-339 34 72); Rua Infante Dom Henrique 63 (22-200 97 70).
2. Junihälfte: Festas da Cidade.
www.portoturismo.pt

Boavista

Die Verkehrsader Avenida da Boavista säumen Hotels, Wohn- und Geschäftshäuser. Auf der Rotunda da Boavista (Praça de Mouzinho de Albuquerque) erinnert das Standbild eines Löwen, der einen Adler bezwingt, an den Sieg in den Napoleonischen Kriegen. Südlich des Platzes liegt eines der besten Einkaufsviertel Portos.

Zentrum von Porto

- Casa do Infante ⑫
- Casa-Museu Guerra Junqueiro ⑭
- Igreja da Misericórdia ⑧
- Igreja do Carmo ⑤
- Igreja dos Clérigos ⑥
- Igreja dos Congregados ⑦
- Igreja Românica ①
- Jardim do Palácio de Cristal ③
- Museu dos Transportes e Comunicações ⑨
- Museu Romântico ②
- Museu Soares dos Reis ④
- Palácio da Bolsa ⑩
- Ponte de Dom Luís I ⑯
- Santa Clara ⑮
- São Francisco ⑪
- Sé ⑬

Obst und Gemüse auf dem farbenfrohen Bolhão-Markt

Im Detail: Portos Kathedralenbezirk

Ausgrabungen belegen, dass der Hügel Penaventosa, auf dem die Kathedrale thront, schon vor 3000 Jahren bewohnt war. Dank ihrer exponierten Lage ermöglicht die Kathedrale eine gute Orientierung – von ihrem Vorplatz lässt sich die Stadt überblicken. Vorbei am Gewirr der steilen Gassen und Treppen des Stadtteils Barredo verläuft die Avenida de Vimara Peres in Richtung Süden – benannt ist sie nach dem Helden, der 868 die Mauren aus Porto vertrieb. Weiter nördlich liegen der prächtig verzierte Bahnhof São Bento und das zentrale Geschäftsviertel der Stadt.

Rua das Flores
Hinter den alten Fassaden der »Straße der Blumen« arbeiten die besten Juweliere und Goldschmiede Portos.

Terreiro da Sé
Diese weite Terrasse bietet einen prächtigen Blick auf die Stadt. In einer Ecke steht ein manuelinischer Pranger mit Haken.

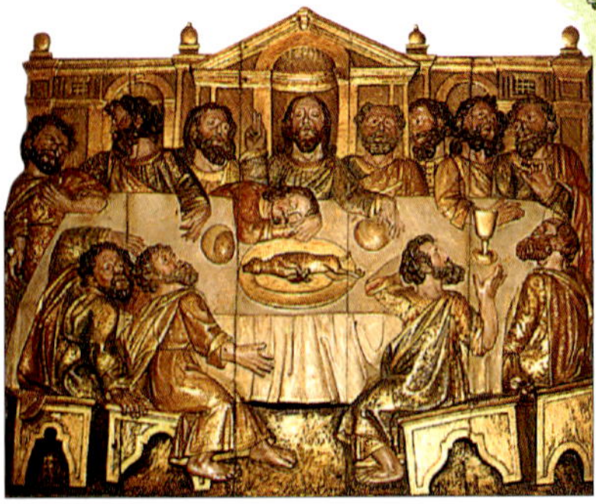

★ Kathedrale
Die imposante, fast bedrohlich wirkende Kathedrale birgt zahlreiche Schätze. Das vergoldete Gemälde Das letzte Abendmahl *befindet sich in der Capela de São Vicente* (siehe S. 240).

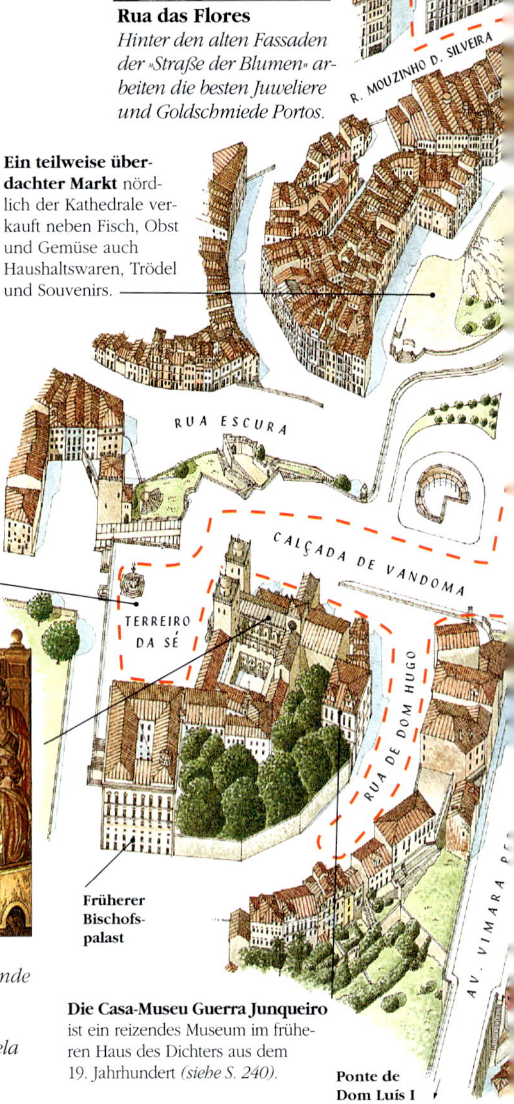

Ein teilweise überdachter Markt nördlich der Kathedrale verkauft neben Fisch, Obst und Gemüse auch Haushaltswaren, Trödel und Souvenirs.

Früherer Bischofspalast

Die Casa-Museu Guerra Junqueiro ist ein reizendes Museum im früheren Haus des Dichters aus dem 19. Jahrhundert *(siehe S. 240).*

Ponte de Dom Luís I

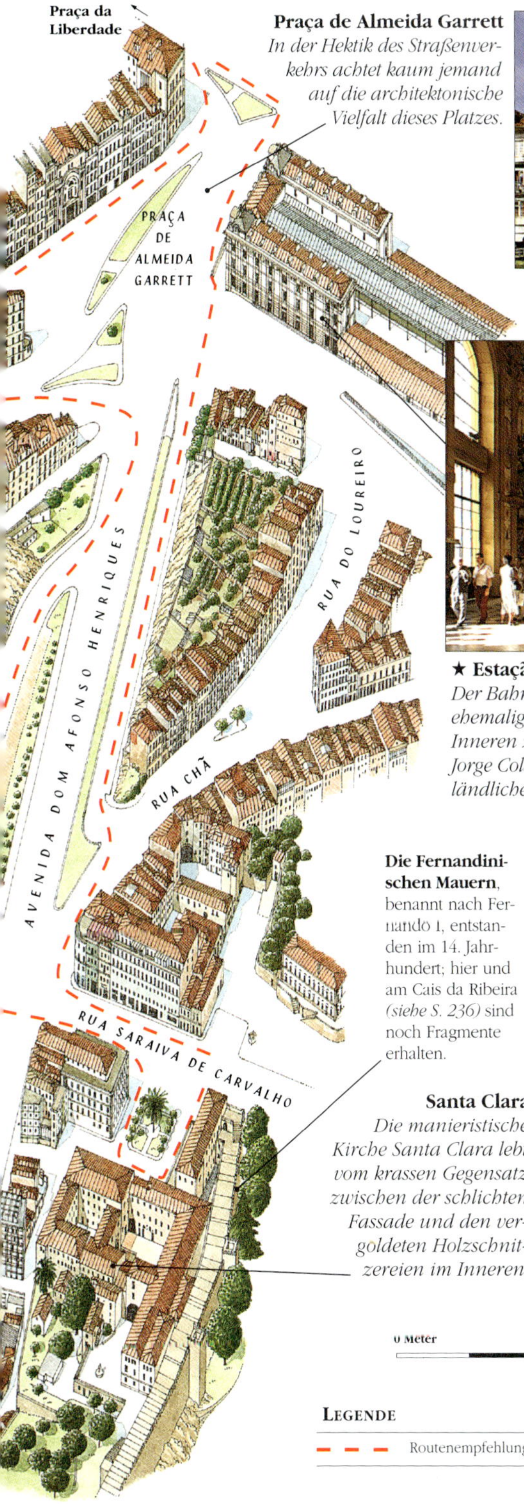

Praça de Almeida Garrett
In der Hektik des Straßenverkehrs achtet kaum jemand auf die architektonische Vielfalt dieses Platzes.

★ Estação de São Bento
Der Bahnhof von Porto an der Stelle eines ehemaligen Klosters wurde 1916 fertig. Im Inneren zeigt ein wahrer azulejo-*Rausch von Jorge Colaço* (siehe S. 23) *Transportmittel, ländliche Feste und historische Szenen.*

Die Fernandinischen Mauern, benannt nach Fernando I, entstanden im 14. Jahrhundert; hier und am Cais da Ribeira *(siehe S. 236)* sind noch Fragmente erhalten.

Santa Clara
Die manieristische Kirche Santa Clara lebt vom krassen Gegensatz zwischen der schlichten Fassade und den vergoldeten Holzschnitzereien im Inneren.

0 Meter 50

Legende

Routenempfehlung

Nicht versäumen

★ Kathedrale

★ Estação de São Bento

Überblick: Porto

DIE BELEGE FÜR DIE BLÜTEZEIT Portos seit dem 15. Jahrhundert sind allgegenwärtig. Durch Einfuhr von Waren aus den neuen Kolonien *(siehe S. 48f)* konnte man Kirchen mit brasilianischem Gold und mit Tropenhölzern schmücken, Kaufleute investierten in Gemälde und *azulejos*. Bei der jüngsten Renovierung der Fußwege, Kopfsteinpflasterstraßen und Treppen Portos wurden fünf historische Stadtrundgänge zwischen dem Jardim do Palácio de Cristal und dem Fluss geschaffen.

Kathedrale

Terreiro da Sé. *22-205 90 28.* *tägl. 8.45–12.30, 14.30–18 Uhr (So ab 8.30 Uhr; Apr–Okt bis 19 Uhr).* *9 u. 11 Uhr.* **Kreuzgang** *wie oben (So nur nachm.); Apr–Okt 9–12.15, 14.30–18 Uhr).*

Der im 12./13. Jahrhundert als Wehrkirche erbauten Kathedrale fehlt eine einheitliche stilistische Prägung. Das einzige nennenswerte Relikt ist die Fensterrosette an der Westfront. Das Silberretabel in der Kapelle im linken Querhausarm konnte 1809 nur durch eine Gipswand vor den französischen Truppen gerettet werden. Das rechte Seitenschiff führt in den Kreuzgang (14. Jh.) und die Capela de São Vicente, Niccolò Nasonis Treppe (18. Jh.) ins Obergeschoss, wo *azulejos* vom Leben Mariens erzählen und Ovids *Metamorphosen* illustrieren.

Portugiesischer Wasserkrug, Museu Guerra Junqueiro

Der gotische Kreuzgang auf der Südseite

Casa-Museu Guerra Junqueiro

Rua de Dom Hugo 32. *22-200 36 89.* *Di–So 10–12.30, 14–17.30 Uhr (So nur nachm.).* *Feiertage.*

In dem barocken Kleinod aus dem 18. Jahrhundert wohnte der Dichter und republikanische Aktivist Guerra Junqueiro (1850–1923). Vom beschaulichen Hof betritt man die Privatsammlung des Dichters, die portugiesische Möbel, Keramik, Wandteppiche und Alabasterskulpturen umfasst. Bunte chinesische Hunde zieren die eleganten Tische in der Sala Dom João V.

Casa do Infante

Rua da Alfândega 10. *22-608 10 00.* *Di–So 10–12.30, 14–17.30 Uhr (So nur nachm.).* *Feiertage.* *kostenlos, nach Voranmeldung.*

Der Infant Henrique ist der Legende nach in diesem Haus am Ufer des Douro geboren. Heute befindet sich hier das Stadtarchiv mit historischen Dokumenten, darunter auch die Taufurkunde des Infanten, Fotografien und eine Reihe von aktuellen archäologischen Funden.

Palácio da Bolsa

Rua de Ferreira Borges. *22-339 90 90.* *tägl. 9–19 Uhr.* *Veranstaltungen.* *obligatorisch.*

Auf dem Gelände des ehemaligen Klosters São Francisco errichteten die Kaufleute 1842 die Börse von Porto. Der Tribunal do Comércio ist von historischem Interesse, da hier früher Handelsrecht gesprochen wurde. Nebenan liegt eine Gemäldegalerie. Im glitzernden, der Alhambra in Granada nachempfundenen Arabischen Saal mit seinen verschlungenen Arabesken hätte sich auch eine Scheherazade wie zu Hause gefühlt.

Der prunkvolle Arabische Saal im Palácio da Bolsa von Porto

Museu dos Transportes e Communicações

Rua da Alfândega, Edifíco da Alfândega. *22-340 30 00.* *Di–Fr 10–12, 14–18 Uhr; Sa, So u. Feiertage 15–19 Uhr.* www.amtc.pt

Das Museum im klassizistischen Zollgebäude am Ufer des Douro zeigt eine Dauerausstellung über das Auto und interaktive Ausstellungen zu den Themen Medien, Wissenschaft, neue Technologien und Kunst. Es gibt ein Restaurant sowie verschiedene Räume für kulturelle Veranstaltungen – und für die Zollbehörden.

Igreja da Misericórdia

Rua das Flores 15. *22-207 47 10.* *Di–So 8–12, 14.30–17.30 Uhr.* *Feiertage.*

Das Hospiz neben zugehöriger Kirche wurde im 16. Jahrhundert gegründet. Kostbarster Schatz ist das um 1520 von Manuel I gestiftete Meisterwerk *Fons Vitae*, das von van der Weyden oder Holbein stammt und die vor dem gekreuzigten Christus kniende Königsfamilie zeigt.

Der Baum Jesse

Als Lesen und Schreiben wenig verbreitet waren, lehrte man die Bibel, indem man Episoden in Kirchenfenstern oder mit Holzschnitzereien darstellte. Ein beliebtes Thema war der Baum Jesse, der in Form eines echten Baums Jesu Herkunft von Josef bis hin zu Jesse, dem Vater Davids, zurückverfolgte.

Der bemalte und vergoldete Baum in der Kirche São Francisco wurde zwischen 1718 und 1721 von Filipe da Silva und António Gomes geschaffen. Der Stamm entspringt in Jesse, die Äste führen zu einem Dutzend ausdrucksstarker Figuren, zuletzt zu Christus, Maria und Josef.

Salomo, der Nachfolger Davids, war bekannt für seine Weisheit; er ließ den Tempel zu Jerusalem errichten.

Jesses jüngster Sohn war David, der Goliath tötete und König von Israel und Juda wurde. Aus Jesses Lenden wachsen die Wurzeln des Baums.

São Francisco

Rua Infante Dom Henrique. *22-206 21 00.* *tägl. 9–18 Uhr (Nov–Feb bis 17 Uhr, Mai–Aug bis 19 Uhr).* Führungen, einschl. Katakomben.

Blickfang der im 14. Jahrhundert begonnenen Kirche ist der Innenraum (18. Jh.): Über 200 Kilogramm Gold wurden auf Hochaltar, Decke und Pfeiler aufgetragen; die Pracht aus geschnitzten Engeln, Girlanden und Tieren erreicht ihren Höhepunkt im Baum Jesse im linken Seitenschiff. Eine Führung zeigt die Katakomben und Schätze aus dem 1832 zerstörten Kloster.

Extravaganter Innenraum, São Francisco

Igreja dos Congregados

Rua da Sá da Bandeira 11. *22-200 29 48.* *Mo–Sa 7–20 Uhr, So 7.30–12.45, 18–20 Uhr.* *Feiertage.*

Die Fassadenkacheln von Jorge Colaço *(siehe S. 23)* an der Kirche (17. Jh.) stellen das Leben des heiligen Antonius dar und sind ein Lichtblick im Verkehrschaos dieses Viertels.

Igreja dos Clérigos

Rua de São Filipe de Nery. *22-200 17 29.* *tägl.* *mittags.* **Turm** *tägl.*

Diese im 18. Jahrhundert von Niccolò Nasoni erbaute Kirche ist mit ihrem Glockenturm ein charakteristisches Wahrzeichen Portos. Sie war die erste Portugals mit elliptischem Grundriss. Die gewaltige, 75 Meter hohe Torre dos Clérigos zählt zu den höchsten Gebäuden Portugals. Der Aufstieg (240 Stufen) wird mit einem grandiosen Blick auf die Küste und das Douro-Tal belohnt.

Torre dos Clérigos – Wahrzeichen und Aussichtspunkt in Porto

Detail des *azulejo*-Bilds an der Ostwand der Igreja do Carmo

Igreja do Carmo

Praça Carlos Alberto 32. 22-207 84 00. Mo–Fr 8–12, 14–17 Uhr, Sa 8–12 Uhr, So 7.30–13 Uhr.

Dieses typische Beispiel portugiesischer Barockarchitektur wurde zwischen 1750 und 1768 von José Figueiredo Seixas erbaut. Herausragend ist das riesige *azulejo*-Bild von Silvestro Silvestri an der Außenmauer (Ostseite), das die Gründung des Karmeliterordens zeigt.

Die ältere Igreja das Carmelitas nebenan mit barocken Einflüssen wurde 1628 fertig gestellt und ist heute Teil einer Kaserne.

Museu Soares dos Reis

Rua de Dom Manuel II. 22-339 37 70. Di–So 10–18 Uhr (Di ab 14 Uhr). Feiertage.

Der elegante Palácio dos Carrancas (18. Jh.) war fürher jüdische Textilwerkstatt, königlicher Palast und in den Napoleonischen Kriegen militärisches Hauptquartier. Als Porto 1809 in französischer Hand war, richteten sich Marschall Soult und seine Soldaten hier ein. Wellington vertrieb sie und ließ sich nach Ende des Kampfes am Esstisch des Marschalls nieder.

Heute ist der Palast angemessener Rahmen für ein außergewöhnliches Museum, das nach António Soares dos Reis, dem führenden Bildhauer des Landes im 19. Jahrhundert, benannt ist. Im Mittelpunkt steht portugiesische Kunst mit Werken von Frei Carlos (16. Jh.) und dem Impressionisten Henrique Pousão, außerdem Stadtansichten des Franzosen Jean Pillement (1728–1808). Herausragend ist die Plastik *O Desterrado*, ein Meisterwerk (1874) in Marmor von Soares dos Reis. Andere Abteilungen zeigen portugie-

***O Desterrado* von Soares dos Reis**

Blick vom Douro auf Porto

Der Douro entspringt in Spanien und mündet nach 920 Kilometern in den Atlantik. Er ist eng mit dem Schicksal Portos verbunden. Angeblich wurde der Infant Henrique, Patron aller portugiesischen Entdecker *(siehe S. 49)*, in der Casa do Infante am Flussufer geboren. Obwohl keine Schiffe aus Übersee mehr hier ankern, ist der Fluss noch immer ein Brennpunkt Portos. Vom Boot aus können Sie die Stadt aus einem ganz anderen Blickwinkel kennenlernen.

Die meisten Ausflugsboote fahren unter dem Bogen der grandiosen, zweistöckigen Ponte de Dom Luís I ab, die von einem Assistenten Gustave Eiffels 1886 erbaut wurde und die Stadt mit Vila Nova de Gaia am Südufer verbindet. Zwei Fahrbahnen – die eine in zehn Meter, die andere in 60 Meter Höhe, führen über den Fluss. Etwas weiter stromaufwärts steht die von Autos befahrbare Ponte Infante Dom Henrique.

sische Keramik, Emailarbeiten aus Limoges, Porzellan und Dekorationskunst sowie eine silberne Büste des heiligen Pantaleon, des Schutzheiligen Portos, aus dem 15. Jahrhundert und ein Schwert, das dem ersten portugiesischen König Afonso Henriques gehörte.

Igreja Românica de Cedofeita

Largo de Priorado. *22-200 56 20.* *telefonisch erfragen*

Diese kleine romanische Kirche aus dem 12. Jahrhundert ist wohl die älteste der Stadt. Angeblich wurde hier Theodomir, der König der Sweben – ein in der Region ansässiger Germanenstamm – im 6. Jahrhundert von St. Martin zum Christentum bekehrt.

Museu Romântico

Rua de Entre-Quintas 220. *22-605 70 33.* *Di–So 10–12.30, 14–17.30 Uhr (So nur nachm.).* *Feiertage.* **Solar do Vinho do Porto** *22-609 47 49.* *Mo–Sa 14–24 Uhr.* *Feiertage.*

Der abgedankte König Carlo Alberto von Sardinien (1798 bis 1849) verbrachte in der Quinta da Macieirinha die letzten beiden Monate seines

Wechselnde Exponate im Billardzimmer des Museu Romântico

Lebens. 1972 wurde das Obergeschoss zu einem Museum umgebaut. Die gut eingeteilten Räume mit Blick auf den Fluss bieten eine ansprechende Präsentation von französischen, deutschen und portugiesischen Möbeln sowie Teppichen, Keramiken und anderen Exponaten. Unter den Ölgemälden und Aquarellen finden sich Porträts von Baron Forrester *(siehe S. 252)* und Almeida Garrett, dem großen portugiesischen Dichter und Dramatiker der Romantik.

Im Erdgeschoss der Quinta da Macieirinha ist der Solar do Vinho do Porto des Portwein-Instituts. Hier kann man 150 Sorten Portwein kosten und sich mit Blick auf den Douro im Garten entspannen.

Jardim do Palácio de Cristal

Rua de Dom Manuel II. *tägl.*

1861 entstand in Porto, inspiriert von der Londoner Weltausstellung von 1851, ein Kristallpalast. Der ursprüngliche Bau aus Stahl und Glas musste in den 1950er Jahren dem wenig eleganten Pavilhão Rosa Mota weichen, den der Volksmund »Halbe Orange« taufte. Gelegentlich finden hier Konzerte statt, zur *festa* belebt ein Volksfest den Park rund um die Halle.

Radfahrer im Jardim do Palácio de Cristal

Der Cais da Ribeira ist einer der Kais, an dem Ausflugsboote ankern.

Früherer Bischofspalast

Torre dos Clérigos ***(siehe S. 241)***

Kathedrale ***(siehe S. 240)***

Ponte de Dom Luís I

DELAFORCE
CÁLEM
Porto

EST.
PG1AL
DOS MALVEDOS

Porto: Abstecher

AUCH ABSEITS DES STADTKERNS hat Porto einiges zu bieten. Jenseits der Ponte de Dom Luís I liegen die Portweinkellereien von Vila Nova de Gaia und das Mosteiro da Serra do Pilar mit grandiosem Blick auf die Altstadt. In den nördlichen und westlichen Vororten sind faszinierende Attraktionen wie die Hospitaliterkirche von Leça do Bailio oder das modernen Museu Serralves mit den jüngsten Entwicklungen der portugiesischen Kunst zu bewundern.

Jenseits von Foz do Douro mit seiner Burg liegt Matosinhos, ein Industriehafen, der für Meeresfrüchte bekannt ist. Strände wie Espinho sind Anziehungspunkte an der Küste südlich von Porto.

Eine Bahn, wie sie früher in Porto fuhr, im Museu do Carro Eléctrico

Mosteiro da Serra do Pilar

Serra do Pilar. *22-375 22 98.* *Juni–Sep, Abtei nach Vereinbarung.*

Der steile Aufstieg zu dieser Rotundenkirche (16. Jh.) lohnt sich sehr. Von der Terrasse plante der Herzog von Wellington 1809 seinen Angriff auf die Franzosen – aus gutem Grund, da der Ausblick die Portweinkellereien, die Biegung des Douro und die Altstadt am anderen Flussufer mit einschließt.

Fundação de Serralves Museu de Arte Contemporânea

Rua Dom João de Castro 210.

22-615 65 00 oder 808-20 05 43 (gebührenfrei). *Di–So 10–19 Uhr (Apr–Sep: Sa, So, Feiertage bis 22 Uhr; Okt–März: Do bis 22 Uhr).*

1. Jan, 25. Dez.

www.serralves.pt

Die Stiftung wurde 1989 als Zentrum für zeitgenössische Kunst in Portugal gegründet. Sie betreut sowohl das Art-déco-Gebäude Casa de Serralves als auch das Museu de Arte Contemporânea. Im Museum befindet sich eine Dauerausstellung aus den 1960er Jahren mit Werken von Christian Boltanski, Bruce Nauman und Julião Sarmento.

Museu do Carro Eléctrico

Alameda de Basílio Teles 51.

22-615 81 85. *Di–So (Sa u. So nur nachm.).*

Die Straßenbahnen, früher das Rückgrat des öffentlichen Nahverkehrs, haben hier ihre letzte Ruhestätte gefunden. Zu den Exponaten zählt die erste elektrische Straßenbahn der Iberischen Halbinsel (1895).

Eine sehenswerte Rundfahrt zur Rua Infante Dom Henrique ermöglicht die Nr. 18, Portos letzte aktive Tram.

Die Casa de Serralves, ein Forum der modernen Kunst

Casa-Museu Fernando de Castro

Rua de Costa Cabral 716. *22-509 46 25.* *nach Vereinbarung.*

Das ehemalige Domizil des Geschäftsmanns, Sammlers und Dichters Fernando de Castro (1888–1950) wurde 1951 dem Staat vermacht. Zu sehen sind religiöse Skulpturen, die bei Kirchenauflösungen gerettet wurden, Werke moderner Künstler und ein Josefa de Óbidos *(siehe S. 51)* zugeschriebenes Christusbild. Von besonderem Interesse sind Figurinen des 19./20. Jahrhunderts von Vater und Sohn Teixeira Lopes.

UMGEBUNG: Die Burgen nahe der Flussmündung, wie **Castelo da Foz** bei Foz do Douro und **Castelo do Queijo** unmittelbar nördlich, erinnern daran, dass Küste und Schiffe jahrhundertelang von Spaniern und Piraten bedroht waren.

Die Kirche **Bom Jesus** bei Matosinhos baute Niccolò Nasoni im 18. Jahrhundert wieder auf. Bei der Pfingstwallfahrt wird ein Kruzifix verehrt, das im 10. Jahrhundert am Strand gefunden und wohl von Nikodemus, einem Jünger Jesu, geschnitzt wurde.

Die befestigte **Igreja do Mosteiro** (14. Jh.) in Leça do Bailio, acht Kilometer nördlich von Porto, war das erste Hauptquartier des Hospitaliterordens in Portugal. Sehenswert sind die gotischen Bogen, die skulptierten Kapitelle und die Fensterrosette.

◁ ***Barcos rabelos*** **vor Anker am Kai von Vila Nova de Gaia**

Vila Nova de Gaia

Taylor-Portwein

NACH EINEM STREIT mit dem Bischof von Porto über die Schiffszölle gründete Afonso III in Vila Nova de Gaia einen Konkurrenzhafen. 1253 einigte man sich, die Einnahmen zu teilen. Vila Nova de Gaia ist ein wichtiger Lager- und Umschlagplatz für Portwein *(siehe S. 252f)*. Obwohl dieser seit 1987 nicht mehr ausschließlich von hier stammen muss, wird es weiter »das« Portweinzentrum bleiben. Fast in jeder Gasse wird in *armazéns* (»Lagern«, Keller gibt es nicht), Portwein verschnitten und gelagert.

***Führungen** zeigen die Herstellung von Portwein* (siehe S. 228f) *und enden meist mit einer Kostprobe der einzelnen Sorten.*

***Portweinkellereien** bestimmen das Bild von Vila Nova de Gaia. Mehr als 50 Firmen lagern in den engen Straßen unter einem Meer aus roten Dächern einen Großteil des weltweit erzeugten Portweins.*

PORTWEINKELLEREIEN

Barros ④	Graham ①
Borges ⑩	Ramos Pinto ⑥
Cálem ⑨	Sandeman ⑧
Cockburn ③	Taylor ⑦
Ferreira ②	Vasconcelos ⑤

LEGENDE

- Bootsanlegestelle
- Parken
- Information
- Kirche

0 Meter 250

BESUCH DER KELLEREIEN

Führungen: Die oben genannten Kellereien bieten Führungen an. Eine Reservierung ist meist nicht erforderlich. Das Fremdenverkehrsbüro in der Avenida Diogo Leite 242 (22-377 30 80) nennt Ihnen Adressen und Telefonnummern der Kellereien.

Öffnungszeiten: Mo–Fr, manchmal auch am Wochenende. An Feiertagen normalerweise geschlossen.

Das ehemalige Kloster São Bento in Santo Tirso ist heute eine Schule

Santo Tirso ❷

Straßenkarte C2. *13 900.* *Praça 25 de Abril (252-83 04 11).* *Mo.*

SANTO TIRSO am Fluss Ave ist ein Zentrum der Textilindustrie. Bedeutsamstes Bauwerk ist das ehemalige Kloster **São Bento**, das im 8. Jahrhundert von Benediktinern gegründet, später neu gebaut und im 17. Jahrhundert modifiziert wurde. Skulptierte Kapitelle zieren die Doppelsäulen des gotischen Kreuzgangs aus dem 14. Jahrhundert.

Es ist heute eine Landwirtschaftsschule, birgt aber auch das **Museu Abade Pedrosa** mit archäologischen Funden wie Steinäxten, Bronzearmringen und Keramiken.

Museu Abade Pedrosa
Rua Unisco Godiniz 100. *252-83 04 00.* *Di–So.* *Feiertage.*

Die Wallfahrtskirche Nossa Senhora da Piedade in Penafiel

UMGEBUNG: Oberhalb des Vizela-Tals, 13 Kilometer östlich von Santo Tirso, thront in Roriz die romanische Kirche **São Pedro**. In der Vorhalle ist das Datum 1228 eingeschnitzt, doch stand hier wohl schon im 8. Jahrhundert eine Kirche. Über dem Portal prangt eine schöne Fensterrosette. Neben der Kirche befinden sich der Glockenturm und die Ruine des Kreuzgangs.

Die Zitadelle aus der Eisenzeit *(citânia)* auf einem Hügel bei **Sanfins de Ferreira**, fünf Kilometer weiter östlich, war vermutlich seit dem 6. Jahrhundert v. Chr. bewohnt. Zu besichtigen sind die Überreste des Mauerrings, rund hundert Hütten und ein kleines Museum. An Feiertagen öffnet der Verwalter im Haus nebenan.

Sanfins de Ferreira
Sanfins, an der N209. *055-86 20 29.* *nach Vereinbarung.*

Penafiel ❸

Straßenkarte C2. *8000.* *Avenida Sacadura Cabral 92 (255-71 25 61).* *10. u. 20. des Monats.*

DAS KLEINE STÄDTCHEN liegt auf einer Anhöhe oberhalb des Flusses Sousa. Sehr sehenswert neben der **Igreja Matriz** aus der Renaissancezeit ist die 1908 erbaute neogotisch-byzantinische Wallfahrtskirche **Nossa Senhora da Piedade**. Penafiel ist vor allem bekannt für den hier gekelterten Vinho Verde *(siehe S. 28f)*.

UMGEBUNG: Eine der führenden Adressen der Region für Vinho Verde ist das Weingut **Quinta da Aveleda** etwas nördlich von Penafiel.

São Gens (12. Jh.) rechtfertigt einen Abstecher nach **Boelhe**, 17 Kilometer südlich von Penafiel. Zehn Meter hoch und sieben Meter lang und breit, gilt sie als kleinste romanische Kirche des Landes. Ihr Reiz liegt in ihrer Schlichtheit.

In der Kirche São Salvador (13. Jh.) in **Paço de Sousa**, acht Kilometer südwestlich von Penafiel, liegt Egas Moniz begraben, der als außergewöhnlich loyaler Berater von Afonso Henriques (1139–85), dem ersten König Portugals, berühmt wurde.

Quinta da Aveleda
An der N115. *255-71 10 41.* *Mo–Fr.* *Feiertage.* *obligatorisch.*

Die winzige Kirche São Gens in Boelhe, südlich von Penafiel

Amarante ❹

Straßenkarte D2. *70 000.* *Alameda Teixeira de Pascoães (255-42 02 46).* *Mi u. Sa.*

DAS REIZENDE AMARANTE ist ein wahres Juwel. Herrenhäuser aus dem 17. Jahrhundert mit reizvoll bemalten Balkonen säumen seine Gassen, und die Terrassen der Restaurants blicken auf den Fluss.

Der Ursprung des Ortes ist nicht ganz geklärt. Um 360 v. Chr. gab es hier vermutlich eine erste Siedlung. Einen Großteil der Stadt brannten die Franzosen 1809 nach zweiwöchiger Belagerung nieder.

Überall begegnen Sie Gonçalo, einem beliebten Heiligen aus dem späten 12. Jahrhundert, der für Partnerfindung und Fruchtbarkeit zuständig ist. Man erzählt sich viele Geschichten über die Feste, die er organisierte, um die Frauen vor Versuchungen zu bewahren, indem er ihre Ehemänner aussuchte. Die Festa de São Gonçalo am ersten Juniwochenende beginnt mit Gebeten für einen Ehepartner, gefolgt von Tanz und dem Überreichen von phallusförmigen São-Gonçalo-Kuchen.

Angeblich war es auch Gonçalo, der eine neue Brücke baute, nachdem eine Überschwemmung im 13. Jahrhundert die Römerbrücke über den Tâmega gestürzt hatte. Die heutige Ponte de São Gonçalo führt zur **Igreja de São Gonçalo** aus dem 16. Jahrhundert, die die Erinnerung an den Heiligen pflegt. Sein Grab links des Altarraums ist von der Berührung Tausender, die seine Fürsprache suchen, etwas abgegriffen.

Zwei Exponate des **Museu Amadeo de Sousa-Cardoso** in einer alten Abtei neben der Kirche gehen auf einen Fruchtbarkeitskult aus der Zeit nach Gonçalo zurück: Diabo und Diaba, zwei aus schwarzem Holz geschnitzte Teufel aus dem 19. Jahrhundert, die ein älteres Duo ersetzen, das in den Napoleonischen Kriegen zerstört wurde. Ein erzürnter Bischof aus Braga wollte die beiden Protagonisten des Kults verbrennen. Statt dessen »kastrierte« man den Diabo.

Ein weiterer sehenswerter Schatz des Museums sind die kubistischen Werke des Namensgebers: Amadeo de Sousa-Cardoso (1887–1918), einer der führenden portugiesischen Künstler des 20. Jahrhunderts, wurde in Amarante geboren.

Die Ponte de São Gonçalo über den Tâmega in Amarante

Igreja de São Gonçalo

Praça da República. *255-42 20 50.* *tägl.*

Museu Amadeo de Sousa-Cardoso

Alameda Teixeira de Pascoães.
255-42 02 72. *Di–So.* *Feiertage.*

Cinfães 5

Straßenkarte D2. *4000.* *Rua Dr. Flávio Resende 43 (255-56 12 97).* *10. u. 26. des Monats.*

Cinfães liegt oberhalb des Douro zwischen den Ausläufern der mehr als 1000 Meter hohen Serra de Montemuro. Die von üppig grüner Landschaft umgebene Stadt ist ein Tor nach Lamego und zum Oberen Douro weiter östlich *(siehe S. 252f)*. Sie ist landwirtschaftlich geprägt und bekannt für ihre Webkunst, Spitzenarbeiten, Korbwaren und ihre Mini-*rabelos*, jene Spielzeugausgaben von Segelschiffen, die früher den Portwein nach Porto brachten *(siehe S. 250)*.

Umgebung: In Tarouquela, etwa 16 Kilometer westlich, flankieren romanische Säulen das Portal der Kirche **Santa Maria Maior** (12. Jh.); das gotische Mausoleum neben dem Altarraum kam im 14. Jahrhundert dazu.

Eine weitere Marienkirche steht in **Cárquere** zwischen Cinfães und Lamego. Der Legende nach verdankte der junge, kränkliche Afonso Henriques, der zukünftige König Portugals, seine Heilung dem treuen Adjutanten Egas Moniz. Auf einen Traum hin grub Moniz um 1110 eine verborgene Marienstatue aus und baute für sie eine Kirche, woraufhin der Patient über Nacht gesund wurde. Das schönste Stück in der heutigen Kirche aus dem 14. oder 15. Jahrhundert ist eine minutiös gearbeitete Marienfigur aus Elfenbein unbekannten Datums.

Nossa Senhora de Cárquere aus dem 12. Jahrhundert bei Cinfães

Kassettendecke in São Nicolau, der Pfarrkirche von Mesão Frio

Mesão Frio 6

Straßenkarte D2. *4900.* *Avenida Conselheiro José Maria Alpoim (254-89 01 00).* *Fr.*

DAS TOR zum Portweinanbaugebiet liegt malerisch oberhalb des Douro. Die rundherum majestätisch ansteigenden Stufen der Serra do Marão bilden einen natürlichen Schutz für die Weinberge im Osten. Mesão Frio ist bekannt für Korbwaren und die kulinarische Leckerei *falachas* (Kastanienkuchen).

Als die Pfarrkirche **São Nicolau** 1877 wiederaufgebaut wurde, blieb die großartige Kassettendecke mit Heiligenporträts aus dem ausgehenden 16. Jahrhundert glücklicherweise erhalten. Fremdenverkehrsbüro und Rathaus sind im **Kreuzgang** eines ehemaligen Franziskanerklosters (18. Jh.) untergebracht.

Die Barockkirche **Casa da Rede** im westlichen Ortsteil kann nicht besichtigt werden.

Peso da Régua 7

Straßenkarte D2. *21 000.* *Rua da Ferreirinha (254-31 28 45).* *Mi.*

IM 18. JAHRHUNDERT wurden Peso und Régua zu Peso da Régua zusammengefasst. Heute ist dies ein zentraler Verkehrsknotenpunkt der Region.

1756 machte der Marquês de Pombal Peso da Régua zum Zentrum des abgegrenzten Portweinanbaugebiets. Von hier transportierten *rabelos*, die traditionellen Boote, die Portweinfässer durch gefährliche Schluchten nach Vila Nova de Gaia *(siehe S. 247)*. Auch die 1880 erbaute Douro-Eisenbahn, die einen schnelleren und sichereren Transport ermöglichte, konnte die *rabelos* nicht verdrängen. Peso da Régua wird regelmäßig überschwemmt. In den 1970er und 1980er Jahren entstanden zwar Dämme, doch ist die Gefahr nicht gebannt.

Wer das Portweinanbaugebiet *(siehe S. 252f)* erkundet, sollte auf jeden Fall in Peso da Régua die **Casa do Douro**, das Verwaltungszentrum des Portwein-Instituts, besuchen. Die modernen Buntglasfenster von Lino António veranschaulichen Geschichte und Herstellung von Portwein. Zu sehen ist außerdem eine Mitte des 19. Jahrhunderts von dem britischen Baron Forrester *(siehe S. 252)* gezeichnete Landkarte des Douro-Tals.

Casa do Douro

Rua dos Camilos. *254-32 08 11.* *Mo–Fr.* *Feiertage.*

UMGEBUNG: Rund um Peso da Régua liegen einige herrliche *quintas*, Landgüter, auf denen Portwein hergestellt wird. Die attraktive **Quinta da Pacheca** in Cambres liegt nur vier Kilometer südwestlich. Die **Enoteca de Granjão** in einem Dorf an der Straße nach Mesão Frio organisiert Besichtigungen dieser und anderer Kellereien und holt Besucher im Hotel oder in Peso da Régua ab.

Enoteca de Granjão

Granjão (an der N108). *254-32 27 88.* *10–19 Uhr* *Feiertage.*

Das Buntglasfenster der Casa do Douro in Peso da Régua zeigt beladene *rabelos*

Lamego 8

Straßenkarte D2. *11 000.* *Avenida Visconde Guedes Teixeira (254-61 20 05).* *Do.*

IN DIESER ATTRAKTIVEN STADT im offiziellen Portweinanbaugebiet werden auch Weine wie Raposeira, Portugals führender Perlwein, gekeltert. Die fruchtbare Gegend ist ebenfalls für Obst und Schinken bekannt.

Hier soll 1143 die erste Nationalversammlung *(cortes)* Afonso Henriques als ersten König Portugals anerkannt haben. Im 16. Jahrhundert verhinderte die Konzentration auf Wein- und Textilproduktion den Bankrott der Stadt. Ansehnliche barocke Herrenhäuser erinnern eindrücklich an die Phase des Wohlstands. Heute ist Lamego jedoch in erster Linie als Wallfahrtsort von Bedeutung.

Weinberge an den Hängen der Serra do Marão bei Mesão Frio

Die großartige Treppe von Nossa Senhora dos Remédios in Lamego

Teil eines meisterlichen Altarbilds von Grão Vasco *(siehe S. 213)* aus dem 16. Jahrhundert. Einer der flämischen Gobelins aus dem 16. Jahrhundert schildert das Leben des Ödipus.

UMGEBUNG: Die **Capela de São Pedro de Balsemão** vier Kilometer östlich gilt als älteste Kirche Portugals. Trotz zahlreicher Umbauten blieb das ursprüngliche westgotische Heiligtum erhalten. In einem reich verzierten Sarkophag ruht der 1362 verstorbene Bischof von Porto, Afonso Pires. Die Statue der schwangeren Maria, Nossa Senhora do Ó, stammt aus dem 15. Jahrhundert.

São João de Tarouca, das erste Zisterzienserkloster in Portugal (12. Jh.), liegt etwa 16 Kilometer südlich von Lamego. Prächtige *azulejos* (18. Jh.) zieren den Innenraum der Kirche; Darstellungen im Altarraum zeigen die Klostergründung. Jede der 4709 Kacheln in der Sakristei sieht anders aus. Bemerkenswert ist der *Heilige Petrus* von Grão Vasco. Der Graf von Barcelos, unehelicher Sohn von König Dinis, wurde in einem Sarkophag beigesetzt, der mit Szenen einer Wildschweinjagd verziert ist.

Sehenswert ist auch die Mautbrücke aus dem 12. Jahrhundert im nordöstlich gelegenen **Ucanha**.

Nossa Senhora dos Remédios

Monte de Santo Estêvão. *tägl.*

Ursprünglich war eine kleine Stephanuskapelle auf dieser Anhöhe über der Stadt Ziel von Marienwallfahrten. Die heutige Kirche, die man über eine spektakuläre Doppeltreppe ähnlich der von Bom Jesus do Monte *(siehe S. 278f)* erreicht, entstand 1761. Nach 686 Stufen, vorbei an neun mit *azulejos* und Urnen geschmückten Terrassen, gelangt man zum Pátio dos Reis, einem von Granitstatuen ehrwürdiger Persönlichkeiten eingefassten Kirchenvorplatz. Die Kirche selbst ist nur am Rande interessant, ganz im Gegensatz zur grandiosen Aussicht auf die Stadt und den Douro.

Zur Romaria de Nossa Senhora dos Remédios *(siehe S. 32)* Anfang September erklimmen viele der abertausend Wallfahrer die Treppe auf ihren Knien.

Kathedrale

Largo da Sé. 254-61 27 66. *tägl.*

Aus der Zeit der Grundsteinlegung 1129 ist noch der viereckige Turm der Kathedrale erhalten; die restlichen Teile, darunter ein schöner Renaissancekreuzgang mit einem Dutzend wohl proportionierter Bogen, wurden im 16. und 18. Jahrhundert verändert.

Museu de Lamego

Largo de Camões. 254-620 238. *Di–So.* *Feiertage.*

Eines der besten Regionalmuseen des Landes befindet sich im ehemaligen Bischofspalast. Herausragend ist das Bild *Die Schöpfung der Tiere*,

São João de Tarouca

An der N226. *Di–So.* *3. Wochenende des Monats.*

Die friedliche Klosterkirche São João de Tarouca

Portwein-Anbaugebiet ❾

Grahams Portwein

DAS LANGE LEBEN DES PORTWEINS in Vila Nova de Gaia *(siehe S. 247)* beginnt auf den Weingütern des Oberen Douro *(siehe S. 228f)*. In jahrhundertelanger Schwerstarbeit entstanden auf dem Schieferboden der Uferhänge Terrassen, die oft nur eine Armlänge breit waren. Viele Weingärten haben in jüngster Zeit ihre Terrassen erweitert, um sie mit Traktoren befahren zu können – einige wenige denkmalgeschützte Weingüter bilden die Ausnahme. Viele *quintas* – wie auch jene auf der Karte – empfangen Besucher. Ideal für die Rundfahrt ist der Herbstanfang, wenn die Weinbauern ihre gute Ernte *(vindima)* feiern.

Die Weinberge im Vale de Mendiz kurz vor Sonnenuntergang

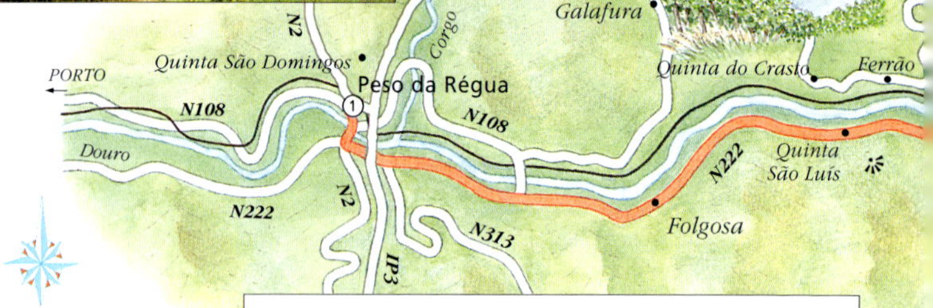

Peso da Régua ①
Die Stadt ist seit 1756 Verwaltungszentrum für Portwein und die anderen Weine der Region. Die *rabelos* erinnern daran, wie der Portwein früher zu den Kellereien von Vila Nova de Gaia kam.

0 Kilometer 5

LEGENDE

- Routenempfehlung
- Andere Straße
- Eisenbahn
- Aussichtspunkt

JOSEPH JAMES FORRESTER

1831 kam Joseph Forrester von Großbritannien nach Porto in die Weinhandlung seines Onkels. Mit großem Enthusiasmus begann er, den Portweinhandel zu reformieren.

Seine Abhandlung *A Word or Two on Port* (1844) war eine Kriegserklärung an alle Weinpanscher. Er studierte auch den Mehltau *(Oidium tuckeri)*, zeichnete detaillierte Karten des Douro-Tals und wurde ein begnadeter Aquarellmaler. 1855 machte Pedro V ihn zum *barão*. 1862 kenterte Forresters Schiff bei Cachão de Valeira. Sein Geldgürtel zog ihn in die Tiefe und er ertrank; die Damen in seiner Begleitung wurden von ihren Krinolinen über Wasser gehalten.

Pinhão ②
Viele große Namen im Portweingeschäft besitzen *quintas* in der Nähe dieser Kleinstadt. Am Bahnhof zeigen 24 imposante *azulejo*-Tafeln volkstümliche Szenen.

ROUTENINFOS

Länge: *125 km. Jenseits Pinhão erschweren steile, enge Straßen das Vorwärtskommen.*
Rasten: *Die Rundfahrt entlang dem Douro passiert einige Aussichtspunkte. Übernachten kann man in Alijó, Peso da Régua und Sabrosa* (siehe S. 390ff)*; viele* quintas *bieten Führungen und Portweinproben an.*

Sabrosa ③
In diesem Dorf inmitten von Weinbergen oberhalb des Flusses Pinhão stehen noch viele Häuser aus dem 15. Jahrhundert. In einem wurde 1480 der Entdecker Magalhães geboren *(siehe S. 48).*

Alijó ④
Alijó wurde offiziell 1226 gegründet, doch einige *castros* (Kastelle) belegen eine weit frühere Besiedlung. Der Name der *pousada,* Barão de Forrester *(siehe S. 390),* erinnert an den berühmten Reformer.

São João da Pesqueira ⑦
São Salvador do Mundo, der Aussichtspunkt von São João da Pesqueira, bietet einen schönen Blick auf Tal und Weinberge. Im Frühjahr blühen hier die Mandelbäume.

Tua ⑤
Tua, in einer Gegend gelegen, die für ihre Orangen und Feigen berühmt ist, ist Knotenpunkt der Douro-Eisenbahn. Empfehlenswert ist eine gemütliche Fahrt mit einem der wenigen Züge durch die Weinbergterrassen des Tals.

Barragem de Valeira ⑥
Bis zum Ende des 18. Jahrhunderts war der Douro hinter Cachão de Valeira nicht schiffbar. Obwohl man die gefährlichsten Stromschnellen entschärft hatte, blieb dieses Teilstück tückisch – hier fand Baron Forrester den Tod –, bis der Damm von Valeira den Douro 1976 schließlich zähmte.

Casa de Mateus ⑩

Englischer Schrank (17. Jh.) im Teesalon

DAS PRÄCHTIGE WEINGUT oder *solar*, das auf den Etiketten des Mateus Rosé prangt *(siehe S. 28)*, gilt als Inbegriff barocker Architektur in Portugal. Vermutlich baute es Niccolò Nasoni Anfang des 18. Jahrhunderts für António José Botelho Mourão, den dritten Majoratsherrn von Mateus. Dessen Erben leben noch hier, aber Teile des Hauses, das 1911 zum Nationaldenkmal erklärt wurde, und die Gärten können besichtigt und Weine gekauft werden.

Die holzgetäfelte Bibliothek bewahrt viele wertvolle Bände auf

Der Gutshof

Innen und außen ist die Casa de Mateus so ausgeklügelt, dass sie unterschiedlichste Ansichten und Spiegelbilder zeigt. So reflektiert das Wasserbecken aus den 1930er Jahren die Hauptfassade und die beiden Flügel.

Die Führung beginnt in der Eingangshalle im ersten Stock. Zwei Sänften und eine prächtige Holzdecke mit dem Familienwappen zieren diesen wohlproportionierten Raum. Türrahmen und Decken im ganzen Haus sind aus Kastanienholz. Im Teesalon stehen ein Schrank aus der Zeit Mary Stuarts und eine dazu passende englische Wanduhr. Der Name des Salons der vier Jahreszeiten geht auf die Gemälde (18. Jh.) zurück. Viele Bilder stiftete der Onkel des vierten Majoratsherrn, ein römischer Erzdiakon, der auch die ersten Gärten in Auftrag gab. In der Mitte des 20. Jahrhunderts umgebauten Bibliothek stehen einige Bände aus dem 16. Jahrhundert. Das wertvollste Buch befindet sich im Gutsmuseum: eine Ausgabe von *Os Lusíadas (siehe S. 188)* von 1817 mit Stichen führender Künstler. Es gehört zu einer begrenzten Auflage, die der Enkel des dritten Majoratsherrn, ein Diplomat, herausbrachte (er ruht in der Familienkapelle neben dem Haus). Das Museum gewährt auch Einblick in die Korrespondenz der Familie mit führenden Persönlichkeiten ihrer Zeit wie Friedrich dem Großen und Wellington.

Wappen an der Decke des Eingangssalons

Die Gärten

Unter der Eingangstreppe führt ein dunkler Gang zwischen den Ställen zu einem Innenhof und zu den Ziergärten. Von den ursprünglichen Gärten des Erzdiakons ist nur wenig erhalten. Die heutigen Gärten wurden in den 1930er und 1940er Jahren angelegt, erinnern jedoch stilistisch an eine frühere, romantische Ära. Die komplexen Blumenbeete und Zierrabatten, eingefasst von kleinen, in Form geschnittenen Buchsbaumhecken, bilden

Die harmonische Symmetrie der Fassade der Casa de Mateus spiegelt sich im Wasser wider

INFOBOX

Straßenkarte D2. Mateus, 3 km SÖ von Vila Real. *259-32 31 21.* *nach Vila Real.* *März–Okt: tägl. 9–13, 14–18 Uhr (Juni–Sep: bis 19.30 Uhr); Dez–Feb: 10–13, 14–17 Uhr.* *25. Dez.* *nur Gärten* *im Haus obligatorisch.* *März–Nov.* *Juli–Sep: Encontros de Música.*

Perfekt gepflegte Blumenbeete im Garten der Casa de Mateus

einen lebenden Teppich, der die kunstvolle Symmetrie des Hauses widerspiegelt. Höhepunkt im Winter sind die großen alten Kamelien aus dem 19. Jahrhundert; am beeindruckendsten ist wohl der riesige Zederntunnel, ein Meisterwerk des Formschnitts.

Hinter den Ziergärten schließen sich die Obstgärten und Felder des Guts an.

DER ZEDERNTUNNEL

1941 pflanzte man die Zedern für diese berühmte Attraktion der Casa de Mateus an. Der 35 Meter lange und 7,5 Meter hohe Tunnel ist im Sommer ein duftendes Erlebnis. Den Formschnitt bewältigt man mit eigens für diesen Arbeitsschritt konstruierten Riesenleitern.

Vila Real ⓫

Straßenkarte D2. *20 000.* *Avenida Carvalho Araújo 94 (259-32 28 19).* *Di u. Fr.*

DAS HANDELSZENTRUM Vila Real liegt oberhalb einer Schlucht am Zusammenfluss von Cabril und Corgo. Als Verkehrsknoten des Oberen Douro ist die Stadt günstiger Ausgangspunkt für Ausflüge nach Süden ins Douro-Tal und nach Nordwesten in den Parque Natural do Alvão. Auf der Rennstrecke von Vila Real finden alljährlich im Juni und Juli Motorsportereignisse statt.

An der Avenida Carvalho Araújo liegt auf halbem Weg die herrliche gotische **Kathedrale** (15. Jh.), ursprünglich die Kirche eines Dominikanerklosters. Die anderen Klosterbauten brannten Mitte des 19. Jahrhunderts unter merkwürdigen Umständen nieder.

Am Südende der Hauptstraße weist ein Schild am Haus Nr. 19 auf den Geburtsort von Diogo Cão hin, der 1482 die Mündung des Kongo entdeckte *(siehe S. 48f)*.

Die **Igreja dos Clérigos** in der Rua dos Combatentes de Grand Guerra ist auch unter dem Namen Capela Nova bekannt. Die ansprechende Barockfassade wird Niccolò Nasoni zugeschrieben; schöne blau-weiße *azulejos* zieren den Innenraum.

UMGEBUNG: Bisalhães, sechs Kilometer westlich, ist weithin bekannt für das kühne Design seiner schwarzen Töpferwaren *(siehe S. 25)*, die es u. a. jedes Jahr am 28. und 29. Juni auf der Festa de São Pedro in Vila Real zu kaufen gibt. Zu diesem Anlass wird auch feines Leinen aus dem nahen Agarez ausgestellt.

Parque Natural do Alvão ⓬

Straßenkarte D1. *nach Ermelo via Campeã.* *Praceta do Tronco, Cruz das Almas, Vila Real (259-30 28 30).*

Parque Natural do Alvão

IN DEM 72 QUADRATKILOMETER großen Naturschutzgebiet zwischen den Flüssen Corgo und Tâmega wechselt die Landschaft von grünen, landwirtschaftlich genutzten Tiefebenen zu kahlen Gipfeln wie dem **Alto das Caravelas** (1339 m). Trotz der Jagd und des Verlustes ihres Lebensraums sieht man Habichte, Wasseramseln und Otter. Zwischen **Ermelo** und **Lamas de Olo**, wo Mais immer noch in *espigueiros* *(siehe S. 271)* lagert, liegt der Wasserfall **Fisgas de Ermelo**. Der **Alto do Velão**, südwestlich des Parks, bietet einen herrlichen Blick auf das Tal des Tâmega.

Blick auf Vila Real oberhalb der Schlucht der Flüsse Corgo und Cabril

Ein Bauer mit seinem Ochsen bei Carvalhelhos, Serra do Barroso

Serra do Barroso ⓭

Straßenkarte D1. *nach Montalegre oder Boticas.* *Praça do Município, Montalegre (276-51 10 10).* www.rt-atb.pt

IM SÜDOSTEN des Parque Nacional da Peneda-Gerês *(siehe S. 270f)* liegt das hügelige Heideland der Serra do Barroso, durchtrennt von der riesigen Barragem do Alto Rabagão, die für den Betrieb von Wasserkraftwerken einen See aufstaute. In dieser Gegend bedeutet Wasser Leben: Niederschläge ermöglichen Bauern, dem kargen Boden ihren Lebensunterhalt abzuringen. Künstliche Seen ziehen Angler und Wassersportler an. Eines der bekanntesten Mineralwässer Portugals kommt aus **Carvalhelhos**.

Das nahe gelegene **Boticas** produziert ein weitaus originelleres Getränk. 1809 vergruben die Einheimischen ihren Wein, damit er nicht den Franzosen in die Hände fiel. Nach Abzug des Feindes holten sie den Wein aus der Erde und stellten eine Qualitätsverbesserung fest. Die Flaschen bezeichnete man landläufig als *mortos* (tot), den Wein als Vinho dos Mortos. Noch heute bleiben die Flaschen bis zu zwei Jahre vergraben.

Die größte Stadt der Region ist **Montalegre**, weiter nördlich gelegen, mit dem 27 Meter hohen Bergfried der Burgruine (14. Jh.).

In der Serra werden Ochsen gezüchtet, Ochsenkämpfe *(chegas dos bois)* sind ein beliebter Zeitvertreib. Der Kampf ist meist in einer halben Stunde entschieden, wenn das schwächere Tier das Weite sucht; die Sieger werden von begeisterten Fans gefeiert.

Chaves ⓮

Straßenkarte D1. *18 000.* *Terreiro da Cavalaria (276-34 06 61).* www.rt-atb.pt *Mi.*

DAS GESCHICHTSTRÄCHTIGE Chaves liegt in einer fruchtbaren Ebene am Oberlauf des Tâmega.

Wegen der Thermalquellen und Goldvorkommen gründeten die Römer hier im Jahr 78 Aquae Flaviae. Der strategisch günstig gelegene Ort wurde von Sweben, Westgoten und Mauren überfallen und besetzt, bis er 1160 in portugiesische Hände fiel. Den Namen Chaves (Schlüssel) assoziiert man mit den »Schlüsseln des Nordens«, die Nuno Álvares Pereira, dem Helden von Aljubarrota *(siehe S. 183)*, verliehen wurden. Wahrscheinlicher ist, dass »Chaves« eine Abwandlung von »Flaviae« ist.

Chaves ist bekannt für seine Thermalbäder, sein historisches Zentrum und Schinken. Das nahe gelegene Nantes produziert schwarze Keramiken *(siehe S. 25)*.

Das Herz der Altstadt ist die Praça de Camões. An diesem reizenden mittelalterlichen Platz ist der **Bergfried** (14. Jh.) das einzige Überbleibsel der Burg, die João I Nuno Álvares Pereira schenkte. Am Südrand des Platzes steht die **Igreja Matriz** mit ihrem romanischen Portal. Im Innenraum der barocken **Misericórdia**-Kirche gegenüber greifen *azulejo*-Tafeln (18. Jh.) von Policarpo de Oliveira Bernardes *(siehe S. 22)* einige Themen aus dem Neuen Testament auf.

Der Bergfried der ehemaligen Burg von Chaves (14. Jh.)

Museu Militar und Museu da Região Flaviense

Praça de Camões. *276-34 05 00.* *Di–Fr, Sa, So nachmittags.* *Feiertage.* *Gemeinschaftskarte.*

Das kleine Militärmuseum im Bergfried zeigt Rüstungen, Uniformen und die dazugehörigen Amtsinsignien sowie Andenken an die Verteidigung von Chaves gegen spanische Royalisten im Jahr 1912. Einige archäologische Funde aus der langen Geschichte des Ortes sind im blumenübersäten Garten rund um den Bergfried zu sehen; der Großteil befindet sich jedoch im Museu da Região Flaviense, dem ehemaligen Paço dos Duques de Bragança, hinter dem Bergfried. Sehenswert sind neben den Relikten aus römischer Zeit, wie Meilensteinen und Münzen, auch Ochsenkarren und ein Strohmantel, wie ihn die Hirten zum Schutz gegen Regen oder Sonne trugen.

Die gekachelte, vergoldete Misericórdia-Kirche

Ponte Romana
Die 16-bogige Römerbrücke über den Tâmega wurde zur Zeit Trajans um das Jahr 100 fertig gestellt. Sie wertete Chaves als Zwischenstopp an der Straße von Braga nach Astorga (in Nordwestspanien) noch weiter auf. Die römischen Meilensteine auf der Brücke belegen, dass die Gelder für den Bau vor Ort erhoben wurden.

Thermalquellen
Largo Tito Flávio Vespasiano.
276-33 24 45. *tägl.*
Wenige Gehminuten vom Stadtzentrum entfernt befindet sich eine der heißesten Quellen Europas. Mit einer Temperatur von 73 °C sprudelt das Wasser aus dem Boden und zieht sowohl Kurgäste *(siehe S. 209)* als auch Urlauber an. Das Wasser von Chaves wird gegen Rheumatismus, Nierenleiden und Bluthochdruck empfohlen.

Die riesige Pedra Bolideira bei Chaves

UMGEBUNG: In der Nähe des Dorfs Soutelo, vier Kilometer nordwestlich von Chaves (der Beschilderung folgen), weist der eigenartige, 50 Meter lange Felsblock **Outeiro Machado** geheimnisvolle Symbole unbekannter, möglicherweise keltischer Herkunft auf.

Noch ein Felsen, die **Pedra Bolideira**, liegt bei Bolideira, 16 Kilometer östlich von Chaves. Der größere Teil des gespaltenen Blocks liegt so leicht auf, dass sanfter Druck genügt, ihn zu bewegen.

Das Thermalbad **Vidago**, 17 Kilometer südwestlich von Chaves, ist bekannt für sein Heilwasser. Das Vidago Palace Hotel *(siehe S. 393)*, früher Refugium der königlichen Familie, ist renoviert, doch Park, Seen und Trinkhalle behielten ihren erhabenen Charme.

Die Misericórdia-Kapelle von Murça mit ihren verzierten Säulen

Murça 15

Straßenkarte D2. *7000.*
Alameda do Paço (259-51 01 20).
13. u. 28. des Monats.

DIE MARKTSTADT MURÇA ist bekannt für Honig, Ziegenkäse und Wurst. Hauptattraktion ist jedoch die ***porca***, eine granitene Wildschweinskulptur an der Durchgangsstraße, die aus der Eisenzeit stammt und einen Umfang von 2,8 Metern hat *(siehe S. 40)*. Der Zweck der Tierskulpturen *(berrões)* ist unklar; vielleicht dienten sie einem Fruchtbarkeitskult. Kleinere Figuren stehen auch in Bragança und Chaves. In jüngerer Zeit wurde die *porca* von Murça nach Wahlen von den jeweils siegreichen Parteien in ihren Farben bemalt. Sehenswert ist die reizvoll mit Weinlaub und -trauben darstellenden Ornamenten verzierte barocke Fassade der **Misericórdia**-Kapelle an der Hauptstraße.

Mirandela 16

Straßenkarte D1. *11000.*
Praça do Mercado (278-20 02 72).
3., 14. u. 25. des Monats.

IN MIRANDELA, der Endstation einer Schmalspur-Eisenbahnlinie, säumen reizende Gärten den Fluss Tua. Die Römerbrücke mit 20 asymmetrischen Bogen diente der Verlegung von Truppen und dem Transport von Erz. Sie wurde im 16. Jahrhundert wieder aufgebaut und ist heute eine Fußgängerbrücke.

Das **Museu Municipal Armindo Teixeira Lopes** zeigt Werke jenes Künstlers des 20. Jahrhunderts, der dem Museum den Namen gab, darunter Ansichten von Lissabon und Mirandela.

Früher war das **Rathaus** (17. Jh.) im Besitz der Familie Távora, die 1759 des versuchten Königsmordes angeklagt und getötet wurde.

Museu Municipal Armindo Teixeira Lopes
Rua Coronel Sarmento Pimentel.
278-20 15 90. *Mo–Fr; Sa u. So nachm.* *Feiertage.*

UMGEBUNG: In einem malerischen Tal 15 Kilometer nordöstlich von Mirandela liegt **Romeu** mit dem **Museu das Curiosidades**, das ein Potpourri von bis zu 100 Jahre alten Exponaten zeigt. Die Sammlung umfasst Ford-T-Modelle, Spieldosen und frühe Fotoausrüstungen; nebenan liegt das renommierte Restaurant Maria Rita *(siehe S. 415)*.

Museu das Curiosidades
Jerusalém do Romeu. *Di–So 12–14 Uhr.* *Feiertage.*

Der von Gärten gesäumte Fluss Tua mit der Römerbrücke in Mirandela

Bragança: Zitadelle ⓱

SCHON EINIGE FORTS hatten auf dieser strategisch günstigen Hügelkuppe gethront, bevor Fernão Mendes, der Schwager von Afonso Henriques, 1130 die Zitadelle Brigantia errichtete. Innerhalb der Mauern liegen die Burg von König Sancho I (1187) mit Türmen und Verliesen, die Kirche Santa Maria sowie die Domus Municipalis (12. Jh.).

Die Stadt gab dem letzten portugiesischen Königshaus den Namen, das von einem unehelichen Sohn Joãos I abstammte, der 1442 erster Herzog von Bragança wurde *(siehe S. 299)*.

Die Zitadelle von Bragança auf der Hügelkuppe

★ Burg
Die Torre da Princesa war Zufluchtsort von Sancha, der unglücklichen Frau Fernão Mendes', und anderer misshandelter Ehefrauen.

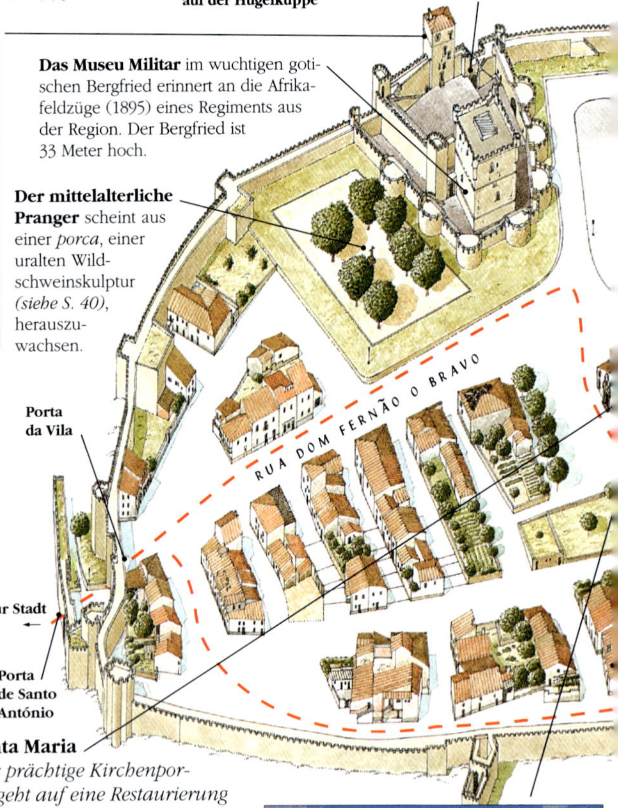

Das Museu Militar im wuchtigen gotischen Bergfried erinnert an die Afrikafeldzüge (1895) eines Regiments aus der Region. Der Bergfried ist 33 Meter hoch.

Der mittelalterliche Pranger scheint aus einer *porca*, einer uralten Wildschweinskulptur *(siehe S. 40)*, herauszuwachsen.

Santa Maria
Das prächtige Kirchenportal geht auf eine Restaurierung im 18. Jahrhundert zurück.

★ Domus Municipalis
Im einzigen erhaltenen romanischen Profanbau Portugals regelten die homens bons *(gute Männer) Rechtsstreitigkeiten. Darunter lag die Zisterne der Stadt.*

NICHT VERSÄUMEN

- **★ Burg**
- **★ Domus Municipalis**

INFOBOX

Straßenkarte E1. 35 000.
Avenida Cidade de Zamora (273-38 12 73); Largo do Principal (273-33 10 78). 3., 12. u. 21. des Monats. Mitte Aug: Nossa Senhora das Graças.
Burg und **Museu Militar**
073-32 23 78. Fr–Mi. Feiertage.

LEGENDE

Routenempfehlung

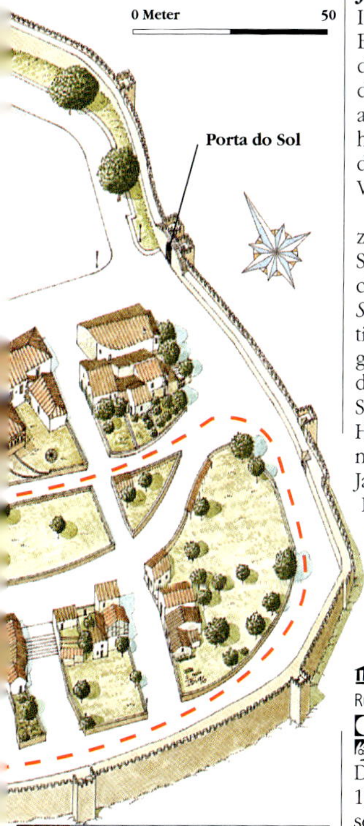

Häuser in der Festung
Innerhalb der Mauern sind noch die Straßen und kleinen Häuser des früheren Bragança zu sehen.

Die Gärten des Museu Abade de Baçal mit archäologischen Funden

Jenseits der Zitadelle

Im 15. Jahrhundert hatte sich Bragança westwärts entlang dem Ufer des Fervença ausgedehnt. An die Zeit, als Juden aus Nordafrika und Spanien hier die Seidenindustrie gründeten, erinnert das jüdische Viertel in der Rua dos Fornos.

Trotz ihrer Verbindungen zum Königshaus blieb die Stadt isoliert, da die Monarchen Vila Viçosa *(siehe S. 298f)* bevorzugten. Investitionen zurückkehrender Emigranten und die Fertigstellung der Autobahn von Porto nach Spanien belebten später den Handel. 1996 weihte man eine neue Kathedrale »für 1000 Jahre«, ein weiteres Indiz der Neugeburt Braganças. Der überdachte Markt neben der alten Kathedrale im Zentrum offeriert Köstlichkeiten wie Räucherschinken und *alheiras* (Hühnerwürste).

Museu Abade de Baçal

Rua Abílio Bessa 27. *273-33 15 95.* *Di–So.* *Feiertage.* *So 10–14 Uhr frei.*

Der Abt von Baçal (1865–1947) war ein Gelehrter, dessen Forschungsergebnisse über Geschichte und Tradition der Region sowie über das Verhältnis zu den Juden in elf Bänden publiziert sind. Das Museum trägt seinen Namen.

Zu den schönsten Exponaten zählen das Triptychon *Das Martyrium des heiligen Ignatius* aus dem 16. Jahrhundert sowie Aquarelle von Aurélia de Sousa (1865–1922) wie *A Sombra*. Eine andere Abteilung zeigt die bunten Trachten der *pauliteiros (siehe S. 227)* und Folterwerkzeuge.

Im Garten sind archäologische Funde, darunter *porcas* und Tafeln mit römischen Inschriften, zu sehen.

São Bento

Rua de São Francisco. *unterschiedliche Zeiten.*

Extrem unterschiedlich sind die beiden Decken in der 1590 von Bischof António Pinheiro erbauten Kirche: ein Baldachin mit maurisch beeinflussten Mustern über der Kanzel und eine reich bemalte Trompe-l'œil-Decke (18. Jh.) über dem Langhaus.

São Vicente

Largo do Principal. *unterschiedlich.*

Hier soll 1354 die geheime Trauung von Inês de Castro und Pedro stattgefunden haben *(siehe S. 179)*. Beim Umbau der ursprünglichen Kirche im 17. Jahrhundert wurde reichlich vergoldeter Zierat eingearbeitet. Die *azulejo*-Tafel rechts des Hauptportals zeigt, wie General Sepúlveda die Bürger Braganças 1809 auffordert, sich von den Franzosen zu befreien.

Eine Straße im alten jüdischen Viertel, die steil zum Fluss abfällt

Die dünn besiedelte Landschaft des Parque Natural de Montesinho

Parque Natural de Montesinho ⓲

Straßenkarte E1. *nach Rio de Onor u. Vinhais.* *Bairro Salvador Nunes Teixeira 5, Bragança (273-38 12 34).*

DAS 700 QUADRATKILOMETER große Naturschutzgebiet zwischen Bragança und der Grenze zu Spanien zählt zu den ursprünglichsten Landschaften Europas und hat den plausiblen Beinamen »Terra Fria« (kaltes Land). Kahle, bis zu 1481 Meter hohe Berge gehen allmählich über in Eichenwälder und Täler mit Weiden und Erlen.

Vinhais am Südrand bietet einen prachtvollen Blick auf den Park. Die Wildnis lockt vor allem Wanderer und Reiter (Mountainbikes und Pferde sind vor Ort zu mieten).

Da die Bevölkerung im Tiefland lebt, ist die Gegend Lebensraum seltener Tierarten wie Wölfe, Wildschweine, Otter, Steinadler und Falken.

Mit Steinhäusern, Holzbalkonen und kopfsteingepflasterten Straßen sind Dörfer wie **França** und **Montesinho** seit dem Mittelalter kaum verändert. Hier überleben alte Praktiken der Kräuterkunde und der Glaube an das Übernatürliche. Die Menschen denken eher regional als national: In **Rio de Onor** verschmolzen Spanisch und Portugiesisch zu dem Dialekt Rionorês.

Bauernstube, Museu da Terra de Miranda

Miranda do Douro ⓳

Straßenkarte E1. *3000.* *Largo do Menino Jesus da Cartolinha (273-43 11 32).* *1. des Monats.*

DER MITTELALTERLICHE Vorposten liegt oberhalb der Schlucht des Douro, die eine Grenze zu Spanien bildet. Dank dieser Schlüsselstellung und der Ernennung zum Bischofssitz 1545 entwickelte sich der Ort zum kulturellen Zentrum von Trás-os-Montes. Die Explosion der Pulverkammer im Siebenjährigen Krieg gegen Frankreich und Spanien tötete 1762 etwa 400 Menschen und zerstörte die Burg. Als auch noch der Bischofssitz nach Bragança verlegt wurde, begann ein wirtschaftlicher Niedergang, den erst unlängst neue Handelsverbindungen mit der Küste und mit Spanien aufhielten.

Die **Kathedrale** mit den beiden Türmen stammt aus dem 16. Jahrhundert. Die Holzschnitzereien des Retabels zeigen unter anderem die Apostel und Maria mit Engeln. Außergewöhnlich ist die hölzerne Jesusfigur im rechten Querhaus: Der Menino Jesus da Cartolinha stellt einen Jungen dar, der der Legende nach während der spanischen Belagerung 1711 erschien, um die demoralisierten Portugiesen zum Sieg zu führen. Gläubige kleideten die Figur im Stil des 17. Jahrhunderts und gaben ihr einen Zylinder *(cartolinha)*.

Das hervorragende **Museu da Terra de Miranda** zeigt archäologische Funde, Trachten, den Nachbau einer Bauernstube und Gerätschaften wie einen Totschläger aus einer Schweineblase.

Museu da Terra de Miranda

Largo Dom João III. *273-43 11 64.* *Di–Sa, So vormittags.* *Feiertage.* *So 10–14 Uhr frei.*

UMGEBUNG: Das Dorf **Duas Igrejas** südwestlich von Miranda ist berühmt für seine *pauliteiros*, Stocktänzer, die bei regionalen Festen und im Ausland auftreten *(siehe S. 227)*. Die Tradition stirbt langsam aus, doch zur Festa de Santa Bárbara (dritter Sonntag im August) ziehen die Tänzer ihre schwarz-weißen Trachten an und tanzen zur Musik von Trommeln und *gaitas de foles* (Dudelsäcken).

Ein markantes Taubenhäuschen bei Montesinho

DIE TAUBENHÄUSCHEN DES MONTESINHO

Tauben dienen nicht nur als Nahrung; ihr Kot ist auch ein guter Dünger. In diesem Teil von Trás-os-Montes sind die traditionellen hufeisenförmigen Taubenhäuschen *(pombais)* weit verbreitet, auch wenn viele leer stehen. In den *pombais* nisten die Vögel in Nischen, sie kommen und gehen durch Öffnungen im Dach. Durch ein kleines Türchen auf der Vorderseite bekommen sie ihr Futter.

Blick auf Mogadouro von den Ruinen der Burg aus dem 13. Jahrhundert

Mogadouro ⓴

Straßenkarte E2. 3000.
Largo de Santo Cristo, Bemposta (279-34 37 56).

AUSSER DEM TURM ist von der Burg, die König Dinis hier erbaute und 1297 den Templern stiftete, kaum etwas übrig. Von der Spitze sieht man hinab auf die kleine Marktstadt, die für ihr Kunsthandwerk aus Leder bekannt ist.

Die **Igreja Matriz** stammt aus dem 16., ihr Turm aus dem 17. und die vergoldeten Altarretabeln aus dem 18. Jahrhundert.

Torre de Moncorvo ㉑

Straßenkarte E2. 3000.
Travessa Dr. Campos Monteiro 21 (279-25 22 89). *8. u. 23. des Monats.*

ZU FRÜHLINGSANFANG bedeckt ein weißer Schleier aus Mandelblüten die Täler um Moncorvo (*amêndoas cobertas*, glasierte Mandeln, sind eine hiesige Osterleckerei). Reizvoll sind auch die mittelalterlichen Gässchen. Der Ortsname geht auf den Adligen Mendo Curvo zurück oder seinen Raben (*corvo*).

Die massive **Igreja Matriz** (16. Jh.), die größte Pfarrkirche in Trás-os-Montes, birgt ein Altarbild aus dem 17. Jahrhundert mit Szenen aus dem Leben Christi.

UMGEBUNG: 1996 verwarf man den Plan für einen Staudamm im Côa-Tal südlich von Moncorvo, um der Welt größte Ansammlung steinzeitlicher Steingravuren unter freiem Himmel zu bewahren. Die 1933 entdeckten, etwa 20 000 Jahre alten Kunstwerke zeigen Stiere, Pferde, Fische und einen nackten Mann, den Homem de Pisco. Vila Nova de Foz Côa, Castelo Melhor und Muxagata bieten nach Voranmeldung mehrmals täglich geführte Touren im **Parque Arqueológico do Vale do Côa** an.

Parque Arqueológico do Vale do Côa

Ave. Gago Coutinho 19a, Vila Nova de Foz Côa. *279-76 82 60.* *nach Vereinbarung.* *Feiertage.*

Der Innenraum der Igreja Matriz in Freixo

Freixo de Espada à Cinta ㉒

Straßenkarte E2. 5000.
Avenida do Emigrante (279-65 33 80). *5. jeden Monat.*

UM DEN Namen dieses Grenzorts ranken sich Legenden. »Esche des umgegürteten Schwerts« mag auf Waffen eines spanischen Adligen zurückgehen, auf einen Westgoten namens Espadacinta oder auf die Geschichte, der zufolge König Dinis bei der Gründung der Stadt im 14. Jahrhundert sein Schwert an einer Esche befestigte.

Die siebeneckige **Torre do Galo** ist ein Relikt der Wehranlagen (14. Jh.). Vor allem zur Mandelblüte ist der Blick von hier überwältigend. Seit kurzem lebt – wie im 18. Jahrhundert – die Seidenraupenzucht wieder auf.

Das Portal (16. Jh.) der **Imago Igreja Matriz** führt in eine Miniaturausgabe von Beléms Mosteiro dos Jerónimos (*siehe S. 106f*). Herausragend unter Grão Vascos (*siehe S. 213*) Altarbildern ist die *Verkündigung Mariens*.

Torre do Galo

Praça Jorge Álvares.
Di–Fr. *Feiertage.*

MINHO

ZWEI IN DER GESCHICHTE PORTUGALS *überaus bedeutende Städte liegen hier, in der »Wiege der Nation«: Guimarães, die erste Hauptstadt, und Braga, das religiöse Zentrum des Landes. Das Leben in der Provinz ist von Tradition geprägt. Es regnet häufig, und so floriert in der grünsten Region Portugals die Landwirtschaft.*

Die Region Minho wird von den beiden Flüssen Douro im Süden und Minho im Norden begrenzt. Wehrhafte Kastelle *(castros)* sind Zeugen der neolithischen Vergangenheit dieser Region. Sie wurden zu *citânias*, befestigten Siedlungen, wie Briteiros ausgebaut, als keltische Völker im 1. Jahrtausend v. Chr. in das Land einwanderten.

Im 2. Jahrhundert v. Chr. wurde das Land von den Römern erobert, die den Weinbau einführten und ein Straßennetz schufen, von dem die römischen Meilensteine im Nationalpark Peneda-Gerês zeugen. Im 4. Jahrhundert erklärten sie das Christentum zur Staatsreligion; Braga wurde zum religiösen Zentrum – was sich bis heute nicht geändert hat. Auf die Römer folgten im 5. Jahrhundert die Sweben, dann die Westgoten und 711 die Mauren, die im 9. Jahrhundert vertrieben wurden. Die Region gewann an Bedeutung, als Afonso Henriques *(siehe S. 42f)* sich im 12. Jahrhundert zum ersten König Portugals ausrufen ließ und Guimarães Hauptstadt wurde.

Die Höfe des Minho mit ihrem fruchtbaren Agrarland sind seit Jahrhunderten in Familienbesitz, und jeder Erbe erhält traditionell einen Teil des Landes. So entstanden Parzellen, die zu klein sind, um davon leben zu können, weshalb viele Bauern auf der Suche nach Arbeit abwandern. Die Wirtschaft des Minho leidet unter hoher Arbeitslosigkeit und konzentriert sich auf mittelgroße Industrien um Braga und Guimarães. Die landwirtschaftlich genutzten Täler bringen unter anderem die typischen Vinhos Verdes (»grünen Weine«) hervor. Obwohl der Tourismus auf dem Vormarsch ist, hat sich der Minho seine ländlichen Traditionen bewahrt: Volksfeste, Straßenmärkte und Ochsenkarren sind Teil des Alltags.

Viehtrieb über eine Brücke unweit des Palácio de Brejoeira, südlich von Monção

◁ Die Wallfahrtskirche Nossa Senhora da Peneda im Parque Nacional da Peneda-Gerês

Überblick: Minho

Im Süden des Minho liegen Braga und Guimarães, die beiden wichtigsten Städte der Region, mit zahlreichen historischen Sehenswürdigkeiten. Von Braga ist es nicht weit nach Bom Jesus do Monte und zu den Ruinen der Citânia de Briteiros, der größten eisenzeitlichen Siedlung Portugals. Auf dem Weg von Braga zur Küste kommt man nach Barcelos, das für seine Keramiken und seinen Wochenmarkt berühmt ist. Viana do Castelo weiter nördlich ist ein idealer Ausgangspunkt für Ausflüge in die Umgebung. Landeinwärts liegt das malerische Marktstädtchen Ponte de Lima, wo man, wie so oft im Minho, in traditionellen Herrenhäusern übernachten kann. Die befestigten Städte am nördlichen Grenzfluss Minho gewähren einen herrlichen Blick ins benachbarte Spanien. Ein Eldorado für Wander- und Naturfreunde ist die urtümliche Gebirgslandschaft des Parque Nacional da Peneda-Gerês im Nordosten des Minho.

Grasendes Fohlen im Parque Nacional da Peneda-Gerês

Siehe auch

- ***Übernachten*** S. 393f
- ***Restaurants*** S. 416f

Manuelinisches Portal der Pfarrkirche von Vila do Conde (16. Jh.)

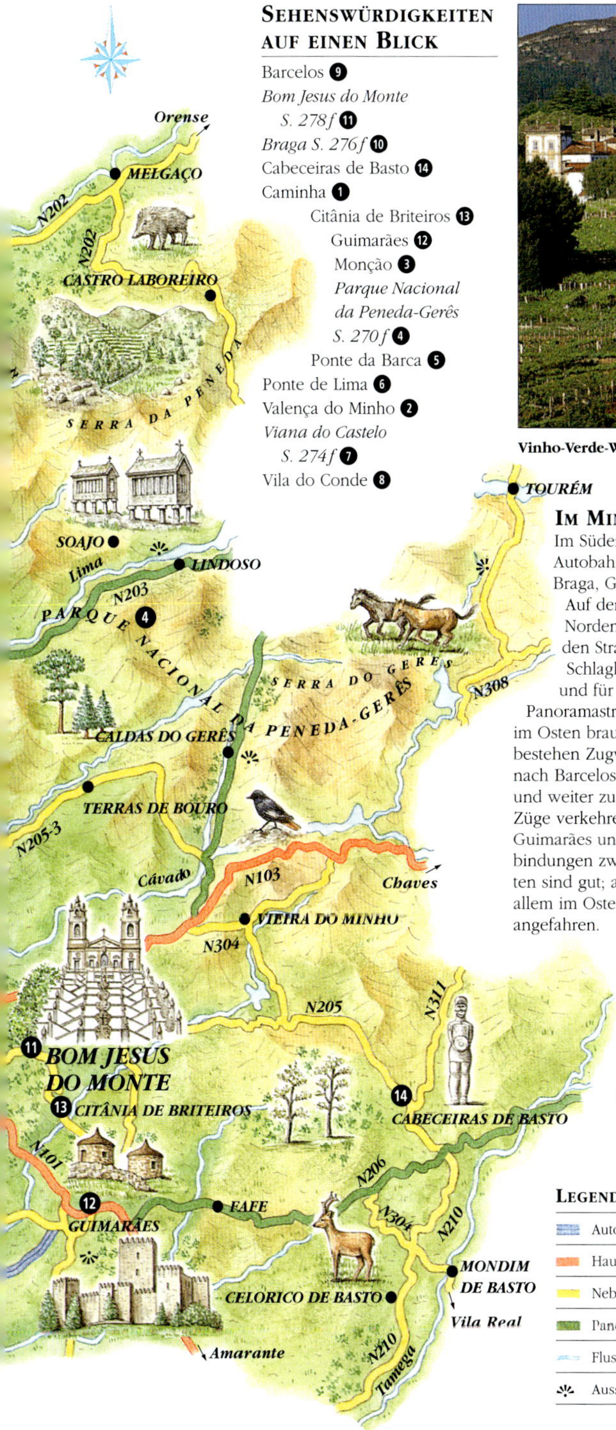

Sehenswürdigkeiten auf einen Blick

Barcelos 9
Bom Jesus do Monte S. 278 f 11
Braga S. 276 f 10
Cabeceiras de Basto 14
Caminha 1
Citânia de Briteiros 13
Guimarães 12
Monção 3
Parque Nacional da Peneda-Gerês S. 270 f 4
Ponte da Barca 5
Ponte de Lima 6
Valença do Minho 2
Viana do Castelo S. 274 f 7
Vila do Conde 8

Vinho-Verde-Weinberge bei Monção

Im Minho unterwegs

Im Süden des Minho führen Autobahnen von Porto nach Braga, Guimarães und Valença. Auf der Küstenstraße nach Norden gibt es oft Staus. Auf den Straßen der Region ist mit Schlaglöchern zu rechnen, und für das Fahren auf den Panoramastraßen durch die Berge im Osten braucht man viel Zeit. Es bestehen Zugverbindungen von Porto nach Barcelos und Viana do Castelo und weiter zur Grenze zu Spanien; Züge verkehren auch von Porto nach Guimarães und Braga. Die Busverbindungen zwischen größeren Städten sind gut; abgelegenere Orte, vor allem im Osten, werden seltener angefahren.

Legende

- Autobahn
- Hauptstraße
- Nebenstraße
- Panoramastraße
- Fluss
- Aussichtspunkt

Gut besuchte Straßencafés auf der Praça do Conselheiro Silva Torres mitten in Caminha

Caminha ❶

Straßenkarte C1. 2000. Rua Ricardo Joaquim de Sousa (258-92 19 52). Mi.

DER BLICK von dem Städtchen gen Spanien ist grandios. Caminha, wegen seiner Lage am Minho in keltischer und römischer Zeit besetzt, wurde zum wichtigen Hafen, bis ihm Viana do Castelo im 16. Jahrhundert den Rang ablief. Vom heute bescheidenen Hafen verkehren täglich Fähren nach A Guarda in Spanien.

Die **Torre do Relógio**, ein Uhrturm (15. Jh.) am zentralen Platz ist Relikt der Verteidigungsmauer. Das **Rathaus** (17. Jh.) hat einen reizenden Laubengang. Überqueren Sie den Platz, vorbei am Renaissancebrunnen, und bestaunen Sie die sieben manuelinischen Fenster am **Solar das Pilas** (15. Jh.).

Die Rua Ricardo Joaquim de Sousa führt zur gotischen **Igreja Matriz**. Ein Glanzlicht des Ende des 15. Jahrhunderts begonnenen Bauwerks ist die prachtvolle Holzdecke im Mudéjarstil. Die Steinmetzarbeiten an den Seitenportalen zeigen die Apostel, die Jungfrau Maria und einige Figuren in kuriosen Posen, wie einen Mann, der sein Hinterteil in Richtung Spanien entblößt.

UMGEBUNG: Foz do Minho, die Mündung des Minho, liegt fünf Kilometer südwestlich von Caminha. Fischer führen Besuchergruppen (nach Reservierung) zur verfallenen Inselfestung **Forte da Ínsua**.

Die Burg (16. Jh.) des kleinen **Vila Nova de Cerveira**, zwölf Kilometer nordöstlich von Caminha, ist heute die Pousada Dom Dinis *(siehe S. 394)*. Die Ruhe dort lädt ein zu einem Spaziergang durch die von Herrenhäusern aus dem 17./18. Jahrhundert gesäumten Gassen oder am Fluss entlang, wo eine Autofähre ins spanische Goián ablegt.

Valença do Minho ❷

Straßenkarte C1. 3000. Avenida de Espanha (251-82 33 29). Mi u. 2. So im Monat.

VALENÇA LIEGT MARKANT auf einer Anhöhe oberhalb des Minho. Die Altstadt des reizenden Grenzstädtchens umschließt zwei Forts mit sternförmigem Grundriss, die ein Wall verbindet. Unter Sancho I (1185–1211) hieß die Stadt wegen ihrer Lage direkt gegenüber dem spanischen Tuy »Contrasta«.

Die Forts entstanden im Lauf des 17./18. Jahrhunderts nach den Prinzipien des französischen Militärarchitekten Vauban. Von den Wällen hat man einen prächtigen Blick über den Minho nach Galicien. Obwohl die Stadt 1807 kurzzeitig in die Hand Napoléons fiel, widerstanden die wuchtigen Bastionen 1809 weiteren Granaten und Angriffen.

Mit Leinen, Korbwaren, Keramik und Kunsthandwerk locken die Läden der Altstadt Tausende spanischer Tagesausflügler über die Brücke. Die Neustadt liegt südlich der Verteidigungswälle.

Sehenswert an der **Casa do Eirado** (1448) an der Praça de São Teotónio sind das zinnenbewehrte Dach und das spätgotische Fenster mit einer Signatur des Erbauers. Symmetrische Fenster und schmiedeeiserne Balkone zieren die **Casa do Poço** (18. Jh.).

Ruhige, sonnendurchflutete Ecke der Altstadt von Valença do Minho

UMGEBUNG: Den **Convento de Ganfei**, fünf Kilometer östlich von Valença an der N101, baute ein normannischer Priester im 11. Jahrhundert um. Reizvoll sind romanische Stilelemente wie Tier- und Pflanzenornamente sowie Spuren mittelalterlicher Fresken. Den Schlüssel zur Kapelle erhält man im Haus gegenüber.

Wälle und Mauern umgeben das Städtchen Valença do Minho

Monção ❸

Straßenkarte C1. 25 000.
Casa do Corro (251-65 27 57).
Do.

DAS ENTLEGENE, stimmungsvolle Monção war früher einer der befestigten Grenzposten in der Verteidigungskette entlang dem Minho. Kastanien, Blumenbeete und Mosaikwege zieren die beiden größten, von alten Häusern gesäumten Plätze des Städtchens.

Die **Igreja Matriz** aus dem 13. Jahrhundert in der Rua João de Pinho rühmt sich eines schönen romanischen Portals mit skulptierten Akanthusblättern. Im Querhaus befindet sich der 1679 aufgestellte Kenotaph der tapferen Deu-la-Deu Martins. Im Osten der Stadt führt eine Straße zu Thermalquellen, die bei Rheumatismus empfohlen werden.

Während der Festa da Coca an Fronleichnam bezwingt der hl. Georg in einem komischen Ritual jährlich aufs Neue den Drachen *(coca)*.

UMGEBUNG: In Monçãos Umland gedeiht hervorragender Vinho Verde *(siehe S. 29)*; eines der bekanntesten Weingüter ist der in Privatbesitz befindliche, neoklassizistische **Palácio de Brejoeira**, fünf Kilometer südlich der Stadt.

Etwa fünf Kilometer südöstlich von Monção liegt das romanische Kloster **São João de Longos Vales** (12. Jh.). Kapitelle und Apsis weisen fantastische skulptierte Figuren, unter anderem Schlangen und Affen, auf. Besichtigungen organisiert das Fremdenverkehrsbüro in Monção.

Brücke über den Lima in Ponte da Barca mit der Stadt im Hintergrund

Melgaço, 24 Kilometer östlich von Monção, stellt einen Zugang zum Parque Nacional da Peneda-Gerês dar.

Parque Nacional da Peneda-Gerês ❹

Siehe S. 270 f.

Ponte da Barca ❺

Straßenkarte C1. 2000.
Largo da Misericórdia 11 (258-45 28 99). jeden zweiten Mi.

IHREN NAMEN BEKAM die Stadt im 15. Jahrhundert, als die Brücke über den Lima den Fährkahn ablöste (*ponte* heißt »Brücke« und *barca* »Kahn«). Bei einem Spaziergang durch den beschaulichen Stadtkern passiert man den mit einer Pyramide und Armillarsphäre gekrönten Pranger sowie anmutige Arkaden und elegante Herrenhäuser (16. und 17. Jh.). Der Jardim dos Poetas und die Parks am Fluss bieten sich für ein Picknick an, der riesige Markt entlang dem Lima lädt zum Bummeln ein.

Das Tympanon der Pfarrkirche von Bravães

UMGEBUNG: Einige der wohl schönsten romanischen Schnitzereien Portugals zieren die Kirche (13. Jh.) von **Bravães**, vier Kilometer westlich von Ponte da Barca. Tierfiguren schmücken die Säulen und Bogenläufe des Portals; im Tympanon thront der Weltenherrscher zwischen Engeln.

Die Stadt **Arcos de Valdevez**, fünf Kilometer nördlich von Ponte da Barca, schmiegt sich ans Ufer des Vez und ist vom Nationalpark Peneda-Gerês aus gut zu erreichen.

Die beeindruckende Kirche **Nossa Senhora da Lapa** baute André Soares da Silva 1767. Der Grundriss dieses barocken Prachtstücks ist elliptisch, der Innenraum jedoch achteckig.

Das Fremdenverkehrsbüro informiert über den Rundweg von **São Miguel**, elf Kilometer östlich von Ponte da Barca, zu verschiedenen Aussichtspunkten und kleinen Dörfern.

DEU-LA-DEU MARTINS

Nachdem die Spanier 1368 Monção bei einer Belagerung schier ausgehungert hatten, buk Deu-la-Deu Martins mit dem letzten Mehl der Stadt Brötchen, die sie über die Stadtmauer den Okkupanten zuwarf mit der Bemerkung, das Brot würde ihnen so schnell nicht ausgehen. Daraufhin hielten die Spanier eine weitere Belagerung für Zeitverschwendung und zogen ab. Zum Dank für ihren Mut ziert Deu-la-Deu (der Name heißt »Gott hat sie gegeben«) heute das Stadtwappen mit einem Laib Brot in jeder ihrer beiden Hände. Früher gab es ihr zu Ehren noch *pãezinhos* (Brötchen) *de Deu-la-Deu*, doch diese Tradition wird nicht mehr gepflegt.

Die Deu-la-Deu Martins auf dem Stadtwappen von Monção

Vinho-Verde-Weinberge bei Monção ▷

Parque Nacional da Peneda-Gerês ❹

In der Serra da Peneda

DER 700 QUADRATKILOMETER große Nationalpark Peneda-Gerês, eine der größten Natursehenswürdigkeiten Portugals, erstreckt sich von der Serra do Gerês im Süden zur Serra da Peneda und der Grenze zu Spanien im Norden. Kahle Gipfel gehören genauso zur imposanten Szenerie des 1971 geschaffenen Parks wie Täler mit Eichen-, Kiefern- und Eibenwäldern. Wolf und Steinadler sind seltene Vertreter einer vielgestaltigen Fauna.

Lamas de Mouro am nördlichen Parkeingang dient als Informationszentrum und bietet Übernachtungsmöglichkeiten.

Castro Laboreiro ist bekannt für die gleichnamigen Hirtenhunde. Im Dorf sind die Überreste einer mittelalterlichen Burg zu sehen.

Das Castelo Lindoso im Grenzort Lindoso ist eine prächtige Burg (13. Jh.), die heute eine Kunstgalerie beherbergt.

★ Nossa Senhora da Peneda
Die von wuchtigen Felsen umgebene Wallfahrtskirche ist Bom Jesus do Monte nachempfunden (siehe S. 278f). *Anfang September finden sich hier zahlreiche Pilger ein.*

Soajo
Das traditionsreiche, inmitten von sanften Hügeln gelegene Dorf Soajo ist bekannt für seine espigueiros. *Mitte August findet hier ein Dorffest statt.*

Vilarinho das Furnas
Der in eine Felslandschaft eingebettete See Vilarinho das Furnas entstand durch die Aufstauung des Flusses Homem und lädt zum Schwimmen wie zum Wandern entlang seinen Ufern ein.

Caldas do Gerês, seit römischer Zeit Thermalbad, dient heute als Informationszentrum und Ausgangspunkt für Ausflüge im Herzen des Parks.

Pitões das Júnias
Die malerische Ruine dieses Klosters aus dem Jahr 1147 steht etwa drei Kilometer südlich der Straße, die in das Dorf Pitões das Júnias führt.

INFOBOX

Straßenkarte C1. *von Braga nach Caldas do Gerês; von Arcos de Valdevez nach Soajo u. Lindoso; von Melgaço nach Castro Laboreiro u. Lamas de Mouro.*
Caldas do Gerês: an der Hauptstraße (253-39 01 10); Lamas do Mouro: am Campingplatz; Arcos de Valdevez: Rua Padre Manuel Himalaia (258-51 53 38). Informationen über Camping, Wandern u. Ponyreiten an diesen Stellen und in Montalegre (siehe S. 256).
Castelo Lindoso *Di–So.* *Feiertage.*

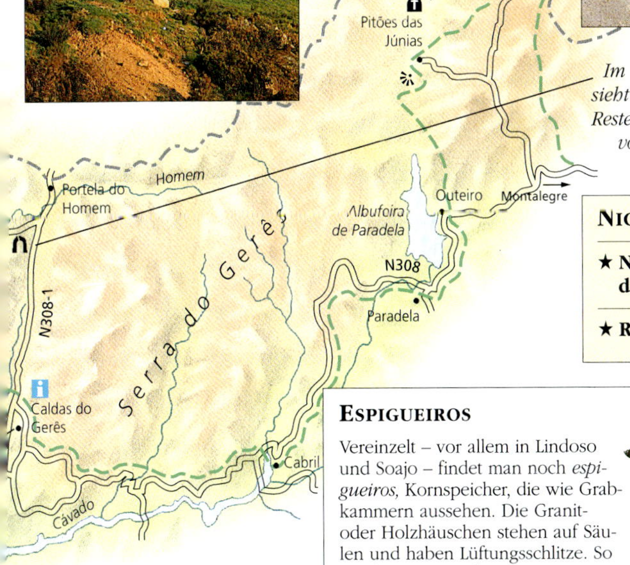

Inverneiras in Sedra
In einigen Dörfern ist es noch üblich, im Sommer diese soliden Winterhäuser zu verlassen und in steinerne Hütten (brandas) *in den Bergen zu ziehen.*

★ Römerstraße
Im Tal des Flusses Homem sieht man stellenweise noch Reste der alten Römerstraße von Braga nach Astorga in Spanien.

NICHT VERSÄUMEN

★ Nossa Senhora da Peneda

★ Römerstraße

ESPIGUEIROS

Vereinzelt – vor allem in Lindoso und Soajo – findet man noch *espigueiros,* Kornspeicher, die wie Grabkammern aussehen. Die Granit- oder Holzhäuschen stehen auf Säulen und haben Lüftungsschlitze. So werden Korn und Mais – unzugänglich für Hühner und Nagetiere – mit dem richtigen Feuchtigkeitsgrad aufbewahrt. Das Aussehen der *espigueiros* mit Zierkreuzen oder -pyramiden auf dem Dach hat sich seit dem 18./19. Jahrhundert kaum verändert.

Granit-*espigueiro*, Lindoso

LEGENDE

- Straße
- Fernwanderweg
- Landesgrenze
- Information
- Aussichtspunkt

Ponte de Lima 6

Straßenkarte C1. 3200. *Praça da República (258-94 23 35). jeden zweiten Mo.*

DER NAME des attraktiven Städtchens geht zurück auf eine Brücke über den Lima. Im Mittelalter spielte der Ort eine Schlüsselrolle bei der Verteidigung des Minho gegen die Mauren.

Nur fünf der ursprünglichen Steinbogen der **Römerbrücke** sind erhalten; die restlichen wurden im 14. und 15. Jahrhundert neu gebaut oder restauriert. Die Kirche Santo António (15. Jh.) beherbergt das **Museu Rural** mit alten Ackergeräten und authentischen Küchen.

Die Reste der mittelalterlichen Befestigungsanlagen umfassen den früheren Gefängnisturm und den **Palácio dos Marqueses de Ponte de Lima** (15. Jh.), in dem heute das Rathaus untergebracht wird.

Der Markt auf der Sandbank am linken Flussufer geht auf das Jahr 1125 zurück. Mitte September feiert man die Feiras Novas, eine gelungene Mischung aus religiöser Feier und Folkloremarkt.

Steinerner Musikant, Museu dos Terceiros

Museu Rural

Largo da Arnado. *258-90 04 14. Di–So, 14–18 Uhr. Feiertage.*

Viana do Castelo 7

Siehe S. 274 f.

Das ehemalige Dormitorium des Mosteiro de Santa Clara, Vila do Conde

Vila do Conde 8

Straßenkarte C2. *21 000. Rua 25 de Abril 103 (252-24 84 00/73). Fr.*

ZUR ZEIT der Entdeckungen *(siehe S. 46 f)* war Vila do Conde ein Zentrum des Schiffsbaus.

Sehenswert im historischen Kern des ruhigen Fischereihafens ist das 1318 gegründete **Mosteiro de Santa Clara** am Fluss. Das Dormitorium (18. Jh.) dient nun als Erziehungsheim für Teenager; Kirche und Kreuzgang können besichtigt werden.

Die gotische Kirche mit Anbauten aus der Renaissance birgt die Sarkophage von Afonso Sanches, dem Sohn König Dinis' und Gründer des Karmeliterinnenklosters, sowie seiner Frau Teresa Martins. Neben dem Mosteiro de Santa Clara stehen Teile des fünf Kilometer langen **Aquädukts** (1705–14) mit 999 Bogen.

Mittelpunkt des historischen Zentrums ist die Praça Vasco da Gama mit einem ungewöhnlichen Pranger in Form eines Arms mit einem warnend erhobenen Schwert. An den Platz grenzt die **Igreja Matriz** (16. Jh.), deren kunstvoller manuelinischer Portikus João de Castilho zugeschrieben wird.

Vila do Conde ist traditionelles Zentrum der Spitzenklöppelei *(rendas de bilros* sind geklöppelte Spitzen). Die **Escola de Rendas** erklärt und verkauft die Kunstwerke. Im selben Gebäude ist auch das Museu de Rendas untergebracht.

Mosteiro de Santa Clara

Largo Dom Afonso Sanches. *252-63 10 16. Mo–Fr. Feiertage.*

Escola de Rendas

Rua de São Bento 70. *252-24 84 70. Mitte Juni–Sep tägl.; Okt–Mitte Juni Mo–Fr. Feiertage.*

UMGEBUNG: Póvoa de Varzim, drei Kilometer nördlich von Vila do Conde, ist ein Seebad mit Sandstränden und regem Nachtleben.

Sehenswert ist die Kirche **São Pedro de Rates** (13. Jh.) in Rates, zehn Kilometer nordöstlich, wegen des Portals mit prächtigen Kapitellen und der Fensterrosette. Ihr Pendant, **São Cristóvão de Rio Mau** im nahe gelegenen Rio Mau, wurde 1151 fertig gestellt. Über dem Portal wacht ein Bischof, vermutlich der heilige Augustinus.

Die Römerbrücke zur Kirche Santo António in Ponte de Lima

Die Legende vom Hahn von Barcelos

Als ein galicischer Pilger von Barcelos nach Santiago de Compostela reisen wollte, wurde er wegen eines vermeintlichen Silberdiebstahls zum Tode verurteilt. Als letzte Gnade erbat der Gefangene, den Richter sprechen zu dürfen, der gerade einen gebratenen Hahn essen wollte. Der Galicier sagte, als Beweis seiner Unschuld würde der Hahn vom Teller aufstehen und krähen.

Der Richter schob sein Mahl beiseite und ignorierte das Gesuch. Doch als der Gefangene gehängt wurde, stand der Hahn auf und krähte. Der Richter erkannte seinen Fehler und eilte zum Galgen – der Pilger hatte dank eines losen Knotens überlebt. Der Legende nach kehrte der Galicier später zurück, um den Cruzeiro do Senhor do Galo zu meißeln (nun in Barcelos' Museu Arqueológico).

Traditioneller Hahn aus Barcelos

Sichelwunder des hl. Benedikt auf *azulejos*, Nossa Senhora do Terço

Barcelos 9

Straßenkarte C1. *10 000.* *Torre da Porta Nova (253-81 18 82).* *Do.*

Das reizende Barcelos ist Schauplatz des größten Kunsthandwerksmarkts des Landes und »Geburtsort« jenes Hahns, der Portugals Nationalsymbol wurde. Aus der römischen Siedlung entstand ein florierendes Agrarzentrum, dem im 15. Jahrhundert als Sitz des ersten Herzogs von Bragança auch politische Bedeutung zukam. Größte Attraktion ist die Feira de Barcelos, ein riesiger Wochenmarkt auf dem Campo da República, der alles bietet von Tieren bis zu Bekleidung; Freunde von Töpferwaren finden ein breites Angebot, darunter heidnische Figurinen – und den Hahn.

Das schlichte Äußere der Kirche **Nossa Senhora do Terço** (18. Jh.), Teil des ehemaligen Benediktinerklosters im Norden des Platzes, bildet einen starken Kontrast zum reich verzierten Innenraum mit *azulejo*-Darstellungen aus dem Leben des heiligen Benedikt.

Die von einer Kuppel gekrönte **Igreja do Senhor da Cruz** im Südwesten des Platzes entstand um 1705 an der Stelle, an der der Schuster João Pires 200 Jahre zuvor die wunderbare Vision von einem in den Boden gestoßenen Kreuz hatte. Die Festa das Cruzes Anfang Mai, das spektakulärste Ereignis der Stadt, gedenkt dieser Vision: Ein Blumenmeer begleitet eine Prozession zur Kirche; auch prächtige regionale Trachten, Tänze und Feuerwerke dürfen dabei nicht fehlen.

Die weiteren historischen Sehenswürdigkeiten gruppieren sich neben der Granitbrücke (15. Jh.), die den Cávado überquert: Der **Solar dos Pinheiros** in der Rua Duques de Bragança ist ein gotisches Herrenhaus in Privatbesitz, das von 1448 stammt. Am südlichen Turm prangt Barbadão, »der Bärtige«, die Skulptur eines Juden, der an seinem Bart zupft: Er war so erbost, dass seine Tochter einem Heiden (König João I) ein Kind gebar, dass er schwor, sich nie wieder zu rasieren.

Vor dem 1755 von einem Erdbeben zerstörten Paço dos Condes (Grafenpalast) ragt ein gotischer Pranger empor. Die Ruine bildet den Rahmen für das **Museu Arqueológico**, das unter freiem Himmel Steinkreuze, Wappen und Sarkophage ausstellt. Sein berühmtestes Exponat ist der Cruzeiro do Senhor do Galo, ein Kreuz, auf dem die Legende vom Hahn von Barcelos dargestellt ist. Neben dem Palast weist die romanische **Igreja Matriz** (13. Jh.) auch gotische Einflüsse auf. Im Inneren sind *azulejos* aus dem 18. Jahrhundert und die Fensterrosette sehenswert. Das nahe gelegene **Museu de Olaria** ist der Geschichte der regionalen Keramik gewidmet.

Museu Arqueológico
Paços dos Condes. *253-82 12 52.* *tägl.* *Feiertage.*

Museu de Olaria
Rua Cónego J. Gaiolas. *253-82 47 41.* *Di–So.* *1. Jan, Ostern, 15. Aug, 1. Nov, 25., 26. Dez.*

Blick vom Pranger aus dem 16. Jahrhundert auf den Fluss Cávado in Barcelos

Im Detail: Viana do Castelo ❼

DIE FISCHEREI BESCHERTE der im 13. Jahrhundert an der Mündung des Lima gegründeten Stadt Viana do Castelo im 15. Jahrhundert eine Blütezeit; sie stellte auch Schiffe und Seeleute für die Entdeckungsfahrten des 16. Jahrhunderts *(siehe S. 48f)*. Hier begannen João Velhos Erkundung des Kongo und João Álvares Fagundes' Erschließung der Fischgründe Neufundlands. Der Handel mit Europa und Brasilien ließ prunkvolle Herrenhäuser im Stil der Manuelinik, der Renaissance und des Barock entstehen. Ein Vorzug der verschlungenen Straßen und heimeligen Plätze des Stadtkerns ist, dass sie problemlos zu Fuß besichtigt werden können.

Igreja da Misericórdia
Herrliche Karyatiden tragen die Loggien dieses einzigartigen Renaissancebaus aus dem Jahr 1598.

★ Praça da República
Karavelle, Armillarsphäre und das Wappen Manuels I prangen über den gotischen Bogen des restaurierten Rathauses am Stadtplatz.

Der Brunnen von João Lopes dem Älteren aus dem Jahr 1553 ist Blickfang dieses Platzes.

Die Casa dos Lunas war früher Wohnsitz der Familie Luna.

Busbahnhof und Bahnstation

Der Palacete Sá Sotto Mayor stammt aus der Renaissance.

Museu Municipal, Nossa Senhora da Agonia

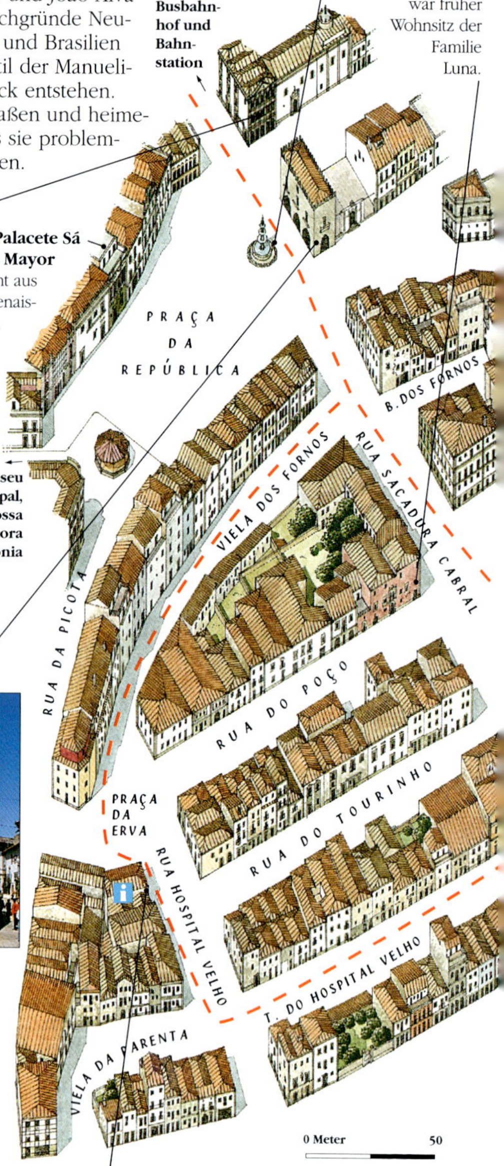

Das Hospital Velho, früher Pilgerhospiz, ist heute das Fremdenverkehrsbüro des Alto Minho.

NICHT VERSÄUMEN

- ★ **Igreja Matritz**
- ★ **Praça da República**

LEGENDE

– – – Routenempfehlung

INFOBOX

Straßenkarte C1.
25 000.
Largo da Estação.
Avenida Capitão Gaspar de Castro. *Praça da Erva (258-82 26 20).* *Fr.*
2. So im Mai: Festa das Rosas; Mitte Aug: Romaria de Nossa Senhora da Agonia.

Alltag am Brunnen auf der Praça da República von Viana do Castelo

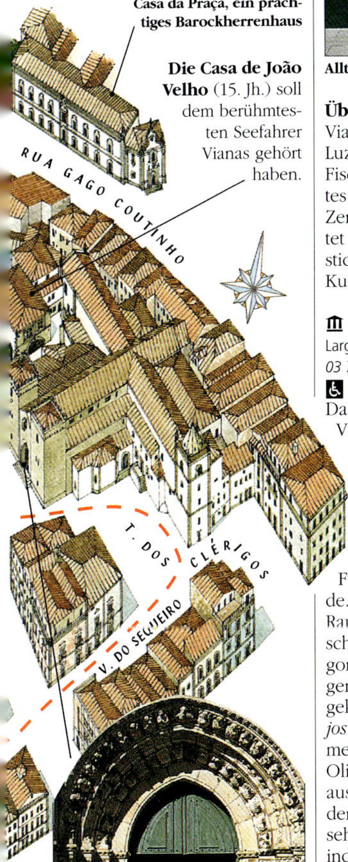

Casa da Praça, ein prächtiges Barockherrenhaus

Die Casa de João Velho (15. Jh.) soll dem berühmtesten Seefahrer Vianas gehört haben.

★ **Igreja Matriz**
Der Bogen des Westportals der festungsartigen Kirche aus dem 15. Jahrhundert wird von gotischen Apostelreliefs gestützt.

Überblick: Viana do Castelo
Viana am Monte de Santa Luzia ist ein betriebsamer Fischereihafen und ein beliebtes Urlaubsziel. Das kulturelle Zentrum des Minho veranstaltet farbenfrohe Feste und besticht durch sein tradtionelles Kunsthandwerk.

Museu Municipal

Largo de São Domingos. *258-82 03 77.* *Di–So.* *Feiertage.* *nur neuer Flügel.*

Das Museu Municipal von Viana ist im Palacete dos Barbosas Maciéis (18. Jh.) untergebracht und zeigt seltene Keramiken, Möbel, archäologische Funde und Gemälde. Die Wände eines Raums im Obergeschoss sind mit allegorischen Darstellungen der Kontinente gekachelt; die *azulejos* der Kapelle stammen von Policarpo de Oliveira Bernardes aus dem 18. Jahrhundert *(siehe S. 22)*. Zu sehen sind auch ein indo-portugiesisches Schränkchen aus dem 17. Jahrhundert mit Elfenbeinintarsien sowie herrlich bemalte Fayencen aus Porto.

Keramik, (frühes 19. Jh.), Museu Municipal

Nossa Senhora da Agonia

Campo de Nossa Senhora da Agonia. *258-82 40 67.* *tägl.*

Fassade und Altar dieser Mitte des 18. Jahrhunderts entstandenen Wallfahrtskirche im Nordwesten des Zentrums wurden von André Soares da Silva entworfen. Sie birgt die Statue von Unserer Lieben Frau des Leidens *(agonia)*. Menschenmassen kommen zur alljährlichen Romaria de Nossa Senhora da Agonia, einem dreitägigen Fest im August *(siehe S. 227)*, bei dem die Statue im Rahmen großer Feierlichkeiten in einer Prozession durch die Straßen getragen wird.

UMGEBUNG: Die kurvenreiche Fahrt auf den **Monte de Santa Luzia**, fünf Kilometer nördlich der Stadt, wird mit einem prächtigen Panorama belohnt (vom Bahnhof fährt an Winterwochenenden auch eine Standseilbahn). Die 1926 fertig gestellte, Sacré-Cœur in Paris nachempfundene Wallfahrtsbasilika ist kein ästhetischer Glanzpunkt. Von der Kuppel eröffnet sich jedoch ein fabelhafter Rundblick. Darüber hinaus bieten sich eine Waldwanderung an oder ein Besuch der Pousada de Santa Luzia *(siehe S. 394)*. Von der *pousada* ist es nicht weit zu den Resten einer keltiberischen Siedlung *(citânia)* auf der Hügelkuppe.

Die herrliche **Praia do Cabedelo** südlich der Stadt erreicht man von der Straße aus über eine Brücke oder nach einer fünf Minuten langen Fahrt mit der Fähre von der Anlegestelle am Fluss (Avenida dos Combatentes da Grande Guerra). Weiter nördlich liegt der beliebte Badeort **Vila Praia de Âncora**.

Braga ⑩

Nossa Senhora do Leite, das Symbol Bragas

Im Zentrum Bragas sind vor allem die Kirchen, die Häuser aus dem 18. Jahrhundert und die Gärten der Innenstadt interessant.

Die von den Römern Bracara Augusta genannte Stadt ist seit langem ein religiöses und wirtschaftliches Zentrum. Im 12. Jahrhundert wurde Braga Sitz des portugiesischen Erzbischofs. Im 19. Jahrhundert verlor die Stadt etwas an Bedeutung, ist jedoch nach wie vor Hochburg des Glaubens und wichtigste Stadt des Minho.

Kein Wunder, dass einige der farbenprächtigsten religiösen Feste Portugals in Braga stattfinden. Die Semana Santa (Karwoche) zelebriert man aufwändig mit feierlichen Prozessionen, und São João wird im Juli mit Tanz, Volksfest und Feuerwerk gefeiert.

Überblick: Braga
Der übersichtliche historische Kern beginnt an der **Praça da República**, die der **Bergfried** aus dem 14. Jahrhundert, der einzige Überrest der alten Befestigungsanlagen, überragt. Ganz in der Nähe liegt die Rua do Souto, eine Fußgängerzone mit eleganten Läden und Cafés wie dem im Stil des 19. Jahrhunderts eingerichteten **Café Brasileira**. Am Ende der Straße gelangt man zur imposanten **Kathedrale**. Weitere sehenswerte Kirchen sind die kleine **Capela dos Coimbras** aus dem 16. Jahrhundert und die Barockkirche **Santa Cruz**. Viele der schönsten Herrenhäuser wie der **Palácio do Raio** und die **Câmara Municipal** (Rathaus), die beide dem Architekten André Soares da Silva zugeschrieben werden, stammen auch aus dem Barock.

Die blau gekachelte Fassade des Palácio do Raio, auch Casa do Mexicano genannt

⛪ Kathedrale
Rossio da Sé. ◯ *tägl.*
Museu de Arte Sacra ☎ *253-26 33 17.* ◯ *Di–So.*
Im 11. Jahrhundert begann Heinrich von Burgund mit dem Bau der Kathedrale an der Stelle einer im 6. Jahrhundert zerstörten Kirche. Seither erlebte die Kathedrale viele Veränderungen, darunter den Anbau einer Vorhalle Ende des 15. Jahrhunderts. Heute ist sie ein Spiegel verschiedener Baustile von der Romanik zum Barock. Von besonderem Interesse ist die Kapelle zur Rechten des Westportals mit dem kunstvollen, im 15. Jahrhundert geschaffenen Grabmal Afonsos, des ältesten Sohns von König João I *(siehe S. 46f)*, der schon als Kind starb. Sehenswert sind auch das prächtig geschnitzte Chorgestühl sowie das vergoldete und verzierte Orgelgehäuse.

Die Westfassade der Kathedrale mit ihrer Vorhalle (15. Jh.)

Die Kathedrale birgt auch eine Schatzkammer und das **Museu de Arte Sacra** mit einer reichen Sammlung sakraler Schätze, Statuen, Holzschnitzereien und *azulejos*.

Mehrere Kapellen säumen Hof und Kreuzgang. In der Capela dos Reis befinden sich die Grabmäler des Kirchengründers Heinrich von Burgund und seiner Frau Teresa sowie das Grab von Erzbischof Lourenço Vicente (14. Jh.). Von der Rua de São João aus erblickt man unter einem Baldachin die Statue von Nossa Senhora do Leite (Unsere Liebe Frau von der Milch), das Symbol der Stadt Braga.

🏛 Antigo Paço Episcopal
Praça Municipal. ☎ *253-60 11 35.*
Bibliothek ◯ *Mo–Fr.*
Die drei Gebäudeteile des ehemaligen erzbischöflichen Palastes stammen aus dem 14., 17. und 18. Jahrhundert;

Der Jardim de Santa Bárbara grenzt an den Antigo Paço Episcopal

das Innere fiel im 18. Jahrhundert einem Großbrand zum Opfer. Heute dient der Palast als Archiv und Bibliothek. Nebenan betritt man den Jardim de Santa Bárbara.

Palácio dos Biscainhos

Rua dos Biscainhos. ☎ *253-20 46 50.*
◯ *Di–So.* ● *1. Jan, Ostern, 1. Mai, 24. Juni, 25. Dez.*

Beachtenswert an dem mehrfach umgebauten Palácio dos Biscainhos (16. Jh.) westlich des Stadtzentrums sind die terrassierten Gärten und grandiosen Salons mit üppigen Stuckdecken. Er beherbergt das Museu Etnográfico e Artístico (ein volkskundliches Museum) mit einheimischen und ausländischen Möbeln. Außergewöhnlich ist das gerippte Pflaster im Erdgeschoss, auf dem Kutschen in das Gebäude fahren, Gäste absetzen und zu den Stallungen weiterfahren konnten.

Umgebung: Die schlichte, aber reizvolle Kapelle **São Frutuoso de Montélios**, drei Kilometer nordwestlich von Braga, entstand ungefähr im 7. Jahrhundert, wurde von den Mauren zerstört und im 11. Jahrhundert restauriert. Sie ist eines der seltenen Beispiele vorromanischer Architektur in Portugal.

In der alten Remise des Palácio dos Biscainhos

Infobox

Straßenkarte C1. *160 000.*
Largo da Estacão. *Praça da Galizia.* *Avenida da Liberade 1 (253-26 25 50).* *Di.*
Semana Santa (Karwoche); 23./24.Juni: Festa de São João.

An der Straße nach Barcelos liegt das ehemalige **Mosteiro de Tibães** (11. Jh.). Der Komplex mit Gärten und Kreuzgang wurde im 19. Jahrhundert wieder aufgebaut.

In Falperra, sechs Kilometer südöstlich von Braga, steht die Kirche **Santa Maria Madalena**. Die berühmte Fassade des 1750 von André Soares da Silva entworfenen Baus gilt als Höhepunkt des Rokoko in Portugal.

Die Heiligenstätte **Sameiro** in der Umgebung von Braga wird in Portugal als Pilgerziel nur von Fátima *(siehe S. 184)* übertroffen.

São Frutuoso de Montélios

Avenida de São Frutuoso. *253-26 25 50.* ◯ *tägl. 10–17.30 Uhr.* ● *Feiertage.*

Mosteiro de Tibães

Lugar de Tibães. ☎ *253-62 26 70.* ◯ *Di–So.* *Museum.*

Bom Jesus do Monte ⓫

Brunnen an der Treppe der drei Tugenden

Auf einem Hügel östlich von Braga thront, umgeben von Wäldern, die spektakulärste Wallfahrtskirche Portugals. 1722 entwarf der Erzbischof von Braga die gigantische barocke *escadaria* (Treppenanlage) als Aufgang zu einer bereits bestehenden Kapelle. Carlos Amarante vollendete Treppen und Kirche 1811. Die 14 Kapellen des steilen Kreuzwegs im unteren Teil folgen dem Leidensweg Christi bis zur Kreuzigung. Der Escadório dos Cinco Sentidos im mittleren Abschnitt versinnbildlicht die fünf Sinne anhand biblischer, mythologischer und symbolischer Figuren sowie mehrerer Wandbrunnen. Allegorisch ist auch die anschließende Treppe der drei Tugenden.

Das Panorama von der Gipfelterrasse vor der Kirche ist überwältigend. In der Nähe befinden sich Hotels und ein Café, ein versteckter See lädt zum Bootfahren ein. An Wochenenden ist mit gewaltigem Andrang von Pilgern und Besuchern zu rechnen.

★ Treppenanlage
Die Granittreppe hebt sich von den weißen Wänden ab. Die Stufen symbolisieren einen geistlichen Aufstieg.

Eingangsportikus
Am Eingang zur riesigen Treppe steht ein Portikus mit dem Wappen von Erzbischof Rodrigo de Moura Teles, der das Werk in Auftrag gab.

★ Standseilbahn
Die hydraulisch betriebene Seilbahn (elevador) *aus dem Jahr 1882 bewältigt den Weg zur Terrasse vor der Kirche in drei Minuten.*

Das Hotel do Elevador *(siehe S. 393)* steht an der Bergstation der Seilbahn.

Hotel do Parque

Pelikanbrunnen

INFOBOX

Straßenkarte C1. 5 km Ö von Braga. *253-67 66 36.* *Seilbahn zum Gipfel.* *tägl.* *tägl.*

Die Kirche entstand an der Stelle einer Kapelle aus dem 15. Jahrhundert. Die acht Statuen am Vorplatz zeigen Personen, die Christus verurteilten, wie Herodes und Pilatus.

Kapelle der Kreuzabnahme
In jeder Kapelle stellen lebensgroße Terrakottafiguren eine Szene aus der Passion Christi dar.

Auf der Treppe der fünf Sinne symbolisieren fünf Brunnen die Sinne Sehen, Hören, Schmecken, Riechen und Tasten.

Statuen, Symbole und Inschriften beschäftigen sich mit den Sinnen.

Treppe der drei Tugenden
Der letzte Treppenabschnitt steht für das Wachsen von Glaube, Hoffnung und Liebe, die durch Brunnen und Allegorien symbolisiert werden.

Kapelle des Simon von Kyrene

Kapelle der Dornenkrone

0 Meter 25

Brunnen der fünf Wunden Christi
Diese Brunnen an verschiedenen Stellen des Aufstiegs stehen für das Wasser des Lebens und die Reinigung von Geist und Leib. Im Brunnen am Fuß der Treppe der fünf Sinne fließt Wasser aus den fünf Schilden des portugiesischen Wappens, die symbolhaft für die fünf Wunden Christi stehen.

NICHT VERSÄUMEN

★ **Treppenanlage**

★ **Standseilbahn**

Guimarães ⓬

Die Stadt an den Ausläufern der Serra de Santa Catalina gilt als »Wiege der Nation«. Als sich Afonso Henriques 1139 zum portugiesischen König ausrufen ließ *(siehe S. 42f)*, machte er Guimarães zur Hauptstadt; das Kastell erscheint auf dem portugiesischen Staatswappen. Der sehr gut erhaltene mittelalterliche Stadtkern mit seinen engen Straßen kann mühelos zu Fuß besichtigt werden. Vom Largo da Oliveira aus führt die kopfsteingepflasterte Rua de Santa Maria vorbei an prächtigen alten Stadthäusern und dem Paço dos Duques, zum Kastell. Wer sich ins turbulente Mittelalter versetzen lassen möchte, besucht die Stadt in der ersten Augustwoche zu den Festas Gualterianas mit Kunst und Kostümen jener Zeit.

Barocker Kerzenhalter, Paço dos Duques

Castelo de Guimarães

Rua Conde Dom Henrique.
253-41 22 73. *tägl.*
1. Jan, Ostern, 1. Mai, 25. Dez.

Der gewaltige, von acht zinnenbewehrten Ecktürmen umschlossene Bergfried des Kastells prägt das Stadtbild. Im 10. Jahrhundert sollte er Mauren und Normannen abschrecken; zwei Jahrhunderte später fügte Heinrich von Burgund einen Mauerkranz hinzu. Der Überlieferung nach wurde Afonso Henriques, der erste portugiesische König, hier geboren und in der romanischen Kapelle **São Miguel** südlich des Kastells getauft.

Paço dos Duques

Rua Conde Dom Henrique.
253-41 22 73. *tägl.*
1. Jan, Ostern, 1. Mai, 25. Dez.

Da Afonso, der erste Herzog von Bragança, auf seinen Reisen durch Europa neue Baustile entdeckte, ließ er im 15. Jahrhundert den Herzogspalast im burgundischen Stil erbauen. Er wurde genutzt, bis die Braganças nach Vila Viçosa umzogen *(siehe S. 298f)*. Nach seiner Renovierung im Jahr 1933 wurde er eine offizielle Residenz Salazars *(siehe S. 56f)*.

Das kleine Museum im Inneren zeigt Perserteppiche, flämische Wandteppiche, aber auch Gemälde wie das eindrucksvolle *O Coreiro Pascal* (Passahlamm) von Josefa de Óbidos *(siehe S. 51)*. Eine ungewöhnliche Hommage an die Seefahrernation Portugal ist die Decke aus Kastanienholz des Bankettsaals in Form eines umgedrehten Schiffsrumpfs.

Museu de Alberto Sampaio

Rua Alfredo Guimarães. *253-42 39 10.* *Di–So.* *1. Jan, Ostern, 1. Mai, 25. Dez.*

Das Museum im romanischen Kreuzgang und anderen Räumen des ehemaligen Klosters von Nossa Senhora da Oliveira zeigt herrliche Sakralkunst, *azulejos* und Keramiken aus Kirchen des Umlands.

Glanzpunkte sind der von João I gestiftete Mantel, den er 1385 in der Schlacht von Aljubarrota trug *(siehe S. 183)*, und ein silbernes, dreiteiliges Altarbild (14. Jh.) mit Mariä Heimsuchung und Verkündigung sowie Geburt Christi, angeblich vom besiegten spanischen König erbeutet. Der Santa-Clara-Saal birgt vergoldete Holzschnitzereien aus dem ehemaligen Kloster Santa Clara, dem heutigen Rathaus.

Largo da Oliveira, Zentrum des alten Guimarães

Nossa Senhora da Oliveira

Largo da Oliveira. *253-41 61 44.*
tägl.

Das einstige, von Afonso Henriques erbaute Kloster liegt auf der Ostseite des Platzes. João I ließ nach dem Sieg von Aljubarrota *(siehe S. 183)* zu Ehren von Unserer Lieben Frau vom Ölbaum die Kirche restaurieren. Der manuelinische Turm entstand 1515.

Der Padrão do Salado vor dem Westportal erinnert an die Legende, die Kirche und Platz ihren Namen gab. Der Ölbaum, der hier angepflanzt worden war, um Öl für die Altarlampen zu liefern, ging ein. 1342 errichtete der Kaufmann Pedro Esteves das Kreuz auf dem toten Baum, woraufhin dieser austrieb (der heutige Baum wurde 1985 gepflanzt).

Der Mauerkranz rund um den Bergfried des Castelo de São Miguel

INFOBOX

Straßenkarte C1. *60 000.*
Avenida Dom João IV.
Alameda Mariano Felgueiras.
Praça de Santiago (253-51 87 90). *Fr.* *1. Wochenende im Aug: Festas Gualterianas.*

Museu Martins Sarmento

Rua Paio Galvão. *253-41 40 11.* *Di–So.* *Feiertage.*

Das Museum im gotischen Kreuzgang des ehemaligen Dominikanerklosters (14. Jh.) trägt den Namen des bedeutenden Archäologen, der eisenzeitliche Siedlungen im Norden wie die Citânia de Briteiros freilegte. Es widmet sich (teils sogar steinzeitlichen) Funden aus jenen Siedlungen und zeigt eine Vielzahl archäologischer, ethnologischer und numismatischer Exponate wie zwei Kriegerfiguren aus Granit, einen Votivkarren aus Bronze und die Pedras Formosas, zwei Steinplatten mit eingeritzten Figuren. Sehr eindrucksvoll ist der drei Meter hohe Koloss von Pedralva aus Granit.

São Francisco

Largo de São Francisco. *253-51 25 17.* *Di–So.* *Feiertage.*

Die Kirche São Francisco entstand um 1400, wurde aber im 18. Jahrhundert umgebaut. Der Innenraum ist mit *azulejos* aus dem 18. Jahrhundert verkleidet (im Altarraum Szenen aus dem Leben des heiligen Antonius).

UMGEBUNG: Das 1154 gegründete Kloster **Santa Marinha da Costa**, fünf Kilometer südöstlich von Guimarães, ist heute eine der besten *pousadas* des Landes *(siehe S. 379)*. Gärten und Kapelle sind zu besichtigen.

Renaissancebrunnen im Kloster Santa Marinha da Costa

Rekonstruierte Hütten der eisenzeitlichen Citânia de Briteiros

Citânia de Briteiros ⓭

Straßenkarte C1. 15 km N von Guimarães, an der N101. *253-41 59 69.* *von Guimarães u. Braga.* *April–Sep: tägl. 9–19 Uhr; Okt–März: tägl. 9–18 Uhr.*

Die eisenzeitliche Siedlung ist eine der beeindruckendsten Ausgrabungsstätten Portugals. Martins Sarmento (1833–1899), der sein Leben dem Studium jener Zeit widmete, legte Mauern von 150 Steinhütten frei, die teilweise rekonstruiert wurden.

Vom 4. Jahrhundert v. Chr. bis zum 4. Jahrhundert n. Chr. wohnten Keltiberer hier, doch regierten wohl ab 20 v. Chr. die Römer. Zu besichtigen sind gepflasterte Straßen, unterirdische Zisternen sowie Reste des Abfluss- und Wasserleitungssystems. Hier gefundene Kunstgegenstände zeigt das Museu Martins Sarmento in Guimarães.

Cabeceiras de Basto ⓮

Straßenkarte D1. *17 000.* *Paços do Concelho, Praça da República (253-66 91 00).* *Mo.*

Die Berge und Wälder der Terras de Basto östlich von Guimarães waren früher Zufluchtsort vor den maurischen Eindringlingen. In verschiedenen Teilen dieser Region stehen so genannte *bastos* – Statuen, die angeblich keltische Krieger darstellen und als Gebietsmarkierung dienten. Die bedeutendste Attraktion in der größten Stadt Cabeceiras de Basto ist das barocke **Mosteiro de Refojos** mit seinen Apostelstatuen sowie einer Figur des Erzengels Michael auf der Kuppel.

In der Stadt steht auch eine der interessantesten *basto*-Statuen, die jedoch in den Napoleonischen Kriegen von Soldaten verunstaltet wurde.

Die *basto*-Statue von Cabeceiras de Basto

UMGEBUNG: Die Terras de Basto sind eine ideale Wanderregion, vor allem in der Blütenpracht des Frühlings. **Mondim de Basto**, 25 Kilometer südlich von Cabeceiras am Tâmega, ist ein guter Ausgangspunkt für einen Aufstieg zum **Monte Farinha**, dem höchsten Berg der Gegend (966 m). Am Gipfel führen Stufen hinauf zur Kirche Nossa Senhora da Graça; dort bietet sich die bestmögliche Aussicht.

Attraktionen in **Celorico de Basto** jenseits des Tâmega sind die Burg und die meist privaten Herrenhäuser der Umgebung; einige davon, wie die **Casa do Campo** *(siehe S. 393)*, sind Teil des Konzepts »Turismo de Habitação« *(siehe S. 376)* und nehmen Gäste auf.

SÜD-
PORTUGAL

Südportugal im Überblick

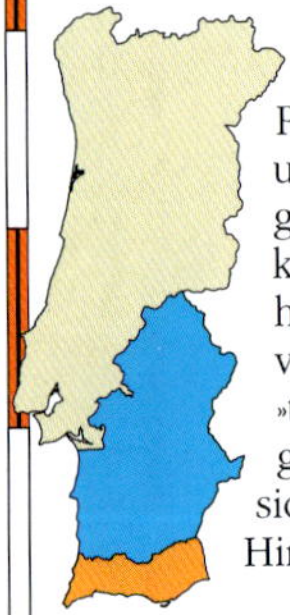

Die riesigen Weizenfelder und hügeligen Ebenen des Alentejo prägen den Süden Portugals. Obwohl es hier zahlreiche Spuren früh- und vorgeschichtlicher Zivilisation zu entdecken gibt, bleiben Elvas und Beja und sogar das Weltkulturerbe Évora von Besuchermassen meist unbehelligt – anders als die Südküste. Viele kennen von Portugal nur die Algarve, die sicherlich nicht »typisch portugiesisch« ist. Die Strände haben das ganze Jahr über großen Zulauf, doch es lohnt sich, historische Städte wie Faro und das ruhigere Hinterland zu erkunden.

***Évora**, die historische Universitätsstadt des Alentejo, besitzt noch Monumente aus römischer Zeit. Weiße Arkaden und schmiedeeiserne Balkone erinnern daran, dass die Stadt bis 1165, mehr als 450 Jahre lang, maurisch war* (siehe S. 302 ff).

***Beja** florierte unter den Mauren; so zeigt das Regionalmuseum in einem ehemaligen Kloster hispanisch-maurische Kacheln, wie hier im Kapitelsaal* (siehe S. 311).

***Lagos**, die größte Stadt der westlichen Algarve, ist dank ihrer einladenden Strandbuchten, wie der Praia de Dona Ana, ein beliebtes Ziel zahlloser Sonnenanbeter* (siehe S. 320 f).

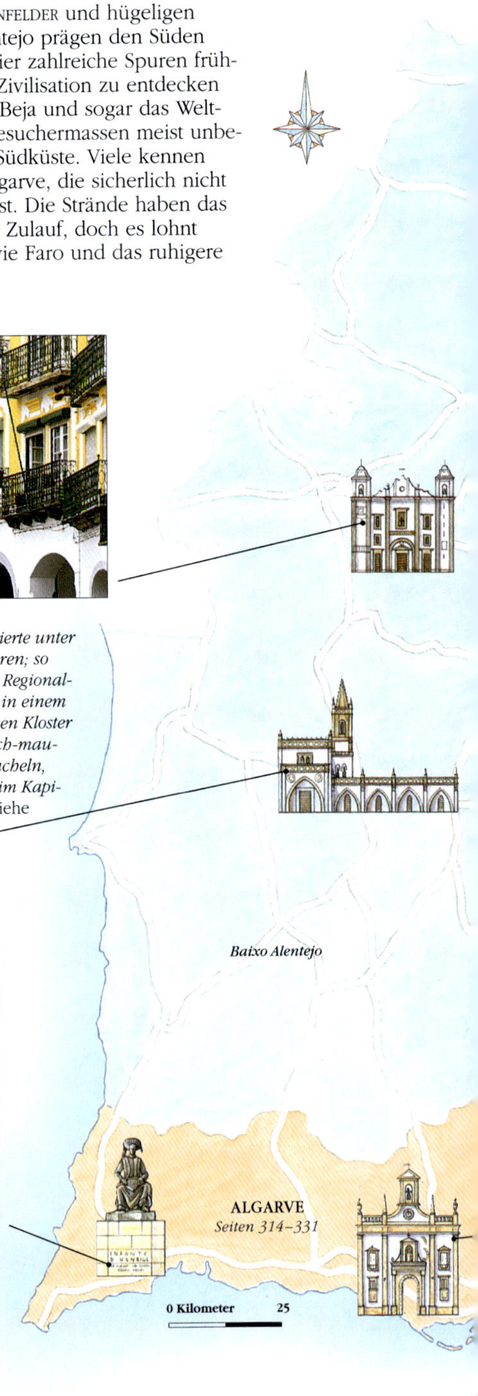

◁ **In Albufeira genießt man den Sandstrand und das Wasser**

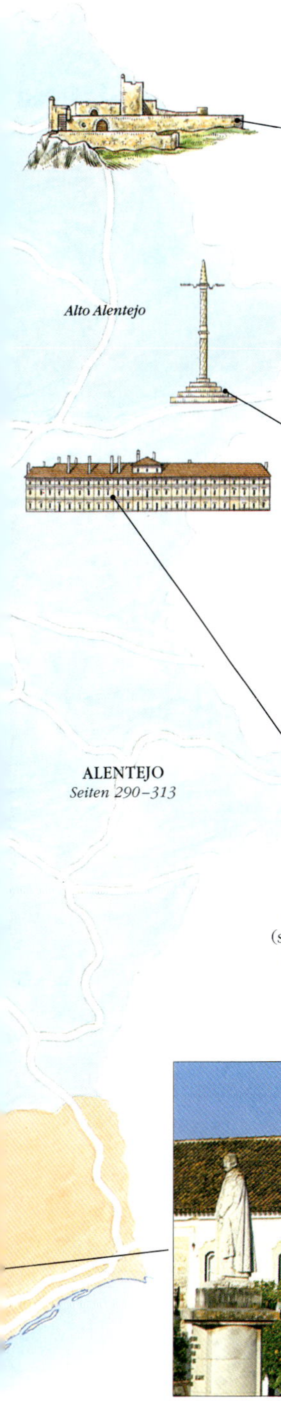

***Marvão**, nur einen Steinwurf von Spanien entfernt, thront wie eine Miniaturfestung in der Serra de São Mamede. Die Granitmauern des Städtchens gehen nahtlos in den Fels über und boten Marvão in jahrhundertelangen Konflikten Schutz* (siehe S. 294).

***Elvas** verfügt über eine der am besten erhaltenen Festungsanlagen Europas* (siehe S. 297). *Im Zentrum der Altstadt liegt die mit einem eindrucksvollen Mosaik gepflasterte Praça da República im Schatten der ehemaligen Kathedrale.*

***Vila Viçosa** wurde im 15. Jahrhundert Sitz der Herzöge von Bragança. Hier erbauten sie ihren riesigen Paço Ducal* (siehe S. 298f), *vor dem das Reiterstandbild des achten Herzogs prangt, der 1640 König João IV wurde.*

***Faro**, dank seines internationalen Flughafens das Tor zur Algarve, wird von vielen Besuchern ignoriert. 1755 richtete das Erdbeben schwere Schäden an, doch das ruhige historische Zentrum am Hafen blieb erhalten. Im Frühling erfüllt der süßliche Duft von Orangenblüten die Straßen und Plätze* (siehe S. 326ff).

Die Strände der Algarve

Sonnenbad am Strand

Die Strände der Algarve sind sehr unterschiedlich, je nachdem, ob sie nach Afrika blicken oder im Westen auf den Atlantik. Zum so genannten Barlavento zählen die Westküste und die Südküste fast bis Faro. Klippen ragen hinter den Stränden am Kap von Sagres empor; viele Stellen im Westen sind menschenleer. Das Meer ist hier kälter und rauer als an der Südküste und weist gefährliche Strömungen auf. Zwischen Sagres und Lagos liegt eine Reihe schöner Badebuchten im Schatten dicht gedrängter Urlaubsorte. Der so genannte *Sotavento* östlich von Faro bietet lange Sandstrände und ruhigeres, wärmeres Wasser.

Arrifana ①

Der Strand von Arrifana duckt sich unter hohen Klippen und zählt zu den imposantesten der Westküste. Die Zufahrtsstraße bietet ein prächtiges Panorama *(siehe S. 318)*.

Castelejo ②

Den langen, einsamen Strand mit weichem Sand erreicht man nur per Rad oder Auto über eine Schotterstraße. So ist ein ruhiger Aufenthalt garantiert *(siehe S. 319)*.

Beliche ③

Beliche liegt am »Ende der Welt« im Schutz des Cabo de São Vicente. Den Sandstrand säumen faszinierende Höhlen und Felsformationen *(siehe S. 320)*.

Legende

- Autobahn
- Hauptstraße
- Nebenstraße

Zeichenerklärung siehe Umschlagklappe

Martinhal ④

Martinhal ist eine weite, geschützte Sandbucht östlich von Sagres. Das bei Wassersportlern beliebte Areal wartet sogar mit einer eigenen Schule für Parasailing, Wasserski und Windsurfen auf *(siehe S. 320)*.

Dona Ana ⑤

Der Strand der winzigen Bucht am Weg nach Ponta da Piedade ist einer der schönsten der Algarve – und im Sommer meist überfüllt. Ein Boot fährt zu den nahe gelegenen Höhlen und Grotten *(siehe S. 321)*.

Ilha de Tavira ⑪

Im Sommer fahren Boote von Quatro Águas zur Ilha de Tavira. Am Strand, der zum Festland blickt, ist das Wasser ruhig; die Strände am offenen Meer sind ideal zum Schwimmen und Surfen *(siehe S. 330)*.

Meia Praia ⑥

Die riesige, vier Kilometer lange Sandfläche der geschützten Meia Praia ist der längste Strand der Algarve. Man erreicht ihn mit dem Auto oder im Sommer mit dem Boot von Lagos *(siehe S. 321)*.

Carvoeiro ⑧

Carvoeiro ist ein Fischerdorf mit einer kleinen Strandbucht. Mit dem Boot oder zu Fuß gelangt man, an den Klippen entlang, zu spektakulären Sandstränden. Ideal zum Schwimmen und Schnorcheln.

Praia da Rocha ⑦

Der weite, von ockerfarbenen Klippen eingerahmte Strand mit ruhigem Wasser ist zu Recht berühmt – und in der Hochsaison überlaufen. Besucher finden alles, was zum Urlaub gehört, Wassersportler beste Bedingungen *(siehe S. 322)*.

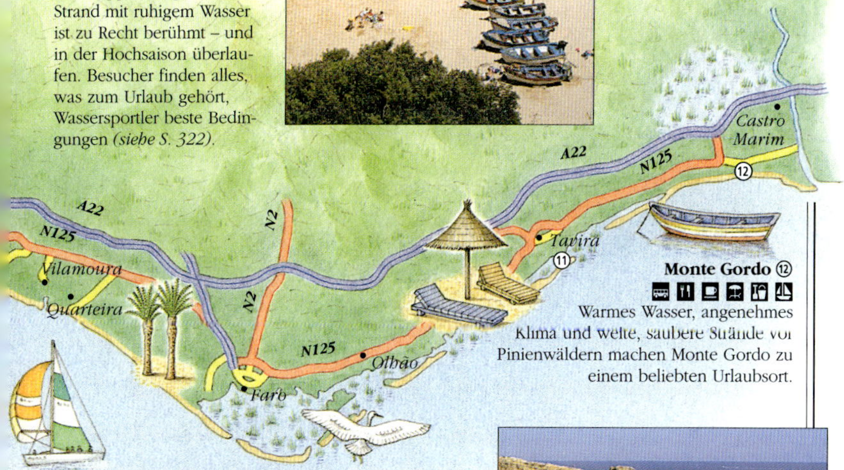

Monte Gordo ⑫

Warmes Wasser, angenehmes Klima und weite, saubere Strände vor Pinienwäldern machen Monte Gordo zu einem beliebten Urlaubsort.

Senhora da Rocha ⑨

Das nach einer Kapelle auf dem Kap im Osten benannte Senhora da Rocha besteht aus drei kleinen geschützten Stränden. Steile Treppen über gelbe Klippen führen zu den für diesen Küstenteil typischen »Halbmonden« aus Sand.

São Rafael ⑩

Weicher Sand, seichtes Wasser, Höhlen und erodierte Felsen – das sind die Pluspunkte dieses populären Strands. Ohne Auto steigt man an der Bushaltestelle an der Hauptstraße aus und geht den steilen Weg zu Fuß *(siehe S. 323)*.

Die Küche Südportugals

Paprika

Tunfisch und Sardinen sind in der Algarve von unübertroffener Qualität, doch jede Art von Fisch und Meeresfrüchten schmeckt an der Küste des Südens ausgezeichnet. Im Landesinneren isst man viel Ziegen-, Lamm- und Schweinefleisch. Ein wichtiges Kochutensil der südportugiesischen Küche ist die *cataplana*, eine fest verschlossene Form, in der die Zutaten im eigenen Saft gedünstet werden. Die verschiedenen Sorten hier wachsender Mandeln, Orangen, Feigen und Oliven bereichern die Küche Südportugals.

***Käse aus Schafsmilch** wird überall im Alentejo hergestellt; zu den besten gehören Évora und der herzhafte Nisa.*

Pão alentejano, *das Bauernbrot des Alentejo, isst man zu allen Mahlzeiten; es dient vielen Speisen als Grundlage.*

***Schweinefleisch** wird im Alentejo zu zahlreichen Würsten und Schinkenarten verarbeitet. Hühnchenpasteten sind eine Delikatesse aus Évora.*

Sopa à alentejana *ist eine Brotsuppe mit Koriander, Knoblauch und Olivenöl und wird von einem Ei gekrönt.*

Gaspacho *ist eine kalte Gemüsesuppe aus Tomaten, Gurken, Paprika, Knoblauch und Olivenöl.*

Salada mista *besteht gewöhnlich aus grünem Salat, Tomaten, Gurken und Zwiebeln, mit Essig und Öl angemacht.*

Atum de cebolada *ist ein Tunfischsteak, das in einer Zwiebel-Tomaten-Sauce geschmort wird.*

Sardinhas assadas *werden auf dem Holzkohlengrill zubereitet und sind eine sommerliche Delikatesse.*

Lulas recheadas *sind mit Räucherfleisch und Reis gefüllte Tintenfischstücke, gekocht in einer Zwiebel-Tomaten-Sauce.*

Caldeirada *ist ein beliebter Eintopf, für den verschiedene Fische und Kartoffeln verwendet werden.*

Porco à alentejana *besteht aus mariniertem Schweinefleisch mit Muscheln – eine Spezialität aus dem Alentejo.*

Ensopado de Borrego *heißt der weitverbreitete Lammeintopf, der auf Brot serviert wird (das die Sauce aufsaugt).*

Coelho em vinho *ist ein in Wein gekochtes Kaninchen; diese Zubereitungsart stammt aus dem Alentejo.*

Cabrito assado *bezeichnet ein Zicklein, das im Ganzen gegrillt und mit Gemüse und einer fetten Sauce serviert wird.*

Olivenöl (azeite) *verfeinert alles von* gaspacho *zu Salaten.*

Süßes Gebäck *wird oft aus Mandeln und Feigen hergestellt, die in der Algarve häufig angebaut werden.*

Obst

Neben Trauben begünstigt das Klima das Wachstum von Renekloden, Aprikosen und Zitrusfrüchten. Dank der milden Winter gedeihen in der Algarve auch Orangen.

Orangen

Trauben

Getränke

Die besten Weine Südportugals stammen aus dem Alentejo *(siehe S. 28f)*; dafür kann die Algarve mit zwei guten Likören aufwarten: Amarguinha mit Bittermandelgeschmack und Medronheira, aus der Frucht des Erdbeerbaums gewonnen.

Amarguinha, ein Mandellikör

Medronheira, mit Honig gesüßt

ALENTEJO

DER AUSGEDÖRRTE ALENTEJO *erstreckt sich vom Südufer des Tejo bis zur Algarve und nimmt somit fast ein Drittel Portugals ein. Stille liegt über den weiten, welligen Ebenen mit goldenen Weizenfeldern und silberfarbenen Olivenhainen, über weiß getünchten Dörfern und Burgen, die seinen Reiz ausmachen.*

Die Ebenen des Alentejo sprenkeln Steinkreise, Dolmen und weitere Relikte der Steinzeit, besonders um Évora im geografischen Zentrum der Region.

Wie Beja, Vidigueira und andere Städte wurde auch Évora von den Römern gegründet, die das Land hinter dem Tejo, *além Tejo*, für Weizenanbau nutzten. Sie legten riesige Felder an und machten den trockenen Boden mit einem Bewässerungssystem nutzbar. Einige dieser riesigen Landgüter, *latifúndios*, werden von Kleinbauern bewirtschaftet oder als Kooperativen geführt.

Außer Getreide produzieren die weiten Ebenen Kork aus der Rinde der Korkeichen und Oliven – Elvas ist für Oliven ebenso berühmt wie für die kandierten Renekloden *(siehe S. 289)*. Die kräftigen Weine der Gegend um Reguengos de Monsaraz und Vidigueira haben Tradition: Der Alentejo hat eine Reihe herausragender Weinregionen *(siehe S. 28f)*. Seit Portugal Mitglied der Europäischen Union ist wird investiert, doch die Region ist noch immer dünn besiedelt. Landbesitz war stets von Bedeutung, und der Kommunismus hat viele Anhänger – die Bewohner des Alentejo waren starke Befürworter der Revolution von 1974 *(siehe S. 57)*.

Besonders im Süden zeugen viele würfelförmige, weiße Häuser von der langen Maurenherrschaft. Die weiten Ebenen im Norden und Osten gehen in steiniges Terrain über, in dem Schafe weiden.

Die Portugiesen anderer Regionen verspotten die liebenswürdigen *alentejanos* wegen ihrer langsamen Art, doch ihr Gesang und ihr Kunsthandwerk werden weithin gerühmt.

Haus in Odemira mit blau abgesetzten Flächen, typisch für den Alentejo

◁ **Korkeichen und Olivenbäume lockern die Weizenfelder in den Ebenen auf**

Überblick: Alentejo

Die alte Stadt Évora mit ihrem außergewöhnlichen historischen Zentrum im Herzen des Alentejo ist ein idealer Ausgangspunkt für die Erkundung dieser vielseitigen Region.

Im Nordosten liegen Alter do Chão, Heimat der königlichen Pferde Portugals, sowie die weißen Städte Estremoz und Vila Viçosa. Regionaler Marmor prägt dort einige Fassaden. Nahe der früher lange umkämpften Grenze zu Spanien verstecken sich Städte und Dörfer noch immer hinter massiven Festungen. Zum Süden hin überwiegt das maurische Erbe – besonders in Beja und Mértola.

An der Westküste gibt es eine Reihe schöner Strände, die in einigen Abschnitte noch weitgehend unberührt sind.

Der Kromlech von Almendres, einer von vielen prähistorischen Plätzen bei Évora

Sehenswürdigkeiten auf einen Blick

Alandroal 10
Alter do Chão 6
Arraiolos 14
Beja 23
Campo Maior 7
Castelo de Vide 4
Crato 5
Elvas 8
Estremoz 12
Évora S. 302ff 16
Évoramonte 13
Marvão 2
Mértola 28
Monsaraz 18
Montemor-o-Novo 15
Moura 21
Portalegre 3
Redondo 11
Santiago do Cacém 24
Serpa 22
Serra de São Mamede 1
Sines 25
Viana do Alentejo 19
Vidigueira 20
Vila Nova de Milfontes 26
Vila Viçosa S. 298f 9
Zambujeira do Mar 27

Tour

Megalithstätten 17

Blick von Estremoz auf fruchtbares Ackerland und Obstplantagen im nördlichen Alentejo

Im Alentejo unterwegs

Für eine Rundreise empfiehlt sich das Auto, denn Züge verkehren nur zwischen Évora, Beja und einigen kleineren Zentren. Busse verbinden die meisten Orte, doch braucht man Zeit und Geduld, um Anschlüsse ausfindig zu machen. Autofahrer können auf der A6 schnell von Lissabon mitten durch den Alentejo bis zur Grenze Spaniens gelangen, während die IP2 Norden und Süden verbindet. Nebenstraßen sind in der Regel gut ausgeschildert und die Straßen meist gut ausgebaut.

Serpas Nossa Senhora de Guadalupe, strahlend weiß in der heißen Sonne

Legende

- Autobahn
- Hauptstraße
- Nebenstraße
- Panoramastraße
- Fluss
- Aussichtspunkt

0 Kilometer 25

Ein Weizenmeer umgibt ein Bauernhaus bei Moura

Serra de São Mamede ❶

Straßenkarte D4. *nach Portalegre.* *Portalegre.*

Die unterschiedlichen geologischen und klimatischen Verhältnisse dieses unzugänglichen Gebietes begünstigen eine faszinierende Flora und Fauna. 1989 wurden 320 Quadratkilometer des Gebirges zum *parque natural* erklärt. Weißköpfige Geier und Habichtsadler schweben über Rotwild, Wildschweinen und Ginsterkatzen. Bäche locken Otter und Amphibien, z. B. die Iberische Geburtshelferkröte. Auch eine der größten Fledermauskolonien Europas ist in dieser Gegend zu Hause.

Die scheinbare Leere der Serra de São Mamede täuscht: Megalithen legen nahe, dass sie einst besiedelt war; im Süden des Schutzgebietes überdauerten Felsmalereien in der Serra de Cavaleiros und der Serra de Louções. Unterhalb Marvãos liegt die Römerstadt Amaia (São Salvador de Aramenha). Das römische Straßennetz verbindet die weißen Dörfer und überrascht hinter jeder Kurve mit einer beeindruckenden Aussicht.

Von Portalegre aus führt die Straße 15 Kilometer hinauf zum 1025 Meter hohen Pico de São Mamede. Eine Nebenstraße gen Süden führt nach Alegrete, einem befestigten Dorf mit Burgruine (14. Jh.).

Schafe auf den Sommerweiden der Serra de São Mamede

Marvão ❷

Straßenkarte D4. *185.* *Largo de Santa Maria (245-99 38 86).* *Do.*

Von dem ruhigen, mittelalterlichen Dorf, das imposant auf 862 Metern Höhe an einem Steilhang liegt, können Sie auf Spanien blicken. Die Wälle (13. Jh.) und Stützpfeiler (17. Jh.) verschmelzen nahtlos mit dem Gebirgsgranit und machen es zu einer uneinnehmbaren Festung. Den Römern, die den Fels Herminius Minor nannten, folgten die Mauren (der Name Marvão kommt vielleicht von Marvan, einem Maurenführer) und denen 1166 die Christen.

Wälle umgeben die kleinen weiß getünchten Häuser, eine *pousada (siehe S. 395)* und die **Igreja Matriz** (15. Jh.). Die Rua do Espírito Santo führt am ehemaligen, mit eisernen Balkonen (17. Jh.) verzierten Gouverneurshaus (heute eine Bank) und einem Barockbrunnen vorbei zum **Kastell**.

Das um 1299 von König Dinis gebaute Bollwerk überragt das Dorf und beherbergt zwei Zisternen, ein Museum mit historischen Waffen und einen Bergfried. Es bietet eine gute Aussicht auf die Serra de São Mamede im Süden und Westen und gen Spanien im Osten.

Das **Museu Municipal** befindet sich in der ehemaligen Kirche Santa Maria, die noch ihren Hauptaltar besitzt; es zeigt archäologische Funde von der Altsteinzeit bis zur Römerzeit.

Museu Municipal
Largo de Santa Maria. *245-90 91 32.* *tägl.* *25. Dez.*

Die grandiose Aussicht vom Kastell Marvãos

Portalegre ❸

Straßenkarte D4. *12 000.* *Rossio (245-33 13 59).* *Mi u. Sa (Lebensmittel); 2. Mi im Monat (Kleidung).* www.rtsm.pt

Das einst römische Portalegre liegt strategisch günstig auf einem Plateau der Serra de São Mamede. Es wurde von König Dinis befestigt *(siehe S. 44f)* und erhielt 1550 die Stadtrechte.

Textil-, Wandteppich- und Seidenindustrie machten die Stadt im 16./17. Jahrhundert reich – das belegen die Renaissance- und Barockvillen in der Rua 19 de Junho. Die letzte noch heute betriebene Teppichfabrik befindet sich nahe dem Rossio, dem zentralen Platz der Neustadt, in einem ehemaligen Jesuitenkloster. Auch die Korkproduktion blickt hier auf eine lange Tradition zurück – am Stadtrand zeugen die hohen Schornsteine der Korkfabriken von ihrer Bedeutung.

Auf dem Berg thront die 1556 erbaute **Kathedrale**. Im 18. Jahrhundert erhielt sie ihre barocke Fassade und zwei Türme. Das innere Renaissancegewölbe birgt Gemälde von unbekannten portugiesischen Künstlern und eine Sakristei mit bemerkenswerten *azulejos:* blau und weiß gehaltene Kachelbilder des frühen 17. Jahrhunderts mit Szenen aus dem Leben der Jungfrau Maria und der Flucht der Heiligen Familie nach Ägypten.

Im Nachbarhaus (18. Jh.) zeigt das kleine **Museu Municipal** sakrale Kunstwerke und portugiesische Keramik.

Im dem einstigen Haus des berühmten Dichters José Régio (1901–1969), nahe der Praça da República, zeigt das **Museu José Régio** faszinierende Volkskunst sowie eine Sammlung Kruzifixe und eine rekonstruierte Alentejo-Küche.

Volkskreuz, Museu José Régio, Portalegre

Museu Municipal
Rua José Maria da Rosa. 245-30 01 20. Mi–Mo. Feiertage.

Museu José Régio
Rua José Régio. 245-20 36 25. Di–So. Feiertage.

Castelo de Vide ❹

Straßenkarte D4. *3000.*
Rua Bartolomeu A. da Santa 81 (245-90 13 61). Fr (Kleidung).

DER GUT ERHALTENE, schon bei den Römern beliebte Kurort erstreckt sich auf einem grünen Hang der Serra de São Mamede. Die Randbezirke sind modernisiert, die Altstadt um die Praça Dom Pedro V birgt die Barockkirche **Santa Maria**, das Rathaus, den Pranger aus dem 18. Jahrhundert und Herrenhäuser der gleichen Zeit. Der Steinbrunnen mit säulengestütztem Baldachin auf dem Largo Frederico Laranjo ist die berühmte Heilwasserquelle **Fonte da Vila**. Dahinter liegt die **Judiaria**, deren weiße Häuser Geranien zieren. Enge Gassen, gesäumt von gotischen Türen, umgeben eine Synagoge (13. Jh.). Die älteste Kapelle der Stadt, **Salvador do Mundo** (13. Jh.) auf der Estrada de Circunvalação, schmückt die *Flucht nach Ägypten* (18. Jh.) eines unbekannten Künstlers.

Die winzige Kapelle **Nossa Senhora da Alegria** in der Oberstadt ist mit ihren floralen Kacheln (17. Jh.) eine Augenweide. Sie liegt innerhalb des **Kastells**, das der Stadt ihren Namen gab. König Dinis baute es 1310 wieder auf. Hier handelte er seine Hochzeit mit Isabel von Aragón aus. Eine Explosion zerstörte 1705 einen Großteil des Kastells.

Das zinnengekrönte Kloster Flor da Rosa, heute eine *pousada*

Rote Ziegeldächer in Castelo de Vide

Crato ❺

Straßenkarte D4. *2000.*
wie Portalegre (245-33 13 59).
3. Do im Monat.

DIE EINFACHEN HÄUSER unter riesigen Schornsteinen lassen Cratos frühere Bedeutung nicht erahnen. Sancho II schenkte es dem mächtigen Hospitaliterorden, und bis 1350 war es während der Kreuzzüge dessen Hauptquartier. Manuel I und João III heirateten hier, der Neffe von João III war Prior.

1662 plünderten spanische Truppen die Stadt und brannten sie nieder; davon hat sie sich nicht mehr erholt. Zurück blieb die Ruine der **Burg**, auf der Praça do Município markiert die **Varanda do Grão-Prior** den Eingang zu dem, was einst die Residenz des Priors war.

Die Rua de Santa Maria führt zur **Igreja Matriz**, die seit ihrer Errichtung im 13. Jahrhundert viele Veränderungen sah. Im Altarraum zeigen *azulejos* (18. Jh.) Fischfang-, Jagd- und Reiseszenen.

UMGEBUNG: Nördlich von Crato liegen Kloster und Kirche **Flor da Rosa**, 1356 von Cratos Prior, dem Vater von Nuno Álvares Pereira *(siehe S. 183)*, erbaut, später restauriert und 1995 als *pousada* *(siehe S. 395)* eröffnet. Ein Wandteppich im Speisesaal zeigt das Kloster inmitten von Kiefern – so, wie es bis zum 20. Jahrhundert aussah.

Alter do Chão ❻

Straßenkarte D4. *3900.*
Derzeit im Edifício Cine-Teatro, Largo Doze Melhores de Alter (245-61 00 04). *1. Do im Monat.*

Die Römer gründeten Elteri (oder Eltori) 204 v. Chr., zerstörten es jedoch wegen mangelnder Loyalität unter Kaiser Hadrian wieder. Im 13. Jahrhundert wurde die Stadt neu gegründet.

Pedro I baute 1359 die fünftürmige **Burg** mit gotischem Portal, die das Zentrum beherrscht. Die gewaltigen Mauern kontrastieren mit dem blumenbedeckten Marktplatz zu ihren Füßen, dem Largo Doze Melhores de Alter.

Nordwestlich der Burg zieren barocke Stadthäuser einige Straßen, oft im Alentejo-Gelb gehalten. Im **Palácio do Álamo** (18. Jh.) sind das Fremdenverkehrsbüro, eine Galerie und eine Bücherei untergebracht.

Burg
Largo Barreto Caldeira. *wegen Restaurierungsarbeiten.*

Umgebung: Das 300 Hektar große **Coudelaria de Alter** wurde 1748 für die Zucht des Alter Real gegründet. Die Ställe sind in den königlichen Farben Weiß und Ocker gestrichen.

An der N369 überspannt zwölf Kilometer weiter westlich die robuste sechsbogige **Ponte de Vila Formosa** den Fluss Seda, ehemals Teil der Römerstraße von Lissabon nach Mérida in Spanien.

Coudelaria de Alter
4 km NW der Stadt. *245-61 00 60.* *Di–So.*

Campo Maiors makabre, aber unwiderstehliche Capela dos Ossos

Campo Maior ❼

Straßenkarte E5. *8500.*
Praça da República (268-68 943).
2. Sa im Monat.

Der Legende nach bekam diese Stadt ihren Namen, als drei Familien sich auf dem großen Feld, *campo maior*, ansiedelten. Sie wurde von König Dinis 1310 befestigt; 1646 kam die imposante Porta da Vila hinzu.

1732 entzündete ein Blitz ein Schießpulverlager: 1500 Menschen starben, die Zitadelle wurde zerstört. Nach einer angemessenen Trauerzeit lieferten die Toten das »Material« für die vollständig mit Menschenknochen verkleidete **Capela dos Ossos**, die eine Inschrift über die Sterblichkeit (1766) trägt.

Jeden September schmücken zur Festa das Flores Papierblumen die Straßen.

Capela dos Ossos
Largo Dr. Regala 6. *268-68 61 68.*
tägl. (wenn geschlossen, den Priester fragen).

Elvas ❽

Straßenkarte D5. *20 000.*
Praça da República (268-62 22 36).
2. u. 4. Mo im Monat.

Nur zwölf Kilometer von Spanien entfernt gelegen, profitiert vor allem der moderne Teil von Elvas vom regen Grenzverkehr. Die Festungsanlage der Altstadt gehört zu den besterhaltenen Europas. Hier erinnern viele Straßennamen und einige architektonische Details daran, dass die Stadt 500 Jahre lang in maurischer Hand war.

Elvas wurde 1230 den Mauren entrissen, doch weitere 600 Jahre lang wurden immer neue Friedensverträge durch spanische Angriffe gebrochen.

Heute assoziieren die meisten Portugiesen Elvas überwiegend mit den leckeren Elvas-Pflaumen.

Sommerrosen als Farbtupfer in Elvas

Alter Real: Das Pferd der Könige

Lusitanos – Portugals Nationalzucht – sind meistens grau, doch jene Pferde, die man Alter Real nennt (*real* bedeutet »königlich«), sind reinrassig rötlichbraun oder braun. König José (1750–77) wünschte sich ein Qualitätspferd und importierte andalusische Stuten als Grundlage für den liebenswürdigen, wendigen Alter Real. Die Statue auf Lissabons Praça do Comércio *(siehe S. 87)* zeigt José auf seinem geliebten Pferd Gentil. Nach den Napoleonischen Kriegen (1803–15) schadeten Pferdediebstahl und falsche Zucht dem Gestüt. 1930 war das königliche Pferd praktisch ausgestorben, doch besondere Pflege belebte die klassische Zucht schließlich neu.

Die Festungsanlage von Elvas

Ein Bummel entlang den Zinnen gewährt einen guten Blick auf die Altstadt und einen Eindruck von der genialen Konstruktion der Festung. Gemäß der Bauweise des französischen Militärarchitekten Vauban bildet eine Reihe fünfeckiger Bastionen und frei stehender eckiger Vorschanzen einen Stern und schützt die Wälle von allen Seiten. Der überwiegende Teil stammt aus dem 17. Jahrhundert, als der Komplex im Unabhängigkeitskrieg *(siehe S. 50f)* spanischen Truppen standhielt. Wellington nutzte Elvas als Stützpunkt bei der Belagerung von Badajoz auf der anderen Seite des Guadiana.

Zwei weitere Forts sind erhalten: **Forte de Santa Luzia** (1641–87) südöstlich und zwei Kilometer nördlich **Forte de Graça** (18. Jh.), noch heute ein militärischer Stützpunkt.

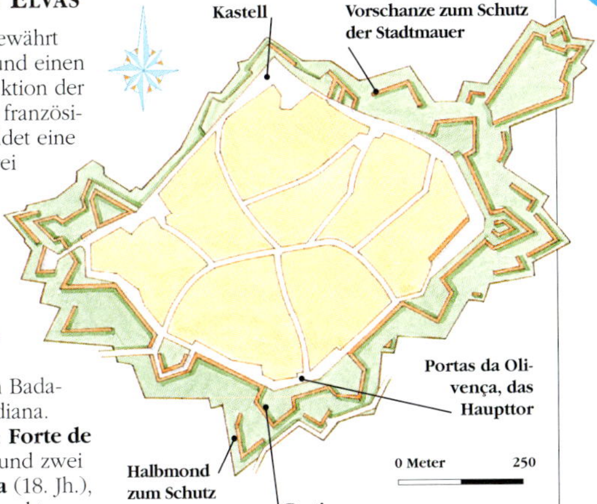

Kastell

Parada do Castelo. *tägl.*

1226 erneuerte Sancho II das ursprünglich römisch-maurische Kastell, das über die steilen Straßen Elvas' wacht. Später folgten weitere Veränderungen, in erster Linie durch König Dinis und gegen Ende des 15. Jahrhunderts durch João II, dessen Wappen mit einem Pelikan über dem Eingang zu sehen ist. Der große Bergfried wurde 1488 gebaut. Bis zum Ende des 16. Jahrhunderts residierten hier die Bürgermeister von Elvas.

Nossa Senhora da Assunção

Praça da República. *268-62 59 97.* *Mo–Fr.* *(über Seiteneingang).*

Bis 1882 war dies die Kathedrale von Elvas. Architekt war Francisco de Arruda, von dem auch der Aquädukt stammt. Es wurde viel an der Kirche verändert, doch das manuelinische Südportal blieb erhalten. Die *azulejos* im Kirchenschiff stammen aus dem frühen 17. Jahrhundert.

Museu Arqueológico

Largo do Colégio. *268-62 24 02.* *Di–So (Bibliothek Mo–Sa).* *1. Jan, Ostern, 25. Dez.* *Museum.*

In den kühlen Räumen des seit 1880 bestehenden archäologischen Museums – einst ein Jesuitenkloster – sind Exponate vom römischen Wassertopf bis zu prähistorischen Artefakten ausgestellt. Die angeschlossene Bibliothek, die man durch ein malerisch gekacheltes Portal betritt, enthält 50 000 Bücher, darunter eine große Zahl seltener früher Werke.

Nossa Senhora dos Aflitos

Largo do Pelourinho. *Di–So.*

Das einfache Äußere täuscht über den Reichtum im Inneren der Kirche (16. Jh.) hinweg: Der achteckige Grundriss stammt von einer früheren Templerkirche, die Marmorsäulen und imposanten gelb-blauen *azulejos* an Wänden und Kuppel kamen im 17. Jahrhundert hinzu.

Gleich hinter der Kirche liegt der arabische Bogengang Porta da Alcáçova, Rest der maurischen Festung von Elvas. Auf dem angrenzenden Largo do Dr. Santa Clara steht ein Pranger, noch mit Haken versehen und im typisch manuelinischen Stil *(siehe S. 20f)* geschnitzt.

Largo do Dr. Santa Clara mit Pranger

Bogen des großen Aquädukts

Aqueduto da Amoreira

Bis zum 16. Jahrhundert war die Alcalá im Westen von Elvas die einzige Trinkwasserquelle. Als sie zu versiegen begann, hatten besorgte Bürger die Idee, einen Aquädukt von der acht Kilometer entfernten Quelle in Amoreira zu bauen. Die Arbeiten dauerten von 1498 bis 1622. Die großen runden Pfeiler und insgesamt 843 Bogen, zum Teil bis zu fünf Etagen übereinander, durchqueren das Tal. Noch heute wird Wasser in den Brunnen auf dem Largo da Misericórdia geführt. Das Werk des Architekten Francisco de Arruda ist bis zu 30 Meter hoch.

Vila Viçosa: Paço Ducal

Seit Jaime 1501 den üppigen Palast in Vila Viçosa erbauen ließ, zogen ihn die Herzöge von Bragança ihren anderen Ländereien als Residenz vor. Als der achte Herzog König wurde, nahm er viele Möbel nach Lissabon mit, doch noch immer beeindruckt die lange Suite im ersten Stock – von der Sala da Cabra-Cega, in der bei königlichen Festen Blindekuh gespielt wurde, bis zur großartigen Sala de Hércules. Etwas dezenter sind die Räume König Carlos' und seiner Frau, die fast so aussehen, wie er sie am Tag vor dem Attentat verließ.

Kapelle
Trotz späterer Veränderungen sind Elemente aus dem frühen 16. Jahrhundert wie die Kassettendecke erhalten. Hier erfuhr der achte Herzog am 3. Dezember 1640, dass er König werden sollte.

★ Sala dos Duques
Porträts aller Herzöge von Bragança, gemalt von dem Italiener Domenico Dupra (1689–1770) im Auftrag Joãos V, schmücken die Decke des Herzogssaals. Die Wände zieren Gobelins mit Szenen aus dem Leben Achilles'.

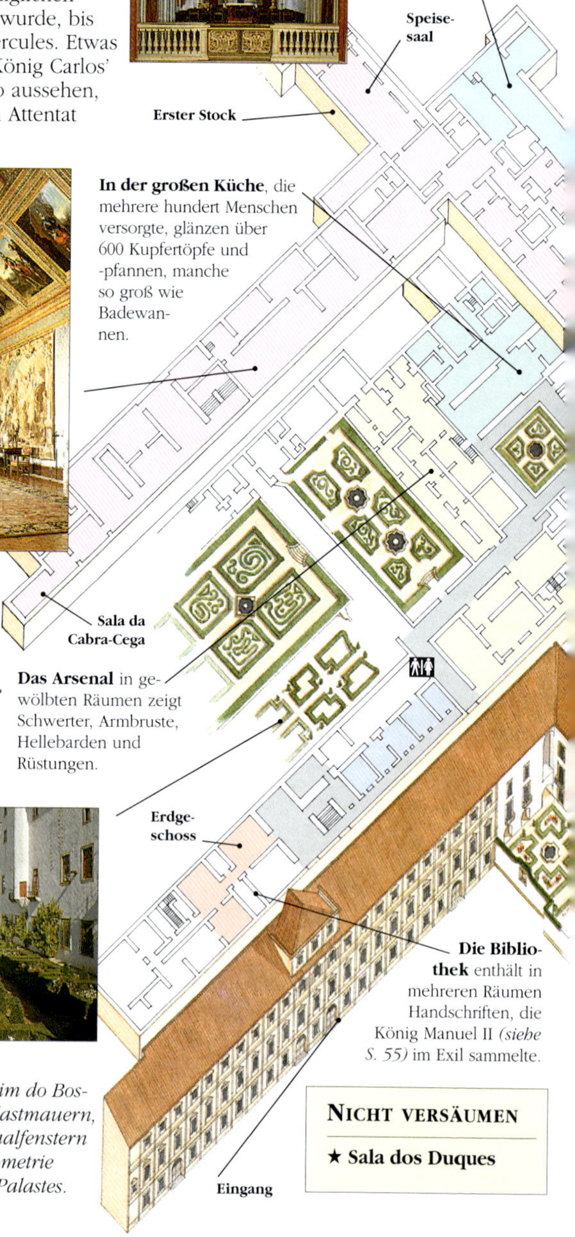

In der großen Küche, die mehrere hundert Menschen versorgte, glänzen über 600 Kupfertöpfe und -pfannen, manche so groß wie Badewannen.

Das Arsenal in gewölbten Räumen zeigt Schwerter, Armbruste, Hellebarden und Rüstungen.

Die Bibliothek enthält in mehreren Räumen Handschriften, die König Manuel II *(siehe S. 55)* im Exil sammelte.

Gartenanlagen
Jardim da Duquesa und Jardim do Bosque liegen teilweise hinter Palastmauern, können aber von den Speisesaalfenstern aus gesehen werden. Ihre Geometrie passt zum Architekturstil des Palastes.

Nicht versäumen

★ Sala dos Duques

INFOBOX

Terreiro do Paço.
☎ *268-98 06 59.*
○ *Di–Fr 9.30–13, 14–17 Uhr, Sa, So 9.30–13, 14.30–18 Uhr.*
● *1. Jan, Ostern, 25. Dez, 1. Mai.*
obligatorisch.

LEGENDE

- Königliche Räume
- Bibliothek
- Kapelle
- Arsenal
- Küche
- Schatzkammer
- Öffentliches Gelände

KURZFÜHRER

Einstündige Führungen zeigen die königlichen Räume im ersten Stock sowie Küche und Schatzkammer im Erdgeschoss. Für das Kutschenmuseum auf der Nordseite und das Waffenarsenal benötigt man je eine separate Eintrittskarte. Manche Bereiche können ab und zu geschlossen sein.

Vila Viçosa ⑨

Straßenkarte D5. *8700.* *Praça da República (268-88 11 01).* *Mi.*

NACH VERTREIBUNG der Mauren 1226 wurde die Gebirgsstadt Val Viçosa, »fruchtbares Tal«, genannt. Ab dem 15. Jahrhundert war sie Landsitz der Herzöge von Bragança. Als der achte Herzog König João IV wurde, vergrößerte man sie, damit sie den Ansprüchen des Adels und der Minister gerecht wurde. Häuser aus weißem Marmor an von Orangenbäumen gesäumten Straßen zeugen von der königlichen Vergangenheit.

Anklänge an die Braganças sind zahlreich. Die 110 Meter lange Fassade des **Paço Ducal** beherrscht die Westseite des Terreiro do Paço, in den die **Porta dos Nós** führt, ein Tor aus Marmor und Schiefer mit dem Knoten der Braganças. In der Mitte des Platzes blickt ein Reiterstandbild von João IV auf die **Igreja dos Agostinhos** (der Öffentlichkeit nicht zugänglich). 1267 erbaut und im 17. Jahrhundert erneuert, war sie als letzte Ruhestätte der Herzöge gedacht, doch trotz ihrer Liebe zu Vila Viçosa sind die meisten in Lissabon in São Vicente de Fora *(siehe S. 72)* beigesetzt. Im **Convento das Chagas**, einem von der zweiten Frau des vierten Herzogs 1530 gegründeten Renaissancegebäude auf der Südseite des Platzes, ruhen die Gemahlinnen der Herzöge.

Blick vom Kastell in Vila Viçosa auf den Paço Ducal

Neben dem Paço Ducal führt ein 18 Kilometer langer Wall um die **Tapada Real**, das königliche Jagdgelände. Auf dem Berg baute König Dinis eine **Burg**, die Residenz der Braganças von 1461 bis zur Bewohnbarkeit des Paço Ducal; heute ist hier eine Ausstellung über die Geschichte der Jagd.

Das gotische Bild der Jungfrau Maria in der nahe gelegenen Kirche **Nossa Senhora da Conceição** (14. Jh.) soll aus England stammen. João IV ernannte sie 1646 zur Schutzheiligen Portugals – danach trug kein portugiesischer König mehr eine Krone.

Burg
Avenida Duques de Bragança.
☎ *268-98 01 28.* ○ *Di–So.*
● *Feiertage.*

DAS KÖNIGSHAUS BRAGANÇA

Catarina, 1638 in Vila Viçosa geboren

Afonso, unehelicher Sohn von João I, wurde 1442 zum Herzog von Bragança, dem ersten einer einflussreichen, aber blutbefleckten Dynastie. Fernando, der dritte Herzog, wurde 1483 von seinem Cousin João II hingerichtet. Der labile vierte Herzog, Jaime, sperrte seine Frau in die Zitadelle *(siehe S. 258)* und tötete sie dann in Vila Viçosa. Jaime begann den Bau des Palastes, der von den folgenden Herzögen weitergeführt wurde. Nur ungern gab der achte Herzog sein Leben hier auf, um den Thron zu besteigen *(siehe S. 50)*.

Die Braganças herrschten 270 Jahre über Portugal, häuften Vermögen an und schufen Bündnisse (die Tochter Joãos IV, Catarina, heiratete Charles II von England), doch Inzucht schwächte die Dynastie *(siehe S. 51)*. Der letzte König, Manuel II, floh 1910 ins Exil, zwei Jahre nachdem sein Vater und Bruder von Republikanern erschossen worden waren. Der jetzige Herzog ist Landwirt bei Viseu.

Porta dos Nós – die Knoten sind das Symbol der Braganças

Alandroal inmitten von Korkeichenhainen

Alandroal ⑩

Straßenkarte D5. 2500. *Praça da República (268-44 00 45). Mi.*

Das Städtchen Alandroal wurde von den Avis-Rittern erbaut, die hier ab 1220 lebten. Die Häuser gruppieren sich um eine kaum erhaltene **Burgruine**; eine Inschrift deutet darauf hin, dass die Burg 1298 vollendet wurde. Die **Igreja Matriz** stammt aus dem 16. Jahrhundert.

Die **Misericórdia**-Kirche nahe den Burgmauern beherbergt schöne *azulejos*, angeblich von Policarpo de Oliveira Bernardes (1695–1778).

Umgebung: Terena, zehn Kilometer südlich, ist für seine Tonwaren bekannt. In der Sakristei (14. Jh.) von **Nossa Senhora de Boa Nova** zeigen Fresken (1706) an Wänden und Decke Heilige und Könige Portugals. Für Besichtigungen melden Sie sich im Haus gegenüber.

Marmor, das »weisse Gold« des Alentejo

Portugal ist der zweitgrößte Marmorexporteur der Welt. Selbst Italien, der größte Exporteur, kauft dessen Qualitätsstein. Über 500 000 Tonnen pro Jahr (fast 90 Prozent) stammen aus den Steinbrüchen um Estremoz. Dieser und der Marmor aus dem nahen Borba sind weiß oder rosa, der in Viana do Alentejo ist grün. Seit der Römerzeit baut man mit Marmor. In Städten wie Évora *(siehe S. 302ff)* und Vila Viçosa *(siehe S. 298f)* machen die schimmernden Paläste und Treppen deutlich, warum man den Marmor Portugals »weißes Gold« nennt.

Steinbrucharbeiter bei Estremoz verladen riesige Marmorblöcke

Redondo ⑪

Straßenkarte D5. 4000. *Praça da República (266-90 91 00). 2. Do im Monat.*

Redondo ist nicht nur das Zentrum eines der Weinbaugebiete des Alentejo *(siehe S. 29)*, sondern auch berühmt für Tonwaren. Produziert werden Wasserkrüge, Töpfe und Schalen im römischen Stil mit folkloristischen Motiven *(siehe S. 25)*. Auf dem Weg zur **Burgruine** kann man sie in den winzigen weißen Häusern einkaufen.

Umgebung: Der **Convento de São Paulo**, zehn Kilometer nördlich in der Serra de Ossa, entstand 1376; Catarina von Bragança machte hier 1692 nach dem Tod ihres Mannes, König Charles II von England, Rast. Das heutige Luxushotel *(siehe S. 396)* verfügt noch über *azulejos* aus dem 16. bis 18. Jahrhundert.

Estremoz ⑫

Straßenkarte D5. 9000. *Largo da República 26 (268-33 35 41). Sa.*

Estremoz, Bollwerk im Unabhängigkeits- *(siehe S. 50f)* und im Bruderkrieg *(siehe S. 54)*, blickt auf Haine knorriger Olivenbäume.

Die mittelalterliche Oberstadt zwischen dicken Schutzwällen überragt ein 27 Meter hoher Bergfried aus Marmor (13. Jh.) – der **Torre das Três Coroas**, Turm der drei Kronen. Der Name erinnert an Sancho II, Afonso III und Dinis, unter deren Regentschaften er entstand. Das angrenzende Kastell und der für Isabel errichtete Palast wurden zu einer *pousada (siehe S. 395)* umgebaut. Hier starb 1336 Isabel *(siehe S. 45)*, Gemahlin König Dinis'; die ihr gewidmete **Capela da Rainha Santa** enthält *azulejos* mit Szenen aus ihrem Leben.

Der Wochenmarkt auf dem Hauptplatz der Unterstadt, dem Rossio, spiegelt das ländliche Leben der Gegend wider. Am Rand des Platzes sind

Reste des Palastes von König Dinis und das **Museu Municipal**, das archäologische Funde, restaurierte Wohnzimmer und *bonecos* zeigt, schöne Tonfiguren, für die Estremoz berühmt ist *(siehe S. 25)*.

Museu Municipal
Largo Dom Dinis. *268-33 92 00.* *Di–So.* *Feiertage.*

Capela da Rainha Santa
Largo Dom Dinis. Zutritt durch die angrenzende Designgalerie auf Anfrage.

Évoramonte ⓭

Straßenkarte D5. *1000.* *Junta de Freguesia (268-95 02 00).*

Stein-»Band« an der Burgmauer in Évoramonte

In Évoramonte erinnert eine Tafel über der Tür von Haus Nr. 41 daran, dass König Miguel am 26. Mai 1834 hier abdankte und so den Konflikt mit seinem älteren Bruder *(siehe S. 54)* beendete.

Die auffallende **Burg**, deren Mauern Stein-»Bänder« umgeben, ersetzte eine frühere, bei einem Erdbeben 1531 zerstörte. Das alte Gemäuer (16. Jh.) wurde trotz einiger Bedenken mit Beton »restauriert«. Eine Ausstellung informiert über die Geschichte der Burg.

Burg
Di–So.

Arraiolos ⓮

Straßenkarte D5. *3500.* *Praça Lima e Brito (266-49 02 54).* *1. Sa im Monat.*

Die Gründung von Arraiolos um 300 v. Chr. wird Kelten oder lokalen Stämmen zugeschrieben. Das **Kastell** (14. Jh.) scheint von der Stadtmauer und der bedrohlich aufragenden **Igreja do Salvador** (16. Jh.) förmlich erdrückt zu werden. Die Häuser sind Azulejo-typisch niedrig und weiß, mit blauer Verzierung zur Abwehr des Teufels.

Hauptsehenswürdigkeiten von Arraiolos sind die bunten Wollteppiche, die die Frauen in schattigen Räumen hinter der Hauptstraße fertigen und die Herrenhäuser und Paläste in Portugal zieren. Wohl maurischen Ursprungs, erlangte diese Kunst ihren Höhepunkt mit den Blumenmustern aus dem 18. Jahrhundert, zu bewundern in der **Câmara Municipal**. In Teppichläden dort sieht man zeitgenössische Entwürfe mit leuchtenden Farben und weniger ausgearbeiteten Mustern.

Umgebung: In **Pavia**, 18 Kilometer nördlich, ist eine winzige Kapelle in einen Dolmen gebaut. Schilder führen zur Anta de São Dinis; das Café nebenan hat den Schlüssel.

Blick in das Langhaus der Igreja Matriz in Montemor-o-Novo

Montemor-o-Novo ⓯

Straßenkarte C5. *9000.* *Largo Calouste Gulbenkian (266-89 81 03).* *2. Sa im Monat.*

Montemor wurde erst von den Römern, dann von den Mauren befestigt – der Name des nahen Flusses Almançor erinnert an den arabischen Krieger al-Mansur. Als die Stadt unter Sancho I den Mauren entrissen war, erhielt sie 1203 die Stadtrechte. Die Burg, Ende des 13. Jahrhunderts wieder aufgebaut, ist heute eine Ruine.

Die **Igreja Matriz** (17. Jh.) steht auf dem Largo de São João de Deus, so benannt nach einem 1495 in der Nähe geborenen Heiligen, dem Gründer des Hospitaliterordens, der für Kranke, Findelkinder und Gefangene sorgte.

In einem ehemaligen Kloster in der Oberstadt zeigen das **Museu de Arqueologia** und das **Museu Regional** archäologische Funde der Umgebung.

Museu de Arqueologia
Convento de São Domingos, Largo Professor Dr. Banha de Andrade. *266-89 02 35.* *Di–So.* *1. Jan, 25. Dez.*

Arraiolos, gekrönt von Kastell und Igreja do Salvador

Im Detail: Évora ⓰

Die zauberhafte Stadt Évora erhebt sich über den Ebenen des Alentejo. Sie erlangte schon unter den Römern Bedeutung, ihre Blüte erlebte sie im Mittelalter als Zentrum von Wissenschaft und Kunst. Zunächst beliebte Residenz der Könige Portugals, verlor Évora nach der Annexion durch Spanien 1580 deren Gunst. Als im 18. Jahrhundert die Jesuitenuniversität geschlossen wurde, verminderte sich sein Einfluss weiter. Heute beleben wieder Studenten die Straßen, neben den Besuchern, die die Altstadt-Atmosphäre genießen. Die UNESCO trug der Bedeutung Évoras Rechnung und erklärte es 1986 zum Weltkulturerbe.

★ Römischer Tempel
Der Tempel aus dem 2. oder 3. Jahrhundert wurde wahrscheinlich der Göttin Diana geweiht. Bis 1870 diente er als Arsenal, Theater und Schlachthof.

Rua 5 de Outubro
Hier gibt es Kurioses und Kunsthandwerk, von bemalten Stühlen bis zu geschnitztem Kork.

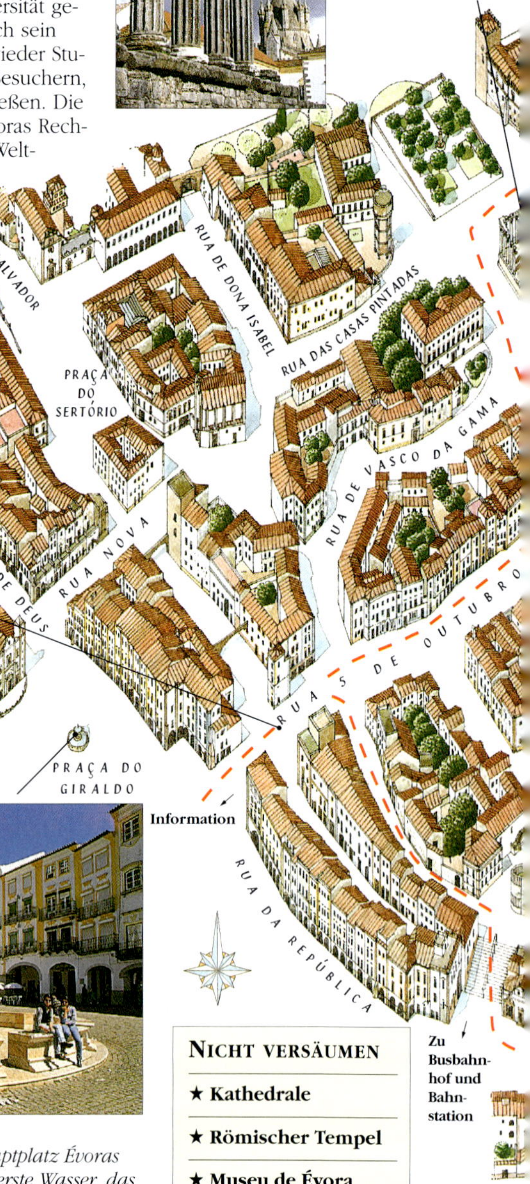

0 Meter 50

Legende

Routenempfehlung

Praça do Giraldo
Der Marmorbrunnen auf dem Hauptplatz Évoras wurde 1571 gebaut. Hier floss das erste Wasser, das der Aquädukt der Stadt lieferte (siehe S. 305).

Nicht versäumen

- ★ **Kathedrale**
- ★ **Römischer Tempel**
- ★ **Museu de Évora**

Convento dos Lóios

Das Kloster (15. Jh.) ist heute eine pousada: *Die Gäste schlafen in Zellen und speisen im Kreuzgang* (siehe S. 395). *Die Kirche mit der weißen Front, bekannt als Os Lóios oder São João Evangelista, birgt bemerkenswerte* azulejos *(18. Jh.).*

INFOBOX

Straßenkarte D5. *55 000.* *Largo da Estação.* *Estrada de Lisboa.* *Praça do Giraldo (266-70 26 71), Rua Avis 90 (266-74 25 35).* *Sa u. 2. Di im Monat.* *Juni: Festa de São João; Sep (ungerade Jahre): Luftfahrtschau.*

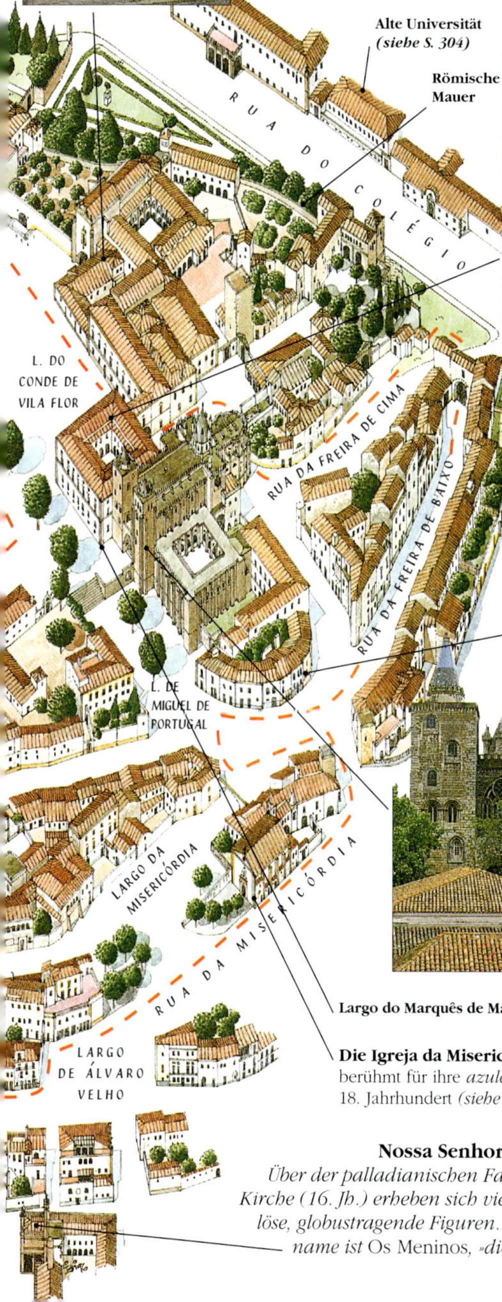

★ Museu de Évora

Das Stadtmuseum (siehe S. 304) *zeigt Werke von Künstlern, die in Évora arbeiteten, so auch* Zwei Heiligenbischöfe *vom Meister von Sardoal.*

Casa de Garcia de Resende

Das Haus des Renaissancedichters und Diplomaten Garcia de Resende (1470–1536) zeichnet sich durch ein manuelinisches Fenster aus.

★ Kathedrale

Évoras Kathedrale (siehe S. 304), *deren Bau 50 Jahre dauerte, ähnelt einer Festung. Das Portal wird von zwei beeindruckenden Türmen flankiert.*

Largo do Marquês de Marialva

Die Igreja da Misericórdia ist berühmt für ihre *azulejos* aus dem 18. Jahrhundert *(siehe S. 22).*

Nossa Senhora da Graça

Über der palladianischen Fassade der Kirche (16. Jh.) erheben sich vier muskulöse, globustragende Figuren. Ihr Spitzname ist Os Meninos, *»die Kinder«.*

Überblick: Évora

Zwischen römischen, mittelalterlichen und aus dem 17. Jahrhundert stammenden Mauern herrscht architektonischer und kultureller Überfluss. Ein Bummel von der düsteren Kathedrale, vorbei an den Läden in der Rua 5 de Outubro, führt zur Praça do Giraldo, dem lebhaften Hauptplatz der Stadt, dessen Arkaden starken maurischen Einfluss zeigen. Die Anzahl und Verschiedenartigkeit der Kirchen – über 20 Kirchen und Klöster, inklusive der grausigen Knochenkapelle – zeugen von religiöser Hingabe. Eine fröhlichere Seite der Stadt erleben Sie bei einem Spaziergang durch historische Straßen mit Namen wie »Allee des unrasierten Mannes« oder »Straße des Schneiders der Gräfin«.

***Azulejos* in der Alten Universität: Aristoteles unterweist Alexander**

Kathedrale

Largo do Marquês de Marialva.
266-26 910. tägl. (Museum Di–So). Kreuzgang u. Museum.

Die burgähnliche Granitkathedrale Santa Maria wurde 1186 begonnen, 1204 geweiht und 1250 vollendet. Sie vereint Romanisches mit Gotischem und wirkt asymmetrisch: Ein Turm besitzt Strebepfeiler, den anderen krönt ein blauer Kegel. Das Portal wird von einer wunderbaren Plastik der Apostel (14. Jh.) flankiert. Den Hochaltar (18. Jh.) und die Marmorkanzel schuf J. F. Ludwig, der Architekt des Klosters in Mafra *(siehe S. 52f)*. Das Renaissanceportal zum nördlichen Querschiff stammt von Nicolau Chanterène. In den Ecken des Kreuzgangs (um 1325) wachen Statuen der Evangelisten.

Eine Schatzkammer birgt sakrale Kunst. Der Körper einer Elfenbeinmadonna öffnet sich zu einem Triptychon mit geschnitzten Szenen: ihr Leben in neun Episoden.

Museu de Évora

Largo do Conde de Vila Flor (bis Ende der Umbauarbeiten derzeit in der Rua de Serpa Pinto).
266-70 80 95. Di–So. einige Feiertage.

Das Regionalmuseum im Palast (16. Jh.), einst Bischofs- und Gouverneursresidenz, illustriert Évoras lange Geschichte, von römischen Säulen bis zu modernen Plastiken aus cremefarbenem Marmor. Ein schönes maurisches Fenster stammt aus dem alten Rathaus, ein Steinfries wahrscheinlich aus dem römischen Tempel. Sehenswert sind u. a. die *Vida da Virgem* (16. Jh.), ein flämisches Polyptychon mit 13 Bildtafeln, und diverse Arbeiten des Meisters von Sardoal.

Apostelfiguren schmücken das gotische Portal der Kathedrale

Alte Universität

Largo dos Colegiais. *266-74 08 75. tägl. Feiertage. Sa, So.*

Mit dem Colégio do Espírito Santo der Jesuiten wurde Évora, bereits bekannt für seine Architektur und sakrale Kunst, auch ein Ort der Gelehrsamkeit. 200 Jahre lang bestand das Kolleg, das 1559 von Kardinal Henrique, Bruder Joãos III, eingeweiht, 1759 aber geschlossen wurde, als der Marquês de Pombal im Zuge seiner Reformen die Jesuiten vertrieb *(siehe S. 53)*.

Heute Teil der Universität, hat es einen schönen Kreuzgang und *azulejos* – mit entsprechenden Themen, so etwa Platon beim Vortrag vor seinen Schülern (1744–49). Die Barockkapelle (18. Jh.), heute die Sala dos Actos, dient den Abschlussfeiern.

Praça do Giraldo

Der lebhafte Hauptplatz Évoras wird auf seiner östlichen Seite von anmutigen maurischen Arkaden gesäumt. Man sagt, dass der Name Giraldo von Geraldo Sem-Pavor (dem Furchtlosen) herrühre, einem Raubritter, der 1165 für König Afonso Henriques die Mauren vertrieb.

João II beobachtete hier 1483 die Enthauptung seines Schwagers, des Herzogs von Bragança, und 1573 brannten auf diesem Platz die Feuer der Inquisition. Heute ist er ein beliebter Treffpunkt, besonders an Markttagen.

São Francisco

Praça 1 de Maio. *266-70 45 21. tägl. Capela dos Ossos.*

Die Hauptattraktion der Kirche (15. Jh.) ist die Capela dos Ossos. Die Knochenkapelle mit den Überresten von 5000 Mönchen wurde im 17. Jahrhundert gebaut. Zwei lederartige Körper baumeln an einer Kette. Am Eingang wird an die Sterblichkeit erinnert: *Nós ossos que aqui estamos, pelos vossos esperamos* (Wir, die hier versammelten Gebeine, warten auf die euren).

Largo da Porta de Moura mit eindrucksvollem Renaissancebrunnen

Largo das Portas de Moura

Der Westeingang zu diesem Platz wird von den Überresten eines maurischen Tores bewacht. Die Casa Soure und die doppelten Bogen des Belvedere der Casa Cordovil gegenüber zeigen arabischen Einfluss auf die Architektur in Évora. Der in der Mitte liegende, an einen futuristischen Reichsapfel erinnernde Brunnen datiert von 1556. Im Süden des Platzes weist das Portal des Convento do Carmo das Knotensymbol der Braganças *(siehe S. 299)* auf.

Jardim Público

tägl.

Am Südrand der Altstadt markieren die öffentlichen Gärten Évoras die Stelle des grandiosen Palácio de Dom Manuel, einst für Afonso V (1438–81) erbaut und von nachfolgenden Königen ausgeschmückt. Der Schauplatz großer Bankette und Zeremonien verfiel später und verschwand 1895 vollständig. Zurück blieb nur die Galeria das Damas, eine Rekonstruktion des Gangs und des für Manuel I (1495–1521) gebauten Pavillons.

Festungsmauern

Die Festungsanlage bildet zwei unvollständige konzentrische Kreise. Der innere, von dem nur Fragmente sichtbar sind, ist römisch (ca. 1. Jh. n. Chr.) mit maurischen und mittelalterlichen Ergänzungen – die beiden kurzen Türme, die Namensgeber des Largo da Porta de Moura, markieren ein arabisches Tor.

Zum Schutz der wachsenden Stadt entstanden im Lauf des 14. Jahrhunderts unter Fernando I neue Mauern mit 40 Türmen und zehn Toren, inklusive der noch erhaltenen Porta de Alconchel.

Als João IV 1640 zum König erklärt wurde *(siehe S. 50f)*, verstärkte man in Erwartung spanischer Angriffe die Mauern des äußeren Rings. Diese Mauern aus dem 17. Jahrhundert sind heute am besten zu erkennen. Die Angst vor einem Angriff war gerechtfertigt: 1663 widerstanden die Mauern dem Ansturm der spanischen Belagerer.

Erhaltene Bogen von Évoras Aquädukt (16. Jh.)

Aqueduto da Água de Prata

Francisco de Arruda, der berühmte Architekt der Stadt, erbaute Évoras Aquädukt zwischen 1531 und 1537. Das Werk galt als Wunder und wurde in Luís de Camões' Epos *Os Lusíadas* beschrieben. Ursprünglich trug er »silbernes Wasser«, wie man sagte, bis zur Praça do Giraldo. Im 17. Jahrhundert wurde er während des Unabhängigkeitskriegs gegen Spanien zerstört, doch kann man, von Nordwest kommend, einen noch erhaltenen Teil (etwa neun Kilometer lang) bewundern: Von der Rua Cândido dos Reis ist er gut zu sehen.

Die Römer im Alentejo

Nachdem die Römer die Herrschaft über Lusitania *(siehe S. 40f)* errungen hatten, machten sie den Alentejo zu einem riesigen Weizenfeld: Ihr Name für die Hauptstadt Ebora Cerealis (Évora) – zeigt, wie wichtig das Getreide für sie war. Die von ihnen gegründeten großen Landgüter, *latifúndios*, haben überlebt, ebenso wie ihr Bergbau. Der Marmor vor Ort wurde für den Bau edelster Villen verwendet. Die Spuren der Römer sind allgegenwärtig, besonders in Évora und Beja *(siehe S. 311)* sowie in abgelegeneren Orten wie São Cucufate nahe Vidigueira *(siehe S. 310)* und Miróbriga nahe Santiago do Cacém *(siehe S. 312)*.

Römische Brücke über den Odivelas nahe Vidigueira

Megalithstätten ⑰

ARCHÄOLOGEN DATIEREN die *pedras talhas*, behauene Steine, nahe Évora auf die Zeit zwischen 4000 und 2000 v. Chr. Ihre Bedeutung ist unklar. Dolmen werden vermutet, wo neolithische Gemeinschaften ihre Toten mit deren Habe begruben – mehr als 130 fand man in der Region. Phallische Menhire ragen aus Olivenhainen hervor und lassen an Fruchtbarkeitsriten denken, während Kromlechs, in Gruppen geordnete Steine mit Meißelarbeiten, wohl einen religiösen Hintergrund hatten. Die Tour führt zu Beispielen; weitere gibt es östlich, nahe Monsaraz. Das Museum in Montemor-o-Novo *(siehe S. 301)* zeigt Fundstücke.

Menhir von Almendres ②
Dieser 2,5 Meter hohe Stein steht abseits vom Kromlech in einem Olivenhain hinter einer Reihe hoher Speicher der Cooperativa Agrícola.

Kromlech von Almendres ③
Dieses Oval aus 95 elliptischen Steinen soll ein dem Sonnenkult gewidmeter Tempel gewesen sein. Von der N114 aus führen Hinweisschilder hierher.

Grutas do Escoural ⑥
Diese 1963 entdeckten Höhlen enthalten über 15 000 Jahre alte Malereien.

Évora ①
Auf dem welligen Ackerland rund um die historische Stadt Évora *(siehe S. 302 ff)* fand man mindestens 150 Megalithen.

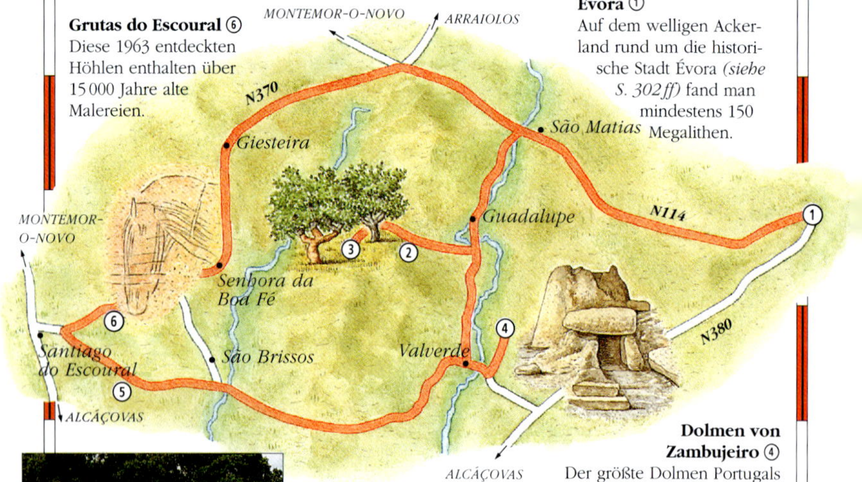

Dolmen von Zambujeiro ④
Der größte Dolmen Portugals hat einen 14 Meter langen Eingangsbereich, der zu einer aus enormen Steinen gebauten Kammer führt. Er liegt abgelegen; die Straße von Valverde führt über Ackerland.

Dolmenkapelle von São Brissos ⑤
Hinter dem Dörfchen Brissos wurde die winzige Kapelle aus einer *anta*, Dolmen, gebaut. Eine weitere gibt es in Pavia *(siehe S. 301)*.

LEGENDE

Routenempfehlung

Andere Straße

0 Kilometer 5

ROUTENINFOS

Länge: *80 km.*

Zugang: *Nur Escoural ist bewacht. Die Höhlen sind über Mittag, montags und zu manchen anderen Zeiten geschlossen. Die Zufahrtsstraßen sind oft nur Pfade; Ausschilderungen sind teilweise widersprüchlich.*

Die engen Straßen von Monsaraz an einem Stierkampftag

Monsaraz ⓲

Straßenkarte D5. *150.*
Largo Dom Nuno Álvares Pereira 5 (266-55 71 36).

DAS MITTELALTERLICHE, von einer Festung umgebene Städtchen thront über dem Fluss Guadiana an der Grenze zu Spanien. Es hat turbulente Zeiten erlebt. Geraldo Sem-Pavor (der Furchtlose) rang es 1167 den Mauren ab und übergab es den Tempelrittern. Seine Grenzlage machte es weiterhin zum Ziel spanischer Angriffe, 1381 kam die Bedrohung von unerwarteter Seite: Truppen des Grafen von Cambridge, Portugals Alliiertem, waren erbost über die ausbleibende Bezahlung und die Annullierung der Verlobung des Grafen mit der Tochter Fernandos I; ihr Zorn entlud sich auf Monsaraz.

Wichtigster Zugang zur Stadt ist die wuchtige Porta da Vila. Die Hauptstraße, Rua Direita, führt zum **Kastell**, das im 13. Jahrhundert als bedeutender Teil des Grenzschutzes von Afonso III und Dinis erbaut und im 17. Jahrhundert verstärkt wurde. Der Bergfried gewährt einen Panoramablick. An seinem Fuß liegt der Garnisonshof, der heute gelegentlich als Stierkampfarena dient.

Der vergoldete Altar und die bemalten Pfeiler der **Igreja Matriz** (16. Jh.) in der Rua Direita sind sehenswert, ebenso die Häuser (17. und 18. Jh.) mit Wappen. Das **Museu de Arte Sacra** im gotischen Paços da Audiência zeigt Gewänder, religiöse Bücher und Plastiken. Dass das Gebäude einst ein Justizpalast war, lässt ein Fresko erkennen: *O Bom e o Mau Juiz* (Der gute und der schlechte Richter).

Museu de Arte Sacra

Largo Dom Nuno Álvares Pereira.
Di–So.

UMGEBUNG: Etwa 16 Kilometer westlich liegt im Herzen eines Weinbaugebiets *(siehe S. 29)* **Reguengos de Monsaraz**. Der Architekt der Lissabonner Stierkampfarena *(siehe S. 120)* baute hier die neogotische Kirche Santo António (19. Jh.).

In der Nähe von Monsaraz fand man Megalithen wie den 5,6 Meter hohen **Menhir von Outeiro** und den seltsam beschrifteten **Menhir von Bulhôa**. Sie sind von Telheiro aus, nördlich von Monsaraz, ausgeschildert. Vier Kilometer südlich befindet sich der **Kromlech von Xerez**, ein Menhir in einem Viereck kleinerer Steine.

Acht Kilometer weiter stehen in **Mourão** große Schornsteine auf winzigen Häusern. Die Burg (14. Jh.) blickt auf den Fluss Guadiana und den großen neuen Alquera-Damm.

Viana do Alentejo ⓳

Straßenkarte D6. *3500.*
Praça da República 13 (266-93 00 12). *2. u. letzter Do im Monat.*

DIE QUELLEN von Viana do Alentejo versorgen seit der Römerzeit das trockene Land des Alentejo mit Wasser. Die **Burg** wurde ab 1313 nach Plänen König Dinis' gebaut: Die Höhe der äußeren Mauer war exakt so berechnet, dass sie die Soldaten vor angreifenden Lanzenträgern schützte. Die zylindrischen Türme zeigen maurischen Einfluss und sind geprägt durch Umbauten von João II, der hier 1481/82 eine Versammlung abhielt.

Die mit Zinnen und Spitztürmen versehene benachbarte **Igreja Matriz** (16. Jh.) hat einen manuelinischen Eingang, der in ein majestätisches, dreischiffiges Inneres führt.

Ein zehnminütiger Gang gen Osten führt zu der im 18. Jahrhundert wieder aufgebauten Pilgerkirche **Nossa Senhora de Aires**. Ihr Kanzelbaldachin kontrastiert mit den Votivbildern der Pilger.

UMGEBUNG: Das Schloss im maurischen Stil in **Alvito**, zehn Kilometer südlich, wurde 1482 für den gerade geadelten Baron von Alvito erbaut; es ist jetzt eine *pousada (siehe S. 395).*

Niedrige Dächer und charakteristische große Schornsteine in Mourão nahe Monsaraz

Stierkampf im Schatten des Kastells von Monsaraz aus dem 13. Jahrhundert ▷

Weinberge um Vidigueira im Abendlicht

Vidigueira 20

Straßenkarte D6. 2800.
Piscinas Municipais (284-43 65 64). 2. Sa im Monat.

VIDIGUEIRA WURDE durch seine edlen Weine zum Zentrum der Weinproduktion im Alentejo. Weniger bekannt ist, dass der Entdecker Vasco da Gama Graf von Vidigueira war. Seine Gebeine liegen im Mosteiro dos Jerónimos *(siehe S. 106f)*, befanden sich aber von 1539 bis 1898 im Convento do Carmo, der inzwischen in Privatbesitz ist. Auf einem nach ihm benannten blumenreichen Platz steht eine Statue des Entdeckers. Hauptsehenswürdigkeiten des Städtchens sind die **Misericórdia**-Kirche (1620) und ein Glockenturm aus Vasco da Gamas Zeit.

UMGEBUNG: Eine der imposantesten Römersiedlungen Portugals, **São Cucufate**, liegt vier Kilometer westlich. Das Gewölbe gehörte zu einer Villa des 4. Jahrhunderts. Ausgrabungen legten die Bäder eines Hauses (2. Jh.) frei, dessen Weinpressen, Reservoir und Tempel den damaligen Reichtum erahnen lassen.

Moura 21

Straßenkarte D6. 7000.
Largo de Santa Clara (285-25 13 75). 1. Sa im Monat.

IN DEM RUHIGEN STÄDTCHEN zwischen Kork- und Olivenbäumen verschmilzt Legende mit Geschichte. Salúquia, die Tochter eines maurischen Herrschers, soll sich vom Bergfried gestürzt haben, als sie vom Tod ihres Bräutigams hörte. Dieser Tragödie verdankt die Stadt ihren Namen: Moura, »die Maurin«. Die Altstadt charakterisieren enge Gassen und niedrige, weiß getünchte Häuser.

Moura war aufgrund seiner Grenzlage stets fremden Angriffen ausgeliefert. Im Unabhängigkeitskrieg *(siehe S. 50f)* wurde vieles zerstört, bis auf die **Burg** (13. Jh.), die dann aber 1707 von den Spaniern gesprengt wurde – nur Bruchstücke des Bergfrieds und der Wälle blieben erhalten.

Mouras malerisches maurisches Viertel

Nossa Senhora do Carmo, 1251 gegründet, war das erste Karmeliterkloster Portugals. Sehenswert sind der Kreuzgang, beeinflusst von Gotik und Renaissance, und die Fresken des Altarraums (frühes 18. Jh.).

Serpa 22

Straßenkarte D6. 6000.
Largo Dom Jorge de Melo 2–3 (284-54 47 27). letzter Di im Monat.

SERPAS DICKE MAUERN tauchen unerwartet aus einem Meer von Olivenhainen auf. Neben der gewaltigen **Porta de Beja** steht eine *nora*, ein arabisches Wasserrad. 1232 den Mauren abgerungen, blieb Serpa mit Ausnahme einer kurzen spanischen Annexion (1707) frei von Fremdherrschaft.

Die landwirtschaftlich orientierte Stadt produziert einen beliebten Schafskäse. Über hübschen Plätzen und Straßen mit Häusern, deren Weiß die Augen blendet, thront die ursprünglich maurische, dann im späten 13. Jahrhundert von König Dinis erneuerte **Burg**. Achten Sie in der Rua da Ladeira im **Convento de Santo António** (15. Jh.) auf die leuchtenden *azulejos* (18. Jh.)!

Serpas gewaltige Porta de Beja

UMGEBUNG: Serpa liegt nur 35 Kilometer von der Grenze zu Spanien entfernt. Die Mauren und später die Spanier kämpften um die Macht über die Region, die 1295 Portugal überlassen wurde. Zurück geblieben sind eine Kette von Wachtürmen und viele über die Berge verstreute Festungen. Eine von ihnen, das unbewohnte Fort in **Noudar**, entstand 1346. Doch in dieser abgelegenen Gegend sind auch Siedlungsspuren von Römern erhalten.

In **Barrancos** spricht man eine kaum verständliche Mischung aus Spanisch und Portugiesisch. Spezialität ist hier *pata negra*, Schinken von schwarzen Schweinen.

Liebesbriefe einer verzweifelten Nonne

»Marianas Fenster«

Die für ihre schöne Lyrik berühmten *Lettres portugaises*, 1669 in Frankreich publiziert, sind die ergreifenden Briefe einer Nonne, deren französischer Bräutigam, der Marquis von Chamilly, sie verlassen hatte: Mariana Alcoforado, 1640 in Beja geboren. Man mag die Autorenschaft der fünf Briefe anzweifeln, doch die Geschichte der liebeskranken Nonne lebt weiter – sogar Matisse malte ihr imaginäres Porträt. Und noch immer seufzen sentimentale Besucher des Klosters Nossa Senhora da Conceição in Beja (heute Regionalmuseum) vor »Marianas Fenster«.

Beja 23

Straßenkarte D6. *35 000.* *Rua Capitão João Francisco de Sousa 25 (284-31 19 13).* *Sa.*

Beja, die Hauptstadt des Baixo Alentejo, ist historisch bedeutend und wichtiges Zentrum für Weizen, Oliven und Kork, die in den umliegenden Ebenen gedeihen und von denen die Stadt lebt.

Unter Julius Caesar, der sie Pax Julia nannte, wurde sie nach dem Frieden mit den Lusitanern *(siehe S. 40)* Regionalhauptstadt. An der Stelle der Praça da República stand das römische Forum. Im Jahr 711 gaben die Mauren ihr den jetzigen Namen und führten eine hochstehende Kultur ein, bis sie schließlich 1162 verdrängt wurden.

Später war Beja Schauplatz von Kämpfen gegen repressive Regime. 1808 massakrierten französische Truppen die Einwohner und plünderten die Stadt. 1962 führte hier General Delgado unter dem Salazar-Regime *(siehe S. 56f)* einen erfolglosen Aufstand an.

Die Altstadt, ein Gewirr enger Straßen, zieht sich vom Bergfried Richtung Südosten bis zum Kloster São Francisco (13. Jh.), jetzt eine *pousada (siehe S. 395)*.

Museu Regional Rainha Dona Leonor

Largo da Conceição. 284-32 33 51. Di–So. Feiertage.

Im Herzen der Altstadt von Beja befindet sich das Regionalmuseum im einstigen Convento de Nossa Senhora da Conceição. Ein kleines Marmor-Ossarium nahe dem Eingang enthält die Knochen der ersten Äbtissin. Die meisten Exponate sind Gemälde und Wappen, doch auch das Gebäude selbst ist beachtenswert: Es vereint ein gotisches Kirchenportal und manuelinische Fenster mit einer blendenden Barockkapelle. Außerdem verfügt es über bemerkenswerte spanisch-arabische *azulejos* im Kapitelsaal und im Kreuzgang (16. Jh.). Eine Treppe höher befinden sich die archäologische Abteilung und »Marianas Fenster«.

Kapitelsaal des einstigen Klosters, heute Bejas Regionalmuseum

Bergfried

Largo do Lidador. 284-31 18 00. Di–So. Feiertage.

Der unverkennbare, 36 Meter hohe Bergfried markiert die nordwestliche Grenze des alten Viertels: Er wurde von König Dinis im späten 13. Jahrhundert erbaut. Nach 183 Stufen über drei Etagen werden Sie mit einem herrlichen Ausblick belohnt.

Der Bergfried, Bejas Wahrzeichen

Museu Visigótico

Largo de Santo Amaro. 284-32 33 51. Di–So. Feiertage. kombinierter Eintritt mit Museu Regional.

Gleich hinter dem Bergfried liegt Bejas älteste Kirche, Santo Amaro, deren westgotische Pfeiler noch erhalten sind. Sie gehört heute zum Museu Regional und zeigt Relikte aus diesem frühen Abschnitt von Portugals Geschichte.

Umgebung: Die Reste einer luxuriösen **römischen Villa** (1. Jh.) findet man in Pisões, zehn Kilometer südwestlich von Beja. Die Ausgrabungsarbeiten sind noch nicht beendet, doch Bodenmosaiken, Fragmente dekorierter Mauern, Bäder und eine antike Bodenheizung sind bereits zu besichtigen.

Römische Villa

Herdade de Almocreva, Estrada de Aljustrel. Di–So.

Igreja Matriz, Santiago do Cacém

Santiago do Cacém ㉔

Straßenkarte C6. 7000. *Largo do Mercado (269-82 66 96).* *2. Mo im Monat.*

Die Tempelritter *(siehe S. 184f)* erneuerten Santiago do Cacéms maurische Burg 1157. Von ihren Mauern, die den Friedhof der angrenzenden **Igreja Matriz** (13. Jh.) umgeben, blickt man auf die Serra de Grândola im Nordosten. Den hübschen Hauptplatz flankieren elegante Herrenhäuser (18. Jh.) reicher Landbesitzer, die der Hitze der Ebenen entkommen wollten.

Im **Museu Municipal** sind noch einige Zellen aus der Zeit als Salazar-Gefängnis *(siehe S. 56)* und römische Funde aus Miróbriga zu sehen.

Museu Municipal
Largo do Município. 269-82 73 75. *Di–Fr, Sa, So (nur nachmittags).* *Feiertage.*

Umgebung: Gleich östlich der Stadt liegt auf einem Berg die Römersiedlung **Miróbriga**. Bei Ausgrabungen wurden ein Forum, zwei Tempel, Thermen und ein Zirkus, der 25 000 Zuschauern Platz bot, freigelegt.

Miróbriga
An der N121. *269-82 51 48.* *Di–So.* *Feiertage.*

Sines ㉕

Straßenkarte C6. *26 000.* *Castello de Sines (269-63 44 72).* *1. Di im Monat.*

Der Geburtsort Vasco da Gamas *(siehe S. 108)* verfügt über einen von Erdölraffinerien umgebenen Hafen, der für den Handel von großer Bedeutung ist. Dahinter liegt die Altstadt mit ihrem beliebten, leider manchmal verschmutzten Sandstrand.

Ein bekanntes Wahrzeichen ist die mittelalterliche **Burg**, die König Manuel restaurierte (16 Jh.). Hier soll 1469 Vasco da Gama, Sohn des *alcaide-mor*, des Bürgermeisters, geboren worden sein. Das dem großen Seefahrer gewidmete Museum ist im Bergfried untergebracht, und eine moderne Statue von Vasco da Gama blickt über die Bucht.

Das **Museu Arqueológico** zeigt eindrucksvollen, möglicherweise phönizischen Schmuck, den man ganz in der Nähe fand.

Museu Arqueológico
Rua Francisco Luís Lopes 38. *269-63 23 30.* *Di–So.* *Feiertage.*

Umgebung: Im Norden und Süden von Sines befinden sich schöne Strände. **Porto Covo**, etwa zehn Kilometer südlich, ist ein malerisches Dorf, dessen altes Fort eine Bucht überblickt. Etwas weiter südlich liegt nahe der Küste die niedrige **Ilha do Pessegueiro**. Auf der baumlosen und von starken Winden gepeitschten Insel steht eine Fortruine .

Reizvoller sind hingegen **Lagoa de Santo André** und **Lagoa de Melides**, zwei Lagunen in einem sandigen Küstenabschnitt, etwa 20 Kilometer nördlich von Sines. Sie ziehen Camper an, doch bleiben weite Abschnitte für alle, die es ruhig mögen.

Weiß getünchte Häuser mit der traditionellen blauen Verzierung in Porto Covo

Vila Nova de Milfontes ㉖

Straßenkarte C6. *11 000.* *António Mantas (283-99 65 99).* *2. u. 4. Sa im Monat in Brunheiras.*

Einer der schönsten Plätze an Portugals Westküste ist die Mündung des Flusses Mira. Vila Nova de Milfontes, ein beliebter Erholungsort, ist einfach und schlicht. Das kleine Kastell über der Bucht, heute ein Hotel, schützte die Küste vor Piraten. Der ruhige Fluss kontrastiert mit der heftigen Brandung an den schönen Stränden, im Sommer besonders bei Surfern beliebt.

Umgebung: Etwa zehn Kilometer südlich von Vila Nova de Milfontes liegt der naturbelassene Strand von **Almograve** vor eindrucksvollen Klippen.

Die ruhige, sonnige Küste in der Nähe von Vila Nova de Milfontes

Zambujeira do Mar ㉗

Straßenkarte C7. *1000.* *Rua Miramar (283-96 11 44).*

Ein schmaler Landstrich trennt die Ebenen des Alentejo vom Atlantik. Hier liegt das Dorf Zambujeira do Mar, dessen prachtvoller Strand sich vor dem Hintergrund hoher, dunkler Basaltklippen abhebt – traditionelles Ziel von Sonntagsausflüglern, die nun Gesellschaft von Campern und abenteuerlustigen Reisenden bekommen.

Mértola ㉘

Straßenkarte D6. *1200.* *Largo Vasco da Gama (286-61 25 73).* *1. Do im Monat.*

Das zauberhafte Mértola ist von großem historischem Interesse und eine so genannte *vila museu*, in der zahlreiche Entdeckungen aus verschiedenen Epochen in einzelnen Sektionen *(núcleos)* ausgestellt werden. Weitere Informationen erteilt das Fremdenverkehrsbüro.

Mértolas Ursprünge gehen auf die Phönizier zurück, gefolgt von Römern und Mauren, die hier am Fluss Guadiana einen blühenden Hafen betrieben. Römische Artefakte sind im **Núcleo Romano** zu bestaunen.

Die auf die Römer folgende Ära Mértolas ist im **Núcleo Visigótico** und in einer frühen christlichen **Basilika** dokumentiert, deren Ruinen an der Römerstraße nach Beja *(siehe S. 311)* liegen. Die Spuren der langen maurischen Herrschaft zeigen sich im **Núcleo Islâmico**, gleichzeitig Stätte einer der besten Sammlungen islamischer Kunst in Portugal mit Tonwaren, Münzen und Schmuck. Die **Igreja Matriz**, einst eine Moschee, hat – einzigartig in Portugal – kaum Umbauten erfahren. Zu den arabischen Spuren zählen die fünfschiffige Gestaltung, vier Hufeisenbogen und ein Mihrab, eine Gebetsnische.

Über der Stadt bietet die zerfallende **Burg** mit ihrem Bergfried von 1292 einen prachtvollen Ausblick auf das Flusstal.

Mértolas ungewöhnliche Kirche im maurischen Stil

Umgebung: Von 1858 bis 1965 waren die **Minas de São Domingos**, die Kupferminen 16 Kilometer östlich, wichtigster Arbeitgeber. Eine britische Gesellschaft beutete die Minen unter härtesten Bedingungen aus: Die Familien der Bergarbeiter lebten in einem einzigen fensterlosen Raum. Die Bevölkerung ist inzwischen von 6000 auf 800 gesunken. Die Geisterstadtstimmung wird nur vom üppigen Grün im Umland gemildert.

Um Mértola sind 600 Quadratkilometer des Guadiana-Tals zum *parque natural* erklärt worden: Hier leben der Schwarzstorch, die blauflügelige Elster und Raubvögel wie der Rote Milan.

Die Vielseitigkeit des Korks

Haine von immergrünen Korkeichen *(Quercus suber)* schenken dem Alentejo willkommenen Schatten und eine blühende Industrie. Es war Pérignon, der Wein kelternde Mönch, der im 17. Jahrhundert auf den Kork als geschmacks- und geruchslosen Weinverschluss zurückgriff. Fast 7000 Quadratkilometer Anbaufläche, und damit 30 Millionen Korken pro Tag, machen Portugal zum weltgrößten Korkproduzenten. Aus der Rinde werden auch wasserdichte und hitzefeste Essensbehälter gefertigt: ein altes Handwerk im Alentejo.

Die Ernte, bei der reife Bäume etwa alle zehn Jahre bis zu der roten Bastschicht geschält werden, erfordert handwerkliches Geschick.

Das leuchtende Rot geschälter Korkeichen

Algarve

Die Algarve unterscheidet sich *in Klima, Kultur und Landschaft sehr vom Rest des Landes. Eine traumhafte Küste und ein ganzjährig mildes, durch warme Meeres- und Luftströmungen aus Nordafrika unterstütztes Klima machen diesen Landstrich zu einem der beliebtesten Urlaubsziele Südeuropas.*

Der fruchtbare Boden sowie strategisch günstige Landzungen und Flüsse lockten schon die Phönizier an. Fünf Jahrzehnte arabischer Herrschaft (ab 711) hinterließen Spuren wie vergitterte Kamine, *azulejos,* Orangenhaine und Mandelbäume. Orte, deren Namen mit »Al« beginnen, waren einst maurisch; *al-Gharb* (»der Westen«) bezeichnete die westliche Grenze des islamischen Reiches.

Als die Christen 1249 die Algarve zurückgewannen, nannten sich die portugiesischen Herrscher Könige »von Portugal und der Algarve« und unterstrichen damit die Trennung dieser Region vom Rest des Landes. Im 15. Jahrhundert machte die Algarve Portugal berühmt, als der Infant Henrique *(siehe S. 49)* eine Seefahrerschule in Sagres gegründet haben soll und damit das Zeitalter der Entdeckungen einläutete.

Das Epizentrum des Erdbebens von 1755 *(siehe S. 62f)* lag südlich von Lagos, der damaligen Hauptstadt der Region. Nahezu alle Orte wurden zerstört oder beschädigt. Deshalb gibt es kaum noch Gebäude aus der davorliegenden Zeit.

Seit den 1960er Jahren – mit der Eröffnung des Flughafens Faro – ist der Tourismus als wichtigster Wirtschaftsfaktor an die Stelle von Landwirtschaft und Fischfang getreten. Einige Küstenstriche im Südwesten sind nun übersät mit hoch aufragenden Hotelkomplexen zur Versorgung der jährlichen Besucherflut. Trotzdem blieben die Westküste und die Lagunen östlich von Faro von dieser Entwicklung weniger beeinflusst. Abstecher ins Landesinnere, ins hübsche Dorf Alte oder in die Grenzstadt Alcoutim im Osten, zeigen, dass stellenweise das ländliche Leben beinahe ungestört weitergeht.

Farbenprächtige Keramikteller in Alte

◁ **Bummel an der sandigen Praia da Rocha bei Portimão**

Überblick: Algarve

Bewaldete Hänge an dem riesigen See, der durch den Bau des Bravura-Damms nördlich von Lagos entstand

Das ganze Jahr über ist die Algarve reizvoll. Im Sommer besuchen Zehntausende die Küste zwischen Faro und Lagos, doch selbst in der Nähe beliebter Urlaubsorte wie Albufeira und Portimão kann man die Menge meiden. Auch in Faro selbst, das die meisten nur durchfahren, lohnt sich ein Halt. Das malerische Tavira ist ein idealer Ausgangspunkt für die östlichen Lagunen, Lagos dagegen für die Strände an der rauen Südwestküste. Ruhige Bergdörfer im Hinterland sind ursprünglich und kultiviert zugleich, und die bewaldete Serra de Monchique besticht durch außerordentliche Schönheit.

Legende

- Autobahn
- Hauptstraße
- Nebenstraße
- Panoramastraße
- Fluss
- Aussichtspunkt

Bunt bemalte Fischerboote im Hafen von Sagres

Sandbucht in der Nähe von Albufeira

Sehenswürdigkeiten auf einen Blick

An der Algarve unterwegs

Die A22 führt von Albufeira nach Spanien und entlastet die im Sommer oft überfüllte N125. Abzweigungen führen an Strände und Orte der Küste und des Landesinneren.

Züge verkehren regelmäßig, sind aber langsam; Bahnhöfe liegen manchmal weitab vom Stadtzentrum. Busfahrten zwischen den Städten können lange dauern.

Siehe auch

- ***Übernachten*** S. 396 ff
- ***Restaurants*** S. 419 ff

Weiß getünchtes Haus mit vergittertem Kamin in Cacela Velha

Weiter Blick von Aljezurs Maurenburg auf das Land

Aljezur ❶

Straßenkarte 7C. *7000.* *Largo do Mercado (282-99 82 29).* *3. Mo im Monat.*

Über dem kleinen Aljezur thront die Ruine der **Maurenburg** (10. Jh.), die eine wundervolle Aussicht auf die Serra de Monchique bietet. Lediglich eine Zisterne und ein Turm blieben erhalten.

Aljezurs nach dem Erdbeben von 1755 *(siehe S. 62f)* erneuerte **Igreja Matriz** hat ein klassizistisches Altarbild (um 1809), das wohl aus der Werkstatt von José da Costa aus Faro stammt.

Umgebung: Mit dem Auto ist die wilde und einsame Westküste der Algarve leicht zu erkunden. Der starken Strömung des Atlantiks ausgesetzt, liegen **Praia de Arrifana** zehn Kilometer südwestlich und **Praia de Monte Clérigo** acht Kilometer nordwestlich – beides sind weitläufige Sandstrände unterhalb von Klippen. Die geschützte Bucht **Praia de Odeceixe** an der Grenze zum Alentejo ist bei Surfern beliebt.

Serra de Monchique ❷

Straßenkarte 7C. *Monchique.* *Monchique (282-91 11 89).*

Diese vulkanische Bergkette, ein Schutz vor Einflüssen aus dem Norden, garantiert das milde Klima der Algarve. Der **Fóia** ist zwar der höchste Punkt (902 m), aber nicht so schön bewaldet wie der **Picota** auf 773 Metern, der zweithöchste Gipfel, zu dem von Monchique aus ein vier Kilometer langer Weg führt, vorbei an Kastanienbäumen und Feldern mit wilden Blumen; Belohnung ist ein hervorragender Blick auf die Ponta de Sagres *(siehe S. 320)*. Rhododendren, Mimosen, Kastanien, Kiefern, Korkeichen und die terrassierten Felder in den Tälern zeigen die Vielfalt der Vegetation – ob Sie die Serra de Monchique nun zu Fuß oder mit dem Auto erforschen.

Blumenteppich vor den Bergen der Serra de Monchique

Anlass zur Sorge geben die sich ausbreitenden Pflanzungen des schnell wachsenden Eukalyptus: Er ist leider leicht entflammbar – Grund für die allzu häufigen Brände in der Serra de Monchique.

Die 68 Kilometer lange Fahrt von Nave, gleich unterhalb von Monchique, nach Aljezur auf der N267 führt durch einen wunderbaren Teil des Gebirges. Die Mischung aus Wäldern und Heidemoor bleibt wegen des vielen Wassers fruchtbar. Die hier gedeihenden Korkeichen sind das Zuhause von Kleiber und – seltener zu sehen – Specht.

Monchique ❸

Straßenkarte 7C. *7000.* *Largo de São Sebastião (282-91 11 89).* *2. Fr im Monat.*

Manuelinisches Portal der Igreja Matriz in Monchique

Der kleine Marktflecken Monchique ist vor allem wegen seiner Höhe (458 m) und der Aussicht bekannt, außerdem wegen seiner Holzarbeiten; man schätzt vor allem die Klappstühle, die bis auf die Römerzeit zurückgehen sollen.

Hinter dem Hauptplatz liegt an einer Straße mit Kopfsteinpflaster die **Igreja Matriz** (16. Jh.). Den manuelinischen Eingang zieren Strebepfeiler, die in ungewöhnlichen Fialen enden. Die Ruine von **Nossa Senhora do Desterro**, einst ein von Pero da Silva 1632 gegründetes Franziskanerkloster, ist nur noch ein Steingerippe, gewährt aber einen beeindruckenden Blick auf den Picota.

Umgebung: An den Ausläufern der Serra de Monchique liegt in friedvoller, waldiger Umgebung das winzige Thermalbad **Caldas de Monchique**. Das heiße Heilwasser zog schon kranke Römer an. Obwohl João II 1495 kurz nach dem Genuss des Wassers starb, beeinträchtigte dies den Ruf des Bades nicht. Im Sommer kommen Menschen mit Haut-, Verdauungs- und Rheumaerkrankungen. Neben dem gesunden Quellwasser kann man in den Bars den Likör Medronheira genießen.

Zu empfehlen ist ein Bummel durch den Wald und über den Hauptplatz mit seinen Handwerksläden.

Vila do Bispo ❹

Straßenkarte 7C. *7000.* *Rua Comandante Matoso, Sagres (282-62 48 73).* *1. Do im Monat.*

Der grosse Name »Bischofsstadt« gehört einem friedlichen, abgelegenen Ort, der die Menschenmengen an der Küste weit entfernt scheinen lässt. Er bekam seinen Namen im 17. Jahrhundert, als er dem Bistum Faro gestiftet wurde. Die Pfarrkirche **Nossa Senhora da Conceição** beherbergt schöne *azulejos*, die vom Boden bis zur bemalten Holzdecke reichen, und ein ausdruchsvolles Barockaltarbild aus dem Jahr 1715.

Umgebung: Die Strände der Gegend sind abgelegen und unberührt. **Praia do Castelejo**, ein großer Sandstrand am Fuß steiler Klippen fünf Kilometer westlich, ist über eine

Barockaltarbild in der Nossa Senhora da Conceição, Vila do Bispo

Das felsige Cabo de São Vicente trotzt dem Atlantischen Ozean

unbefestigte Straße durch Heidemoor zu erreichen. Mutige können zusätzlich einen sechs Kilometer langen Abstecher zur **Torre de Aspa**, einem Obelisken auf 156 Metern Höhe, mit ihrem überwältigenden Blick auf den Ozean riskieren. Die Straße ist aber so schlecht, dass man die letzten zwei Kilometer zu Fuß gehen sollte.

Cabo de São Vicente ❺

Straßenkarte 7C. *nach Sagres, dann Taxi.* *Sagres (282-62 48 23).*

Im Mittelalter dachte man, dass dieses windumtoste Kap, der südwestlichste Punkt Europas, das Ende der Welt sei. Die Römer nannten es Promontorium Sacrum. Die 60 Meter hohen Klippen, die dem Atlantik trotzen, jagen auch heute noch Ehrfurcht ein. Die Meeresbrandung hat in den Felsen tiefe Höhlen geschaffen.

Seit dem 15. Jahrhundert ist das Kap ein Orientierungspunkt für die Schiffahrt; sein Leuchtturm soll mit einer Reichweite von 95 Kilometern der leistungsstärkste Europas sein. Der Name, Cabo de São Vicente, ist der Legende zu verdanken, dass der Leichnam des heiligen Vinzenz im 4. Jahrhundert hier an die Küste gespült worden sein soll. Der Infant Henrique *(siehe S. 49)* soll hier gelebt haben, allerdings gibt es keine Spuren seines Hauses, der so genannten Vila do Infante. Vor dem Kap fanden einige wichtige Seeschlachten statt, auch die Niederlage der spanischen Flotte 1797 gegen die britischen Admirale Jervis und Nelson ereignete sich in diesem Gebiet.

Seit 1988 ist die Küste zwischen Sines im Norden und Burgau im Osten Naturschutzgebiet – sie ist ein wichtiges Brutgebiet für Habichtsadler, Turmfalken, Reiher, Weißstörche und zahlreiche andere Vögel. Auch eine Seeotterkolonie lebt hier.

Duftender Thymian in der Nähe des Cabo de São Vicente

Blumen der westlichen Algarve

Unter Botanikern sind die entlegenen Landzungen Cabo de São Vicente und Ponta de Sagres für ihre Blumen bekannt, die von Februar bis Mai das Land mit ihrem Aroma und ihren bunten Farben bereichern. Der Felsboden, das Klima und die relativ isolierte Lage verleihen der Vegetation ein kärgliches, aber faszinierendes Aussehen. Viele verschiedene Arten gedeihen hier, darunter beispielsweise Zistrosen, Blausterne, heimische Seenelken, Lavendel, Wacholder und auch Narzissen.

Die große Rosa dos Ventos auf der Ponta de Sagres

Sagres ❻

Straßenkarte 7C. *3500.* *Rua Comandante Matoso (282-62 48 73).* *1. Fr im Monat.*

Die kleine Stadt mit malerischem Hafen ist ein guter Ausgangspunkt für die Erkundung der Strände *(siehe S. 286)* und der Halbinsel westlich von Sagres. Der Infant Henrique *(siehe S. 49)* baute eine Festung auf dem windigen Kap und – der Überlieferung zufolge – eine Seefahrerschule sowie eine Werft. Von hier aus verwirklichte er seinen Traum, »zu sehen, was hinter den Kanarischen Inseln und dem Kap Bojador liegt ... und zu versuchen, das vor dem Menschen Verborgene zu entdecken«. Von 1419 bis 1460 investierte er seine Energie und die Einkünfte des Christusordens *(siehe S. 185)*, dessen Großmeister er war, in Karavellen, die unbekannte Gewässer erforschen sollten.

1434 umrundete Gil Eanes aus Lagos als erster das gefürchtete Kap Bojador (westliche Sahara). Damit war der erste Schritt zur Erforschung der Westküste Afrikas getan *(siehe S. 48f)*, und Portugal konnte expandieren.

Nur wenig blieb von Henriques Festung: Die sichtbaren Mauern stammen von einem Fort aus dem 17. Jahrhundert. Die mit Steinen in den Boden eingelegte Windrose von 43 Meter Durchmesser, die **Rosa dos Ventos**, soll Henrique benutzt haben. Er baute auch die Kapelle **Nossa Senhora da Graça**. Die Atmosphäre auf dieser Felsnase ist berauschend.

Umgebung: Von Sagres sind schöne Strände leicht erreichbar – manche, wie **Telheiro** neun Kilometer westlich und **Ponta Ruiva**, noch zwei Kilometer weiter, jedoch nur mit dem Auto. Wunderbar geschützt liegt **Beliche**; **Tonel** an der Spitze der Felsnase bietet eine wundervolle Brandung, und **Martinhal**, ein Kilometer östlich, hat eine Wassersportschule mit Wasserski, Wellenreiten und Windsurfen.

Lagos ❼

Straßenkarte 7C. *16 000.* *Sitio de São João (282-76 30 31).* *1. Sa im Monat.*

Lagos ist eine attraktive, lebhafte Stadt an einer der größten Buchten der Algarve. Die Araber, die sie im 8. Jahrhundert eroberten, hinterließen eine Festung, die im 16. Jahrhundert vergrößert wurde. Ein gut erhaltener Teil ist nahe der Rua do Castelo dos Governadores zu sehen, in der auch ein Denkmal für den Seefahrer Gil Eanes steht.

Ein maurischer Bogen führt in die Avenida dos Descobrimentos, Lagos

Die Entdeckungen im Lauf des 15. Jahrhunderts *(siehe S. 48f)*, besonders durch den Infanten Henrique, dessen Statue finster auf die See hinausblickt, machten Lagos zu einem wichtigen Seefahrtszentrum. Zugleich begann eine unselige Ära, in der von Nuno Tristão, einem anderen Entdecker, 1441 die ersten Sklaven aus der Sahara mitgebracht wurden. Auf den ersten **Sklavenmarkt** Europas weist eine Tafel unter den Arkaden der Rua da Senhora da Graça hin.

Der heilige Gonçalo

Von 1576 bis 1756 war Lagos die Hauptstadt der Algarve. Das Erdbeben von 1755 *(siehe S. 62f)* richtete großen Schaden an, so dass heute vor allem Gebäude aus dem 18. und 19. Jahrhundert das Bild prägen. Die Bewohner von Lagos leben immer noch vom Fischfang, was ihnen erlaubt, vom Fremdenverkehr wirtschaftlich unabhängig zu bleiben.

Der neue Yachthafen im Osten der Stadt ist ein beliebter Ankerplatz.

Forte Ponta da Bandeira

Avenida dos Descobrimentos.
282-76 14 10. *Di–So.* *Feiertage.*

Die auf der Seeseite stehende Festung (17. Jh.) verteidigte die Hafeneinfahrt. Die gewaltigen Wälle gewähren eine weite Aussicht über Stadt und Bucht.

Santa Maria

Praça Infante Dom Henrique.
282-76 27 23. *tägl.*

Die Pfarrkirche von Lagos (16. Jh.) besitzt einen Eingang aus der Renaissance. Lokale Bedeutung hat die Statue des 1360 hier geborenen Gonçalo – dieser Sohn eines Fischers wurde Augustinermönch, Prediger und Komponist religiöser Musik.

Santo António

Rua General Alberto Silveira. ☎ *282-76 20 55.* ○ *Di–So.* ● *Feiertage.*

Diese Kirche (18. Jh.) ist ein Juwel: Den unteren Wandbereich bedecken blau-weiße *azulejos*, der Rest besteht aus vergoldeten und bemalten Holzschnitzereien, ein Beispiel für barocke Schnitzkunst. Engel, Tiere, Blumen, Jagd- und Fischfangszenen gruppieren sich um acht Gemälde auf Holz mit Wundertaten des heiligen Antonius.

Eine Statue des Heiligen am Altar umgeben vergoldete Pfeiler und Bogen, verziert mit Engeln und Reben. Der heilige Antonius war Patron und Ehrenregimentschef der lokalen Truppe, die seine Statue auf einige Feldzüge in den Napoleonischen Kriegen (1807–11) *(siehe S. 54)* mitnahm.

Die Grabstätte des irischen Obersts Hugh Beatty, der das Regiment von Lagos im 17. Jahrhundert befehligte und 1709 starb, ziert sein eigenes Motto: »Non vi sed arte« (Nicht mit Gewalt, sondern mit Köpfchen).

Museu Regional

Rua General Alberto Silveira. ☎ *282-76 23 01.* ○ *Di–So.* ● *Feiertage.*

Gleich neben der Kirche präsentiert das Völkerkundemuseum Beispiele lokalen Handwerks, traditionelle Kostüme und – meist missgebildete – konservierte Kreaturen, zum Beispiel ein achtbeiniges Ziegenjunges. Der Museumswärter leitet informative Führungen.

Ockerfarbene Sandsteinfelsen an der Bucht Praia de Dona Ana bei Lagos

UMGEBUNG: Die Landzunge **Ponta da Piedale**, die die Bucht von Lagos nach Süden hin schützt, hat schöne Felsformationen und Höhlen. Den Sonnenuntergang über dem ruhigen, klaren Wasser sollte man nicht versäumen. Der schönste Strand ist die **Praia de Dona Ana** (25-minütiger Spaziergang vom Stadtzentrum), doch die **Praia do Camilo**, etwas weiter um die Felsspitze herum, ist weniger überlaufen. Östlich von Lagos erstreckt sich die **Meia Praia** über vier Kilometer; es gibt regelmäßige Busverbindungen.

Zehn Kilometer weiter liegt nördlich von **Lagos** die **Barragem de Bravura**. Von einem Aussichtspunkt betrachtet, wirkt dieser aufgestaute See besonders malerisch und friedlich.

Alvor ❽

Straßenkarte 7C. *5000.* *Rua Dr. Alfonso Costa 51 (282-45 75 40).* *2. Di im Monat.*

DAS HÜBSCHE FISCHERDORF, das seinen Charme auch außerhalb der Ferienzeit behält, war zunächst ein römischer Hafen, dann die maurische Siedlung Al-Bur. Der im 16. Jahrhundert blühende Ort wurde durch das Erdbeben von 1755 zerstört. Zum Wiederaufbau dienten die Steine der Maurenburg, von der deshalb wenig übrigblieb.

Die Kirche **Divino Salvador** auf dem Hügel der Stadt hat ein manuelinisches Portal mit geschnitztem Blattwerk, Löwen, Drachen und einem Tintenfischarm als äußerstem Bogen.

Die Kirche Divino Salvador überblickt die weißen Häuser und den Hafen von Alvor

Nossa Senhora da Conceição, Portimão

Portimão ❾

Straßenkarte 7C. *40 000.* *Avenida Zeca Alfonso (282-47 07 32).* *1. Mo im Monat.*

PORTIMÃO, eine der größten Städte der Algarve, ist nicht unbedingt schön, hat jedoch Charakter und eine lange Tradition als Hafen. Der Naturhafen an der Mündung des Arade verleitete schon die Römer dazu, hier zu siedeln.

Das Zentrum Portimãos stammt aus dem 18. Jahrhundert. Neben ausgezeichneten Einkaufsmöglichkeiten lockt hier ein großer Markt. Am Stadtrand befinden sich eine neue Marina und ein modernes Einkaufszentrum.

In der Fußgängerzone **Rua Vasco da Gama** gibt es viele Lederfachgeschäfte. Auf einem niedrigen Hügel steht in der Rua Diogo Tomé die Kirche **Nossa Senhora da Conceição**, die nach dem Erdbeben von 1755 *(siehe S. 62f)* neu aufgebaut wurde. Erhalten blieben der Portikus mit den verzierten Kapitellen (14. Jh.) und *azulejos* (17. und 18. Jh.) im Inneren. Auf dem Largo 1 de Dezembro stehen einige Bänke mit bunten Kacheln aus dem 19. Jahrhundert. In dem lebhaften Hafenviertel serviert man in den zahlreichen Restaurants frischen Fisch.

UMGEBUNG: Nur drei Kilometer südlich liegt der Besuchermagnet **Praia da Rocha** mit vielen Sandbuchten zwischen roten und ockerfarbenen Felsen. Die **Fortaleza da Santa Catarina** (16. Jh.) im Osten diente dem Schutz von Portimão und Silves. Von hier aus sieht man sehr gut den schönen, weiten Strand mit den 70 Meter hohen Felsen, den eine ständig wachsende Kette hoher Hotels umgibt; in der Hochsaison tobt hier der Kampf um jede Lücke.

Silves ❿

Straßenkarte 7C. *10 000.* *Rua 25 de Abril 26–28 (282-44 22 55).* *3. Mo im Monat.*

DIE GEOGRAFISCHE LAGE von Silves ist ideal für eine befestigte Siedlung. Zunächst römisch, erblühte die Stadt jedoch erst unter den Arabern und wurde zur Hauptstadt ihrer Provinz Al-Gharb. Der arabische Geograf Idrisi pries neben ihrer Schönheit auch die köstlichen Feigen. Unter den Mauren war Silves als kulturelles Zentrum berühmt und zugleich Heimat der Poeten, Redner und Historiker – bis zur Eroberung der Stadt 1242 durch den Ritterorden von Santiago.

In der Nähe des markanten Kastells befindet sich in der Fábrica di Inglés das Korkmuseum **Museu da Cortica**.

Museu da Cortica

Rua Gregório Mascarenhas. *282-44 04 40.* *tägl.*

Kopfsteinpflasterstraße in Silves

Kastell

Castelo de Silves. *282-44 22 55.* *tägl.* *(nur Gärten).*

Das maurische Kastell aus rotem Sandstein diente auch als Festung der Christen und, in jüngerer Zeit, als Gefängnis. Hier stand der so genannte Palast der Verandas, ab 1053 Wohnsitz von al-Mutamid, Herrscher über Sevilla und Wali von Al-Gharb.

Die massiven, polygonalen Wälle bieten eine hervorragende Aussicht auf die Stadt. Im Inneren befinden sich Gärten und die riesige maurische **Cisterna da Moura Encantada** (Zisterne der verzauberten Maurin).

Silves und sein Kastell erheben sich über Orangenhainen in einem fruchtbaren Tal

Kathedrale

Largo da Sé. tägl. Feiertage.
Die Kathedrale (13. Jh.) wurde auf den Resten einer Moschee errichtet, im Lauf der Zeit aber oft umgebaut. Das Licht fällt durch Doppelbuntglasfenster in den Altarraum auf eine Jaspisstatue von Nossa Senhora da Conceição, die wohl aus dem 14. Jahrhundert stammt.

Gegenüber der Kathedrale liegt die **Misericórdia**-Kirche (16. Jh.) mit einer manuelinischen Seitentür und einem Altarbild aus der Renaissance.

Museu Arqueológico

Rua das Portas de Loulé 14. *282-44 48 32.* *Mo–Sa.*
Das 1990 eröffnete städtische Museum zählt zu seinen Exponaten Werkzeuge aus Stein- und Eisenzeit, skulptierte römische Kapitelle, Operationsinstrumente aus dem 5. bis 7. Jahrhundert, einen Anker (13. Jh.) und Tonwaren aus dem 18. Jahrhundert. In seinem Mittelpunkt befindet sich seine Hauptattraktion: eine 1980 entdeckte arabische Zisterne (etwa 12. Jh.) in die eine Treppe etwa 15 Meter tief bis auf den Boden des Schachtes führt.

UMGEBUNG: Einen Kilometer östlich von Silves steht die **Cruz de Portugal**, ein kunstvolles Granitkreuz (16. Jh.). Manuel I soll es der Stadt gestiftet haben, als man den Leichnam Joãos II aus der Kathedrale in Silves nach Batalha *(siehe S. 182f)* überführte. Es zeigt die Kreuzigung Christi und die Abnahme vom Kreuz.

Cruz de Portugal

Albufeira ⓫

Straßenkarte 7C. *31 000.* *Rua 5 de Outubro (289-58 52 79).* *1. u. 3. Di im Monat.*

Es verwundert kaum, dass das hübsche Fischerdorf mit den weiß getünchten Häusern am geschützten Strand zum wichtigsten Besucherziel der Algarve wurde. Schon die Römer bauten hier eine Burg. Die Araber nannten den Ort Al-Buhar (»Burg am Meer«) und begannen den Handel mit Nordafrika. Der Ritterorden von Santiago übernahm Albufeira im 13. Jahrhundert, doch führten Handelsverluste zum Bankrott der Stadt. 1833 setzten Miguels Anhänger während des Bruderkrieges *(siehe S. 54)* Albufeira in Brand.

Ein Großteil der Innenstadt ist Fußgängerzone, auch der Bereich um die Rua da Igreja Velha, in dem es noch maurische Bogen gibt. Die Kirche **São Sebastião** auf der Praça Miguel Bombarda hat einen manuelinischen Eingang. An der Rua 5 de Outubro führt ein Tunnel zum Strand, an dessen östlichem Teil, der **Praia dos Barcos**, die Fischer ihrer Arbeit nachgehen. Von der **Praia de São Rafael**, zwei Kilometer im Westen von Albufeira, bis zur **Praia da Oura** im Osten prägen Sandbuchten das Bild.

Farbenfrohe Fischerboote am Strand von Albufeira

Alte ⓬

Straßenkarte 7C. *500.* *Estrada da Ponte 17 (289-47 86 66).* *3. Do im Monat.*

Alte ist ein hübsches Dorf auf einem Hügel. Kommt man von Osten auf der N124, ist der Blick auf die Stadt am schönsten. Den Mittelpunkt von Altes steilen Straßen bildet die Kirche **Nossa Senhora da Assunção** mit manuelinischem Eingang und Taufbecken sowie einem vergoldeten Altarbild, das Mariä Himmelfahrt darstellt. Die Kapelle São Sebastião besitzt schöne, seltene sevillanische *azulejos* (16. Jh.).

Von der Kirche aus führt ein zehnminütiger Spaziergang zu dem von Bäumen überhangenen Fluss Alte und zu einer Wasserquelle namens **Fonte Grande**. Dieser grüne Ort eignet sich bestens für ein Picknick. Am steilen Hang liegen etwa 700 Meter vom Dorf entfernt eine Mühle (umgebaut zum Restaurant) und ein fünf Meter hoher Wasserfall: **Queda do Vigário**.

Einer von zahlreichen filigranen Kaminen auf den Dächern Altes

Vilamoura 13

Straßenkarte C7. *9000.* *Praça do Cupertino Quarteira (289-38 92 09).*

Die Küste zwischen Faro und Lagos wird von hohen Hotel- und Apartmentkomplexen beherrscht. Vilamoura ist ein gutes Beispiel für diese Entwicklung. Es soll Europas größtes Freizeitzentrum werden. Auf 1600 Hektar befinden sich vier Golfplätze, Tennisplätze, eine Reitschule, Angel- und Schießanlagen und sogar eine kleine Landebahn. Die Hotel- und Apartmentblocks wachsen weiter; der bereits gut eingeführte Komplex ist immer noch nicht fertig gestellt.

Den Mittelpunkt bildet der von Restaurants, Cafés und Läden gesäumte große **Yachthafen** mit vielen schnellen Motorbooten. Ein Ausflug hierher ist unterhaltsam, selbst die Portugiesen verbringen hier schon einmal einen Sonntagnachmittag. Etwas weiter östlich liegt die immer gut besuchte **Praia da Marina**. In den römischen Ruinen von **Cerro da Vila** (1. Jh.) können Sie ein Badehaus und Mosaiken mit Fischdarstellungen besichtigen.

Cerro da Vila
Avenida Cerro da Vila. *289-31 21 53 (Museum).* *tägl. (Sep–März Mo–Fr).*

Luxuriöse Yachten und Rennboote in Vilamouras Hafen

Der vergoldete Altarraum der Kirche São Lourenço in Almancil

Almancil 14

Straßenkarte D7. *2000.* *Loulé.* *1. u. 4. So im Monat, Antiquitäten 2. So im Monat.*

Vor den Toren Almancils liegt ein Juwel der Algarve: die **Igreja Matriz de São Lourenço**. Ihr Inneres ist ein Meisterwerk aus *azulejos*. Die Einwohner stifteten die Kirche dem heiligen Lorenz als Dank dafür, dass er ihre Bitten um Wasser erhört hatte.

Die zahlreichen blauen und weißen Kacheln bedecken die Kuppel, die Wände des Altarraums und des Langhauses einschließlich seines Gewölbes und lassen den Betrachter fassungslos staunen. Sie wurden vermutlich von Meistern des Handwerks in Lissabon gefertigt. Die Wandtafeln zeigen Episoden aus dem Leben des heiligen Lorenz. Auf einer Seite des Altars sieht man ihn zwei Blinde heilen, auf der anderen Seite gibt er den Armen Geld; entlang den Bogen des Langhauses unterhält er sich mit Papst Sixtus II., streitet mit dem römischen Kaiser Valerian über seinen christlichen Glauben und weigert sich, diesen aufzugeben. Die Geschichte endet mit seinem Martyrium, bei dem ihm auf dem Scheiterhaufen ein Engel zur Seite steht. Das Gewölbe zeigt die Krönung des heiligen Lorenz, in der Kuppel der Kirche finden sich einige verblüffende Trompe-l'œil-Effekte. Die letzten Kacheln wurden 1730 eingefügt.

Das Altarbild (um 1735) von Manuel Martins wurde von mehreren führenden Malern der Region vergoldet. Bei dem Erdbeben von 1755 *(siehe S. 62f)* lösten sich, erstaunlicherweise, nur fünf Kacheln des Gewölbes.

Almancil ist auch für seine vielen Läden und Handwerksbetriebe bekannt. Außerdem gibt es in der Nähe einige der besten Restaurants der Algarve *(siehe S. 419ff)*.

Loulé 15

Straßenkarte D7. *20 000.* *Edifício do Castelo (289-46 39 00).* *Sa.*

Loulé ist ein hübsches Marktstädtchen und blühendes Handwerkszentrum, dessen maurischer Ursprung noch im Glockenturm der Kirche São Clemente und in der – im 13. Jahrhundert wiederaufgebauten – **Burg** im Norden der Stadt sichtbar ist. Von deren Mauerresten aus haben Sie einen guten Blick auf die Stadt mit ihren vielen filigranen Kaminen, typisch für die Algarve.

Südlich der Praça da República liegt unter einer rosaroten Kuppel im Herzen der Stadt der geschäftige Markt. Samstags bieten Zigeuner hier unter freiem Himmel Waren feil. Von der Rua 9 de Abril bis zur Igreja Matriz sieht man Holzschnitzer, Hutweber, Spitzenklöppler und vieles mehr.

Die dreischiffige Kirche **São Clemente** (13. Jh.) auf dem Largo da Silva wurde durch drei Erdbeben, zuletzt 1969, schwer beschädigt. Zwei schöne Seitenkapellen stammen aus dem frühen 16. Jahrhundert. Die Capela de Nossa Senhora da Consolação wurde vom Boden bis zum Gewölbe mit blau-weißen *azulejos*, die Capela de São Brás mit einem manuelinischen Bogen sowie einem blau-goldenen Barockaltarbild geschmückt.

Bemerkenswert sind weiterhin die **Igreja da Misericórdia** auf der Avenida Marçal Pacheco mit manuelinischem Portal und die Kirche **Nossa Senhora da Conceição** auf der Praça da República, in der blau-weiße *azulejos* das beeindruckende Barockaltarbild (1745) von Miguel Nobre aus Faro ergänzen.

Umgebung: Zwei Kilometer westlich von Loulé liegt auf einem Hügel **Nossa Senhora da Piedade** (16. Jh.) mit einer *azulejo*-geschmückten Kuppel. Die gleichnamige weiße Kirche dahinter konnte sich bei den Kirchgängern nicht als Ersatz der alten Kapelle durchsetzen. Der Hügel bietet auch eine wunderbare Aussicht.

Bunt gekachelter Brunnen auf dem Patamar da Casa de Presépio in Estoi

Estoi ⓰

Straßenkarte D7. 4300. Faro (289-80 04 00). tägl.

Der ruhige Ort Estoi besitzt zwei bemerkenswerte Sehenswürdigkeiten: Nicht weit vom Hauptplatz steht der **Palácio de Estoi**, unverhohlen dem Rokoko nachempfunden und einzigartig in der Region. Die Idee für den Bau stammte von einem ortsansässigen Adligen, der jedoch kurz nach Beginn der Bauarbeiten Mitte der 1840er Jahre starb. Das Werk wurde 1909 von einem anderen Vermögenden vollendet. Da er sehr viel Geld und Energie in sein neues Heim steckte, machte man ihn zum Vicomte von Estoi. Überwacht wurden die Bauarbeiten vom Architekten Domingos da Silva Meira, dessen Vorliebe für Plastiken sichtbar ist.

Der Palast, dessen Inneres in Stuck und Pastelltönen schwelgt, wird renoviert und zu einer *pousada* umgestaltet

Palastgärten

Rua do Jardim. *289-99 16 20.* *Di–Sa.* *Feiertage.*

Es lohnt sich, den ebenfalls im Rokokostil angelegten Park mit seinen Orangenbäumen und Palmen zu besuchen. Es gibt einen blau-weiß gekachelten Pavillon, die Casa da Cascata, in dem sich eine Kopie von Canovas *Drei Grazien* befindet. Auf der Hochterrasse, dem Patamar da Casa do Presépio, gibt es einen Pavillion mit Buntglasfenstern und Brunnen, die mit Nymphen und *azulejos* geschmückt sind.

Fischmosaik in den Bädern der römischen Ruinen in Milreu

Milreu

N2-6. *Di–So.* *Feiertage.*

Ein zehnminütiger Bummel vom Hauptplatz den Berg hinunter führt zur zweiten Sehenswürdigkeit, den Ruinen eines römischen Komplexes aus dem 1. oder 2. Jahrhundert. Das einstige Bauernhaus rund um einen zentralen Hof wurde wohl im 3. Jahrhundert in eine luxuriöse Villa umgewandelt.

Noch heute schmücken Fischmosaiken die Bäder neben den Wohnbereichen, doch die meisten archäologischen Funde sind in Faros Museu Municipal *(siehe S. 327)* ausgestellt. Die Reste eines Tempels lassen auf die Bedeutung der Villa – wohl im Besitz eines reichen Patriziers – schließen. Im 5. Jahrhundert wurde der Tempel in eine Basilika umgewandelt.

Rosafarbene Rokokofassade des Palácio de Estoi

Faro ⓱

IM LAUF DER JAHRHUNDERTE wurde Faro, seit 1756 Hauptstadt der Algarve, nach Invasion, Brand und Erdbeben immer wieder neu aufgebaut. Aus dem prähistorischen Fischerdorf wurde unter den Römern, die es Ossonoba nannten, ein bedeutender Hafen und ein Verwaltungszentrum. 1249 eroberte Afonso III die von Mauren beherrschte Stadt. Sie blühte auf, bis sie 1596 vom Grafen von Essex, Schützling Elizabeths I von England, geplündert und niedergebrannt wurde. Der Asche entstieg eine neue Stadt, die beim Erdbeben von 1755 *(siehe S. 62f)* stark beschädigt wurde. So sind die schönsten Gebäude aus jüngerer Zeit (18./19. Jh.).

Statue des Francisco Gomes do Avelar am Largo da Sé

Überblick: Altstadt

Faros Zentrum ist leicht zu Fuß zu erkunden. Südöstlich des kleinen Hafens erstreckt sich die – teilweise von alten Mauern umgebene – Altstadt, in die der **Arco da Vila** (19. Jh.) führt. Der Bogen wurde an der Stelle eines mittelalterlichen Burgtors für den Bischof Francisco Gomes do Avelar erbaut, der die verfallende Stadt neu aufbauen wollte. Der Portikus ist maurisch, und eine Statue von Thomas von Aquin krönt das Tor. Der angenehm ruhige Largo da Sé im Zentrum der Altstadt von Faro wird vom **Paço Episcopal** (18. Jh.) flankiert, einem Priesterseminar und Bischofspalast, der noch genutzt wird und nicht besichtigt werden kann. Durch ein weiteres maurisches Tor, den Arco do Repouso, gelangt man zur Kirche **São Francisco** (18. Jh.) außerhalb der Stadtmauern. Ihre sehr beeindruckenden Kachelbilder zeigen das Leben des heiligen Franziskus. Weiter nördlich liegt die Kirche **Nossa Senhora do Pé da Cruz** (17. Jh.), deren Ölgemälde sehenswert sind. Im hinteren Teil befindet sich eine interessante Außenkapelle *(humilhadero)*.

***Azulejo*-Kreuz in der Außenkapelle von Nossa Senhora do Pé da Cruz**

⛪ Kathedrale

Largo da Sé. ☎ *289-80 66 32.*
○ *tägl.* ● *Sa nachmittags, Feiertage.*

Die auf den Fundamenten einer Moschee errichtete erste christliche Kirche Faros wurde 1596 bei einem Angriff der Engländer zerstört – bis auf den Glockenturmsockel, den mittelalterlichen Eingang und zwei Kapellen. Der langwierige Wiederaufbau ergab eine stilistische Mischung von Renaissance und Barock.

Bis zu den 1640er Jahren entstand ein prachtvolles Gebäude mit einem mit *azu-*

Orangenbäume vor dem Bischofspalast (18. Jahrhundert) am Largo da Sé

lejos geschmückten Altarraum und der Capela de Nossa Senhora dos Prazeres mit vergoldeten Holzschnitzereien. Die ungewöhnliche Orgel (18. Jh.) mit chinesischen Motiven hat ein Register, das wie eine Nachtigall klingt; hier spielen führende europäische Organisten. Der Turm der Kathedrale kann bestiegen werden.

Museu Arquelógico

Largo Dom Afonso III. *289-89 74 00.* *Mo–Sa.* *Feiertage.*

Das Museum befindet sich seit 1973 in dem ehemaligen Kloster Nossa Senhora da Assunção, das von Leonor, der Schwester Manuels I, gegründet wurde. Ihr Emblem, das Fischernetz, ziert den Portikus.

Im Museum und teilweise im schönen zweistöckigen Kreuzgang (1540 von Afonso Pires gebaut) ist eine Auswahl archäologischer Funde aus der Region zu sehen. Unter den römischen, mittelalterlichen und manuelinischen Exponaten beeindruckt vor allem ein riesiges römisches Bodenmosaik: eine großartige Darstellung des Neptunkopfes (3. Jh.), die nahe dem Bahnhof gefunden wurde.

Chor in Faros Kathedrale (17. Jh.)

Infobox

Straßenkarte D7. *55 000.* *5 km SW.* *Largo da Estação.* *Avenida da República.* *Avenida 5 de Outubro (289-80 04 00).* *tägl.* *7. Sep: Dia da Cidade.*

Museu Marítimo

Rua da Comunidade Lusiada. *289-89 49 90.* *Mo–Fr 14.30–16.30 Uhr.* *Feiertage.*

In einem Teil des Hafenmeistergebäudes ist das Museu Marítimo untergebracht. Neben traditionellen Fischfangmethoden der Algarve zeigt die kleine Ausstellung Modellschiffe seit dem Zeitalter der Entdeckungen *(siehe S. 46ff)*, einschließlich einer voll betakelten *nau*, dem Vorläufer der Galeone. Auch Vasco da Gamas *São Gabriel*, das Flaggschiff seiner Reise nach Indien 1498, steht hier als Modell.

Zentrum von Faro

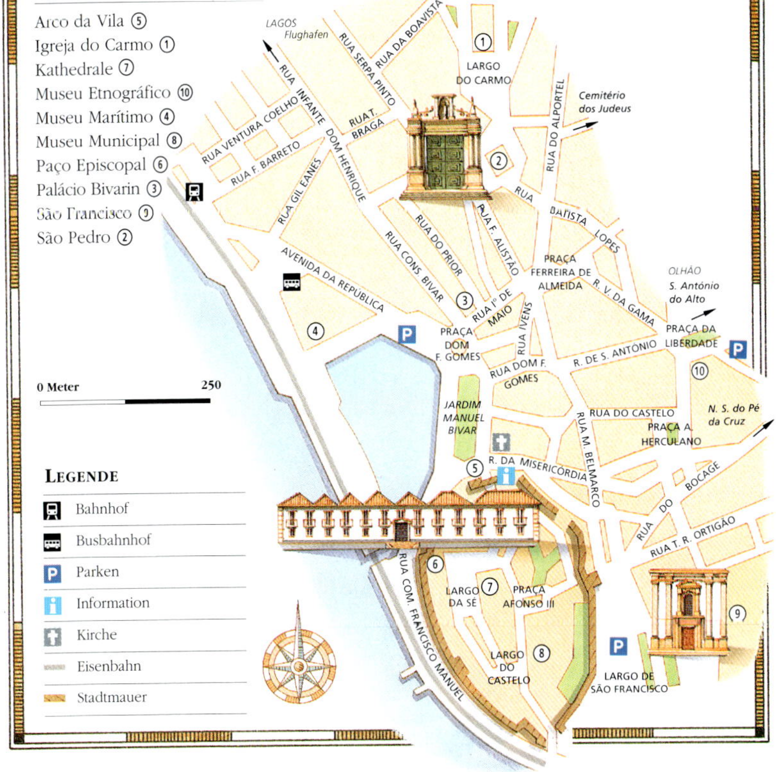

Überblick: Faro
Das belebte Zentrum Faros an der Rua de Santo António ist eine elegante Fußgängerzone mit Läden, Restaurants und Bars. Den Weg von hier zum Largo do Carmo säumen einige schöne Gebäude wie der **Palácio Bivarin** (18. Jh.). Der Markt auf dem Largo de Sá Carneiro verkauft frische Produkte, Kleidung und Kunsthandwerk. Ein Spaziergang den Berg hinauf führt zur **Ermida de Santo António do Alto**, die einen herrlichen Panoramablick bietet.

Museu Etnográfico
Praça da Liberdade 2. *282-82 76 10.* *Mo–Fr 9–12.30, 14–17.30 Uhr.* *Feiertage.*
Dieses auch Museu Regional do Algarve genannte Museum gewährt einen nostalgischen Blick auf den traditionellen Lebensstil der Algarve: Tonwaren, Webstühle, alte Fotografien landwirtschaftlicher Arbeitsweisen und der von einem Wasserverkäufer in Olhão bis 1974 benutzte Karren sind hier zu bestaunen.

Prächtige Türme flankieren die Fassade der barocken Igreja do Carmo

Igreja do Carmo
Largo do Carmo. *289-82 44 90.* *Mo–Sa.* *Capela dos Ossos.*
Der Bau der imposanten Fassade begann 1713. Im Inneren der Kirche entfaltet sich der Barock mit vielen Schnörkeln und kostbarem Blattgold.

Im düsteren Gegensatz hierzu sind die Wände der 1816 gebauten Capela dos Ossos (Knochenkapelle) mit Schädeln und Knochen vom Friedhof der Mönche ausgelegt. Sie erinnert nachhaltig an die Vergänglichkeit des Menschen.

Üppig geschmücktes barockes Altarbild in São Pedro

São Pedro
Largo de São Pedro. *289-80 54 73.* *tägl.*
Die Pfarrkirche Faros ist dem Schutzpatron der Fischer, dem heiligen Petrus, geweiht. Nach dem Erdbeben von 1755 wurden italienische Säulen zur Renovierung benutzt, doch ist ein Großteil des Barockdekors erhalten, so auch das Altarbild von 1689.

Sehenswert ist die Kapelle Santíssimo Sacramento mit ihrem Altarbild (um 1745), das das letzte Abendmahl im Flachrelief darstellt, und dem Bildnis der heiligen Anna, die die junge Jungfrau Maria das Lesen lehrt. Auch die *azulejos* (um 1730) um den Altar der Capela das Almas zeigen Maria und andere Heilige.

Cemitério dos Judeus
Estrada da Penha. *282-41 67 10.* *Mo–Fr (vormittags).* *Feiertage.*
Im äußersten Nordwesten der Stadt liegt der jüdische Friedhof. Die Gräber der Kinder liegen traditionsgemäß in der Nähe des Eingangs, dann folgen die der Frauen und im hinteren Teil die der Männer. Der Friedhof wurde von 1838 bis 1932 genutzt. Die damalige jüdische Gemeinde, die heute nicht mehr existiert, hatte der Marquês de Pombal *(siehe S. 52f)* im 18. Jahrhundert nach Faro geholt, um die Wirtschaft der Stadt zu beleben.

Olhão 18

Straßenkarte D7. *15 000.* *Largo Sebastião Martins Mestre 6a (289-71 39 36).* *tägl. (Fisch); Sa (allgemein).*

In Olhão wird seit dem Mittelalter Fischfang betrieben. Heute besitzt die Stadt einen der größten Fischereihäfen sowie eine Tunfisch- und Sardinen-Konservenindustrie. 1808 erhielt der Ort die Stadtrechte, nachdem 17 Fischer den Atlantischen Ozean ohne Seekarte überquert hatten, um den in Rio de Janeiro im Exil lebenden João VI von der Vertreibung der Truppen Napoléons aus dem Land zu unterrichten.

Die würfelförmigen weiß getünchten Häuser mit flachen Dachterrassen und wuchtigen Kaminen sind Reste maurischer Architektur. Vom Glockenturm der Kirche **Nossa Senhora do Rosário** auf der Praça da Restauração hat man die beste Aussicht. Sie wurde von 1681 bis 1698 mit Hilfe von Spenden der Fischer errichtet. 1758 berichtete der Pfarrer von der großen Marienverehrung der Fischer »in Leid und Gefahr auf See, besonders im Sommer, wenn nordafrikanische Piraten von dieser Küste aus in See stechen«. Im hinteren Teil der Kirche befindet sich die Außenkapelle **Nossa Senhora dos Aflitos**, in der die Frauen bei Sturm für ihre Männer auf See beten.

Von der Kirche führen die engen, autofreien Gassen der Altstadt hinunter zum Wasser. Sie bilden

Die weiß getünchte Kapelle Nossa Senhora dos Aflitos, Teil der Pfarrkirche in Olhão

Die große Lagune im Parque Natural da Ria Formosa

den Schauplatz eines der lebhaftesten und malerischsten Märkte der Region. Auf dem überdachten Fischmarkt wird der morgendliche Fang verkauft, und samstags gibt es am Kai Stände mit Früchten, Nüssen, Honig und lebenden Hühnern aus der Umgebung.

Korbwarenladen in Olhão

UMGEBUNG: Am Ostende des Kais, hinter dem Markt, liegen Boote, die zu den Inseln **Armona** (15 Minuten), **Culatra** (30 Minuten) und **Farol** (45 Minuten) fahren. Diese flachen Sandstreifen schützen die Stadt und sind gleichzeitig, besonders auf der Ozeanseite, hervorragende Strände. Die Inseln gehören zum Parque Natural da Ria Formosa.

Parque Natural da Ria Formosa ⓳

Straßenkarte D7. *Centro de Educaçao Ambiental de Marim (289-70 41 34). östlich von Olhão an der N125. von Faro, Olhão u. Tavira.*

Das Ria-Formosa-Naturschutzgebiet erstreckt sich 60 Kilometer lang an der Küste, von Praia de Faro bis nach Cacela Velha *(siehe S. 330)*. Seit 1987 bewahrt es das Ökosystem, das durch unkontrolliertes Bauen, Sandabtragung und Umweltverschmutzung – Begleiterscheinungen des Massentourismus – bedroht war. Eine Reihe winziger Inseln schützt das Gebiet mit seinen Sümpfen, Salzpfannen, Inselchen und Wasserrinnen vor der offenen See. In den Flussarmen machen sich noch Ebbe und Flut bemerkbar.

Das Wasser der Lagune ist reich an Tieren wie Austern und Muscheln, die auch gezüchtet werden und 80 Prozent des Weichtierexports Portugals ausmachen. Die Fische und das milde Klima locken Wildgänse, Watvögel, Schlangen, Kröten und Chamäleons an. Außer Fischwirtschaft und Salzgewinnung wird alles, was das Ökosystem gefährden könnte, strikt überwacht oder verboten.

In dem 60 Hektar großen, mit Pinien bestandenen Gebiet **Centro de Educaçao Ambiental de Marim**, drei Kilometer östlich von Olhão, gibt es ein restauriertes traditionelles Bauernhaus, eine Gezeitenmühle und eine Pflegestation für verletzte Vögel. Der früher von den Fischern oft eingesetzte schwimmfüßige Portugiesische Wasserhund wurde hier durch Zucht vor dem Aussterben bewahrt. Am Ostende des Parks sind noch Tanks aus römischer Zeit zu sehen, in denen die Fische vor ihrem Transport gepökelt wurden.

Centro de Educaçao

Quelfes. 289-70 41 34. tägl. 1. Jan, 25. Dez.

Wasservögel der Ria Formosa

Die Lagune ist ein ideales Brutgebiet für Vögel, die Feuchtgebiete lieben, zum Beispiel für Kuhreiher und Purpurreiher. Auf trockenerem Land findet man Brachschwalben sowie Regenpfeifer. Pfeifente und Alpenstrandläufer aus Nordeuropa überwintern hier, Zugvögel auf dem Weg nach Afrika legen eine Rast ein. Das Purpurhuhn, Symbol des Parks, ist hier heimisch.

***Kuhreiher** leben zwischen Vieh, auf dessen Rücken sie oft sitzen, um Insekten aus dem Fell zu picken.*

***Das Purpurhuhn** ist mit seiner auffälligen Färbung das Symbol des Schutzgebiets; es läuft recht schnell, doch fliegen kann es kaum.*

***Die Kolbenente** mit dem farbenfrohen Federkleid stammt aus Mitteleuropa.*

Häuser mit vierseitigen Dächern am Gilão in Tavira

Tavira ⓴

Straßenkarte D7. *10 000.* *Rua da Galeria 9 (281-32 25 11).* *3. Sa im Monat.*

AN DEN UFERN DES GILÃO liegt – verbunden durch eine **Brücke** römischen Ursprungs – diese hübsche Stadt mit historischen Kirchen und Herrenhäusern mit filigranen Balkonen. Die Brücke war Teil der Römerstraße zwischen Castro Marim und Faro *(siehe S. 326ff)*.

Für die Mauren war Tavira neben Silves und Faro eine der wichtigsten Siedlungen der Algarve. 1242 eroberte Paio Peres Correia die Stadt und war empört, dass die Mauren während eines Waffenstillstands sieben seiner Ritter ermordet hatten.

Taviras Blütezeit neigte sich im 16. Jahrhundert dem Ende, verstärkt durch eine Seuche (1645/46) und Verschlammung des Hafens. Heute beherbergt die Stadt Besucher, ohne dass Architektur oder Atmosphäre darunter leiden.

Die Ilha de Tavira vor der Ostküste der Algarve

Den besten Blick auf die Stadt hat man von den Mauern der **Maurenburg** im alten arabischen Viertel auf dem Berg. Deutlich sichtbar sind die pyramidenähnlichen, vierseitigen Dächer an der Rua da Liberdade. Sie ermöglichen den leichten Abfluss des in der Algarve sintflutartig auftretenden Regens. Der Uhrturm der nahe gelegenen Kirche **Santa Maria do Castelo** ist von Weitem sichtbar. Die Kirche wurde auf den Fundamenten der einst größten Moschee der Algarve errichtet. Eingang und Fenster sind gotisch; das im 19. Jahrhundert restaurierte Innere beherbergt die Gräber von Paio Peres Correia und seinen sieben Rittern. Unterhalb der Burg liegt die 1569 erbaute Kirche **Nossa Senhora da Graça.**

André Pilarte brachte der Stadt die Renaissance-Architektur, zu sehen auf dem Weg zur Burg in der **Igreja da Misericórdia** (1541–51), deren Eingang die Heiligen Petrus und Paulus krönen, und im **Palácio da Galeria** (geöffnet für wechselnde Ausstellungen). In der Rua da Liberdade und der Rua José Pires Padinha gibt es vereinzelt Häuser aus dem 16. Jahrhundert. Die Herrenhäuser am Fluss wurden im 18. Jahrhundert errichtet.

UMGEBUNG: Die küstennahe, sandige **Ilha de Tavira** – elf Kilometer lang und 700 Meter breit – ist ein hervorragender Platz zum Schwimmen und zur Beobachtung von Vögeln. Im Sommer verkehrt eine Fähre von Quatro Águas, zwei Kilometer südöstlich von Tavira, hierher.

Blau-weiße Häuser in Cacela Velha

Cacela Velha ㉑

Straßenkarte D7. *50.* *Junta de de Freguesia Vila Nova de Cacela (281-95 12 28).*

DER WEG zu dem Weiler oben auf einer Klippe führt durch eine Landschaft mit Feldern und Olivenbäumen. Vom Tourismus unbeachtet, atmet er Ruhe und Selbstgenügsamkeit. Die makellosen Häuser der Fischer gruppieren sich um die Reste eines Forts und einer weiß getünchten Kirche (18. Jh.).

Am Strand, den eine sandige Landzunge schützt, liegen Fischerboote. Diesen Ort bevorzugten schon die Phönizier und später die Mauren, die 1240 vom Ritterorden von Santiago vertrieben wurden.

Vila Real de Santo António 22

Straßenkarte D7. 10 000. *Rua Dr. Teófilo Braga, Centro Cultural António Aleixo (281-542 100).* *3. So im Monat.*

ERBAUT 1774 NACH Plänen des Marquês de Pombal, erscheint Vila Real de Santo António wie eine Miniaturausgabe von Lissabons Viertel Baixa *(siehe S. 81ff)*, das nach dem Erdbeben von 1755 ebenfalls unter Pombal wieder aufgebaut wurde. Das symmetrische Netz von relativ breiten Straßen, die Wohnblöcke gleicher Größe und ähnlicher Fassade und das wohlgeordnete System von Straßennamen lassen gut Pombals praktische und politische Ideale erkennen.

Heute ist die Stadt sowohl einer der wichtigsten Fischereihäfen der Algarve als auch eine Grenzstadt, deren Märkte im großzügig angelegten Zentrum auf spanische Besucher ausgerichtet sind.

Die Igreja Matriz in Vila Real, berühmt für ihre Buntglasfenster

Castro Marim 23

Straßenkarte D7. 4000. *Rua José Alves Moreira (281-53 12 32).*

SEIT DEM ALTERTUM zieht Castro Marim »Besucher« an: Phönizier, Griechen und Römer nutzten bereits die Lage oberhalb des Guadiana. Die Stadt war Tor zum Al-Gharb der Mauren und bot für Jahrhunderte Menschen Zuflucht, die vor der Inquisition *(siehe S. 51)* flüchteten. Die **Burg** ist maurischen Ursprungs; die Außenmauern stammen aus dem 13. Jahrhundert.

Maurenburg und die verlassene Misericórdia-Kirche in Castro Marim

UMGEBUNG: Einst wurde hier Salz gewonnen, doch heute leben seltene Tiere in den *salinas* der 1975 geschaffenen **Reserva Natural do Sapal**. In dem Feuchtgebiet, dessen Sümpfe und Salzpfannen sich südlich und östlich der Stadt über 2090 Hektar erstrecken, leben unzählige Pflanzen und Vogelarten, so Flamingos und der schwarzflügelige Stelzenläufer, das Symbol des Reservats. Gruppentouren können Sie unter 281-51 06 00 buchen.

Alcoutim 24

Straßenkarte D7. 400. *Rua 1° de Maio (281-54 61 79).*

DAS UNBERÜHRTE DÖRFCHEN liegt 15 Kilometer von der Grenze zum Alentejo entfernt und an der natürlichen Grenze zu Spanien, dem Guadiana. Sie erreichen es über die kurvenreiche N122-2, die teilweise am Fluss entlangführt und reizvolle Blicke bis nach Spanien gewährt. Die Größe Alcoutims täuscht über seine Geschichte hinweg: Wegen seiner strategisch günstigen Lage und seines Flusshafens nahmen es zunächst die Phönizier ein, danach die Griechen, Römer und Mauren, die 1240 vertrieben wurden. Portugals König Fernando I unterzeichnete 1371 in einem blumengeschmückten Boot zwischen Alcoutim und seinem spanischen Gegenstück, Sanlúcar de Guadiana, den Friedensvertrag mit Enrique II von Kastilien. Gegen Ende des 17. Jahrhunderts erlangte der Ort neuerlich an Bedeutung: Er war berüchtigt für Tabakschmuggel mit Spanien.

Von den Mauern des **Kastells** (14. Jh.) haben Sie einen guten Blick auf das idyllisch gelegene Dorf; auch die Kirche **San Salvador** (16. Jh.) in der Nähe des Hauptplatzes ist gut zu sehen.

UMGEBUNG: Eine reizvolle Fahrt in einem Fischerboot 15 Kilometer flussabwärts nach **Foz de Odeleite** führt vorbei an Obstplantagen und Orangenhainen, in Álamo auch über einen römischen Damm.

Blick von Alcoutim über den Guadiana nach Sanlúcar in Spanien

Mehr über die Algarve? TOP 10 ALGARVE. ISBN 3-8310-0405-6

Portugals Inseln

Portugals Inseln im Überblick

Zur Orientierung

Madeira und die Azoren, einst abgelegene Vorposten einer Seemacht, sind heute leicht per Flugzeug vom Festland aus zu erreichen. Die fruchtbaren Inseln Madeira und Porto Santo, gut 600 Kilometer vor Afrikas Küste, sind mit ihrer subtropischen Flora und den hohen Bergen beliebte Urlaubsziele. Die Azoren liegen weiter westlich auf dem Mittelatlantischen Rücken. Hier ist das Klima gemäßigt; aktive Vulkane haben eine faszinierende Landschaft mit eingestürzten Kratern geschaffen.

***Terceira** ist eine relativ flache Insel und berühmt für ihren Stierlauf, die* tourada à corda. *An der Südküste überblickt die zweitürmige Kirche São Mateus den Hafen. Sie wurde Anfang des 20. Jahrhunderts gebaut.*

AZOREN
Seiten 358–371

***Pico** ist der Gipfel eines steilen, aus dem Meer herausragenden Vulkans. Auf den unteren, zum Wasser hin abfallenden Hängen sind die Felder mit Bruchsteinmauern aus schwarzem Basalt durchsetzt.*

◁ **Auf der Azoreninsel Faial erstreckt sich fruchtbares Weideland die Vulkankegel hinab bis zum Meer**

MADEIRA
Seiten 340–357

Funchal, *die Hauptstadt Madeiras, ist für ihre Blumen berühmt. In der von Jacarandas gesäumten Hauptstraße, der Avenida Arriaga, werden exotische Blumen verkauft.*

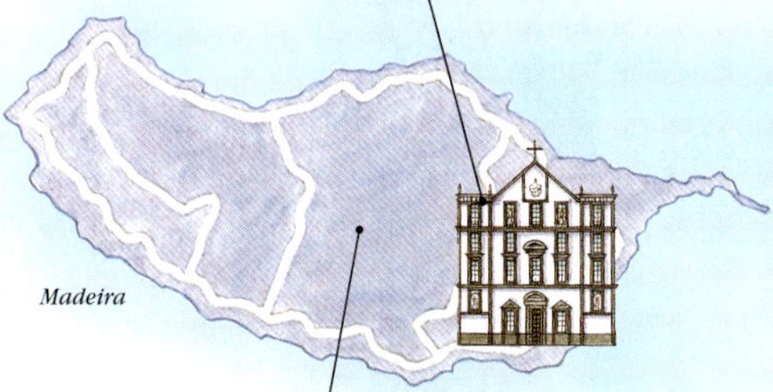

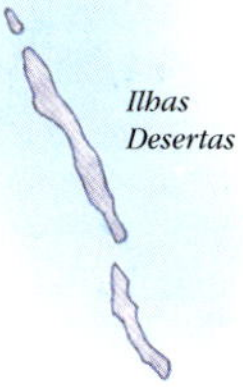

0 Kilometer 20

Der Pico Ruivo *ist mit 1861 Metern der höchste Punkt Madeiras. An seinem Fuß liegen zahlreiche kleine weiß getünchte Bauernhäuser.*

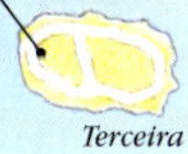

0 Kilometer 50

São Miguel *ist wegen der therapeutischen Heilbehandlungen in heißen Mineralwasserpools berühmt. In Aldeira das Furnas, im Osten der Insel, brodeln Moorquellen aus dem Erdboden.*

Die subtropische Flora Madeiras

Der Stolz Madeiras

MADEIRA HAT EIN MILDES, feuchtes Klima, das eine reiche Vegetation begünstigt. Auf den ersten Blick scheinen Blumen und Blattpflanzen im Einklang mit der Landschaft zu sein. Der erfahrene Botaniker wird jedoch rasch eine seltsame Zusammensetzung bemerken – die Blumen stammen aus allen Teilen der Welt, zum Beispiel aus der Kapregion Südafrikas. Auch Exoten aus Südamerika wurden eingeführt und gedeihen nun neben einheimischen Pflanzen.

Madeiras Gärten

Das subtropische Klima und die Mischung aus eingeführten und einheimischen Pflanzen schaffen Gärten, die jeden Gärtner neidisch machen. Der Botanische Garten in Funchal *(siehe S. 346)* leuchtet das ganze Jahr über in strahlenden Farben. Hier finden Sie einige der beeindruckendsten Pflanzen Madeiras.

Blühende Magnolie

An der Küste

In vielen Küstengebieten, etwa an der Ponta de São Lourenço *(siehe S. 350)*, gibt es imposante Steilklippen. Trotz des trockenen und steinigen Standorts gedeiht an der Küste eine vielfältige einheimische und eingeführte Flora.

Die Hottentottenfeige *ist eine bodendeckende Küstenpflanze aus Südafrika.*

Lampranthus spectabilis *aus Südafrika blüht an der Küste von Mai bis Juli.*

Die Dattelpalme der Kanarischen Inseln *ist weit verbreitet, vor allem an der Südküste.*

Ackerland und Wegesrand

Ein Bewässerungssystem aus künstlichen Kanälen *(levadas)*, wie zum Beispiel bei Curral das Freiras *(siehe S. 354)*, erlaubt die Kultivierung ansonsten unfruchtbaren Landes. Äcker sind oft von einer Fülle an Blumen eingerahmt.

Mimosen *gedeihen vor allem in den bewaldeten Gebieten Madeiras und blühen im Winter.*

Kokardenblumen *springen besonders ins Auge, wenn sie im März und April blühen.*

Hibiscus syriacus *aus dem Fernen Osten blüht von Juni bis Oktober.*

Korallenbäume *aus dem Süden Brasiliens blühen von Januar bis März.*

Der Frauenschuh *erstrahlt in vielen Farben und ist der Favorit bei Madeiras Gärtnern.*

Cymbidium-*Orchideen* *aus Südostasien lieben geschützte Orte im Halbschatten.*

Kamelien *wachsen im Halbschatten und werden so hoch wie ein kleiner Baum.*

Protea cynaroides *aus Südafrika ist dort als Kapartischocke oder Königsprotea bekannt.*

HOCHLAND

Die Aussicht vom Pico Ruivo, dem höchsten Punkt der Insel *(siehe S. 354)*, ist umwerfend. Im Hochland ist der Anteil der einheimischen Pflanzen höher als im Tiefland.

TERRASSIERTE ANPFLANZUNGEN

Pflanzungen wie diese Bananenplantage bei Calheta *(siehe S. 356)* entstehen, indem man Terrassen in den Hang gräbt. Hier baut man Feldfrüchte für Eigenverbrauch und Export an.

Isoplexis sceptrum *(Gelber Fingerhut) ist ein auf Madeira heimischer Strauch.*

Ginsterblüten *sind bunt und daher beliebt bei Insekten.*

Wacholder *ist stachelig und immergrün und hat fleischige Beerenzapfen.*

Edelkastanien *gedeihen gut auf Madeira und sorgen für eine reiche Ernte.*

Papayas *aus Südamerika tragen das ganze Jahr über Früchte.*

Die Schwertaloe *hat stachelige Blätter und eignet sich daher gut als Plantagenzaun.*

Die Azoren: Vulkaninseln im Ozean

Die Azoren sitzen dem Mittelatlantischen Rücken auf und sind das Ergebnis einer 20 Millionen Jahre langen Vulkantätigkeit. Als die Platten der Erdkruste auseinander drifteten, schufen Vulkaneruptionen eine riesige Bergkette auf dem Meeresboden; sie ist teilweise eingebrochen und von senkrechten Falten zerschnitten. Durch sie drang Magma (glühend flüssige Gesteinsschmelze) und formte die Azoren. Die Inseln, weniger als 5 Millionen Jahre alt, gehören zu den jüngsten der Erde. Die beeindruckende Landschaft zeugt noch heute von vulkanischer Tätigkeit.

***Der Mittelatlantische Rücken** ist eine untermeerische Vulkankette, die den gesamten Atlantik durchzieht.*

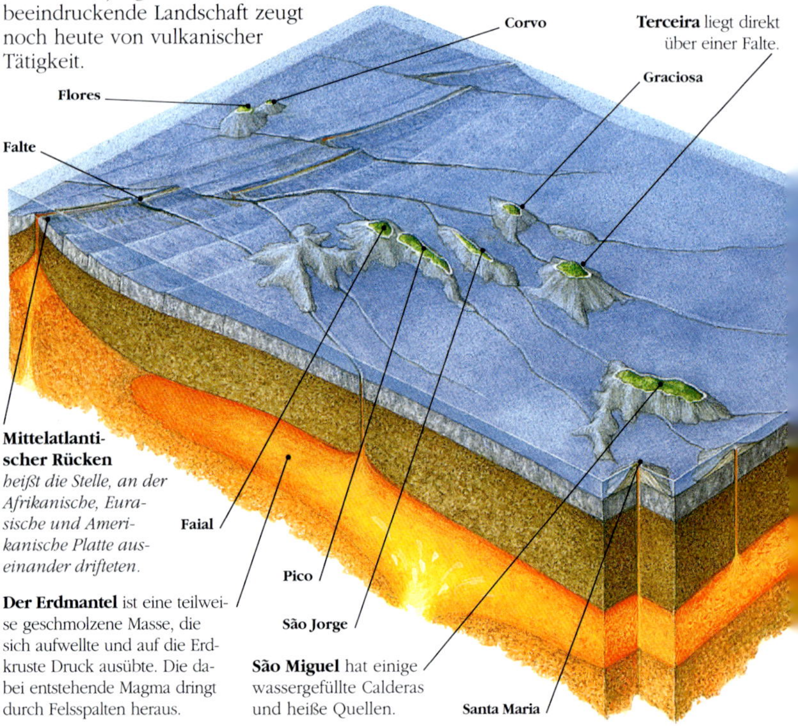

Terceira liegt direkt über einer Falte.

Mittelatlantischer Rücken *heißt die Stelle, an der Afrikanische, Eurasische und Amerikanische Platte auseinander drifteten.*

Der Erdmantel ist eine teilweise geschmolzene Masse, die sich aufwellte und auf die Erdkruste Druck ausübte. Die dabei entstehende Magma dringt durch Felsspalten heraus.

São Miguel hat einige wassergefüllte Calderas und heiße Quellen.

Die vulkanischen Ressourcen

Die dramatische Entstehung der Inseln ließ mannigfaltige Naturschätze zurück: Thermalquellen, stabiles Baumaterial und fruchtbare Erde sind Resultate vulkanischer Tätigkeit. Ein feuchtes, gemäßigtes Klima lässt das Vulkangestein allmählich zu fruchtbarem Boden verwittern. Ältere Erde ermöglicht üppige Vegetation und Ackerbau, jüngere Erde (wie auf Pico) eignet sich jedoch noch nicht für die Landwirtschaft.

***Diese Steinhäuser** auf Pico bestehen, wie viele auf den Inseln, aus Basaltgestein, das als Baumaterial verwendet wird.*

***Furnas auf São Miguel** hat schwefelhaltige Geysire und heiße Moorquellen – zum Baden und Heilen.*

***Der in die Wolken ragende** Vulkangipfel des noch aktiven Pico Alto beherrscht die Insel Pico, die selbst die Spitze eines gewaltigen untermeerischen Vulkans ist. Mit 2350 Metern ist er der höchste Gipfel Portugals.*

Die Geologie der Azoren

Die Azoren liegen auf einer Reihe von Spalten in der Erdkruste, die sich über den Mittelatlantischen Rücken ziehen. An diesen tektonischen Schwachstellen kann Magma austreten. Zu beiden Seiten des Rückens formten Vulkanausbrüche Hunderte von Unterwasserbergen. Zu deren höchsten Gipfeln zählen die neun Inseln der Azoren. Sie wurden über das Wasser gehoben, weil sich der Erdmantel unter der Erdkruste wölbte und so den Meeresboden näher an die Wasseroberfläche schob.

Der obere Mantel, eine dichte Felsschicht, bildet mit der Kruste darüber die Lithosphäre, eine Reihe beweglicher Platten.

Der untere Mantel, die Asthenosphäre, besteht aus teilweise geschmolzenem Gestein und umschließt den Erdkern.

***Basaltlavablöcke**, zu Bruchsteinmauern geschichtet, schützen die Weinstöcke und verhindern die Erosion auf Pico. Die Vulkanerde ist hier recht jung und eignet sich nur für den Weinbau.*

Die Entstehung einer Caldera

Eine Caldera, ein großer Krater, entsteht während oder nach einem Vulkanausbruch, wenn das Dach einer Magmakammer unter dem Gewicht des Kegels zusammenbricht. Füllt sich das Becken mit Wasser, entsteht ein Kratersee.

Caldeira das Sete Cidades auf São Miguel

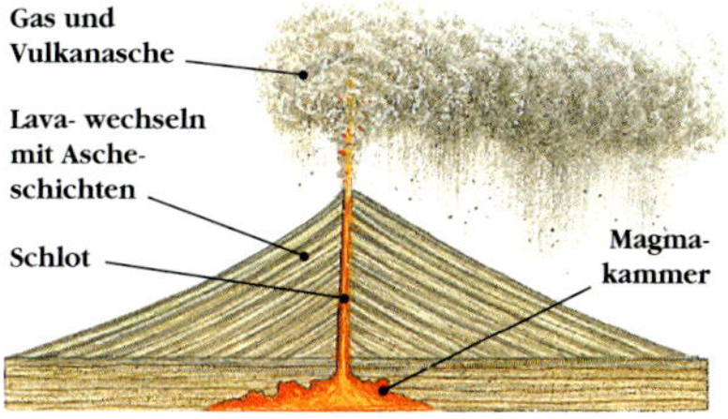

Bei einem aktiven Vulkan ist die Magmakammer mit Gesteinsschmelze gefüllt, die beim Ausbruch des Vulkans durch den Schlot in die Höhe gepresst und ausgestoßen wird.

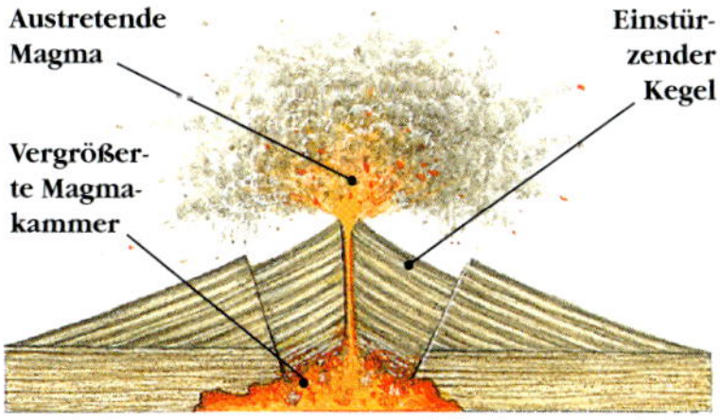

Nach dem Magma-Ausstoß fällt der Spiegel der Magmakammer. Das kann dazu führen, dass der Kegel unter seinem Gewicht einstürzt. Zurück bleibt ein typisches Kraterbecken, die Caldera.

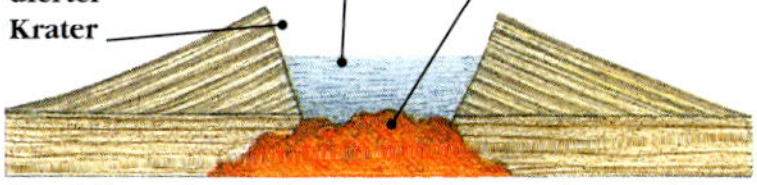

Nachdem der Vulkan erloschen und eingefallen ist, kann sich die Caldera mit Wasser füllen. Das Grundwasser kann durch Reste heißen Gesteins in der Nähe der Magmakammer erwärmt werden.

Madeira

Madeira ist ein grünes, subtropisches Paradies *vulkanischen Ursprungs mit einem Boden aus Lava und Asche. Die Insel unterscheidet sich grundlegend von Portugals Festland, und ihre milden Temperaturen und die üppige Vegetation machen sie das ganze Jahr über für Besucher interessant.*

Paradiesvogelblume *(Strelitzia reginae)*

Madeira liegt im Atlantik, 600 Kilometer von Marokko und fast 1000 Kilometer von Lissabon entfernt. Porto Santo erschien bereits 1351 auf einer genuesischen Karte; die Seefahrer kannten die Inseln also seit langem. Bis 1418 beanspruchte sie niemand, dann trieben starke Stürme João Gonçalves Zarco, der Afrikas Küste erforschen wollte, dorthin. Glücklich, den Hafen von Porto Santo gefunden zu haben, setzte er die portugiesische Flagge und kehrte nach Lissabon zurück. Ein Jahr später kam er im Rahmen einer vom Infanten Henrique *(siehe S. 49)* geförderten Entdeckungsreise zurück. Er blieb einen Winter auf Porto Santo, hisste Anfang 1420 die Segel und fuhr zu dem im Nebel liegenden Land am Horizont: So fand er die bewaldete Insel Madeira (*madeira* bedeutet »Holz«).

Innerhalb von sieben Jahren entstand eine Siedlerkolonie, die den fruchtbaren Boden für den Zuckerrohranbau nutzte. Das »weiße Gold« machte die Insulaner reich. Herbeigeschaffte Sklaven legten an den steilen Hängen die noch heute existierenden terrassierten Felder und die Bewässerungskanäle *(levadas)* an. Jedes Fleckchen Land wird genutzt – Bananen, Blumen und Wein sind neben dem Fremdenverkehr das Rückgrat der Wirtschaft.

Ende des 19. Jahrhunderts wurde Madeira ein beliebter Winterurlaubsort für Nordeuropäer. Seit Aufnahme des kommerziellen Flugverkehrs 1964 erliegt auch der Rest der Welt dem Charme der Insel. Madeira betört Wanderer, Blumenfreunde und Sonnenanbeter, Sandstrände sind jedoch nur auf Porto Santo zu finden.

Ganzdachhäuser sind typisch für Santana an der Nordküste Madeiras

◁ **Pfad durch die beeindruckende Berglandschaft des Pico do Arieiro**

Überblick: Madeira

Funchal, die Hauptstadt der Insel, ist der einzige Ort von erwähnenswerter Größe. Hier findet man die meisten Museen und historischen Gebäude sowie die besten Hotels, Restaurants und Läden. Die größten landwirtschaftlichen Anbauflächen liegen an der sonnigen Südküste. Die kühlere, feuchtere Nordseite ist dünner besiedelt. Das bergige und vulkanische Inselinnere blieb wild und ist zum Teil nur zu Fuß erreichbar. Der Pico Ruivo, der höchste Gipfel, ist ein beliebtes Wanderziel.

Terrassen bei Boa Ventura an der Straße von Santana nach São Vicente

Blick am Vormittag über die Dächer Funchals auf die Berge im Inselinneren

Auf Madeira unterwegs

Madeiras internationaler Flughafen Santa Catarina ist in Santa Cruz, 18 Kilometer nordöstlich von Funchal. Von Funchal fahren zwar Busse in alle Ecken der Insel, sie sind aber nicht auf Urlauber eingestellt. Neben Taxis gewähren Mietwagen die größte Flexibilität. Von Nord nach Süd misst die Insel 19, von Ost nach West 56 Kilometer, doch dauern wegen des bergigen Geländes alle Fahrten relativ lange. Die nahe Insel Porto Santo kann man per Flug von Santa Cruz oder mit der Fähre erreichen, die von Funchal nach Porto de Abrigo (bei Vila Baleira) fährt.

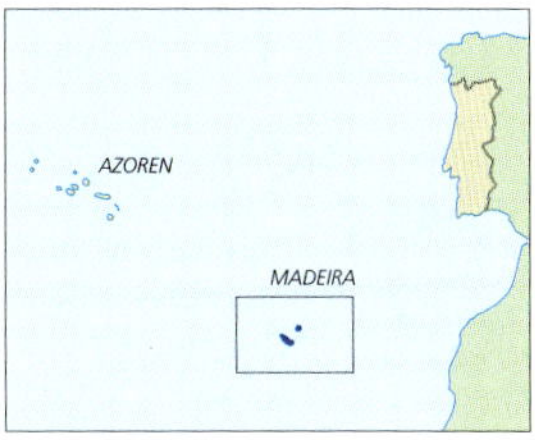

Zur Orientierung

Die wilden Klippen der Ponta de São Lourenço

Sehenswürdigkeiten auf einen Blick

Calheta 16
Camacha 4
Câmara de Lobos 18
Caniçal 6
Curral das Freiras 11
Funchal S. 344 ff 1
Machico 5
Monte 3
Paúl da Serra 12
Pico do Arieiro 9
Pico Ruivo 10
Porto Moniz 15
Porto Santo 19
Quinta do Palheiro Ferreiro 2
Ribeira Brava 17
Ribeiro Frio 8
Santana 7
São Vicente 14

Tour
Rabaçal-Wanderweg 13

Legende

- Hauptstraße
- Nebenstraße
- Panoramastraße
- Fluss
- Aussichtspunkt

Siehe auch

- ***Übernachten*** S. 399 f
- ***Restaurants*** S. 421 ff

Im Detail: Funchal ❶

Kacheln im Palácio do Governo Regional, Avenida M. Arriaga

SCHON IM 15. JAHRHUNDERT zog Funchals tiefer Naturhafen Siedler an. Hier liegt auch der historische Kern der Stadt; er birgt schöne Regierungsgebäude und stattliche Häuser (18. Jh.) mit schattigen Höfen und dekorativen Eisenbalkonen. Wegen der steilen Kopfsteinpflasterstraßen, der verzierten schwarzen Torwege und der allgegenwärtigen Pracht wird Funchal zu Recht das »kleine Lissabon« genannt.

Die Igreja do Colégio wurde 1574 von Jesuiten gegründet. Das schlichte Äußere bildet einen starken Kontrast zum reich verzierten, von vergoldetem Holz eingerahmten Hochaltar (1641–60).

In der Rua da Carreira und der Rua do Surdo sind viele der ursprünglichen balkonverzierten Häuser erhalten.

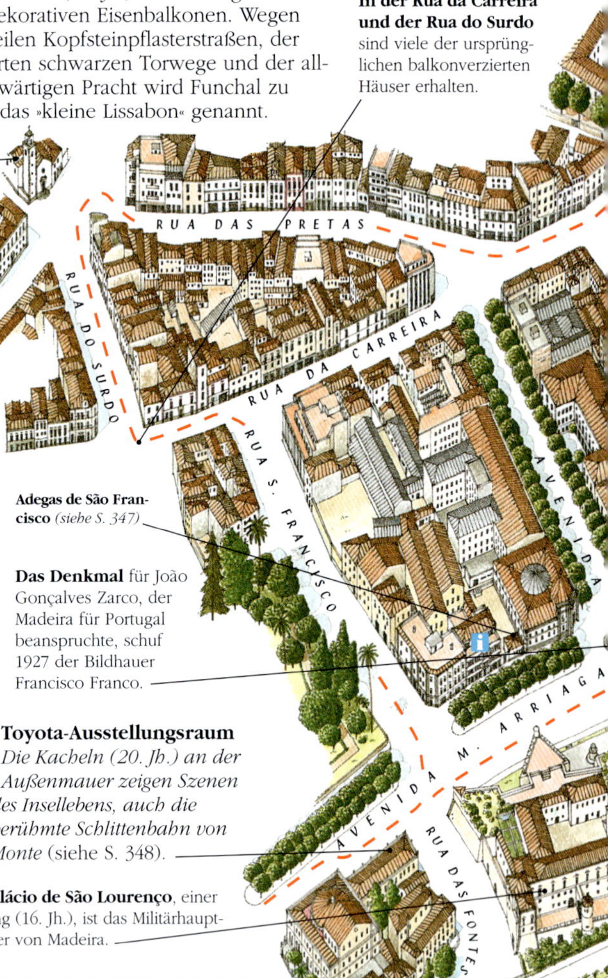

Kirche São Pedro

Im Museu Municipal gibt es ein – bei Kindern sehr beliebtes – Aquarium.

Adegas de São Francisco *(siehe S. 347)*

Das Denkmal für João Gonçalves Zarco, der Madeira für Portugal beanspruchte, schuf 1927 der Bildhauer Francisco Franco.

Toyota-Ausstellungsraum
Die Kacheln (20. Jh.) an der Außenmauer zeigen Szenen des Insellebens, auch die berühmte Schlittenbahn von Monte (siehe S. 348).

0 Meter 50

Im Palácio de São Lourenço, einer Festung (16. Jh.), ist das Militärhauptquartier von Madeira.

Yachthafen
Der Yachthafen an der von Restaurants gesäumten Avenida do Mar ist ideal für einen Bummel. Die Hafenmauern bieten zudem eine gute Aussicht.

Avenida do Mar

NICHT VERSÄUMEN

- ★ **Kathedrale**
- ★ **Praça do Município**

Câmara Municipal
Im Hof von Funchals Rathaus, einem imposanten Herrenhaus (18. Jh.), steht die Skulptur von Leda mit dem Schwan. Das Museum im Inneren zeigt die Geschichte Funchals anhand von Fotos.

INFOBOX

120 000. Santa Catarina 18 km NÖ. Avenida do Mar. Avenida Arriaga 16 (291-21 19 00). Mo–Sa. Apr/Mai: Blumenfest; Mitte Sep: Weinfest; 31. Dez: Feuerwerk.
Museu Municipal Rua da Mouraria 31. *291-22 97 61. Di–So (Sa, So nur nachm.). 25. Dez, 1. Jan.*

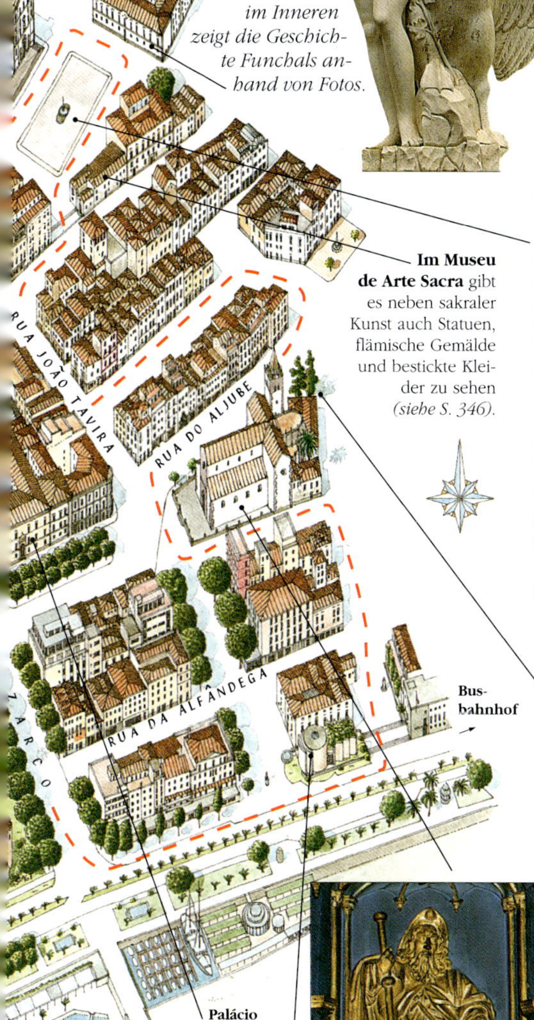

Im Museu de Arte Sacra gibt es neben sakraler Kunst auch Statuen, flämische Gemälde und bestickte Kleider zu sehen *(siehe S. 346).*

★ Praça do Município
Der schöne Hauptplatz besteht aus schwarzen und weißen Pflastersteinen. An der nordöstlichen Seite liegt die Câmara Municipal.

Rua do Aljube
Neben der Kathedrale bieten Verkäufer in traditionellen Kostümen farbenprächtige exotische Blumen an.

Palácio do Governo Regional

Die Alfândega Velha (Altes Zollamt) wurde 1477 erbaut und ist nun Sitz des Inselparlaments.

★ Kathedrale
Der heilige Jakobus ist eine der vielen vergoldeten Figuren, die das wunderbar geschnitzte Chorgestühl in Funchals Kathedrale (15. Jh.) zieren (siehe S. 346).

LEGENDE

- - - Routenempfehlung

Überblick: Funchal

FUNCHAL ERSTRECKT SICH in einem Halbkreis um eine Bucht. Am Ostende liegt die Zona Velha, ein altes Labyrinth ehemaliger Fischerhäuschen, am Westende befinden sich die Hotels und Restaurants der »Touristenstadt«. Dazwischen liegt das Herz der Stadt mit seinem historischen Zentrum um die reizvolle Avenida Arriaga. Im betriebsamen Hafen Funchals wird die kleine Fischerbootflotte oft von riesigen Kreuzfahrtschiffen verdeckt. Nur drei bis vier Straßenzüge weiter Richtung Inselinneres geht das Bild in ein dichtes Netz von roten Ziegeldächern und subtropischem Grün über.

Kathedrale

Largo da Sé. *291-22 81 55.* *tägl.*

Die 1514 fertig gestellte Kathedrale ist eines der wenigen Gebäude, die seit der Kolonisierung der Inseln nahezu unverändert geblieben sind. Um 1500 sandte König Manuel I *(siehe S. 46ff)* den Architekten Pêro Anes vom Festland hierher, damit dieser die Kathedrale gestalte.

Glanzpunkte sind die Decke und das Chorgestühl, obwohl beide im dunklen Inneren schlecht zu erkennen sind. Die kunstvollen Holzeinlegearbeiten der Decke sieht man am besten vom südlichen Querschiff aus. Das Chorgestühl zeigt Heilige, Propheten und Apostel in Kostümen aus dem 16. Jahrhundert. Die Armstützen und die Sitze tragen dekorative Details des Lebens auf Madeira: ein Engel trägt eine Bananenstaude, ein anderer einen Ziegenlederbeutel mit Wein.

Uhrturm von Funchals Kathedrale

Museu de Arte Sacra

Rua do Bispo 21. *291-22 89 00.* *Di–So 10–18 Uhr.* *Feiertage.*

Madeiras Kaufleute, die durch den Zuckerhandel zu Reichtum gelangten, versuchten ihr Seelenheil zu sichern, indem sie für die Kirchen ihres Ortes Gemälde, Statuen, bestickte Kleidung und illuminierte Gesangsbücher in Auftrag gaben. Hunderte dieser Exemplare füllen heute das Museum im ehemaligen Bischofspalast aus dem Jahr 1600. Meisterwerke sind z. B. das spätgotische, von Manuel I gestiftete Prozessionskreuz und religiöse Gemälde bedeutender flämischer Künstler des 15. und 16. Jahrhunderts. Auf manchen Werken sind die Porträts der Auftraggeber zu sehen. So zeigt das Bild *Die Heiligen Philipp und Jakobus* aus dem 16. Jahrhundert Simão Gonçalves de Câmara, den Enkel von Gonçalves Zarco *(siehe S. 341)*.

Die kunstvoll angelegten Gärten des Jardim Botânico

Geschnitzte manuelinische Löwen im Garten der Quinta das Cruzes

Quinta das Cruzes

Calçada do Pico 1. *291-74 06 70.* *Di–So.* *Feiertage.*

Gonçalves Zarco, der Madeira für Portugal beanspruchte *(siehe S. 341)*, soll sein Haus dort gebaut haben, wo heute die Quinta das Cruzes steht. Das elegante Herrenhaus (19. Jh.) beherbergt das Museum für dekorative Kunst und ist möbliert wie das Haus eines reichen Kaufmanns: Tapeten aus indischer Seide, Regency-Sideboards und Orientteppiche. Die Möbel im Erdgeschoss sind Mahagonikisten, die im 17. Jahrhundert zum Zuckertransport benutzt und zu Kommoden und Schränken umfunktioniert wurden.

Neben alten Grabsteinen sind im Garten zwei Fensterrahmen (1507) mit Akrobaten und menschenfressenden Löwen in Madeiras Spielart der Manuelinik *(siehe S. 20f)* zu sehen.

Convento de Santa Clara

Calçada de Santa Clara. *291-74 26 02.* *tägl. (klingeln!)*

Gegenüber liegt der Convento de Santa Clara, den João Gonçalves de Câmara, ein Enkel von Gonçalves Zarco, 1496 gründete. Dieser ist unter dem Hochaltar, sein Schwiegersohn Martim Mendes Vasconcelos an der Rückseite der Kirche begraben. Wertvolle *azulejos* (17. Jh.) schmücken die Wände.

Jardim Botânico

Quinta do Bom Sucesso, Caminho do Meio. *tägl.* *25. Dez.*

Seit 1960 zeigt der Botanische Garten Pflanzen aus aller Welt. Wüstenkakteen, Orchideen aus dem Regenwald und südafrikanische Proteas stehen neben einheimischen Drachenbäumen in einer Landschaft aus Beetpflanzen, Karpfenteichen und ursprünglichen Waldflächen.

Adegas de São Francisco

Avenida Arriaga 28. 291-74 01 70. Mo–Fr 9.30–18 Uhr, Sa vormittags. Feiertage. obligatorisch.

Den kopfsteingepflasterten Hof dieser Weinkellerei erfüllt der Duft von altem Holz und Madeira. Einige Gebäude sind noch aus dem 17. Jahrhundert, als die Anlage Teil eines Franziskanerklosters war. Man kann neben jüngeren – und preiswerteren – Weinen auch solche probieren, die hier vor mehr als 150 Jahren gekeltert wurden. Ein Besuch in den Wärmeräumen, in denen der Madeira durch heiße Wasserrohre zum »Kochen« gebracht wird *(siehe S. 349)*, ist Teil der Führung.

Weinprobe in den Adegas de São Francisco

Mercado dos Lavradores

Largo dos Lavradores. 291-22 59 69. Mo–Sa. Feiertage.

Blumenzüchter, Korbflechter, Bauern und Fischer aus ganz Madeira bringen ihre Produkte auf den Mercado dos Lavradores. Die dreistöckige Markthalle hat einen offenen Innenhof und sprüht vor Leben. Standinhaber bieten beispielsweise Mangos zum Kosten an, um zu beweisen, dass ihre Früchte die besten und süßesten sind. Im Erdgeschoss liegen auf großen Marmortischen dicke Scheiben von Tunfisch und riesigem, schwarzem Schwertfisch.

Freitags erstreckt sich der Markt bis in die Seitenstraßen der Zona Velha (Altstadt), das frühere Fischerviertel, in dem heute kleine Läden, Straßencafés und Bars florieren. Die einfachen, eingeschossigen Wohnhäuser am Ostende der Fußgängerstraße Rua Dom Carlos I sollen aus dem 15. Jahrhundert stammen. Die Kapelle Corpo Santo (16. Jh.), die Fischer ihrem Schutzpatron, dem heiligen Petrus, errichteten, ist angeblich Funchals ältestes Gebäude dieser Art.

Haus und Gärten der Quinta do Palheiro Ferreiro

Fortaleza de São Tiago

Rua do Portão de São Tiago. 291-21 33 40. **Museum** Mo–Sa 10–12.30, 14–17.30 Uhr Feiertage.

An der Seeseite liegt die kürzlich renovierte Fortaleza de São Tiago von 1614, der 1767 weitere Bauten hinzugefügt wurden. In der Festung, einem Labyrinth von Fluren und Treppen, sind das Museum für zeitgenössische Kunst und ein Restaurant untergebracht.

Ein Fischhändler im Erdgeschoss des Mercado dos Lavradores zerhackt Tunfisch in riesige Steaks

Quinta do Palheiro Ferreiro ❷

Sítio do Balançal, São Gonçalo. 291-79 30 44. Mo–Fr 10–16.30 Uhr. 1. Jan, Ostern, 1. Mai, 25. Dez.

Die Quinta do Palheiro ist Madeiras schönster Park und ein Pilgerort für Blumenliebhaber. Ein französischer Landschaftsgärtner legte ihn im 18. Jahrhundert für den Grafen von Carvalhal an, der die Barockkapelle sowie das elegante, den Park überschauende Herrenhaus baute (nicht zu besichtigen).

1885 erwarb die alteingesessene Familie Blandy das Anwesen. Pflanzen aus Südafrika, China und Australien trugen dazu bei, eine Mischung aus dem gestutzten, strengen Stil des späten 18. Jahrhunderts und der Üppigkeit englischer Rabatten zu schaffen, bereichert durch eine Kombination von Gewächsen aus tropischen und gemäßigten Klimazonen.

Außerdem ist der Park ein friedlicher Zufluchtsort für eine Vielzahl wilder Tiere. Auf dem Weg aus dem förmlichen »Frauengarten« in die tropische Wildnis der Schlucht, unheilvoll mit »Inferno« (Hölle) ausgeschildert, ist er voller Schönheit und Kontraste.

Kontraste der Fassade von Nossa Senhora do Monte: Basalt und weißer Anstrich

Monte ❸

10 000. *Caminho de Ferro 182, Junta da Frequesa (291-78 25 55).*

SEIT DEM SPÄTEN 19. Jahrhundert ist Monte ein beliebtes Reiseziel; damals baute man eine Zahnradbahn, die Kreuzfahrtpassagiere von Funchal auf den Gipfel beförderte. Bergab ging es dann in der berühmten **Schlittenbahn**. Heute kann man täglich von 10 bis 18 Uhr mit einer Seilbahn vom Jardim do Admirante Reis unterhalb der Altstadt zum Caminho das Babosas an den Palastgärten fahren. Die alte Bahn schloss 1939, doch der Bahnhof und ein Viadukt sind erhalten und gehören zum **Jardim do Monte**. Ein Bummel durch den Park führt zur Kirche **Nossa Senhora do Monte**, deren zweitürmige Fassade Funchal zugewandt ist. Adam Gonçalves Ferreira errichtete sie 1818 auf den Fundamenten einer Kapelle von 1470 (Adam und seine Zwillingsschwester Eva waren die ersten auf Madeira geborenen Kinder). Die Jungfrau von Monte ist Madeiras Schutzpatronin. Am 15. August (Mariä Himmelfahrt) ist die Kirche Mittelpunkt der jährlichen Wallfahrt, bei der Büßer die 74 Stufen auf Knien erklimmen, um die Madonnenstatue auf dem Hochaltar zu sehen.

In einer Kapelle auf der linken Seite des Langhauses ruhen die sterblichen Überreste des Habsburgers Karl I., der 1918 abgesetzt wurde. In seinem Exil auf Madeira starb er 1922, erst 35-jährig, an einer Lungenentzündung.

Jeden Tag warten an der Ecke des Caminho do Monte die Führer der Korbschlitten, mit denen man (gegen Gebühr) nach Livramento und weiter nach Funchal fahren kann. Hinter dieser Ecke, links an den Kirchenstufen vorbei, gelangt man zu den tropischen **Palastgärten**. Dieser schöne, 1894 angelegte Park macht mit seinem Irrgarten aus Wegen, Brücken, verspielten Bauten, Quellen, Wasserfällen und schwarzen Schwänen nicht nur Kindern Freude. Er erstreckt sich über 17 Hektar in einem Tal: Es gibt Bereiche mit einheimischen Pflanzen oder mit Gewächsen aus Südafrika, Japan und China sowie solche mit Azaleen, Kamelien und Orchideen.

Palastgärten
Caminho do Monte 174.
291-78 23 39. *tägl.*

Ein geschickter Korbflechter von Camacha stellt einen Tisch her

Camacha ❹

9000. *Junta da Freguesia, Complexo de Habitação dos Casais de Além 2 (291-92 24 66).*

DIE MEISTEN IN FUNCHAL verkauften Korbwaren werden in oder bei Camacha hergestellt. Einzige Attraktion in dem ansonsten verschlafenen Ort ist ein Laden, der vom Boden bis zum Dach mit Korbwaren vollgepackt ist. Im mittleren Geschoss geben eine Arche Noah voller Tierpaare und eine Galeone unter vollen Segeln eine Vorstellung von der Kunst der Korbflechter, denen man bei der Arbeit zusehen kann. Sie schlingen biegsame Weidenruten um einen Rahmen und formen daraus einen Wäschekorb oder einen Pflanzenübertopf.

DIE SCHLITTENBAHN VON MONTE

Die zwei Kilometer lange Abfahrt von Monte nach Livramento kann man in einem Weidenkorb auf hölzernen Kufen in zehn Minuten bewältigen. Jedes Jahr erleben Tausende von Menschen diese Art der rasanten Fortbewegung in einem Holzschlitten auf einer öffentlichen Straße. Ernest Hemingway beschrieb sie einmal als »anregend«. Ein Polstersitz federt die Stöße ab. Die Schlittenführer schieben und lenken den Schlitten von hinten und benutzen dabei ihre gummibesohlten Stiefel als Bremsen. Die Schlittenwagen wurden um 1850 als Personentransportmittel geschaffen.

Die berühmte Schlittenbahn von Monte

Madeira

Korbflasche für Madeira

WÄHREND des 16. Jahrhunderts nahmen Schiffe in Funchal häufig Fässer mit lokalem Wein an Bord. Da der junge Wein bei der Reise oft verdarb, verschnitten die Seeleute ihn mit Schnaps, um ihn haltbarer zu machen. Die Qualität des Weins wurde auf langen Reisen bei großer Hitze dadurch sogar verbessert. Also schickte man Madeirawein extra auf Reisen, anstatt ihn in Funchal reifen zu lassen. Diese aufwändige Methode wurde später durch das *estufa*-Verfahren ersetzt. Dabei werden große Mengen Wein über drei Monate auf 30–50 °C erhitzt. Der Reifeprozess wird dadurch beschleunigt. Die besten Sorten reifen jedoch langsam unter den Dächern der Weinhäuser, erhitzt nur durch die Sonne.

Der meiste Madeira wird aus der Tinta Negra Mole gekeltert und mit einer der folgenden Rebsorten verschnitten.

Fassherstellung für Madeira

Die vier Madeira-Typen

Sercial *wird aus hellen Trauben gemacht, die in Höhen bis 1000 Metern wachsen. Gute Qualität erreicht er nach mindestens zehn Jahren Reife. Diesen bernsteinfarbenen, trockenen Wein trinkt man, leicht gekühlt, als Aperitif oder zur Suppe.*

Verdelho*-Trauben wachsen in tieferen und kühleren Lagen als die Sercial und ergeben einen halbtrockenen, lohfarbenen Wein. Er verträgt sich gut mit einem Stück Madeira-Kuchen (von den Engländern extra hierfür erfunden).*

Die Fässer *in den Adegas de São Francisco* (siehe S. 347) *werden regelmäßig gewartet, auch der Fußboden, der das enorme Gewicht auszuhalten hat.*

Bual *ist ein dunkler und schwerer Wein aus Trauben, die aus wärmeren, tiefen Lagen stammen. Er ist mittelsüß, eine Alternative zu Portwein und passt hervorragend zu Käse und Dessert. Er wird bei Zimmertemperatur getrunken.*

Malvasia*, der berühmteste Madeira, ist aus Malvasiertrauben von den sonnigen Weinbergen im Schutz der Klippen, die die Hitze speichern und nachts an die Trauben abgeben. So entsteht der schwere dunkle Wein, den man als Digestif genießt.*

Diese Verdelho-Fässer *ruhen nach der Beigabe von Schnaps. Spitzenweine müssen mindestens 20 Jahre im Fass und zwei in der Flasche verbracht haben.*

Edler Madeira *aus jedem Jahrzehnt bis zurück in die Mitte des 19. Jahrhunderts ist noch immer erhältlich. Die älteste Flasche stammt von 1772.*

Machico ❺

22 000. Forte de Nossa Senhora do Amparo, Rua da Nossa Senhora (291-96 22 89).

EINE LEGENDE ERZÄHLT, Machico sei nach Robert Machim benannt, einem Kaufmann aus Bristol, der mit einer englischen Adligen durchbrannte und nach Portugal wollte. In einem Sturm erlitten die Liebenden vor der Küste Madeiras Schiffbruch, starben an Unterkühlung und wurden hier begraben. Der Rest der Mannschaft reparierte das Schiff und segelte nach Lissabon. Daraufhin schickte der Infant Henrique *(siehe S. 49)* João Gonçalves Zarco *(siehe S. 341)* auf die Suche nach dieser geheimnisvollen Insel.

Seit der Zeit der ersten Besiedlungen ist Machico die zweitwichtigste Stadt. Die Insel wurde damals in zwei Bereiche unterteilt: Gonçalves Zarco befehligte den Westen von Funchal aus, während sein Seefahrergefährte, Tristão Vaz Teixeira, den Osten von Machico aus regierte. Wegen des Hafens und der besseren Lage wurde Funchal Hauptstadt, Machico blieb ein verschlafenes Landstädtchen.

Die **Igreja Matriz** (15. Jh.) auf dem Largo do Município besitzt über dem Hochaltar eine Marienstatue, die Manuel I *(siehe S. 46ff)* stiftete, ebenso wie die drei Marmorsäulen des gotischen Südportals. Der Innenraum der Capela de São João Baptista präsentiert manuelinische Steinmetzarbeiten. Ihr Gewölbe zeigt Teixeiras Wappen: der aus den Flammen aufsteigende Phönix.

Hauptaltar in der Capela dos Milagres, Machico

Jenseits des Flusses Machico liegt die **Capela dos Milagres** von 1815. Sie ersetzte die älteste Kirche Madeiras (1420), in der Robert Machim und seine Geliebte angeblich beerdigt wurden. Eine Überschwemmung zerstörte diese Vorgängerin 1803, doch fand man deren Kreuz aus dem 15. Jahrhundert im Meer treibend. Die Rettung dieses Kreuzes feiert Machico jedes Jahr am 8. Oktober mit einer Prozession.

Fischerboote am Strand von Caniçal

Blick von der Ponta de São Lourenço

Caniçal ❻

5000. siehe Machico (291-96 22 89).

CANIÇAL WAR EINST Zentrum von Madeiras Walfang, John Huston drehte hier die Walszenen von *Moby Dick* (1956). 1981 wurde der Walfang eingestellt. Seitdem sind die Gewässer um Madeira Schutzgebiet, in dem das Töten von Walen, Delfinen und Seehunden verboten ist. Ehemalige Walfänger arbeiten nun für die Gesellschaft zum Schutz von Meeressäugetieren und helfen den Meeresbiologen, die Wanderungen der Wale zu ergründen.

Im alten Walfängerbüro ist heute das **Museu da Baleia** untergebracht. Ein 45-minütiger Film über den Walfang enthält Kommentare von Fischern im Ruhestand.

Caniçal hat noch immer einen belebten Fischerhafen, und am steinigen Strand bessern die Fischer ihre bunten Boote aus.

Museu da Baleia

Largo Manuel Alves. *291-96 14 07. Di–So 10–12, 13–18 Uhr. 1. Jan, Ostern, 25./26. Dez.*

UMGEBUNG: Die Ostspitze Madeiras, die **Ponta de São Lourenço**, imponiert mit wellengepeitschten, 180 Meter hohen Klippen. Fußwege schlängeln sich von einer Klippe bis zur nächsten, und in geschützten Ecken wachsen Wildblumen. Im Gegensatz zum waldreichen Inselinneren gibt es hier keinen einzigen Baum.

Auf dem Weg von Caniçal zur Ponta de São Lourenço sollte man auf die Ausschilderung der **Prainha** achten, Madeiras einzigem Sandstrand.

Santana 7

10 500. *Sítio do Serrado (291-57 29 92).*

SANTANA (benannt nach Anna, der Mutter Marias) hat mehr als hundert strohgedeckte Ganzdachhäuser, von denen einige – renoviert und bunt bemalt – zu besichtigen sind. An den Hängen um die Stadt sind in strohbedeckten Ställen die Kühe angebunden, damit sie nicht auf den engen Wegen herumlaufen und sich selbst oder den Feldfrüchten Schaden zufügen.

Im Tal von Santana werden intensiv sowohl Obst und Gemüse als auch Weiden angebaut. Die Äste dieses Baumes liefern das Rohmaterial für die Korbflechter in Camacha *(siehe S. 348)*.

Ribeiro Frio 8

45. *von Funchal.*

Brücke über eine *levada* auf dem Weg von Ribeiro Frio nach Balcões

RIBEIRO FRIO ist ein Weiler mit Restaurants, Läden und einer Forellenfarm, die von dem »kalten Strom« gespeist wird, nach dem der Ort benannt ist.

Die Farm umgibt ein lauschiger Garten mit einheimischen Bäumen und Sträuchern; sie ist der Ausgangspunkt für zwei der besten *levada*-Wanderwege *(siehe S. 355)* der Insel. Der nach **Portela** ausgeschilderte, zwölf Kilometer lange Weg (rechts an den Restaurants vorbei den Berg hinunter) führt durch imposante Berglandschaft, sollte aber wegen des steilen Gefälles und der langen Tunnel nur von erfahrenen Wanderern begangen werden. Besser ist der 20-minütige Weg bergab nach **Balcões**. Er bietet einen Blick über das Ametade-Tal bis zur Penha de Águia, einem steilen Berg an Madeiras Nordküste.

Sonnenaufgang über den Bergen, vom Pico do Arieiro aus gesehen

Pico do Arieiro 9

nach Camacha, dann Taxi. **Pousada do Pico do Arieiro** *291-23 01 10 (Reservierung: 291-70 20 30).*

VON FUNCHAL AUS dauert die Fahrt mit dem Auto auf den Pico do Arieiro, mit 1810 Metern der dritthöchste Berg Madeiras, etwa eine halbe Stunde. Der Weg führt an steilen, dicht mit Eukalyptus und Lorbeer bewachsenen Hängen entlang. In 900 Meter Höhe trifft man oft auf Wolken, Nebel und möglicherweise Regen, bis sich eine sonnenbeschienene Landschaft aus Vulkangestein auftut. Vom Gipfel aus blickt man auf die Wolken im Tal und auf Bergrücken mit messerscharfen Spitzen. An klaren Tagen sieht man den Pico Ruivo *(siehe S. 354)*, den ein zehn Kilometer langer Weg mit dem Pico do Arieiro verbindet. Für die Rast eignet sich die Pousada do Pico do Arieiro auf dem Gipfel.

DIE GANZDACHHÄUSER VON SANTANA

Diese Ganzdachhäuser sind einmalig auf der Insel und bestehen aus zwei A-förmigen Holzrahmen, holzgetäfelten Innenwänden und einem strohgedeckten Dach. Sie wurden im 16. Jahrhundert erstmals erwähnt, die noch erhaltenen Exemplare sind jedoch nicht viel älter als 100 Jahre. Heute sind Türen und Fenster oft rot, gelb oder blau gestrichen. Im ganzjährig milden Klima Madeiras kocht und isst man im Freien, und in ausreichender Entfernung befindet sich auch die Toilette. Deshalb sind die Ganzdachhäuser für ihre Bewohner in erster Linie Regenschutz und Schlafplatz. Das geräumig erscheinende Innere hat einen Wohnbereich im Erd- und Schlafplätze im Obergeschoss.

Panoramablick vom Gipfel des Pico Ruivo

Pico Ruivo ⓾

nach Santana oder Faial, dann Taxi nach Achada do Teixeira, dann zu Fuß.

MADEIRAS HÖCHSTER BERG, der 1861 Meter hohe Pico Ruivo, ist nur zu Fuß zugänglich. Am einfachsten sind seine Hänge zu erklimmen, wenn man den Wegweisern von Achada do Teixeira aus folgt: Innerhalb von 45 Minuten ist man auf dem Gipfel.

Als Alternative dazu führt ein Weg vom Gipfel des Pico do Arieiro *(siehe S. 351)* zum Pico Ruivo – einer der schönsten Wanderwege Madeiras. Ehrfurcht gebietende Bergszenerien und herrliche Ausblicke begleiten die zehn Kilometer lange Wanderung. Sie überquert schmale Grate, die zu beiden Seiten steil abfallen, dauert zwei bis drei Stunden und ist nur etwas für erfahrene, schwindelfreie, gut ausgerüstete Wanderer.

Curral das Freiras ⓫

3000. Câmara de Lobos (291-94 34 70).

CURRAL DAS FREIRAS bedeutet »Stall der Nonnen«, weil die Nonnen des Santa-Clara-Klosters 1566 an diesen Ort flüchteten, als Piraten Funchal angriffen. Die Nonnen sind fort, doch das Dorf blieb. Die **Eira do Serrado**, ein Aussichtspunkt etwa 800 Meter über dem Dorf, gewährt einen ersten Blick auf Curral das Freiras.

Scharf gezackte Bergspitzen umgeben das Tal, und bis 1959 war das Dorf nur über einen steilen Zickzackweg zu erreichen. Inzwischen erleichtern Straßentunnel die Fahrt und erlauben es den Einheimischen, ihre Produkte in die Hauptstadt zu bringen. Fernsehen gibt es seit 1986.

Die an diesem Ort in Hülle und Fülle wachsenden Edelkastanien sind die Grundlage für ein Kastanienbrot, das am besten ofenwarm schmeckt, und für *licor de castanha*, einen Likör mit Kastaniengeschmack. Beide kann man in der Bar probieren.

Paúl da Serra ⓬

nach Canhas, dann Taxi.

Schafweiden auf dem Plateau Paúl da Serra, östlich von Rabaçal

DER PAÚL DA SERRA (wörtlich »Bergmoor«), ein sumpfiges Plateau, ist 17 Kilometer lang und sechs Kilometer breit. Die Ebene bildet einen Kontrast zu den gezackten Bergen der übrigen Insel.

Windturbinen versorgen den Norden Madeiras mit Elektrizität. Die magere Erde lässt nur Stechginster und Gras gedeihen. Der schwammähnliche Vulkanboden wirkt wie ein natürliches Reservoir, dessen Wasser die Felsen filtern, bevor es aus Quellen wieder auftaucht und in das *levada*-System geleitet wird.

DIE LEVADAS VON MADEIRA

Madeiras einzigartiges Bewässerungssystem leitet den reichhaltigen Niederschlag im Norden der Insel in den trockenen, sonnigen Süden. Der Regen wird in Reservoirs und Seen aufgefangen und das Wasser aus natürlichen Quellen in das *levada*-Netzwerk geleitet, das über die ganze Insel führt. Die engen Kanäle bringen das Wasser über weite Entfernungen zu Bananenplantagen, Weinbergen und Gärtnereien. Das 2150 Kilometer umfassende Netz stammt zum Teil aus dem 16. Jahrhundert. Wege neben den *levadas* ermöglichen deren Pflege und stellen zugleich reizvolle Pfade zum Wandern dar.

Die Levada do Risco, einer der Wanderwege Madeiras

◁ **Terrassierte Felder um das Dorf Curral das Freiras**

Rabaçal-Wanderwege ⓭

EINE EINSPURIGE STRASSE führt zum Paúl-da-Serra-Plateau, dem Ausgangspunkt für zwei gleichermaßen zauberhafte *levada*-Wanderungen. Eine dauert 30 Minuten und ist ein Bummel zum Risco-Wasserfall und zurück; die andere, anspruchsvollere (2–3 Stunden) führt zu den hübschen Vinte e Cinco Fontes (25 Quellen).

ROUTENINFOS

Länge: *Die beiden Routen können zu einem dreieinhalbstündigen, acht Kilometer langen Rundgang kombiniert werden.*
Vorsicht: *Levadas können rutschig und schmal sein. Manchmal ist der Weg nur 30 Zentimeter breit, doch können Sie sich an dem hüfthohen Kanal festhalten.*

Levada da Rocha Vermelha ⑥
Raues Bergland begleitet den steilen Pfad hinunter zu den tiefer gelegenen *levadas*.

25 Fontes ⑤
Nach 30 Minuten erreichen Sie einen moosigen, farnüberwucherten Platz mit einem großen und vielen kleinen Wasserfällen.

Ribeira da Janela ④
Gehen Sie über die Brücke, und nehmen Sie den steilen Aufstieg

Rabaçal ①
Am Ausgangspunkt der Wanderung sind ein Parkplatz und ein staatliches Rasthaus mit Picknicktischen. Zur Levada do Risco folgt man dem nach rechts führenden, ausgeschilderten Weg.

Levada do Risco ⑦
Der Weg zum Wasserfall liegt im Schatten von Baumheide, die mit haarähnlichen Flechten bedeckt ist.

RiscoWasserfall ③
An diesem herrlichen Ort stürzt eine gewaltige Kaskade aus großer Höhe hinunter in die grünen Tiefen des Risco-Tals.

LEGENDE

- Routenempfehlung
- Straße
- Fluss
- *Levada*
- P Parken

0 Meter 250

Einfacher Steinbrunnen in der schönen Taufkapelle der Igreja Matriz in São Vicente

São Vicente ⓮

8000. Câmara Municipal, Vila de São Vicente (291-84 21 35).

Das von Landwirtschaft geprägte Städtchen wurde reich, weil es Reisende, die Madeiras Nordküste erkunden, dazu verlockt, hier etwas zu verweilen.

Um eine Vorstellung davon zu bekommen, wie der Ort vor dieser Entwicklung aussah, sollten Sie die im 17. Jahrhundert erbaute **Igreja Matriz** besuchen. Ihr Deckengemälde zeigt, wie der heilige Vinzenz die Stadt segnet. Er erscheint auch über dem kunstvoll geschnitzten und vergoldeten Hauptaltar; hier segnet er ein Schiff.

Um die Kirche herum verkaufen Boutiquen, Bars und Läden süße Kuchen und die beliebte Spezialität Madeiras, *bolo de mel*, Honigkuchen, der in Wirklichkeit aber aus Melasse und Früchten hergestellt wird.

São Vicente ist Ausgangspunkt der Küstenstraße nach Porto Moniz, die zu den schönsten Inselstrecken zählt. Die Straße ist kaum mehr als ein in die Steilklippen gehauenes Sims und führt durch Tunnel und unter Wasserfällen hindurch. Es dauerte 16 Jahre, bis sie – ohne Einsatz von Maschinen – fertig war.

Seixal ist der einzige Ort an dieser Strecke. Er liegt so geschützt gegen Atlantikstürme, dass auf den terrassierten Feldern an seinen Hängen exzellenter Wein kultiviert werden kann.

Porto Moniz ⓯

4000. Sitio Vila (291-85 25 55).

Obwohl Porto Moniz nur 75 Kilometer von Funchal entfernt ist, braucht man verhältnismäßig lange, um zu dem abgelegenen Küstendorf zu gelangen.

Winzige Felder gruppieren sich um das Dorf. Sie werden durch Zäune aus Baumheide und getrocknetem Adlerfarn geschützt, eine notwendige Vorkehrung gegen die salzhaltige starke Brise vom Atlantik.

Neben seinem pittoresken Charme lockt eine Reihe von Gezeitenbecken, in denen Sie schwimmen können; sie sind durch Betonwege verbunden. In dem sonnengewärmten Wasser lässt es sich auch gut tauchen, während die sich an den Felsen brechenden Wellen für eine erfrischende Gischtdusche sorgen.

Gezeitenbecken bei Porto Moniz

Calheta ⓰

3500. Câmara Municipal, Vila da Calheta (291-82 02 00).

Bananen zählen zu den wichtigsten Anbauprodukten Madeiras

Calheta, zwischen Weinbergen und Bananenplantagen gelegen, ist Zentrum von Madeiras Zuckerrohranbau. Der süße Geruch von Zuckersirup, der zu Rum verarbeitet wird, erfüllt die Luft. Beste Zeit für einen Besuch der **Fabrik** ist März/April.

Die **Igreja Matriz** wirkt modern und wenig einladend. Sie wurde 1430 errichtet und hat ein großes Tabernakel aus Ebenholz und Silber, gestiftet von Manuel I *(siehe S. 46f)*, sowie eine Holzdecke.

Fabrik
Vila da Calheta. *291-82 22 64.*
tägl.

Umgebung: Zwei Kilometer östlich von Calheta steht in **Loreto** eine Kapelle (15. Jh.) mit manuelinischem Südportal und geometrisch gemusterter Decke. In **Lombo dos Reis**, drei Kilometer nordwestlich von Calheta, ist in der Capela dos Reis Magos ein flämischer Altar aus dem 16. Jahrhundert mit der *Anbetung der Heiligen Drei Könige* zu bewundern.

Teil des herrlichen Sandstrands von Porto Santo

Ribeira Brava ⓱

13 500. Forte de São Bento (291-95 16 75). tägl.

RIBEIRA BRAVA ist ein hübscher kleiner Urlaubsort an der sonnigen Südküste. Er hat einen Kiesstrand und einen Fischereihafen, den Sie durch einen Tunnel östlich der Innenstadt erreichen.

Eine von Madeiras im ursprünglichen Zustand belassenen Kirchen ist **São Bento** auf dem Hauptplatz. Trotz Restaurierung und Umbauten sind einige der für das 16. Jahrhundert charakteristischen Stilmerkmale intakt geblieben. Dazu gehören ein gemeißeltes Taufbecken, eine Kanzel, die mit wilden Tieren verziert ist, das flämische Gemälde *Christi Geburt* in der Seitenkapelle und eine Holzstatue der Muttergottes über dem Hauptaltar.

Uhrturm von São Bento, Ribeira Brava

Câmara de Lobos ⓲

15 000. Câmara Municipal, Largo da República (291-94 34 70). Mo–Sa.

BESUCHER dieses Fischerortes werden überall daran erinnert, dass Winston Churchill, der in den 1950er Jahren oft auf Madeira weilte, Câmara de Lobos mehrmals malte. Bars und Restaurants sind nach ihm benannt, und eine Gedenktafel kennzeichnet die Stelle auf der Hauptstraße östlich des Hafens, an der der große Staatsmann seine Staffelei aufzustellen pflegte. Seitdem hat sich der Ort nicht sehr verändert. Er ist eines der wichtigsten Zentren für den Fang des Schwertfisches *(peixe espada)*. Tintenfische werden an langen Leinen befestigt, um den in etwa 800 Meter Tiefe lebenden Fisch zu ködern. Die winzige **Kapelle** (15. Jh.) wurde 1723 wieder aufgebaut. Sie ist dem heiligen Nikolaus, dem Schutzpatron der Seefahrer, gewidmet und mit Szenen aus seinem Leben sowie mit lebhaften Darstellungen vom Ertrinken und Schiffswracks verziert.

UMGEBUNG: Das **Cabo Girão**, zehn Kilometer westlich von Câmara de Lobos, ist die zweithöchste Klippe Europas. Sie ragt 589 Meter aus dem Meer empor.

Porto Santo ⓳

5000. Avenida Henrique Vieira e Castro, Vila Baleira (291-98 23 61). Mo–Sa, So vormittags.

PORTO SANTO ist eine Insel 37 Kilometer nordöstlich von Madeira. Hier gibt es einen etwa neun Kilomter langen Sandstrand, der sich an der Südküste erstreckt. Eine Fähre verkehrt täglich zwischen Funchal und Porto Santo. Die Überfahrt dauert zwei Stunden und 40 Minuten, ein Flug von Insel zu Insel hingegen lediglich eine Viertelstunde.

Porto Santo ist so etwas wie ein Naherholungsgebiet der Bewohner von Madeira, zieht aber auch zunehmend Besucher aus ganz Portugal und dem Ausland an. Es gibt fünf Hotels, eine Reihe von Ferienanlagen mit Villen und Apartments. Es herrschen gute Bedingungen für das Schnorcheln und man kann Fahrräder auf der Insel leihen.

Einzige Sehenswürdigkeit ist das Haus von Christoph Kolumbus, die **Casa de Colombo**, hinter der Kirche Nossa Senhora da Piedade in Vila Baleira. Das rustikale Steinhaus wurde restauriert und beherbergt eine Ausstellung zur Entdeckung Amerikas mit Karten, Gemälden und Gravuren.

Casa de Colombo

Travessa da Sacristia 2, Vila Baleira. 291-98 34 05. Di–Fr, Sa–So vormittags. Feiertage.

CHRISTOPH KOLUMBUS AUF PORTO SANTO

Historische Dokumente belegen, dass Christoph Kolumbus 1478 nach Madeira kam, wahrscheinlich als Gesandter von Zuckerhändlern seiner Heimatstadt Genua. Er fuhr nach Porto Santo, um den Gouverneur der Insel, Bartolomeu Perestrelo, ebenfalls Genueser, zu treffen. Er lernte Perestrelos Tochter Filipa kennen und heiratete sie 1479, doch kurz nach der Geburt eines Sohnes starb sie. Mehr ist über Kolumbus' Inselbesuch nicht bekannt, trotzdem halten die meisten Einheimischen sein Haus in Ehren.

***Christoph Kolumbus* von Ridolfo Ghirlandaio (1483–1561)**

Mehr über Madeira? TOP 10 MADEIRA. ISBN 3-8310-0710-1

Azoren

WEIT DRAUSSEN IM ATLANTIK, *1300 Kilometer westlich des Festlands, verbinden die Azoren fantastische Vulkanlandschaft, üppige Vegetation und friedliche Lebensart. Einst galten sie als wild und abgelegen, heute sind sie beliebtes Reiseziel für all jene, die gern wandern, segeln oder einfach entspannen möchten.*

Império **auf Pico**

Santa Maria war die Insel, die die Portugiesen 1427 als erste entdeckten. Sie tauften den Archipel nach den Bussarden, die über ihren Köpfen kreisten, die sie jedoch für Habichte *(açores)* hielten. Im 15. und 16. Jahrhundert führten Siedler aus Portugal und Flandern Rinder, Mais und Wein ein.

Die Azoren profitierten von ihrer Abgeschiedenheit. Während der spanischen Herrschaft *(siehe S. 50f)* von 1580 bis 1640 brachte der Handel mit der Neuen Welt den Häfen von Angra do Heroísmo auf Terceira und Ponta Delgada auf São Miguel Wohlstand. Im 19. Jahrhundert kam regelmäßig die amerikanische Walfangflotte. Heute dienen die Inseln als Standort für transatlantische Kabelgesellschaften, meteorologische Observatorien und Militärbasen.

Die Mehrheit der Inselbewohner lebt von Milchviehhaltung oder Fischfang. Zum portugiesischen Festland und zu den nach Amerika ausgewanderten Insulanern pflegt man enge Beziehungen. Viele Emigranten besuchen jährlich ihre Heimatinsel anlässlich traditioneller Feste, wie dem des Heiligen Geistes in den farbenfrohen *impérios*. Wegen ihrer wenigen Strände, des wechselhaften Wetters und des Fehlens großer Ferienanlagen blieb den Azoren der Massentourismus erspart. Die meisten Reisenden wollen die grünen Berge mit ihren Tupfern aus blauen Hortensien erkunden oder die ruhigen Häfen mit Kopfsteinpflastergassen und eleganten Barockkirchen besuchen. Der einst kühne Außenposten der Alten Welt ist heute eine autonome Region Portugals und ein exotischer Winkel der EU, in dem die Bewohner noch erfrischend aufmerksam und gelassen miteinander umgehen.

Kleine Fischerboote am Kai von Lajes an der Südküste von Pico

◁ **Blick von Terceira auf die zwei kleinen Ilhéus das Cabras**

Überblick: Azoren

Die Inseln der Azoren sind über 650 Kilometer verstreut und werden in drei Gruppen unterteilt. Im Osten liegen Santa Maria und São Miguel, die größte Insel mit der Hauptstadt Ponta Delgada. Die wichtigsten Städte in der Zentralgruppe sind Horta auf Faial, beliebter Zwischenstopp bei Atlantiküberquerungen, und Angra do Heroísmo auf Terceira, eine historische Stadt mit internationalem Flair. Von hier aus kann man zu den anderen Inseln weiterreisen: São Jorge, Graciosa und Pico mit seinem 2350 Meter hohen Vulkan. Weiter im Westen liegen die dem Wetter ausgesetzten Inseln Flores und Corvo.

Transatlantiksegler im schönen Yachthafen von Horta auf Faial

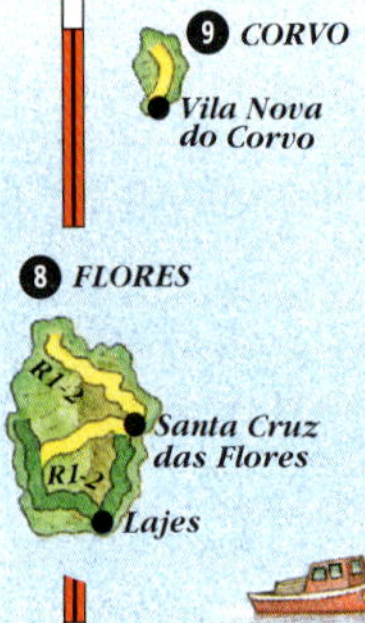

Sehenswürdigkeiten auf einen Blick

- Corvo 9
- Faial 7
- Flores 8
- Graciosa 4
- Pico 6
- Santa Maria 2
- São Jorge 5
- *São Miguel S. 362f* 1
- Terceira 3

0 Kilometer 25

Spaziergang in Picos schwarzen Lavafelsen

Legende

- Straße
- Panoramastraße
- Aussichtspunkt

Siehe auch

- ***Übernachten*** S. 400f
- ***Restaurants*** S. 423

Auf den Azoren unterwegs

São Miguel, Faial und Terceira haben internationale Flughäfen. Die lokale Fluglinie SATA bietet Flüge zwischen den Inseln an. Zwischen den fünf Zentralinseln verkehren im Sommer fünf Mal wöchentlich Fähren, täglich zwischen Flores und Corvo, aber nicht zwischen Santa Maria und São Miguel. Der Fährverkehr ist wetterabhängig. Die auf die Bedürfnisse der Einheimischen ausgelegten Busverbindungen sind für Besucher meist ungünstig. Praktischer ist ein Mietwagen, der auf allen Inseln außer Corvo zu leihen ist *(siehe S. 447)*.

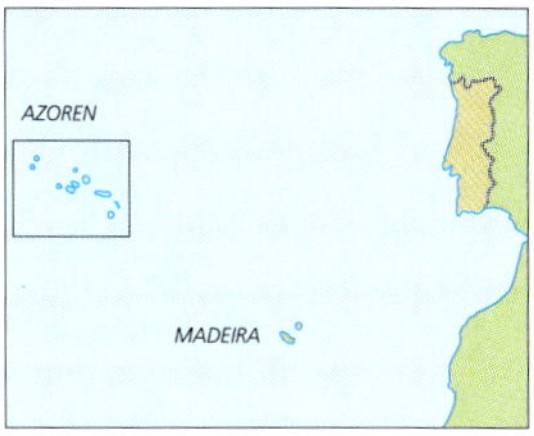

Zur Orientierung

Angra do Heroísmo, Hauptstadt von Terceira

Ponta Delgadas elegante Uferpromenade

São Miguel ❶

MIT DER GESCHICHTSTRÄCHTIGEN Hafenstadt, den grünen Feldern und der dramatischen Vulkankulisse ist diese *ilha verde* (grüne Insel) ein vortrefflicher Einstieg in die Welt der Azoren. Sie bestand ursprünglich aus zwei getrennten Inseln, ist 65 Kilometer lang und die größte und bevölkerungsreichste der neun Inseln. Von ihrer Hauptstadt Ponta Delgada aus können Sie gut Tagesausflüge zur Küste, den Kraterseen und den Thermalquellen im Landesinneren unternehmen.

Blick durch Ponta Delgadas Stadttore (18. Jh.) auf den Zentralplatz

Ponta Delgada
Die Kopfsteinpflasterstraßen der Azorenhauptstadt, gesäumt von eindrucksvollen Kirchen, Klöstern und weißen Häusern, erinnern an die Zeit des Reichtums, als die Stadt eins wichtiges Etappenziel zwischen Europa und der Neuen Welt war *(siehe S. 48f)*. Vom Stadtkern blickt die arkadenverzierte Praça de Gonçalo Velho Cabral auf die Küste, benannt nach dem ersten Inselgouverneur (1444). Drei imposante Bogen (1783), früher das Tor zur Stadt, dominieren den Platz. Weiter nördlich, auf dem Largo da Matriz, thront die Pfarrkirche **São Sebastião** (1533) mit einem eleganten manuelinischen, aus Kalkstein gemeißelten Portal. Die Sakristei (17. Jh.) zieren *azulejos* und Möbel aus brasilianischem Jacaranda-Holz.

Etwas weiter westlich überblickt die Renaissancefestung **Forte de São Brás** die schattige, baumgesäumte Praça 5 de Outubro. Die Anlage sieht von einem Vorsprung aufs Meer; im 19. Jahrhundert wurde sie gründlich restauriert. Am selben Platz liegt der **Convento da Esperança**, Ort des Festes von Santo Cristo dos Milagres am fünften Sonntag nach Ostern. Die Prozession wird angeführt von einer Christusstatue, die eine rote, mit Diamant- und Goldornamenten verzierte Robe trägt. Sie können sie gemeinsam mit anderen sakralen Schätzen, wie Reliquien, Monstranzen und Juwelen, in der unteren Kirche besichtigen. Bunte Kacheln (18. Jh.) von António de Oliveira Bernardes *(siehe S. 22)* schmücken den Chor.

Im früheren Kloster Santo André ist das **Museo Carlos Machado**, das wichtigste Museum der Azoren, untergebracht, das sich den Erwerbszweigen widmet, die das Leben der Inseln bestimmen: Fischerei und Landwirtschaft. Besonders interessant sind die Gemälde von Domingos Rebelo (1891–1975) mit Szenen aus dem Leben auf den Azoren. In der naturhistorischen Abteilung drängt sich eine Sammlung von ausgestopften Tieren und präparierten Fischen, die auch ein Relief der Insel enthält.

Museu Carlos Machado
Rua João Moreira. ☎ *296-28 38 14.* ◯ *Di–So 10–12, 14–17 Uhr (Sa, So nur nachm.).* ● *Feiertage.*

Der Westen der Insel
Den Nordwesten von São Miguel bildet die **Caldeira das Sete Cidades**, ein Vulkan mit einem Krater von zwölf Kilometern Durchmesser. Seine Wände fallen stellenweise 300 Meter tief ab. Bei klarer Sicht ist er am besten vom Aussichtspunkt **Vista do Rei** zu sehen, von dem der Weg westlich um den Rand herumführt. Unten im Krater liegen das kleine Dorf Sete Cidades und drei kleine dunkelgrüne Seen. Der Krater soll bei einem Ausbruch um 1440 entstanden sein, als die Vulkankuppe zerstört wurde, die früher den Westteil der Insel bildete. Heute bedeckt ihn üppige Vegetation; den ersten Siedlern dagegen bot sich der Anblick einer ausgebrannten Schale.

Die wichtigste Stadt der Nordküste, **Ribeira Grande**, besitzt ein kleines Kulturzentrum, die **Casa da Cultura**, das im restaurierten Solar de São Vicente (17. Jh.) untergebracht ist. Außer *azulejos* (16.–20. Jh.) sind einige Darstellungen von Handwerk und Landleben der Insulaner zu besichtigen, einschließlich eines Barbierladens aus Ponta Delgada.

Casa da Cultura
Rua São Vicente Ferreira 10, Ribeira Grande. ☎ *296-47 37 05.* ◯ *Mo–Fr.* ● *viele Feiertage.* **Spende.**

LEGENDE

- Hauptstraße
- Andere Straße
- Aussichtspunkt

Türkisfarbenes Wasser im Kratersee, Lagoa do Fogo

Infobox

125 000. 3 km W von Ponta Delgada. Avenida Infante Dom Henrique, Ponta Delgada. Avenida Infante Dom Henrique, Ponta Delgada (296-28 57 43). 5. So nach Ostern: Santo Cristo dos Milagres (Ponta Delgada); Festas do Espírito Santo (siehe S. 366).

www.drtacores.pt

Der Osten der Insel

Die **Lagoa do Fogo** bildete sich 1563 nach einem Vulkanausbruch in den zentralen Bergen der Insel. Der abgelegene, ruhige Strand des Sees lädt an schönen Tagen zum Picknick ein.

Weiter im Osten, im Kurort **Furnas**, sind die geothermischen Vorgänge unter der Oberfläche der Azoren zu bestaunen *(siehe S. 338f)*.

Außerhalb liegen die **Caldeiras das Furnas**, dampfende Geysire und heiße Quellen, aus denen man Heilwasser und -erde für Kuren gewinnt. Im 18. Jahrhundert legte Thomas Hickling, ein reicher Kaufmann aus Boston, mehrere Gärten an, die heute den **Parque Terra Nostra** bilden. Auf zwölf Hektar gedeiht eine Vielfalt an Bäumen und Pflanzen, zum Beispiel Hibiskus und Hortensie. Zudem gibt es ein bizarres Schwimmbecken mit warmem, senffarbenem Wasser.

Der vulkanische Boden am Nordufer der **Lagoa das Furnas**, vier Kilometer südlich, ist so heiß, dass man hier *cozido à portuguesa (siehe S. 231)* zubereitet. Der kräftige Eintopf köchelt fünf Stunden lang.

Der östliche Teil von São Miguel besteht aus stillen, atemberaubend schönen, tief eingeschnittenen Tälern. Eine Fahrt zu den beiden Aussichtspunkten **Miradouro do Sossego** und **Miradouro da Madrugada** lohnt sich. Besonders spektakulär ist der Blick bei Sonnenaufgängen. Um diese Aussichtspunkte wurden prachtovlle Gärten angelegt.

Caldeiras das Furnas

An der R1-1. 296-58 45 25.

Gärten und Picknickstelle des Miradouro da Madrugada

Die weite Bucht von São Lourenço auf Santa Maria

Santa Maria ❷

6000. 3 km NW von Vila do Porto. Vila do Porto. Rua Dr. Luis Bettencourt, Vila do Porto. Aeroporto de Santa Maria, Vila do Porto (296-88 63 55). Festas do Espírito Santo (siehe S. 366)*; 15. Aug: Nossa Senhora da Assunção (Vila do Porto).* www.drtacores.pt

SANTA MARIA, 55 Kilometer südlich von São Miguel, wurde um 1427 als erste Insel des Archipels von den Portugiesen entdeckt. Trotz ihrer Länge von nur 18 Kilometern bietet sie landschaftliche Vielfalt, Sandstrände, ruhige Landschaft und das wärmste Klima der Azoren. **Vila do Porto**, die Inselhauptstadt an der Südküste, besteht aus einer langen Hauptstraße, die zum kleinen Hafen hinunterführt. Den Westen der Insel bildet ein trockenes Plateau mit einer breiten Landebahn aus dem Zweiten Weltkrieg. In dem Fischerort **Anjos** im Norden erinnert eine Statue an den Besuch Christoph Kolumbus' 1493 auf seinem Rückweg von der Neuen Welt. Gleich daneben steht die älteste Kapelle der Azoren, **Mãe de Deus**.

Im Mittelpunkt steht der **Pico Alto**, mit 590 Metern höchster Punkt der Insel. Von hier aus kann man an klaren Tagen ihren grünen und hügeligen Osten überblicken. Zur Ostküste hin ist das Dorf **Santo Espiríto** mit der Kirche Nossa Senhora da Purificação sehenswert, deren weiße Barockfassade mit schwarzem Basalt verziert ist. **Baía de São Lourenço**, an einem weinbedeckten, halb offenen Kraterhang weiter nördlich, hat herrliche Sandstrände.

Die mit schwarzem Basalt verzierte Kirche Nossa Senhora da Purificação

Terceira ❸

60 000. 4 km NW von Praia da Vitória. Angra do Heroísmo. Avenida àlvaro Martins Homem, Angra do Heroísmo. Rua Direita 70–74, Angra do Heroísmo (295-21 33 93/21 61 09). Praia da Vitória Aerogare Civil das Lajes (295-51 31 40). Festas do Espírito Santo (siehe S. 366)*; Ende Juni: Festas de São João.* www.drtacores.pt

TERCEIRA (»DIE DRITTE«) heißt so, da sie 1427 als dritte Insel entdeckt wurde. Sie ist die erschlossenste der Zentralgruppe, auch weil es seit dem Zweiten Weltkrieg in Lajes einen amerikanischen Luftwaffenstützpunkt gibt. Bekannt ist ihre ungewöhnliche Form des Stierkampfs, *tourada à corda*. Ein Stier wird durch die Straßen getrieben und provoziert, dabei halten ihn Männer an einem Strick fest. Berühmt ist Terceira auch wegen der hell gestrichenen Kapellen, die der Verehrung des Heiligen Geistes *(siehe S. 366)* dienen. Das Inselinnere besteht größtenteils aus Weideland, die Küste vor allem aus schwarzer Lava.

Ein Stier wird bei einer *tourada à corda* mit Schirmen provoziert

Angra do Heroísmo

Diese attraktive und historisch bedeutsame Stadt wurde 1983 von der UNESCO zum Weltkulturerbe erklärt. Seit mehr als drei Jahrhunderten ist sie Zwischenstation auf den Routen zwischen Europa, Amerika und Afrika. Hier beerdigte 1499 Vasco da Gama *(siehe S. 108)* seinen Bruder Paulo nach der gemeinsamen Entdeckung Indiens. Anfang des 17. Jahrhunderts kamen mit Schätzen beladene spanische Flotten auf ihrer Rückkehr aus Lateinamerika. Maria II gab der Stadt Anfang des 19. Jahr-

Die Kathedrale (16. Jh.) im Zentrum von Terceiras Hauptstadt Angra do Heroísmo

hunderts ihren Namenszusatz *(heroísmo)* für ihren heldenhaften Kampf um den Liberalismus. 1980 wurde die Stadt durch ein Erdbeben stark beschädigt, doch die hübschen Straßen mit den monumentalen Kirchen und balkonverzierten Häusern erinnern noch an den Reichtum vergangener Tage.

Die schönsten Blicke auf den Hafen bietet der **Monte Brasil**, ein Vulkankrater im Westen der Bucht. Neben einem Picknickplatz thront das **Castelo de São João Baptista**, während der Annektierung Portugals durch Spanien *(siehe S. 50f)* als Schatzkammer gebaut und noch immer in militärischem Gebrauch. Eine gute Aussicht bietet sich auch vom **Alto da Memória** am Südende der Rua de São João de Deus, von wo die Zwillingstürme der 1983 nach einem Feuer wieder aufgebauten **Kathedrale** (16. Jh.) zu sehen sind. Ein Weg führt zum **Jardim Municipal**, einst Teil des Convento de São Francisco (15. Jh.), in dem heute das **Museu de Angra do Heroísmo** Exponate zur Geschichte der Azoren und der Stadt zeigt, darunter auch Rüstungen, Karten, Gemälde und Skulpturen.

Johannes der Täufer im Museu de Angra

Museu de Angra do Heroísmo

Ladeira de São Francisco. *295-21 31 47.* *Di–So 9–12, 14–17 Uhr (Sa, So nur nachm.).*

Rund um die Insel

Terceira ist eine breite, ovale Insel mit grünem Agrarland und baumbestandenen Hügeln im Inselinneren, wo sich der vulkanische Ursprung offenbart: **Caldeira de Guilherme Moniz** heißt ein drei Kilometer breiter, erodierter Krater, der größte der Azoren. In der Nähe können im **Algar do Carvão**, einem moosbewachsenen vulkanischen Sprengloch, gewaltige unterirdische Höhlen besichtigt werden. Bei den heißen Geysiren im Westen, den **Furnas do Enxofre**, kristallisiert Schwefeldampf zu farbigen Formen.

Mit dem Auto sind zwei Aussichtspunkte zu erreichen: Im Westen windet sich eine hortensienbewachsene Straße durch die **Serra de Santa Bárbara** zu einem weiten, einsamen Krater auf 1022 Meter Höhe empor; im Osten blickt die 545 Meter hohe **Serra do Cume** auf den Flughafen und **Praia da Vitória**. Dieser Hafen liegt in einer langen Bucht mit Sandstrand. Seinen Namen verdankt er einem Sieg über die Spanier (1581): Man trieb eine Viehherde an den Strand und verhinderte so, dass die Spanier die zehn Kilometer südlich gelegene Insel Baía da Salga eroberten. **Biscoitos** an der Nordküste ist nach dem keksförmigen Lavageröll am Ufer benannt. Zwischen den Felsen entstanden Naturschwimmbecken, die besonders im Sommer beliebt sind. Auch für den Wein ist diese Gegend bekannt: Zu seinem Schutz ist das Land schachbrettartig von Steinmauern *(curraletas)* durchzogen. Das **Museu do Vinho** zeigt einfache Herstellungsmethoden des schweren Verdelho; der Wein wurde auch an den russischen Hof exportiert. Auch Weinprobe und -kauf sind möglich.

Algar do Carvão

An der R5-2. *295-21 29 92.* *tägl. 15–17 Uhr (Okt–März auf Anfrage).*

Museu do Vinho

Canada do Caldeiro. *295-90 84 04.* *Di–So.*

Wie ein Flickenteppich: Mauern umgeben Weinfelder nahe Praia da Vitória

Die Feste des Heiligen Geistes

Feste gehören zum Leben auf den Inseln und fördern das Gemeinschaftsgefühl als herausragendes Merkmal ihrer Kultur. Emigranten und Verwandte aus Nordamerika und vom Festland kommen, um an den Feiern der beliebten *festas* teilzunehmen.

Die in der Tradition am tiefsten verwurzelten Feiern sind die zu Ehren des Heiligen Geistes (Festas do Espírito Santo). Die ersten portugiesischen Siedler brachten die bis heute fast unveränderten Riten auf die Azoren: Sie riefen den Heiligen Geist zum Schutz vor Naturkatastrophen an. Ein »Kaiser«, gewöhnlich ein Kind, wird in der Pfarrkirche gekrönt; mit den Insignien des Heiligen Geistes, einem Zepter und einer Silberschale, wacht es über die Feierlichkeiten an den sieben auf Ostern folgenden Sonntagen. Am siebten, dem Pfingstsonntag, als die Jünger Jesu den Heiligen Geist empfingen, wird ein großes Fest gefeiert.

Ein Mädchen mit der Kaiserkrone

Das Verteilen von Brot *beim Heiliggeistfest reicht zurück auf die Speisung der Armen, die Königin Isabel* (siehe S. 45) *einführte. Am letzten Tag der Feierlichkeiten, dem siebten Sonntag nach Ostern, wird an alle vor dem örtlichen* império *eine Suppe aus Rindfleisch und Gemüse mit Brot ausgegeben.*

Impérios des Heiligen Geistes

Império **mit gotischen Fenstern in Terra Chã, Terceira (1954)**

Aufwändig dekorierter *império* in São Sebastião, Terceira (1918)

Einfacher *império* in Praia da Vitória, Terceira (1861)

Im Zentrum der Festlichkeiten steht eine kleine Kapelle *(império)*, in der am siebten Sonntag die Suppe ausgeteilt wird und Krone, Zepter sowie Schale auf dem Altar ausgestellt sind. Auf Terceira werden viele der 58 *impérios* jedes Frühjahr in leuchtenden Farben frisch gestrichen. Bis zu 500 Inselbewohner versammeln sich zu einem der Feste, die mit Blaskapellen, Tanz und üppigem Blumenschmuck gefeiert werden, manchmal begleitet von einer *tourada à corda:* Ein Stier wird an einem langen Strick durch die Straßen getrieben und von den Einwohnern provoziert.

Die Kaiserkrone, ausgestellt in einem *império* auf São Miguel

Traditioneller Ochsenkarren auf Graciosa

Graciosa ❹

4500. *2 km W von Santa Cruz da Graciosa.* *Praia de São Mateus.* *Praça Fontes Pereira de Melo, Santa Cruz (295-71 21 25).* *Festas do Espírito Santo* (siehe S. 366); *Aug: Santo Cristo.* www.drtacores.pt

DIE »LIEBENSWÜRDIGE«, eine der ruhigsten Azoreninseln und nur zwölf Kilometer lang, lebt vorwiegend von Landwirtschaft und Weinbau, betrieben noch mit Hilfe von Ochsenkarren und -pflügen. **Santa Cruz da Graciosa**, die Hauptstadt an der Nordküste, hat einen einfachen Kai, den schlichte, zweistöckige weiße Häuser mit schmiedeeisernen Balkonen und ovalen Fenstern säumen. Das kleine **Museu da Graciosa** präsentiert das Inselleben anhand einer Mischung aus Spielzeug, Seetruhen, Küchenutensilien, Möbeln, Weinpressen und von Auswanderern geschickten Andenken. Im Haus nebenan ist ein Walfangboot *(siehe S. 368f)* zu sehen.

Hinter der Stadt erhebt sich der pittoreske Monte da Ajuda, auf dessen Spitze **Nossa Senhora da Ajuda** (16. Jh.) thront, eine befestigte Kapelle mit Kacheln aus dem 18. Jahrhundert. Nicht weit davon entfernt blickt man von einer kleinen *vigia* (Ausguck) über das Meer.

Im Südosten befindet sich die Hauptsehenswürdigkeit, die **Furna do Enxofre**; hier kann man auf Treppenfluchten in das Vulkaninnere hinabsteigen. Unten gelangt man zu einer riesigen Höhle mit einem tiefen, schwefelhaltigen See und Gucklöchern. Am späten Vormittag scheint die Sonne durch den Eingang und erhellt das Innere. Oberhalb der Höhle, bei **Furna Maria Encantada**, führt ein natürlicher Tunnel durch den Felsen zum Kraterrand. Von dort eröffnen sich atemberaubende Panoramablicke über die Insel. Am Fuß des Vulkans, im Küstenort **Carapacho**, befindet sich ein Thermalbad.

Museu da Graciosa
Rua das Flores 2, Santa Cruz.
295-71 24 29. *tägl. (Okt–März Mo–Fr).* *Feiertage.*

Furna do Enxofre
2 km Ö von Luz, den Schildern »Caldeira« folgen. *Fr–Mi.*

Der barocke Innenraum der Kirche Santa Bárbara in Manadas

São Jorge ❺

11 000. *7 km Ö von Velas.* *Velas u. Calheta.* *Rua Conselheiro Dr. José Pereira 1, Velas (295-41 24 40).* *23. Apr: Festa de São Jorge; Festas do Espírito Santo* (siehe S. 366); *Juli: Semana Cultural de Velas (Velas).* www.drtacores.pt

SÃO JORGE, 56 Kilometer lang und nur acht Kilometer breit, ist recht gebirgig. Im Norden fällt eine Steilküste 480 Meter tief zum Meer ab. In den vergangenen Jahrhunderten brachen die Klippen stellenweise ein und bildeten so Landzungen, *fajãs,* auf denen sich Mitte des 15. Jahrhunderts die ersten flämischen Siedler niederließen.

Viele Inselbewohner sind heute mit der Herstellung von Queijo de São Jorge beschäftigt, einem aromatischen Hartkäse. Er wird auch zum europäischen Festland exportiert. Der Lebensrhythmus hier ist gemächlich, viele Besucher kommen, um auf den Pfaden, die zwischen den *fajãs* auf und ab führen, zu wandern. Beliebt ist die zehn Kilometer lange Strecke von der Serra do Topo hinunter zur Fajã dos Cubres im Nordosten.

Die meisten Siedlungen liegen an der sanfteren Südküste, so auch die Hauptstadt **Velas**. In **Calheta** zeigt das **Museu de São Jorge** Exponate lokaler Geschichte: kunstvoll gebackene Brote für das Heiliggeistfest, eine Honigpresse, Landwirtschaftsgeräte und sakrale Skulpturen. Westlich von Calheta, in dem Dorf **Manadas**, ist das Kircheninnere von **Santa Bárbara** stilvoll geschnitzt und bemalt. In **Urzelina**, zwei Kilometer westlich, ragt die Turmspitze einer 1808 unter Lava begrabenen Kirche trotzig aus der Erde. **Sete Fontes** ist eine bewaldete Picknickstelle im Westen. Der nahe **Pico da Velha** bietet an klaren Tagen eine gute Sicht über die Zentralgruppe der Azoren.

Museu de São Jorge
Rua José Azevedo da Cunha, Calheta.
295-41 63 23. *Mo–Fr.*
Feiertage.

Steile Klippen an der Nordküste von São Jorge

Pico ❻

15 500. 8 km Ö von Madalena. Madalena. Avenida Machado Serpa, Madalena. Rua Conselheiro Terra Pinheiro, Madalena (292-62 35 24). Festas do Espírito Santo (siehe S. 366); 22. Juli: Santa Maria Madalena. www.drtacores.pt

Die Erhabenheit des Pico, des höchsten Berges Portugals, kommt erst richtig zur Geltung, wenn man ihn von den benachbarten Zentralinseln aus betrachtet: eine Vulkanspitze, die anmutig aus dem Atlantik bis auf 2350 Meter ansteigt und so den höchsten Punkt der weltweit größten Bergkette, des Mittelatlantischen Rückens (*siehe S. 338f*), bildet.

Rustikales Haus mit Brunnen aus schwarzem Vulkangestein, Pico

Die Inselhauptstadt **Madalena**, ein ruhiger Hafen, liegt der Hauptstadt Faials, Horta, gegenüber. Die kurze Überfahrt von sieben Kilometern mit der regelmäßig verkehrenden Fähre ist daher problemlos möglich. Zwei Felsen wachen an der Hafeneinfahrt: Em Pé (der Stehende) und Deitado (der Liegende) – auf beiden nisten Vogelkolonien.

Picos Vulkanspitze

Viele besuchen Pico, um seinen Gipfel zu besteigen, der im Winter oft verschneit, sonst zeitweilig nebelverhangen ist. Für diesen stellenweise beschwerlichen Aufstieg werden auch Führungen angeboten. Weitere Informationen erhalten Sie im Fremdenverkehrsbüro.

Walbeobachtungen sind eine weitere Attraktion Picos. **Espaço Talassa** organisiert von **Lajes do Pico** aus dreistündige Bootsfahrten. Über Funk wird weitergegeben,

Die Jagd auf den Wal

Jeden Sommer kommen viele verschiedene Wal- und Delfinarten in die Gewässer um die Azoren. Bis 1984 gehörte der Walfang zum Inselalltag. Amerikanische Walfänger heuerten hier im 19. Jahrhundert Mannschaften für ihre Fangflotten an; um 1870 begannen die Insulaner in küstennahem Gebiet mit dem Walfang in größerem Stil. Von ihren Spähposten auf den Klippen, *vigias*, gaben sie kodierte Flaggensignale, um Nachbarn auf die falsche Fährte zu locken. Seit der Walfang in den 1980er Jahren verboten wurde, setzen die Bewohner der Azoren ihr Wissen über die Wale bei Walbeobachtungen und zum Schutz der Tiere ein.

***Scrimshaws** sind Schnitzereien auf Walfischzähnen und -knochen, oft Walfangszenen. Dieses Exemplar im Museu do Scrimshau auf Faial* (siehe S. 370) *zeigt eines der schlanken Boote,* canoas, *das 14 Männern Platz bot.*

***Walbeobachtungen** werden heute in kleinen, sicheren, schnellen Booten unternommen. Sowohl von See als auch von den* vigias *aus können Wale gesichtet werden. Die Klippen bieten sensationelle Blicke auf Wale in ihrer natürlichen Umgebung. Ausflüge starten von Pico und Faial* (siehe S. 370).

wenn die Männer in der *vigia* (Ausguck) Schwanzflossen sehen. Im **Museo dos Baleeiros** in Lajes erzählen Boote, Harpunen und Artefakte aus Walknochen die Geschichte des Walfangs auf den Azoren. Früher wurden die Tiere in einer Fabrik in São Roque do Pico im Norden verarbeitet. Das 1981 geschlossene **Museo da Indústria Baleeira** mit seinen Kesseln, in denen Walfischspeck zu Öl gekocht wurde, wirkt heute gespenstisch.

Eine Küstenstraße verläuft rund um Pico und offenbart den ganzen Charme der Insel. In den vergangenen Jahrhunderten bedeckten kleinere Eruptionen Teile der Landschaft mit schwarzen Maulwurfhügeln aus Lava, *mistérios* (Mysterien) genannt. Die Lava dient als Material beim Bau von Häusern und von Steinwällen zum Schutz von Feldern und Weinstöcken.

An einigen Stellen, besonders in der Nähe von **Cachorro** im Norden, bildeten sich im Meer eigenartige Bogen aus erodierter Lava.

Der berühmte Verdelho-Wein, ähnlich dem Madeira *(siehe S. 349)*, wurde früher zum europäischen Festland exportiert. Inzwischen erfährt der Weinbau einen Wiederaufschwung durch neue Rot- und Weißweine, wie den viel gelobten Terras da Lava, für Urlauber eine gute Alternative zum üblichen *vinho de cheiro* (Wein des Geruchs).

Espaço Talassa
Rua do Saco, Lajes.
292-67 20 10.
tägl.

Museu dos Baleeiros
Rua dos Baleeiros, Lajes.
292-67 22 76.
Di–So 9–12.30, 14–17 Uhr (So u. Feiertage nur vorm.).

Museo da Indústria Baleeira
São Roque do Pico.
292-64 20 96.
tägl. (Sa, So u. Feiertage nur vorm.).

Picos Westküste mit Blick auf Faial

Die Meeresfauna um die Azoren

Etwa 20 verschiedene Walarten kommen in die Gewässer um die Azoren. Diese Säugetiere folgen dem warmen Golfstrom wegen seines nährstoffhaltigen und sauberen Wassers. Mit unglaublicher Geschwindigkeit schnellen verspielte und gesellige Delfine durch das Wasser, doch am beeindruckendsten sind die großen, in Familienverbänden lebenden Pottwale. Sie tauchen sehr tief nach großen Tintenfischen, müssen aber, wie alle Wale und Delfine, zum Atmen an die Wasseroberfläche kommen. Das ist dann der Moment, in dem sie zu sehen sind.

Atlantische Fleckendelfine sind schnelle und anmutige Schwimmer

Pottwale *sind riesige, tropfenförmige Wesen, die größten der bezahnten Wale. Man kann sie beim Sprung aus dem Wasser, beim Spähen (nur der Kopf taucht auf) und geselligen Aneinanderreiben ihrer Körper beobachten.*

Grindwale *gehören zur Delfinfamilie und sind an ihrer kräftigen Blaswolke (bis zu ein Meter Höhe) zu erkennen.*

Rundkopfdelfine *haben einen gedrungenen Kopf und eine hellgrüne Färbung. Ältere sind oft von weißen Narben übersät.*

Der Große Tümmler *ist der bekannteste Delfin. Diese Tiere sind verspielte Begleiter in der Bugwelle von Schiffen.*

Karettschildkröten*, in Florida geboren, kommen gern ins warme Wasser der Azoren.*

Transatlantikyachten im Hafen von Horta auf Faial; im Hintergrund der Gipfel des Pico

Faial ❼

15 000. *10 km SW von Horta.* *Horta.* *Rua Vasco da Gama, Horta.* *Rua Vasco da Gama, Horta (292-29 22 37).* *Festas do Espírito Santo* (siehe S. 366); *1.–2. So im Aug: Semana do Mar (Horta).*

FAIAL, im 15. Jahrhundert von flämischen Bauern gegründet, florierte mit der wachsenden Bedeutung des Hafens als Zwischenstopp für Schiffe und – seit kurzem – Flugboote auf Atlantiküberquerung. Die fruchtbare Insel mit dem milden Klima und dem lebendigen Flair ist bekannt als Reiseziel für Yachten und wegen der endlosen Hortensienhecken, die im Juni und Juli in voller Blüte stehen.

Horta

Seit Jahrhunderten ist die um eine breite Bucht gelagerte Hauptstadt Faials bekannt als sicherer Ankerplatz für Karavellen, Klipper und Wasserflugzeuge.

Schon James Cook wusste 1775 bei seinem Aufenthalt Hortas hübsche Häuser und Gärten zu schätzen. Heute malen die Crews zur Feier ihrer gelungenen Atlantiküberquerung (Karibik–Mittelmeer) ein Bild auf die Kaimauer und kehren in **Peter's Café Sport** ein, um sich mit anderen Seglern auszutauschen. In den oberen Räumen des Cafés stellt das **Museo do Scrimshaw** verzierte Walknochen und -zähne aus, die ältesten datieren von 1884 *(siehe S. 368)*.

Im **Museo da Horta** werden antike Möbel, Porträts, nautische Memorabilien und nostalgische Fotos vom Hafen noch von winzigen Modellschiffen und Szenen aus dem täglichen Leben übertroffen, die der auf Faial geborene Euclides Silveira da Rosa (1910–1979) akribisch aus weißem Feigenbaummark schnitzte.

Museu do Scrimshaw
Peter's Café Sport, Rua T. Valadim 9. *292-29 23 27.* *Mo–Sa.*

Museu da Horta
Largo Duque d'Ávila e Bolama. *292-39 25 38.* *Di–Fr, Sa, So nachmittags.* *Feiertage.*

Espaço Talassa
292-29 20 67. *Apr–Okt.*

Wandmalerei einer Crew auf der Kaimauer von Horta, Faial

Karge, aschebedeckte Vulkanlandschaft bei Capelinhos, dem westlichsten Punkt Faials

Rund um die Insel

Zwei Aussichtspunkte überblicken die gesamte Insel: im Süden die Vulkanspitze **Monte da Guia**, im Norden der **Miradouro da Espalamaca**, auf dem eine Statue von Nossa Senhora da Conceição thront. Bei klarem Himmel lohnt sich eine Fahrt (15 km) zur zentralen **Caldeira do Cabeço Gordo**, einem zwei Kilometer breiten und 400 Meter tiefen, dicht bewachsenen Krater. Die zweistündige Wanderung auf seinem Rand bietet einen herrlichen Rundblick.

Eine weiteres Naturschauspiel Faials bietet der **Vulcão dos Capelinhos** im äußersten Westen der Insel. Hier ist ein Leuchtturm zu sehen, der 1957/58 bei einem Vulkanausbruch unter Asche begraben wurde. Die versengte und öde Szenerie diente als Kulisse für einen deutschen Film über das Leben nach einem atomaren Inferno. In der Nähe erklärt die **Exposição Fotográfica** mit Fotos und Karten die Geschichte der geologischen Aktivitäten. Es zeigt die durch Eruptionen entstandenen Lavaformationen, aber auch, wie allmählich Leben in das schwarze Land zurückkehrt.

Museo dos Capelinhos
Canto do Capelo. *292-951 65.* *Di–Sa 10–12.30, 14–17 Uhr.* *Feiertage.*

Flores 8

4000. 1 km N von Santa Cruz. Lajes. Centro de Saúde. Rua Dr. Almas da Silveira 1, Santa Cruz (292-59 23 69). Festas do Espírito Santo (siehe S. 366); 24.–26. Juni: Festas de São João. www.drtacores.pt

Die »Blumen«-Insel, ein romantischer Vorposten, der bei stürmischem Wetter oft abgeschnitten ist, war bis zum 16. Jahrhundert nicht ständig bewohnt. Flores, beliebtes Versteck der Piraten, die schatzbeladene spanische Galeonen plünderten, wurde 1591 Kulisse einer Schlacht zwischen dem Schiff des englischen Kommandeurs Sir Grenville und einer spanischen Flotte. Diesen Kampf verewigte Alfred Tennyson in dem Gedicht *The Revenge* (so hieß Grenvilles Schiff).

Die westlichste der Azoreninseln ist 17 Kilometer lang und extrem bergig. Der Blumenreichtum in den Schluchten gab ihr den Namen, und ihre Wildnis zieht abenteuerlustige Wanderer an. Das engagiert geführte **Museu das Flores**, in einem früheren Franziskanerkloster untergebracht, bereichert die Hauptstadt **Santa Cruz**. Es werden Wrackfunde, Tonwaren der Azoren, Möbel, Landwirtschafts- und Angelgeräte sowie eine Gitarre aus Walfischknochen ausgestellt. Die Klosterkirche **São Boaventura** (1641) hat einen schönen, aus Zedernholz gefertigten Altarraum.

Hortensienpracht in den Bergen von Flores

Die Südhälfte der Insel ist landschaftlich am schönsten. Tiefe, grüne Täler werden von imposanten Gipfeln sowie Kraterseen und -höhlen unterbrochen. Jamswurzeln und süße Kartoffeln gedeihen in dem fruchtbaren Boden. 25 Kilometer südwestlich von Santa Cruz liegt der ruhige, tiefe Kratersee **Lagoa Funda** am Fuß eines Berges. Die seltsamen, vertikalen Basaltformationen der **Rocha dos Bordões** sind von der Straße westlich des Sees zu sehen.

Die sich nordwärts über die Berge windende Straße, die dann zur Westküste abfällt, bietet eine wunderbare Sicht auf ein grünes Tal und das Dorf **Fajãzinha**. Der von Klippen umgebene Urlaubsort **Fajã Grande** ist beliebter Ausgangspunkt für Wanderer. Hier stürzen beeindruckende Wasserfälle tief ins Meer. Ein kleines Stück nordwärts teilen sich die Wassermassen der **Cascata da Ribeira Grande** in zwei kleine Fälle, bevor sie sich dann in einem stillen Becken sammeln.

Museu das Flores

Largo da Misericórdia, Santa Cruz. 292-59 21 59. Mo–Fr 9–12.30, 14–17.30 Uhr. Feiertage

Blick von Flores' Felsküste auf Corvo

Corvo 9

450. Vila Nova. Rua da Matriz, Vila Nova. Câmara Municipal, Rua J. da Bola, Vila Nova (292-59 02 00). Festas do Espírito Santo (siehe S. 366). www.drtacores.pt

Corvo, die kleinste Azoreninsel, liegt 24 Kilometer nordöstlich von Flores und hat nur einen Ort: **Vila Nova**. Hier gibt es nur zwei Taxis und einen Polizisten. Die gesamte Insel ist die aufgeworfene Spitze des Unterwasservulkans Monte Gordo. An ihrem Nordende befindet sich die beeindruckende **Lagoa do Caldeirão**. Eine Straße führt auf ihren Rand, dann geht es 300 Meter steil in den Krater hinein. Den Boden sprenkeln klare Seen mit Inselchen; von Steinmauern umgebene Felder bedecken wie Flickenteppiche die Hänge.

Zu Gast in Portugal

Übernachten

Kofferträger in Lissabons Lapa Palace *(siehe S. 382)*

Portugal bietet eine Vielzahl an Unterkünften: von Luxushotels und restaurierten Palästen über familienbetriebene Hotels bis zu Apartments ohne Verpflegung. Die Mehrzahl der Hotels liegt in Lissabon, Porto, in der Algarve und um Estoril. Außerhalb der großen Städte gibt es nur wenige Hotels, aber dafür können Sie in traditionellen und historischen Häusern, oft in schöner Landschaft, übernachten. Wegen der großen Nachfrage ist eine Reservierung nötig. Apartments für Selbstversorger gibt es günstig in Städten und Urlaubsorten oder in umgebauten Land- und Bauernhäusern. Selbstverständlich sind die Unterkünfte in der Nebensaison günstiger. In Lissabon gibt es genügend Zimmer in der obersten und untersten Preisklasse, aber wenige Angebote in der mittleren Kategorie. Die auf den Seiten 380ff aufgelisteten Hotels wurden aus verschiedenen Preiskategorien ausgewählt und bieten jeweils ein hervorragendes Preis-Leistungs-Verhältnis.

Hotelarten

Die Hotels in Portugal unterscheiden sich erheblich in Preis und Komfort. Es gibt zwei offizielle Kategorien: Hotels und *pensões*. Hotels sind meist reine Zweckbauten, während *pensões* Teile (normalerweise mehrere Etagen) eines Wohnhauses bilden. *Apart-hotels* sind Hotels mit Selbstversorgerwohnungen, die zusätzlich die Dienstleistungen eines normalen Hotels bieten.

Alle Hotels und *pensões* bieten Mahlzeiten an. Handelt es sich nur um das Frühstück, müssen sie den Zusatz *residencial* im Namen tragen. Diese offizielle Regelung wird jedoch leider nicht immer befolgt. Es gibt außerdem zahlreiche Unterkünfte in Portugal, die keine Klassifikation haben.

Estalagems mit einem Garten befinden sich außerhalb der Stadtzentren. *Albergarias* sind die oberste Kategorie der *pensões*, d. h. sie haben in etwa die Ausstattung eines 4- bis 5-Sterne-Hotels *(siehe S. 375 für weitere Informationen über die Kategorien)*.

Schlafzimmer im Hotel York House in Lissabon, einem umgewandelten Kloster *(siehe S. 382)*

Pousadas

Pousadas sind eine besondere Art von Unterkünften. Es gibt zwei Typen: regionale und historische *pousadas*. Regionale *pousadas* sind komfortable Landgasthäuser in landschaftlich reizvollen aber manchmal abgelegenen Gegenden. Historische *pousadas* befinden sich in ehemaligen Burgen, Klöstern oder Palästen und bieten einen erstklassigen Service sowie Luxusausstattungen an. Ihre Umgebung weist normalerweise historische oder architektonische Besonderheiten auf. Mit Ausnahme zweier Berggasthäuser auf Madeira, die *»pousada«* in ihrem Namen verwenden, sind alle *pousadas* in staatlichem Besitz und werden von der Gesellschaft **Enatur** verwaltet.

Das Hotel Almansor im Ferienort Carvoeiro *(siehe S. 397)*

Hotelketten

Internationale Luxushotels der Gruppe **Le Meridien** oder **Orient-Express** befinden sich an der Algarve und auf Madeira sowie im Raum Porto und Lissabon. Zu den kleineren Luxushotelketten gehören die **Tivoli Hotels** mit drei Hotels in Lissabon, zwei in Sintra, drei an der Algarve und je einem auf Madeira, in Porto und in Coimbra. Die **Pestana Group** hat acht Hotels auf Madeira, fünf

◁ Frühstück in der Pousada de Palmela

an der Algarve und je eines in Cascais, Lissabon und Porto.

Gute Hotels bietet auch **Choice Hotels Portugal** an: **Comfort-Inn**- und **Quality-Inn**-Unterkünfte befinden sich im Raum Lissabon und im Norden des Landes. **Best Western** hat 21 Hotels in ganz Portugal. Auch **IBIS**-Hotels sind weit verbreitet. Sie liegen meist außerhalb der Zentren und Städte, bieten jedoch ein hervorragendes Preis-Leistungs-Verhältnis.

Blick vom Palácio de Seteais, heute ein Luxushotel *(siehe S. 386)*

Kategorien

Die portugiesische Tourismusagentur bewertet Hotels mit ein bis fünf Sternen und unterteilt *pensões* in vier Kategorien: *albergaria* sowie *pensões* der ersten bis dritten Kategorie. Auch *aparthotels* bekommen ein bis fünf Sterne. Diese Bewertung erfolgt nach festgelegten Komfortmerkmalen. Sie berücksichtigt aber nicht individuelle Kriterien wie Aussicht, Atmosphäre oder Diensteifer des Personals.

Sie sollten bedenken, dass Hotels und *pensões* in eigenen Kategorien bewertet werden. Ein 2-Sterne-Hotel wird also immer ein geringeres Komfortangebot und niedrigere Übernachtungspreise als eine *albergaria* oder selbst eine *pensão* der ersten Kategorie haben. Alle klassifizierten Unterkünfte müssen ein Schild am Eingang haben, auf dem die offizielle Bewertung steht. Da das Bewertungssystem jedoch erst kürzlich überarbeitet worden ist, sind diese Schilder nicht immer aktuell.

Preise

In Portugal können die Unternehmen die Preise frei festlegen, doch müssen diese deutlich sichtbar aushängen. Der Übernachtungspreis enthält normalerweise alle Steuern und das Frühstück. Weitere Mahlzeiten werden extra berechnet. Manchmal, besonders in der Nebensaison, kann man den Preis herunterhandeln. In der Regel kostet ein Einzelzimmer zwischen 60 und 75 Prozent des Doppelzimmerpreises.

Die Algarve, die Gegend um Estoril sowie Madeira und die Azoren sind die teuersten Regionen, die Preise fallen in der Nebensaison meist deutlich. Andererseits haben typische Hotels für Geschäftsreisende in Lissabon und Porto konstante Übernachtungspreise. *Pousadas* haben zwei Tarife: Am teuersten sind sie in der Hochsaison (April bis Oktober), ebenso zu Neujahr, Karneval und Ostern. Auf Madeira gelten Weihnachten und Neujahr als Hochsaison.

Reid's Palace Hotel in Funchal *(siehe S. 400)*

Fremdenverkehrsbüros

Vorausbuchung ist für beliebte Ferienziele in der Hochsaison ein Muss. Die meisten Unterkünfte an der Algarve und um Estoril können nur über Reisebüros gebucht werden. Einen Aufenthalt auf Madeira, in Lissabon und in Porto sollten Sie unabhängig von der Saison stets reservieren. Die Rezeption spricht normalerweise englisch und akzeptiert Reservierungen per Telefon. Anzahlungen sind nicht üblich, in manchen Fällen wird allerdings eine Bestätigung per Fax inklusive Kreditkartenangaben erwartet.

Pousadas können über Enatur oder über das Internet gebucht werden. Die portugiesische Tourismusagentur **Direcção-Geral do Turismo** veröffentlicht jährlich zwei Führer: *Alojamento Turístico* (offizielles Unterkunftsverzeichnis) und *Turismo no Espaço Rural* (offizielles Verzeichnis für Tourismus auf dem Land). In ihnen sind alle klassifizierten Unterkünfte aufgeführt, aber nur das letztere enthält Beschreibungen zu Besonderheiten oder Lage der Unterkünfte.

Casa do Campo, Herrenhaus in Celorico de Basto *(siehe S. 393)*

Urlaub auf dem Land

Das Angebot an Übernachtungsmöglichkeiten außerhalb der Städte ist dank Privatunterkünften, Landhäusern oder Bauernhöfen groß und abwechslungsreich.

Der *Turismo no Espaço Rural* (Urlaub auf dem Land) wird in vier Kategorien aufgeteilt: Beim *Turismo de Habitação* (TH) sind die Urlauber Gäste auf herrschaftlichen Anwesen mit historischem und/oder architektonischem Wert, inklusive Innenaustattung und Möblierung; *Turismo Rural* (TR) bietet Ferien in rustikalen, im regionalen Stil gebauten Häusern an, die sich in einem Dorf oder in der Nähe davon befinden; *Agroturismo* (AT) bedeutet Zimmer auf bewirtschafteten Bauernhöfen; *Casas de Campo* (CC) sind Landhäuser, bei denen die Besucher Gäste der Besitzer sind. Viele TH-Unterkünfte befinden sich in der Minho-Region im Norden von Portugal. Es gibt vier Eigentümergesellschaften, die Informationen anbieten und Buchungen entgegenehmen.

Der jährlich erscheinende Führer *Turismo no Espaço Rural* verzeichnet alle Unterkünfte auf dem Land. Man kann sie über Reisebüros oder beim Besitzer buchen.

Ferienanlagen

Portugals Ferienanlagen befinden sich vornehmlich an der Algarve und um Estoril. Am besten bucht man eine solche Unterkunft im Voraus über ein Reisebüro oder einen Reiseveranstalter. Außerhalb der Hauptsaison sind die Preise deutlich reduziert, und man erhält günstige Angebote. Außerdem genießt man dann den Vorteil, dass die Orte nicht so überfüllt sind.

Das Feriendorf oder *aldeamento turístico* ist charakteristisch für Ferienziele wie etwa die Algarve. Die abgeschlossenen Anlagen verfügen in der Regel über sehr gut ausgestattete Apartments und für gewöhnlich auch über eine Reihe von Sportanlagen, Stränden, Swimmingpools, Restaurants, Bars und einen Supermarkt.Diese Ferienanlagen werden mit drei bis fünf Sternen bewertet.

Moderne *apartamentos turísticos* (Touristenapartments) in Urlaubsregionen verfügen nicht über die vielfältigen Einrichtungen wie Ferienanlagen; mit der Möglichkeit zur Selbstversorgung sind sie besonders aber für jene geeignet, die Flexibilität und Unabhängigkeit suchen. Sie werden mit zwei bis fünf Sternen bewertet.

Das luxuriöse Marinotel im Urlaubsort Vilamoura in der Algarve *(siehe S. 399)*

Preiswerte Unterkünfte

Jugendherbergen *(pousadas de juventude)* finden sich hauptsächlich an den Küsten. Es gibt insgesamt 22, zwei davon auf den Azoren. Alle sind ganzjährig geöffnet, eine Reservierung ist besonders im Sommer ratsam. Jedes Jugendherbergswerk stellt den erforderlichen Ausweis aus. Die Ausstattungen sind sehr unterschiedlich, manchmal sind Küche, Bar und Swimmingpool vorhanden. **Movijovem**, die Zentrale des portugiesischen Jugendherbergswerks, stellt Informationsmaterial zur Verfügung.

Privatunterkünfte sind ähnlich günstig und bieten Zimmer *(quartos)* mit mehr Privatsphäre an, die billiger sind als eine Pension. In Urlaubsorten werden viele solcher Zimmer vermietet. Verzeichnisse von *quartos* sind bei den örtlichen Fremdenverkehrsbüros erhältlich.

Speiseraum der Casa de Esteiró, einem Landsitz in Caminha

Unterwegs mit Zelt oder Wohnwagen

Es gibt in Portugal über 100 offizielle Campingplätze. Die meisten sind an der Küste, gewöhnlich an attraktiven Orten. Der größte liegt in Albufeira an der Algarve, die meisten aber sind klein und ruhig. **Orbitur** betreibt eine Campingplatzkette.

In der Regel zahlt man eine Gebühr pro Zelt und Person; Dusche und Autostellplatz werden extra berechnet. Beim portugiesischen Fremdenverkehrsbüro erhält man Auskünfte und Campingführer. Man benötigt ein internationales Campingcarnet, das z. B. beim ADAC erhältlich ist, eine Haftpflichtversicherung enthält und mit dem man eventuell außerhalb der Hauptsaison Ermäßigung bekommt.

Zeigt man Umsicht und Verständnis für die Umwelt, kann man auf dem Land auch außerhalb der offiziellen Campingplätze zelten. Nur an der Algarve ist das wilde Campen streng verboten.

Campingplatz in São Miguel nahe Odemira im Alentejo

Kinder

Familien mit Kindern sind in Portugal überall willkommen. In einigen Hotels gibt es für Kinder unter acht Jahren eine Ermäßigung von 50 Prozent für Übernachtung und Verpflegung.

Behinderte Reisende

Hotels mit behindertengerechter Ausstattung listet das portugiesische Fremdenverkehrsbüro in einer Spezialbroschüre auf. Einige Campingplätze und Jugendherbergen sind speziell ausgestattet: Informationen erteilen die jeweiligen Organisationen oder der Führer des **Secretariado Nacional de Reabilitação**.

Auf einen Blick

Hotelketten

Best Western
☎ *800 839 361 (gebührenfrei).*
W www.bestwestern.com

Choice Hotels
☎ *0800-44 800 (gebührenfrei).* W www.choicehotelseurope.pt

Enatur-Pousadas de Portugal
☎ *21-844 20 01.*
FAX *21-844 20 85.*
W www.pousadas.pt

IBIS
W www.ibishotel.com

Pestana Group
Rua Jav 54,
1300-314 Lissabon.
☎ *21-361 56 00.*
W www.pestana.com

Tivoli Hotels
Avenida da Liberdade 185,
1250 Lissabon.
☎ *21-319 89 00.*
FAX *21-319 89 50.*
W www.tivolihotels.com

Fremdenverkehrsbüros

Direcção-Geral do Turismo
Avenida António Augusto de Aguiar 86,
1069-021 Lissabon.
☎ *21-358 64 00.*
FAX *21-358 66 66.*
W www.dgturismo.pt

Direcção Regional de Turismo dos Açores
Rua Ernesto Rebelo 14,
9900-112 Horta, Faial.
☎ *292-20 05 00.*
FAX *292-20 05 01.*
W www.drtacores.pt

Direcção Regional de Turismo da Madeira
Avenida Arriaga 18,
9004-519 Funchal.
☎ *291-22 90 57.*
FAX *291-23 21 51.* W www.madeiratourism.org

Urlaub auf dem Land

ANTER
Associação Nacional de Turismo no Espaço Rural,
Travessa do Megué 4, 1°,
7000-631 Évora.
☎ *u.* FAX *266-74 45 55.*

Casas de Sousa
Praça D. Antonio Mereles,
4620-130 Lousada.
☎ *255-81 54 36.*
FAX *255-81 54 37.*

PRIVETUR
Rua Dr. F. Sa Carneiro,
Lote C, Loja AC,
4990-024 Arca.
☎ *258-74 39 23.*
FAX *258-74 14 93.*

TURIHAB
Praça da República,
4990-062 Ponte de Lima.
☎ *258-93 17 50/74 28 27.*
W www.turihab.pt

Jugendherbergen

Movijovem
Pousadas de Juventude,
Rua Andrade Corvo 46,
1050 Lissabon.
☎ *21-353 26 92.*

Campingplätze

Camping and Caravanning Albufeira
Estrada de Ferreiras,
8200 Albufeira, Algarve.
☎ *289-58 95 05.*
FAX *289-58 76 33.*

Lisboa Camping
Estrada da Circunvalação,
1500-171 Lissabon.
☎ *21-762 31 00.*
FAX *21-762 31 06.*
W www.lisboacamping.com

Orbitur Intercâmbio de Turismo
Rua Diogo do Couto 1, 8°,
1100 Lissabon.
☎ *21-815 48 71.*
FAX *21-814 80 45.*

Behinderte Reisende

Secretariado Nacional de Reabilitação
Avenida Conde de Valbom 63, 1050 Lissabon.
☎ *21-793 65 17.*
FAX *21-795 82 74.*

Highlights: Pousadas

Pousada-Zeichen

DAS KONZEPT der *pousadas* entstand um 1940, als Portugals Regierung beschloss, landesweit ein Netz von Gästehäusern zu schaffen, die sich durch »Gastfreundschaft im Stil und in der Tradition der Region« auszeichnen. *Pousadas* befinden sich oft in sehr abgelegenen, schönen Gegenden und haben meist weniger als 30 Räume, so dass ein freundlicher, persönlicher Service und ein hoher Komfort gewährleistet sind. Diese Karte zeigt nur die 38 auf den Seiten 380 ff aufgelisteten *pousadas*.

***Die Pousada da Ria** am Hafen von Aveiro hat 19 Zimmer; von den Balkonen hat man einen schönen Blick auf die Ria de Aveiro* (siehe S. 388).

***Die Pousada Conde de São Ourém** in der mittelalterlichen Stadt Ourém bietet atemberaubende Blicke auf das Tal des Flusses Seica. Die* pousada *ist ein idealer Ausgangspunkt für einen Ausflug zum Wallfahrtsort Fatima und zum Convento da Ordem de Cristo in Tomar* (siehe S. 387).

***Die Pousada do Castelo** verbirgt sich im Bergfried (15. Jh.) eines herrlich renovierten Palastes in der von Mauern umgebenen Stadt Óbidos. In mittelalterlicher Atmosphäre erwartet den Gast auch ein Spitzenrestaurant* (siehe S. 387).

***Die Pousada de Palmela**, auf einem Hügel mit Blick auf Palmela und den Atlantik gelegen, rühmt sich eines eleganten Inneren und einer illustren Geschichte. Sie war früher Kloster und Hauptquartier des Ritterordens von Santiago (13. Jh.)* (siehe S. 385).

***Die Pousada do Infante** thront auf einem spektakulären Kliff in Sagres, der südwestlichsten Stadt von Europa. Vom Terrassenrestaurant dieser* pousada *hat man eine herrliche Aussicht auf den Atlantik* (siehe S. 398).

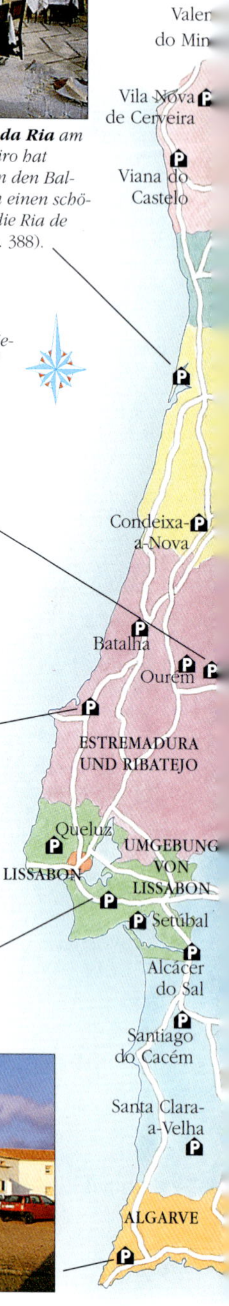

Die Pousada de Santa Marinha da Costa *in einem mittelalterlichen Kloster nahe der Stadt Guimarães ist historisch interessant* (siehe S. 393).

***Die Pousada do Barão de Forrester**, nach Joseph James Forrester benannt, der die Portweinherstellung* (siehe S. 252) *revolutionierte, liegt friedlich in den Weinbergen des Städtchens Alijó* (siehe S. 390).

***Die Pousada da Rainha Santa Isabel** überragt die Stadt Estremoz und ihre Umgebung. An dieser Stelle lebten im 13. Jahrhundert König Dinis und seine Frau, Königin Isabel* (siehe S. 395).

***Die Pousada dos Lóios** in Évora ist ein umgebautes Kloster aus dem 15. Jahrhundert. Hier beeindrucken ein eleganter Speisesaal im originalen Kreuzgang sowie eine klassizistische Fassade aus der Mitte des 18. Jahrhunderts* (siehe S. 395).

***Die Pousada de São Francisco** liegt im Herzen der alten Römerstadt Beja im südlichen Alentejo. Teile eines ehemaligen Franziskanerklosters (13. Jh.) sind in das Gebäude integriert. Die* pousada *eröffnete 1994* (siehe S. 395).

Hotelauswahl

Die in diesem Führer genannten Hotels wurden in verschiedenen Preisklassen wegen ihrer guten Einrichtungen und ihrer günstigen Lage ausgewählt. Viele Hotels besitzen ein Restaurant. Die farbigen Markierungen kennzeichnen die einzelnen Regionen des Landes. Die Restaurantauswahl finden Sie auf den Seiten 404ff.

Lissabon

	Kreditkarten	Hotelrestaurant	Garten	Swimmingpool	Anzahl der Zimmer
Alcantara: *Carlton Palace Hotel* W www.pestana.com €€€€€ Rua Jav 54, 1300-314. **Stadtplan** 2 F3. *21-361 56 00.* FAX *21-361 56 01.* Das Grand Hotel nutzt teilweise den Palacio Valle-Flor aus dem 19. Jahrhundert und die Palastgärten. Fitnessmöglichkeiten, Swimmingpool und Einrichtungen für Geschäftsreisende. TV P	*AE DC MC V*				190
Avenida: *13 da Sorte* €€ Rua do Salitre 13, 1250-198. **Stadtplan** 4 F1. *21-353 18 51.* FAX *21-353 18 51.* Zentral gelegene Pension nahe der Avenida da Libertade und dem Jardim Botânico. Kein Frühstück. TV	*MC V*				22
Avenida: *Alegria* €€ Praça da Alegria 12, 1250-004. **Stadtplan** 4 F1. *21-322 06 70.* FAX *21-347 80 70.* Kleine, preiswerte Pension mit sauberen Zimmern aber ohne Frühstück am Rande des Rotlichtbezirks – mit Polizeiwache nebenan.	*AE DC MC V*				36
Avenida: *Veneza* W www.3khoteis.com €€€€ Avenida da Liberdade 189, 1250-141. **Stadtplan** 5 C5. *21-352 26 18.* FAX *21-352 66 78.* Architektonischer Höhepunkt des freundlichen Hotels ist das mit Wandmalereien von Pedro Luís Gomes verzierte Treppenhaus. TV P	*AE DC MC V*				36
Avenida: *Altis* @ reservations@hotel-altis.pt €€€€€ Rua Castilho 11, 1269-072. **Stadtplan** 4 F1. *21-316 00 00.* FAX *21-310 62 62 .* In diesem modernen Hotel finden Sie alle Annehmlichkeiten, die zum internationalen Standard gehören. TV P	*AE DC MC V*	●	■	●	303
Avenida: *Britânia* W www.heritage.pt €€€€€ Rua Rodrigues Sampaio 17, 1150-278. **Stadtplan** 5 C5. *21-315 50 16.* FAX *21-315 50 21.* Das Hotel in einem von dem Architekten Cassiano Branco 1944 gebauten Haus besitzt eine schöne marmorne Lobby. TV P	*AE DC MC V*				30
Avenida: *Lisboa Plaza* W www.heritage.pt €€€€€ Travessa do Salitre 7, 1250-205. **Stadtplan** 4 F1. *21-3321 82 18.* FAX *21-347 16 30.* Der portugiesische Designer Graça Viterbo entwarf das Interieur des 1953 erbauten Hotels nahe der Praça da Alegria und der Av. da Liberade. TV	*AE DC MC V*	●			112
Avenida: *Tivoli Jardim* @ htjardim@mail.telepac.pt €€€€€ Rua Júlio Cesar Machado, 1250-135. **Stadtplan** 4 F1. *21-359 10 00.* FAX *21-359 12 45.* Das hübsche Hotel verfügt über große Zimmer mit Minibar. Der runde Swimmingpool ist ein Blickfang im Garten; viele Sportmöglichkeiten. TV P	*AE DC MC V*	●	■	●	119
Avenida: *Tivoli Lisboa* @ reservas@tivoli.pt €€€€€ Avenida da Liberdade 185, 1269-050. **Stadtplan** 4 F1. *21-319 89 00.* FAX *21-319 89 50.* Dieses große, elegante Hotel bietet freundliche Zimmer und sehr geräumige Suiten. TV P	*AE DC MC V*	●	■	●	329
Avenida: *Sofitel Lisboa* @ h1319@accor-hotels.com €€€€€ Avenida da Liberdade 127, 1250. **Stadtplan** 4 F1. *21-322 83 00.* FAX *21-322 83 10.* Zu den Annehmlichkeiten des modernen Hotels zählt die Pianobar Molière. TV P	*AE DC MC V*	●			170
Bairro Alto: *Pensão Londres* €€ Rua Dom Pedro V53, 2° E, 1250-092. **Stadtplan** 4 F2. *21-346 22 03* FAX *21-346 56 82.* Eine der besseren *pensões* der Gegend, abseits vom Lärm des Nachtlebens von Bairro Alto. Nur 13 Zimmer haben ein Bad.					36
Baixa: *Beira Minho* € Praça da Figueira 6, 2° E, 1150. **Stadtplan** 7 B3. *21-346 18 46.* FAX *21-886 78 11.* Die spektakuläre Aussicht zum Bairro Alto entschädigt in dieser Pension für die einfachen Zimmer und die fehlenden Einrichtungen.					24

Stadtplan siehe Seiten 126–139

Preiskategorien für ein Doppelzimmer inklusive Frühstück pro Nacht:
- € unter 35 Euro
- €€ 35–60 Euro
- €€€ 60–100 Euro
- €€€€ 100–150 Euro
- €€€€€ über 150 Euro

Hotelrestaurant
Das Hotel verfügt über ein oder mehrere Restaurants (teilweise nur für Gäste des Hauses).

Garten
Die Hotelgäste können Garten, Innenhof oder Terrasse benutzen.

Swimmingpool
Zum Hotel gehört ein Schwimmbad.

Kreditkarten
Folgende Kreditkarten werden akzeptiert: *AE* American Express, *DC* Diners Club, *MC* MasterCard, *V* Visa.

	Kreditkarten	Hotelrestaurant	Garten	Swimmingpool	Anzahl der Zimmer
Baixa: *Coimbra e Madrid* €€ Praça da Figueira 3, 3°, 1100-240. **Stadtplan** 7 B3. *21-342 17 60.* FAX *21-342 32 64.* Ordentliche Pension mit spärlicher Ausstattung. Von einigen Zimmern haben Sie einen tollen Blick auf das Castelo de São Jorge.					32
Baixa: *Duas Nações* €€ Rua da Vitória 41, 1100-618. **Stadtplan** 7 B4. *21-346 07 10.* FAX *21-347 02 06.* Das einladende Hotel befindet sich mitten in der Baixa; die Zimmer zur Rua Augusta sind eher laut.	AE DC MC V				69
Baixa: *Norte* €€ Rua dos Douradores 159, 1100-205. **Stadtplan** 7 B3. *21-887 89 41.* FAX *21 886 84 62.* In zentraler Lage wartet diese Pension mit freundlichen Zimmern auf. Kein Frühstück. Gutes Preis-Leistungs-Verhältnis. TV	MC V				36
Baixa: *Internacional* @ reservas@hotel-internacional.com €€€ Rua da Betesga 3, 1100-090. **Stadtplan** 7 B3. *21-324 09 99.* FAX *21-347 86 35.* Hotel in der Stadtmitte am Elevador da Glória, zwischen Praça da Figueira und Rossio mit großen Zimmern, TV-Lounge und Bar. TV	AE DC MC V				54
Baixa: *Mundial* @ mundial.hot@mail.telepac.pt €€€ Rua Dom Duarte 4, 1100-198. **Stadtplan** 7 B3. *21-884 20 00.* FAX *21-884 21 10.* Die Zimmer dieses Hotels bei der Praça da Figueira sind recht komfortabel. Vom Restaurant haben Sie einen schönen Blick. TV P	AE DC MC V	●			255
Baixa: *Portugal* €€€ Rua João das Regras 4, 1100-294. **Stadtplan** 7 C3. *21-887 75 81.* FAX *21-886 73 43.* Trotz des einfachen Äußeren bietet dieses Hotel beim Praça Martim Moniz ein elegantes, stilvolles Interieur. TV	AE DC MC V				59
Baixa: *VIP Eden* @ aparthoteleden@viphotels.com €€€€ Praça dos Restauradores 24, 1250. **Stadtplan** 7 A2. *21-321 66 00.* FAX *21-321 66 66.* Im modernen VIP Eden finden Sie Apartments und Studios, drei davon sind behindertengerecht. Alle haben eine eigene Küche. TV P	AE DC MC V			●	134
Castelo: *Ninho das Águias* €€ Costa do Castelo 74, 1100-179. **Stadtplan** 7 C3. *21-885 40 70.* Einfache Pension unterhalb der Burg. Kein Frühstück.			●		16
Castelo: *Solar de Castelo* W www.heritage.pt €€€€ Rua de Cosinhas 2, 1100-181. **Stadtplan** 7 C3. *21-887 09 09.* FAX *21-887 09 07.* Kleines, luxuriöses Hotel in einem jüngst renovierten Herrenhaus des 18. Jahrhunderts, das innerhalb der Schlossmauern liegt. TV	AE DC MC V		●		14
Chiado: *Regency Chiado* W www.regency-hotels-resorts.com €€€€€ Rua Nova do Alameda 114, 1200-290 **Stadtplan** 7 B4. *21-325 61 00.* FAX *21-325 61 61.* Kleines Hotel in privilegierter Lage mit fantastischem Blick über Lissabon. Begrenzte Parkmöglichkeiten. TV P	AE DC MC V				40
Entrecampos: *Quality Hotel Lisboa* @ quality.lisboa@mail.telepac.pt €€€€ Campo Grande 7, 1700-078. *21-791 76 00.* FAX *21-795 75 00.* Freundliches Hotel, ideal für Geschäftsreisende. Kleines Fitness-Center und ein Jacuzzi-Bad. TV P	AE DC MC V	●			84
Graça: *Senhora do Monte* W www.maisturismo.pt/sramonte.html €€€€ Calçada do Monte 39, 1170-250. **Stadtplan** 7 D1. *21-886 60 02.* FAX *21-887 77 83.* Die *albergaria* liegt ein wenig abseits, dafür bieten die einfachen Zimmer eine grandiose Aussicht. TV	AE DC MC V				28
Lapa: *As Janelas Verdes* W www.heritage.pt €€€€ Rua das Janelas Verdes 47, 1200-690. **Stadtplan** 4 D3. *21-396 81 43.* FAX *21-396 81 44.* Diese *pensão* ist in einem efeubewachsenen Herrenhaus (18. Jh.), das einst dem Schriftsteller Eça de Queirós *(siehe S. 55)* gehörte. TV P	AE DC MC V		●		29

Zeichenerklärung siehe hintere Umschlagklappe

Preiskategorien für ein Doppelzimmer inklusive Frühstück pro Nacht:
- € unter 35 Euro
- €€ 35–60 Euro
- €€€ 60–100 Euro
- €€€€ 100–150 Euro
- €€€€€ über 150 Euro

Hotelrestaurant
Das Hotel verfügt über ein oder mehrere Restaurants (teilweise nur für Gäste des Hauses).

Garten
Die Hotelgäste können Garten, Innenhof oder Terrasse benutzen.

Swimmingpool
Zum Hotel gehört ein Schwimmbad.

Kreditkarten
Folgende Kreditkarten werden akzeptiert: *AE* American Express, *DC* Diners Club, *MC* MasterCard, *V* Visa.

	Kreditkarten	Hotelrestaurant	Garten	Swimmingpool	Anzahl der Zimmer
Lapa: *York House* W www.yorkhouselisboa.com €€€€ Rua das Janelas Verdes 32, 1200-691. **Stadtplan** 4 D4. *21-396 24 35.* FAX *21-397 27 93.* Der Convento dos Marianos aus dem 17. Jahrhundert beherbergt diese Pension. Die luxuriösen Zimmer sind mit Antiquitäten möbliert; der Bodenbelag besteht aus Parkett oder Terrakottafliesen.	AE DC MC V	●	●		34
Lapa: *Lapa Palace* W www.lapa-palace.com €€€€€ Rua do Pau da Bandeira 4, 1249-021. **Stadtplan** 3 C3. *21-394 94 94.* FAX *21-395 06 65.* Mitten im Diplomatenviertel liegt dieses anmutige, freundliche Hotel. Jedes Zimmer ist in einem anderen Stil eingerichtet – vom Klassizismus des 18. Jahrhunderts bis zu Art déco.	AE DC MC V	●	●	●	109
Marquês Pombal: *Castilho* €€ Rua Castilho 57 4°, 1250-068. **Stadtplan** 4 F1. *21-386 08 22.* FAX *21-386 29 10.* Äußerst preiswerte Pension mit sauberen, netten Zimmern (manche mit drei und vier Betten), im vierten Stock eines Hauses.	DC MC V				25
Marquês Pombal: *Capitol* W www.sanahotels.com €€€ Rua Eça de Queirós 24, 1050. **Stadtplan** 5 C4. *21-353 68 11.* FAX *21-352 61 65.* Hübsches Hotel in einer Querstraße der Avenida Duque de Loulé. Die Zimmer sind mit Satelliten-TV und Minibar ausgestattet.	AE DC MC V	●			57
Marquês Pombal: *Jorge V* W www.hoteljorgev.com €€€ Rua Mouzinho da Silveira 3, 1250-165. **Stadtplan** 5 C5. *21-356 25 25.* FAX *21-315 03 19.* Einladendes Hotel mit gutem Preis-Leistungs-Verhältnis. Etwa die Hälfte der Zimmer hat einen Balkon.	AE DC MC V	●			51
Marquês Pombal: *Nacional* W www.hotel-nacional.com €€€ Rua Castilho 34, 1250-070. **Stadtplan** 5 B5. *21-355 44 33.* FAX *21-356 11 22.* Das Hotel mit einer interessanten Glasfront beitet gemütliche Räumlichkeiten und umfangreiche Einrichtungen.	AE DC MC V				61
Marquês Pombal: *Rex* W www.sanahotels.com €€€ Rua Castilho 169, 1070-051. **Stadtplan** 5 B4. *21-388 21 61.* FAX *21-388 75 81.* Das Rex am Parque Eduardo VII gehört zu den besten Hotels seiner Preisklasse. Oberer Konferenzraum mit guter Aussicht.	AE DC MC V	●			68
Marquês Pombal: *Diplomático* W www.viphotels.com €€€€ Rua Castilho 74, 1250-071. **Stadtplan** 5 B5. *21-383 90 20.* FAX *21-386 21 55.* Das gepflegte Hotel wartet mit geräumigen Zimmern und modernen Ein-richtungen auf.	AE DC MC V	●	●		90
Marquês Pombal: *Le Méridien Lisboa* W www.lemeridien.pt €€€€€ Rua Castilho 149, 1099-034. **Stadtplan** 5 B4. *21-391 87 00.* FAX *21-389 05 05.* Schön am Parque Eduardo VII gelegen, bietet das Luxushotel große Zimmer und die für fünf Sterne üblichen Annehmlichkeiten.	AE DC MC V	●			330
Marquês Pombal: *Ritz Four Seasons* W www.fourseasons.com €€€€€ Rua Rodrigo da Fonseca 88, 1039. **Stadtplan** 5 B5. *21-383 20 20.* FAX *21-383 17 83.* Das legendäre Ritz ist ein elegantes, freundliches Hotel. Viele Zimmer haben einen Balkon mit Blick auf den Parque Eduardo VII.	AE DC MC V	●	●		283
Parque das Nações: *Tivoli Tejo* W www.tivolihotels.com €€€€ Avenida Dom João II, 1990-83. *21-891 51 00.* FAX *21-891 53 45.* Ein modernes Hotel für Konferenz- und Messegäste. Die Lage abseits des Zentrums wird von den Gästen geschätzt.	AE DC MC V	●		●	279
Rato: *Amazónia* W www.amazoniahoteis.com €€€ Travessea da Fábrica dos Pentes 12–20, 1250-106. **Stadtplan** 5 B5. *21-387 70 06.* FAX *21-387 90 90.* Nicht weit vom Stadtzentrum entfernt, besitzt das Mittelklassehotel hübsche Aufenthaltsräume und große Zimmer.	AE DC MC V			●	192

Stadtplan siehe Seiten 126–139

RESTAURADORES: *Restauradores* €€ Praça dos Restauradores 13, 4°, 1250-187. **Stadtplan** 7 A2. *21-347 56 60.* Recht einfache Pension auf der vierten Etage eines Hauses mitten im geschäftigen Zentrum der Stadt. Kein Frühstück.						30
RESTAURADORES: *Florescente* www.residencialflorescente.com €€ Rua das Portas de S. Antão 99, 1150-266. **Stadtplan** 7 A2. *21-342 66 09.* Diese Pension (ohne Frühstück) hat sehr gut ausgestattete Zimmer. In der Straße haben sich in den letzten Jahren viele hervorragende Restaurants niedergelassen.	AE MC V					68
RESTAURADORES: *Suíço Atlântico* €€€ Rua da Glória 3–19, 1250-114. **Stadtplan** 7 A2. *21-346 17 13.* FAX *21-346 90 13.* Das Hotel liegt in einer kleinen Seitenstraße; es verfügt über altmodisch eingerichtete Zimmer und Aufenthaltsräume mit Holzbalken.	AE DC MC V					90
RESTAURADORES: *Nova Goa* €€€ Rua do Arco do Marquês de Alegrete 13, 1100-034. **Stadtplan** 7 C3. *21-888 11 37.* FAX *21-886 78 11.* Die Pension bei der Praça da Figueira ähnelt vielen anderen. Die Zimmer sind sauber und hell, Frühstück ist im Preis inbegriffen.						42
RESTAURADORES: *Roma* www.residenciaroma.com €€€€ Travessa da Glória 22a, 1°, 1250-118. **Stadtplan** 7 A2. & FAX *21-346 05 57.* Die einfache Pension gleich bei der Avenida da Liberdade liegt günstig zu den Sehenswürdigkeiten und Läden.	AE DC MC V					24
RESTAURADORES: *Avenida Palace* www.hotel-avenida-palace.com €€€€€ Rua 1 de Dezembro 123, 1200-359. **Stadtplan** 7 B3. *21-321 81 00.* FAX *21-342 28 84.* Das Avenida Palace mit seiner klassizistischen Fassade wartet mit Eleganz und allen Annehmlichkeiten eines Luxushotels auf.	AE DC MC V					82
ROSSIO: *Metrópole* www.almeidahotels.com €€€€€ Praça Dom Pedro IV 30, 1100. **Stadtplan** 7 B3. *21-321 90 30.* FAX *21-346 91 66.* Das einladende, elegante Hotel wurde im Stil der 1920er Jahre renoviert. Hier erhalten Sie die berühmten Weine aus Buçaco.	AE DC MC V					36
SALDANHA: *Marisela* www.residencialmarisela.pt €€ Rua Filipe Folque 19, 1050-111. **Stadtplan** 5 C3. *21-353 32 05.* FAX *21-316 04 23.* Einfache Pension nahe dem Parque Eduardo VII und der Praça do Duque de Saldanha in einer ruhigen Seitenstraße.	AE MC V					34
SALDANHA: *VIP* €€ Rua Fernão Lopes 25, 1000-132. **Stadtplan** 5 C3. *21-356 86 00.* FAX *21-315 87 73.* Das einfache Hotel über Läden macht einen freundlichen Eindruck; die Einrichtung ist altmodisch.	AE DC MC V	●				54
SALDANHA: *Horizonte* €€€ Avenida António Augusto de Aguiar 42, 1050-017. **Stadtplan** 5 B4. *21-353 95 26.* FAX *21-353 84 74.* Pension mit einem für das Viertel guten Preis-Leistungs-Verhältnis. Starker Verkehrslärm für die Zimmer an der Vorderseite.	AE DC MC V					53
SALDANHA: *Hotel Marquês de Sá* www.olissippohotels.com €€€ Rua Filipe Folque 49, 1050. **Stadtplan** 5 C3. *21-791 10 14.* FAX *21-793 69 86.* Ein Hotel in einem der elegantesten Stadtviertel Lissabons. Das Museu Calouste Gulbenkian *(siehe S. 116ff)* ist nur einen Spaziergang entfernt.	AE DC MC V					164
SALDANHA: *Príncipe* confortprincipe@mail.telepac.pt €€€ Avenida Duque de Ávila 201, 1050-082. **Stadtplan** 5 B3. *21-353 61 51.* FAX *21-353 43 14.* In dem modernen Hotel haben die meisten Zimmer einen Balkon. Außerdem gibt es eine kleine Bar.	AE DC MC V	●				67
SALDANHA: *Real Parque* www.hoteisreal.com €€€€ Avenida Luís Bivar 67, 1069-146. **Stadtplan** 5 C3. *21-319 90 90.* FAX *21-382 29 30.* Das eindrucksvolle, moderne Hotel in einer ruhigen Gegend besitzt sechs behindertengerecht ausgestattete Zimmer.	AE DC MC V	●				153
SALDANHA: *Sheraton Lisboa* www.sheraton.com/lisboa €€€€€ Rua Latino Coelho 1, 1069-025. **Stadtplan** 5 C3. *21-312 00 00.* FAX *21-354 71 64.* Lissabons Sheraton bietet seinen Gästen geräumige Zimmer, ein Fitness-Center und ein Konferenzzentrum sowie ein Dachrestaurant und eine Bar mit guter Aussicht.	AE DC MC V	●			●	375

Preiskategorien für ein Doppelzimmer inklusive Frühstück pro Nacht:
€ unter 35 Euro
€€ 35–60 Euro
€€€ 60–100 Euro
€€€€ 100–150 Euro
€€€€€ über 150 Euro

HOTELRESTAURANT
Das Hotel verfügt über ein oder mehrere Restaurants (teilweise nur für Gäste des Hauses).

GARTEN
Die Hotelgäste können Garten, Innenhof oder Terrasse benutzen.

SWIMMINGPOOL
Zum Hotel gehört ein Schwimmbad.

KREDITKARTEN
Folgende Kreditkarten werden akzeptiert: *AE* American Express, *DC* Diners Club, *MC* MasterCard, *V* Visa.

UMGEBUNG VON LISSABON

	Kreditkarten	Hotelrestaurant	Garten	Swimmingpool	Anzahl der Zimmer
ALCÁCER DO SAL: *Pousada Dom Alfonso II* W www.pousadas.pt €€€€€ Alácer do Sal, 7850. **Straßenkarte** C5. *265-61 30 70.* FAX *265-61 30 74.* Diese historische *pousada* befindet sich in einer Burg auf einem Hügel, mit Blick auf die Stadt und die umgebende Landschaft.	AE DC MC V	●	■	●	35
CARCAVELOS: *Praia-Mar* W www.almeidahotels.com €€€€ Rua do Gurué 16, 2775-581. **Straßenkarte** B5. *21-458 51 00.* FAX *21-457 31 30.* Dieses schöne Hotel steht am längsten Sandstrand der Costa do Sol. Die Zimmer sind geräumig und komfortabel. Sie erhalten hier die renommierten Weine aus Buçaco *(siehe S. 210).*	AE DC MC V	●	■	●	158
CASCAIS: *Baía* W www.hotelbaia.com €€€ Avenida Marginal, 2750. *21-483 10 33.* FAX *21-483 10 95.* Das moderne Hotel hat eine hervorragende Lage – zwischen Zentrum und Strand.	AE DC MC V	●	■	●	113
CASCAIS: *Casa da Pérgola* W www.maisturismo.pt/cpergola €€€ Avenida Valbom 13, 2750-508. **Straßenkarte** B5. *21-484 00 40.* FAX *21-483 47 91.* Das großartige Haus aus dem 19. Jahrhundert verfügt über Zimmer mit Stuckdecke und Marmorboden. Geschlossen vom 15. Dez bis 1. März.			■		6
CASCAIS: *Solar Dom Carlos* W www.solardomcarlos.com €€€ Rua Latino Coelho 8, 2750-408. **Straßenkarte** B5. *21-486 51 55.* Die ehemalige Sommerresidenz von König Carlos I hat einen Garten, eine historische Kapelle und elegante Zimmer.	AE DC MC V				18
CASCAIS: *Cidadela* W www.cidadela.com €€€€ Avenida 25 de Abril, 2750. **Straßenkarte** B5. *21-482 76 00.* FAX *21-486 72 26.* Das Cidadela, wenige Gehminuten von der Stadtmitte entfernt, ist von einem Park umgeben. Viele Zimmer haben Meerblick.	AE DC MC V	●	■	●	113
CASCAIS: *Albatroz* W www.albatroshotels.com €€€€€ Rua Federico Arouca 100, 2750-353. **Straßenkarte** B5. *21-484 73 80.* FAX *21-484 48 27.* Im 19. Jahrhundert ließ sich die Königsfamilie das Haus als Landsitz erbauen. Luxuriöse Ausstattung und perfekter Service.	AE DC MC V	●	■	●	53
COSTA DA CAPARICA: *Praia do Sol* W www.viphotels.com €€ Rua dos Pescadores 12a, 2825. **Straßenkarte** B5. *21-290 00 12.* FAX *21-290 25 41.* Das kleine Hotel unweit des Strands verfügt über freundliche, gut ausgestattete Zimmer.	AE DC MC V				54
COSTA DA CAPARICA: *Costa da Caparica* W www.hotelcostacaparica.pt €€€€ Avenida General Delgado 47, 2829-506. **Straßenkarte** B5. *21-291 89 00.* FAX *21-291 06 87.* Ein sehr hübsches Hotel direkt am Strand mit sieben behindertengerechten Zimmern.	AE DC MC V	●	■	●	353
ERICEIRA: *Vilazul* W www.hotelvilazul.com €€ Calçada da Baleia 10, 2655-238. **Straßenkarte** B5. *261-86 00 00.* FAX *261-86 29 27.* Von der Terrasse und vielen Zimmern dieser hellen, luftigen Pension, die nur 500 Meter vom Meer entfernt ist, haben Sie einen tollen Blick.	AE DC MC V	●			21
ESTORIL: *São Cristóvão* W www.residencial-saocristovao.com €€€ Estrada Marginal 7079, 2765-480. **Straßenkarte** B5. *21-468 09 13.* FAX *21-468 09 13.* Hübsche Pension in einer alten Villa mit schöner Aussicht.			■		14
ESTORIL: *Amazónia Lennox* W www.amazoniahoteis.com €€€ Rua Eng. A. de Sousa 5, 2765-191. **Straßenkarte** B5. *21-468 04 24.* FAX *21-468 08 59.* Schöne *estalagem* mit Panoramablicken, ideal für Golfer.	AE DC MC V	●	■	●	32

ESTORIL: *Hotel Alvorada* W www.hotelalvorada.com €€€ Rua de Lisboa 3, 2675-240. **Straßenkarte** B5. ☎ *21-464 98 60.* FAX *21-468 72 50.* Wenige Gehminuten vom Strand entfernt und gegenüber vom Kasino – helle, schön möblierte Zimmer und zuvorkommender Service. TV P	AE DC MC V				55
ESTORIL: *Hotel da Inglaterra* €€€ Rua do Porto 1, 2765-271. **Straßenkarte** B5. ☎ *21-468 44 61.* FAX *21-468 21 08.* Einige Zimmer des beeindruckenden Herrenhauses aus dem frühen 20. Jahrhundert haben einen hübschen Balkon. TV	AE DC MC V	●	■	●	55
ESTORIL: *Palácio* W www.hotel-estoril-palacio.pt €€€€€ Rua do Parque, 2769-504. **Straßenkarte** B5. ☎ *21-468 04 00.* FAX *21-468 48 67.* Das Luxushotel liegt zentral zwischen Strand und Kasino und verfügt über einen 18-Loch-Golfplatz und Tennisplätze. TV P	AE DC MC V	●	■	●	161
GUINCHO: *Estalagem Muchaxo* W www.muchaxo.com €€€€€ Praia do Guincho, 2750-642. **Straßenkarte** B5. ☎ *21-487 02 21.* FAX *21-487 04 44.* Von dieser rustikalen *estalagem* haben Sie eine grandiose Aussicht auf das Meer. Der Meerwasserpool liegt zwischen den Klippen. TV P	AE DC MC V	●	■	●	63
GUINCHO: *Fortaleza do Guincho* W www.guinchotel.pt €€€€€ Estrada do Guincho, 2750-642. **Straßenkarte** B5. ☎ *21-487 04 91.* FAX *21-487 04 31.* Einst eine Festung oberhalb des Meeres, besitzt das Hotel eine einzigartige Atmosphäre (schöne alte Einrichtung). TV P	AE DC MC V	●			29
GUINCHO: *Senhora da Guia* W www.senhoradaguia.com €€€€€ Estrada do Guincho, 2750-374. **Straßenkarte** B5. ☎ *21-486 92 39.* FAX *21-486 92 27.* Die hübsche *estalagem* ist in einem großzügigen, von einem Park umgebenen Herrenhaus untergebracht. TV P	AE DC MC V	●	■	●	41
MAFRA: *Castelão* W www.hotelcastelao.com €€€ Avenida 25 de Abril, 2640-465. **Straßenkarte** B5. ☎ *261-81 60 50.* FAX *261-81 60 59.* Das Hotel eignet sich gut für einen Aufenthalt in Mafra; saubere, freundliche Zimmer. Frühstück ist im Preis inbegriffen. TV P	AE DC MC V	●			24
PAÇO D'ARCOS: *Solus Palmeiras* W www.ncaxias.pt €€€€ Avenida Marginal, 2780. **Straßenkarte** B5. ☎ *21-446 83 00* FAX *21-446 83 99.* In dem Herrenhaus aus dem 19. Jahrhundert gibt es viele Suiten mit schöner Aussicht auf die Mündung des Tejo. TV P	AE DC MC V	●	■	●	35
PALMELA: *Pousada de Palmela* W www.pousadas.pt €€€€€ Castelo de Palmela, 2950-997. **Straßenkarte** C5. ☎ *21-235 12 26.* FAX *21-233 04 40.* Die befestigten Mauern der Burg aus dem 12. Jahrhundert umschließen eine *pousada* mit hellen Zimmern und vielen Pflanzen. TV P	AE DC MC V	●	■		28
QUELUZ: *Pousada da Dona Maria I* €€€€€ Largo do Palácio Nacional, 2745-191. **Straßenkarte** B5. ☎ *21-435 61 58.* FAX *21-435 61 89.* Eindrucksvolle *pousada* nahe dem Palácio de Queluz. TV P	AE DC MC V	●			26
SESIMBRA: *Hotel do Mar* W www.hoteldomar.pt €€€€ Rua General Humberto Delgado 10, 2970-628. **Straßenkarte** C5. ☎ *21-228 83 00.* FAX *21-228 83 00.* Üppige Gärten umgeben das Hotel auf den Klippen. TV P	AE DC MC V	●	■	●	168
SETÚBAL: *IBIS Setúbal* €€ Estrada Nacional 10, 2914-518. **Straßenkarte** C5. ☎ *265-77 22 00.* FAX *265-77 24 47.* Das Hotel verbindet Komfort und Preis-Leistungs-Verhältnis der IBIS-Kette mit schöner Lage in einem Park. TV P	AE DC MC V	●	■	●	102
SETÚBAL: *Pousada de São Filipe* W www.pousadas.pt €€€€€ Castelo de São Filipe, 2900-300. **Straßenkarte** C5. ☎ *265-50 00 70.* FAX *265-53 25 38.* Die elegante *pousada* befindet sich in einer Burg, die Felipe II von Spanien *(siehe S. 50)* 1590 erbauen ließ – tolle Aussicht. TV P	AE DC MC V	●	■		16
SINTRA: *Central* €€ Praça da República 35, 2710-625. **Straßenkarte** B5. ☎ *21-923 09 63* Freundliches, charaktervolles Hotel mit schönen, alten Möbeln in der Stadtmitte.	AE DC MC V	●			10
SINTRA: *Residencial Sintra* @ pensao.residencial.sintra@clix.pt €€€ Travessa dos Avelares 12, 2710-506. **Straßenkarte** B5. ☎ *21-923 07 38.* FAX *21-923 07 38.* Nette Pension östlich des Zentrums von Sintra. P	MC V		■	●	15

Preiskategorien für ein Doppelzimmer inklusive Frühstück pro Nacht:
- € unter 35 Euro
- €€ 35–60 Euro
- €€€ 60–100 Euro
- €€€€ 100–150 Euro
- €€€€€ über 150 Euro

Hotelrestaurant
Das Hotel verfügt über ein oder mehrere Restaurants (teilweise nur für Gäste des Hauses).

Garten
Die Hotelgäste können Garten, Innenhof oder Terrasse benutzen.

Swimmingpool
Zum Hotel gehört ein Schwimmbad.

Kreditkarten
Folgende Kreditkarten werden akzeptiert: *AE* American Express, *DC* Diners Club, *MC* MasterCard, *V* Visa.

Hotel	Kreditkarten	Hotelrestaurant	Garten	Swimmingpool	Anzahl der Zimmer
Sintra: *Tivoli Sintra* W www.tivolihotels.com €€€€ Praça da República, 2710-616. **Straßenkarte** B5. *21-923 35 05.* FAX *21-923 15 72.* Vom modernen Tivoli Sintra, das an einer Ecke des Hauptplatzes der Stadt steht, haben Sie eine gute Aussicht auf das Tal. TV P	AE DC MC V	●			77
Sintra: *Caesar Park* W www.caesarparkpenhalonga.com €€€€€ Estrada da Lagoa Azul, 2714-511. **Straßenkarte** B5. *21-924 90 11.* FAX *21-924 90 07.* Der riesige Luxuskomplex weist einen von Robert Trent Jones jun. entworfenen 9- und 18-Loch-Golfplatz und ein Fitness-Center auf. TV P	AE DC MC V	●	■	●	194
Sintra: *Lawrence's* W www.lawrenceshotel.com €€€€€ Rua Consiglieri Pedroso 38–40, 2710-550. *21-910 55 00.* FAX *21-910 55 01.* Gemütliches, familiengeführtes Luxushotel aus dem 18. Jahrhundert. Lord Byron soll 1809 hier gewohnt haben. TV P	AE DC MC V	●	■		16
Sintra: *Palácio de Seteais* W www.tivolihotels.com €€€€€ Av. Barbosa du Bocage 8, 2710-616. **Straßenkarte** B5. *21-923 32 00.* FAX *21-923 42 77.* Luxuriöses Hotel in prachtvollem Palast aus dem 18. Jahrhundert mit schönem Garten, Pferden und Tennisplatz. P TV	AE DC MC V	●	■	●	30
Estremadura und Ribatejo					
Abrantes: *Hotel de Turismo* W www.hotelabrantes.pt €€€ Largo de Santo António, 2200-349. **Straßenkarte** C4. *241-36 12 61.* FAX *241-36 52 18.* Das in hellen, kräftigen Farben dekorierte Hotel liegt sehr schön inmitten eines Parks. TV P	AE DC MC V	●	■		40
Baleal: *Casa das Marés* €€€ Praia do Baleal, Peniche, 2520. **Straßenkarte** B4. *u.* FAX *262-76 92 55.* Von diesem Hotel in Familienbesitz haben Sie eine unvergessliche Aussicht auf das Meer. Frühstück serviert man auf der Terrasse. TV P					12
Barragem do Castelo de Bode: *Estalagem Lago Azul* €€€€ Lago Azul, Ferreira do Zêzere, 2240. **Straßenkarte** C4. *249-36 14 45.* FAX *249-36 16 64.* W www.hoteldostemplarios.pt Zweckmäßig eingerichtete Räume in dieser traumhaft gelegenen *estalagem*; Tennisplätze und Segelboote. TV P	AE DC MC V	●	■	●	20
Barragem do Castelo de Bode: *Estalagem Vale Manso* €€€€ Abrantes 2200-648. **Straßenkarte** C4. *241-84 00 00.* W www.estalagemvalemanso.com Mit Blick auf den Zêzere bietet Ihnen diese Unterkunft alle Annehmlichkeiten eines Fünf-Sterne-Hotels. TV P	AE DC MC V	●			25
Batalha: *Pousada do Mestre Afonso Domingues* €€€€ Largo do Mestre Afonso Domingues 6, 2440. **Straßenkarte** C4. *244-76 52 60.* W www.pousadas.pt Die *pousada* – benannt nach dem Architekten des Klosters – befindet sich neben der Kirche; traditionell eingerichtete Zimmer. TV P	AE DC MC V	●			21
Caldas da Rainha: *Caldas Internacional* €€€ Rua Dr Figuero Rego 45, 2500. **Straßenkarte** B4. *262-83 05 00.* FAX *262-84 44 82.* Das moderne Hotel unweit des Stadtzentrums überrascht den Besucher mit einem gekachelten Eingangsbereich. TV P	AE DC MC V	●	■	●	83
Constância: *Quinta de Santa Bárbara* €€€ 2250-092. **Straßenkarte** C4. *249-73 92 14.* FAX *249-73 93 73.* Das einstige Herrenhaus (18. Jh.) wartet mit hübschen Zimmern auf. Die gotischen Gewölbe beherbergen das Restaurant. P		●	■	●	7
Fátima: *Dom Gonçalo* W www.estalagemdomgoncalo.com €€€€ Rua Jacinta Marto 100, 2495-450. **Straßenkarte** C4. *249-53 93 30.* FAX *249-53 20 88.* Nette *estalagem*, umgeben von einem gepflegten Garten und einem Wald; nahe der Ortsmitte gelegen. TV P	AE DC MC V	●	■		42

FÁTIMA: *Verbo Divino* @ hotel.verbo.divino@verbodivino.pt €€€ Praça Paulo VI, Aptdo. 2, 2496-908. **Straßenkarte** C4. *249-53 30 43.* FAX *249-53 22 63.* Das große, einfach eingerichtete Hotel ist ganz auf Heerscharen von Pilgern eingestellt. TV P	*AE MC V*	●	■		208
GOLEGÃ: *Casa da Azinhaga* @ joao.v.saldanha@clix.pt €€€ Azinhaga, 2150-021. **Straßenkarte** C4. *249-95 71 46.* FAX *249-95 71 82.* Traditionelles Landhaus, sieben Kilometer südlich des Pferdezentrums Golegã, mit freundlichen Zimmern. P			■	●	7
LEIRIA: *Dom João III* W www.bestwestern.pt €€€ Avenida Dom João III, 2400-164. **Straßenkarte** C4. *244- 81 78 88.* FAX *244-81 78 80.* Von den modernen, gut ausgestatteten Zimmern sehen Sie die Burg und den Fluss Lis. TV P	*AE DC MC V*	●			64
LEIRIA: *Leiriense* €€€ Rua A. de Albuquerque 8, 2400-080. **Straßenkarte** C4. *244-82 30 54.* FAX *244-82 30 73.* Die Pension in einer engen Seitenstraße des alten Kerns von Leiria hat saubere, gastliche Zimmer. TV	*MC V*				24
LOURINHÃ: *Quinta de Santa Catarina* €€€ Rua Visconde de Palma de Almeida, 2530-166. **Straßenkarte** B4. *261-42 23 13.* FAX *261-41 48 75.* @ quinta.santa.catarina@netz.pt Gepflegtes Herrenhaus inmitten von Gärten und Weiden. P	*AE DC MC V*		■	●	5
NAZARÉ: *Mar Bravo* W www.marbravo.com €€€€ Praça S. Oliveira 71, 2450-159. **Straßenkarte** C4. *262-56 91 60.* FAX *262-56 91 69.* Von der *albergaria* im Herzen von Nazaré haben Sie einen tollen Blick auf die Stadt und den Strand. Alle Zimmer mit Balkon. TV P	*AE DC MC V*	●			16
ÓBIDOS: *Estalagem do Convento* W www.estalagemdoconvento.com €€€€ Rua D. João d'Ornelas, 2510. **Straßenkarte** B4. *262-95 92 17.* FAX *262-95 91 59.* Der frühere Konvent, der in eine geschmackvoll ausgestattete *estalagem* umgewandelt wurde, besitzt elegante Zimmer. TV	*AE MC V*	●	■		31
ÓBIDOS: *Rainha Santa Isabel* W www.arsio.com €€€€ Rua Direita, 2510. **Straßenkarte** B4. *262-95 93 23.* FAX *262-95 91 15.* Die einladenden Zimmer dieser *albergaria* innerhalb der Stadtmauern sind mit *azulejos* geschmückt. TV	*AE DC MC V*				20
ÓBIDOS: *Pousada do Castelo* W www.pousadas.pt €€€€€ Paço Real, 2510-999. **Straßenkarte** B4. *262-95 50 80.* FAX *262-95 91 48.* Die großartig gelegene, sehr beliebte und luxuriöse *pousada* war einmal ein königliches Schloss (15. Jh.). TV	*AE DC MC V*	●	■		9
OURÉM: *Pousada Conde de Ourém* W www.pousadas.pt €€€€ Largo João Mansur Castelo, 2490 Ourém. **Straßenkarte** C4. *249-54 09 20.* FAX *249-54 29 55.* Die *pousada* liegt innerhalb der Stadtmauern von Ourém, nordöstlich des Wallfahrtortes Fátima, zwischen mittelalterlichen Häusern. TV P	*AE DC MC V*	●	■	●	30
PENICHE: *Casa do Castelo* W www.casa-do-castelo.com €€€ N114 Nr. 16, 2520 Atouguia da Baleia. **Straßenkarte** B4. *262-75 06 47.* FAX *262-75 09 37.* Landeinwärts gelegenes Herrenhaus aus dem 17. Jahrhundert, errichtet auf den Ruinen einer Maurenburg. P	*AE DC MC V*		■	●	7
SANTARÉM: *Quinta de Vale de Lobos* W www.valedelobos.com €€€ Azóia de Baixo, 2000. **Straßenkarte** C4. *243-42 92 64.* FAX *243-42 93 13.* Ein Herrenhaus aus dem 19. Jahrhundert das von Zedern umgeben ist und einen Innenhof hat. P	*V*		■	●	4
SANTARÉM: *Vitória* €€€ Rua 2° Visconde de Santarém 21, 2000-197. **Straßenkarte** C4. *243-30 91 30.* FAX *243-32 82 02.* Bescheidene Pension nahe den Sehenswürdigkeiten der Stadt. TV	*AE DC MC V*				28
SÃO MARTINHO DO PORTO: *Americana* @ pensao.americana@netvisao.pt €€ Rua D. José de Saldanha 2, 2460-645. **Straßenkarte** B4. *262-98 91 70.* FAX *262-98 93 49.* Die Pension befindet sich in nächster Nähe des Sandstrandes, der vor allem bei Familien beliebt ist. TV	*MC V*				22
SÃO PEDRO DE MUEL: *Mar e Sol* W www.maresol.com €€€ Avenida da Liberdade 1, 2430-501. **Straßenkarte** C4. *244-59 00 00.* FAX *244-59 00 19.* Unprätentiöses Hotel direkt beim Strand. Die Zimmer bieten sehr schöne Ausblicke auf das Meer. TV P	*AE DC MC V*	●			63

Preiskategorien für ein Doppelzimmer inklusive Frühstück pro Nacht:
€ unter 35 Euro
€€ 35–60 Euro
€€€ 60–100 Euro
€€€€ 100–150 Euro
€€€€€ über 150 Euro

Hotelrestaurant
Das Hotel verfügt über ein oder mehrere Restaurants (teilweise nur für Gäste des Hauses).

Garten
Die Hotelgäste können Garten, Innenhof oder Terrasse benutzen.

Swimmingpool
Zum Hotel gehört ein Schwimmbad.

Kreditkarten
Folgende Kreditkarten werden akzeptiert: *AE* American Express, *DC* Diners Club, *MC* MasterCard, *V* Visa.

	Kreditkarten	Hotelrestaurant	Garten	Swimmingpool	Anzahl der Zimmer
Tomar: *Hotel dos Templários* www.hoteldostemplarios.pt €€€€ Largo Cândido dos Reis 1, 2304-909. **Straßenkarte** C4. *249-31 01 00.* FAX *249-32 21 91.* Zimmer mit Blick auf den Nabão; zu diesem zentral gelegenen Hotel gehören Tennisplätze und Fitness-Center.	*AE DC MC V*	●	■	●	176
Tomar: *Santa Iria* www.estalagemiria.com €€€€ Parque do Mouchão, 2300-586. **Straßenkarte** C4. *249-31 33 26* FAX *249-32 12 38.* In einem Park am Fluß Nabão gelegen, ist diese elegante *estalagem* nicht weit von den Sehenswürdigkeiten der Stadt entfernt.	*AE MC V*	●	■		14
Vila Franca de Xira: *Lezíria Parque* reservas@leziriaparquehotel.pt €€€ N1, 2600-246. **Straßenkarte** C5. *263-27 66 70.* FAX *263-27 69 90.* Das attraktive Hotel an der Autobahn von Lissabon nach Porto (A1) bietet prachtvolle Ausblicke auf den Tejo.	*AE DC MC V*	●	■		71
DIE BEIRAS					
Almeida: *Morgado* €€ Bairro de São Pedro, 6350-210. **Straßenkarte** E2. *u.* FAX *271-57 44 12.* Außerhalb der Stadtmauern gelegen, offeriert diese saubere, gastliche Pension ein sehr gutes Preis-Leistungs-Verhältnis.					12
Almeida: *Pousada da Senhora das Neves* www.pousadas.pt €€€€ Rua da Muralha, 6350. **Straßenkarte** E2. *271-57 42 90.* FAX *271-543 20.* Die *pousada* innerhalb der Stadtmauern besitzt geschmackvoll ausgestattete Zimmer.	*AE DC MC V*	●			21
Aveiro: *Arcada* www.hotelarcada.com €€ Rua Viana do Castelo 4, 3800-275. **Straßenkarte** C3. *234-42 30 01.* FAX *234-42 18 86.* Das Hotel in einem klassizistischen Gebäude mit Blick auf den Canal Central ist eine komfortable Unterkunft.	*AE DC MC V*				49
Aveiro: *Mercure* www.mercure.com €€€ Rua L. G. de Carvalho 23, 3800-211. **Straßenkarte** C3. *234-40 44 00.* FAX *234-40 44 01.* Das Hotel wurde vor kurzem renoviert und bietet moderne Annehmlichkeiten sowie einen kleinen subtropischen Garten.	*AE DC MC V*		■		49
Aveiro: *Pousada da Ria* €€€€ Bico do Muranzel, Torreira, 3870-301. **Straßenkarte** C3. *234-86 01 80.* FAX *234-83 83 33.* Diese moderne *pousada* liegt sehr schön an der Ria de Aveiro. Viele Zimmer haben einen Balkon mit Blick auf die Lagune.	*AE DC MC V*	●	■	●	19
Buçaco: *Palace Hotel do Buçaco* www.almeidahotels.com €€€€€ Buçacao 3050-261 Luso. **Straßenkarte** C3. *231-93 79 70.* FAX *231-93 05 09.* Der neomanuelinische Palast im Wald von Buçaco war ursprünglich ein Jagdschloss der portugiesischen Könige. Zum Ambiente gehören bestens ausgestattete Zimmer, zum Teil mit *azulejos* ausgekleidet.	*AE DC MC V*	●	■		60
Caramulo: *Pousada de São Jerónimo* www.pousadas.pt €€€€ 3475-031. **Straßenkarte** C3. *232-86 12 91.* FAX *232-86 16 40.* Moderne *pousada* mit freundlichen Zimmern, wunderschön in der Serra do Caramulo gelegen.	*AE DC MC V*	●	■	●	12
Castelo Branco: *Rainha Dona Amélia* www.maisturismo.pt €€€ Rua de Santiago 15, 6000-179. **Straßenkarte** D4. *272-34 88 00.* FAX *272-34 88 08.* Das einladende Hotel weist gemütliche Zimmer auf – es liegt in der Stadtmitte und damit nahe den Sehenswürdigkeiten.	*AE DC MC V*	●			64
Castro D'Aire: *Montemuro* www.montemuro.com €€€ Termas do Carvalhal, 3600-398. **Straßenkarte** D2. *232-38 11 54.* FAX *232-38 11 12.* Das moderne Hotel – in den Bergen zwischen Viseu und dem Douro – bietet Möglichkeiten zum Floß- und Kanufahren.	*AE DC MC V*	●	■		80

Celorico da Beira: *Mira Serra* @ hotelcelorico@mail.telepac.pt €€€ Bairro de Santa Eufémia, 6360. **Straßenkarte** D3. *271-74 26 04.* FAX *271-74 13 82.* Von dem hübschen Hotel haben Sie eine atemberaubende Aussicht auf die Berge der Serra da Estrela. TV P	AE DC MC V	●	■		52
Coimbra: *Internacional* €€ Avenida Emídio Navarro 4, 3000-150. **Straßenkarte** C3. *239-82 55 03.* Einfache Pension beim Bahnhof und unmittelbar am Fluss. TV					27
Coimbra: *Astória* W www.almeidahotels.com €€€ Avenid Emídio Navarro 21, 3000-150. **Straßenkarte** C3. *239-85 30 20.* FAX *239-82 20 57.* Das hübsche Art-déco-Hotel mit modernisierten Einrichtungen weist stilvolle Zimmer auf. Schöner Ausblick auf den Mondego. TV	AE DC MC V	●			62
Coimbra: *Bragança* @ hbraganca@mail.telepac.pt €€€ Largo das Ameias 10, 3000-024. **Straßenkarte** C3. *239-82 21 71.* FAX *239-83 61 35.* Das altmodische, dennoch komfortable Hotel befindet sich im Herzen von Coimbra. Suiten mit marmornen Bädern. TV P	AE DC MC V	●			83
Coimbra: *Quinta das Lágrimas* W www.quintadaslagrimas.pt €€€€ Santa Clara, Aptdo 5053, 3041-901. **Straßenkarte** C3. *239-80 23 80.* FAX *239-44 16 95.* In diesem eindrucksvollen Landhaus trafen sich einst Pedro und Inês de Castro *(siehe S. 179).* TV P	AE DC MC V	●	■	●	54
Coimbra: *Tivoli Coimbra* W www.tivolihotels.com €€€ Rua João Machado 4, 3000-226. **Straßenkarte** C3. *239-82 69 34.* FAX *239-82 68 27.* Das moderne Hotel im Stadtkern rühmt sich eines ausgezeichneten Fitness-Centers und eines türkischen Bads. TV P	AE DC MC V	●		●	100
Condeixa-a-Nova: *Pousada de Santa Cristina* W www.pousadas.pt €€€€ Rua Francisco Lemos, 3150-142. **Straßenkarte** C3. *239-94 12 86.* FAX *239-94 30 97.* Die moderne *pousada* ist von einem schönen Park umgeben – ein guter Ausgangspunkt für Ausflüge nach Coimbra und Conimbriga. TV P	AE DC MC V	●	■	●	45
Covilhã: *Hotel Serra da Estrela* W www.turistrela.pt €€€ Penhas da Saúde, 6200. **Straßenkarte** D3. *275-31 03 00.* FAX *275-31 03 09.* In diesem modernen Hotel in der Serra da Estrela wohnen Sie in dreieckigen Bungalows; gute Sportmöglichkeiten vor Ort. TV P	V	●	■		50
Curia: *Curia Palace Hotel* €€€ Tamengos, 3780-541. **Straßenkarte** C3. *231-51 03 00.* FAX *231-51 55 31.* Zu dem eleganten Jugendstilpalast gehören ein Tennisplatz und eine Minigolfanlage. Von April bis Oktober geöffnet. TV P	AE DC MC V	●	■	●	114
Figueira da Foz: *Casa da Azenha Velha* €€€ Caceira de Cima, 3080-055. **Straßenkarte** C3. *233-42 50 41.* FAX *233-42 97 04.* *Turismo Rural* auf einem Hof mit Pferden, Rotwild und Wildschweinen. TV P			■	●	6
Figueira da Foz: *Hotel Costa de Prata* W www.costadeprata.com €€€ Largo Coronel Galhardo 1, 3080. **Straßenkarte** C3. *233-42 66 20.* FAX *233-42 66 10.* Von Bar und Frühstücksraum des freundlichen Hotels haben Sie einen Panoramablick auf das Meer. TV	AE				66
Guarda: *Solar de Alarcão* €€€ Rua Dom Miguel de Alarcão 25–27, 6300-684. **Straßenkarte** D3. *271-21 12 75.* FAX *271-21 43 92.* Das Hotel ist in einem Granithaus aus dem Jahr 1686 untergebracht. Die Zimmer sind mit Antiquitäten ausgestattet. TV P			■		3
Luso: *Astória* € Rua Emídio Navarro, 3050-224. **Straßenkarte** C3. *231-93 91 82.* Zauberhafte kleine Pension mit einfach möblierten Zimmern – die Gäste können sich in der netten Bar unterhalten. TV	AE MC V	●			9
Luso: *Grande Hotel das Termas de Luso* W www.hoteluso.com €€€€ Rua Dr. Cid de Oliveira 861, 3050. **Straßenkarte** C3. *231-93 79 37.* FAX *231-93 79 30.* Das Hotel dominiert die Skyline des Kurorts und wartet mit Sporteinrichtungen und Zugang zum Thermalbad auf. TV P	AE DC MC V	●	■	●	143
Mangualde: *Casa d'Azurara* W www.azurara.com €€€€ Rua Nova 78, 3530. **Straßenkarte** D3. *232-61 20 10.* FAX *232-62 25 75.* Die Casa d'Azurara aus dem 18. Jahrhundert ist heute eine schöne *estalagem* mit eigenem Park. TV P	AE DC MC V	●	■		15

Zeichenerklärung siehe hintere Umschlagklappe

Preiskategorien für ein Doppelzimmer inklusive Frühstück pro Nacht:
€ unter 35 Euro
€€ 35–60 Euro
€€€ 60–100 Euro
€€€€ 100–150 Euro
€€€€€ über 150 Euro

HOTELRESTAURANT
Das Hotel verfügt über ein oder mehrere Restaurants (teilweise nur für Gäste des Hauses).

GARTEN
Die Hotelgäste können Garten, Innenhof oder Terrasse benutzen.

SWIMMINGPOOL
Zum Hotel gehört ein Schwimmbad.

KREDITKARTEN
Folgende Kreditkarten werden akzeptiert: *AE* American Express, *DC* Diners Club, *MC* MasterCard, *V* Visa.

	Kreditkarten	Hotelrestaurant	Garten	Swimmingpool	Anzahl der Zimmer
MANTEIGAS: *Pousada de São Lourenço* W www.pousadas.pt €€€€ Penhas Douradas, 6260-200. **Straßenkarte** D3. *275-98 00 50.* FAX *275-98 24 53.* Die granitene *pousada*, hoch in der Serra da Estrela gelegen, ist ideal für Wanderer und Ruhebedürftige. TV P	AE DC MC V	●	■		21
MANTEIGAS: *Pousada de Convento de Belmonte* €€€€€ Belmonte, 8230. **Straßenkarte** D3. *275-91 03 00.* FAX *275-91 03 10.* W www.pousadas.pt Die *pousada* befindet sich in einem Kloster aus dem 13. Jahrhundert. Die modernen Zimmer liegen rund um einen Innenhof. TV P	AE DC MC V	●	■	●	24
MONSANTO: *Pousada de Monsanto* W www.pousadas.pt €€€ Rua da Capela 1, 6060-091. **Straßenkarte** D3. *277-31 44 71.* FAX *277-31 44 81.* Die hübsche *pousada* in einem alten und berühmten Dorf lockt mit schönen Ausblicken auf die umliegenden Berggipfel. TV	AE DC MC V	●			10
SABUGUEIRO: *Casas do Cruzeiro* €€ Apartado 85, 6270-990 Seia. **Straßenkarte** D3. *238-31 28 25.* FAX *238-31 52 82.* Die Herberge in der Serra da Estrela besteht aus einfachen Apartments mit Kochnischen. TV P					30
SÃO JOÃO DE AREIAS: *Solar da Quinta* €€€ Póvoa dos Mosqueiros, 3440-458. **Straßenkarte** D3. *232-89 17 08.* FAX *232 89 23 82.* Diese charmante 400 Jahre alte Haus hat einen großen Garten mit Teich. Jedes Zimmer ist mit Antiquitäten möbliert. P	AE DC MC V		■		5
VISEU: *Hotel Montebelo* W www.grupovisabeira.pt €€€€€ Urbanização Quinta do Bosque, 3510-020. **Straßenkarte** D3. *232-42 00 00.* FAX *232-41 54 00.* Hotel für Geschäftsreisende; ein Golfplatz ist vorhanden. TV P	AE DC MC V	●	■	●	172
DOURO UND TRÁS-OS-MONTES					
ALIJÓ: *Pousada do Barão de Forrester* W www.pousadas.pt €€€€ Rua José Rufino, 5070-031. **Straßenkarte** D2. *259-95 92 15.* FAX *259-95 93 04.* Diese *pousada* im Herzen des Portweinanbaugebiets wurde nach dem Engländer James Forrester (1809–1862) benannt, der einen »reinen Wein« *(siehe S. 252)* propagierte. Gute Sportmöglichkeiten. TV P	AE DC MC V	●	■	●	21
AMARANTE: *Pousada de São Gonçalo* W www.pousadas.pt €€€€ Aptdo.286, 4604-909. **Straßenkarte** D2. *255-46 11 13.* FAX *255-46 13 53.* Umgeben von Kiefernwäldern, haben Sie von dieser halbkreisförmigen *pousada* Panoramablicke auf die Serra do Marão. TV P	AE DC MC V	●	■		15
BRAGANÇA: *Classis* €€€€ Av. João da Cruz 102, 5300-178. **Straßenkarte** E1. *273-33 16 31.* FAX *273-32 34 58.* Die freundliche moderne Pension befindet sich nahe den Sehenswürdigkeiten der Stadt. Gutes Preis-Leistungs-Verhältnis. TV	AE DC MC V				20
BRAGANÇA: *Estalagem do Caçador* W www.estalagem.pt €€€€€ Largo Manuel Pinto de Azevedo, 5340-219 Macedo de Cavaleiros. **Straßenkarte** E1. *278-42 63 56.* FAX *278-42 63 81.* Ländliches Gästehaus in der Serra de Nogueira, südwestlich von Bragança, mit einem freundlichen Interieur. TV P	AE DC MC V	●	■	●	24
BRAGANÇA: *Pousada de São Bartolomeu* W www.pousadas.pt €€€€ Estrada do Turismo, 5300-271. **Straßenkarte** E1. *273-33 14 93.* FAX *273-32 34 53.* Von dieser beliebten *pousada* haben Sie einen tollen Blick auf Bragança. Rustikale Einrichtung mit Holzmöbeln. TV P	AE DC MC V	●	■	●	28
CHAVES: *Aquae Flaviae* @ hotelaquaeflaviae@mail.telepac.pt €€€€ Praça do Brasil, 5400. **Straßenkarte** D1. *276-30 90 00.* FAX *276-30 90 10.* Das moderne Hotel überragt die anderen Häuser von Chaves und verfügt über diverse Einrichtungen. TV P	AE DC MC V	●	■	●	165

CINFÃES: *Casa de Rebolfe* €€€ Porto Antigo, 4690. **Straßenkarte** D2. u. FAX *255-56 23 34.* Östlich von Cinfães gelegen, wurde aus dem Haus (18. Jh.) am Douro ein gastliches Hotel. TV			■	●	5
ESPINHO: *Praia Golfe* W www.praiagolfe.pt €€€€ Rua 6, 4500-357. **Straßenkarte** C2. *22-733 10 00.* FAX *22-733 10 01.* Unmittelbar am Strand in der Nähe eines Kasinos gelegen. Das Hotel hat ein Fitness-Center. TV P	AE DC MC V	●		●	133
LAMEGO: *Hotel do Parque* €€€ Parque Nossa Senhora dos Remédios, 5100-025. **Straßenkarte** D2. *254-60 91 40.* FAX *254-61 52 03.* Das Hotel nahe dem Santuário dos Remédios hat ländliche Zimmer. TV	AE DC MC V	●	■		38
LAMEGO: *Quinta do Terreiro* W www.geocities.com/quintadoterreiro €€€ Lalim, 5100-550. **Straßenkarte** D2. *254-69 70 40.* FAX *254-69 70 42.* Die *quinta* ist in einem stimmungsvollen Steinhaus (18. Jh.) untergebracht. Sehr beliebt bei Wanderern; schöner Bergblick. P	MC V	●	■		4
LAMEGO: *Villa Hostilina* €€€ Almocave, 5100-192. **Straßenkarte** D2. u. FAX *254-61 23 94.* Das Hotel in einem Bauernhaus aus dem 19. Jahrhundert wartet mit einer absolut ruhigen Umgebung und einem Fitness-Center auf. TV P			■	●	8
MESÃO FRIO: *Casa d'Além* W www.casadalem.pt €€€ Oliveira, 5040-204. **Straßenkarte** D2. *254-32 19 91.* FAX *254-32 19 91.* Hübsche *quinta* auf einem Anwesen der 1920er Jahre, auf dem früher Weinbau betrieben wurde. P	AE DC MC V		■	●	4
MESÃO FRIO: *Pousada do Solar da Rede* W www.pousadas.pt €€€€€ 5040. **Straßenkarte** D2. *254-89 01 30.* FAX *254-89 01 39.* Das Herrenhaus aus dem 18. Jahrhundert bietet einen fantastischen Ausblick über den Douro. TV P	AE DC MC V	●	■	●	29
PORTO: *Malaposta* W www.hotelmalaposta.com €€ Rua da Conceição 80, 4050-214. **Straßenkarte** C2. *22-200 62 78.* FAX *22-200 62 95.* Das freundliche Hotel liegt versteckt in einer ruhigen Seitenstraße und bietet ein gutes Preis-Leistungs-Verhältnis. TV	AE DC MC V				37
PORTO: *Nave* W www.hotelnave.com €€ Avenida de Fernão de Magalhães 247, 4300-190. **Straßenkarte** C2. *22-589 90 30.* FAX *22-589 90 39.* Das moderne Hotel liegt nur zehn Gehminuten vom Stadtzentrum entfernt. Die Zimmer wurden vor kurzer Zeit renoviert. TV P	AE MC V	●			81
PORTO: *Pensão Paris* W www.ghparis.pt €€ Rua da Fábrica 27, 4050-274. **Straßenkarte** C2. *22-207 31 40.* FAX *22-207 31 49.* Einfaches Hotel im lebendigen Baixa-Viertel. TV	MC V				42
PORTO: *Boa-Vista* W www.boavista.com €€€ Esplanada do Castelo 58, 4150-196. **Straßenkarte** C2. *22-532 00 20.* FAX *22-617 38 18.* Vom Hotel an der Mündung des Douro haben Sie eine fantastische Aussicht auf das Meer. TV P	AE MC DC V	●	■	●	71
PORTO: *Dom Henrique* W www.hotel-dom-henrique.pt €€€ Rua Guedes de Azevedo 179, 4049-009. **Straßenkarte** C2. *22-340 16 16.* FAX *22-340 16 00.* Das hoch aufragende Hotel im Zentrum zählt zu den besten seiner Preisklasse in Porto – zwei Etagen sind für Nichtraucher reserviert. TV	AE DC MC V	●			112
PORTO: *Hotel da Bolsa* W www.hoteldabolsa.com €€€ Rua de Ferreira Borges 101, 4050-253. **Straßenkarte** C2. *22-202 67 68.* FAX *22-205 88 88.* Die Fassade dieses Hotels – ein Palast aus dem 18. Jahrhundert – ist ein Blickfang. Gut ausgestattete Zimmer; zentrale Lage. TV	AE DC MC V				36
PORTO: *Pensão dos Aliados* W www.residencialaliados.com €€€ Rua de Elísio de Melo 27, 4000-196. **Straßenkarte** C2. *22-200 48 53.* FAX *22-200 27 10.* Die exzellente Pension mit schönen Zimmern befindet sich in einem Gebäude, das zu den Wahrzeichen der Stadt gehört. TV	AE MC V				43
PORTO: *São José* €€€ Rua da Alegria 172, 4000-034. **Straßenkarte** C2. *22-208 02 61.* FAX *22-332 04 46.* In dieser Straße im Zentrum gibt es mehrere Hotels – das São José gehört zu den stilvolleren. TV P	AE DC MC V				43

Preiskategorien für ein Doppelzimmer inklusive Frühstück pro Nacht:
€ unter 35 Euro
€€ 35–60 Euro
€€€ 60–100 Euro
€€€€ 100–150 Euro
€€€€€ über 150 Euro

Hotelrestaurant
Das Hotel verfügt über ein oder mehrere Restaurants (teilweise nur für Gäste des Hauses).

Garten
Die Hotelgäste können Garten, Innenhof oder Terrasse benutzen.

Swimmingpool
Zum Hotel gehört ein Schwimmbad.

Kreditkarten
Folgende Kreditkarten werden akzeptiert: *AE* American Express, *DC* Diners Club, *MC* MasterCard, *V* Visa.

	Kreditkarten	Hotelrestaurant	Garten	Swimmingpool	Anzahl der Zimmer
Porto: *Holiday Inn Garden Court* W www.choicehotels.com €€€ Praça da Batalha 127, 47-102. **Straßenkarte** C2. *22-3 39 23 00.* FAX *22-200 60 09.* Das moderne, komfortable Hotel liegt sehr günstig für Besichtigungen im Zentrum. TV	*AE* *DC* *MC* *V*				113
Porto: *Internacional* €€€ Rua do Almada 131, 4050-037. **Straßenkarte** C2. *22-200 50 32.* FAX *22-200 90 63.* Das Hotel stellt eine interessante Mischung aus Barock und Moderne dar; gepflegte Zimmer. TV	*AE* *DC* *MC* *V*	●			35
Porto: *Pestana Porto Carlton* W www.pestana.com €€€ Praça da Ribeira 1, 4050-513. **Straßenkarte** C2. *22-340 23 00.* FAX *22-340 24 00.* Das geschmackvoll ausgestattete Hotel befindet sich in einer Gruppe von sorgfältig restaurierten Häusern am Ufer des Douro. TV	*AE* *DC* *MC* *V*		■		48
Porto: *Quinta da Granja* €€€ Rua Manuel Francisco Aranjo 444, 4425-120 Maia. **Straßenkarte** C2. *22-971 01 47.* Im Vorort Maia, fünf Kilometer vom Zentrum entfernt, befindet sich dieses ruhige Hotel in einem Herrenhaus aus dem 18. Jahrhundert. TV P	*AE* *V*		■	●	4
Porto: *Infante de Sagres* W www.hotelinfantesagres.pt €€€€€ Praça de Dona Filipa de Lencastre 62, 4050-259. **Straßenkarte** C2. *22-339 85 00.* FAX *22-339 85 99.* Das Luxushotel – eines der elegantesten Portugals – wartet mit aufwändig ausgestatteten Aufenthaltsräumen und Zimmern auf. TV	*AE* *DC* *MC* *V*	●	■		77
Porto: *Porto Palácio* W www.summithotels.com €€€€€ Avenida da Boavista 1269, 4100-130. **Straßenkarte** C2. *22-608 66 00.* FAX *22-600 63 97.* Das elegante und moderne Hotel liegt etwas außerhalb des historischen Zentrums in der Nähe des Strands; es besitzt ein modern eingerichtetes Fitness-Center. TV P	*AE* *DC* *MC* *V*	●		●	250
Porto: *Tivoli Porto* W www.tivolihotels.com €€€€€ Rua Afonso Lopes Vieira 66, 4100-020. **Straßenkarte** C2. *22-607 79 00.* FAX *22-607 79 45.* Modernes Hotel mit komfortablen Zimmern. TV P	*AE* *DC* *MC* *V*			●	58
Peso da Régua: *Império* € Avenida Vasques Osório 8, 5050-280. **Straßenkarte** D2. *254-32 01 20.* FAX *254-32 14 57.* Freundliche Pension in der Ortsmitte, nahe dem Hafen. TV P	*MC* *V*				33
Pinhão: *Quinta de la Rosa* W www.quintadelarosa.com €€€ 5085 Pinhão. **Straßenkarte** D2. *254-73 2254.* FAX *254-73 23 46.* Dieses Gehöft vermietet Zimmer und Häuser. Auf dem Gelände werden Wein, Portwein und Olivenöl produziert und verkauft. TV P	*AE* *DC* *MC* *V*		■	●	50
Pinhão: *Vintage House Hotel* W www.vintagehouse.pt €€€€ Lugar da Ponte, 5085-034. **Straßenkarte** D2. *254-73 02 30.* FAX *254-73 02 38.* Ein elegantes Hotel am Douro auf dem Gelände einer Portweinkellerei. Jedes Zimmer hat einen Balkon. Ausgezeichnetes Restaurant. TV P	*AE* *DC* *MC* *V*		■		4
Santo Tirso: *Quinta da Picaria* €€€ Guimarei, 4780. **Straßenkarte** C2. *252-89 12 97.* Hübsche, traditionell eingerichtete Zimmer auf einem Bauernhof – ideal für alle, die das Landleben lieben. P			■		4
Torre de Moncorvo: *Brasília* @ hotelbrasilia@clix.pt €€€€ Avenida Jorge Louis Borges 27, 5160-287. **Straßenkarte** E2. *279-25 42 56.* FAX *279-25 86 10.* Die nette, mit allen Annehmlichkeiten ausgestattete Pension liegt direkt an der Hauptstraße des Ortes. TV P	*MC* *V*		■	●	29

VIDAGO: *Vidago Palace Hotel* W www.vidagopalace.com €€€€ 5425-307. **Straßenkarte** D1. *276-99 09 00.* FAX *276-90 73 59.* Das ausgezeichnete Hotel (erbaut um die Wende vom 19. zum 20. Jahrhundert) beeindruckt mit einer großartigen Fassade. TV P	AE DC MC V	●	■	●	83
VILA REAL: *Casa Agrícola da Levada* W www.casadalevada.com €€ Timpeira, 5000-460. **Straßenkarte** D2. *259-32 21 90.* FAX *259-34 69 55.* Das 1922 vom portugiesischen Architekten Raúl Lino erbaute Art-déco-Haus besitzt elegante Zimmer und einen hübschen Rosengarten. P	AE V		■	●	10
VILA REAL: *Mira Corgo* @ miracorgo@mail.telepac.pt €€€ Avenida 1 de Maio 78, 5000-651. **Straßenkarte** D2. *259-32 50 01.* FAX *259-32 50 06.* So schön wie die Einrichtung sind die Ausblicke von der Terrasse dieses modernen Hotels. TV P	AE DC MC V	●	■	●	166
MINHO					
BARCELOS: *Quinta de Santa Comba* €€€ Lugar de Crujães, 4755-536 Várzea. **Straßenkarte** C1. *253-83 14 40.* FAX *253-83 21 01.* Spektakuläre Residenz aus dem 18. Jahrhundert, die ihren Gästen allen modernen Komfort bietet. P			■	●	6
BOM JESUS DO MONTE: *Hotel do Elevador* W www.hoteisbomjesus.pt €€€€ Parque do Bom Jesus do Monte, 4710-455 Braga. **Straßenkarte** C1. *253-60 34 00.* FAX *253-60 34 09.* Das Luxushotel wurde nach dem durch Wasserkraft betriebenen Aufzug benannt, der heute noch funktioniert. TV P	AE DC MC V	●	■		22
BRAGA: *Comfort Inn Braga* @ confort.braga@grupo.continental.pt €€€ Rua Damiana Maria da Silva 20, Ferreiros, 4700. **Straßenkarte** C1. *253-00 06 00.* FAX *253-67 38 72.* Ein Hotel der Comfort-Inn-Kette – außerhalb von Braga. TV P	AE DC MC V	●	■		72
BRAGA: *Dona Sofia* W www.maisturismo.pt €€€ Largo de São João do Souto 131, 4700-326. **Straßenkarte** C1. *253-26 31 60.* FAX *253-61 12 45.* Ein freundliches Hotel an einem Platz im Stadtzentrum. TV P	AE DC MC V				34
BRAGA: *Largo da Estação* W www.maisturismo.pt €€€ Largo da Estação 13, 4700-223. **Straßenkarte** C1. *253-21 83 81.* FAX *253-27 68 10.* Etwas außerhalb der Stadtmitte, in der Nähe des Bahnhofs, finden Sie dieses nette Hotel. TV P	AE MC V	●			51
BRAGA: *Turismo de Braga* W www.hotelturismobraga.pt €€€€ Praceta João XXI, 4710-245. **Straßenkarte** C1. *253-20 60 00.* FAX *253-20 60 10.* Das große Hotel dominiert den Hauptplatz der Stadt; moderne Einrichtungen und Panoramablicke sind Markenzeichen des Hotels. TV P	AE DC MC V	●	■	●	132
CELORICO DE BASTO: *Casa do Campo* W www.maisturismo.pt €€€ Molares, 4890-414. **Straßenkarte** D1. *255-36 12 31.* FAX *255-36 12 31.* Ein granitenes Tor führt zu diesem Landhaus aus dem frühen 18. Jahrhundert. Der Kameliengarten ist einer der ältesten Portugals. P	AE MC V		■	●	8
GUIMARÃES: *Casa de Sezim* W www.sezim.pt €€€ Santo Amaro, Apartado 410, 4801-913. **Straßenkarte** C2. *253-32 30 00.* FAX *253-32 31 96.* Das attraktive Weingut (18. Jh.) mit Innenhof hat Zimmer, die mit Antiquitäten möbliert sind. Auf dem Gut wird Vinho verde produziert. P	AE DC MC V		■	●	3
GUIMARÃES: *Hotel de Guimarães* W www.hotel-guimaraes.com €€€€ Rua E. de Almeida, 4810-911. **Straßenkarte** C2. *253-42 48 00.* FAX *253-42 48 99.* Zu dem modernen, gut ausgestatteten Hotel im Stadtzentrum gehören auch diverse Sporteinrichtungen. TV P	AE DC MC V	●	■	●	116
GUIMARÃES: *Pousada de Nossa Senhora da Oliveira* €€€€ Rua de Santa Maria, Aptdo. 101, 4801-910. **Straßenkarte** C2. *253-51 41 57.* FAX *253-51 42 04.* W www.pousadas.pt Dies war früher ein Herrenhaus in der Altstadt; lederne Armsessel und alte Gemälde tragen zur besonderen Atmosphäre bei. TV P	AE DC MC V	●			15
GUIMARÃES: *Pousada de Santa Marinha* W www.pousadas.pt €€€€ Lugar da Costa, 4810-011. **Straßenkarte** C2. *253-51 12 49.* FAX *253-51 44 59.* Die schöne *pousada* befindet sich in einem Kloster aus dem 12. Jahrhundert. Die prachtvollen Zimmer sind mit originalen *azulejos* geschmückt. TV P	AE DC MC V	●	■		51

Preiskategorien für ein Doppelzimmer inklusive Frühstück pro Nacht:
€ unter 35 Euro
€€ 35–60 Euro
€€€ 60–100 Euro
€€€€ 100–150 Euro
€€€€€ über 150 Euro

Hotelrestaurant
Das Hotel verfügt über ein oder mehrere Restaurants (teilweise nur für Gäste des Hauses).

Garten
Die Hotelgäste können Garten, Innenhof oder Terrasse benutzen.

Swimmingpool
Zum Hotel gehört ein Schwimmbad.

Kreditkarten
Folgende Kreditkarten werden akzeptiert: *AE* American Express, *DC* Diners Club, *MC* MasterCard, *V* Visa.

	Kreditkarten	Hotelrestaurant	Garten	Swimmingpool	Anzahl der Zimmer
Ponte de Lima: *Paço de Calheiros* W www.maisturismo.pt €€€ Calheiros, 4990. **Straßenkarte** C1. *258-94 71 64.* FAX *258-94 72 94* Das barocke Herrenhaus liegt auf einem Hügel außerhalb der Stadt und bietet schöne Aussichten. Das Anwesen verfügt über gut ausgestattete Apartments und Zimmer. P	*AE MC V*		■	●	10
Póvoa de Varzim: *Mercure Póvoa de Varzim* W www.mercure.com €€€ Largo do Passeio Alegre 20, 4490-428. **Straßenkarte** C2. *252-29 04 00.* FAX *252-29 04 01.* Dieses elegante Hotel steht neben dem Kasino der Stadt. Die Gäste können den nahen Estrela-Golfplatz nutzen. TV P	*AE DC MC V*	●			86
Valença do Minho: *Val Flores* €€ Esplanada, 4930. **Straßenkarte** C1. *251-82 41 06.* FAX *251-82 41 29.* Die preiswerte, freundliche und recht saubere Pension befindet sich außerhalb der Stadtmauer. TV	*AE DC MC V*				31
Valença do Minho: *Casa do Poço* W www.casadopoco.com €€€€ Calçada da Gaviara 4, 4930. **Straßenkarte** C1. *251-82 52 35.* FAX *251-82 54 69.* Ein besonderes Haus mit modernem Dekor und Antiquitäten. TV	*AE*		■		6
Valença do Minho: *Pousada de São Teotónio* W www.pousadas.pt €€€€ Baluarte do Socorro, 4930-735. **Straßenkarte** C1. *251-80 02 60.* FAX *251-82 43 97.* Von den traditionell möblierten Zimmern der *pousada* haben Sie einen schönen Blick über den Minho nach Tuy in Spanien. TV	*AE DC MC V*	●	■		18
Viana do Castelo: *Calatrava* W www.maisturismo.pt €€€ Rua M. Fiúza Júnior 157, 4900-458. **Straßenkarte** C1. *258-82 89 11.* FAX *258-82 86 37.* Günstig gelegene Pension im alten Stadtkern von Viana do Castelo; altmodische Einrichtung. TV	*AE MC V*				15
Viana do Castelo: *Casa dos Costa Barros* W www.casacostabarros.com €€€ Rua de São Pedro 22–28, 4900-350. **Straßenkarte** C1. & FAX *253-25 31 04.* Das Hotel ist in einem schönen Haus aus dem 16. Jahrhundert untergebracht, das seit 1765 von ein und derselben Familie bewohnt wird. Elegantes Interieur. TV	*MC V*				10
Viana do Castelo: *Hotel Parque* W www.hparque.nortenet.pt €€€ Praça da Galiza, 4900-476. **Straßenkarte** C1. *258-82 86 05.* FAX *258-82 86 12.* Gastfreundliches Hotel außerhalb der Altstadt in eigenem Park. Vom Dachrestaurant bieten sich Panoramablicke. TV P	*AE DC MC V*	●	■	●	124
Viana do Castelo: *Pousada Monte de Santa Luzia* €€€€ Monte de Santa Luzia, 4901-909. **Straßenkarte** C1. *258-80 03 70.* FAX *258-82 88 92.* W www.pousadas.pt Die luxuriöse *pousada* ist von Eukalyptusbäumen und Kiefern umstanden; schöne Lage außerhalb der Stadt. TV P	*AE DC MC V*	●	■	●	48
Vieira do Minho: *Pousada de São Bento* W www.pousadas.pt €€€€ Caniçada, 4850-047. **Straßenkarte** D1. *253-64 91 50.* FAX *253-64 78 67.* Einst eine Jagdunterkunft, hat sich die efeubewachsene *pousada* am Peneda-Gerês-Nationalpark ihren Charme bewahrt. TV P	*AE DC MC V*	●	■	●	29
Vila do Conde: *Hotel Sant'Ana* W www.santanahotel.net €€€€ Monte de Sant'Ana, 4480-160 Azurara. **Straßenkarte** C2. *252-64 17 17.* FAX *252-64 26 93.* Hotel unweit des Flughafens von Porto. Der Komplex liegt am Ufer des Flusses Ave, viele Zimmer haben Blick darauf. TV P	*AE DC MC V*	●	■	●	75
Vila Nova da Cerveira: *Pousada de Dom Dinis* €€€€ Terreiro, 4920-296. **Straßenkarte** C1. *251-70 81 20.* FAX *251-70 81 29.* W www.pousadas.pt Die freundliche *pousada* mit ihren geräumigen Zimmern ist Teil des mittelalterlichen Schlosses von Vila Nova de Cerveira. TV P	*AE DC MC V*	●	■		29

ALENTEJO					
ALVITO: *Pousada do Castelo de Alvito* www.pousadas.pt €€€€€ Apartado 9, 7920-999. **Straßenkarte** D6. *284-48 07 00.* FAX *284-48 53 83.* Die elegante *pousada* ist in einer Burg des 15. Jahrhunderts mit gotischem Gewölbe und manuelinischen Details untergebracht.	AE DC MC V	●	■	●	20
BEJA: *Hotel Melius* www.maisturismo.pt €€€ Avenida Fialho de Almeida, 7800-395. **Straßenkarte** D6. *284-32 18 22.* FAX *284-32 18 25.* Im Süden von Beja bietet dieses moderne, gemütliche Hotel ein gutes Preis-Leistungs-Verhältnis.	AE DC MC V	●			60
BEJA: *Pousada de São Francisco* www.pousadas.pt €€€€€ Largo Dom N. Álvares Pereira, 7801-901. **Straßenkarte** D6. *284-31 35 80.* FAX *284-32 91 43.* In dem Franziskanerkonvent von 1268 befindet sich heute eine luxuriös ausgestattete, gepflegte *pousada*.	AE DC MC V	●	■	●	35
CASTELO DE VIDE: *Garcia d'Orta* www.hgo.8m.com €€€ Estrada de São Vicente, 7320-202. **Straßenkarte** D4. *245-90 11 00.* FAX *245-90 12 00.* Zu dem zurückhaltend-vornehmen Hotel gehört ein hervorragendes Restaurant.	AE DC MC V	●	■	●	53
CRATO: *Pousada de Flor da Rosa* www.pousadas.pt €€€€€ Flor da Rosa, 7430-999. **Straßenkarte** D4. *245-99 72 10.* FAX *245-99 72 12.* Elegante *pousada* im Kloster Flor da Rosa aus dem 14. Jahrhundert.	AE DC MC V	●	■	●	24
ELVAS: *Elxadai Parque* www.maisturismo.pt €€€ N4, Varche, 7350-422. **Straßenkarte** D5. *268-62 13 97.* FAX *268-62 19 21.* Die gut ausgestattete Anlage liegt auf einem Hügel westlich von Elvas; es gibt diverse Sportmöglichkeiten (inklusive Reiten).	AE DC MC V	●	■	●	41
ELVAS: *Pousada de Santa Luzia* www.pousadas.pt €€€€ Avenida de Badajoz, 7350-079. **Straßenkarte** D5. *268-63 74 70.* FAX *268-62 21 27.* Die freundlich eingerichtete *pousada* wurde 1942 eröffnet – die allererste überhaupt. Für Sportfreunde stehen Tennisplätze zur Verfügung.	AE DC MC V	●		●	25
ELVAS: *Quinta de Santo António* www.quintastoantonio.pt €€€€€ Aptdo. 206, 7350-903. **Straßenkarte** D5. *268-63 64 60.* FAX *268-62 50 50.* Die großartige *estalagem* besitzt einen Park aus dem 18. Jahrhundert.	AE DC MC V	●	■	●	30
ESTREMOZ: *Pousada da Rainha Santa Isabel* www.pousadas.pt €€€€€ Largo Dom Dinis, 7100-509. **Straßenkarte** D5. *268-33 20 75.* FAX *268-33 20 79.* Die luxuriöse *pousada* wurde perfekt in eine Burg (13. Jh.) integriert. Die stilvollen Möbel stammen aus dem 17. und 18. Jahrhundert.	AE DC MC V	●	■	●	33
ÉVORA: *IBIS Évora* www.ibishotel.com €€ Quinta da Tapada, Muralha, 7000-968. **Straßenkarte** D5. *266-74 46 20.* FAX *266-74 46 32.* Außerhalb der Stadtmauern gelegen, wartet das Hotel mit dem bekannten Standard der IBIS-Kette auf.	AE DC MC V	●			87
ÉVORA: *Évorahotel* www.evorahotel.pt €€€ N114, Avenida Túlio Espanca, Apartado 93, 7002-171. **Straßenkarte** D5. *266-74 88 00.* FAX *266-74 88 06.* Alle Zimmer des eindrucksvollen Hotels haben einen Balkon.	AE DC MC V	●	■	●	170
ÉVORA: *Solar Monfalim* www.monfalimtur.pt €€€€ Largo da Misericórdia 1, 7000-646. **Straßenkarte** D5. *266-75 00 00.* FAX *266-74 23 67.* Das im Stil der Renaissance erbaute Haus im Stadtkern lockt Besucher mit schönen Zimmern und einer herzlichen Atmosphäre.	AE MC V	●	■		26
ÉVORA: *Pousada dos Lóios* www.pousadas.pt €€€€€ Largo Conde Vila Flor, 7000-804. **Straßenkarte** D5. *266-70 40 51.* FAX *266-73 00 70.* Das Anwesen war einst ein Kloster (15. Jh.) – die Zimmer der eleganten *pousada* waren früher die Zellen der Mönche.	AE DC MC V	●	■	●	32
MARVÃO: *Pousada de Santa Maria* www.pousadas.pt €€€€ Rua 24 de Janeiro 7, 7330-122. **Straßenkarte** D4. *245-99 32 01.* FAX *245-99 34 40.* Die gemütliche *pousada* befindet sich in einem freundlichen weiß getünchten Stadthaus. Traditionell bemalte Möbel.	AE DC MC V	●			31

Zeichenerklärung siehe hintere Umschlagklappe

Preiskategorien für ein Doppelzimmer inklusive Frühstück pro Nacht:
€ unter 35 Euro
€€ 35–60 Euro
€€€ 60–100 Euro
€€€€ 100–150 Euro
€€€€€ über 150 Euro

HOTELRESTAURANT
Das Hotel verfügt über ein oder mehrere Restaurants (teilweise nur für Gäste des Hauses).

GARTEN
Die Hotelgäste können Garten, Innenhof oder Terrasse benutzen.

SWIMMINGPOOL
Zum Hotel gehört ein Schwimmbad.

KREDITKARTEN
Folgende Kreditkarten werden akzeptiert: *AE* American Express, *DC* Diners Club, *MC* MasterCard, *V* Visa.

Hotel	Kreditkarten	Hotelrestaurant	Garten	Swimmingpool	Anzahl der Zimmer
MÉRTOLA: *Casa das Janelas Verdes* €€ Rua Dr. M. Gomes 38–40, 7750. **Straßenkarte** D6. *286-61 21 45.* Angenehmes Hotel im Ortszentrum. Wassersportler können sich auf dem Guadiana vergnügen.	*AE DC MC V*		■		3
REDONDO: *Convento de São Paulo* W www.hotelconventospaulo.com €€€€ Aldeia da Serra, 7170-120. **Straßenkarte** D5. *266-98 91 60.* FAX *266-98 91 60.* Das frühere Kloster (12. Jh.) in der Serra de Ossa ist ein elegantes Hotel; die Zimmer sind mit *azulejos* und Fresken geschmückt. Im Patio plätschert ein barocker Brunnen. TV P	*AE DC MC V*	●	■	●	35
SANTA CLARA-A-VELHA: *Pousada de Santa Clara* W www.pousadas.pt €€€€ Barragem de Santa Clara, 7665-879. **Straßenkarte** C7. *283-88 22 50.* FAX *283-88 24 02.* Mit Blick auf den See von Santa Clara-a-Velha dürften sich in der ruhigen *pousada* besonders Naturliebhaber wohl fühlen. TV P	*AE DC MC V*	●	■	●	19
SANTIAGO DO CACÉM: *Pousada Quinta da Ortiga* W www.pousadas.pt €€€€ IP8, Apartado 67, 7540. **Straßenkarte** C6. & FAX *269-82 28 71.* Das Bauernhaus nördlich der Stadt ist von einem vier Hektar großen Stück Land umgeben. TV P	*AE DC MC V*	●	■	●	13
SERPA: *Pousada de São Gens* W www.pousadas.pt €€€€ Alto de São Gens, 7830. **Straßenkarte** D6. *284-54 04 20.* FAX *284-54 43 37.* Von dieser modernen *pousada* haben Sie einen schönen Blick auf Serpa und die Ebenen des Alentejo. TV P	*AE DC MC V*	●		●	18
SOUSEL: *Pousada de São Miguel* W www.pousadas.pt €€€€ Cerro de São Miguel, 7470-999. **Straßenkarte** D5. *268-55 00 50.* FAX *268-55 11 55.* Die ruhige, moderne *pousada* bietet ihren Gästen u. a. Jagd- und Angeltouren an. TV P	*AE DC MC V*	●	■	●	32
VILA NOVA DE MILFONTES: *Moinho da Asneira* €€€ Quinta do Rio Mira, 7645-014. **Straßenkarte** C6. *283-99 61 82.* Die Zimmer und Cottages des Herrenhauses liegen auf einem Hügel oberhalb der Mündung des Flusses Mira. P TV	*AE DC MC V*		■	●	20
VILA VIÇOSA: *Casa de Peixinhos* W www.maisturismo.pt/casapeixinhos €€€ 7160-999. **Straßenkarte** D5. *268-98 04 72.* FAX *268-88 13 48.* Das extravagante Gebäude aus dem 17. Jahrhundert hat Zimmer, die in Ocker und Rot gestrichen sind. Barockstatuen im Patio. P TV			■		8
VILA VIÇOSA: *Pousada de Dom João IV* W www.pousadas.pt €€€€€ Terreiro do Paço, 7160-250. **Straßenkarte** D5. *268-98 07 42.* FAX *268-98 07 47.* Kreuzgänge und ein labyrinthischer Grundriss charakterisieren das Kloster aus dem 17. Jahrhundert. Regionale Küche im Restaurant. P TV	*AE DC MC V*	●	■	●	36
ALGARVE					
ALBUFEIRA: *Alfagar* W www.alfagar.com €€€ Semina, Santa Eulália, 8200. **Straßenkarte** C7. *289-54 02 20.* FAX *289-54 19 79.* Auf einer Klippe oberhalb des Meeres – von den hübschen Apartments haben Sie direkten Zugang zum Strand von Santa Eulália. P	*AE DC MC V*	●	■	●	215
ALBUFEIRA: *Falésia* W www.falesia.com €€€€ Pinhal do Concelho, Praia da Falésia, 8200-911. **Straßenkarte** C7. *289-50 12 37.* FAX *289-50 12 70.* Das elegante Hotel verfügt über schön eingerichtete, recht geräumige Zimmer. TV P	*AE DC MC V*	●	■	●	169
ALBUFEIRA: *Montechoro* W www.grupomontechoro.com €€€€€ Rua Alexandre O'Neill, 8201-343. **Straßenkarte** C7. *289-58 94 23.* FAX *289-58 99 47.* Zu dem stilvollen, modernen Hotel samt eigenem Park gehören umfangreiche Sporteinrichtungen. TV P	*AE DC MC V*	●	■	●	322

ALBUFEIRA: *Sheraton Algarve Pine Cliffs* W www.pinecliffs.com Apartado 644, 8200-909. **Straßenkarte** C7. *289-50 01 00.* FAX *289-50 19 50.* Das elegante Sheraton ist teuer, bietet seinen Gästen aber neben Zimmern mit *azulejo*-Verzierungen auch Sporteinrichtungen und einen Lift zum Strand. TV P	€€€€€	AE DC MC V	●	■	●	215
ALJEZUR: *O Palazim* N120, Aldeia Velha, 8670. **Straßenkarte** C7. & FAX *282-99 82 49.* Von der Terrasse dieser einfachen Herberge haben Sie traumhafte Ausblicke. Die Lounge schmücken *azulejos*. TV P Nov–März.	€€			■		12
ALMANCIL: *Quinta dos Rochas* W www.geocities.com/quintadosrochas Fonte Coberta, Caixa Postal 600-A, 8135-019. **Straßenkarte** D7. *289-39 31 65.* FAX *289-39 91 98.* Die kleine *quinta* liegt günstig zum Strand und verwöhnt ihre Gäste mit speziellen Aufmerksamkeiten. TV P	€€€			■	●	6
ALMANCIL: *Quinta do Lago* W www.quintadodolagohotel.com 8135-024. **Straßenkarte** D7. *289-35 03 50.* FAX *289-39 63 93.* Von den Zimmern des schicken Hotels haben Sie tolle Meerblicke; zu den Einrichtungen gehört ein Fitness-Center. TV P	€€€€€	AE DC MC V	●	■	●	141
ALTE: *Alte* W www.altehotel.com Montinho, 8100-012. **Straßenkarte** C7. *289-47 85 23.* FAX *289-47 86 46.* Ruhig im Hinterland gelegen, bietet das freundliche, in einen Park eingebettete Hotel eine beeindruckende Aussicht. Die Gäste können den hoteleigenen Busdienst zum Strand in Anspruch nehmen. TV P	€€€	AE DC MC V	●	■	●	30
ALVOR: *Pestana Alvor Praia* W www.pestana.com Praia dos Três Irmãos, 8500. **Straßenkarte** C7. *282-40 09 75.* FAX *282-40 09 99.* Luxushotel in fantastischer Lage mit eigenem Strandzugang, beheiztem Meerwasserpool und Golfmöglichkeiten. TV P	€€€€€	AE DC MC V	●	■	●	195
CARVOEIRO: *Colina Sol* W www.algarvesol.pt Vale de Centianes, Praia do Carvoeiro, 8400. **Straßenkarte** C7. *282-35 08 20.* FAX *282-35 86 51.* Hotelkomplex im neomaurischen Stil mit Apartments. P	€€€	AE DC MC V	●	■	●	124
CARVOEIRO: *Tivoli Almansor* W www.tivolihotels.com Praia Vale Covo, 8401-911. **Straßenkarte** C7. *282-35 11 00.* FAX *282-35 13 45.* Atemberaubend ist die Lage des Hotels direkt oberhalb einer kleinen Bucht. TV P	€€€€	AE DC MC V	●	■	●	293
ESTÓI: *Monte do Casal* W www.montedocasal.pt Cerro do Lobo, 8005-436. **Straßenkarte** D7. *289 99 15 03.* FAX *289-99 13 41.* Das elegante Monte do Casal hat Apartments in einem bezaubernden mediterranen Garten mit Eukalyptusbäumen und Bougainvilleen. P	€€€€€	AE DC MC V	●	■	●	19
FARO: *Alnacir* W www.maisturismo.pt Estrada da Senhora da Saúde 24, 8000-500. **Straßenkarte** D7. *289-80 36 78.* FAX *289-80 35 48.* Modernes, zentrales Hotel in einer ruhigen Seitenstraße. TV P	€€€	AE DC MC V				53
FARO: *Residencial Sané* @ sanefaro@mail.telepac.pt Rua de Bocage 66, 8000-297. **Straßenkarte** D7. *289-82 43 75* FAX *289-80 4166.* Östlich von der Kathedrale gelegen bietet dieses ruhige Haus saubere, moderne Zimmer mit einer netten Atmosphäre. TV	€€€					36
FARO: *Hotel Eva* W www.eva.tdhotels.pt Avenida da República 1, 8000-678. **Straßenkarte** D7. *289-00 10 00.* FAX *289-00 10 02.* Modernes, gemütliches Hotel mit Läden und Friseur. TV	€€€€	AE DC MC V	●		●	148
LAGOA: *Parque Algarvio* Sítio do Carmo, N125, 8400-405. **Straßenkarte** C7. *282-35 22 65.* FAX *282-35 22 78.* Preiswertes Hotel, dessen Zimmer um den zentralen Swimmingpool gruppiert sind. TV P	€€€	AE DC MC V	●	■	●	42
LAGOS: *Rubi-Mar* @ rubimar01@hotmail.com Rua da Barroca 70, 8600-688. **Straßenkarte** C7. *282-76 31 65.* FAX *282-76 77 49.* Das legere Rubi-Mar steht unter britischer Leitung; das Frühstück wird auf dem Zimmer eingenommen. TV	€€					8

Zeichenerklärung siehe hintere Umschlagklappe

Preiskategorien für ein Doppelzimmer inklusive Frühstück pro Nacht:
€ unter 35 Euro
€€ 35–60 Euro
€€€ 60–100 Euro
€€€€ 100–150 Euro
€€€€€ über 150 Euro

HOTELRESTAURANT
Das Hotel verfügt über ein oder mehrere Restaurants (teilweise nur für Gäste des Hauses).

GARTEN
Die Hotelgäste können Garten, Innenhof oder Terrasse benutzen.

SWIMMINGPOOL
Zum Hotel gehört ein Schwimmbad.

KREDITKARTEN
Folgende Kreditkarten werden akzeptiert: *AE* American Express, *DC* Diners Club, *MC* MasterCard, *V* Visa.

Hotel	Kreditkarten	Hotelrestaurant	Garten	Swimmingpool	Anzahl der Zimmer
LAGOS: *Marina Rio* W www.marinario.com €€€ Avenida dos Descobrimentos, Apartado 388, 8600-645. **Straßenkarte** C7. *282-76 98 59.* FAX *282-76 99 60.* Die freundliche *albergaria* im Ostteil von Lagos bietet einen schönen Blick auf den Yachthafen.	AE DC MC V		●	●	36
LAGOS: *Quinta das Achadas* W www.algarveholiday.com €€€ Estrada da Barragem, Odiáxere, 8600-251. **Straßenkarte** C7. *282-79 84 25.* FAX *282-79 91 62.* Kleine Frühstückspension abseits des Strandrummels. Drei individuell ausgestattete Zimmer und drei Selbstversorger-Apartments.	MC V		●	●	6
LAGOS: *Belavista da Luz* W www.belavistadaluz.com €€€€ Praia da Luz, 8600-184. **Straßenkarte** C7. *282-78 86 55.* FAX *282-78 86 56.* Zu dem Hotel an der Praia da Luz gehören Fitness-Center und Spieleraum. vier Wochen Nov/Dez, drei Wochen Jan/Feb.	AE DC MC V	●	●	●	45
LAGOS: *Hotel Tivoli de Lagos* W www.tivolihotels.com €€€€ Rua A. C. dos Santos, 8600-678. **Straßenkarte** C7. *282-79 00 79.* FAX *282-79 03 45.* Der hübsche Hotelkomplex beherbergt fünf Restaurants und ein Fitness-Center.	AE DC MC V	●	●	●	324
LOULÉ: *Loulé Jardim* W www.loulejardim.com €€€ Praça Manuel de Arriaga, 8100-665. **Straßenkarte** D7. *289-41 30 94.* FAX *289-46 31 77.* Die einstige Stadtvilla ist heute ein beschauliches Hotel mit einem ruhigen Garten.	AE DC MC V			●	52
MONCHIQUE: *Abrigo da Montanha* W www.abrigodamontanha.com €€€€ Estrada da Fóia, 8550-257. **Straßenkarte** C7. *282-91 21 31.* FAX *282-91 36 60.* Die attraktive *estalagem* stellt einen verborgenen Rückzugsort in der Serra de Monchique dar.	AE DC MC V	●	●	●	16
MONTE GORDO: *Vasco da Gama* W www.vascodagamahotel.com €€€€ Avenida Infante Dom Henrique, 8900. **Straßenkarte** D7. *281-51 09 00.* FAX *281-51 09 01.* Das Hotel liegt unmittelbar am Strand, alle Zimmer haben einen Balkon. Kinderbetreuung wird angeboten.	AE DC MC V	●	●	●	171
PORCHES: *Vila Vita Parc* W www.vilavitaparc.com €€€€€ Alporchinhos, 8400-450. **Straßenkarte** C7. *282-31 01 00.* FAX *282-31 53 33.* Das von tropischen Pflanzen umstandene Luxushotel verfügt über einen eigenen Strand.	AE DC MC V	●	●	●	182
PORTIMÃO: *Bela Vista* W www.hotelbelavista.com €€€€ Avenida Tomás Cabreira, 8500. **Straßenkarte** C7. *282-45 04 80.* FAX *282-41 53 69.* Das einladende Hotel liegt oberhalb der beliebten Praia da Rocha und ist geschmackvoll mit *azulejos* geschmückt. Frühstück serviert man auf einer Terrasse mit Meerblick.	AE DC MC V		●		14
PORTIMÃO: *Le Méridien Penina* W www.lemeridien.com €€€€€ Caixa Postal 146, 8501-952. **Straßenkarte** C7. *282-42 02 00.* FAX *282-42 03 00.* Dies Hotel ist ein Golferparadies, es bietet Übungsmöglichkeiten und Unterricht auf drei anspruchsvollen Plätzen.	AE DC MC V	●	●	●	196
SAGRES: *Navigator* W www.hotel.navigator.com €€€ Rua Infante Dom Henrique, 8650-381. **Straßenkarte** C7. *282-62 43 54.* FAX *282-62 43 60.* Apartments mit allen modernen Annehmlichkeiten.	AE DC MC V	●	●	●	56
SAGRES: *Pousada do Infante* W www.pousadas.pt €€€€ Sagres, 8650-385. **Straßenkarte** C7. *282-62 02 40.* FAX *282-62 42 25.* Die nach dem Infanten Henrique *(siehe S. 49)* benannte *pousada* liegt wunderschön auf der Landzunge von Sagres.	AE DC MC V	●	●	●	51

SÃO BRÁS DE ALPORTEL: *Pousada de São Brás* www.pousadas.pt €€€€ Poço dos Ferreiros, 8150-054. **Straßenkarte** D7. *289-84 23 05.* FAX *289-84 17 26.* Ein Landhaus nördlich von Faro beherbergt diese friedliche *pousada* – schöne Aussicht auf Berge und Meer.	AE DC MC V	●	■	●	33
SILVES: *Quinta do Rio* €€ Sitio São Esterão, Aptdo. 217. **Straßenkarte** C7. FAX *281-44 55 28.* Wenige Kilometer vom Zentrum von Silves *(siehe S. 322f)* liegt dieses Gehöft einer italienischen Obstbauernfamilie. Sie haben Zugang zum großen Garten, auf Anfrage gibt es leckeres Abendessen.	AE DC MC V		■		6
TAVIRA: *Quinta do Caracol* quintadocaracol@mail.telepac.pt €€€€ São Pedro, 8800-405. **Straßenkarte** D7. & FAX *281-32 56 32.* Das Landhaus auf der prächtigen *quinta* aus dem 17. Jahrhundert wird von großzügigen Gärten und einem Tennisplatz umrahmt. Hier haben Sie eine ruhige Basis für die Erkundung der Küste und des Hügellands der östlichen Algarve.	AE DC MC V		■	●	7
TAVIRA: *Convento de Santo António* €€€€ Rua de San Antonio 56, 8800-378. **Straßenkarte** D7. *281-32 15 73.* FAX *281-32 56 32.* Hier wohnen Sie in eleganten Zimmern um einen schattigen Patio oder in ehemaligen Mönchszellen des früheren Klosters.	AE		■	●	7
VILA DO BISPO: *Os Gambozinos* €€€ Praia do Martinhal, 8650. **Straßenkarte** C7. *282-62 01 60.* FAX *282-62 01 69.* Das hübsche Hotel befindet sich in der Nähe von Sagres und liegt direkt an der bei Windsurfern beliebten Praia do Martinhal.			■		17
VILAMOURA: *Atlantis* www.graopara.pt €€€€€ Rua Oceano Atlântico, 8125. **Straßenkarte** C7. *289-38 16 00.* FAX *289-38 99 62.* Diese stilvolle, luxuriöse Hotel liegt direkt am Meer; Gäste können auf dem Anwesen Tennis spielen und reiten.	AE DC MC V	●	■	●	311
VILAMOURA: *Tivoli Marinotel* www.tivolihotels.com €€€€€ Marina de Vilamoura, 8125-901 **Straßenkarte** C7. *289-30 33 03.* FAX *289-30 33 45.* Ein großes Luxushotel mit Präsidentensuite und tollen Panoramablicken auf den Ozean und die nahe Marina. Es gibt viele Sportmöglichkeiten, Sie können beispielsweise reiten sowie Tennis oder Golf spielen.	AE DC MC V	●	■	●	383
VILA REAL DE SANTO ANTÓNIO: *Guadiana* www.hotelguadiana.com.pt €€€ Avenida da República 94, 8900. **Straßenkarte** D7. *281-51 14 82.* FAX *281-51 14 78.* In einer gelungen renovierten, zentral gelegenen Stadtvilla aus dem 19. Jahrhundert ist dieses gemütliche Hotel untergebracht.	AE DC MC V	●			36
MADEIRA					
CANIÇO: *Quinta Splendida* www.hotelquintasplendida.com €€€€ Estrada da Ponta Oliveira 11, 9125. *291-93 40 00.* FAX *291-93 04 00.* Alle Zimmer der Quinta Splendida, eines Herrenhauses des 16. Jahrhunderts, sind stilvoll möbliert.	AE DC MC V	●	■	●	141
CANIÇO: *Roca Mar* www.hotelrocamar.com €€€€ Caminho Cais da Oliveira, 9125-028. *291-93 43 34.* FAX *291-93 49 03.* Roca Mar auf den Klippen bietet von seinen großen Balkonen einen schönen Blick auf das Meer. Abendprogramm, Sporteinrichtungen und Busdienst nach Funchal.	AE DC MC V	●	■	●	100
FUNCHAL: *Residencial Santa Clara* €€ Calçada do Pico 16b, 9000-206. *291-74 21 94.* FAX *291-74 32 80.* Das nur fünf Gehminuten vom Zentrum entfernte, kleine, ruhige Hotel weist ein schönes Interieur auf.			■	●	14
FUNCHAL: *Residencial Vila Teresinha* www.pensaoresvilateresinha.com €€ Rua das Cruzes 21, 9000-025. *291-74 17 23.* FAX *291-74 45 15.* Traditionelles Stadthaus, das in einem ruhigen Wohngebiet liegt. Gemütliche Zimmer und reizvolle Terrasse.	AE DC MC V	●	■		12
FUNCHAL: *Monte Carlo* hotelmontecarlo@netmadeira.com €€€ Calçada da Saúde 10, 9001-801. *291-22 61 31.* FAX *291-22 61 34.* Das ehrwürdig gealterte Hotel liegt oberhalb des Zentrums von Funchal – somit haben die Zimmer nach vorne einen fantastischen Blick.	AE DC MC V	●	■	●	53

Preiskategorien für ein Doppelzimmer inklusive Frühstück pro Nacht:

- € unter 35 Euro
- €€ 35–60 Euro
- €€€ 60–100 Euro
- €€€€ 100–150 Euro
- €€€€€ über 150 Euro

Hotelrestaurant
Das Hotel verfügt über ein oder mehrere Restaurants (teilweise nur für Gäste des Hauses).

Garten
Die Hotelgäste können Garten, Innenhof oder Terrasse benutzen.

Swimmingpool
Zum Hotel gehört ein Schwimmbad.

Kreditkarten
Folgende Kreditkarten werden akzeptiert: *AE* American Express, *DC* Diners Club, *MC* MasterCard, *V* Visa.

	Kreditkarten	Hotelrestaurant	Garten	Swimmingpool	Anzahl der Zimmer
Funchal: *Quinta da Penha de França* W www.quintapenhafranca.com €€€€ Rua Carvalho Araójo 1 85, 9000-022. ☎ *291-20 46 50.* FAX *291-22 92 61.* Traditionsreiches Herrenhaus, das in einen schönen Garten eingebettet ist. Es gibt einen modernen Anbau in der Nähe des Meeres. TV P	AE DC MC V	●	■	●	59
Funchal: *Pestana Miramar* W www.pestana.com €€€€ Estra Monumental 182–184, 9000-098. ☎ *291-70 61 00.* FAX *291-76 39 88.* Das Hotel wurde rund um das alte Hotel Miramar neben dem Dorf Pestana gebaut. Ausgezeichnete Einrichtungen und Service. TV P	AE DC MC V	●	■	●	152
Funchal: *Quinta Perestrelo* W www.charminghotelsmadeira.com €€€€ Rua do Dr. Pita 3, 9000-089. ☎ *291-70 67 00.* FAX *291-70 67 06.* Das Herrenhaus (Mitte 19. Jh.) zieren schöne Antiquitäten – eine wahrhaft luxuriöse Unterkunft. TV	AE DC MC V	●	■	●	37
Funchal: *Pestana Casino Park* W www.pestana.com €€€€€ Rua Imperatriz Dona Amélia, 9004-513. ☎ *291-20 91 00.* FAX *291-23 20 76.* Das von Oscar Niemeyer – dem Architekten der brasilianischen Hauptstadt Brasilia – entworfene Hotel hat komfortable Zimmer sowie Kasino, Kino, Cabaret und Diskothek. TV P	AE DC MC V	●	■	●	375
Funchal: *Reid's Palace* W www.reidspalace.com €€€€€ Estrada Monumental 139, 9000-098. ☎ *291-71 71 71.* FAX *291-71 71 74.* 1891 eröffnet, steht das Hotel für Eleganz und Luxus; hier wohnen die Reichen und Schönen. Dazu kommt die traumhafte Lage mit Blick auf das weite Meer. TV P	AE DC MC V	●	■	●	164
Funchal: *Savoy Resort* W www.savoyresort.com €€€€€ Avenida do Infante, 9004-542. ☎ *291-21 30 00.* FAX *291-22 31 03.* Der unaufdringliche Service ist das Markenzeichen des Luxushotels; geräumige Zimmer und viele Annehmlichkeiten. TV P	AE DC MC V	●	■	●	337
Pico do Arieiro: *Pousada do Pico do Arieiro* W www.dorisol.pt €€€ 9230 Santana. ☎ *291-23 01 10.* FAX *291-22 86 11.* Die *pousada* liegt am Hang von Madeiras zweithöchstem Berg – fantastische Panoramablicke sind hier selbstverständlich. TV P	AE DC MC V	●	■		25
Porto Moniz: *Residencial Orca* €€ Sítio das Poças, 9270-095. ☎ *291-85 00 00.* FAX *291-85 00 19.* Dieses abgelegene Hotel umtosen die Wellen des Atlantiks. In den Gezeitenbecken kann man manchmal schwimmen. TV P	AE DC MC V	●	■	●	12
Porto Santo: *Hotel Torre Praia* W www.torrepraia.pt €€€€ Rua Goulart Medeiros, 9400-164. ☎ *291-98 04 50.* FAX *291-98 24 87.* Mittelgroßes Hotel in der Nähe aller wichtigen Annehmlichkeiten – darunter auch ein direkter Zugang zum Strand. TV P	AE DC MC V	●	■	●	66
Ribeira Brava: *Brava Mar* €€€ Rua Comandante Camacho de Freitas, 9350-209. ☎ *291-95 22 24.* FAX *291-95 11 22.* Für die Erkundung des Westteils Madeiras ist dieses moderne Hotel ideal; viele Zimmer mit Balkon. TV P	AE DC MC V	●		●	70
Serra de Água: *Pousada dos Vinháticos* W www.dorisol.com €€€ Ribeira Brava, 9350-306. ☎ *291-95 23 44.* FAX *291-95 25 40.* Die bezaubernde *pousada* zieht vor allem Wanderer an; sie liegt inmitten von Wäldern unterhalb des Encumeada-Passes. TV P	AE DC MC V	●	■		21
AZOREN					
Corvo: *Guest House Comodoro* €€ Ilha do Corvo, 9980. ☎ *u.* FAX *292-59 61 28.* Abgesehen von Privatzimmern, stellt dies die einzige Unterkunft auf der Kleinen Insel Corvo dar; saubere, einfache Zimmer. TV P	MC		■		10

Faial: *Quinta das Buganvílias* Castelo Branco, 9900-017 Horta. *292-94 32 55.* FAX *292-94 37 43.* *Quinta* in Familienbesitz nahe dem Flughafen mit Rosengarten und Gewächshäusern. TV	€€€	*AE MC V*		■		8
Flores: *Ocidental* W www.hotelocidental.com Sítio do Boqueirão, 9970 Santa Cruz. *292-59 01 00.* FAX *292-59 01 01.* Das solide Hotel auf Flores liegt am Rand von Santa Cruz. Viele der einfachen Zimmer haben einen Balkon. TV P	€€€€	*AE V*	●	■	●	36
Graciosa: *Santa Cruz* L. Barão de Gaudalupe 9, 9880-344 Santa Cruz da Graciosa. *295-71 23 45.* FAX *295-71 28 28.* Die Zimmer dieser freundlichen Unterkunft in der Ortsmitte von Santa Cruz da Graciosa sollten Sie rechtzeitig buchen. TV	€€			■		19
Horta: *Pousada Santa Cruz* W www.pousadas.pt Rua Vasco da Gama, 9900-217 Horta. *292-20 22 00.* FAX *292-39 28 36.* Das Hotel befindet sich in einem Haus aus des 16. Jahrhundert in Gehentfernung zu Läden, Restaurants und dem Strand. TV	€€€€	*AE DC V*	●		●	28
Pico: *L'Escale de l'Atlantic* W www.ciberacores.com/escale Morro de Baisco, 9930-212 Piedade. *292-66 62 60.* FAX *292-66 62 60.* In dem kleinen informellen Hotel erwarten Sie stilvolle Zimmer – am östlichsten Punkt der Insel. *Okt–Apr.* P	€€			■		5
Pico: *Pico* W www.picohotel.com Rua dos Biscoitos, 9950-334 Madalena. *292-62 84 00.* FAX *292-62 84 07.* Das moderne Hotel hat viele Zimmer mit Balkon und fantastischem Blick auf den Berg, nach dem die Insel benannt ist. TV P	€€€	*AE MC V*	●	■	●	68
Santa Maria: *Praia de Lobos* Rua M, 9580 Vila do Porto. *296-88 22 77.* FAX *296-88 24 82.* Ordentliches Hotel im Zentrum von Vila do Porto mit einer modernen Einrichtung. TV	€€€	*AE DC MC V*				34
São Jorge: *Hotel São Jorge* W www.acores.com Rua Machado Pires, 9800-526 Velas. *295-43 01 00.* FAX *295-41 27 36.* Am Rand von Velas gelegen, ist dies das einzige moderne Hotel der Insel. Die hübschen Zimmer verfügen über einen Balkon. TV P	€€€	*AE DC MC V*		■	●	58
São Miguel: *Casa Nossa Senhora do Carmo* Rua do Pópulo Decima 220, 9500 Livramento. *296-64 20 48* FAX *296-64 20 38.* In der prachtvoll renovierten *quinta*, östlich von Ponta Delgada gelegen, sind die Zimmer mit Antiquitäten ausgestattet. *Dez.* P	€€€			■		6
São Miguel: *Solar de Lalém* W www.acores.com Estrada de São Pedro, 9625-332 Maia. *296-44 20 04.* FAX *296-44 21 64.* Das elegante Herrenhaus aus dem 19. Jahrhundert wurde von seinen deutschen Besitzern in ländlichem Stil eingerichtet. P	€€€			■	●	10
São Miguel: *Bahia Palace* W www.bahiapalace.com Água d'Alto, 9680-365 Vila Franco do Campo. *296-53 91 30.* FAX *296-53 91 38.* Der abgelegene Komplex wartet mit diversen Sporteinrichtungen auf; viele Geschäftsreisende steigen hier ab. TV P	€€€€	*AE DC MC V*	●	■	●	101
São Miguel: *São Pedro* @ reservas.hsp@mail.telepac.pt Largo Almirante Dunn, 9500 Ponta Delgada. *296-30 17 40.* FAX *296-30 17 44.* Das hübsche Hotel, ein 1812 für den amerikanischen Händler Thomas Hickling errichtetes Haus, befindet sich direkt am Hafen. TV P	€€€€	*AE DC MC V*		■		26
Terceira: *Beira Mar* W www.hotelbairamar.com Largo Miguel Corte-Real, 9700-182 Angra do Heroísmo. *295-21 51 88.* FAX *295-62 82 48.* Zentral gelegenes Hotel mit einfachen und kleinen Zimmern. TV	€€€	*AE MC V*	●			23
Terceira: *Quinta do Martelo* W www.quintadomartelo.com Canada do Martelo 24, 9700-576 Angra do Heroísmo. *295-64 28 42.* FAX *295-64 28 41.* Das Hotel ist geschmackvoll mit Antiquitäten möbliert; sehr gutes Restaurant. Preis ist inklusive Flughafentransfer. TV P	€€€	*AE MC V*	●	■	●	10
Terceira: *Quinta da Nasce-Água* W www.matosarte.com Vinha Brava, 9700-236 Angra do Heroísmo. *295-62 85 01.* FAX *295-62 85 02.* Die moderne *quinta* mit Blick auf Angra do Heroísmo bietet einen großen Park, Tennisplätze und eine Minigolfanlage. TV P	€€€€	*AE DC MC V*	●	■	●	14

Zeichenerklärung siehe hintere Umschlagklappe

Restaurants

Natürlich stehen in Portugal Fisch und Meeresfrüchte an erster Stelle der Speisekarte – nahezu überall gibt es Muscheln, Sardinen, Schwertfisch, Tunfisch oder auch *bacalhau* (Stockfisch, d. h. getrockneter Kabeljau). An der gesamten Küste finden sich Restaurants, die frisch gefangenen Fisch delikat zubereiten. Doch die Portugiesen essen ebenso gern Fleisch, vor allem im Landesinneren. In Lissabon und den einzelnen Landesregionen gibt es die unterschiedlichsten Restaurants, die eines gemeinsam haben: Sie servieren relativ große Portionen. Auch in Cafés und Bars kann man sehr gut essen. Wissenswertes über portugiesische Restaurants erfahren Sie in dieser Einführung.

Spanferkel – eine ländliche Köstlichkeit

Kellner mit Getränken im Palácio de Seteais bei Sintra *(siehe S. 409)*

Restaurants

Restaurants gibt es in den verschiedensten Größen und Preiskategorien. Am günstigsten ist eine kleine *tasca*, eine Taverne mit wenigen Tischen, die oft von einer Familie betrieben wird. Vor allem zur Mittagszeit treffen sich hier die Einheimischen. In einer *casa de pasto* erhält man meist ein preiswertes Drei-Gänge-Menü, während ein *restaurante* einen gepflegteren Speisesaal hat und eine größere Auswahl an Gerichten anbietet. In einer *marisqueira* verarbeitet man überwiegend Fisch und Meeresfrüchte, und eine *churrasqueira* – ursprünglich in Südamerika beheimatet – tischt leckeres gegrilltes Fleisch auf. Wollen Sie Bier trinken, dann sind Sie in einer *cervejaria* (Bierlokal) richtig. Grundsätzlich gilt, dass portugiesische Hotelrestaurants, auch die Restaurants in den *pousadas (siehe S. 378f)*, erstklassige traditionelle Gerichte offerieren.

Maria Rita *(siehe S. 415)*

Essenszeiten

Für ein südländisches Land isst man in Portugal verhältnismäßig früh. Das Mittagessen nimmt man zwischen 13 und 15 Uhr ein, und die Restaurants servieren das Abendessen ab etwa 19 Uhr. Nach 22 Uhr dürften Sie nur noch in den Restaurants der größeren Städte und in *cervejarias* etwas zu essen erhalten. Eine Alternative stellt ein Dinner in einem der bis in die Morgenstunden geöffneten Fado-Häuser dar.

Reservierungen

Vor allem in den teureren Restaurants empfiehlt es sich, einen Tisch im Voraus zu reservieren. Auf jeden Fall sollten behinderte Reisende vorher anrufen, ob geeignete Einrichtungen vorhanden sind. Im Allgemeinen fehlen in den Lokalen behindertengerechte Zugänge.

Die Speisekarte

In einigen Restaurants gibt es eine *ementa turística*, ein preiswertes Drei-Gänge-Menü mit einem Getränk und einer Tasse Kaffee. Hier erwarten Sie keine versteckten Kosten für Gedeck und Service. Häufig wird das Mittagessen *(almoço)* als zweigängiges Menü angeboten, wobei Fisch oder Fleisch mit Beilage (Reis oder Kartoffeln) als Hauptgang serviert wird. Um

Der prächtige Speisesaal des Cozinha Velha *(siehe S. 409)* in Queluz

Die Gäste bedienen sich im Restaurant Gabriela in Sendim *(siehe S. 415)*

eine regionale Spezialität kennenzulernen, sollten Sie nach dem *prato do dia,* dem Tagesgericht, fragen.

Das Abendessen *(jantar)* besteht aus zwei oder drei Gängen inklusive Dessert oder Käse.

Charakteristisch für die portugiesische Küche sind Gerichte, die in einer großen Form serviert werden; das können herzhafte Fleischeintöpfe oder im Ganzen zubereitete Fische sein, deren Preis sich nach dem Gewicht berechnet.

Ist Ihnen eine ganze Portion zuviel, können Sie bedenkenlos nach einer halben Portion *(meia dose)* fragen. Vergessen Sie auch nicht, dass Sie die unaufgefordert gereichten Vorspeisen bezahlen müssen – abhängig vom Verzehr.

Vegetarier

Vegetarier haben es in Portugal nicht so gut wie Fischliebhaber. Doch in Lissabon und an der Algarve gibt es genügend ethnische Restaurants, die Fleischloses anbieten. In portugiesischen Restaurants besteht ein Gericht ohne Fleisch in der Regel aus einem Omelett oder einem Salat.

Getränke

Portugal ist berühmt für zwei Getränke, die aus Wein gewonnen werden: Portwein *(siehe S. 228f)* und Madeira *(siehe S. 349)* – wenn Sie Alkohol nicht generell ablehnen, sollten Sie beide während Ihres Aufenthalts kosten.

Als Getränk zum Essen empfiehlt sich der einheimische Wein *(siehe S. 28f).* Außerdem trinkt man Bier – weit verbreitet sind Sagres oder Super Bock – und Mineralwasser, das es *com gás* (mit Kohlensäure) und *sem gás* (still) gibt.

Machen Sie eine Pause bei einer Tasse Kaffee

Cafés

Ein wichtiger Bestandteil des portugiesischen Alltagslebens sind Cafés. Sie reichen von einfachen weißen Räumen bis zu prächtigen Art-déco-Sälen. Wo immer möglich, stehen auch Tische im Freien. Zu jeder Tageszeit können Sie in einem Café eine Kleinigkeit zu essen bekommen; mittags und abends gibt es darüber hinaus eine reguläre Speisekarte. Besuchen Sie auch eine der zahlreichen *pastelarias,* in denen köstliche Kuchen und ausgezeichnetes Gebäck hergestellt und verkauft werden *(siehe S. 147, 231 u. 289).*

Bezahlen

Die Bedienung ist nicht im Preis inbegriffen. Es ist deshalb üblich fünf bis zehn Prozent der Rechnungssumme als Trinkgeld zu geben. Nicht alle Restaurants akzeptieren Kreditkarten.

Kinder

In Portugal stört man sich nicht an Kindern in Restaurants – für Portugiesen gehören Kinder einfach dazu. Kindergerichte oder spezielle Kinderportionen zu ermäßigten Preisen sind fast immer zu erhalten.

Rauchen

Rauchen ist in Portugal überall erlaubt, sofern kein Schild mit der Aufschrift *Proibido fumar* dies verbietet. In Restaurants gibt es kaum Nichtraucherecken.

Kaffee

Kaffee – zu jeder Tages- und Nachtzeit getrunken – gibt es in vielen Varianten. Eine kleine Tasse starken Kaffees ist *um café* oder *uma bica;* einen Espresso nennt man *uma italiana.* Etwas schwächer ist *uma carioca de café.* Ein Espresso mit einem Schuss Milch heißt *um garoto escuro,* mit etwas mehr Milch *um garoto claro.* Einen Milchkaffee bestellt man als *café com leite.* Mögen Sie Kaffee mit viel Milch, sollten Sie *um galão* ordern; er wird in einem hohen Glas serviert und enthält mehr Milch als Kaffee. Auch hier haben Sie die Wahl zwischen *claro* (viel Milch) und *escuro.*

Uma bica

Um galão

Restaurantauswahl

Die Restaurants in diesem Führer wurden wegen ihrer bemerkenswerten Küche, ihres guten Preis-Leistungs-Verhältnisses und ihrer günstigen Lage ausgewählt. Die farbigen Markierungen kennzeichnen die einzelnen Regionen des Landes. Die Hotelauswahl finden Sie auf den Seiten 380 ff.

Lissabon

Restaurant	Preis	Kreditkarten	Lange Öffnungszeiten	Tische im Freien	Gute Weinkarte
Ajuda: *O Nobre* Rua das Mercês 71a–b. **Stadtplan 2 D3.** ☎ *21-363 38 27.* Das elegante Restaurant serviert herzhafte portugiesische Küche – köstlich zubereitet. ● *So abends.* ▤ ♿	€€€€	AE MC V	■		■
Alcântara: *Alcântara Café* Rua Maria Luisa Holstein 15. **Stadtplan 3 A4.** ☎ *21-362 12 26.* Die moderne Küche des Alcântara ist längst ein »Klassiker« unter Lissabons Restaurants. Beeindruckende Ausstattung aus den 1980er Jahren. ● *mittags.* ▤ ♿	€€€€€	AE DC MC V	■		■
Alfama: *Hua-Ta-Li* Rua dos Bacalhoeiros 109–115. **Stadtplan 7 C4.** ☎ *21-887 91 70.* Großes, unspektakuläres chinesisches Restaurant unweit der Docks. Schneller, zuverlässiger Service. ▤	€€				
Alfama: *Lautasco* Beco do Azinhal 7a (nahe Rua de São Pedro). **Stadtplan 8 E4.** ☎ *21-886 01 73.* Das Lautasco, ein ländlich eingerichtetes Restaurant, konzentriert sich auf unverfälschte portugiesische Küche. ● *So; 20. Dez–15. Jan.*	€€	AE DC MC V	■	●	
Alfama: *Mestre André* Calçadinha de Santo Estevão 6. **Stadtplan 8 E3.** ☎ *21-887 14 87.* Lebhaftes portugiesisches Restaurant mit Leckereien von Schwein und Fisch sowie *churasco* – am Spieß geröstetes Fleisch. ● *So.*	€€€	AE	■	●	
Alfama: *Viagem de Sabores* Rua de São João da Praça 103. **Stadtplan 8 D4.** ☎ *21-887 01 89.* Die ehemalige Fischhandlung in der Nähe der Kathedrale serviert eine interessante Mischung westlicher und fernöstlicher Küche. ● *So mittags.* ▤	€€€	DC MC V			
Avenida: *Ribadouro* Rua do Salitre 2–12. **Stadtplan 4 F1.** ☎ *21-354 94 11.* Das Lokal liegt an der Ecke der Avenida da Liberade in einem lang gestreckten Bau. Meeresfrüchte dominieren die Karte. ● *25. Apr, 24./25. Dez.* ▤	€€€	AE DC MC V	■		■
Bairro Alto: *Bota Alta* Travessa da Queimada 35–37. **Stadtplan 7 A3.** ☎ *21-342 79 59.* Die Wände des Restaurants zieren originale Gemälde; traditionelle portugiesische Küche. ● *Sa mittags, So.*	€€€	AE DC MC V			
Bairro Alto: *Casanostra* Travessa do Poço da Cidade 60. **Stadtplan 7 A3.** ☎ *21-342 59 31.* Die sechsseitige Karte enthält ausschließlich italienische Spezialitäten; das Interieur ist in Grün, Weiß und Rot gehalten. ● *Mo, Sa mittags.* ▤	€€€€	AE MC V			
Bairro Alto: *Imperio dos Sentidos* Rua da Atalaia 35-7. **Stadtplan 4 F2.** ☎ *21-343 18 22.* Das in einem Jugendstilgebäude untergebrachte Restaurant ist auf Nudelgerichte (z. B. mit Spinat oder Shrimps) spezialisiert. ● *mittags; Mo.* ▤	€€€€	MC V	■		
Bairro Alto: *Pap' Açorda* Rua da Atalaia 57. **Stadtplan 4 F2.** ☎ *21-346 48 11.* Wegen der *açorda de mariscos* (Brotsuppe mit Meeresfrüchten) und anderer portugiesischer Spezialitäten kommen Einheimische wie Urlauber gleichermaßen gern hierher. ● *Mo mittags, So; 2 Wochen im Juli, 2 Wochen im Okt.* ▤	€€€€	AE DC MC V			■
Bairro Alto: *Real Café* Rua da Escola Politécnica 275. **Stadtplan 4 E1.** ☎ *21-342 22 81.* Traditionelle portugiesische Gerichte mit internationaler Note in elegantem Ambiente. Probieren Sie Krabbensuppe oder gegrilltes Lamm. ▤ ♿	€€€€	MC V	■		■

Stadtplan siehe Seiten 126–139

Preiskategorien für ein Drei-Gänge-Menü, inklusive einer halben Flasche Wein, Gedeck und Service:

€ unter 10 Euro
€€ 10–15 Euro
€€€ 15–20 Euro
€€€€ 20–30 Euro
€€€€€ über 30 Euro

LANGE ÖFFNUNGSZEITEN
Die Küche ist bis nach 22 Uhr geöffnet; Essensbestellungen sind in der Regel bis 23 Uhr möglich.

TISCHE IM FREIEN
Man kann auf einer Terrasse oder in einem Garten essen, oft mit schöner Aussicht.

GUTE WEINKARTE
Das Restaurant verfügt über eine große Auswahl guter Weine.

KREDITKARTEN
Folgende Kreditkarten werden akzeptiert: *AE* American Express, *DC* Diners Club, *MC* MasterCard und *V* Visa.

Restaurant	Kreditkarten	Lange Öffnungszeiten	Tische im Freien	Gute Weinkarte
BAIRRO ALTO: *Tavares* www.tavaresrico.pt €€€€€ Rua da Misericórdia 35–37. **Stadtplan** 7 A4. *21-342 11 12.* Das älteste Restaurant Lissabons – gegründet 1784 – ist bekannt für seine fantastische *foie gras* und den überbackenen Seebarsch mit Krabben. *Sa, So mittags.*	*AE DC MC V*			■
BAIXA: *Paris* €€€ Rua dos Sapateiros 126. **Stadtplan** 7 B4. *21-346 97 97.* In dem seit fast fünfzig Jahren bestehenden Restaurant serviert man einen Mix aus portugiesischer und galicischer Küche. *1. Jan, 25. u. 31. Dez.*	*AE DC MC V*			
BELÉM: *Já Sei* €€€€ Avda Brasilia 202. **Stadtplan** 4 C4. *21-301 59 69.* Wegen seiner wunderschöne Lage am Fluss empfiehlt sich ein Besuch des Restaurants besonders im Sommer. *So abends, Mo.*	*AE DC MC V*		●	■
BELÉM: *São Jerónimo* €€€€ Rua dos Jerónimos 12. **Stadtplan** 1 C4. *21-364 87 97.* Das São Jerónimo ist ein elegantes, geräumiges Restaurant, das im Stil der 1930er Jahre eingerichtet ist. Auf der Karte stehen portugiesische und französische Gerichte. *Sa mittags, So, Feiertage (außer 1. Jan u. 31. Dez).*	*AE DC MC V*			■
BELÉM: *Vela Latina* €€€€ Doca do Bom Sucesso. **Stadtplan** 1 B5. *21-301 71 18.* Die Spezialität des Restaurants, das sich unweit des Tejo befindet, ist *cataplana rica do mar* (Meeresfrüchte). *So.*	*AE DC MC V*	■	●	■
CACILHAS: *Atira-te ao Rio* €€€ Cais do Ginjal 69–70. *21-272 17 67.* Brasilianische Küche auf der anderen Seite des Tejo, darunter *feijadas à Brasilera* (Bohneneintopf). *Mo.*		■	●	
CAMPO DE OURIQUE: *Tasquinha d'Adelaide* €€€€ Rua do Patrocino 72–74. **Stadtplan** 3 C2. *21-396 22 39.* Das bei Einheimischen beliebte kleine Restaurant serviert Gerichte, die von der klassischen portugiesischen Küche inspiriert sind. *So.*	*AE DC MC V*	■		
CAMPO PEQUENO: *Chimarrão* €€ Campo Pequeno 79. **Stadtplan** 5 C1. *21-793 97 60.* Eine kleine Restaurantkette, die sich auf brasilianische Küche spezialisiert hat. Empfehlenswert ist das Fleischgericht *rodízio.*	*AE DC MC V*	■		■
CAMPO PEQUENO: *A Gôndola* €€€ Avenida de Berna 64. **Stadtplan** 5 B2. *21-797 04 26.* Das freundliche italienische Restaurant tischt neben Pastagerichten auch portugiesische Leckereien auf. Im Sommer können Sie im Garten speisen. *So.*	*AE MC V*		●	■
CAMPO PEQUENO: *António Clara – Clube dos Empresários* €€€€ Avenida da República 38. **Stadtplan** 5 C1. *21-79 99 42 80.* In einem wunderschön restaurierten alten Gebäude ist nun das Restaurant beheimatet – die Küche ist französisch beeinflusst. *So, Feiertage.*	*AE DC MC V*			■
CASTELO: *Resto do Chapitô* €€€ Costa do Castelo 7. **Stadtplan** 7 C3. *21-886 73 34.* Die umfangreiche Karte des Restaurants wartet mit internationalen Speisen auf. Bar und gute Aussicht auf den Hafen. *gelegentlich.*		■	●	■
CASTELO: *Casa do Leão* €€€€ Castelo de São Jorge. **Stadtplan** 8 D3. *21-888 01 54.* Im Castelo de São Jorge *(siehe S. 78f)* verwöhnt das erstklassige Restaurant seine Gäste mit traditioneller portugiesischer Küche und tadellosem Service. *Mo–Fr.*	*AE DC MC V*		●	■

Zeichenerklärung siehe hintere Umschlagklappe

Preiskategorien für ein Drei-Gänge-Menü, inklusive einer halben Flasche Wein, Gedeck und Service:

€ unter 10 Euro
€€ 10–15 Euro
€€€ 15–20 Euro
€€€€ 20–30 Euro
€€€€€ über 30 Euro

Lange Öffnungszeiten
Die Küche ist bis nach 22 Uhr geöffnet; Essensbestellungen sind in der Regel bis 23 Uhr möglich.

Tische im Freien
Man kann auf einer Terrasse oder in einem Garten essen, oft mit schöner Aussicht.

Gute Weinkarte
Das Restaurant verfügt über eine große Auswahl guter Weine.

Kreditkarten
Folgende Kreditkarten werden akzeptiert: *AE* American Express, *DC* Diners Club, *MC* MasterCard und *V* Visa.

Chiado: *Tágide* €€€€€
Largo da Academia Nacional de Belas Artes 18–20. **Stadtplan 7 B5.** *21-347 18 80.*
Elegantes Restaurant, das mit *azulejos* aus dem 18. Jahrhundert geschmückt ist und in dem ein Brunnen aus dem 17. Jahrhundert plätschert. Delikate portugiesische Küche, die ihren Preis wert ist. *Sa mittags, So.*

Graça: *Via Graça* €€€€
Rua Damasceno Monteiro 9b. **Stadtplan 8 D1.** *21-390 92 46.*
Das Via Graça bietet eine schöne Aussicht auf Burg und Baixa und delikat zubereitete portugiesische Speisen. *Sa u. Feiertage mittags, So.*

Lapa: *Café d'Arte* €€
Rua das Janelas Verdes, Museu de Arte Antiga. **Stadtplan 4 D4.** *21-391 28 00.*
Die Lage direkt am Ufer des Tejo ist hervorragend. Ein Mittagessen hier lässt sich ideal mit einem Besuch des Museu Nacional de Arte Antiga verbinden.
Mo, Di, abends (schließt mit dem Museum); Feiertage.

Lapa: *Picanha* €€€
Rua das Janelas Verdes 96. **Stadtplan 4 D4.** *21-397 54 01.*
Im Picanha serviert man nur ein Gericht: *picanha*, gegrilltes Rumpsteak mit Kartoffeln, Reis, Salat und Bohnen.
Sa, So u. Feiertage mittags; 1. Jan, Karfreitag, 24./25. Dez.

Lapa: *A Confraria* €€€€
Pensão York House, Rua das Janelas Verdes 32. **Stadtplan 4 D4.** *21-396 24 35.*
Das hübsche, gekachelte Hotelrestaurant verwöhnt seine Gäste mit internationalen und portugiesischen Speisen.

Lapa: *Sua Excelência* €€€€
Rua do Conde 34. **Stadtplan 4 D3.** *21-390 36 14.*
In legerer Atmosphäre genießen Sie hier klassische portugiesische Küche, hervorragend zubereitet. *Sa mittags.*

Lapa: *Ristorante Hotel Ciprion* €€€€€
Lapa Palace, Rua do Pau da Bandeira 4. **Stadtplan 3 C3.** *21-395 00 05.*
Dies Restaurant bietet moderne italienische und mediterrane Küche in eleganter Umgebung. Es gibt einen Nichtraucherbereich.

Marquês Pombal: *Pabe* €€€€
Rua Duque de Palmela 27a. **Stadtplan 5 C5.** *21-353 74 84.*
Das Pabe mit seinem mittelalterlichen Dekor bietet hervorragende, traditionelle portugiesische Grillgerichte. *1. Mai.*

Marquês Pombal: *Restaurante 33A* €€€€
Rua Alexandre Herculano 3. **Stadtplan 5 C5.** *21-354 60 79.*
Dem gepflegten Ambiente entspricht die hervorragende portugiesische Küche.
Sa mittags, So, Feiertage.

Praça do Chile: *Cervejaria Portugalia* €€€
Avenida Almirante Reis 117. **Stadtplan 6 E5.** *21-314 00 02.*
Diese Bierhalle ist die erste einer kleinen Kette. Das Restaurant ist beliebt bei Familien und serviert exzellenten Schellfisch und Steaks. *Feiertage mittags.*

Praça Espanha: *O Polícia* €€€
Rua Marquês Sá da Bandeira 112a. **Stadtplan 5 B3.** *21-796 35 05.*
Das freundliche Restaurant mit einer attraktiven Bar präsentiert jeden Tag eine andere Karte. *Sa abends, So, Feiertage.*

Rato: *Os Tibetanos* €€
Rua do Salitre 117. **Stadtplan 4 F1.** *21-314 20 38.*
Das vegetarische Restaurant, das sich im buddhistischen Zentrum befindet, serviert eine Auswahl an preiswerten tibetischen Gerichten.
Sa, So, Feiertage.

	Kreditkarten	Lange Öffnungszeiten	Tische im Freien	Gute Weinkarte
Tágide	AE DC MC V			■
Via Graça	AE DC MC V	■		■
Café d'Arte	AE MC V		●	
Picanha		■		■
A Confraria	AE DC MC V		●	■
Sua Excelência	AE DC MC V	■	●	■
Ristorante Hotel Ciprion	AE DC MC V			■
Pabe	AE DC MC V	■		■
Restaurante 33A	AE DC MC V		●	■
Cervejaria Portugalia	V	■		
O Polícia	AE MC V			
Os Tibetanos	AE MC V		●	

RATO: *Casa da Comida* €€€€€
Travessa das Amoreiras 1. **Stadtplan** 5 B5. *21-388 53 76.*
Exquisites Restaurant mit nettem Patio und köstlichen traditionellen Gerichten. *Mo u. Sa mittags, So, Feiertage.*
AE DC MC V | ■ | ● | ■

RESTAURADORES: *Casa do Alentejo* €€
Rua das Portas de Santo Antão 58. **Stadtplan** 7 A2. *21-340 51 40.*
Das schöne Haus aus dem 19. Jahrhundert beherbergt ein Restaurant, das sich der Küche des Alentejo widmet. *1.–19. Aug.*
MC

RESTAURADORES: *Lagosta Real* €€€€
Rua das Portas de Santo Antão 37. **Stadtplan** 7 A2. *21-342 39 95.*
In erster Linie isst man hier Fisch und Meeresfrüchte, natürlich auch Languste. Schellfischkasserole ist eine Spezialität.
AE DC MC V | ■ | ● | ■

RESTAURADORES: *Solar dos Presuntos* €€€€
Rua das Portas de Santo Antão 150. **Stadtplan** 7 A2. *21-342 42 53.*
Sie sehen schon in der Auslage, was empfehlenswert ist: Fisch in vielfältigen Variationen und natürlich allerlei Meeresfrüchte. *So; 25.–31. Aug, eine Woche um Weihnachten.*
AE DC MC V

RESTAURADORES: *Gambrinus* €€€€€
Rua das Portas de Santo Antão 23. **Stadtplan** 7 A2. *21-342 14 66.*
Das in ganz Portugal bekannte Restaurant ist außergewöhnlich gut, aber teuer. Die exzellente Weinkarte enthält auch alte Portweine.
1. Mai, 24. Dez abends.
AE V | ■ | | ■

SALDANHA: *António* €€
Rua Tomás Ribeiro 63. **Stadtplan** 5 C3 *21-353 87 80.*
Dieses Restaurant ist gut für ein Mittagessen, die Küche ist bodenständig und geradlinig – zwar »nur« gebratenes Huhn oder Steak mit Pommes frites, das aber wirklich gut. *So.*
AE DC MC V | | ● |

SALDANHA: *Tomi dos Bifes* €€
Avenida Praia do Vitoria 5A. **Stadtplan** 6 D3. *21-353 60 80.*
Spezialität dieses Restaurants mit portugiesischer Küche ist Rindfleisch. Probieren Sie das pikante Rindfleischgericht *à Tomi.* *Aug.*
AE MC V | ■ | ● | ■

SALDANHA: *Mezzaluna* €€€€€
Rua Arlilharia 16. **Stadtplan** 5 A4. *21-387 99 44.*
Das attraktive italienische Restaurant bietet eine Fülle von Klassikern. Beliebt sind vor allem Nudelgerichte wie *spaghetti alla carbonara* oder Pasta mit Shrimps und Hummer. *1. Jan, 25. Dez.*
AE DC MC V | | | ■

SANTA APOLÓNIA: *Casanova* €€€
Avenida Infante Dom Henrique. **Stadtplan** 8 D5. *21-887 75 32.*
Die unumstritten beste Pizzeria Lissabons liegt in einem ehemaligen Kaufhaus. Auf der Karte stehen auch Nudelgerichte und Salate.
Mo; Sa mittags.
AE MC V | ■ | ● |

SANTA APOLÓNIA: *Bica do Sapato* €€€€€
Avenida Infante Dom Henrique am Cais da Pedra. **Stadtplan** 8 D5. *21-881 03 20.*
Schickes Restaurant mit den besten Fischgerichten der Stadt. Das Restaurant liegt in einem ehemaligen Kaufhaus. Die Innenausstattung ist im 1970er Retro-Stil gehalten, aber nicht unangehem übertrieben, sondern witzig und mit Chic. *Mo mittags, So.*
AE MC V | ■ | ● | ■

SANTOS: *Kais* €€€€
Cais da Viscondessa, Rua da Cintura do Porto de Lisboa. **Stadtplan** 4 D4. *21-342 37 40.*
Moderne portugiesische und mediterrane Küche in einem umgebauten Schuppen. Die Innenausstattung würde gut in einen Batman-Film passen.
Mo.
| ■ | ● | ■

SÃO BENTO: *Conventual* €€€€
Praça das Flores 44–45. **Stadtplan** 4 E2. *21-60 91 96.*
Die Karte des mit religiösen Gegenständen geschmückten Restaurants enthält originelle Fisch- und Fleischgerichte. Reservierungen sind sehr zu empfehlen. *Sa mittags, So, Mo.*
AE DC MC V | | | ■

XABREGAS: *D'Avis* €€€€
Rua do Grilo 96–98. *21-868 13 54.*
Zu den besonderen Spezialitäten dieses Restaurants gehört *bacalhau* mit viel Koriander. Das Lokal liegt etwas östlich der Innenstadt, ist aber noch gut erreichbar. *So.*
AE DC MC V | | | ■

Zeichenerklärung siehe hintere Umschlagklappe

Preiskategorien für ein Drei-Gänge-Menü, inklusive einer halben Flasche Wein, Gedeck und Service:

€ unter 10 Euro
€€ 10–15 Euro
€€€ 15–20 Euro
€€€€ 20–30 Euro
€€€€€ über 30 Euro

Lange Öffnungszeiten
Die Küche ist bis nach 22 Uhr geöffnet; Essensbestellungen sind in der Regel bis 23 Uhr möglich.

Tische im Freien
Man kann auf einer Terrasse oder in einem Garten essen, oft mit schöner Aussicht.

Gute Weinkarte
Das Restaurant verfügt über eine große Auswahl guter Weine.

Kreditkarten
Folgende Kreditkarten werden akzeptiert: *AE* American Express, *DC* Diners Club, *MC* MasterCard und *V* Visa.

Umgebung von Lissabon

	Kreditkarten	Lange Öffnungszeiten	Tische im Freien	Gute Weinkarte
Cascais: *Dom Manolo* €€ Avenida Marginal 11. **Straßenkarte** B5. *21-483 11 26.* Die günstige, vielfältige Karte umfasst u. a. *frango no churrasco* (geröstetes Hühnchen) und *pasteis de bacalhau* (Kabeljaukroketten). *Jan.*			●	
Cascais: *Estrela da Índia* €€ Rua Freitas Reis 15b. **Straßenkarte** B5. *21-484 65 40.* Das einfache indische Restaurant bietet auch viele vegetarische Gerichte an. *24. Dez.*	AE MC V			
Cascais: *Os Navegantes* €€€ Travassa dos Navegantes 13. **Straßenkarte** B5. *21-483 23 31.* Bei Einheimischen sehr beliebtes Restaurant. Spezialitäten sind Fischgerichte und am Spieß gebratenes Fleisch. *So.*	AE V	■		■
Cascais: *Buchanan's Café, Bar and Restaurant* €€€€ Travessa de Alfarrobeira 2. **Straßenkarte** B5. *21-484 75 90.* Im obersten Stockwerk des Gebäudes Visconde da Luz gelegen mit fantastischem Blick über den Yachthafen.	AE DC MC V	■	●	■
Cascais: *Casa Velha* €€€€ Avenida Valbom 1. **Straßenkarte** B5. *21-483 25 86.* Zur Einrichtung des hübschen Speisesaals gehört ein Boot; regionale Küche. *Mo.*	AE DC MC V	■		■
Cascais: *Eduardo's* €€€€ Largo das Grutas 3. **Straßenkarte** B5. *21-483 19 01.* In diesem Restaurant serviert man eine ungewöhnliche Verbindung von belgischer und portugiesischer Küche; viele flambierte Speisen. *Mi.*	AE MC V		●	■
Cascais: *Esplanada Santa Marta* €€€€ Travassa do Enviado de Inglaterra 1d, e, f. **Straßenkarte** B5. *21-352 11 94.* Bekannt für traditionelle portugiesische, wie auch für seine Fischgerichte. Im Sommer werden die Speisen auf einer kleinen Terrasse mit Blick auf das Meer serviert.	AE MC V	■	●	■
Cascais: *O Pescador* €€€€€ Rua das Flores 10b. **Straßenkarte** B5. *21-483 20 54.* Das bekannte Fisch-und-Meeresfrüchte-Restaurant schmücken Fischerutensilien und Fotos früherer Gäste. *So.*	AE DC MC V	■	●	■
Ericeira: *O Barco* €€€ Rua Capitão João Lopes 14. **Straßenkarte** B5. *261-86 27 59.* Zu den Spezialitäten des Hauses zählen *feijoada de marisco* (Meeresfrüchte-Bohneneintopf) und ein Meeresfrüchtecurry. *Do; letzte Woche im Juni, erste Woche im Juli, 2 Wochen im Dez.*	AE DC MC V			
Estoril: *Pinto's* €€€ Arcadas do Parque 18b. **Straßenkarte** B5. *21-468 72 47.* Pinto's ist eine Kombination aus Bar, Cafeteria und Restaurant; gute Pasta- und Meeresfrüchtegerichte. *2 Wochen vor dem 24. Dez.*	AE DC MC V	■	●	
Estoril: *Four Seasons* €€€€€ Hotel Palácio, Rua do Parque. **Straßenkarte** B5. *21-464 80 00.* In jeder Hinsicht ein sehr stilvolles Restaurant – Einrichtung und Essen genügen höchsten Ansprüchen.	AE DC MC V			■
Guincho: *Estalagem Muchaxo* €€€€ Praia do Guincho. **Straßenkarte** B5. *21-487 02 21.* Mit Blick auf das Cabo da Roca isst man hier leckeren Fisch und Meeresfrüchte. *Sa u. So mittags.*	AE DC MC V			■

Guincho: *Porto de Santa Maria* €€€€€ Estrada do Guincho. **Straßenkarte** B5. *21-487 49 50.* Das beste Fisch-und-Meeresfrüchte-Restaurant der Gegend – die Tagesspezialitäten sind auf einem Marmortisch ausgebreitet. *Mo, 25. Dez.*	AE DC MC V			■
Monte Estoril: *O Sinaleiro* €€€ Avenida de Sabóia 595. **Straßenkarte** B5. *21-468 54 39.* Das bei Einheimischen beliebte Restaurant serviert unter anderem *escalopes à zíngara* (Schnitzel in Madeira-Sahne-Sauce). *Mo; 2 Wochen im Apr u. Okt.*	AE DC MC V		●	
Monte Estoril: *O Festival* €€€€ Avenida de Sabóia 515d. **Straßenkarte** B5. *21-468 85 63.* Hier bietet man eine gelungene französische Küche. Sehr zu empfehlen ist die mit Lachs gefüllte Seezunge. *So, Di mittags.*	AE DC MC V	■	●	■
Paço d'Arcos: *La Cocagne* €€€€€ Avenida Marginal (Curva dos Pinheiros). **Straßenkarte** B5. *21-441 42 31.* Als eines der besten französischen Restaurants Portugals wartet das La Cocagne mit prächtiger Einrichtung, tadellosem Service und selbstverständlich einem fantastischen Essen auf. *25. Dez.*	AE DC MC V		●	■
Palmela: *Pousada de Palmela* €€€€ Pousada de Palmela, Castelo de Palmela. **Straßenkarte** C5. *21-235 12 26.* Im umgebauten Refektorium des Klosters (15. Jh.) gibt es Leckereien wie gesalzenen Kabeljau im Brotmantel und mit Schinken gefüllt. *Fr u. Sa.*	AE DC MC V		●	■
Portinho da Arrábida: *Beira-Mar* €€€€ Portinho da Arrábida. **Straßenkarte** C5. *21-218 05 44.* Zu den Spezialitäten des schön gelegenen Restaurants gehören Reisgerichte mit Fisch oder Meeresfrüchten. *Mo (Okt–März); 15. Dez–15. Jan.*	AE DC MC V		●	
Queluz: *Cozinha Velha* €€€€ Largo Palácio Nacional de Queluz. **Straßenkarte** B5. *21-435 61 58.* Das geräumige Restaurant im Palast von Queluz ist berühmt für seine ausgezeichnete portugiesische Küche.	AE DC MC V		●	■
Sesimbra: *Ribamar* €€€€ Avenida dos Náufragos 29. **Straßenkarte** C5. *21-223 48 53.* Genießen Sie den herrlichen Meerblick sowie die innovativen Fisch- und Meeresfrüchtegerichte.	AE MC V		●	■
Setúbal: *Copa d'Ouro* €€€ Rua João Soveral 17. **Straßenkarte** C5. *265-52 37 55.* Köstlichkeiten des Hauses sind *caldeirada à Setubalense* (Meeresfrüchteeintopf) und *cataplana de tambril* (gedünsteter Wolfsbarsch). *Di; Sep.*	AE MC V	■	●	
Setúbal: *Pousada de São Filipe* €€€€ Pousada de São Filipe, Castelo de São Filipe. **Straßenkarte** C5. *265-55 00 70.* Das Restaurant liegt oberhalb von Setúbal und der Sado-Mündung. Kürbiscremesuppe und gebratene rote Meeräsche sind zu empfehlen.	AE DC MC V		●	■
Sintra: *Tulhas* €€€ Rua Gil Vicente 4–6. **Straßenkarte** B5. *21-923 23 78.* Das ländliche, mit *azulejos* geschmückte Restaurant kocht deftige regionale Gerichte. *Mo.*	AE DC MC V			
Sintra: *Lawrence's* €€€€ Rua Consiglieri Pedroso 39–40, São Pedro de Sintra. **Straßenkarte** B5. *21-910 55 00.* Im gleichnamigen Hotel bietet dieses Restaurant eine umfangreiche Karte internationaler und portugiesischer Speisen, die täglich wechseln.	AE MC V		●	■
Sintra: *Panorâmico* €€€€ Hotel Tivoli Sintra, Praça da República. **Straßenkarte** B5. *21-923 35 05.* Neben einer Standardkarte offeriert das ausgezeichnete Restaurant jeden Abend eine andere Spezialität.	AE DC MC V			
Sintra: *Restaurante Palácio de Seteais* €€€€€ Rua Barbosa du Bocage 8, Seteais. **Straßenkarte** B5. *21-923 32 00.* Das Restaurant in einem Palast aus dem 18. Jahrhundert präsentiert eine wechselnde Karte mit internationalen und portugiesischen Gerichten.	AE DC MC V			■
Vila Fresca de Azeitão: *O Manel* €€€ Largo Dr. Teixeira 6a. **Straßenkarte** C5. *21-219 03 36.* Preiswertes Restaurant in Familienbesitz; gute Fischgerichte. *So; Okt.*	AE MC V			

Zeichenerklärung siehe hintere Umschlagklappe

Preiskategorien für ein Drei-Gänge-Menü, inklusive einer halben Flasche Wein, Gedeck und Service:

- € unter 10 Euro
- €€ 10–15 Euro
- €€€ 15–20 Euro
- €€€€ 20–30 Euro
- €€€€€ über 30 Euro

Lange Öffnungszeiten
Die Küche ist bis nach 22 Uhr geöffnet; Essensbestellungen sind in der Regel bis 23 Uhr möglich.

Tische im Freien
Man kann auf einer Terrasse oder in einem Garten essen, oft mit schöner Aussicht.

Gute Weinkarte
Das Restaurant verfügt über eine große Auswahl guter Weine.

Kreditkarten
Folgende Kreditkarten werden akzeptiert: *AE* American Express, *DC* Diners Club, *MC* MasterCard und *V* Visa.

Estremadura und Ribatejo

Restaurant	Preis	Kreditkarten	Lange Öffnungszeiten	Tische im Freien	Gute Weinkarte
Abrantes: *O Pelicano* Rua de Nossa Senhora da Conceição 1. **Straßenkarte** C4. *241-36 23 17.* In der Nähe des Hauptplatzes gelegen, serviert man hier regionale Gerichte wie *bacalao a lagareiro* (Kabeljau mit Brot). *So.*	€€	AE DC MC V			
Alcobaça: *Trindade* Praça Dom Afonso Henriques 22. **Straßenkarte** C4. *262-58 23 97.* Zu den Spezialitäten des Restaurants gehört *frango no púcaro* (Hühncheneintopf). *2 Wochen im Mai und Okt.*	€€	AE MC V		●	
Almeirim: *Toucinho* Rua de Timor 20. **Straßenkarte** C4. *243-59 22 37.* Das Restaurant in Familienbesitz ist bekannt für eine herzhafte ländliche Küche. Zu empfehlen ist die *sopa de pedra (siehe S. 146). Do; Aug.*	€€				■
Barragem do Castelo de Bode: *São Pedro* Pousada de São Pedro. **Straßenkarte** C4. *249-38 11 59.* Im Restaurant dieser *pousada* wird gehobene regionale Küche geboten, auch gegrillte Forelle und *chanfana* (in Rotwein gekochtes Ziegenfleisch).	€€€€	AE DC MC V			■
Batalha: *Mestre Afonso Domingues* Largo do Mestre Afonso Domingues 6. **Straßenkarte** C4. *244-76 52 60.* In dem Restaurant der *pousada* kocht man erprobte klassisch-portugiesische Spezialitäten.	€€€€	AE DC MC V		●	■
Caldas da Rainha: *A Lareira* Rua da Lareira, Alto do Nobre. **Straßenkarte** B4. *262-28 34 32.* Das A Lareira offeriert portugiesische Speisen wie *ensopado de enguias* (Aaleintopf) und *perdiz à Lareira* (Rebhuhn mit Gemüse). *Di.*	€€€	DC MC V	■		■
Caldas da Rainha: *Supatra* Rua General Amilcar Mota, 2300. **Straßenkarte** B4. *262-84 29 20.* Einst Portugals einziges Thai-Restaurant, aber noch heute gut besucht. Es werden auch portugiesische Gerichte serviert. *Mo; So abends (außer August); 2 Wochen im Mai u. Dez.*	€€€	AE MC V	■		■
Fátima: *Dom Gonçalo* Rua Jacinta Marto 100. **Straßenkarte** C4. *249-53 93 30.* Ein hübsches Hotel beherbergt dieses Restaurant, das leckere Fischgerichte und geschmorte Ente auftischt.	€€€€	AE DC MC V			■
Fátima: *Tia Alice* Rua do Adro. **Straßenkarte** C4. *249-53 17 37.* Eines der besten Restaurants der Gegend – hier gibt es Spezialitäten aus Trás-os-Montes. *Mo mittags, So; 2 Wochen im Juli.*	€€€€	AE MC V			■
Leiria: *Tromba Rija* Rua Professores Portelas 22, Marrazes. **Straßenkarte** C4. *244-85 50 72.* In ganz Portugal ist dieses exzellente Restaurant bekannt, vor allem wegen seiner leckeren Vorspeisen und der *ovos verdes* (eine Eierspeise). *Mo, So; 2 Wochen im Juli.*	€€€€	AE MC V			■
Nazaré: *Mar Bravo* Praça Sousa Oliveira 71. **Straßenkarte** C4. *262-56 91 60.* Die Glaswand bietet grandiose Ausblicke auf den Atlantik. Auf der Speisekarte stehen Fleisch- und Fischgerichte sowie Meeresfrüchte. *Dez–Feb.*	€€€€	AE DC MC V	■	●	■
Óbidos: *O Alcaide* Rua Direita. **Straßenkarte** B4. *262-95 92 20.* Probieren Sie hier *coelho à Alcaide* (Kanincheneintopf) oder *bacalhau à Alcaide* (Kabeljau mit Kartoffeln und Olivenöl). *Mo; März–15. Apr, 14.–30. Nov.*	€€€	AE DC MC V		●	

Óbidos: *Castelo* €€€€
Paço Real. **Straßenkarte** B4. *262-95 50 80.*
Das Restaurant der *pousada* serviert regionale Spezialitäten wie *cabrito* (Zicklein) und *trouxas de ovos* (Gebäck aus Eiern und Zucker).
AE DC MC V

Óbidos: *Estelagem do Convento* €€€€
Rua D. Jose D'Ornelas, 2510. **Straßenkarte** B4. *262-95 92 14/7.*
Das im gleichnamigen Hotel *(siehe S. 387)* gelegene Restaurant serviert internationale und portugiesische Speisen. *mittags; So .*
AE MC V

Peniche: *Estelas* €€€
Rua Arquitecto Paulino Montês 21. **Straßenkarte** B4. *262-78 24 35.*
Das Estelas rühmt sich seiner Meeresfrüchtekarte; Leckereien sind Oktopussalat, Meeresfrüchtereis und Fischspießchen. *Mi; 2 Wochen im Okt.*
AE MC V

Peniche: *Marisqueira Cortiçais* €€€€
Porto d'Areia Sul. **Straßenkarte** B4. *262-78 72 62.*
Weithin geschätztes Restaurant, das sich auf Meeresfrüchte spezialisiert hat. *Mi (Sep–Juli); 2 Wochen im Sep.*
AE DC MC V

Santarém: *Central* €€
Rua Guilherme de Azevedo 32. **Straßenkarte** C4. *243-32 23 03.*
Das seit 1933 bestehende Art-déco-Restaurant erfreut sich großer Beliebtheit; sehr gut ist das *bife à Central* (Steak in Senfsauce). *So.*
AE MC V

Santarém: *Mal Cozinhado* €€€
Campo da Feira. **Straßenkarte** C4. *243-32 35 84.*
Im Gegensatz zu seinem Namen – der übersetzt soviel wie »schlecht gekocht« bedeutet –, beherrscht das Restaurant durchaus die Kunst des Kochens. Eine Spezialität des Hauses ist *bacalhau com magusto.* *So (Juli/Aug).*
AE DC MC V

Tomar: *A Bela Vista* €€
Rua Marquês Pombal. **Straßenkarte** C4. *249-31 28 70.*
Das Bela Vista bietet nicht nur schöne Aussicht auf Fluss und Burg, sondern verwöhnt Gäste auch mit vorzüglicher regionaler Küche. *Mo abends, Di; Nov.*

Tomar: *Calça Perra* €€€€
Rua Pedro Dias 59. **Straßenkarte** C4. *249-32 16 16.*
In dem freundlichen Restaurant der Altstadt erwarten Sie leckere brasilianische Gerichte. *Mo.*

Tomar: *Chico Elias* €€€€
Algarivas. **Straßenkarte** C4. *249-31 10 67.*
Ein rustikales Restaurant an der alten Straße nach Rorres Novas, zwei Kilometer südlich von Tomar. Traditionelle regionale Küche. *Di; 1.–15. Sep.*

Torres Vedras: *O Pátio do Faustino* €€
Largo do Choupal. **Straßenkarte** B5. *261-32 43 46.*
Das legere ländliche Restaurant konzentriert sich auf gegrillten Fisch. *So abends.*

Vila Franca de Xira: *O Redondel* €€€€
Arcadas da Praça de Touros. **Straßenkarte** C5. *263-72 29 73.*
Das in den Arkaden der Stierkampfarena untergebrachte, elegante Restaurant bietet traditionelle Gerichte des Ribatejo wie *açorda de sável* (Brotsuppe) und eine exzellente Weinkarte. *Mo.*
AE DC MC V

Die Beiras

Almeida: *Senhora das Neves* €€€€
Pousada da Nossa Senhora das Neves. **Straßenkarte** E2. *271-57 42 83.*
Das Restaurant in der *pousada* von Almeida führt Kabeljau- und Zickleingerichte.
AE DC MC V

Aveiro: *Cozinha do Rei* €€€
Rua Doutor Manuel Neves 66. **Straßenkarte** C3. *234-48 37 10.*
Das Cozinha do Rei, eines der besten Restaurants in Aveiro, ist häufig von Gruppen belegt. Lassen Sie sich hier Wolfsbarsch, Meeresfrüchtesalat oder die süßen *ovos moles* schmecken. *So abends.*
AE DC MC V

Aveiro: *O Mercantel* €€€€
Cais dos Mercantéis 13. **Straßenkarte** C3. *234-42 80 57.*
Mit Blick auf den Kanal essen Sie hier vorzügliche Fleisch-, Fisch- und Meeresfrüchtegerichte. *Mo.*
AE DC MC V

Preiskategorien für ein Drei-Gänge-Menü, inklusive einer halben Flasche Wein, Gedeck und Service:

€ unter 10 Euro
€€ 10–15 Euro
€€€ 15–20 Euro
€€€€ 20–30 Euro
€€€€€ über 30 Euro

Lange Öffnungszeiten
Die Küche ist bis nach 22 Uhr geöffnet; Essensbestellungen sind in der Regel bis 23 Uhr möglich.

Tische im Freien
Man kann auf einer Terrasse oder in einem Garten essen, oft mit schöner Aussicht.

Gute Weinkarte
Das Restaurant verfügt über eine große Auswahl guter Weine.

Kreditkarten
Folgende Kreditkarten werden akzeptiert: *AE* American Express, *DC* Diners Club, *MC* MasterCard und *V* Visa.

Restaurant	Kreditkarten	Lange Öffnungszeiten	Tische im Freien	Gute Weinkarte
Belmonte: *Pousada do Convento de Belmonte* €€€€ Serrada Esperança. **Straßenkarte** D3. *275-91 03 00.* Ambitionierte lokale und regionale Küche sowie moderne Gerichte wie Entenbrust in Jasminsoße.	AE DC MC V			
Buçaco: *Palace Hotel do Buçaco* €€€€ Palace Hotel do Buçaco. **Straßenkarte** C3. *231-93 79 70.* Der Speisesaal des Luxushotels *(siehe S. 388)* ist ein manuelinischer Traum. Die Küche bietet eine gehobene portugiesische Küche. Im Keller werden die berühmten Weine des Ortes in Flaschen gefüllt.	AE DC MC V		●	■
Caramulo: *São Jerónimo* €€€€ Pousada de São Jerónimo, N230. **Straßenkarte** C3. *232-86 12 91.* In der kleinen *pousada* südlich von Caramulo isst man herzhafte ländliche Gerichte.	AE DC MC V			■
Castelo Branco: *Praça Velha* €€€€ Largo Luís de Camões 17. **Straßenkarte** D4. *272-32 86 40.* Architekten und Innenausstatter haben dem Bau, einst ein Kornspeicher, ein gänzlich neues Gesicht gegeben; das hier beheimatete Restaurant praktiziert eine ambitionierte Küche auf der Basis traditioneller Rezepte. ● *Mo.*	AE DC MC V			■
Coimbra: *Democrática* €€ Travessa Rua Nova 5. **Straßenkarte** C3. *239-82 37 84.* Das schwer zu findende Restaurant erfreut sich vor allem bei den Studenten der Stadt großer Beliebtheit. Die Spezialität des Hauses ist *arroz de polvo* (Reis mit Oktopus). ● *So, Feiertage.*	AE DC MC V	■		
Coimbra: *O Trovador* €€ Largo da Sé Velha 15–17. **Straßenkarte** C3. *239-82 54 75.* Ein rustikales Restaurant in der Altstadt mit ausgezeichneten regionalen Gerichten wie *chanfana* (Kitzeintopf in Weinsauce). ● *So.*	MC V			■
Coimbra: *L'Amphitryon* €€€€ Avenida Emídio Navarro 21. **Straßenkarte** C3. *239-85 30 20.* Der Speisesaal des Hotels Astória *(siehe S. 389)* weist noch das Dekor der 1920er Jahre auf; die französischen und portugiesischen Spezialitäten sind eine Versuchung.	AE DC MC V			■
Coimbra: *Arcades da Capela* €€€€€ Santa Clara. **Straßenkarte** C3. *239-80 23 80.* Das Restaurant im Hotel Quintas das Lágrinas serviert exzellente und kreative Gerichte, darunter ein *bacalhao*-Carpaccio an Basilikumöl. ● *So, Mo; Jan.*	AE DC MC V			■
Condeixa-a-Nova: *Santa Cristina* €€€€ Rua Francisco de Lemos. **Straßenkarte** C3. *239-94 12 86.* Das Restaurant in einer *pousada* in der Nähe von Conimbriga serviert unter anderem guten Reis mit Oktopus.	AE DC MC V			■
Guarda: *Telheiro* €€€€ Ausfahrt 16. **Straßenkarte** D3. *271-22 17 27.* Bekannt für sein Reisgericht mit *bacalhao* und Meeresfrüchten. Das Restaurant serviert je nach Saison auch Wildgerichte				■
Luso: *O Cesteiro* €€ Rua Monsenhor Raúl Mira 76. **Straßenkarte** C3. *231-93 93 60.* In hübscher Umgebung tischt man hier deftige Gerichte wie *chanfana* (Kitzeintopf in Weinsauce) und Kabeljau auf.	AE DC MC V			
Manteigas: *São Lourenço* €€€€ N232, Penhas Douradas. **Straßenkarte** D3. *275-98 00 50.* Das Restaurant der hoch in der Serra da Estrela gelegenen *pousada* lockt mit kräftigen Suppen und Forelle in Zwiebelmarinade.	AE DC MC V			■

MEALHADA: *Pedro dos Leitões* €€€
N1, Sernadelo. **Straßenkarte** C3. 231-20 99 50.
Das Restaurant stellt einen idealen Zwischenstopp für Urlauber dar. Kosten Sie das delikate Spanferkel. *letzte Woche im Juni, erste Woche im Juli.*
AE MC V

MONSANTO: *Pousada de Monsanto* €€€
Rua da Capela. **Straßenkarte** E3. 277-31 44 71.
Das traditionsreiche Restaurant kocht leckere regionale Spezialitäten wie Wildschweineintopf und geröstetes Kitz.
AE DC MC V

MONTEMOR-O-VELHO: *Ramalhão* €€€€
Rua Tenente Valadim 24. **Straßenkarte** C3. 239-68 94 35.
Speisen Sie inmitten von Antiquitäten in einem Herrenhaus aus dem 16. Jahrhundert. *So abends, Mo; Okt.*
MC V

SORTELHA: *Dom Sancho I* €€€€
Largo do Corro. **Straßenkarte** D3. 271-38 82 67.
Das Restaurant mit offenem Kamin serviert eine herzhafte Küche, darunter je nach Saison auch Wild, jedoch keine frischen Fischgerichte. *Mo abends, Di.*

TRANCOSO: *O Museu* €€
Largo de Santa Maria. **Straßenkarte** D2. 271-81 18 10.
Das elegante Restaurant in der Altstadt serviert ländliche Küche. Spezialität ist ein Eintopf mit Räucherfleisch, Kohl und Kartoffeln. *So (außer Juni–Aug).*

VISEU: *Casablanca* €€
Avenida Emídio Navarro 70–72. **Straßenkarte** D3. 232-42 22 39.
Nahe dem Zentrum von Viseu gelegen, ist das Casablanca ein einfach eingerichtetes Restaurant mit Fisch- und Meeresfrüchtegerichten. *Mo.*
AE DC MC V

VISEU: *Churrascaria Santa Eulália* €€€
Avenida Luis Martins, Repeses. **Straßenkarte** D3. 232-43 62 83.
Das helle, geräumige Restaurant südlich von Viseu konzentriert sich auf Meeresfrüchte. *Do.*
AE DC MC V

VISEU: *O Cortiço* €€
Rua Augusto Hilário 47. **Straßenkarte** D3. 232-42 38 53.
Das Restaurant im Zentrum offeriert ländliche Küche in großen Portionen. Die Bezeichnungen auf der Speisekarte sind recht humorvoll. *24./25. Dez.*
AE DC MC V

DOURO UND TRÁS-OS-MONTES

ALIJÓ: *Barão de Forrester* €€€€
Rua José Ruffino. **Straßenkarte** D2. 259-95 92 15.
Das entzückende Restaurant, in einer *pousada* im Portweinanbaugebiet, hält eine Speisekarte bereit, auf der Sie gegrillten Oktopus finden.
AE DC MC V

AMARANTE: *Lusitânia* €€€
Rua 31 de Janeiro. **Straßenkarte** D2. 255-42 20 23.
Eine Grillspezialität ist das am Spieß gebratene Zicklein. Der Blick auf den Fluss Tâmega ist ein Genuss.

AMARANTE: *O Almirante* €€€€
Rua António Carneiro. **Straßenkarte** D2. 255-43 25 66.
Das O Almirante verbindet gutes Essen mit einer herzlichen Atmophäre. Zu den Spezialitäten des Hauses zählt Rind mit Pilzen.
AE DC MC V

AMARANTE: *São Gonçalo* €€€€
Pousada de São Gonçalo, Ansiães. **Straßenkarte** D2. 255-46 11 13.
Das Restaurant der *pousada* nordöstlich von Amarante kann mit einem fantastischen Panoramablick aufwarten. Ebenso beeindruckend ist die regional geprägte Küche.
AE DC MC V

BRAGANÇA: *Solar Bragançano* €€€
Praça da Sé 34. **Straßenkarte** E1. 273-32 38 75.
Das gediegen eingerichtete Restaurant befindet sich in einem alten Herrenhaus am Hauptplatz der Stadt. Zu empfehlen sind *perdiz com uvas* (Rebhuhn mit Trauben) und *faisão com castanhas* (Fasan mit Kastanien). *Mo im Winter*
AE DC MC V

CHAVES: *Leonel* €€
Campo da Roda. **Straßenkarte** D1. 276-32 31 88.
Beliebt bei Einheimischen wegen seines guten *bacalao au gratin* (gebackener Kabeljau) und *acorda de marisco* (gekochter Schellfisch). *Mo; 2 Wochen im Juli, 2 Wochen im Nov.*
AE DC MC V

Preiskategorien für ein Drei-Gänge-Menü, inklusive einer halben Flasche Wein, Gedeck und Service:

€ unter 10 Euro
€€ 10–15 Euro
€€€ 15–20 Euro
€€€€ 20–30 Euro
€€€€€ über 30 Euro

Lange Öffnungszeiten
Die Küche ist bis nach 22 Uhr geöffnet; Essensbestellungen sind in der Regel bis 23 Uhr möglich.

Tische im Freien
Man kann auf einer Terrasse oder in einem Garten essen, oft mit schöner Aussicht.

Gute Weinkarte
Das Restaurant verfügt über eine große Auswahl guter Weine.

Kreditkarten
Folgende Kreditkarten werden akzeptiert: *AE* American Express, *DC* Diners Club, *MC* MasterCard und *V* Visa.

Restaurant	Preis	Kreditkarten	Lange Öffnungszeiten	Tische im Freien	Gute Weinkarte
Chaves: *Carvalho* Largo das Caldas. **Straßenkarte** D1. *276-32 17 27.* Das aus zwei Sälen bestehende Restaurant serviert leckere regionale Gerichte wie *arroz de fumeiro* (Reis mit geräuchertem Fleisch). *Do.*	€€€	AE DC MC V	■		
Cinfães: *Varanda de Cinfães* Rua General Humberto Delgado 20–22. **Straßenkarte** D2. *255-56 12 36.* Ein vor allem bei Einheimischen beliebtes Lokal mit traditioneller portugiesischer Küche.	€€				
Espinho: *Terraço Atlântico* Praia Golfe Hotel, Rua 6. **Straßenkarte** C2. *22-733 10 00.* Nur wenige Restaurants an der Küste bieten einen so schönen Panoramablick auf das Meer. Wie zu erwarten, dominieren Fischgerichte die Karte, doch auch die Fleischgerichte sind ihren Preis wert.	€€€	AE DC MC V			■
Gimonde: *Dom Roberto* N218. **Straßenkarte** D2. *273-30 25 10.* In dem kleinen Ort Gimonde, sieben Kilometer östlich von Bragança, befindet sich dieses exzellente Restaurant, das Gäste von weit her wegen seiner Wild- und Räucherfleischspezialitäten aufsuchen.	€€€€	AE DC MC V	■	●	
Lamego: *O Tonel* Estrada de Arneirós. **Straßenkarte** D2. *254-61 21 61.* In dem freundlichen Restaurant kocht man preisgünstige portugiesische Gerichte wie Kabeljau und Fleischspießchen. *Di mittags*	€€		■		
Lamego: *panorâmicourisserra* Complexo Turístico Turisserra, Serra das Meadas. **Straßenkarte** D2. *254-60 91 00.* In dem drei Säle umfassenden Restaurant, sechs Kilometer nördlich von Lamego gelegen, erwartet Sie eine ausgezeichnete traditionelle portugiesische Küche; dazu gibt es eine tolle Aussicht auf den Douro.	€€€	AE DC MC V			■
Leça da Palmeira: *Boa Nova* Lugar da Boa Nova, Leça da Palmeira. **Straßenkarte** C2. *22-995 17 85.* Das moderne Restaurant mit Meerblick erbaute einer der Stararchitekten Portugals, Siza Vieira. Zu empfehlen sind die Fischgerichte. *So.*	€€€€	AE DC MC V	■		■
Leça da Palmeira: *O Chanquinhas* Rua de Santana 243. **Straßenkarte** C2. *22-995 18 84.* Ein großes Herrenhaus beherbergt dieses Restaurant, in dem Sie hervorragende Fischgerichte und Desserts essen können. *So; 2 Wochen im Aug.*	€€€€	AE DC MC V	■		■
Miranda do Douro: *Buteko* Largo Dom João III. **Straßenkarte** E1. *273-43 12 31.* Das Buteko in der Altstadt kocht regionale Gerichte wie *posta Mirandesa* (Rind) und *bacalhau à Buteko* (Kabeljau). *So im Winter; 2 Wochen im Jan.*	€	AE DC MC V			
Miranda do Douro: *Balbina* Rua Rainha Dona Catarina 1. **Straßenkarte** E1. *273-43 23 94.* An regionalen Gerichten wie *bife al Balbina* (Steak von *Mirandesa*-Rindern) erfreuen sich besonders Einheimische und spanische Urlauber. *Ostern, 25. Dez.*	€€€				
Murça: *Miradouro* Pensão Miradouro, Curvas de Murça. **Straßenkarte** D2. *259-51 24 61.* Das einfach eingerichtete Restaurant wechselt seine Karte täglich. *Di; 15.–30. Sep.*	€€	MC V	■	●	
Peso da Régua: *Varanda da Régua* Lugar da Boavista, Loureiro. **Straßenkarte** D2. *254-33 69 49.* Die Karte des nördlich von Peso da Régua gelegenen Restaurants enthält typische portugiesische Spezialitäten.	€€	AC MC V			

Porto: *Filha de Mãe Preta* €€ Cais de Ribeira 40. **Straßenkarte C2.** *22-208 60 66.* Das Restaurant in den Bogen am Fluss bietet eine schöne Aussicht und exzellente Auswahl portugiesisches Essen, darunter Sardinen. ● *So; Sep.*	AE DC MC V			■
Porto: *Adega Vila Meã* €€€ Rua dos Caldeireiros 62. **Straßenkarte C2.** *22-208 29 67.* Das Restaurant in Familienbesitz, beliebt bei Einheimischen, serviert regionale Köstlichkeiten wie überbackenen Oktopus. ● *So; 3 Wochen im Aug.*		■	●	
Porto: *Bule* €€€ Rua de Timor 128. **Straßenkarte C2.** *22-617 93 76.* Eine der Attraktionen in diesem schön gelegenen Restaurant ist das Vorspeisenbüfett. Spezialitäten sind Entengerichte und Pasteten. ● *erste 2 Wochen im Aug.*	AE DC MC V	■	●	
Porto: *Casa Aleixo* €€€ Rua da Estação 216. **Straßenkarte C2.** *22-537 04 62.* Seit 1948 unter Leitung einer Familie – große Portionen traditioneller Gerichte zu erstaunlich niedrigen Preisen. ● *So; 3 Wochen im Aug, Feiertage.*	AE MC V	■	●	■
Porto: *Mercearia* €€€ Cais da Ribeira 32. **Straßenkarte C2.** *22-200 43 89.* Das Mercearia serviert exzellente portugiesische Küche auf zwei Ebenen; zuverlässiger Service. ● *Di im Winter.*	AE DC MC V	■		
Porto: *Peixes & Companhia* €€€ Rua do Ouro 133. **Straßenkarte C2.** *22-618 56 55.* Ein freundliches Restaurant in dem man den Fisch auf verschiedene Weise zubereitet, meist jedoch grillt. Fleischgerichte nach Vorbestellung. ● *So.*		■		
Porto: *Tripeiro* €€€ Rua de Passos Manuel 195. **Straßenkarte C2.** *22-200 58 86.* Das Name des Restaurants bedeutet »Kuttelesser« – der Spitzname für die Bewohner Portos. Man serviert auch Fisch und Meeresfrüchte. ● *So abends.*	AE DC MC V	■	●	
Porto: *Dom Manoel* €€€€ Avenida de Montevideu 384. **Straßenkarte C2.** *22-617 23 04.* Das in einem Herrenhaus untergebrachte Restaurant kocht exquisite Fisch-, Fleisch- und Meeresfrüchtegerichte. ● *So; letzte 2 Wochen im Aug.*	AE DC MC V	■	●	
Porto: *Dom Tonho* €€€€ Cais da Ribeira 13–15. **Straßenkarte C2.** *22-200 43 07.* Dies ist eines von vielen Restaurants am Kai mit regionaler, traditioneller Küche. ● *1. Jan, 25. Dez.*	AE DC MC V	■		■
Porto: *Bull and Bear* €€€€€ Avenida da Boavista 3431. **Straßenkarte C2.** *22-610 76 69.* Eines der besten Restaurants Portugals. Empfehlenswert sind das Oktopus-Carpaccio und der Tunfisch orientalische Art. ● *Sa mittags; So.*				■
Porto: *Portucale* €€€€€ Rua da Alegria 598, 13. Etage. **Straßenkarte C2.** *22-537 07 17.* Eines der bekanntesten Restaurants Portugals mit einer umfassenden Karte und einer fantastischen Aussicht. ● *24. Dez (abends), 25. Dez.*	AE DC MC V	■		■
Romeu: *Maria Rita* €€€ Rua da Capela. **Straßenkarte E1.** *278-93 91 34.* Das freundliche Restaurant tischt regionale Gerichte auf. ● *Mo, Mi abends.*	MC V			
Sendim: *Gabriela* €€€ Largo da Igreja 27. **Straßenkarte E2.** *273-73 91 80.* Gabrielas Spezialitäten, darunter Rindersteak und geräuchertes Fleisch werden in dem hübsch eingerichteten Restaurant serviert. ● *24. Dez (abends), 25. Dez.*				
Torre de Moncorvo: *O Artur* €€€ Lugar de Rebentão, Carviçais. **Straßenkarte E2.** *279-93 91 84.* In dem Restaurant außerhalb des Ortes isst man eine herzhafte regionale Küche wie gebackenen Kabeljau oder Wildschwein. ● *Mo.*	AE MC DC V	■		
Vila Nova de Gaia: *Presuntaria Transmontana* €€€€ Avenida Diogo Leite 80. **Straßenkarte C2.** *22-375 83 80.* Das Restaurant am Flussufer hat sich auf Schinken, Räucherfleisch und Käse spezialisiert. Beliebt auch für einen abendlichen Imbiss.	AE MC V	■		

Zeichenerklärung siehe hintere Umschlagklappe

Preiskategorien für ein Drei-Gänge-Menü, inklusive einer halben Flasche Wein, Gedeck und Service:

€ unter 10 Euro
€€ 10–15 Euro
€€€ 15–20 Euro
€€€€ 20–30 Euro
€€€€€ über 30 Euro

Lange Öffnungszeiten
Die Küche ist bis nach 22 Uhr geöffnet; Essensbestellungen sind in der Regel bis 23 Uhr möglich.

Tische im Freien
Man kann auf einer Terrasse oder in einem Garten essen, oft mit schöner Aussicht.

Gute Weinkarte
Das Restaurant verfügt über eine große Auswahl guter Weine.

Kreditkarten
Folgende Kreditkarten werden akzeptiert: *AE* American Express, *DC* Diners Club, *MC* MasterCard und *V* Visa.

Vila Real: *Cozinha do Vale* €€€
Casa de Campeã, Torgueda. **Straßenkarte** D2. *259-97 96 04.*
Im schönen Campeã-Tal, acht Kilometer nördlich von Vila Real, widmet sich dieses moderne Restaurant der regionalen Küche. *24. Dez (abends).*

Vila Real: *Espadeiro* €€€
Avenida Almeida Lucena. **Straßenkarte** D2. *259-32 23 02.*
Auf der Karte des Restaurants finden sich regionale Köstlichkeiten wie gegrilltes Kitz oder gegrillte Schweinsfüße. *Mo; letzte 2 Wochen im Sep.*

Minho

Arcos de Valdevez: *Costa do Vez* €€€€
N121, Silvares. **Straßenkarte** C1. *258-51 61 22.*
In einer zauberhaften Umgebung nördlich von Arcos serviert das Restaurant sorgfältig zubereitete traditionelle Speisen. *Mo; 15.–30. Okt.*

Barcelos: *Bagoeira* €€€
Avenida Sidónio Pais 495. **Straßenkarte** C1. *253-81 12 36.*
Das beliebte Restaurant tischt Spezialitäten des Minho, wie gebratenes Schwein mit Kartoffeln oder gekochtes Zicklein in großen Portionen auf.

Barcelos: *Dom António* €€€
Rua Dom António Barroso 87. **Straßenkarte** C1. *253-81 22 85.*
In dem rustikal eingerichteten Restaurant ist gegrilltes Wildschwein besonders zu empfehlen.

Braga: *Abade de Priscos* €€€
Praça Mouzinho Albuquerque (Campo Novo) 7. **Straßenkarte** C1. *253-27 66 50.*
Das preiswerte Restaurant nahe der Universität hat eine umfangreiche Karte – gute Fisch- und Fleischgerichte. *Mo mittags, So, Feiertage; 3 Wochen im Juli.*

Braga: *Expositor* €€€€
Parque de Exposições. **Straßenkarte** C1. *253-21 70 31.*
Das Familienrestaurant auf dem Ausstellungsgelände von Braga hat sich auf regionale Gerichte spezialisiert. *Di; 2 Wochen im Juni.*

Braga: *Ignácio* €€€€
Campo das Hortas 4. **Straßenkarte** C1. *253-61 32 35.*
Das stilvolle Ignácio liegt außerhalb der Stadtmauer; die regionalen Spezialitäten verzehren Sie inmitten einer hübschen Zusammenstellung von Antiquitäten. *Di; 2 Wochen im Apr, 2 Wochen im Sep.*

Braga: *São Frutuoso* €€€€
Rua Costa Gomes 168, Real. **Straßenkarte** C1. *253-62 33 72.*
Freundliches Restaurant nördlich von Braga mit ausgezeichneter ländlicher Küche. *Mi; 3 Wochen im Aug, 24./25. Dez.*

Caminha: *Napoleon* €€€€
Lugar de Coura, Seixas. **Straßenkarte** C1. *258-72 71 15.*
Wie der Name vermuten lässt, hat sich das Napoleon der französischen Küche verschrieben. *Mo u. So abends; 2 Wochen im Mai, 2 Wochen im Dez.*

Guimarães: *El Rei* €€€
Praça de São Tiago 20. **Straßenkarte** C1. *253-41 90 96.*
Die Spezialität des freundlichen Restaurants ist der *bacalhau mistério* – Sie wissen vorher nicht, wie Sie den Kabeljau erhalten. *So.*

Guimarães: *São Gião* €€€€
Lugar de Vinhas, Moreira de Cónegos. **Straßenkarte** C1. *253-56 18 53.*
In einer kleinen Ortschaft südlich von Guimarães bietet dieses charmante Restaurant delikat zubereitete traditionelle und innovative Gerichte.
Mo, So abends; die letzten 3 Wochen im Aug.

Restaurant	Kreditkarten	Lange Öffnungszeiten	Tische im Freien	Gute Weinkarte
Vila Real: Cozinha do Vale	AE DC MC V		●	■
Vila Real: Espadeiro	AE MC V	■		
Arcos de Valdevez: Costa do Vez	MC V	■		
Barcelos: Bagoeira	AE DC MC V			
Barcelos: Dom António	AE DC MC V	■		
Braga: Abade de Priscos				■
Braga: Expositor	AE MC V	■		
Braga: Ignácio	AE DC MC V			
Braga: São Frutuoso	MC V		●	
Caminha: Napoleon	AE DC MC V		●	■
Guimarães: El Rei	DC MC V	■		
Guimarães: São Gião	AE V	■	●	■

GUIMARÃES: *Solar do Arco* €€€€
Rua de Santa Maria 48–50. **Straßenkarte** C1. *253-51 30 72.*
Das elegante Restaurant im Herzen der Stadt hat sich auf Fisch und Meeresfrüchte spezialisiert. *So abends.*
AE MC DC V ■

PONTE DA BARCA: *O Moinho* €€€
Rua de Santa Maria 48-50. **Straßenkarte** C1. *258-45 20 35.*
Ein charmantes Restaurant mit beeindruckendem Blick auf den Fluss Lima. Spezialitäten sind gebratenes Kitz und gedünstetes Schweinefleisch. *Di.*
AE MC DC V ●

PONTE DE LIMA: *A Carvalheira* €€€
Antepaço, Arcozelo. **Straßenkarte** C1. *258-74 23 16.*
Nordwestlich von Ponte de Lima treffen sich hier viele Einheimische, um die herzhafte Küche zu genießen. *Mo; 2 Wochen im Okt, 25. Dez.*
MC V ■

PONTE DE LIMA: *Encanada* €€€
Largo Doutor Rodrigues Alves. **Straßenkarte** C1. *258-94 11 89.*
Das lebhafte Restaurant mit Blick auf den Fluss bietet traditionelle portugiesische Gerichte. *Do; Mai, 25. Dez.*
AE MC DC V ●

PÓVOA DE VARZIM: *O Marinheiro* €€€€
Rua Gomes de Amorim. **Straßenkarte** C2. *252-68 21 51.*
Hübsches Restaurant in Form eines Bootes, das sich auf Fisch und Meeresfrüchte konzentriert. *25. Dez.*
AE DC MC V ■ ■

VALENÇA DO MINHO: *Mané* €€€€
Avenida Miguel Dantas 5. **Straßenkarte** C1. *251-82 34 02.*
Über einem Café befindet sich dieses moderne Restaurant mit seiner umfangreichen Speisekarte, die auch preiswerte Gerichte umfasst.
So abends, Mo (außer Aug); Jan.
MC AE DC V ■ ●

VALENÇA DO MINHO: *Pousada de São Teotónio* €€€€
Baluarte de Socorro. **Straßenkarte** C1. *251-80 02 60.*
Zu der in einer alten Festung beheimateten *pousada* gehört ein Restaurant, das eine kräftige regionale Küche pflegt.
AE DC MC V ■

VIANA DO CASTELO: *Cozinha das Malheiras* €€€
Rua Gago Coutinho 19–21. **Straßenkarte** C1. *258-82 36 80.*
In einem früheren Herrenhaus findet man das kleine Restaurant; zu empfehlen sind Meeresfrüchte und gemischte Fischplatte. *Di; 20. Dez–2.Jan.*
AE DC MC V ■ ■

VIANA DO CASTELO: *Camelo* €€€€
N202, Santa Marta de Portuzelo. **Straßenkarte** C 1. *258-83 90 90.*
Das vorzügliche Restaurant in einem Dorf außerhalb von Viana do Castelo veranstaltet festliche Bankette. Versuchen Sie die Spezialität des Hauses: *bacalhau à camelo.* *Mo; je 2 Wochen im Juni u. Okt.*
MC V ■ ● ■

VIANA DO CASTELO: *Casa d'Armas* €€€€
Largo 5 de Outubro 30. **Straßenkarte** C1. *258-82 49 99.*
Hinter einer imposanten Fassade verbirgt sich das holzgetäfelte Restaurant, das nur erstklassige Zutaten verwendet. *Mi.*
DC MC V ■

VILA PRAIA DE ÂNCORA: *Tasquinha do Ibraim* €€€€
Rua dos Pescadores 1. **Straßenkarte** C1. *258-91 16 89.*
Das einladende Restaurant mit Blick auf den Hafen serviert in erster Linie Fisch und Meeresfrüchte. *Di (Jan–März).*
AE V ■

ALENTEJO

ALANDROAL: *A Maria* €€€€
Rua João de Deus 12. **Straßenkarte** D5. *268-43 11 43.*
Das freundliche Restaurant kocht Spezialitäten des Alentejo wie *cozido de grão* (Schweinefleisch-Kichererbseneintopf). *Mo; 1.–15. Aug.*
AE DC MC V ■ ■

ALVITO: *Castelo de Alvito* €€€€
Pousada do Castelo de Alvito, Apartado 9. **Straßenkarte** D6. *284-48 07 00.*
Alleine das Ambiente lohnt den Besuch: eine Burg aus dem 15. Jahrhundert inmitten eines schönen Parks. Das elegante Restaurant bietet eine vorzügliche regionale Küche.
AE DC MC V ● ■

BEJA: *Dom Dinis* €€€
Rua Dom Dinis 11. **Straßenkarte** D6. *284-32 59 37.*
Dies ist ein beliebtes ländliches Restaurant, in dem Sie sich an Gegrilltes halten sollten. *Mi.*
AE DC MC V

Preiskategorien für ein Drei-Gänge-Menü, inklusive einer halben Flasche Wein, Gedeck und Service:

- € unter 10 Euro
- €€ 10–15 Euro
- €€€ 15–20 Euro
- €€€€ 20–30 Euro
- €€€€€ über 30 Euro

Lange Öffnungszeiten
Die Küche ist bis nach 22 Uhr geöffnet; Essensbestellungen sind in der Regel bis 23 Uhr möglich.

Tische im Freien
Man kann auf einer Terrasse oder in einem Garten essen, oft mit schöner Aussicht.

Gute Weinkarte
Das Restaurant verfügt über eine große Auswahl guter Weine.

Kreditkarten
Folgende Kreditkarten werden akzeptiert: *AE* American Express, *DC* Diners Club, *MC* MasterCard und *V* Visa.

Restaurant	Preis	Kreditkarten	Lange Öffnungszeiten	Tische im Freien	Gute Weinkarte
Beja: *Os Infantes* Rua dos Infantes 14. **Straßenkarte** D6. *284-32 46 65.* Das schön eingerichtete Restaurant bietet preisgünstige Speisen; man kocht nach Art des Alentejo.	€€€	*AE DC MC V*			■
Campo Maior: *O Faisão* Rua 1 de Maio 19. **Straßenkarte** E5. *268-68 61 39.* Das liebenswürdige Restaurant bietet traditionelle Gerichte wie *cozido de grão* (Schweinefleisch-Kichererbseneintopf) und Rindfleisch in Pilzsauce.	€€€	*AE DC MC V*	■		
Crato: *Flor da Rosa* Pousada da Flor da Rosa. **Straßenkarte** D4. *245-99 72 10.* Eine zauberhafte *pousada* beherbergt dieses Restaurant, das herzhafte regionale Spezialitäten wie Brotsuppe offeriert.	€€€€	*AE DC MC V*			■
Elvas: *Pousada de Santa Luzia* Avenida de Badajoz. **Straßenkarte** D5. *268-63 74 70.* Unweit der spanischen Grenze gelegen, wird das Restaurant sowohl von Spaniern als auch Portugiesen besucht, die hier große Portionen von *bacalhau á lagareiro* und andere traditionelle Gerichte genießen.	€€€€	*AE DC MC V*		●	
Estremoz: *Adega do Isaías* Rua do Almeida 21. **Straßenkarte** D5. *268-32 23 18.* Die besten Gerichte des Alentejo werden in einem alten Weinkeller serviert. Spezialitäten sind zartes Lamm und Kaninchen vom Grill. Lokale Weine aus dem Krug. *So, Feiertage; die letzten 3 Wochen im Aug.*	€€				■
Évora: *Cozinha de Santo Humberto* Rua da Moeda 39. **Straßenkarte** D5. *266-70 42 51.* Gleich beim Hauptplatz lockt das weiß getünchte Kellerrestaurant mit leckeren Wildgerichten. *Do; die ersten 3 Wochen im Nov.*	€€€€	*AE DC MC V*			
Évora: *Fialho* Travessa das Mascarenhas 16. **Straßenkarte** D5. *266-70 30 79.* Eines der besten Restaurants in Portugal. Die Küche hat sich auf eine Auswahl traditioneller Gerichte aus dem Alentejo spezialisiert. *Mo; 1.–24. Sep*	€€€€	*AE DC MC V*	■		■
Évora: *São Rosas* Largo Dom Dinis II. **Straßenkarte** D5. *268-33 33 45.* Hier werden regionale Spezialitäten in einer rustikalen Umgebung serviert. Empfehlenswert sind beispielsweise die Rebhuhnpastete und der Lammrücken. *Mo.*	€€€€	*AE DC MC V*			
Évora: *O Grêmio* Rua Alcárcova de Cima 10. **Straßenkarte** D5. *266-74 29 31.* Das Restaurant mit regionaler Küche ist in die Stadtmauer integriert; versuchen Sie den mit Bohnen gekochten Hasen. *Mi.*	€€€€	*AE DC MC V*			■
Marvão: *O Sever* Portagem. **Straßenkarte** D4. *245-99 33 18.* In dem traumhaft gelegenen Restaurant sollten Sie sich an die regionalen Spezialitäten wie Schweinefleisch mit Muscheln und Lammeintopf halten.	€€€	*AE MC DC V*	■	●	
Mértola: *Alengarve* Avenida Aureliano Mira Fernandes 20. **Straßenkarte** D6. *286-61 22 10.* Das preiswerte Restaurant tischt delikate Schweine-, Kichererbsen- und Kanincheneintöpfe auf. *Mi, 2 Wochen im Okt.*	€€€	*AE MC V*		●	
Monsaraz: *O Forno* Travessa da Sanabrosa. **Straßenkarte** D5. *266-55 71 90.* Das Restaurant auf einem Hügel nahe der Hauptstraße einer Bilderbuchstadt bietet überwiegend ländliche Speisen wie Lammeintopf und *porco à alentejana* (mariniertes Schweinefleisch mit Muscheln). *Di.*	€€€	*AE MC V*		●	

Portalegre: *Quinta da Saúde* €€€ Serra de São Mamede. **Straßenkarte** D4. *245-20 23 24.* In dem beliebten, lebhaften Restaurant gibt es eine gehaltvolle Fischsuppe und mehrere Gerichte vom Schwein. *Mo (Nov–Jan).*	AE DC MC V	■		■
Redondo: *Convento de São Paulo* €€€€ Aldeia da Serra. **Straßenkarte** D5. *266-98 91 00.* Das Restaurant, in einem schmucken Hotel untergebracht, hat sich einer anspruchsvollen portugiesischen und regionalen Küche verschrieben.	AE DC MC V			■
Santiago do Cacém: *O Solar do Canudo* €€€ Largo 5 de Outubro 4a. **Straßenkarte** C6. *269-82 64 03.* Alles, was die Küche der Region an Schmackhaftem hergibt, steht hier auf der Speisekarte. Gemütliche Atmosphäre. *die ersten zwei Wochen im Januar.*	V	■		■
Serpa: *Molha o Bico* €€€ Rua Quente 1. **Straßenkarte** D6. *284-54 92 64.* Einfaches Lokal, das aber vorzügliche Speisen anbietet; zu empfehlen ist Kalbsteak. *Mi*		■		
Terrugem: *A Bolota Castanha* €€€€ Quinta das Janelasverdes. **Straßenkarte** C6. *268-65 74 01.* Das berühmte Restaurant mit Küche aus dem Alentejo serviert moderne Versionen traditioneller Gerichte, darunter Wildschwein an Walnusspüree. *Mo.*	AE MC V			■
Vidigueira: *Vila Velha* €€€ Rua do Mal Anda 4. **Straßenkarte** D5. *284-43 65 50.* Hübsches Restaurant, in dem Klassiker wie Schweinefüße an Koriandersoße und Entenreis serviert werden. *Mo; Mitte Aug–Mitte Sep.*	AE MC V			
Vila Nova de Milfontes: *Marisqueira Dumas Mil* €€€€ Avenida Marginal. **Straßenkarte** C6. *283-99 64 20.* Dieses gut angesehene Fischrestaurant serviert leckeren Meeresfrüchtereis und Fischeintopf.	AE DC MC V	■	●	

Algarve

Albufeira: *Os Compadres* €€€ Avenida Dr. Sá Carneiro, Edifício Cristina Pateo Sá Carneiro. **Straßenkarte** C7. *289-54 18 48.* Freundliches Restaurant, in dem Sie der Besitzer umfassend über die Tagesspezialitäten informiert. *So; 15. Jan–15. Feb.*	AE DC MC V	■	●	
Albufeira: *Marisqueira Santa Eulália* €€€€ Praia de Santa Eulália. **Straßenkarte** C7. *289-54 26 36.* Das moderne Restaurant mit Blick auf den Strand serviert typische portugiesische Fisch- und Meeresfrüchtegerichte. *Dez–Jan.*	AE DC MC V	■	●	
Albufeira: *Ruína* €€€€ Cais Herculano. **Straßenkarte** C7. *289-51 20 94.* Das Ruína befindet sich in einem Gebäude des frühen 19. Jahrhunderts und konzentriert sich auf Fisch und Meeresfrüchte – alles ist vorzüglich zubereitet. In einem separaten Raum können Sie Fado hören.	AE DC MC V	■	●	■
Albufeira: *Vila Joya* €€€€€ Praia da Galé. **Straßenkarte** C7. *289-59 17 95.* Der deutsche Koch serviert Fisch aus der Region und Meeresfrüchte mit Basilikum und Rösti.	AE DC MC V		●	■
Almancil: *Ibérico* €€€€ Estrada Almancil, Vale do Lobo. **Straßenkarte** D7. *289-39 40 66.* Südlich von Almancil gelegen, lockt dieses reizende Restaurant mit einer internationalen Karte. *mittags.*	AE MC V	■	●	
Almancil: *Ermitage* €€€€€ Estrada de Vale de Lobo. **Straßenkarte** D7. *289-35 52 71.* Eine von Portugals besten Restaurants für mediterrane Gerichte wie Perlhuhn an Selleriepüree. *mittags; Mo; 3 Wochen im Dez, 2 Wochen im Juni/Juli.*	AE DC MC V		●	■
Almancil: *O Tradicional* €€€€€ Estrada da Fonte Santa, Escanxinas. **Straßenkarte** D7. *289-39 90 03.* Dieses exzellente Restaurant südlich von Almancil pflegt eine zeitgenössische Küche auf der Basis traditioneller Rezepte. *mittags, So; Dez–Jan.*	AE MC V	■		■

Preiskategorien für ein Drei-Gänge-Menü, inklusive einer halben Flasche Wein, Gedeck und Service:

€ unter 10 Euro
€€ 10–15 Euro
€€€ 15–20 Euro
€€€€ 20–30 Euro
€€€€€ über 30 Euro

Lange Öffnungszeiten
Die Küche ist bis nach 22 Uhr geöffnet; Essensbestellungen sind in der Regel bis 23 Uhr möglich.

Tische im Freien
Man kann auf einer Terrasse oder in einem Garten essen, oft mit schöner Aussicht.

Gute Weinkarte
Das Restaurant verfügt über eine große Auswahl guter Weine.

Kreditkarten
Folgende Kreditkarten werden akzeptiert: *AE* American Express, *DC* Diners Club, *MC* MasterCard und *V* Visa.

Restaurant	Kreditkarten	Lange Öffnungszeiten	Tische im Freien	Gute Weinkarte
Armação de Pêra: *Santola* €€€€ Largo da Fortaleza. **Straßenkarte** C7. *282-31 23 32.* Das Santola hat sich zu Recht einen hervorragenden Ruf für seine Fischgerichte und Meeresfrüchte erworben.	*AE MC V*	■	●	
Estoi: *Monte do Casal* €€€€ Cerro do Lobo. **Straßenkarte** D7. *289-99 15 03.* Die Karte des in einem alten, umgebauten Bauernhaus untergebrachten, erstklassigen Restaurants enthält diverse vegetarische Gerichte und viele Fischspezialitäten. *Mitte Nov–Mitte Jan.*	*MC V*		●	■
Faro: *Adega Nortenha* €€ Praça Ferreira de Almeida 2. **Straßenkarte** D7. *289-82 27 09.* Das einfache, lebhafte Lokal liegt an einem schönen Platz. Kosten Sie Herzhaftes wie *feijoada* (Bohneneintopf) oder *caldeirada* (Fischeintopf).				
Faro: *A Taska* €€€ Rua do Alportel 38. **Straßenkarte** D7. *289-82 47 39.* Das nach Art einer ländlichen Taverne eingerichtete Restaurant kocht traditionelle portugiesische Spezialitäten. *So; 1. Jan, 25. Dez.*	*AE MC DC V*	■	●	
Faro: *Camané* €€€€ Avenida da Nascente, Praia de Faro. **Straßenkarte** D7. *289-81 75 39.* In das elegante Restaurant kommt man, um Fisch oder Meeresfrüchte zu essen; sämtliche Zutaten sind von allererster Güte. Gebratener Tintenfisch ist besonders zu empfehlen *Mo; 2 Wochen im Mai.*	*MC V*	■	●	■
Faro: *Dois Irmãos* €€€€ Praça Ferreira de Almeida 13–14. **Straßenkarte** D7. *289-82 33 37.* Das Dois Irmãos ist eines der beliebtesten Restaurants der Stadt; die regionalen Fisch- und Fleischgerichte werden immer frisch zubereitet.	*AE MC V*	■	●	
Lagoa: *O Lotus* €€€ Rua Marquês de Pombal 11. **Straßenkarte** C7. *282-35 20 98.* Das freundliche Restaurant serviert eine bodenständige portugiesische Küche. Guten Fischreis gibt es hier. *Sa.*	*AE MC DC V*			
Lagoa: *O Castelo* €€€€ Rua do Casino 63, Praia do Carvoeiro. **Straßenkarte** C7. *282-35 72 18.* Um einen Platz in dem für ausgezeichnete Fisch- und Meeresfrüchtegerichte bekannten Restaurant zu ergattern, sollten Sie reservieren. Unvergesslich ist die Lage auf den Klippen. *Mo; Okt–Mai.*	*AE DC MC V*	■	●	■
Lagos: *Dom Sebastião* €€€ Rua 25 de Abril 20–22. **Straßenkarte** C7. *282-76 27 95.* Das rustikal eingerichtete Restaurant kocht leckere traditionelle portugiesische Gerichte. *1. Jan, 25. Dez.*	*AE DC MC V*	■	●	
Loulé: *Casa dos Arcos* €€€ Rua Sá de Miranda 23–25. **Straßenkarte** D7. *289-41 67 13.* Einheimische und Urlauber kommen gleichermaßen in dieses zuverlässige Restaurant in der Altstadt. *So.*	*AE MC V*			
Loulé: *Bica Velha* €€€€ Rua Martim Moniz 17–19. **Straßenkarte** C7. *289-46 33 76.* Das ländliche Restaurant in Familienbesitz ist im ältesten Haus (Baujahr 1816) von Loulé untergebracht. Köstlich sind vor allem die herzhaft zubereiteten Fleischgerichte. *Mo; Nov.*	*AE DC MC V*	■		
Olhão: *Olagar* €€€ Pechão. **Straßenkarte** D7. *289-71 54 37.* Landeinwärts von Olhão an der Straße nach Estoi gelegenes einfaches Restaurant mit klassischer Küche der Algarve. *Mi.*			●	

OLHÃO: *O Tamboril* €€€€
Avenida 5 de Outubro 174. **Straßenkarte** D7. *289-71 46 25.*
Das freundliche Restaurant in der Ortsmitte serviert Tamboril und andere Fischgerichte. *Sa mittags im Winter.*
AE DC MC V

PORTIMÃO: *Cervejaria Lúcio* €€€
Largo Francisco Maurício 33. **Straßenkarte** C7. *282-42 42 75.*
Das lebhafte Bierlokal mit Blick auf den Fluss tischt überwiegend Fisch und Meeresfrüchte auf. *Mo; 1. Jan, 1. Mai, 25. Dez.*

PORTIMÃO: *A Lanterna* €€€
Rua Foz do Arade. **Straßenkarte** C7. *282-41 44 29.*
Zu den traditionellen portugiesischen Speisen dieses Hauses zählen lokale Muscheln, Fisch und gebratene Ente an Honig. *So; Nov–Dez.*
MC V

PORTIMÃO: *Vila Lisa* €€€€
Rua Francisco Bivar, Mexil hoeira Grande. **Straßenkarte** C7. *282-96 87 78.*
Das Restaurant eines Künstlers. Serviert wird ein Menü mit fünf Gängen, darunter auch Muschelreis. *Juli–Sep: tägl.; Okt–Jan: Fr, Sa.* *mittags.*

QUINTA DO LAGO: *Casa Velha* €€€€€
Quinta do Lago. **Straßenkarte** D7. *289-39 49 83.*
Elegantes Restaurant auf einem alten Bauernhof. Serviert werden ausgewählte Gerichte der internationalen Küche. *mittags; So; Jan.*
AE DC MC V

SAGRES: *Pousada do Infante* €€€€
Pousada do Infante. **Straßenkarte** C7. *282-62 02 40.*
Während Sie die atemberaubende Aussicht auf den Ozean genießen, können Sie sich die vorzüglich zubereiteten portugiesischen Köstlichkeiten schmecken lassen.
AE DC MC V

SAGRES: *O Telheiro* €€€€
Praia da Mareta. **Straßenkarte** C7. *282-62 41 79.*
Erfreuen Sie sich an dem fantastischen Meerblick und den Spezialitäten wie Reis mit Languste. *Di; 24./25. Dez.*
AE DC MC V

SILVES: *Marisqueira Rui* €€€€
Rua Comendador Vilarinho 23. **Straßenkarte** C7. *282-44 26 82.*
Das beliebte, lebhafte Restaurant tischt vor allem Fisch und Meeresfrüchte auf. *Di; 2 Wochen im Jan.*
AE DC MC V

TAVIRA: *Quatro Aguas* €€€
Quatro Aguas. **Straßenkarte** D7. *281-32 53 29.*
Das Restaurant zwischen Stadt und Strand blickt über eine Lagune. Portugiesische Küche, z. B. Tintenfisch mit Bohnenreis. *Mo; 20. Dez–20. Jan.*
MC V

VILAMOURA: *Sirius Restaurant* €€€€€
Vilamoura Tivoli Marinotel. **Straßenkarte** D7. *289-30 33 03.*
Das in einem eleganten Hotel untergebrachte Restaurant befindet sich direkt am Yachthafen und offeriert eine internationale und französisch inspirierte Küche. *mittags.*
AE DC MC V

MADEIRA

FUNCHAL: *Dom Filet* €€€
Rua do Favila 7. *291-76 44 26.*
Dieses Restaurant hat sich auf Fleisch spezialisiert, das nach argentinischer oder einheimischer Art (in Würfel geschnitten und auf einem Spießchen gegrillt) zubereitet wird. *So.*
AE DC MC V

FUNCHAL: *O Jango* €€€
Rua de Santa Maria 166. *291-22 12 80.*
In einem umgebauten Fischerhaus befindet sich dieses gemütliche Fisch-und-Meeresfrüchte-Restaurant.
AE DC MC V

FUNCHAL: *Jardim da Carreira* €€€
Rua de Carreira 118. *291-22 24 98.*
Ein einfaches und relativ preiswertes Restaurant im Zentrum Funchals. Bei Besuchern beliebt sind die gegrillten Fische und die Fleischgerichte.
AE MC V

FUNCHAL: *Londres* €€€
Rua da Carreira 64a. *291-23 53 29.*
Das Restaurant im Herzen von Funchal bietet typische portugiesische Gerichte wie Kabeljau mit Oliven. *So.*
AE MC V

Preiskategorien für ein Drei-Gänge-Menü, inklusive einer halben Flasche Wein, Gedeck und Service:

€ unter 10 Euro
€€ 10–15 Euro
€€€ 15–20 Euro
€€€€ 20–30 Euro
€€€€€ über 30 Euro

Lange Öffnungszeiten
Die Küche ist bis nach 22 Uhr geöffnet; Essensbestellungen sind in der Regel bis 23 Uhr möglich.

Tische im Freien
Man kann auf einer Terrasse oder in einem Garten essen, oft mit schöner Aussicht.

Gute Weinkarte
Das Restaurant verfügt über eine große Auswahl guter Weine.

Kreditkarten
Folgende Kreditkarten werden akzeptiert: *AE* American Express, *DC* Diners Club, *MC* MasterCard und *V* Visa.

Restaurant	Preis	Kreditkarten	Lange Öffnungszeiten	Tische im Freien	Gute Weinkarte
Funchal: *Marisa* Rua de Santa Maria 162. ☎ *291-22 61 89.* In dem behaglichen Fisch-und-Meeresfrüchte-Restaurant fühlt man sich wie zu Hause; die ganze Familie kümmert sich um die Gäste. ● *Di.* ▤	€€€	*AE DC MC V*			
Funchal: *Carochinha* Rua de São Francisco 2a. ☎ *291-22 36 95.* Das Carochinha bezeichnet sich zwar als »englisches« Restaurant, doch tatsächlich ist die Karte international geprägt; die üblichen portugiesischen Standardgerichte gibt es natürlich auch. ● *So.* ▤	€€€€	*AE DC MC V*			
Funchal: *O Celeiro* Rua das Aranhas 22. ☎ *291-23 06 22.* Wie in vielen Restaurants Madeiras überwiegen auch hier Fisch und Meeresfrüchte. ● *So im Winter.* ▤	€€€€	*AE DC MC V*			
Funchal: *Dona Amélia* Rua Imperatriz Dona Amélia 83. ☎ *291-22 57 84.* Gegrillter Fisch und *espetadinhas* (kleine Fleischspießchen) sind die Spezialitäten des hübsch gekachelten Restaurants. ▤	€€€€	*AE DC MC V*	■		■
Funchal: *Eatwell* Rua Dr. Pita 23a. ☎ *291-76 40 20.* Das kleine Restaurant hält alles, was sein Name verspricht. Die Speisekarte ist kurz aber abwechslungsreich und enthält beispielsweise die typischen Fleischspieße. ● *So.* ▤	€€€€	*AE MC V*			
Funchal: *Marina Terrace* Marina do Funchal. ☎ *291-23 05 47.* Eines der zahlreichen Restaurants am Yachthafen mit einer umfassenden Karte (von Pizza bis Hummer). ▤ ♿	€€€€	*AE DC MC V*	■	●	
Funchal: *Mezanino* Hotel Ocean Park. ☎ *291-70 20 00.* Das australische Koch, Anthony Parker, kocht ein exzellentes Menü mit gegrilltem Tunfisch an Couscous und Tandoori-Huhn. ● *Sa mittags; So, Feiertage.* ▤ ♿	€€€€	*AE DC MC V*			■
Funchal: *Quinta Palmeira Gourmet Restaurant* Avenida do Infante 17-19. ☎ *291-22 18 14.* Das Restaurant in einer prächtigen Villa aus dem 19. Jahrhundert serviert eine köstliche portugiesische Küche.	€€€€	*AE DC MC V*	■	●	■
Funchal: *O Tapassol* Rua Don Carlos I 62. ☎ *291-22 50 23.* Das kleine Restaurant ist so beliebt, dass eine Reservierung dringend anzuraten ist. Der Speisesaal ist ausgesprochen stilvoll; auf der Dachterrasse ist es sehr gemütlich. ▤	€€€€	*AE DC MC V*	■	●	
Porto Santo: *O Calhetas* Calheta. ☎ *291-98 43 80.* Das freundliche Restaurant am Südende der Insel serviert Fisch- und Fleischgerichte. Ein Fahrdienst bringt Sie von und zu den Hotels. ▤	€€€	*MC V*	■	●	
Ribeira Brava: *Restaurante Água Mar* Vila Ribeira Brava. ☎ *291-95 11 48.* Das legere Restaurant bietet viele portugiesische, auch französisch beeinflusste Gerichte an. Beliebt ist gegrillter Fisch.	€€€	*AE DC MC V*	■	●	
Santana: *Quinta do Furão* Achada do Gramacho. ☎ *291-57 01 00.* In dem gemütlichen, schön eingerichteten Restaurant speisen Sie Leckereien wie Steak in Teighülle oder Fischspießchen. ▤	€€€€	*AE DC MC V*		●	

PORTO MONIZ: *Orca* Hotel Orca, Praia de Porto Moniz. ☎ *291-85 00 00.* Die Einrichtung des Restaurants besteht fast vollständig aus Holz. Die Spezialität des Hauses ist Schwertfisch mit Banane.	€€€	*AE DC MC V*		●	

AZOREN

CORVO: *Traineira* Rua dos Combatantes. ☎ *292-59 62 07.* Das einzige Restaurant auf Corvo ist meist gut besucht und bietet frisch gefangenen Fisch. ▤	€€€			●	
FAIAL: *Capote* Rua Conselheiro Miguel da Silveira 24, Horta. ☎ *292-29 32 95.* Das lebhafte, oft überfüllte Restaurant am nördlichen Ende der Promenade offeriert eine unprätentiöse Küche. ▤	€€€	*AE MC V*	■		■
FAIAL: *Sal e Pico* Rua Vasco da Gama, Horta. ☎ *292-29 30 21.* Das Restaurant in einem umgebauten Fort neben der Pousada Santa Cruz *(siehe S. 401)* wird von manchen als bestes der Insel angesehen. Die Küche bietet eine hohe Qualität und benutzt gute örtliche Zutaten. ▤ ♿	€€€€	*AE MC V DC*		●	■
FLORES: *Reis* Rua da Boa Vista, Santa Cruz das Flores. ☎ *292-59 26 97.* Oberhalb von Santa Cruz ist dieses einfache Restaurant der Dorfmetzgerei angeschlossen. ● *So.*	€€€	*MC V*	■		
GRACIOSA: *A Coluna* Largo Barão de Guadalupe 10, Santa Cruz da Graciosa. ☎ *295-71 23 33.* Da der Besitzer des kleinen Restaurants viele Jahre in Brasilien verbrachte, finden sich *feijoada* (Bohneneintopf) und andere südamerikanische Köstlichkeiten auf der Karte. ● *So.*	€€€				
PICO: *Terra e Mar* Miradouro do Arrife, Terras, Lajes do Pico. ☎ *292-67 27 94.* Das kleine Restaurant auf den Klippen tischt einfache Fisch- und Fleischgerichte auf.	€€€			●	
SANTA MARIA: *Candeia* Rosa Alta, São Pedro. ☎ *296-88 48 04.* Dieses viel besuchte Restaurant konzentriert sich auf herzhafte regionale Fischgerichte wie Kabeljau in Béchamelsoße bzw. in der Terrine gebacken. ● *So, Feiertage.*	€€				■
SÃO JORGE: *Manezinho* Furna das Pombras, Urzelina. ☎ *295-41 44 84.* Einfaches, bei den Einheimischen beliebtes Lokal; probieren Sie die Muscheln aus Fajã da Caldeira de Santo Cristo. ● *Mo.*	€€		■	●	
SÃO MIGUEL: *Alcides* Rua Hintze Ribeiro 67–77, Ponta Delgada. ☎ *296-28 26 77.* Nahe der Igreja Matriz de São Sebastião wartet das ausgezeichnete Restaurant mit herzhafter Küche auf. ● *So.* ▤	€€€				
SÃO MIGUEL: *Monte Verde* Rua da Areia 4, Ribeira Grande. ☎ *296-47 29 75.* Das Monte Verde ist ein freundliches, mit *azulejos* geschmücktes Restaurant, das vorzügliche Fischgerichte kocht.	€€€	*AE V*	■	●	
SÃO MIGUEL: *Tony's* Largo do Teatro 5, Furnas. ☎ *296-58 42 90.* Das bekannte Restaurant hat sich auf sorgfältig zubereitetes Fleisch spezialisiert. Reservieren Sie im Voraus einen Tisch. ▤	€€€	*AE MC V DC*	■	●	
TERCEIRA: *Casa do Peixe* Estrada Miguel Corte Real 30, Angra do Heroísmo. ☎ *295-21 76 78.* Der frühere Fischmarkt des Städtchens ist heute ein Restaurant mit viel Atmosphäre. ● Di.	€€€	*MC V*			
TERCEIRA: *Quinta do Martelo* Canada do Martelo 24 , Cantinho, São Mateus. ☎ *295-64 28 42.* Genießen Sie hier Spezialitäten der Azoren wie die mit Weißwein angemachte Fleisch-Gemüse-Suppe und *alcatra* (Eintopf). ● *Mi.* ▤ ♫	€€€€	*AE MC V*	■	●	■

Zeichenerklärung siehe hintere Umschlagklappe

700
400
450

GRUND-INFORMATIONEN

Praktische Hinweise

Reisende finden sich in Portugal leicht zurecht. An der Algarve und in der Gegend um Lissabon ist das Angebot an Hotels, Restaurants und Unterhaltungsmöglichkeiten sehr groß, und mit Englisch kommt man überall weiter. Auch in den ländlichen Gebieten ist die Bevölkerung stets offen für ein Gespräch. Sogar hier wird häufig Englisch gesprochen. Unterkünfte findet man meist ohne Probleme, Kinder sind willkommen und das Essen ist ausgezeichnet.

Zeichen für Fremdenverkehrsbüro

Beste Reisezeit

Die lang gestreckte Atlantikküste prägt das Klima in Portugal. Die Küstenregionen im Westen sind im Allgemeinen sehr regenreich, und obwohl die Temperaturen nicht sehr tief fallen, kann es wegen der Winde recht kühl werden. Die Algarve bildet eine Ausnahme; sie liegt zwar am Atlantik, ist aber durch ihre Lage südlich der Gebirge vor den Nordwinden geschützt.

Die Algarve ist die einzige ganzjährige Urlaubsregion mit heißen Sommern und milden Wintern. Die anderen Küstenregionen haben nicht so hohe Sommertemperaturen, und die Abende sind meist windiger. Im Inland gibt es stärkere Temperaturschwankungen mit recht kalten Wintern und im Alentejo und in Trás-os-Montes auch extrem heißen Sommern. Die Temperaturen im Frühling und Herbst sind demgegenüber reltiv mild, allerdings muss im Frühling mit Niederschlägen gerechnet werden.

Zoll

Da Portugal ein Mitgliedsstaat der Europäischen Union ist, gibt es für Besucher aus EU-Ländern keine Mengenbeschränkungen für Waren, die ausschließlich dem persönlichen Gebrauch dienen. Entsprechende Informationen halten die Konsulate und Zollämter bereit. Hinweise zur Höhe der Mehrwertsteuer in Portugal (IVA) finden Sie auf Seite 436.

Portwein

Einreisepapiere

Besucher aus EU-Ländern brauchen nur ihren gültigen Personalausweis, um nach Portugal einzureisen. Wenn Sie länger als sechs Monate bleiben wollen, müssen Sie eine Aufenthaltsgenehmigung beantragen.

Reisende aus Ländern außerhalb der EU sollten sich vor der Reise bei der portugiesischen Botschaft ihres Heimatlandes erkundigen, da sich die Einreisebestimmungen häufig ändern. Gleiches gilt für Ausländer, die in Portugal arbeiten oder studieren möchten.

Information

Das portugiesische Tourismusministerium unterteilt das Land in verschiedene touristische Regionen, die nicht mit den Verwaltungsbezirken übereinstimmen. Alle größeren Orte in den jeweiligen Gebieten sowie die auf Madeira und den Azoren haben ein **staatliches Fremdenverkehrsbüro** *(posto de turismo)*, auf das in diesem Reiseführer im Zusammenhang mit den vorgestellten Sehenswürdigkeiten jeweils hingewiesen wird. Manche dieser Büros sind auch Vorverkaufsstellen von Eintrittskarten für Veranstaltungen im Ort. Ferner werden dort Unterkunftsverzeichnisse und Regionalkarten bereitgehalten; Reservierungen für Unterkünfte sind aber meist nicht möglich.

Die Büroöffnungszeiten sind unterschiedlich, da jede touristische Region unabhän-

Hochsaison am Strand von Albufeira an der Algarve

◁ **Obst- und Gemüsestände auf dem Mercado dos Lavradores, Funchal**

Hinweisschilder in Marvão

gig ist; im Allgemeinen richten sie sich nach den Geschäftsöffnungszeiten. Auf dem Land sind mancherorts die Büros an Wochenenden geschlossen. Fremdenverkehrsbüros sind an allen wichtigen Flughäfen sowie in allen größeren und kleineren Städten zu finden. Die portugiesischen Fremdenverkehrsbüros im Ausland bieten auch Informationen in Form von Karten, Informationsblättern und -broschüren an. Auch im Internet findet man umfangreiche touristische Informationen zu Portugal bzw. den jeweiligen Reisezielen auf dem Festland und den Inseln.

Portugalkarte mit den sechs staatlichen Tourismusregionen

Museen

Die Mehrheit der portugiesischen Museen ist staatlich, doch gibt es auch einige private. Zu den großen nationalen Museen und Sammlungen kommen noch unzählige regionale mit einer großen Bandbreite an Themen, von der Geschichte einer Region bis zu Ausstellungen lokaler Kunst.

Eintrittspreise

Die meisten Museen Portugals erheben ein Eintrittsgeld von 1–3 €. Zuweilen sind diese Gebühren an Sonn- und Feiertagen geringer oder entfallen ganz. Gegen Nachweis bekommen Kinder bis 14 Jahre und Senioren eine Ermäßigung von 40 Prozent. Jugendlichen bis zu 26 Jahren mit einem *Cartão Jovem* (Jugendausweis) oder einem internationalen Studentenausweis zahlen die Hälfte.

Eintrittskarten

Ein praktisches Eintrittssystem für Besucher Lissabons ist die LISBOA-Karte, erhältlich bei der Hauptpost *(Posto Central)*: Sie berechtigt zum kostenlosen Besuch der meisten Museen und zur Benutzung des öffentlichen Nahverkehrs für einen Zeitraum von ein bis drei Tagen. Für weitere Museen wie das Gulbenkian erhält man Ermäßigungen.

Öffnungszeiten

Museen sind gewöhnlich dienstags bis sonntags von 10 bis 17 Uhr geöffnet, wobei viele zwischen 12 und 14 Uhr oder 12.30 und 14.30 Uhr schließen; private Museen haben andere Öffnungszeiten. Museen und manche Sehenswürdigkeiten sind montags und an gesetzlichen Feiertagen geschlossen. Die wichtigsten Kirchen sind tagsüber geöffnet, manche schließen zwischen 12 und 16 Uhr. Kleinere Kirchen in ländlichen Gegenden öffnen häufig nur zu den Gottesdiensten, so dass man den Küster um Einlass bitten muss.

Auf einen Blick

Botschaften

Deutschland
Campo dos Mártires de Patria 38,
1169 Lissabon. **Stadtplan** 6 D5.
Tel. *21-881 02 10.*
FAX *21-885 38 46.*

Österreich
Avenida Infante Santo 43/4,
1399 Lissabon. **Stadtplan** 3 C3.
Tel. *21-395 82 20.*
@ lissabon-ob@bmaa.gv.at

Schweiz
Travessa do Jardim 17,
1350 Lissabon. **Stadtplan** 3 C2.
Tel. *21-394 40 90.*
@ vertretung@lis.rep.admin.ch

Staatliche Fremdenverkehrsbüros

Coimbra
Largo da Portagem,
3000-337 Coimbra.
Tel. *239-48 81 20.*
W www.turismo-centro.pt

Faro
Avenida 5 de Outubro 18–20,
8000-902 Faro.
Tel. *289-80 04 00.*
W www.rtalgarve.pt

Lissabon
Rua do Arsenal 15,
1100-038 Lissabon.
Stadtplan 7 A2.
Tel. *21-031 27 00.*
W www.atl-turismolisboa.pt

Porto
Rua Clube dos Fenianos 25,
4000-172 Porto.
Tel. *22-339 34 70/72.*
W www.portoturismo.pt

In Deutschland:
Portugiesisches Touristikbüro,
Schäfergasse 17,
60313 Frankfurt am Main.
Tel. *069-23 40 94.*
FAX *069-23 14 33.*

In Österreich:
Opernring 4, 1010 Wien.
Tel. *01-585 44 50.*
FAX *01-585 44 45.*

In der Schweiz:
Zeltweg 15, 8032 Zürich.
Tel. *43-268 87 68.*
FAX *43-268 87 60.*

Zeitungsstand im Café A Brasileira ***(siehe S. 90)***

Sprache

Portugiesisch ähnelt dem Spanischen in vielerlei Hinsicht, so dass man mit Spanischkenntnissen leicht Portugiesisch lesen kann. Die gesprochene Sprache dagegen hört sich ungewohnt an und hat kaum Ähnlichkeit mit dem gesprochenen Spanisch.

Die Portugiesen sind zu Recht stolz auf ihre Sprache und werden nicht besonders gern in Spanisch angesprochen. Portugiesisch ist aufgrund der Geschichte Portugals in Brasilien und einer Reihe afrikanischer Staaten die Landessprache. Einen Sprachführer mit den wichtigsten portugiesischen Wörtern und Redewendungen finden Sie am Ende dieses Reiseführers *(S. 479f)*.

Etikette

Die Portugiesen begrüßen jede Bemühung eines Gastes, ihre Sprache zu sprechen. Auch kleine Versuche bei der Begrüßung wie *bom dia* bzw. *boa tarde* (guten Tag) oder *boa noite* (gute Nacht) werden dankbar aufgenommen und können Wunder bewirken.

Bei allen Versuchen einer anspruchsvolleren Kommunikation, sollten Sie darauf vorbereitet sein, sich selbst einige Male zu wiederholen, bis der Angesprochene sich an Ihre Aussprache gewöhnt hat.

Die Anrede im Portugiesischen lautet *senhor* oder *senhora*. Wenn man jemandem vorgestellt wird, schüttelt man sich die Hand, unter Freunden und Bekannten ist hingegen ein flüchtiger Kuss auf beide Wangen üblich.

Man trägt in Portugal heutzutage im Allgemeinen legere Kleidung, doch in Gotteshäusern sollte man sich an die üblichen Gepflogenheiten halten: Sie sollten keine Kirche in Shorts und T-Shirts betreten.

Zeitungen und Zeitschriften

Vor allem in Touristenzentren sind internationale Tageszeitungen, auch deutsche wie *Süddeutsche Zeitung* oder *Frankfurter Allgemeine Zeitung*, noch am Erscheinungstag oder einen Tag später erhältlich. Bedeutende portugiesische Tageszeitungen sind *Diário de Notícias* und *Público*. Im Raum Lissabon gibt es außerdem die englischsprachigen *Anglo-Portugese News* und an der Algarve die *Algarve News*.

Portugiesische Tageszeitungen

Radio und Fernsehen

Es gibt zwei portugiesischsprachige öffentliche Fernsehsender (RTP1 und RTP2) und zwei private (SIC und TVI). Über Satellit sind Programme in verschiedenen Sprachen zu empfangen. Der Radiosender RDF strahlt in den Sommermonaten Informationssendungen für Urlauber in Deutsch, Französisch und Englisch aus. Madeira hat einen eigenen Fernseh- sowie Radiosender auf UKW-Kanal 96, der sich hauptsächlich an Urlauber wendet.

Einrichtungen für Behinderte

Für Behinderte sind in Portugal noch relativ wenige Einrichtungen vorhanden, doch dies bessert sich allmählich. Rollstühle und Behindertentoiletten gibt es inzwischen auf fast allen Flughäfen und Bahnhöfen, und Behindertenparkplätze sind gut gekennzeichnet; Rampen und Fahrstühle finden zunehmend in öffentlichen Gebäuden Einzug. Lissabon und Porto bieten einen Funk-Minibusdienst. Bei der Reservierung gibt man Uhrzeit sowie Abfahrts- und Zielort an. Da in der Funkleitzentrale ausschließlich Portugiesisch gesprochen wird, wenden Sie sich am besten an jemanden im Hotel und bitten um Hilfe. Der spezielle Taxidienst in Lissabon muss lange im Voraus gebucht werden.

Funk-Minibus für Behinderte ***(transporte especial para deficientes)***

Reisende genießen den Blick von der Burg in Lissabon

Allein reisende Frauen

In Portugal sollten Frauen, die allein reisen, die üblichen Vorsichtsregeln, wie Benutzung gut beleuchteter Straßen, einhalten. Baixa, Bairro Alto und Cais do Sodré sollten nach Schließen der Bars und Klubs gemieden werden; die unerwünschte Anmache an einigen Urlaubsorten der Algarve und an den Stränden in der Region um Lissabon kann sehr unangenehm werden. Sie sollten auf jeden Fall Taxis und Nahverkehrsmittel dem Trampen vorziehen.

Grundsätzlich aber können sich allein reisende Frauen in Portugal in der Regel unbehelligt bewegen. Die Männer sind hier unaufdringlicher als dies in anderen Staaten Südeuropas der Fall ist.

Hinweise für Studenten

Reisende zwischen 12 und 25 Jahren können für etwa sechs € einen *Cartão Jovem* (Jugendausweis) kaufen, der ein Jahr gültig ist, eine Reiseversicherung umfasst und Ermäßigungen in Läden, Museen, Verkehrsmitteln und Jugendherbergen *(siehe S. 376)* gewährt. Herausgegeben wird der Ausweis vom **Instituto Português da Juventude** (Portugiesisches Jugendwerk). Der internationale Studentenausweis bietet die gleichen Vorteile und kann im Heimatland erworben werden. Informationen zu Ermäßigungen für Studenten sind in spezialisierten Reisebüros erhältlich.

Religion

Die römisch-katholische Kirche ist in Portugal am weitesten verbreitet. Gottesdienste werden jeden Abend, sonntagmorgens und an religiösen Feiertagen gehalten. Besichtigungen während der Gottesdienste sind problematisch (und auch nicht gerade erwünscht). Gebetsstätten anderer Glaubensrichtungen, wie der evangelischen Kirche, der Church of England oder der Baptistengemeinde, gibt es in den meisten größeren Städten.

Elektrizität

Die Stromspannung beträgt 230 Volt/50 Hertz. Die Mitnahme von Adaptern ist nicht nötig.

Ende des Gottesdienstes in Trás-os-Montes

Zeit

Die Uhren auf dem portugiesischen Festland und auf Madeira folgen der Greenwich Mean Time (GMT) – dort herrscht die Mitteleuropäische Zeit (MEZ) abzüglich einer Stunde. Ende März werden die Uhren wie in ganz Europa wegen der Sommerzeit eine Stunde vorgestellt; sie dauert bis Ende Oktober. Die Azoren liegen in der folgenden Zeitzone; die Inseln des Archipels im Atlantischen Ozean sind gegenüber der Mitteleuropäischen Zeit zwei Stunden zurück.

Auf einen Blick

Gebetsstätten

Deutsche Katholische Kirche
Rua do Patrocínio 8,
1350 Lissabon.
Tel. *21-396 41 14.*
FAX *21-395 69 39.*
@ dt.kath.kirche@mail.telepac.pt
W www.dtkathkirchelisboa.home.sapo.pt

Deutsche Evangelische Kirche
Avenida Columbano Bordalo Pinheiro 48.
1070 Lissabon.
Tel. *21-726 09 76.*
FAX *21-727 48 39.*
@ dekl@deutsche-kirche-portugal.pt
W www.deutsche-kirche-portugal.org/dekl/default.htm

Hinweise für Studenten

Instituto Português da Juventude
Avenida da Liberdade 194,
1250 Lissabon.
Tel. *21-317 92 00.*

Busse für Behinderte

Lissabon Carris
Tel. *21-758 56 76.*
Mo–Fr 9–17 Uhr

Rotes Kreuz Portugal
Tel. *22-600 63 53.*
Mo–Fr 9–17 Uhr. Busse für das Gebiet Porto müssen mehrere Tage vorher gebucht werden.

Sicherheit und Notfälle

Apothekenschild

Trotz geringer Kriminalität sollte man auch in Portugal die übliche Vorsicht walten lassen: keine Wertsachen im geparkten Auto, Vorsicht vor Taschendieben in Menschenmengen und in öffentlichen Verkehrsmitteln. Bei ernsthaften medizinischen Problemen wähle man die unten angegebene Notrufnummer, bei kleineren Beschwerden berät die Apotheke.

Im Notfall

Die Notrufnummer ist 112. Wählen Sie die Nummer und geben Sie an, welche Art von Hilfe Sie benötigen: Polizei *(polícia)*, Krankenwagen *(ambulância)* oder Feuerwehr *(bombeiros)*. Ist ärztliche Hilfe nötig, fahren Sie zur Notaufnahme *(serviço de urgência)* des nächsten Krankenhauses. Auf Autobahnen und Hauptverkehrsstraßen können Sie bei einem Unfall Hilfe über das orangefarbene Notruftelefon anfordern. Es wird Portugiesisch gesprochen; man drückt den Knopf und wartet auf Antwort.

Notruftelefon an der Autobahn

Medizinische Vorsorge

Impfungen sind nicht notwendig, Schutz vor Tetanus und Diphterie aber empfehlenswert. Leitungswasser können Sie überall im Land ohne Bedenken trinken. Im Sommer sollten Sie ein Mittel gegen Insektenstiche in der Reiseapotheke haben. Zwar gefährden Moskitostiche nicht die Gesundheit, können aber sehr unangenehm sein.

Medizinische Versorgung

Eine private Auslandsreise-Krankenversicherung ist für alle Reisenden empfehlenswert. Wahrscheinlich müssen Sie im Notfall die medizinische Behandlung sowie eventuelle Arzneimittel vor Ort bezahlen, bekommen das Geld jedoch später gegen Vorlage der entsprechenden Rechnungen ersetzt. Die Vorlage des Formulars E111 ist obligatorisch. Im British Hospital in Lissabon sprechen die Ärzte Englisch, ebenso in den internationalen Gesundheitszentren in der Region Lissabon. In den Urlaubsorten an der Algarve stehen eventuell auch deutschsprachige Ärzte zur Verfügung. Entsprechende Hinweise darauf finden Sie in den Tageszeitungen.

Apotheken

Apotheken *(farmácias)* sind bei der Diagnose kleinerer gesundheitlicher Probleme behilflich und können auch die entsprechende Behandlung vorschlagen. Apotheker dürfen Medikamente verkaufen, die in anderen Ländern rezeptpflichtig sind. Ein grünes Kreuz auf weißem Hintergrund weist auf eine Apotheke hin. Öffnungszeiten sind 9–13 und 15–19 Uhr. Ein Aushang zeigt die nächste Apotheke mit Notdienst an und eine Liste von Apotheken, die bis 22 Uhr geöffnet sind.

Polizeirevier in Bragança in der Region Trás-os-Montes

Polizei

In allen Städten sorgt die *Polícia de Segurança Pública* (PSP) für die öffentliche Sicherheit und Ordnung. Auf dem Land ist dies Aufgabe der *Guarda Nacional Republicana* (GNR). Eine Abteilung der GNR, *die Brigada de Trânsito* (Verkehrspolizei), erkennbar an den roten Armbinden, ist die Verkehrspolizei.

Persönliche Sicherheit

Gewaltverbrechen sind in Portugal selten, und der Großteil der Urlauber kommt damit nicht in Berührung, dennoch sollten Sie auch hier die üblichen Vorsichtsmaßnahmen treffen.

Verkehrspolizist

PSP-Polizist

PSP-Polizistin

Feuerwehrwagen

Krankenwagen

Polizeiwagen

Vor Reiseantritt sollten Sie eine Gepäckversicherung abschließen. In Lissabons Vierteln Alfama, Bairro Alto und Cais do Sodré sind nach Einbruch der Dunkelheit Diebe aktiv, wie auch in einigen Urlaubsorten der Algarve und im Viertel Ribeira in Porto. Sie sollten keine Wertsachen im Auto lassen, auch nicht das Autoradio. Fußgängern ist zu raten, Portemonnaie und Brieftasche zu verbergen sowie Taschen immer auf der der Straße abgewandten Seite zu tragen, um Taschenraub aus Autos heraus oder vom Motorrad nicht zu provozieren. Werden Sie dennoch Opfer eines Raubs, leisten Sie keine Gegenwehr, und händigen Sie sofort die Wertsachen aus.

Verbrechen anzeigen

Jeden Diebstahl sollten Sie sofort dem nächsten Polizeirevier melden, von Dokumenten, wie einem Reisepass, zudem dem Konsulat. Viele Versicherungsgesellschaften verlangen, dass Sie den Diebstahl innerhalb von 24 Stunden melden. Den Polizeibericht müssen Sie der Versicherung zur Kostenerstattung vorlegen. In den Städten ist die PSP, auf dem Land die GNR zuständig. Bewahren Sie Ruhe, und bleiben Sie höflich, um unnötige Verzögerungen zu vermeiden. Bei einem Autounfall in ländlichen Gegenden könnte man Sie auffordern, den anderen Fahrer zur Erledigung der notwendigen Formalitäten zum nächsten Polizeirevier zu begleiten. Bitten Sie um einen Dolmetscher, falls kein Beteiligter Deutsch spricht.

Damentoilette

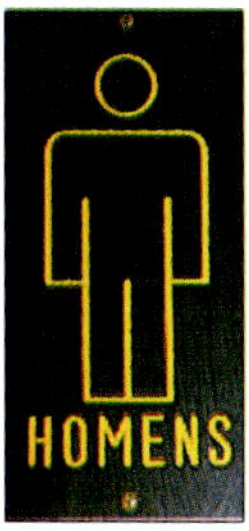

Herrentoilette

Auf einen Blick

Notrufnummern

Allgemeiner Notfall (Feuerwehr, Polizei, Krankenwagen)
☎ *112.*

Assistentes Intérpretes de Portugal
Avenida da República 41 3°, 1050-187, Lissabon.
☎ *21-799 43 60.*

British Hospital
Rua Saraiva de Carvalho 49, 1269-098 Lissabon.
☎ *21-395 50 67.*

Ordem dos Advogados
Largo de São Domingos 14, 1°, 1169-060 Lissabon.
☎ *21-882 3550.*

Rechtsbeistand

Eine Rechtsschutzversicherung oder die Mitgliedschaft in einem der großen Automobilklubs hilft bei einem Autounfall, Rechtsansprüche geltend zu machen.

Haben Sie keine Versicherung abgeschlossen, können Sie sich an das Konsulat Ihres Heimatlandes wenden oder an die **Ordem dos Advogados** (Rechtsanwaltsverein), der deutschsprachige Anwälte vermittelt.

Ein Verzeichnis von Dolmetschern finden Sie bei Bedarf in den Gelben Seiten des Telefonbuchs *(Páginas Amarelas)* unter »Tradutores e Intérpretes«, oder Sie kontaktieren sie über die in Lissabon ansässige Vertretung **Assistentes Inteprértes de Portugal**.

Toiletten

Auf portugiesisch heißen Toiletten *casa de banho*. Sind die üblichen Symbole nicht vorhanden, halten Sie Ausschau nach den Wörtern *homens*, *senhores* bzw. *cavalheiros* (Herren) und *senhoras* bzw. *damas* (Damen).

Auf Autobahnen gibt es etwa alle vierzig Kilometer Raststätten oder Rastplätze mit Toiletten.

Banken und Währung

Logo der BPI-Bank

Portugal ist eines der Gründungsmitglieder der europäischen Währungsunion und hat 2002 – gemeinsam mit elf anderen Staaten – den Euro als offizielles Zahlungsmittel eingeführt. Seither ist für die Besucher aus Staaten mit dem Euro jeglicher Geldwechsel entfallen. Kreditkarten sind in vielen Fällen die angenehmste Lösung für das direkte Bezahlen. Mit Kredit- oder Debitkarten, z. B. der Maestro-Karte, können Sie aus jedem Geldautomaten Geld ziehen. Auf jeden Fall empfiehlt es sich, keine zu hohen Summen an Bargeld mit sich zu führen.

Bankfassade in Lissabon

Öffnungszeiten

Banken sind montags bis freitags, von 8.30 bis 15 Uhr geöffnet. Einige Banken haben bis 18 Uhr geöffnet; um welche es sich handelt müssen Sie jedoch vor Ort erfragen. Banken sind an Wochenenden und gesetzlichen Feiertagen geschlossen. Fast jedes größere Dorf hat mindestens eine Bank, und an fast jeder Bank gibt es einen Geldautomaten, an dem Sie mit Kredit- oder ec-Karte nach Eingabe der PIN jederzeit Geld abheben können.

Geldwechsel

Besucher aus Ländern, in denen der Euro offizielles Zahlungsmittel ist, müssen in Portugal kein Geld wechseln. Besucher aus »Nicht-Euroländern« können Geld in Banken, Wechselstuben *(agências de câmbios)* und vielen Hotels tauschen. Die Wechselstuben verlangen zwar höhere Gebühren als die Banken, bieten aber oft einen besseren Service und haben längere Öffnungszeiten. Hotels haben hingegen die schlechtesten Wechselkurse.

Schecks und Kreditkarten

Reiseschecks sind eine sichere, aber leider nicht sehr bequeme Art, in Portugal Geld mit sich zu führen. Läden und Hotels akzeptieren sie selten als Zahlungsmittel und das Einlösen kann recht teuer sein. Am besten können Sie Reiseschecks in Wechselstuben einlösen, Banken verlangen hierfür noch höhere Gebühren.

Die meisten Besucher werden ihr Geld jedoch am Geldautomaten *(Multibanco)* mit ihrer Kredit- oder ec-Karte abheben. *Multibanco*-Automaten findet man aber nicht nur in Bankfilialen sondern in größeren Städten auch in vielen Einkaufszentren. In Portugal sind vor allem **Visa**, **MasterCard**, **American Express** und **Diners Club** weit verbreitet. Bedenken Sie jedoch, dass jede Abhebung mit Gebühren belegt wird, oft unabhängig von der Höhe des abgehobenen Betrags. Seltene und dafür größere Transaktionen sind deshalb insgesamt am günstigsten.

Die Zentrale der Caixa Geral de Depósitos in Arco do Cego

Auf einen Blick

Banken

Deutsche Bank
Rua Castilho 20, Lissabon.
☎ *21-311 12 00.*

Banco Bilbao Vizcaya Argentária
Ave. da Liberdade 222, Lissabon.
☎ *21-311 72 00.*

Banco Potuguês de Investimento
Rua Tenente Valadim 284, Porto.
☎ *22-607 31 00.*

Kartenverlust

Allg. Notrufnummer
☎ *0049 116 116 (geb.pflichtig).*

American Express
☎ *0049 69 97 97 10 00.*

Diners Club
☎ *0180 234 54 54.*

MasterCard
☎ *800 81 12 72 (gebührenfrei).*
☎ *001- 31 42 75 66 90.*

Visa
☎ *800 81 18 24 (gebührenfrei).*
☎ *001 41 05 81 38 36.*

Maestro-Karte
☎ *0049 0180 502 10 21.*

Währung

Die europäische Gemeinschaftswährung Euro (€) gilt seit dem 1.1.2002 in zwölf EU-Staaten: Belgien, Deutschland, Finnland, Frankreich, Griechenland, Irland, Italien, Luxemburg, Niederlande, Österreich, Portugal und Spanien. Großbritannien, Dänemark und Schweden haben sich dagegen entschieden. Alte Escudo-Scheine und Münzen sind ungültig. Banknoten können jedoch bei der Banco de Portugal bis 2022 umgetauscht werden (www.bportugal.pt).

Die Euroscheine sind einheitlich gestaltet, bei den Münzen prägt jedes Land unterschiedliche Rückseiten. Die Rückseiten von Portugals Euromünzen zeigen drei verschiedene historische Siegel von Afonso Henriques, dem Gründer des portugiesischen Reiches.

Euro-Banknoten

Euro-Banknoten gibt es in sieben Werten (5, 10, 20, 50, 100, 200 und 500 €). Die unterschiedlich großen Scheine wurden vom Österreicher Robert Kalina entworfen und zeigen Architekturelemente und Baustile verschiedener Epochen, eine Europakarte und die EU-Flagge mit den zwölf Sternen.

5-Euro-Schein (Baustil: Klassik)

10-Euro-Schein (Baustil: Romanik)

20-Euro-Schein (Baustil: Gotik)

50-Euro-Schein (Baustil: Renaissance)

100-Euro-Schein (Baustil: Barock & Rokoko)

200-Euro-Schein (Eisen- und Glasarchitektur)

500-Euro-Schein (Moderne Architektur des 20. Jh.)

2-Euro-Münze

1-Euro-Münze

50-Cent-Münze

20-Cent-Münze

10-Cent-Münze

Euromünzen

Euromünzen gibt es in acht Werten (2 €, 1 € sowie 50, 20, 10, 5, 2 und 1 Cent). Die einheitlichen Vorderseiten entwarf der Belgier Luc Luycx; die Rückseiten sind in jedem Land anders gestaltet. Auch San Marino, der Vatikanstaat und Monaco prägen eigene Münzen.

5-Cent-Münze

2-Cent-Münze

1-Cent-Münze

Kommunikation

Telefonzelle

In den letzten Jahren hat sich das portugiesische Telekommunikationsnetz rasant entwickelt. Früher machte das veraltete System den Reisenden allerhand Schwierigkeiten. Mit Hilfe modernster Technologie wurde es nun auf den neuesten Stand gebracht und sollte kaum noch Probleme bereiten. An öffentlichen Telefonapparaten kann entweder mit Münzen oder mit Karten ins Ausland telefoniert werden. Kartentelefone sind bei internationalen und Ferngesprächen generell praktischer als Münzfernsprecher. Telefonieren in Hotels ist in der Regel vergleichsweise teuer.

Telefonkabine in der Post

Münztelefon

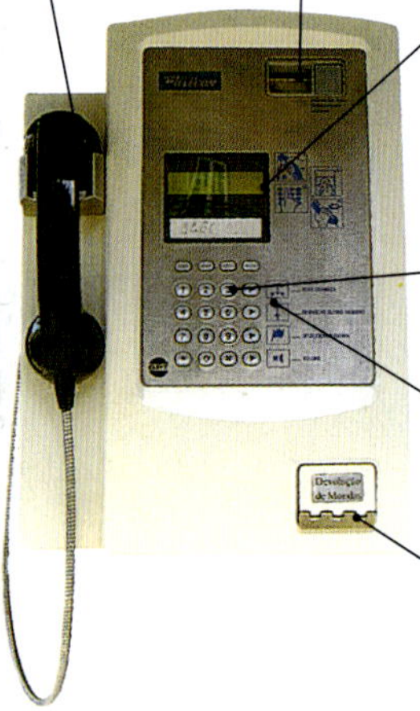

1 Heben Sie den Hörer ab, und warten Sie auf das Freizeichen.

2 Werfen Sie die Münzen in diesen Schlitz.

3 Ihr Guthaben wird angezeigt. Falls mehr Münzen benötigt werden, erscheint: *Inserir mais moedas por favor.*

4 Wählen Sie die Nummer, und warten Sie auf die Verbindung.

5 Für einen weiteren Anruf drücken Sie die Neuwahltaste.

6 Hängen Sie den Hörer wieder ein, wird Ihr Guthaben zurückerstattet.

Kartentelefon

1 Heben Sie den Hörer ab, und warten Sie auf das Freizeichen.

2 Führen Sie die Telefonkarte (Pfeil oben) oder Kreditkarte (Magnetstreifen unten) ein.

3 Anzeige der zur Verfügung stehenden Einheiten und Aufforderung, Nummer einzugeben.

4 Wählen Sie die Nummer, und warten Sie auf die Verbindung.

5 Leert sich die Telefonkarte während des Gesprächs, wirft der Apparat sie aus, und Sie können eine neue einlegen.

6 Hängen Sie den Hörer nach dem Gespräch ein, und entnehmen Sie die Karte.

Telefonkarten gibt es mit unterschiedlich vielen Einheiten

Telefonieren in Portugal

In Portugal gibt es zwei Arten öffentlicher Telefone: Münz- und Kartentelefone sowie Kombinationen von beiden. Münztelefone finden Sie auf der Straße und in vielen Bars, Cafés und Einkaufszentren. Kartentelefone sind gerade bei Auslandsgesprächen praktischer. Sie können mit Telefonkarten, einige auch mit Kreditkarten benutzt werden. Telefonkarten mit unterschiedlich vielen Einheiten erhalten Sie bei Postämtern, den Telecom-Filialen und in Tabak- oder Zeitungsläden.

Der größte Telefon-Provider PT Communicações (der Ex-Monopolist und heutige Netzbetreiber) berechnet derzeit drei Cent pro Minute für ein Ortsgespräch. Internationale Verbindungen und solche zu Mobiltelefonen sind teurer, auch hierfür gibt es spezielle Telefonkarten und Tarife.

Auch im Postamt kann man telefonieren. Man führt sein Gespräch und zahlt dann, abhängig von der Zahl der Telefoneinheiten, am Schalter den fälligen Betrag. Dies ist sehr viel günstiger, als im Hotel zu telefonieren. Auch in manchen Cafés, Restaurants und Bars kann man auf diese Weise telefonieren.

Auslandsgespräche sollten Sie führen, wenn verbilligte Tarife angeboten werden. Am billigsten sind Telefonate abends nach 21 Uhr oder an Wochenenden.

Alle in Europa gängigen GSM-Handys funktionieren problemlos. Zu den günstigsten Anbietern zählen »P-TELEMOVEL« (für T-Mobile- und E-Plus-Verträge) und »P-TNM« (für O2-Verträge).

R-Gespräche

Wählen Sie die *Directo*-Nummer, die sich auf dem Umschlag des Telefonbuchs befindet nach der internationalen Vorwahl und der Ortsvorwahl. Alternativ rufen Sie die 179 an und fragen nach der entsprechenden *Directo*-Nummer für das jeweilige Land. Diese Nummer verbindet Sie zu einer Vermittlung in dem Land in dem Sie ein R-Gespräch führen wollen.

Eine Telefonzelle mit Münzfernsprecher

Vorwahlnummern

- Die Vorwahl für Portugal ist 00351, dann folgt die neunstellige lokale Nummer.
- Innerhalb einer Stadt oder Region oder auch von einer Stadt oder Region in eine andere wählt man immer die neunstellige Nummer.
- Von Portugal ins Ausland wählt man 00 und dann die Landesvorwahl: für Deutschland 49, Österreich 43 und die Schweiz 41.
- Die Telefonauskunft ist 118 (national) und 177 (international).
- Das Telefonbuch für Portugal findet man auch im Internet unter www.118.pt

Postdienste

***Correios*-Zeichen (Briefpost)**

Der Briefpostdienst, *Correios*, arbeitet verhältnismäßig zügig. Ein Brief innerhalb der EU braucht in der Regel zwei bis fünf Tage, in andere Erdteile fünf bis zehn Tage. Das *Correios*-Zeichen zeigt ein weißes Pferd mit einem Reiter auf rotem Grund.

Briefversand

Post erster Klasse ist *Correio Azul*, die zweiter Klasse *normal*. Die blauen Postkästen sind für Briefe erster, die roten für Briefe zweiter Klasse. An Postämtern gibt es auch Briefschlitze für nationale und internationale Sendungen, einen Eilbriefservice mit dem Namen EMS und einen für eingeschriebene Zustellung *(correio registado)* für Wertbriefsendungen. Briefmarken können entweder bei der Post, in Läden mit dem rot-weißen *Correios*-Zeichen oder an Briefmarkenautomaten erworben werden, die es auf Flughäfen, Bahnhöfen und in den Straßen der größeren Städte gibt.

Briefmarken

Postlagernd

Die Hauptpostämter verwahren postlagernde Sendungen. Auf dem Briefumschlag sollte der Name des Empfängers in Blockbuchstaben geschrieben und unterstrichen sein, gefolgt von *posta restante* mit der Postleitzahl des Bestimmungsortes. Unter Vorlage eines Ausweises kann man am Schalter den Brief gegen Zahlung einer kleinen Gebühr in Empfang nehmen.

Postämter

Postämter sind normalerweise montags bis freitags von 8.30–18 Uhr geöffnet. In Stadtzentren gelten andere, längere Schalterstunden: montags bis freitags von 8–22 Uhr und samstags von 9–18 Uhr.

Portugiesische Adressen

Portugiesische Adressen enthalten oft auch das Stockwerk und die Lage im Haus. Das Erdgeschoss heißt *res-do-chão* (r/c), der erste Stock *primeiro andar* (1°), der zweite *segundo andar* (2°) usw. Jeder Stock ist in links, *esquerdo* (E oder Esq), und rechts, *direito* (D), unterteilt.

Portugals Briefkästen

Erste-Klasse-Briefe wirft man in die blauen (Correio Azul)*, Zweite-Klasse-Briefe in die roten Kästen.*

Läden und Märkte

Das traditionelle Kunsthandwerk lebt trotz der Modernisierung Portugals weiter. Ton- und Keramikwaren sowie Kacheln *(azulejos)* werden in vielen Stilrichtungen hergestellt. Käse, geräucherten Schinken, Würste und Wein kann man überall in den Läden und auf jedem Markt kaufen, Portwein, Madeira und Branntweine im Weinhandel oder direkt beim Hersteller. Madeira ist vor allem für Spitzen und Stickerei berühmt. Im Vergleich zum restlichen Europa ist Portugal nicht teuer. Produkte traditionellen Kunsthandwerks sind außerhalb der Städte preiswert.

Serra-Käse aus der Serra da Estrela

Verkaufsstand im Alentejo mit frischem Gemüse und Obst aus dem Umland

Mehrwertsteuer

Die Preise der meisten Waren in Portugal enthalten eine Mehrwertsteuer (IVA) von 19 Prozent (auf Madeira und den Azoren 13 Prozent). Sie kann nur von Nicht-EU-Angehörigen zurückgefordert werden. Fragen Sie nach einer *Isenção de IVA* oder einer Rechnung in dreifacher Ausführung, auf der die Waren beschrieben und Mengen, Wert sowie Käufer eingetragen werden. Bei der Ausreise zeigt man das Formular am Zoll.

Öffnungszeiten

Geschäfte öffnen meist um 9 oder 10 Uhr und schließen um 19 Uhr; kleinere Läden und solche in ruhigeren Lagen legen von 13–15 Uhr eine Mittagspause ein. Seit kurzem schießen überall in Portugal Einkaufszentren aus dem Boden, die oft einen Supermarkt, verschiedene Restaurants und Banken umfassen. Die Öffnungszeiten dieser Zentren sind gewöhnlich von 10–23 Uhr täglich (auch sonntags).

Märkte

Der Markt ist ein wesentlicher Bestandteil des gesellschaftlichen und geschäftlichen Lebens in Portugal. Er findet meist auf dem Platz im Ortskern statt – fragen Sie nach *mercado* oder *feira*. Im Angebot ist alles, von Nahrungsmitteln über Haushaltsgeräte bis zu Kleidung. Sie werden auch Stände finden, die sich auf Antiquitäten und lokales Kunsthandwerk spezialisiert haben. Stände am Straßenrand mit Produkten von Kleinerzeugern sind keine Seltenheit. Märkte finden normalerweise nur vormittags statt, in Urlaubszentren können sie sich bis in den späten Nachmittag ziehen. Portugals wohl größter und bekanntester Markt ist der in Barcelos im Minho *(siehe S. 273)*, der jeden Donnerstag auf dem Hauptplatz stattfindet. Neben einem breiten Angebot an Haushaltswaren und Produkten der Gegend findet man auch Keramik, Spitzen, Teppiche und Kleidung. Regionale Märkte im ganzen Land bieten eine Vielzahl von lokalen Produkten wie unterschiedliche Käse-, Brot- und Schinkensorten. Dieser Reiseführer nennt die Markttage im Informationsteil, der jeder Stadtbeschreibung vorausgeht. Fällt ein dort angegebenes festes Datum auf ein Wochenende, findet der Markt am nächsten Arbeitstag statt.

Keramik

In den meisten Städten kann man Keramikkacheln und -tafeln sowohl kaufen als auch in Auftrag geben. Portugal hat eine lange Keramiktradition; die Kacheln werden sowohl für bauliche als auch dekorative Zwecke verwendet *(siehe S. 22ff)*. Die Stilrichtungen reichen vom eleganten Vista-Alegre-Porzellan bis zum einfachen, klassischen Terrakottageschirr. Antike *azulejos* sind sehr begehrt – und teuer, aber an Stellen wie in Lissabons Museu Nacional do Azulejo *(siehe S. 122f)* kann man Reproduktionen berühmter historischer Entwürfe erwerben.

Keramik auf dem Markt in Barcelos *(siehe S. 273)*

Anderes Kunsthandwerk

Portugal ist bekannt für feine Stickereien und Spitzen, und die beste Quelle für diese kleinen Meisterwerke ist die Insel Madeira. Auf dem Festland kommen die besten Arbeiten aus Städten des Minho wie Viana do Castelo, das auch für seine bunt bedruckten Schals berühmt ist. In Castelo Branco in der Beira Baixa verkauft man bestickte Bettüberwürfe. Farbenfrohe Teppiche, wie die aus Arraiolos *(siehe S. 301)*, gibt es im Alentejo.

Bestickte Taschentücher und Tischsets aus Caldas do Gerês im Minho *(siehe S. 270f)*

Die Preise für Strickwaren sind günstig und die wollenen Fischerpullover aus Nazaré *(siehe S. 180)*, oft handgestrickt, ihr Geld wert. Filigranen Schmuck *(filigrana)*

Handgefertigte Körbe aus der Beirasregion *(siehe S. 195)*

aus dem Minho trägt man gern an Festtagen; er wird vor Ort verkauft.

Gold- und Silberdrähte werden in komplizierten Mustern zu feinen Broschen, Ohrringen und Anhängern verarbeitet. Theoretisch muss alles in Portugal verkaufte Gold mindestens 19 Karat haben.

Korbwaren, eine weitere Spezialität Madeiras, werden in großen Mengen hergestellt: Gartenstühle im Kolonialstil sind sehr beliebt. Geflochtene Körbe, die überall im Land angefertigt werden, sind ein Souvenir, über das sich jeder freut.

Der Kork aus dem Alentejo *(siehe S. 313)* wird nicht nur für Korken, sondern auch zur Herstellung von Untersetzern oder auch Flaschenkühlern verwendet.

Regionale Produkte

JEDE REGION Portugals hat ihre eigenen Spezialitäten, die man am besten direkt dort kauft, wo sie hergestellt werden. Bekanntere Erzeugnisse werden jedoch im ganzen Land angeboten. Geräucherter und luftgetrockneter Schinken *(presunto)* aus dem Norden schmeckt besonders gut in Chaves *(siehe S. 256f)*, und würzige Schweinswürste *(linguiças)* sind eine Spezialität Portos *(siehe S. 236ff)*.

Zu den regionalen Käsesorten zählt der köstliche Serra-Schafskäse, der zwischen Mai und Oktober ausschließlich in der Serra da Estrela *(siehe S. 218f)* hergestellt wird; Ilha ist ein kräftiger Hartkäse von den Azoren, Queijinho heißt der weiße Käse, der in Tomar und Umgebung *(siehe S. 184f)* produziert wird.

Weine und Spirituosen

NEBEN DEN hochprozentigen Dessertweinen, dem Portwein *(siehe S. 228f)* und dem Madeira *(siehe S. 349)*, hat Portugal eine breite Palette guter Tafelweine *(siehe S. 28f)* zu bieten. Zu den bekanntesten gehören die kräftigen Rotweine, die aus der Douro-Region kommen, und die leichten Vinhos Verdes aus dem Minho. Der im Ausland meistverkaufte Wein Portugals ist der Mateus Rosé; er wird mit Kohlensäure versetzt und schmeckt halbsüß.

Oft ist es möglich, die Portweinkellereien und Weinproduzenten zu Weinproben und Führungen *(siehe S. 247)* zu besuchen und dort auch zu kaufen. Bekanntestes hochprozentiges Getränk Portugals ist der Bagaceira oder Bagaço; dieses feurige, klare Getränk wird aus den Schalen der Weintrauben destilliert. Daneben gibt es Figo (aus Feigen), Ginginha (aus roten Kirschen) und Medronheira, ein Likör aus der Frucht des Erdbeerbaums *(siehe S. 289)*. Falls diese Getränke nicht nach Ihrem Geschmack sind, können Sie einen der guten und preiswerten Weinbrände versuchen, wie z. B. Macieira und Constantino.

Kleidung und Schuhe

PORTUGAL VERFÜGT über eine vielfältige Textilindustrie,

Handschuhe im Lissabonner Stadtviertel Chiado *(siehe S. 92f)*

doch ein Großteil der Bekleidung und der Schuhe der heimischen Fertigung geht an bekannte Designermarken im Ausland. Diese Kleider sind normalerweise nicht in den Läden zu kaufen. Doch auch Ware mittlerer Güte wird zu interessanten Preisen auf den Märkten überall im Land angeboten. Besonders bekannt ist hierfür der in Carcavelos, zwischen Lissabon und Estoril, stattfindende Markt.

Lederwaren wie Schuhe, Handschuhe, Gürtel und Handtaschen können sehr preiswert sein, doch der Preis spiegelt auch die Qualität wider (und nicht alle zum Kauf angebotenen Lederwaren stammen tatsächlich aus Portugal).

Sport und Aktivurlaub

Obwohl Portugal relativ klein ist, bietet es vielfältige Möglichkeiten für Sport und andere Aktivitäten im Freien. Golf- und Tennisplätze gibt es in großer Zahl, und das milde Klima im Süden lässt die Ausübung dieser Sportarten das ganze Jahr über zu. Auch Wandern, Radfahren, Reiten und Wassersport sind beliebte Freizeitaktivitäten. Sportveranstaltungen werden oft auf lokaler Ebene organisiert, daher sollte man aktuelle Informationen über Sportstätten und -veranstaltungen von den Fremdenverkehrsbüros anfordern.

Wanderer auf dem Gipfel des Pico Ruivo auf Madeira *(siehe S. 354)*

Windsurfen bei Sonnenuntergang, Viana do Castelo *(siehe S. 274f)*

Wassersport

Surfen, Windsurfen und Segeln sind an Portugals 800 Kilometer langer Küste und auf den Inseln im Atlantischen Ozean sehr beliebt. Die besten Strände zum Windsurfen sind die von Ericeira *(siehe S. 153)* und Guincho *(siehe S. 162)*. Die Brandung ist allerdings nur für erfahrene Surfer geeignet. Moderatere Bedingungen findet man an der Algarve. Dort kann man auch Surfausrüstung und Jollen mieten sowie Unterricht nehmen. Bedeutende Yachtzentren in der Algarve sind Lagos und **Vilamoura**.

Informationen über Tauchschulen auf dem Festland, Madeira und den Azoren erhält man von der **Federação Portuguesa de Actividades Subaquáticas**.

Auf zahlreichen Flüssen, vor allem auf Mondego, Zêzere und Cávado, kann man gut Kanu und Kajak fahren. Einzelheiten erfährt man bei der **Federação Portuguesa de Canoagem**.

Wandern und Radfahren

Der Parque Natural de Montesinho *(siehe S. 260)* und der Parque Nacional da Peneda-Gerês *(siehe S. 270f)* eignen sich gut zum Wandern, die schönsten Wege bieten Madeira und die beiden Azoreninseln São Miguel und São Jorge. Die Wege entlang der *levadas* (Bewässerungskanäle) auf Madeira sind besonders beliebt.

Portugal eignet sich gut zum Mountainbiking, obwohl die Steigungen weniger Trainierte abschrecken mögen. Fahrräder sind z. B. im Parque Nacional da Peneda-Gerês, der viele landschaftlich schöne Bergrouten zu bieten hat, zu mieten.

Tennis und Golf

Tennisplätze gibt es fast überall in Portugal. An der Algarve findet man in den Ferienorten meistens Hartplätze, es existieren aber auch Ascheplätze. Dort kann das ganze Jahr gespielt werden.

Golfplätze an der Algarve

Die Mehrzahl der Golfplätze Portugals konzentriert sich an der Algarve; sie zählen zu den ersten Adressen in Europa. Das milde Klima garantiert den Spielgenuss rund ums Jahr. Viele Plätze wurden von führenden Architekten wie Henry Cotton entworfen. Manche Plätze verlangen von den Sportlern eine fortgeschrittene Spielreife, andere sind hingegen für Spieler aller Niveaus geeignet. Ambitioniertere Golfer sollten die Buchung eines Spezialarrangements in Erwägung ziehen.

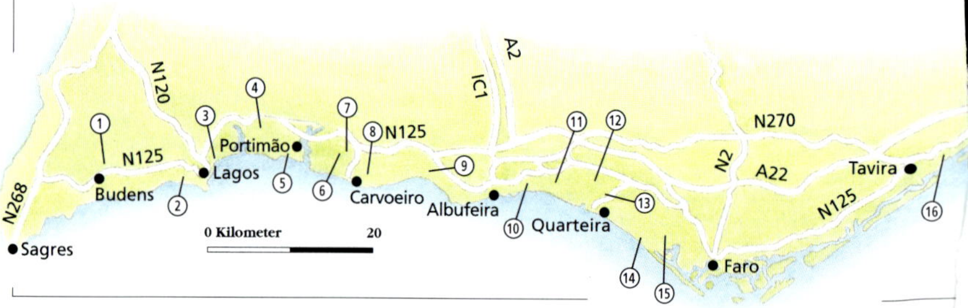

Golfer genießen ein Spiel in Vale do Lobo in der Algarve

Die Golfanlagen in Portugals Urlaubszentren sind berühmt und gehören zu den besten in Europa. Viele bieten Spielern aller Niveaus Trainerstunden an, Arrangements für Spezialisten sind leicht zu buchen. Die meisten Plätze liegen bei Lissabon und an der Algarve, doch auch anderswo sind gute Plätze vorhanden. Trotz seines felsigen, bergigen Geländes hat Madeira zwei schöne Anlagen: Santo da Serra im Osten der Insel und Palheiro Golf oberhalb von Funchal.

Umfangreiche Informationen zu Golfplätzen in Portugal bekommt man im Internet unter www.portugal-info.net Detaillierte Informationen zu den Plätzen der Algarve liefert www.algarve-kontakt.com/golf

Angeln

An den Küsten und Flussufern Portugals gibt es unzählige Möglichkeiten zu angeln, vom Tiefseefischen vor der Algarve, Madeira und den Azoren bis zum Forellenangeln in den Flüssen des Festlands. Die notwendige Angelgenehmigung erhält man vom **Instituto Florestal**.

Reiten

Portugal blickt wegen der schönen Lusitanos auf eine große Reittradition zurück. **Quinta dos Amigos** und **Vale de Ferro** sind zwei bekannte Reitschulen in der Algarve. Weitere beliebte Zentren liegen im Alentejo und im Peneda-Gerês-Nationalpark im Norden Portugals.

Makelloses Fairway in Vilamoura

1 Parque da Floresta *(282-690 054).*
2 Boavista *(282-782 151).*
3 Palmares *(282-790 500).*
4 Penina *(282-420 200).*
5 Alto Golf *(282-460 870)*
6 Gramacho *(282-340 900).*
7 Pinta *(282-340 900).*
8 Vale do Milho *(282-358 953).*
9 Salgados *(289-583 030).*
10 Balaia *(289-570 442).*
11 Pine Cliffs *(289-500 113).*
12 Vilamoura *(289-310 333).*
Laguna *(289-310 180).*
Millennium *(289-310 188).*
Old Course *(289-310 341).*
Pinhal *(289-310 390).*
13 Vila Sol *(289-300 522).*
14 Vale do Lobo
Ocean Course *(289-353 465).*
Royal Course *(289-353 465).*
15 Quinta do Lago
Pinheiros Altos *(289-359 910).*
Quinta do Lago *(289-390 700).*
Ria Formosa *(289-390 700).*
San Lorenzo *(289-396 522).*
16 Benamor *(281-320 880).*
17 Quinta da Ria und Quinta de Cima *(281-950 580).*
18 Castro Marim *(281-510 330).*

Auf einen Blick

Wassersport

Federação Portuguesa de Actividades Subaquáticas
Rua José Falcão 4, 2°,
1170-193 Lissabon.
☎ *21-814 11 48.*

Federação Portuguesa de Canoagem
Rua António Pinto Machado 60,
3°, 4100-068 Porto.
☎ *22-600 78 50.*

Marina de Vilamoura S.A.
8125-409 Quarteira.
☎ *289-31 05 60.*

Golf

Federação Portuguesa de Golfe
Ave. das Túlipas, Ed. Miraflores,
17°, 1495-161 Algés.
☎ *21-412 37 80.*

Aldiana Golfferien
☎ *061 71-65 27 10.*
FAX *061 71-65 26 92.*
W www.aldiana-golf.de

FalconTravel
W www.falcontravel.ch

Nützlich Golf-Links
W www.portugal-info.net
W www.academia-de-golfe.com
W www.algarve-kontakt.com/golf

Angeln

Federação Portuguesa de Pesca Desportiva
Rua Eça de Queirós 3, 1°,
1050-095 Lissabon.
☎ *21-314 0177.*

Instituto Florestal
Avenida João Crisóstomo 28,
1050 Lissabon.
☎ *21-314 4800.*

Reiten

Quinta dos Amigos
8135 Almancil.
☎ *289-395 269.*

Vale de Ferro
Centro Hípico, Mexilhoeira
Grande, 8500 Portimão.
☎ *282-968 444.*

Reiseinformationen

Portugal, Madeira und Porto Santo sowie die größeren Azoreninseln haben Flughäfen der TAP, der nationalen Fluggesellschaft. Europäische Fluggesellschaften fliegen die Flughäfen von Lissabon, Porto, Faro und Funchal an. In der Hochsaison (Sommer) herrscht hier reger Flugbetrieb. Die preiswertesten Verbindungen sind die Charterflüge ohne Hotelbuchungen.

Logo der TAP Air Portugal

Portugals Eisenbahnnetz ist effizient und modern auf den Hauptstrecken wie Lissabon–Porto, auf den Nebenstrecken in der Provinz sind die Züge oft recht langsam. Zugfahrten sind generell preiswert. Jedoch sind Busse auf manchen Strecken sehr viel schneller als Züge und verkehren zudem häufiger.

Ein Mietwagen ist relativ teuer, bietet aber die größte Flexibilität. Diesel ist billiger als Benzin; die Autobahnmaut ist relativ hoch. Autofahrer sollten sich bewusst sein, dass Portugal eine der höchsten Unfallraten Europas hat.

Einchecken auf dem Lissabonner Flughafen

Anreise mit dem Flugzeug

Flüge zum portugiesischen Festland landen auf den internationalen Flughäfen von Lissabon, Porto oder Faro. **TAP Air Portugal**, die nationale Fluggesellschaft, bedient verschiedene internationale Flughäfen und fliegt mehrmals wöchentlich von Berlin, Hamburg, Frankfurt und München sowie von Wien, Zürich und Genf nach Portugal. Portugália Airlines bietet Flüge nach Lissabon, Porto und Faro u. a. von Stuttgart, Zürich und Basel/Mulhouse. Lufthansa fliegt täglich von Frankfurt nach Lissabon und Porto sowie nach Faro (mehrmals pro Woche) und von Düsseldorf und München nach Lissabon.

Außerdem gehen von mehreren deutschen, österreichischen und schweizerischen Flughäfen Charterflüge vor allem nach Faro. Diese Flugverbindungen werden verstärkt im Sommer während der Urlaubszeit angeboten, wenn die Zahl der Besucher am größten ist. Frühe Buchung ist ratsam.

Hinweisschilder auf dem Flughafen Lissabon

Weitere Fluginformationen

Innerhalb des portugiesischen Festlands bietet TAP Air Portugal täglich diverse Verbindungen von Lissabon nach Porto und Faro an; zwischen Porto und Faro gibt es dagegen keinen Direktflug.

Von Lissabon besteht eine Vielzahl von Flugverbindungen nach Madeira und zu den Azoren. Nach Funchal, der Hauptstadt Madeiras, gehen mehrere Flüge am Tag, nach Ponta Delgada auf den Azoren täglich ein oder zwei. Weitere Destinationen auf den Azoren sind Horta und Terceira, die beide mehrmals in der

Flughafen	Information	Entfernung zum Stadtzentrum	Taxipreis zum Stadtzentrum	Öffentliche Verkehrsmittel zum Stadtzentrum
Lissabon	21-841 35 00	7 km	7–10 €	20 Minuten
Porto	22-943 24 00	20 km	15–20 €	30 Minuten
Faro	289-80 08 00	6 km	8 €	15 Minuten
Funchal	291-52 49 41	18 km	18–24 €	30 Minuten
Ponta Delgada	296-20 54 00	3 km	6 €	10 Minuten
Horta	292-94 35 11	10 km	7–8 €	15 Minuten

Woche angeflogen werden. Von Porto ist Funchal fast täglich nonstop zu erreichen; die Flughäfen auf den Azoren werden von Porto nicht angeflogen. Auch von Faro aus kann man nur nach Funchal (wöchentlich) fliegen. SATA verbindet die Azoren untereinander *(siehe S. 447)*.

Flugpreise

Charterflüge haben feste Hin- und Rückreisetermine und beschränken die Aufenthaltsdauer auf maximal einen Monat, bieten aber den kostengünstigsten Transport. Faro und Madeira werden am häufigsten von Charterflügen angeflogen. Studenten und junge Leute sollten sich im Reisebüro über Spezialangebote informieren. Die Flugpreise sind in der Regel im Sommer weit höher, ebenso an Ostern und Weihnachten. Auch bei Linienflügen lohnt sich ein Preisvergleich. Wenn zwischen Hin- und Rückflug ein Wochenende liegt, bieten die meisten Fluggesellschaften günstigere Konditionen. Je nach Auslastung werden kurzfristig noch billigere Tickets angeboten – hier lohnt sich ein genaueres Prüfen der Angebote.

Haltestelle des Busses zum Flughafen Lissabon

Pauschalreisen

Aktiv- und Sonderprogramme erleben gerade einen Aufschwung. Dazu gehören Aufenthalte in Herrenhäusern und *pousadas* *(siehe S. 378f)*, Kurzaufenthalte in Lissabon und Porto, Tennis- und Golfurlaub in der Algarve und Wanderurlaub im Minho. Diese wie auch Pauschalreisen mit Hotel, Haus oder Apartment schließen oft den Transfer von und zum Flughafen ein. Es gibt auch, vor allem in der Algarve, Flugreisen verbunden mit einem Mietauto, was einem viel Aufwand am Flughafen erspart. Mietautos können als Bestandteil einer Pauschalreise sehr günstig sein. Unabhängig davon erhalten Sie eine Liste von Autovermietungen auf dem Festland und auf den Inseln von portugiesischen Fremdenverkehrsbüros im Ausland *(siehe S. 427)*.

Maschine der TAP Air Portugal auf dem Rollfeld in Lissabon

Öffentliche Verkehrsmittel

Alle Flughäfen Portugals sind gut mit öffentlichen Verkehrsmitteln zu erreichen. Regelmäßig verkehrt von allen Flughäfen ein Bus, der einen verhältnismäßig schnell in das Zentrum der jeweiligen Stadt befördert. Das Ticket erwerben Sie beim Einsteigen in den Bus. Auf diese Weise in die Stadt zu gelangen stellt in jedem Fall die preiswertere Alternative zur Fahrt in einem Taxi dar.

TAP-Shuttlebus

Auf einen Blick

Anreise im Flugzeug

TAP Air Portugal
Deutschland
☎ *0130-11 07 08.*
W www.tap-airportugal.de

Portugália Airlines
Büro nur in Portugal *(siehe unten).*
W www.flypga.pt

Lufthansa
Lissabon
☎ *21-848 05 28.*
W www.lufthansa.de

Austrian Airlines
Lissabon
☎ *21-316 41 37.*
W www.aua.com

Swiss
Lissabon
☎ *808 20 04 87*
(nur von Portugal aus).
W www.swiss.com

Inlandsflüge

TAP Air Portugal
Lissabon ☎ *707-20 57 00.*

Portugália Airlines
Lissabon ☎ *21-842 55 00.*

SATA
Ponta Delgada
☎ *296-28 80 15, 20 97 00/20.*

Mit dem Zug unterwegs

Die staatliche portugiesische Eisenbahn, Comboios de Portugal (CP), bedient günstig ein landesweites Verkehrsnetz. Die Qualität der Dienstleistungen ist recht unterschiedlich; die Modernisierung ist oft noch im Stadium der Planung. Der Alfa-Pendular-Zug zwischen Lissabon über Coimbra nach Porto ist schnell und zuverlässig; bei manchen langen Reisen, wie etwa der von Lissabon nach Évora, ist eine Busfahrt schneller und bequemer.

Bogen über dem Eingang zum Rossio-Bahnhof, Lissabon ***(siehe S. 82)***

Anreise mit dem Zug

Zwei Hauptrouten führen nach Portugal: zum einen von der Gare d'Austerlitz in Paris, mit Umsteigen in Irún an der französisch-spanischen Grenze und dann weiter über die portugiesische Grenzstadt Vilar Formoso im Norden. Die Strecke teilt sich bei Coimbra in zwei Abschnitte – in den Norden führt sie nach Porto, in den Süden nach Lissabon zum Ankunftsbahnhof Santa Apolónia.

Die andere Möglichkeit ist ein Nachtzug von Madrid über Marvão und Santarém nach Lissabon. Die Fahrzeit von Madrid nach Lissabon beträgt zehn Stunden. Die Waggons dieses Zuges, der auch »Hotelzug« genannt wird, sind luxuriös, manche sind auch mit Duschen ausgestattet.

Mit dem Zug unterwegs

Die meisten Regionen Portugals sind mit dem Zug erreichbar, doch entlegenere Strecken, wie von Tua nach Mirandela, wurden durch den Bau von neuen Straßen stillgelegt. Lücken im Netz stopfen Busse, dabei sollte man sich vor Reiseantritt besser nach der Verbindung erkundigen.

Es gibt verschiedene Kategorien von Zügen. Der bequemste und schnellste ist der moderne Hochgeschwindigkeitszug Alfa Pendular, der zwischen Lissabon, Coimbra und Porto fährt. Der Rápido Inter-Cidades (IC) ist nur unwesentlich langsamer, allerdings weniger elegant; er verbindet die wichtigsten Städte. Zu den meisten kleineren Städten und Dörfern verkehren die Regional- und Inter-Regional-Züge, die wesentlich langsamer als der Rápido oder der Alfa Pendular sind und weniger komfortable Waggons besitzen. Dafür halten sie häufiger.

Logo der Caminhos de Ferro Portugueses

Bahnhof von Santiago do Cacém: ***azujelos*** **an der Außenfassade**

Hochgeschwindigkeitszug Alfa Pendular im Bahnhof Santa Apolónia

Bahnhöfe

Lissabon hat vier Bahnhöfe. In **Santa Apolónia** an der Avenida Infante Dom Henrique in der Alfama kommen internationale und Züge aus dem Norden an. Vom Bahnhof **Oriente** am Parque das Nações verkehren Züge in den Süden. Für weitere Verbindungen in den Süden sowie in den Westen muss man den Tejo zum **Barreiro**-Bahnhof überqueren. Dies erfolgt per Zug über die Ponte 25 de Abril. Westlich befindet sich der Bahnhof **Cais do Sodré**, von dem Züge nach Estoril und Cascais abfahren (nach Cascais etwa 30 Minuten).

Vom **Rossio**-Bahnhof am Praça dos Restauradores fuhren Züge nach Sintra und in den Norden bis nach Figueira da Foz. Der Zugverkehr wurde inzwischen eingestellt. Züge nach Sintra fahren von der U-Bahn-Station Entre Campos.

Coimbra hat zwei Bahnhöfe: Züge von Lissabon und Porto halten in **Coimbra B**, mit dem Zubringer fünf Minuten vom Bahnhof **Coimbra** entfernt.

Auch Porto hat zwei Bahnhöfe: Internationale und Langstreckenzüge halten im Bahnhof **Campanhã**, östlich der Stadt, Regional- und Vorortzüge in **São Bento** im Zentrum. Von hier gibt es einen Shuttle-Dienst zum Bahnhof **Campanhã**. Der ehemalige Bahnhof Trinidade wird zu einer U-Bahn-Station umgebaut.

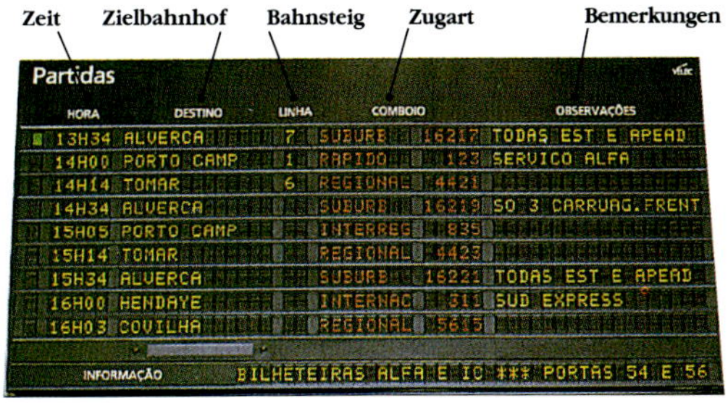

Anzeigetafel in Santa Apolónia, Lissabon

Fahrpreise

Die Fahrpreise innerhalb Portugals sind, verglichen mit anderen europäischen Ländern, relativ niedrig, außerdem gibt es viele Ermäßigungen. Kinder unter vier Jahren reisen kostenlos, zwischen vier und zwölf Jahren zahlen sie den halben Preis. Ermäßigungen gibt es für Gruppen, Studenten und Senioren.

Ein Sitzplatz in der 1. Klasse kostet 40 Prozent mehr als in der 2., die jedoch im allgemeinen ebenfalls komfortabel ist.

Reisende, die häufig den Zug benutzen wollen, kaufen sich am besten eine Touristenfahrkarte *(bilhete turístico)*. Sie ist für eine unbegrenzte Zahl von Fahrten für 7, 14 oder 21 Tage und auf allen Strecken gültig.

Familien können mit dem *cartão de família* bei Fahrten von über 150 Kilometern Geld sparen. Beim Kauf dieser Karte wird ein Familienmitglied voll berechnet, alle Mitglieder über 13 Jahre bezahlen den halben Preis, jüngere nur ein Viertel.

Der Interrail-Pass erlaubt Reisen durch ganz Europa. Er ist eingeschränkt für verschiedene Ländergruppen für 12, 22 oder 30 Tage gültig. Die preiswerteste Variante für Erwachsene (ab 26 Jahre) kostet 266 €, uneingeschränkt für ganz Europa 552 €. Für Zugfahrten innerhalb Portugals bietet sich alternativ der Eurodomino-Pass (ab 65 €) an, der unbegrenzte Fahrten an drei bis acht frei wählbaren Tagen innerhalb eines Monats ermöglicht.

Portugals wichtigste Bahnlinien

Fahrkarten

Fahrkarten für Alfa-Pendular und Rápido-Züge können 30 Tage im Voraus erworben werden; doch manche Verkaufsstellen bieten sie nur zehn Tage im Voraus. An den Bahnhöfen oder in Reisebüros können Reservierungen vorgenommen werden. Will man die Fahrkarte am Reisetag kaufen, sollte man die Warteschlangen zu den Stoßzeiten berücksichtigen. Die Fahrkarte muss vor Reiseantritt erworben werden, da man sonst beim Schaffner im Zug sofort eine Geldstrafe zahlen muss.

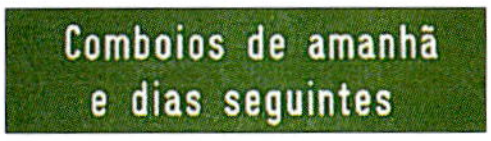

Schild am Schalter für Fahrkartenvorverkauf

Schild am Schalter für Fahrkarten für den Reisetag

Fahrpläne

Hauptbahnhöfe stellen einen kompletten Fahrplan, *Guia do Horário Oficial*, zur Verfügung. Hier finden sich Informationen zu Alfa-Penular-, IC-, Inter-Regional- und Regional-Zügen sowie zu aktuellen Fahrpreisen und -ermäßigungen.

Auf einen Blick

Bahnhöfe

Comboios de Portugal
Tel. *808-20 82 08.*
Web www.cp.pt

Coimbra
Coimbra Tel. *239-85 25 98.*
Coimbra B Tel. *239-49 34 95.*

Faro
Tel. *289-82 64 72.*

Lissabon
Barreiro Tel. *21-343 37 48.*
Cais do Sodré Tel. *800-20 30 67.*
Oriente Tel. *21-894 60 46.*
Santa Apolónia Tel. *800-20 10 67.*

Porto
Campanhã Tel. *22-105 27 00.*
São Bento Tel. *22-339 40 40.*

Mit dem Auto unterwegs

Logo des Automóvel Clube de Portugal

PORTUGAL HAT EIN ständig wachsendes Autobahnnetz, einige ältere Straßen bedürfen jedoch der Reparatur, viele Nebenstrecken sind in Teilen schadhaft. Verkehrsstaus sind in Städten und ihrer Umgebung ein Problem. Stoßzeiten sollten vermieden werden, der Fahrstil vieler Portugiesen ist recht offensiv. Personalausweis, Führerschein, Mietvertrag und Fahrzeugschein sollte man der Polizei immer vorweisen können, da sonst eine Geldbuße droht.

Fahrzeuge verlassen nach dem Übersetzen von Tróia in Setúbal die Fähre

Anreise mit dem Auto

DER SCHNELLSTE Anfahrtsweg erfolgt über die französisch-spanische Grenze entweder bei Irún (Baskenland) – und dann über Burgos und Salamanca zur portugiesischen Grenzstadt Vilar Formoso – oder bei Figueres in Katalonien; von dort geht es danach quer durch Spanien nach Portugal.

Die Reisezeit kann mit dem Autoreisezug auf der zweimal wöchentlich verkehrenden Motorail-Verbindung von Paris nach Lissabon verkürzt werden. Die Reisenden geben ihr Auto an der Gare d'Austerlitz zur Verladung ab, nehmen am nächsten Tag einen Passagierzug und fahren schließlich am dritten Tag mit dem Auto weiter.

Mietwagen

AUTOVERMIETUNGEN findet man sowohl an den Flughäfen Lissabons, Faros und Portos als auch in allen größeren Orten Portugals. Lokale Firmen sind gewöhnlich günstiger als die großen internationalen Vertretungen, doch sollte man den Zustand des Wagens und die Versicherungsbedingungen vor Fahrtantritt besonders sorgfältig prüfen. Der Fahrer muss älter als 23 Jahre und länger als ein Jahr im Besitz eines Führerscheins sein. Der internationale Führerschein wird benötigt.

Warteschlange vor der Ponte 25 de Abril, Lissabon

Bergstraße nahe Gouveia in der Serra da Estrella *(siehe S. 218f)*

Unterwegs mit dem Auto

WICHTIGE STRASSEN Portugals sind die EN-Straßen *(Estradas Nacionais)*, von denen viele zu IP-Straßen *(Itinerários Principais)* oder IC-Straßen *(Itinerários Complementares)* aufgewertet wurden. IP-Straßen werden von vielen LKWs benutzt, die die Maut vermeiden wollen, was den Verkehrsfluss behindert.

Vor längeren Fahrten sollte man auftanken, da Tankstellen in ländlichen Gebieten rar sind. Die besten Straßenkarten geben Michelin und der portugiesische Automobilklub, der ACP (Automóvel Clube de Portugal), heraus.

Parken

DIE MEISTEN PARKPLÄTZE in Lissabon und Porto sind mittlerweile werktags kostenpflichtig. Eine einfachere und sichere, aber etwas teurere Alternative sind Tiefgaragen, die in jüngster Zeit in den Städten in großer Zahl errichtet wurden. Sie sind mit einem blauen Schild mit weißem P gekennzeichnet.

Tanken

BENZIN hat landesweit dieselben Preise – und die sind relativ hoch, verglichen mit anderen europäischen Ländern. Diesel *(gasóleo)* ist preiswerter als Benzin, sowohl bleifrei, als auch verbleit. Einige Tankstellen funktionieren mit Selbstbedienung, wobei die Farben der Tanksäulen den Kraftstoff andeuten: Grün für bleifrei, Blau für verbleit und Schwarz für Diesel.

Verkehrsregeln

In Portugal gelten dieselben Regeln wie im größten Teil Europas. Solange Verkehrsschilder es nicht anders regeln, hat der Verkehr von rechts auf Plätzen und an Kreuzungen Vorfahrt. Die Fahrzeuge im Kreisverkehr haben immer Vorfahrt. Auf Zebrastreifen wird nicht speziell hingewiesen.

Sicherheitsgurte müssen während der Fahrt angelegt sein. Die Promillegrenze beträgt 0,5. In Ortschaften liegt die Geschwindigkeitsbegrenzung bei 60 km/h, auf Landstraßen bei 90 km/h und auf Autobahnen bei 120 km/h. Geldbußen für Übertretungen müssen an Ort und Stelle bezahlt werden.

Verkehrsschilder in Lissabon: Richtung Küste, nach Süden über die Ponte 25 de Abril und zum Zoo

Autobahnen und Gebühren

Portugals wachsendes Autobahnnetz (siehe hintere Umschlaginnenseite) verbindet Lissabon mit Braga und Guimarães im Norden und Porto mit Amarante. Weitere Teilstücke führen von Lissabon nach Torres Vedras und nach Osten zur Grenze zu Spanien bei Elvas. Außer einigen Teilstücken nahe Lissabon und Porto sind sie vierspurig. Die Autobahnen und Brücken wie die Ponte 25 de Abril und die neue Ponte Vasco da Gama sind gebührenpflichtig. Die Via-Verde-Spur (grün) darf nur von Fahrern benutzt werden, die Gebühren per Abonnement zahlen.

Mautstation – die linke Spur ist nur für Via-Verde-Fahrer

Pannendienst

Zwischen dem **ACP** und anderen Automobilklubs wie dem ADAC gibt es gegenseitige Abkommen. Holen Sie vor Reiseantritt entsprechende Informationen ein. Bei einem Hilferuf von Notrufsäulen an der Autobahn nützt der Hinweis auf eine Mitgliedschaft. Ohne Schutzbrief bleibt nur der Abschleppdienst.

Rad fahren

Der Süden gilt als die beste Gegend zum Rad fahren, doch im Sommer kann es im Alentejo sehr heiß werden. Das **Instituto Português de Cartografia de Cadastro** verkauft Karten für Radfahrer.

Bezeichnungen

Portugals Straßen können bis zu drei verschiedene Nummern haben. In den letzten Jahren wurden ehemalige *Estradas Nacionais* zu IP-Straßen *(Itinerários Principais)* aufgewertet. Als direkte internationale Verbindungen dienen die E-Straßen *(Estradas Europeias)*.

Die Straße Bragança–Porto, heute IP4, ist teils Autobahn (A4), teils Landstraße.

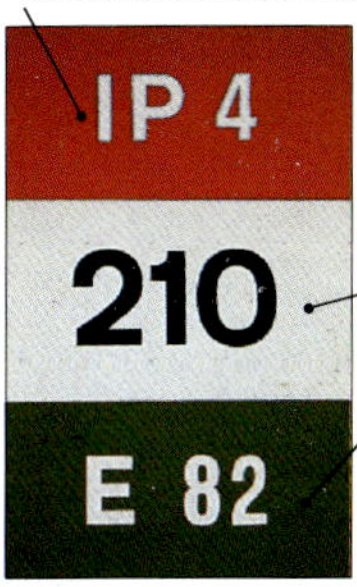

Die ursprüngliche EN-Nummer *(Estrada Nacional)*

Die E82 führt als internationale Straße bis nach Valladolid in Spanien.

Auf einen Blick

Anreise mit dem Auto

Französischer Autoreisezug
☎ *0870-550 23 09.*
W www.sncf.com

Mietwagen

A. A. Castanheira/ Budget, Lissabon
☎ *21-319 55 00.*
W www.budgetportugal.com

Auto Jardim, Faro
☎ *289-81 84 91.*

Budget, Porto
☎ *22-607 69 70.*

Sixt, Lissabon
☎ *21-831 11 33.*

Europcar, Faro
☎ *289-89 16 50, 289-81 87 77, 707 20 03 99.*

Hertz, Lissabon
☎ *21-381 24 30.*

Hertz, Porto
☎ *22-399 53 00, 617 37 82.*

Pannendienst

ACP
☎ *21-799 12 00, 800 50 25 02, 800 20 02 12.*
W www.acp.pt

Radfahren

Instituto Português de Cartografia e Cadastro
Rua Artilharia Um 107,
1070 Lissabon.
☎ *21-381 96 00.*

Mit dem Bus unterwegs

Logo von EVA, einem portugiesischen Busunternehmen

SEIT DER PRIVATISIERUNG des portugiesischen Busnetzes, der Rodoviária Nacional (RN) hat sich die Anzahl der Reisebusunternehmen vervielfacht. Manche Strecken werden von ausländischen Firmen abgedeckt. Regionale Firmen konkurrieren um besseren Service und mehr Reiseziele. Dies führt dazu, dass man nun schneller und komfortabler als mit dem Zug reist, so etwa von Lissabon in die Algarve. Busse ersetzen auch stillgelegte Bahnrouten wie die Strecken Mirandela–Bragança und Beja–Moura.

Der Rodonorte-Reisebus verkehrt im äußersten Norden

Anreise mit dem Bus

DIE ANREISE NACH PORTUGAL im Reisebus ist günstig, aber sehr zeitaufwändig.

Diese Busse fahren nonstop durch Frankreich und Spanien; die Fahrzeit beträgt zwei bis drei Tage. Informationen erhalten Sie in spezialisierten Reisebüros, in denen Sie auch eine Buchung vornehmen können.

Unterwegs mit dem Bus

ZU DEN BUSUNTERNEHMEN gehören **Renex**, dessen Busse Faro, Lissabon, Porto und Braga miteinander verbinden, sowie **EVA**, das vor allem in der Algarve operiert. **Rodoviária de Lisboa** bindet die Estremadura an Lissabon an. In Vila Real deckt **Rodonorte** den äußersten Norden ab, in Porto **Rede Expressos** das Innere Nordportugals.

Da die Firmen unabhängig voneinander arbeiten, gibt es weder in Lissabon noch in Porto einen zentralen Busbahnhof; in Lissabon ist der wichtigste Busbahnhof der in der Avenida Casal Ribeiro. In Porto liegen die Haupthaltestellen in der Rua das Carmelitas sowie an der Praça de Dona Filipa de Lencastre. Auskünfte über Routen und Preise erteilen die Fremdenverkehrs- und Reisebüros.

Bustouren

DAS ANGEBOT an Ausflügen rund um Lissabon und Porto ist groß. **Citirama** bietet Besichtigungsfahrten in Lissabon und an der Küste, Tagesausflüge zu Sehenswürdigkeiten wie Batalha, Sintra und Mafra sowie Lissabon bei Nacht, wozu die Besichtigung des Mosteiro dos Jerónimos und ein Abendessen in einem Fado-Lokal gehören. Von Porto führen Touren in die Täler von Minho und Douro und eine Sechs-Tage-Tour nach Lissabon. **Gray Line** offeriert Tagestrips von Lissabon nach Évora und Coimbra, eine Schifffahrt auf dem Tejo und einen Drei-Tages-Ausflug in die Algarve. Der Bus holt Gäste an den großen Hotels oder zentralen Punkten ab. Auch längere Touren zu historischen oder landschaftlich schönen Sehenswürdigkeiten sind möglich.

Ein Cityrama-Bus auf einer Tour entlang der Küste

In der Algarve gibt es Ausflüge nach Loulé, Silves und Monchique sowie in den Südwesten und an den Guadiana, zum entfernten Évora und nach Lissabon. Hotels, Fremdenverkehrs- und Reisebüros nehmen Buchungen vor.

Auf einen Blick

Nordportugal

Rede Expressos
Rua Alexandre Herculano 366, Porto. ☎ 22-205 24 59.
W www.rede-expressos.pt

Renex
Rua da Restauraçao 1, Porto.
☎ 22-200 33 95.

Rodonorte
Rua Dom Pedro de Castro, Vila Real.
☎ 259-34 07 10.
W www.rodonorte.pt

Lissabon

Citirama
Avenida Praia da Vitória 12b.
☎ 21-313 83 10.

Gray Line
Avenida Praia da Vitória 12b.
☎ 21-352 25 94.

Renex
Rua dos Bacalhoeiros 14.
☎ 21-888 28 29.

Rodoviária de Lisboa
Avenida do Brasil 45.
☎ 21-792 81 80.

Algarve

EVA
Avenida da República 5, Faro.
☎ 289-89 97 00.
W www.eva-bus.dom

Reisen auf den Inseln

AUF DEN FELSIGEN INSELN Madeiras und der Azoren dauern Fahrten recht lange, und manches ist nur zu Fuß zu erreichen. Autofahren erfordert Geduld und Sorgfalt, viele Gäste empfinden Ausflüge im Reisebus oder Taxi als erholsamer und lohnender.

Inselflugzeug auf der Startbahn von Pico

VON INSEL ZU INSEL

TAP AIR PORTUGAL fliegt mehrmals am Tag zwischen Funchal und Porto Santo, der zweitgrößten Insel des Archipels Madeira; die Azoren verbindet SATA *(siehe S. 441)*. Flüge nach Flores und Corvo werden wegen schlechter Wetterbedingungen oft abgesagt. SATA-Flüge sollten Sie sich 72 Stunden vor Abflug bestätigen lassen.

Logo der Fluggesellschaft SATA

Zwischen den fünf zentralen Azoreninseln, vor allem Faial und Pico, gibt es verlässliche Fährverbindungen.

UNTERWEGS AUF MADEIRA

BUSSE FAHREN IN alle Richtungen, richten sich aber eher nach den Bedürfnissen der Inselbewohner. **Intervisa** und **Blandy** organisieren Rundfahrten. Taxis kann man für einen halben oder ganzen Tag mieten, doch mit einem Mietwagen ist man am flexibelsten *(siehe S. 444)*. Die Straßen sind steil, gewunden und voller Schlaglöcher. Die neue Straße entlang der Südküste wurde 1999 fertig gestellt, doch vieles erreicht man immer noch nur zu Fuß.

UNTERWEGS AUF DEN AZOREN

FIRMEN wie **Ilma Verde Rent-a-Car** sind auf allen Inseln (außer Corvo) zu finden. Verglichen mit dem Festland, sind die Preise hoch. Da die Straßen halsbrecherische Kurven haben, dürfte die Fahrt im Taxi entspannender sein. Viele der Fahrer sind unterhaltsame Begleiter. Vor der Fahrt sollten Preis, Route und Zeitpunkt für die Rückkehr ausgehandelt werden. Man sollte auch das Mittagessen des Fahrers bezahlen. Sind die Berge wolkenverhangen, lohnt sich die Fahrt nicht.

Busse sind billig, doch wie auf Madeira kaum hilfreich für den Besucher. Fremdenverkehrsbüros bieten Informationen über Busausflüge zum Beispiel mit der **Agência Açoreana de Viagens** und über Bootsausflüge entlang der Küste an. Man kann Fahrräder mieten, doch im Bergland ist das Fahren beschwerlich. Auf kleineren Inseln kann man auch trampen.

Die Azoren lernt man am besten zu Fuß kennen. Taxis setzen Wanderer ab und holen sie an einem vereinbarten Punkt wieder ab. Detailkarten der Azoren sind rar und am besten vor der Reise zu besorgen. Den vor Ort verkauften Spezialführern sind Beispielrouten zu entnehmen.

AUF EINEN BLICK

MADEIRA

Blandy
Avenida Zarco 2,
Funchal.
☎ *291-20 06 00.*

Intervisa
Avenida Arriaga 30,
Funchal.
☎ *291-22 56 41.*

AZOREN

Agência Açoreana de Viagens
Lado Sul da Matriz 68–69,
Ponta Delgada.
☎ *296-28 54 37.*

Ilma Verde Rent-a-Car
Praça 5 de Outubro 19,
Ponta Delgada.
☎ *296-30 48 00.*

AZOREN: FLUGROUTEN UND FÄHRVERBINDUNGEN

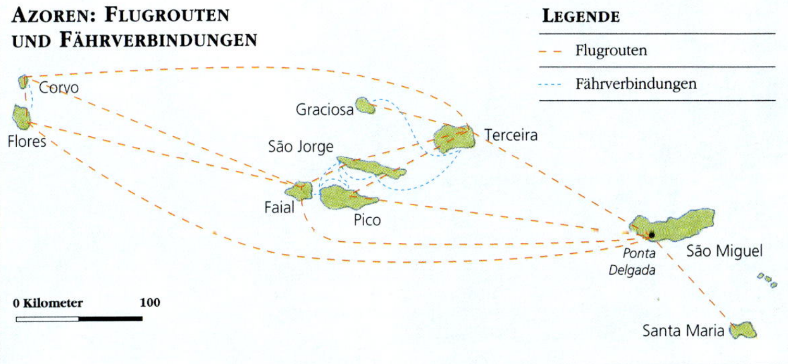

In den Städten unterwegs

Zeichen für Lissabons U-Bahn

Die meisten Stadtkerne *(centró histórico)* sind so klein, dass sich ihre Erkundung zu Fuß bei genügend Zeit und Muße lohnt. In Städten wie Porto und Lissabon greift man hingegen gerne auf öffentliche Verkehrsmittel zurück. Während andere Städte mit Bussen und Taxis gut bestückt sind, verfügt Lissabon zusätzlich über U-Bahn, Standseilbahn und Aufzüge. In den Stoßzeiten (8 bis 10 und 17.30 bis 20 Uhr) sollte man öffentliche Verkehrsmittel und den Straßenverkehr generell meiden.

Busse

Busse sind sehr praktisch zum Kennenlernen der größeren Städte; besonders Lissabon hat ein dichtes Busnetz. Man besteigt Busse vorne und verlässt sie wieder durch die hintere Tür.

Fahrkarten können beim Antritt der Fahrt beim Fahrer gekauft und in einer Maschine *(obliterador)* entwertet werden. Es ist jedoch preiswerter, Mehrfahrtenkarten oder Ein- bzw. Dreitageskarten im Voraus zu kaufen. Fahren ohne einen gültigen Fahrschein wird mit hohen Geldstrafen belegt. Die aktuellen Fahrpläne hängen an den Haltestellen *(paragens)* aus; das Fahrtziel *(destino)* zeigt jeder Bus *(autocarro)* an der Frontscheibe an.

Lissabons U-Bahn

Das Streckennetz der Lissabonner U-Bahn umfasst insgesamt vier Linien auf der Nord–Süd-Achse. Sie ist die beste Möglichkeit, im Berufsverkehr – von 8 bis 10 und von 17.30 bis 20 Uhr – in der Stadt herum zu kommen.

Tickets werden am Schalter oder Automaten gekauft. Entwertet werden sie in den kleinen Entwertungsmaschinen oder an Drehkreuzen auf dem Weg zum Bahnsteig und bei Verlassen des Bahnsteigs. Die Bußgelder für Schwarzfahren sind hoch. Die U-Bahn fährt zwischen 6 und 1 Uhr. Das Netz soll im Norden und Westen noch ausgebaut werden. Weitere Informationen zur U-Bahn finden Sie im Internet unter (www.metrolisboa.pt).

Lissabons neue gelbe Straßenbahn

Lissabons alte rote Straßenbahn, die noch auf der Linha do Tejo fährt

Bustouren

In Porto bietet **Gray Line** im Sommer Stadtrundfahrten mit Portweinprobe *(siehe S. 247)* an. Karten verkaufen das Gray-Line-Büro und das Fremdenverkehrsbüro auf der Praça Dom João I, auf der die Fahrten auch beginnen. Rundfahrten durch Coimbra kann man einmal wöchentlich mit Citirama unternehmen. Informationen bietet das Fremdenverkehrsbüro, das auch Reservierungen vornimmt. Dort beginnt auch die Fahrt.

Strassen- und Standseilbahnen

Es macht Spass, Lissabon per Straßenbahn *(eléctrico)*, Standseilbahn oder Aufzug *(elevador)* zu entdecken. In Porto fährt eine kurze Straßenbahnlinie die Küste entlang. In Lissabon bietet **Carris** eine »Bergfahrt« (Linha

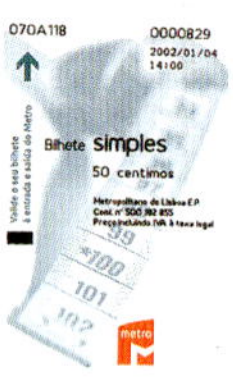

Einzelfahrschein

Ermäßigtes Ticket

Fahrkarten

Die Fahrkarten, die man in Carris-Kiosken überall in der Stadt kaufen kann, gelten für Busse, Seilbahnen und Straßenbahnen gleichermaßen. Mehrfahrtenkarten gelten für zwei Fahrten und sind unbegrenzt gültig. Es gibt auch Ein- und Dreitageskarten. Ein eigenes System hat die U-Bahn mit Einzel- (0,65 €) und Zehnerkarte (5,70 €). Es gibt auch Tages- (1,40 €) und Wochentickets (4,80 €). Mit einer Kombikarte können Sie auch U-Bahn- und Carris-System für einen (2,75 €), vier (9,95 €) bzw. sieben Tage (14,10 €) unbegrenzt nutzen. Die Vorlage des Ausweises ist dafür nötig.

Elevador da Glória im Anstieg zum Bairro Alto (Lissabon)

das Colinas) mit einer uralten Straßenbahn an.

Standseilbahnen führen zum Bairro Alto und bieten während der Fahrt einige hervorragende Ausblicke auf Lissabon. Der Elevador da Bica startet nahe dem Bahnhof Cais do Sodré, der Elevador da Glória von der Praça dos Restauradores. Obwohl die Aufzüge im Elevador de Santa Justa für die Besucher des Cafés geöffnet sind, ist der Fußweg wegen Bauarbeiten gesperrt, so dass keine Verbindung von der Baixa zum Bairro Alto besteht. Der Elevador da Lavra verkehrt vom Praça dos Restauradores zum Krankenhaus São José.

Taxis

Taxis waren bisher schwarz mit grünem Dach, wurden aber allmählich von beigefarbenen verdrängt. Sie sind recht preisgünstig und, teilt man sich den Wagen, oft auch billiger als Bus oder Straßenbahn. Freie Taxen haben ein beleuchtetes »Taxi«-Schild auf dem Dach, das bei Tageslicht manchmal schlecht zu erkennen ist. Von hinten schimmern sie rötlich. Grünes Licht bedeutet, dass das Taxi besetzt ist; zwei grüne Lichter zeigen an, dass ein höherer Tarif gilt (22–6 Uhr und am Wochenende sowie an Feiertagen), ein einzelnes grünes Licht bedeutet Normaltarif. Die Beförderung von Gepäck im Kofferraum kostet pauschal 1,50 €.

Die Grundgebühr für ein Taxi beträgt 1,80 €. Die Vermittlung über Firmen wie **Autoscoope** kostet 0,75 €. Das Taxameter sollte ständig in Betrieb sein, außer Sie vereinbaren einen speziellen Tarif für Langstreckenfahrten.

Auf einen Blick

Touren

Carris, Lissabon
Rua 1° de Maio 101,
1300 Lissabon.
☎ *21-361 30 00, 21-361 33 54 (24 Stunden).*

Fremdenverkehrsbüro Coimbra
Praça da República, 3000 Coimbra.
☎ *239-83 32 02.*

Gray Line, Porto
c/o Avenida Praia da Vitória 12b,
1049-054 Lissabon.
☎ *21-352 25 94.*

Funktaxis

Autocoope (Lissabon)
☎ *21-793 27 56.*

Raditáxis (Porto)
☎ *22-551 17 10.*

Lissabons U-Bahn

Textregister

Gefettete Seitenzahlen beziehen sich auf den Haupteintrag.

A

C

D

Q

R

Danksagung und Bildnachweis

DORLING KINDERSLEY bedankt sich bei allen, die an der Herstellung des Buches mitgewirkt haben.

BERATUNG

MARTIN SYMINGTON wurde in Portugal geboren und wuchs dort auf. Der freiberufliche Reiseschriftsteller ist Autor des *Viva Twin Portugal*, und verfasste Beiträge für die Vis-à-Vis-Titel *Großbritannien* und *Sevilla & Andalusien*. Symington schreibt hauptsächlich über Portugal und ist Autor für *Daily Telegraph*, *Sunday Telegraph* und andere englische Tageszeitungen.

DIE AUTOREN

SUSIE BOULTON studierte Kunstgeschichte in Cambridge. Sie ist freiberufliche Reiseschriftstellerin und Autorin des Vis-à-Vis-Bandes *Venedig & das Veneto*.

CHRISTOPHER CATLING ist freiberuflicher Reiseschriftsteller und Autor von *Madeira* (AA) und dem Vis-à-Vis-Führer *Florenz & Toskana*. Er verfasste auch Beiträge für die Vis-à-Vis-Titel *Italien* und *Großbritannien*.

MARION KAPLAN schrieb für verschiedene Zeitungen und Magazine. Sie lebte einige Jahre in Portugal und ist Autorin von *The Portuguese* (Viking/Penguin 1992). Sie verfasste einen Beitrag für den *Berlitz Travellers Guide to Portugal*.

SARAH MCALISTER ist freiberufliche Autorin, unter anderem für *Time-Out*-Reiseführer, und verbrachte viel Zeit in Lissabon und Umgebung.

ALICE PEEBLES ist freiberufliche Redakteurin und Schriftstellerin und hat an verschiedenen Vis-à-Vis-Bänden mitgewirkt.

CAROL RANKIN wurde in Portugal geboren. Die Kunsthistorikerin unterrichtet portugiesische Kunst und Architektur und stellt ihr Wissen als Beraterin für Kunstprojekte zur Verfügung.

JOE STAINES ist freiberuflicher Schriftsteller und Co-Autor von *Exploring Rural Portugal* (Helm).

ROBERT STRAUSS ist Reiseschriftsteller und Verleger. Er arbeitete für das Luso-British Institute in Porto und schrieb für Lonely Planet and Bradt Publications, darunter die Kapitel über Portugal in *Western Europe* und *Mediterranean Europe* (Lonely Planet 1993).

NIGEL TISDALL ist freiberuflicher Journalist, schrieb viele Berichte über die Azoren und war an den Bänden *Frankreich*, *Spanien* und *Kalifornien* der Vis-à-Vis-Reihe beteiligt.

EDITE VIEIRA schrieb viele Bücher über die Küche Portugals, darunter *The Taste of Portugal* (Grub Street), und arbeitet regelmäßig für den BBC.

WEITERE AUTOREN

Dr. Giray Ablay, Mihaela Rogalski, Gerry Stanbury, Paul Sterry, Paul Vernon.

ERGÄNZENDE ILLUSTRATIONEN

Richard Bonson, Chris Forsey, Chris Orr, Mel Pickering, Nicola Rodway.

GRAFIK- UND REDAKTIONSASSISTENZ

Gillian Allan, Douglas Amrine, Gillian Andrews, Vivien Crump, Joy FitzSimmons, Paul Hines, Esther Labri, Kathryn Lane, Michelle de Larrabeiti, Felicity Laughton, Helen Markham, Rebecca Mills, Robert Mitchell, Adam Moore, Helena Nogueira, David Noonan, Alice Peebles, Marianne Petrou, Andrea Powell, Tom Prentice, Andrew Ribeiro-Hargreave, Sands Publishing Solutions, Sadie Smith, Alison Stace, Amanda Tomeh, Tomas Tranaeus, Fiona Wild.

REGISTER

Hilary Bird.

ERGÄNZENDE FOTOGRAFIE

Steve Gorton, John Heseltine, Dave King, Martin Norris, Roger Phillips, Clive Streeter, Matthew Ward.

FOTO- UND KUNSTNACHWEIS

Steven Evans, Nigel Tisdall.

ASSISTENZ

Emília Tavares, Arquivo Nacional de Fotografia, Lissabon; Luísa Cardia, Biblioteca Nacional e do Livro, Lissabon; Marina Gonçalves und Aida Pereira, Câmara Municipal de Lisboa; Caminhos de Ferro Portugueses; Carris, Lissabon; Enatur, Lissabon; Karen Ollier-Spry, John E. Fells and Sons Ltd; Maria Fátima Moreira, Fundação Bissaya-Barreto, Coimbra; Maria Helena Soares da Costa, Fundação Calouste Gulbenkian, Lissabon; João Campilho, Fundação da Casa de Bragança, Lissabon; Pilar Serras und José Aragão, ICEP, London; Instituto do Vinho do Porto, Porto; Simoneta Afonso, IPM, Lissabon; Mário Abreu, Dulce Ferraz, IPPAR, Lissabon; Pedro Moura Bessa und Eduardo Corte-Real, Livraria Civilização Editora, Porto; Metropolitano de Lisboa; Raquel Florentino und Cristina Leite, Museu da Cidade, Lissabon; João Castel Branco G. Pereira, Museu Nacional do Azulejo, Lissabon; TURIHAB, Ponte de Lima; Ilídio Barbosa, Universidade de Coimbra, Coimbra; Teresa Chicau, Fremdenverkehrsbüro in Évora; Conceição Estudante, Fremdenverkehrsbüro in Funchal; die Mitarbeiter in den Fremdenverkehrsbüros und Rathäusern in ganz Portugal.

Genehmigung für Fotografien

Dorling Kindersley bedankt sich bei folgenden Institutionen für die Hilfe und freundlich gewährte Erlaubnis zum Fotografieren: Instituto Português do Património Arquitectónico e Arqueológico (IPPAR), Lissabon; Fundação da Casa de Alorna, Lissabon; Instituto Português dos Museus (IPM), Lissabon; Museu da Marinha, Lissabon; Museu do Mar, Cascais; Igreja de Santa Maria dos Olivais, Tomar; alle anderen Kirchen, Museen, Hotels, Restaurants, Läden, Galerien und Sehenswürdigkeiten, deren Aufzählung den Rahmen dieses Abschnitts sprengen würde.

Bildnachweis

o = oben; ol = oben links; olm = oben links Mitte; om = oben Mitte; or = oben rechts; mlo = Mitte links oben; mo = Mitte oben; mro = Mitte rechts oben; ml = Mitte links; m = Mitte; mr = Mitte rechts; mlu = Mitte links unten; mu = Mitte unten; mru = Mitte rechts unten; ul = unten links; u = unten; um = unten Mitte; ulm = unten links Mitte; urm = unten rechts Mitte; uro = unten rechts oben; ulo = unten links oben; ur = unten rechts; d = Detail.

Das auf Seite 121u abgebildete Kunstwerk, *Terreiro do Paço* von Dirk Stoop, wurde mit freundlicher Genehmigung des Museu da Cidade in Lissabon reproduziert.

Dorling Kindersley dankt folgenden Personen, Institutionen und Bildarchiven für die freundliche Genehmigung zur Reproduktion ihrer Fotografien:

Maurício Abreu: 33o/mr, 145or, 338um/ur, 358, 360o, 364u/m, 365u, 366mo, 367m, 368or/mo/mu, 370o, 371o, 399u; AISA: 38or, 39om, 39ur, 56ur, 106u; Publicações Alfa: 186u; Allsport: Mike Powell 57mru; Arquivo Nacional de Fotografia-Instituto Português de Museus, Lissabon: Museu Nacional de Arte Antiga/Pedro Ferreira 98o, 99o; Francisco Matias 49ol; Carlos Monteiro 46mlo; Luís Pavão 39ol, 52mlu, 53m, 60o, 96ul/ur, 97u, 99m; José Pessoa 20ul, 21or, 45m, 49or, 50or, 51o/mlu, 96ol/or, 97o/mr, 98u, 99u; Museu Nacional do Azulejo, *Composição Geométrica*, 1970, Raúl Lino-Fábrica Cerâmica Constância 23or; Francisco Matias 22u; José Pessoa 22mro/23mu/ul; Colecções Arquivo Nacional de Fotografia/San Payo 39or; Igreja de São Vicente de Fora/Carlos Monteiro 39ul; Museu Nacional dos Coches/José Pessoa 39um, 103ul, 144ur, 145u; Henrique Ruas 104u; Museu Nacional de Arqueologia/José Pessoa 40o, 41mo/mu, 105m; Museu Monográfico de Conimbriga 41ol; Museu de Mértola/Paulo Cintra 42ml; Igreja Matriz Santiago do Cacém/José Rubio 43ol; Museu Nacional Machado de Castro/Carlos Monteiro 44ol; José Pessoa 45ol; Biblioteca da Ajuda/José Pessoa 44mlo; Museu de São Roque/Abreu Nunes 47ol; Museu Grão Vasco/José Pessoa 48ul; Universidade de Coimbra, Gabinete de Física/José Pessoa 52or; Museu de Cerâmica das Caldas da Rainha/José Pessoa 54mlo; Museu do Chiado 55ol; Col. Jorge de Brito/José Pessoa 62/63om; Col. António Chainho/José Pessoa 66u; Arnaldo Soares 66or, 67ol; Museu Nacional do Teatro/Arnaldo Soares 66ml; Luísa Oliveira 67or; Museu de Évora/José Pessoa 303mro; Tony Arruza: 282/83, 38m, 44ul, *Porträt von Fernando Pessoa* von José de Almada Negreiros © DACS 1997: 56or, 57ur, 62/63m, 145mo.

Jorge Barros s.p.a.: 226mr; Instituto da Biblioteca Nacionale do Livro, Lissabon: 37u, 46umo/u, 47mru, 50mu, 51ur, 53ur, 165ul, 183u; 283 (Einklinker); Gabriele Boiselle: 144ul; Boutinot Prince Wine Shippers, Stockport: 228ur; The Bridgeman Art Library, mit freundlicher Genehmigung von Michael Chase: *Landschaft bei Lagos in der Algarve* von Sir Cedric Morris, Bonhams, London: 8/9; mit Genehmigung der British Library, London: *João I von Portugal mit seinem Schwiegervater John of Gaunt* (d) aus Jean de Wavrins *Chronicle d'Angleterre* (Roy 14E IV 244v) 46/47m; © Trustees of the British Museum, London: 43mlo, 48ur, 54ul.

Câmara Municipal de Lisboa: 51mru, António Rafael 62ml; Câmara Municipal de Oeiras: 52mlu; Centro de Arte Moderna: José Manuel Costa Alves 120 ol; Centro Europeu Jean Monnet: 57or; Cephas, Mick Rock: 28mru, 29m; Ceramicarte: 24ul, Chapito: 64mr, Cockburn Smithes & Cia, s.a.: 228mru; Companhia Carris de Ferro de Lisboa: 448mr; Corbis, Peter Wilson: 236ur; CTT, Correios: 434mr, 435mr.

Diário de Notícias: 55ml; Michael Diggin: 334o/u, 359o/u, 360u, 361o, 365o, 369o; Dow's Port: 229mr.

Empics: Steve Etherington 32m; Espaço Talassa: Gerard Soury 368u; ET Archive: Seefahrtsmuseum, Genua 357u; Wellington Museum 193u; European Commission: 433, 434 (Detail); Greg Evans International: Greg Balfour Evans 287ur; Mary Evans Picture Library: 51ul, 63or, 161u, 210u; EXPO '98: 57mro.

Fototeca Internacional, Lissabon: Luís Elvas 33ml, 144ol/or/mr; César Soares 27o, 38ul; Luíz O Franquinho/António da Costa: 337ulo; Fremdenverkehrsbüro der Algarve: 286or; 64u Fundação da Casa de Bragança: 298o/m/u, 299ul; Fundação Calouste Gulbenkian: 65o;

FUNDAÇÃO DA CASA DE MATEUS: Nicholas Sapieha 254u; FUNDAÇÃO RICARDO DO ESPÍRITO SANTO SILVA: Museu-Escola de Artes Decorativas Portuguesas 72m.

JORGE GALVÃO: 57mlu; GIRAUDON: 48m.

ROBERT HARDING PICTURE LIBRARY: 13u; KIT HOUGHTON: 32u; 145mu.

THE IMAGE BANK: Maurício Abreu 30ul; Moura Machado 19o, 361u, 371u; João Paulo 31mu, 227ml, 363o; IMAGES COLOUR LIBRARY: 226u.

MARION KAPLAN: 144ml, 227o/mr.

LUSA: António Cotrim 67m; André Kosters 93o; Manuel Moura 56um, 357o; Luís Vasconcelos 92u.

JOSÉ MANUEL: 63ur; ANTÓNIO MARQUÊS: 296m, 297u; ARXIU MAS: 50ol; METROPOLITANO DE LISBOA: 448mr, Paulo Sintra, *Kachelschmuck einer U-Bahn-Station, Lissabon* (Cidade Universitária) von Maria Helena Vieira da Silva © ADAGP, Paris, und DACS, London, 1997, 56ol; JOHN MILLER: 21u; MUSEO CERRALBO, Madrid: 42ol; MUSEU CALOUSTE GULBENKIAN, LISSABON: *Anstecknadel* von René Lalique © ADAGP, Paris, und DACS, London, 1997, 116mo; 116o/mo/mu/u, 117o/mo/mu/u, 118m/u/o, 119u/o/m; MUSEU DA CIDADE, Lissabon: António Rafael 62ol/ul/ur, 63m/ul; MUSEU DA MARINHA, Lissabon: 38ur, 56ml, 108u.

NATIONAL MARITIME MUSEUM, London: 50mo; NATIONALMUSEET, Kopenhagen: 48or; NATURE PHOTOGRAPHERS: Brinsley Burbidge 336ur, 337ur; Andrew Cleave 336mlu/ul, 337ul; Peter Craig-Cooper 329mru; Geoff du Feu 329u; Jean Hall 336umr; Tony Schilling 336uml; Paul Sterry 319m, 337uro/ulm; NATURPRESS: Juan Hidalgo-Candy Lopesino 32ol, 33ur; Jaime Villanueva 24o; NHPA: Michael Leach 369mru; Jean-Louis le Moigne 329mro. ORONOZ, Madrid: 38um, 42/43m, 43u, 46lu, 179ur. PALACIO DA PENA: 120ol. Mit Genehmigung des PATRIMÓNIO NACIONAL: 42mu; THE PIERPONT MORGAN LIBRARY/ART RESOURCE, New York: 37o; POPPERFOTO: 55u; POUSADAS DE PORTUGAL: 378o/mlo; POWERSTONE PHOTOGRAPHY: 203o.

RCL, PAREDE: Rui Cunha 30o, 31ml, 32or, 65o, 332f, 336mro, 337mro, 339or, 365m, 366o/u, 377;

DIAS DOS REIS: 121ol, 432o; NORMAN RENOUF: 374u, 379u; REX FEATURES: Sipa Press, Michel Ginies 57ul; MANUEL RIBEIRO: 22o; RADIO TELEVISÃO PORTUGUESA (RTP): 54o, 55mlu, 56mr.

HARRY SMITH HORTICULTURAL PHOTOGRAPHIC COLLECTION: 337mlo; SOLAR DO VINHO DO PORTO: 252u; SPECTRUM COLOR LIBRARY: 236 ml; TONY STONE IMAGES: Tony Arruza 30mo; Shaun Egan 286u; Graham Finlayson 41mru; Simeone Huber 284u; John Lawrence 31u; Ulli Seer 317o, 426u; SYMINGTON PORT & MADEIRA SHIPPERS: Claudio Capone: 29ml, 229o/mlo/um/ur.

NIGEL TISDALL: 339ol, 362, 363u, 364o, 367o/u, 370m/u, 447o; TOPHAM PICTURE SOURCE: 57mo; ARQUIVOS NACIONAIS/TORRE DO TOMBO: 36, 44ulo, 267u; TOMAS TRANAEUS: 432u; TURIHAB: 376u; Roger Day 376ol.

NIK WHEELER: 314; PETER WILSON: 30ur, 31or, 56ul, 68, 84ol, 93u, 226ol/r/ml, 287ur; WOODFALL WILD IMAGES: Mike Lane 169u; WORLD PICTURES: 287om/ul.

UMSCHLAG:
Vorne: DK PICTURE LIBRARY: mru; Linda Whitwam mlu; GETTY IMAGES: Hans Peter Merten Hauptbild; HORIZON: Adina Amsel um.
Hinten: DK PICTURE LIBRARY: Linda Whitwam o; Paul Harris u.
Buchrücken: GETTY IMAGES: Hans Peter Merten.

Alle anderen Bilder © DORLING KINDERSLEY.
Weitere Informationen unter:
www.dkimages.com

Sprachführer

Notfälle

Hilfe!	**Socorro!**
Halt!	**Páre!**
Rufen Sie einen Arzt!	**Chame um médico!**
Rufen Sie einen Krankenwagen!	**Chame uma ambulância!**
Rufen Sie die Polizei!	**Chame a polícia!**
Rufen Sie die Feuerwehr!	**Chame os bombeiros!**
Wo ist das nächste Telefon?	**Há um telefone aqui perto?**
Wo ist das nächste Krankenhaus?	**Onde é o hospital mais próximo?**

Grundwortschatz

Ja	**Sim**
Nein	**Não**
Bitte	**Por favor/Faz favor**
Danke	**Obrigado/Obrigada**
Entschuldigung	**Desculpe**
Hallo	**Olá**
Auf Wiedersehen	**Adeus**
Guten Tag (bis 12 Uhr)	**Bom dia**
Guten Tag	**Boa tarde**
Gute Nacht	**Boa noite**
Gestern	**Ontem**
Heute	**Hoje**
Morgen	**Amanhã**
Hier	**Aqui**
Dort	**Ali**
Was?	**O quê?**
Welches?	**Qual?**
Wann?	**Quando?**
Warum?	**Porquê?**
Wo?	**Onde?**

Nützliche Sätze

Wie geht es Ihnen?	**Como está?**
Gut, danke.	**Bem, obrigado/obrigada.**
Sehr erfreut.	**Encantado/a.**
Bis bald.	**Até logo.**
In Ordnung.	**Está bem.**
Wo ist/sind …?	**Onde está/estão …?**
Wie weit ist es bis …?	**A que distância fica …?**
Wo geht es nach …?	**Como se vai para …?**
Sprechen Sie Deutsch?	**Fala alemão?**
Ich verstehe nicht.	**Não compreendo.**
Könnten Sie bitte etwas langsamer sprechen?	**Pode falar mais devagar por favor?**

Nützliche Begriffe

groß	**grande**
klein	**pequeno**
heiß	**quente**
kalt	**frio**
gut	**bom**
schlecht	**mau**
genug	**bastante**
geöffnet	**aberto**
geschlossen	**fechado**
links	**esquerda**
rechts	**direita**
geradeaus	**em frente**
nahe	**perto**
weit	**longe**
hinauf	**para cima**
hinunter	**para baixo**
früh	**cedo**
spät	**tarde**
Eingang	**entrada**
Ausgang	**saída**
Badezimmer	**casa de banho**
mehr	**mais**
weniger	**menos**

Telefonieren

Ich möchte ein Ferngespräch führen.	**Queria fazer uma chamada internacional.**
Ortsgespräch führen.	**chamada local.**
Kann ich eine Nachricht hinterlassen?	**Posso deixar uma mensagem?**

Einkaufen

Wieviel kostet das?	**Quanto custa isto?**
Ich hätte gerne …	**Queria …**
Ich schaue nur.	**Estou só a ver.**
Nehmen Sie Kreditkarten?	**Aceita cartões de crédito?**
Wann öffnen Sie?	**A que horas abre?**
Wann schließen Sie?	**A que horas fecha?**
Dieses	**Este**
Jenes	**Esse**
teuer	**caro**
preiswert	**barato**
Größe (Kleidung/Schuhe)	**tamanho**
weiß	**branco**
schwarz	**preto**
rot	**vermelho**
gelb	**amarelo**
grün	**verde**
blau	**azul**

Läden und Märkte

Antiquitäten	**loja de antiguidades**
Bäckerei	**padaria**
Bank	**banco**
Buchhandlung	**livraria**
Metzgerei	**talho**
Konditorei	**pastelaria**
Apotheke	**farmácia**
Fischgeschäft	**peixaria**
Friseur	**cabeleireiro**
Markt	**mercado**
Kiosk	**quiosque**
Postamt	**Correios**
Schuhgeschäft	**sapataria**
Supermarkt	**supermercado**
Tabakladen	**tabacaria**
Reisebüro	**agência de viagens**

Sehenswürdigkeiten

Kathedrale	**sé**
Kirche	**igreja**
Garten	**jardim**
Bibliothek	**biblioteca**
Museum	**museu**
Fremdenverkehrsbüro	**posto de turismo**
an Feiertagen geschlossen	**fechado para férias**
Busbahnhof	**estação de autocarros**
Bahnhof	**estação de comboios**

Im Hotel

Haben Sie ein freies Zimmer?	**Tem um quarto livre?**
Zimmer mit Bad	**um quarto com casa de banho**
Dusche	**duche**
Einzelzimmer	**quarto individual**
Doppelzimmer	**quarto de casal**
Doppelzimmer mit zwei Betten	**quarto com duas camas**
Portier	**porteiro**
Schlüssel	**chave**
Ich habe reserviert.	**Tenho um quarto reservado.**

Im Restaurant

Haben Sie einen Tisch für …?	**Tem uma mesa para …?**
Ich möchte einen Tisch reservieren.	**Quero reservar uma mesa.**
Die Rechnung bitte.	**A conta por favor/faz favor.**
Ich bin Vegetarier.	**Sou vegetariano/a.**
Kellner/Kellnerin	**Por favor!/Faz favor!**
Speisekarte	**a lista**
Touristenmenü	**a ementa turística**
Weinkarte	**a lista de vinhos**
Glas	**um copo**
Flasche	**uma garrafa**

halbe Flasche	**meia-garrafa**
Messer	**uma faca**
Gabel	**um garfo**
Löffel	**uma colher**
Teller	**um prato**
Serviette	**um guardanapo**
Frühstück	**pequeno almoço**
Mittagessen	**almoço**
Abendessen	**jantar**
Vorspeise	**entrada**
Hauptgericht	**prato principal**
Tagesgericht	**prato do dia**
Gedeck	**combinado**
halbe Portion	**meia-dose**
Nachtisch	**sobremesa**
blutig	**mal passado**
mittel	**médio**
durchgebraten	**bem passado**

Auf der Speisekarte

abacate	Avocado
açorda	Brotsuppe (oft mit Meeresfrüchten)
açúcar	Zucker
água mineral	Mineralwasser
(com gás)	mit Kohlensäure
(sem gás)	ohne Kohlensäure
alho	Knoblauch
alperce	Aprikose
amêijoas	Muscheln
ananás	Ananas
arroz	Reis
assado	Braten
atum	Tunfisch
aves	Geflügel
azeite	Olivenöl
azeitonas	Oliven
bacalhau	Kabeljau
banana	Banane
batatas	Kartoffeln
batatas fritas	Pommes frites
batido	Milchshake
bica	Espresso
bife	Steak
bolacha	Keks
bolo	Kuchen
borrego	Lamm
caça	Wild
café	Kaffee
camarões	Krabben
caracois	Schnecken
caranguejo	Krebs
carne	Fleisch
cataplana	Form zum Dünsten
cebola	Zwiebel
cerveja	Bier
chá	Tee
cherne	Seebarsch
chocolate	Schokolade
chocos	Kuttelfische
chouriço	scharfe Wurst
churrasco	Spießbraten
cogumelos	Pilze
cozido	gekochtes Rindfleisch
enguia	Aal
fiambre	Schinken
fígado	Leber
frango	Huhn
frito	fritiert
fruta	Frucht
gambas	Garnelen
gelado	Eiscreme
gelo	Eis
goraz	Brasse
grelhado	gegrillt
iscas	marinierte Leber
lagosta	Languste
laranja	Orange
leite	Milch
limão	Zitrone
limonada	Limonade
linguado	Seezunge
lulas	Tintenfisch
maçã	Apfel
manteiga	Butter
mariscos	Meeresfrüchte
meia-de-leite	Milchkaffee
ostras	Austern
ovos	Eier
pão	Brot
pastel	Pastete
pato	Ente
peixe	Fisch
pimenta	Pfeffer
polvo	Oktopus
porco	Schwein
queijo	Käse
sal	Salz
salada	Salat
salsicha	Wurst
sandes	Sandwich
santola	Seespinne
sopa	Suppe
sumo	Saft
tamboril	Seeteufel
tarte	Pie/Kuchen
tomate	Tomate
torrada	Toast
tosta	getoastetes Sandwich
vinagre	Essig
vinho branco	Weißwein
vinho tinto	Rotwein
vitela	Kalb

Zahlen

0	**zero**
1	**um/uma**
2	**dois/duas**
3	**três**
4	**quatro**
5	**cinco**
6	**seis**
7	**sete**
8	**oito**
9	**nove**
10	**dez**
11	**onze**
12	**doze**
13	**treze**
14	**catorze**
15	**quinze**
16	**dezasseis**
17	**dezassete**
18	**dezoito**
19	**dezanove**
20	**vinte**
21	**vinte e um**
30	**trinta**
40	**quarenta**
50	**cinquenta**
60	**sessenta**
70	**setenta**
80	**oitenta**
90	**noventa**
100	**cem**
101	**cento e um**
102	**cento e dois**
200	**duzentos**
300	**trezentos**
400	**quatrocentos**
500	**quinhentos**
700	**setecentos**
900	**novecentos**
1000	**mil**

Zeit

eine Minute	**um minuto**
eine Stunde	**uma hora**
eine halbe Stunde	**uma meia-hora**
Montag	**segunda-feira**
Dienstag	**terça-feira**
Mittwoch	**quarta-feira**
Donnerstag	**quinta-feira**
Freitag	**sexta-feira**
Samstag	**sábado**
Sonntag	**domingo**

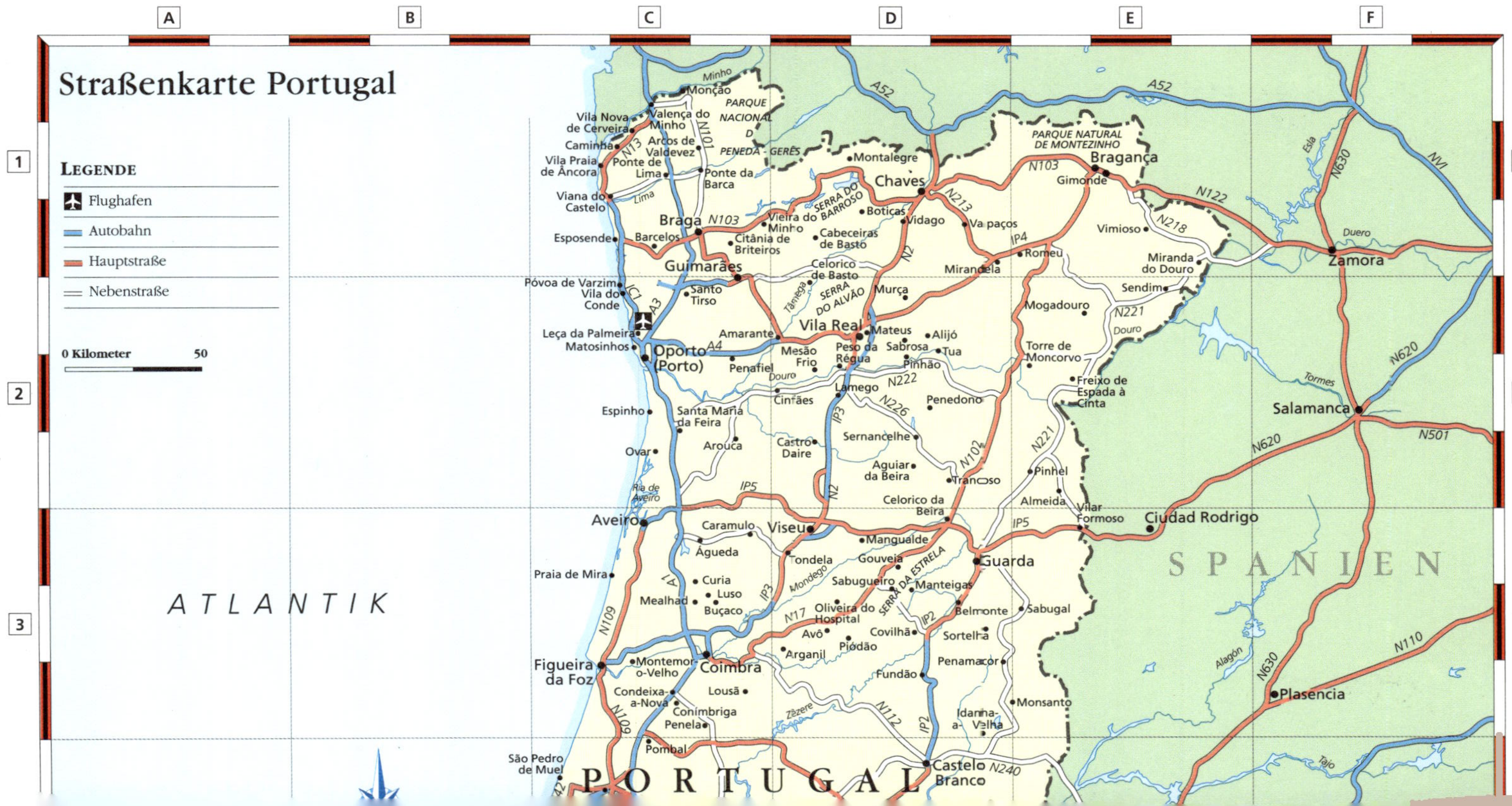

Straßenkarte Portugal
LEGENDE
Flughafen
Autobahn
Hauptstraße
Nebenstraße
0 Kilometer 50
ATLANTIK
PORTUGAL
SPANIEN
Vila Nova de Cerveira
Caminha
Vila Praia de Âncora
Viana do Castelo
Esposende
Póvoa de Varzim
Vila do Conde
Leça da Palmeira
Matosinhos
Oporto (Porto)
Espinho
Ovar
Aveiro
Ria de Aveiro
Praia de Mira
Figueira da Foz
São Pedro de Muel
Monção
Valença do Minho
Arcos de Valdevez
Ponte de Lima
Ponte da Barca
Braga
Barcelos
Guimarães
Santo Tirso
Amarante
Penafiel
Santa Maria da Feira
Arouca
Caramulo
Águeda
Curia
Luso
Buçaco
Mealhada
Montemor-o-Velho
Coimbra
Condeixa-a-Nova
Conímbriga
Lousã
Penela
Pombal
PARQUE NACIONAL DA PENEDA - GERÊS
Montalegre
Chaves
SERRA DO BARROSO
Vieira do Minho
Citânia de Briteiros
Boticas
Cabeceiras de Basto
Vidago
Celorico de Basto
SERRA DO ALVÃO
Murça
Vila Real
Mateus
Alijó
Mesão Frio
Peso da Régua
Sabrosa
Tua
Pinhão
Cinfães
Lamego
Penedono
Sernancelhe
Castro Daire
Aguiar da Beira
Trancoso
Celorico da Beira
Viseu
Mangualde
Tondela
Gouveia
Sabugueiro
SERRA DA ESTRELA
Manteigas
Oliveira do Hospital
Avô
Arganil
Piódão
Covilhã
Fundão
Guarda
Belmonte
Sortelha
Penamacor
Sabugal
Monsanto
Idanha-a-Velha
Castelo Branco
Pinhel
Almeida
Vilar Formoso
Mirandela
Vapaços
Romeu
Mogadouro
Torre de Moncorvo
Freixo de Espada à Cinta
PARQUE NATURAL DE MONTEZINHO
Bragança
Gimonde
Vimioso
Miranda do Douro
Sendim
Zamora
Salamanca
Ciudad Rodrigo
Plasencia
Minho
Lima
Tâmega
Douro
Mondego
Zêzere
Duero
Esla
Tormes
Alagón
Tajo
N13
N101
N103
N2
N213
IP4
N218
N122
N630
A52
NVI
IC1
A3
A4
N222
N226
IP3
N102
N221
IP5
N109
A1
N17
IP2
N112
N240
N620
N501
N110
A
B
C
D
E
F
1
2
3